集団的消費者利益の
実現と法の役割

千葉恵美子　長谷部由起子　鈴木將文 編

商事法務

本書の刊行にあたって

　「集団的消費者利益の救済と法の実現」という共通テーマのもとに，本書に収められた28篇の論文は，4年間にわたる学際的な共同研究の成果である。本書は，集団的な消費者利益をどのように実現するのかという問題に焦点をあて，集団的な救済措置について，一貫性のある立法論・解釈論を展開するための基本的な視座を提供することをねらいとしている。

　消費者取引を巡る紛争だけでなく，環境・金融サービス・独占禁止法を巡る紛争などでは，市民が個人で訴訟を提起して権利を実現することが見込めないという問題が広範に存在している。この問題を解決する処方箋としてよく知られているのは，米国のクラスアクションである。しかし，これが最も適切な方法なのか，他に，集団的な救済措置として効果的な方法はないのか。今や，集団的利益の実現を図るためにどのような救済システムを構築するかが，世界の共通した立法政策の関心事になっている。

　EUの集団的救済手続は加盟国によって大きく異なっており，1つとして同じシステムはないとの指摘もある。また，消費者法，金融サービス法，環境法，独占禁止法など異なる分野で，集団的な救済措置について，国内法の対応が異なる国は少なくない。近年，EUでは，域内で，一般的な集団救済のメカニズムがないことに対する懸念が広がり，一貫性のある集団的救済措置を講じることができる一般原則を導入できないかが検討課題となっている。

　わが国でも，手続法の分野では，環境問題や消費者問題を契機に，裁判手続の改革の観点から，集団的な被害に対応する司法的な救済手続をどのように整備するのかについて，半世紀にわたって比較法研究が行われ，立法論が展開されてきた。

　また，環境法の分野では，もんじゅ原子炉設置許可事件や国立景観訴訟等を通じて，環境的利益の実現という観点から，行政的手法と民事的手法の関係が論じられてきた。

　一方，競争法の分野では，鶴岡灯油訴訟や主婦連ジュース訴訟，独占禁止

本書の刊行にあたって

法や景品表示法等の度重なる改正の中で，独占禁止法の目的と一般消費者の利益との関係，私人による競争法のエンフォースメントの可能性などが問われてきた。

これに加えて，集団的な救済措置という問題領域の存在を強く印象づけたのは，2006年の消費者契約法の改正によって，わが国で初めての団体訴訟制度として導入された適格消費者団体による差止請求制度である。適格消費者団体による差止請求制度は，短期間に利用が拡大し，すでに30件を超える判決がなされている。

しかし，これまでの学問的営為は，「集団的救済のメカニズム」という，もう少し広い視点から見た場合に，広範に生起している問題の一部を扱っているのにすぎないのではないか。学問的立ち位置の違いが，集団的利益の救済という問題の捉え方や分析する視点のずれを生み，集団的救済のメカニズムという新しい制度設計を考える際に見落としてしまっている点がないのか。また，既存の法制度の理念や基礎理論との関係で，どのような問題を生じさせているのか。とりわけ，消費者法分野では，適格消費者団体による団体訴権制度の導入が広がり，集団的・拡散的に発生する消費者被害をどのように救済するのかが，消費者法分野における重要な立法政策の課題となっており，集団的な救済措置について，一貫性のある立法論・解釈論を展開するための基本的な視座を提供することが必要なのではないかという問題意識を一層強く持つようになった。

本書の編者である3名は，それぞれ，千葉が民法・消費者法，長谷部が民事手続法，鈴木が知的財産法・競争法と専門分野を異にする。行政官から学界に転身した鈴木が，千葉と名古屋大学の同僚となり，千葉が，不正競争防止法に関心があった鈴木に，消費者法と競争法について集団的救済のメカニズムの構築という観点から共同研究ができないかと相談したことが，この本書の研究の端緒になった。千葉と鈴木の共通の友人であった長谷部に声をかけ，2010年から共同研究を本格的に始動することにした。

上記の共同研究を推進するにあたって，3つのポリシーをもって研究を行うことにした。第1に，集団的救済に関連する多くの学問領域から「広く」

アプローチをし，第2に，理論的に「深く」考察を加え，第3に，目先の問題を処理するだけでなく「将来の方向性を見据える」研究することである。

幸運にも，科学研究費補助金（2010年度～2013年度基盤研究(A)「公正取引市場の実現を目的とする消費者の集団的利益救済・予防システムの総合的構築」〔課題番号22243007, 研究代表者・千葉恵美子〕）を，さらに，司法協会から研究助成（「集団的消費者利益の実現のための制度設計のあり方──実体法・手続法の架橋をめざして」〔研究代表者・千葉恵美子〕）を受けることができた。

これらの研究助成により，2011年度の日本消費者学会シンポジウム（2011年11月5日，京都大学）において，実体法分野の共同研究の成果を研究全体の中間報告として公表し，学会の場で討議をいただく機会を得た。また，次世代型の社会システムの研究を目的とする「ライフ・イノベーション研究会」を組織して学際的な研究の場を設け，多彩な学問領域から多くの研究者に研究報告を行っていただいた。

民事法と競争法，民事実体法と民事手続法からの共同研究に加え，行政官と行政法学者の研究会への参加によって，公法・私法という観点からの共同研究（実体的な法的利益の捉え方の異同とエンフォースメントしての行政的手法と民事的手法の関係，集団的利益と各種の権利実現システムの相互関係など）を進めることができた。これに加えて，国際私法・税法・刑事法領域からも学際的研究を実施していただくことができた

また，「ライフ・イノベーション研究会」に弁護士会・適格消費者団体・行政などからも広く講師をお招きして，多様な意見や知見を得ることができたことは，理論と実務の架橋，解釈論と立法論の展開という点で極めて有益であった。

「ライフ・イノベーション研究会」に参加してくださった多くの方々に，心より感謝を申し上げたい。

集団的救済のメカニズムに関する理論研究を行うにあたって，共同研究期間中，内閣府消費者委員会と消費者庁による集団的消費者被害救済制度の立法作業の動向を注視してきた。回復しない経済の影響，政権交代による法案の審議の遅れ，法案の提出に対する経済界からの反対などによって，消費者

本書の刊行にあたって

裁判手続特例法は成立が危ぶまれていたが，2013年12月に，急転直下成立し，同11日に公布された。

　このため，一部の執筆者には，消費者裁判手続特例法の成立による加筆・修正を加えていただき，消費者裁判手続特例法を対象とする論考を担当された執筆者には，短時間での脱稿をお願いすることになった。執筆者の方の精力的な作業がなければ，この時期に本書を刊行することはできなかった。編者一同，執筆者の先生方に厚く御礼申し上げたい。

　また，研究助成にかかる諸手続，「ライフ・イノベーション研究会」の事務局の雑務を精力的に担当してくださった隈部里香氏，研究会の連絡・調整のほか，本書の事項索引を作成してくださった小林友則氏（当時，名古屋大学大学院博士課程院生，現・山口大学経済学部専任講師）にも，ここに記して感謝の意を表したい。研究事務の縁の下の力持ちの存在がなければ，研究を推進することはできなかった。

　最後になったが，商事法務書籍出版部の吉野祥子氏には，本書の企画段階からご尽力いただいたほか，多様な法分野からの執筆者の原稿を細部まで丁寧にチェックしていただくなど，大変お世話になった。編者一同，この場を借りて，心より御礼を申し上げたい。

2014年3月

千葉　恵美子
長谷部由起子
鈴木　將文

【凡　　例】

1　本書における用語の説明
　集団的消費者利益　→　下記の集合的利益・拡散的利益・社会的喪失（利益）を包含する概念。
　集合的利益　→　個人的利益を束にした利益であり，損害の観念とその個別的な帰属の確定が可能である利益。
　拡散的利益　→　個人的利益を観念とすることがなお可能であることから，損害を観念することはできるが，個別的な帰属の確定までは難しい利益。
　社会的喪失（利益）　→　市場競争の機能不全により社会的損失が観念できるが，損害を観念することができないことから，個人的利益を観念とすることも困難である利益。
　集団的消費者被害救済制度　→　集合的利益・拡散的利益・社会的喪失（利益）を包含する「集団的消費者利益」の侵害に関する救済制度を広く包含する概念。
　集団的消費者被害回復制度　→　集団的消費者被害救済制度のうち，「被害の回復」を目的とする制度。損害が観念できる場合に限定されることから，集団的消費者被害回復制度の対象は，集合的利益・拡散的利益が侵害される場合に限定されることになる。
　集合的消費者被害回復制度　→　損害の発生が観念でき，かつ，被害者が特定できる場合に，その被害の回復を目的とする制度。集合的消費者被害回復制度の対象は，集合的利益が侵害される場合に限定される。
　集合訴訟　→　個々の被害者の請求権を糾合して訴訟上請求する訴訟。
　団体訴訟　→　一定の団体が，代表原告として消費者の集団的な利益を確保することを目的とする訴訟。消費者契約法に基づく適格消費者団体による差止訴訟，消費者裁判手続特例法に基づく特定消費者団体による共通義務確認訴訟は，団体訴訟の1つである。

2　法令名の略記
　不当景品類及び不当表示防止法　→　景品表示法
　私的独占の禁止及び公正取引の確保に関する法律　→　独占禁止法
　消費者の財産的被害の集団的な回復のための民事の裁判手続の特例に関する法律　→　消費者裁判手続特例法
　特定商取引に関する法律　→　特定商取引法

3　括弧内の法令名の略記（50音順）
　※有斐閣版六法全書の法令名略語に倣うものとする。

凡　例

会社	→	会社法
貸金業	→	貸金業法
割賦	→	割賦販売法
金商	→	金融商品取引法
金販	→	金融商品の販売等に関する法律
刑	→	刑法
景表	→	不当景品類及び不当表示防止法
商	→	商法
商標	→	商標法
消費基	→	消費者基本法
消費契約	→	消費者契約法
消費契約則	→	消費者契約法施行規則
消費裁判	→	消費者の財産的被害の集団的な回復のための民事の裁判手続の特例に関する法律
食品表示	→	食品表示法
信託	→	信託法
組織犯罪	→	組織的犯罪処罰法
仲裁	→	仲裁法
特定商取引	→	特定商取引に関する法律
特定商取引令	→	特定商取引に関する法律施行令
独禁	→	私的独占の禁止及び公正取引の確保に関する法律
犯罪被害回復	→	犯罪被害回復給付金支給法
犯罪被害保護	→	犯罪被害者等保護法
非訟	→	非訟事件手続法
民	→	民法
民執	→	民事執行法
民訴	→	民事訴訟法
民保	→	民事保全法

4　判例の表示
最判平成11・11・9民集53巻8号1403頁
　→　最高裁判所平成11年11月9日判決，最高裁判所民事判例集53巻8号1403頁

5　判例集略語表

民録	→	大審院民事判決録
刑録	→	大審院刑事判決録
民集	→	最高裁判所（大審院）民事判例集
刑集	→	最高裁判所（大審院）刑事判例集

集民	→	最高裁判所裁判集民事
下民集	→	下級裁判所民事判例集
下刑集	→	下級裁判所刑事判例集
高民集	→	高等裁判所民事判例集
高刑集	→	高等裁判所刑事判例集
行集	→	行政事件裁判例集
新聞	→	法律新聞

6　定期刊行物略語表

金判	→	金融・商事判例
金法	→	金融法務事情
銀法	→	銀行法務21
公取	→	公正取引
公法	→	公法研究
自正	→	自由と正義
ジュリ	→	ジュリスト
訟月	→	訟務月報
商事	→	旬刊商事法務
曹時	→	法曹時報
判時	→	判例時報
判タ	→	判例タイムズ
法教	→	法学教室
法時	→	法律時報
法セミ	→	法学セミナー
ひろば	→	法律のひろば
民商	→	民商法雑誌
労判	→	労働判例

7　その他

　記述の重複を省くため，また読者の便宜を図るため，できるだけ本書内の他の論稿へのリファレンスを下記の表記で示した。

　　［☞第1部 ❶ Ⅰ 1］＝本書第1部論稿 ❶ Ⅰ 1を参照

◉編者紹介◉

千葉恵美子（Chiba Emiko）
1953年生まれ。1976年北海道大学卒業
現在：名古屋大学大学院法学研究科教授
主著：『消費者契約法改正への論点整理』（共著）（信山社，2013），「消費者取引における決済と立法政策の課題」名古屋大学法政論集250号（2013），「弁済による代位制度における求償権の実現と原債権の関係」小野秀誠ほか編・松本恒雄先生還暦記念『民事法の現代的課題』（商事法務，2012）

長谷部由起子（Hasebe Yukiko）
1957年生まれ。1980年東京大学卒業
現在：学習院大学大学院法務研究科教授
主著：「集合訴訟制度の課題」曹時64巻7号（2012），『民事訴訟法〔第2版〕（有斐閣アルマ）』（共著）（有斐閣，2013），『民事訴訟法』（岩波書店，2014），『民事執行・保全法〔第4版〕（有斐閣アルマ）』（共著）（有斐閣，2014）

鈴木　將文（Suzuki Masabumi）
1958年生まれ。1981年東京大学卒業
現在：名古屋大学大学院法学研究科教授
主著：『新・注解特許法』（共著）（青林書院，2011），『新・注解不正競争防止法〔第3版〕』（共著）（青林書院，2012），「不正競争防止法上の請求権者」高林龍ほか編『現代知的財産法講座Ⅰ　知的財産法の理論的探究』（日本評論社，2012）

◉執筆者紹介◉

大澤　彩（Ohsawa Aya）
1977年生まれ。2001年東京大学大学院法学政治学研究科博士課程修了（博士（法学））
現在：法政大学法学部准教授
専門分野：民法，消費者法
主著：『不当条項規制の構造と展開』（有斐閣，2010）

岡本　裕樹（Okamoto Hiroki）
1975年生まれ。2003年一橋大学大学院法学研究科博士後期課程修了。
現在：名古屋大学大学院法学研究科教授
専門分野：民法
主著：「『契約は他人を害さない』ことの今日的意義(1)－(5完)」名古屋大学法政論

集200号・203号・204号・205号・208号（2004–2005），「運送契約における免責条項の第三所有者に対する効力」一橋論叢126巻1号（2001），「いわゆる『相殺予約と差押え』を巡る一考察」名古屋大学法政論集215号（2006）

笠井　正俊（Kasai Masatoshi）
1963年生まれ。1986年京都大学卒業
現在：京都大学大学院法学研究科教授
専門分野：民事手続法
主著：『倒産法概説〔第2版〕』（共著）（弘文堂，2010），『新・コンメンタール民事訴訟法〔第2版〕』（共編著）（日本評論社，2013），『民事訴訟法（LEGAL QUEST）』（共著）（有斐閣，2013），『ケースブック民事訴訟法〔第4版〕』（共編著）（弘文堂，2013）

酒井　一（Sakai Hajime）
1961年生まれ。1984年大阪大学卒業
現在：名古屋大学大学院法学研究科教授
専門分野：民事手続法
主著：『国際民事手続法〔第2版〕（有斐閣アルマ）』（共著）（有斐閣，2012）

佐久間　修（Sakuma Osamu）
1954年生まれ。1977年名古屋大学卒業
現在：大阪大学大学院法学研究科教授
専門分野：刑法
主著：『刑法総論』（成文堂，2009），『新演習講義刑法』（法学書院，2009），『刑法各論〔第2版〕』（成文堂，2012），『刑法基本講義 総論・各論〔第2版〕』（共著）（有斐閣，2013），『Law Practice刑法〔第2版〕』（共著）（商事法務，2014）

柴崎　暁（Shibazaki Satoru）
1965年生まれ。2004年早稲田大学（博士（法学））
現在：早稲田大学商学学術院教授
専門分野：商法
主著：『手形法理と抽象債務』（新青出版，2002），「主観的更改と純粋指図」池田眞朗ほか編著『民法（債権法）改正の論理』（共著）（新青出版，2010）

髙橋　祐介（Takahashi Yusuke）
1970年生まれ。1993年京都大学卒業
現在：名古屋大学大学院法学研究科教授
専門分野：税法

主著:『アメリカ・パートナーシップ所得課税の構造と問題』(清文社, 2008),『ベーシック税法〔第7版〕(有斐閣アルマ)』(共著)(有斐閣, 2013)

根本　尚徳(Nemoto Hisanori)
1976年生まれ。2007年早稲田大学大学院法学研究科博士課程後期課程研究指導終了(博士(法学))
現在:北海道大学大学院法学研究科准教授
専門分野:民法
主著:『差止請求権の理論』(有斐閣, 2011)

八田　卓也(Hatta Takukya)
1972年生まれ。1995年東京大学卒業
現在:神戸大学大学院法学研究科教授
専門分野:民事訴訟法
主著:『民事執行・民事保全法(LEGAL QUEST)』(共著)(有斐閣, 2010),「入会集団を当事者とする訴訟の形態」法時1063号(2013),「任意的訴訟担当論の現況についての一考察」神戸法学雑誌60巻3=4号(2011)

林　秀弥(Hayashi Shuya)
1975年生まれ。2002年京都大学大学院法学研究科博士課程単位取得認定退学。京都大学博士(法学)。
現在:名古屋大学大学院法学研究科教授
専門分野:経済法
主著:『クラウド産業論:流動化するプラットフォーム・ビジネスにおける競争と規制』(共編著)(勁草書房, 2014),『企業結合規制:独占禁止法による競争評価の理論』(商事法務, 2011),『経済法(LEGAL QUEST)』(共著)(有斐閣, 2010),『独占禁止法の経済学:審判決の事例分析』(共編著)(東京大学出版会, 2009)

原田　大樹(Harada Hiroki)
1977年生まれ。2005年九州大学大学院法学府博士後期課程修了
現在:京都大学大学院法学研究科教授
主著:『自主規制の公法学的研究』(有斐閣, 2007),『例解 行政法』(東京大学出版会, 2013),『演習 行政法』(東京大学出版会, 2014),『公共制度設計の基礎理論』(弘文堂, 2014)

町村　泰貴(Machimura Yasutaka)
1960年生まれ。1984年北海道大学卒業
現在:北海道大学大学院法学研究科教授

専門分野：民事訴訟法
主著：『法はＤＶ被害者を救えるか』（共著）（商事法務，2013），『新法学講義　民事訴訟法』（共著）（悠々社，2012）

丸山絵美子（Maruyama Emiko）
1970年生まれ。1993年東北大学卒業
現在：名古屋大学大学院法学研究科教授
専門分野：民法
主著：「不当条項の規制と価格の低額化」民商148巻3号（2014），「民法634条における『仕事の目的物』と無形仕事・役務型仕事」新井誠＝山本敬三編『ドイツ法の継受と現代日本法』（日本評論社，2009）

丸山千賀子（Maruyama Chikako）
1964年生まれ。1997年大阪大学大学院国際公共政策研究科博士前期課程修了，2000年奈良女子大学大学院人間文化研究科博士後期課程修了（博士（学術））
現在：金城学院大学生活環境学部教授
専門分野：消費者政策，生活科学
主著：「消費者政策をめぐる消費者団体の態様の変化と今後の展開(1)−(3完)」国民生活研究52巻2号・4号・53巻1号（2012−2013），「消費者団体の活動と団体訴権」『第1回生協総研賞研究奨励助成事業研究論文集Ⅰ』（財団法人生協総合研究所，2002）

宮木　康博（Miyaki Yasuhiro）
1974年生まれ。2007年同志社大学大学院法学研究科博士課程単位取得退学
現在：名古屋大学大学院法学研究科准教授
専門分野：刑事訴訟法
主著：『ケース刑事訴訟法』（共著）（法学書院，2013），『刑事訴訟法の争点』（共著）（有斐閣，2013），『刑事訴訟法基本判例解説』（共著）（信山社，2012）

宮澤　俊昭（Miyazawa Toshiaki）
1974年生まれ。2002年一橋大学大学院博士後期課程修了（博士（法学））
現在：横浜国立大学大学院国際社会科学研究院教授
専門分野：民法
主著：『国家による権利実現の基礎理論』（勁草書房，2008）

向田　直範（Mukaida Nonori）
1946年生まれ。1976年北海道大学大学院博士課程単位取得満期退学。
現在：北海学園大学法学部教授

専門分野：経済法
主著：『独占禁止手続法』（共著）（有斐閣，2002），『経済法〔第7版〕（有斐閣アルマ）』（共著）（有斐閣，2013）

山本　隆司（Yamamoto Ryuji）
1966年生まれ。1988年東京大学法学部卒業。
現在：東京大学大学院法学政治学研究科教授
専門分野：行政法
主著：『行政上の主観法と法関係』（有斐閣，2000），『判例から探究する行政法』（有斐閣，2012）

横溝　大（Yokomizo Dai）
1970年生まれ。1993年東京大学卒業
現在：名古屋大学大学院法学研究科教授
専門分野：国際私法・国際民事手続法
主著：『注釈国際私法(1)(2)』（共著）（有斐閣，2011），『国際私法（LEGAL QUEST）』（共著）（有斐閣，2014）

吉田　克己（Yoshida Katsumi）
1949年生まれ。1972年東京大学卒業
現在：早稲田大学法務研究科教授
専門分野：民法
主著：『フランス住宅法の形成』（東京大学出版会，1997），『現代市民社会と民法学』（日本評論社，1999），『市場・人格と民法学』（北海道大学出版会，2012）

渡部美由紀（Watanabe Miyuki）
1973年生まれ。1995年東北大学卒業
現在：名古屋大学大学院法学研究科教授
専門分野：民事手続法
主著：『アクチュアル民事訴訟法』（共著）（法律文化社，2012），「判決の遮断効と争点の整理(1)-(3完)」法学63巻・64巻（1999-2000），「国際仲裁における仲裁判断の効力について」民訴58号（2012）

目　次

本書の刊行にあたって・i
凡例・v
編者紹介・執筆者紹介・viii

第1部　集団的利益の類型論からみた救済制度の展開

❶ 集団的消費者利益の実現を巡る研究序説試論
【千葉恵美子】

Ⅰ　問題の所在…………………………………………………………………*2*
　1　これまでの立法の動向・*2* ／ 2　消費者裁判手続特例法の概要・*4* ／ 3　本書の目的・*6*
Ⅱ　本書の分析視角……………………………………………………………*8*
　1　集団的被害概念から集団的利益概念へのパラダイム転換・*8* ／ 2　集団的消費者利益の類型化の提唱・*10* ／ 3　法実現のための法規範の役割分担の流動化・*12* ／ 4　検討対象となる紛争類型の限定・*15*
Ⅲ　本書の構成…………………………………………………………………*16*

❷ 集団的消費者利益の実現を巡る民事実体法上の観点からの試論
【岡本裕樹】

Ⅰ　本稿の目的…………………………………………………………………*19*
　1　現状の概要・*19* ／ 2　問題の所在・*21* ／ 3　検討対象と留意点・*21*

Ⅱ 「何を」行うべきか……………………………………………………22
　1　「何を」を巡る多様性・22／2　各課題の持つ意味の違い・22／3　制度目的は何か・23／4　制度目的に対応する手段は何か・24
Ⅲ 「誰が」行うべきか……………………………………………………25
　1　訴訟追行主体の候補・25／2　訴訟追行主体の原告適格の理論的根拠・25／3　訴訟追行主体固有の権利の法的性質・26／4　訴訟追行主体固有の権利の実体法的基礎・26／5　「公私協働論」からの考察・28／6　近代的私権概念との整合性・29
Ⅳ 民事実体法の観点からの制度考……………………………………31
　1　利益剥奪のための制度・31／2　損害てん補のための制度・32／3　個別消費者による証明が困難な事例・32／4　他の制度との関係・32

3　集団的消費者利益の実現を巡る民事実体法上の観点からの試論（続）

【岡本裕樹】

Ⅰ 本稿の目的……………………………………………………………34
　1　前稿と新制度の概要・34／2　本稿での作業・35
Ⅱ 集団的消費者利益の特色……………………………………………36
　1　集団的消費者利益の意義・36／2　比較対象としての環境利益・36／3　環境利益との類似性・37／4　環境利益との異質性・39／5　立法論との関係・41
Ⅲ 集団的消費者利益の担い手…………………………………………43
　1　集団的利益の保護を巡る主体性に関する従来の議論・43／2　個人に帰属しない集団的利益の代表の可否・45／3　「集合的利益」の代表・47
Ⅳ 集団的消費者利益の救済の可能性…………………………………48
　1　個人に帰属しない集団的消費者利益の救済方法・48／2　消費者

個人に帰属する利益の救済方法・50

④ 集団的消費者利益の実現と行政法の役割――不法行為法との役割分担を中心として

【原田大樹】

Ⅰ 本稿の問題意識……………………………………………………………52
Ⅱ 集団的消費者利益の特質――保護法益………………………………54
　1　消費者の保護されるべき「利益」・54／2　事業者の違法・不法な「利益」・58
Ⅲ 集団的消費者利益の担い手――実現主体……………………………60
　1　利益帰属主体と利益実現主体・60／2　利益実現主体の組織と機能・63
Ⅳ 集団的消費者利益の実現――実現手法………………………………66
　1　利益代表資格の観点・67／2　利益実現の実効性の観点・70
Ⅴ おわりに――残された課題……………………………………………74

⑤ 契約の内容規制の局面における私法規範の保護目的と消費者利益の実現手段

【丸山絵美子】

Ⅰ 本稿の検討課題……………………………………………………………76
Ⅱ 内容規制の局面における無効規範の目的，保護利益，実現手段…78
　1　3つの事件類型からみる無効規範の目的・保護利益・78／2　無効規範の目的・保護利益の実現手段・84／3　行政的な規制との役割分担と従来の規制状況の課題・84
Ⅲ 適格消費者団体による差止訴訟と実体法………………………………87
　1　差止規範の目的・保護利益と実現主体・87／2　差止訴訟の対象・88／3　差止訴訟における不当条項規制の特徴・90

目　次

Ⅳ　消費者被害の集団的回復制度等と実体法 …………………………92
　　1　集団的被害回復制度と民事訴訟手続の実効性確保・92／2　集団的被害回復制度の特徴と課題——内容規制の場面を中心に・94
Ⅴ　おわりに ………………………………………………………………95

❻ 独占禁止法による集団的消費者利益の保護
【林　秀弥】

Ⅰ　はじめに：競争秩序と消費者利益 ……………………………………97
Ⅱ　独占禁止法にいう「集団的消費者利益」とは何か？ ………………106
　　1　はじめに・106／2　社会的損失と集団的消費者利益・107／3　消費者から生産者への厚生移転に対する独占禁止法上の評価・109／4　消費者厚生を保護する意義・113／5　消費者厚生の消費者から生産者への移転を集団的消費者利益として観念する必要性・115
Ⅲ　独占禁止法違反に基づく損害賠償制度：その問題点と再検討 ……116
　　1　はじめに・116／2　独占禁止法25条による無過失損害賠償：その概要・118／3　排除措置命令等前置要件の是非・120／4　損害と違反行為との因果関係および損害額の算定・122／5　集団的消費者利益の実現から見た独占禁止法25条のいくつかの改善提案・128
Ⅳ　独占禁止法に基づく消費者団体訴訟 ………………………………133
　　1　はじめに・133／2　独占禁止法24条の差止請求権との関係・137／3　本節の課題・143
Ⅴ　結語 …………………………………………………………………146

❼ 表示規制における保護法益と民事救済措置
【鈴木將文】

Ⅰ　現行表示規制の概観 …………………………………………………149
　　1　総論・149／2　各論・149

Ⅱ　表示規制の理論的根拠と保護法益……………………………………*153*
　　1　表示規制の理論的根拠・*153* ／ 2　表示規制による保護法益・*155*
Ⅲ　規制手段………………………………………………………………………*161*
　　1　差止請求権・*161* ／ 2　損害賠償その他の金銭的措置・*162* ／ 3　不正競争防止法の活用可能性・*163*

8　消費者取引における情報力の格差と法規制——消費者法と市場秩序法の相互関係に着目して

──────【千葉恵美子】

Ⅰ　はじめに——分析の対象とその視点……………………………………*165*
Ⅱ　消費者の個人的法益と消費者取消権の根拠……………………………*168*
　　1　消費者取消権は意思表示の瑕疵に関する制度なのか・*168* ／ 2　消費者取消権の意義と誤認行為類型・困惑行為類型の位置付け・*173*
Ⅲ　適格消費者団体の差止請求権における保護法益とその実現主体
　　……………………………………………………………………………………*178*
　　1　何が問題か・*178* ／ 2　適格消費者団体の差止請求権と保護法益・*180* ／ 3　適格消費者団体が差止請求権の権利主体となる理由・*182* ／ 4　独占禁止法・景品表示法の差止請求権との関係・*184*
Ⅳ　集団的利益の実現手段とその関係——投資取引を素材として……*186*
　　1　差止請求権だけで集団的利益は実現するか・*186* ／ 2　投資取引における法規制の概観・*187* ／ 3　開示規制とその実現・*188* ／ 4　販売勧誘規制とその実現・*192*
Ⅴ　おわりに………………………………………………………………………*196*

目　次

⑨ 集団的消費者利益に関する基礎的視点──利益・帰属・役割分担

【吉田克己】

I　利益論……………………………………………………………………*201*
　　1　利益の類型化・*201* ／ 2　分節化された議論の深化・*203*
II　帰属論……………………………………………………………………*207*
　　1　集団的利益の帰属主体と実現主体・*207* ／ 2　利益剥奪・*210*
III　役割分担論………………………………………………………………*211*
　　1　集合的利益に関わる役割分担・*212* ／ 2　社会的損失に関する役割分担・*213*

⑩ 集団的消費者利益とその実現主体・実現手法──行政法学の観点から

【山本隆司】

I　利益──利益の保護・実現の過程におけるメタモルフォーゼ……*217*
　　1　個別的利益・不特定多数者の利益・公益・*217* ／ 2　不特定多数者の保護利益の可分性・不可分性・*217* ／ 3　実体法上の利益の実現過程における救済法上の利益および損害・*219* ／ 4　民事実体法の保護法益としての不特定多数者の利益・*220* ／ 5　事後的な契約の効力否定または民事損害賠償の基礎となる不特定多数者の利益・*222*
II　権利・権限──個人の自由権と参政権との間における団体の権利・行政機関が不特定多数者の利益を主張する権限…………………*223*
　　1　利益と権利・*223* ／ 2　不特定多数者の利益を実現する個人および団体の権利の構想・*223* ／ 3　不特定多数者の利益を権利化する実質的根拠──法益主張の機会の均衡・*226* ／ 4　不特定多数者の利益を権利化する法律上の根拠──「法律上の争訟」の相対化？・*227* ／ 5　消費者個人の権利・事業者の権利と団体の権利・行政機関の権限との関係・

228／6　不特定多数の消費者の利益を明確に表出する行政機関の権限・役割・229／7　不特定多数の消費者の利益を保護する団体の権利と行政機関の権限との関係・231

Ⅲ　法的手法──違法収益の剥奪と制裁・賠償との関係……………232
　　1　違法収益の剥奪の法的性質・232／2　行政制裁の法的性質・経済的抑止に機能特化した行政制裁・234／3　二重処罰禁止法理の基礎にある比例原則の適用・235／4　賠償との調整の必要性と賠償のための配分可能性・236

⑪ 消費者取引と優越的地位の濫用規制──搾取規制と独占禁止法

【林　秀弥】

Ⅰ　優越的地位の濫用規制と消費者取引──問題の所在とこれまでの議論状況…………………………………………………………238
Ⅱ　優越的地位の濫用規制に関する経済学的根拠……………………244
Ⅲ　消費者取引における事業者の「優越的地位」の捉え方…………249
Ⅳ　事業者間取引と消費者取引………………………………………251
Ⅴ　結語…………………………………………………………………252

⑫ 不当条項規制における裁判官の役割に関する一考察──フランス法における議論

【大澤　彩】

Ⅰ　本稿の問題意識………………………………………………………254
Ⅱ　裁判官への職権付与に至るまで──2008年の消費法典改正前…255
　　1　前提──裁判官への条項の濫用性評価権限の付与・255／2　裁判官への職権付与を巡る学説・判例・256／3　欧州司法裁判所判決・259
Ⅲ　2008年の消費法典改正による裁判官への職権の付与…………260

目　　次

Ⅳ　裁判官の職権の強化と限界——欧州司法裁判所2009年６月４日
　　判決以降……………………………………………………………………264
　　　1　欧州司法裁判所2009年６月４日判決・264／2　消費者の権利・保
　　護・情報を強化する法律案・267／3　欧州司法裁判所2012年６月14日
　　判決・2013年２月21日判決・267
Ⅴ　日本法への示唆と今後の課題…………………………………………269

13 適格消費者団体による包括的差止請求・条項改訂請求の可否——差止請求権の請求内容に関する序論的考察をも兼ねて

【根本尚徳】

Ⅰ　本稿の目的………………………………………………………………271
Ⅱ　問題の所在………………………………………………………………272
　　　1　具体例・272／2　3つの可能性・273／3　論点の整理・273
Ⅲ　包括的差止請求の可否…………………………………………………277
　　　1　序・277／2　考察・279／3　まとめ——適格消費者団体による
　　包括的差止請求の許容性・287
Ⅳ　条項改訂請求の可否……………………………………………………289
　　　1　問題の所在・289／2　抽象的差止請求の可否を巡る従来の議論の
　　整理・291／3　考察——請求権者が特定の侵害除去方法を選択するこ
　　との可否・294／4　まとめ——条項改訂請求の不適法性・300
Ⅴ　結論………………………………………………………………………302

第2部　集団的消費者被害救済制度の諸相

1　消費者の権利保護のための集合訴訟——訴訟対象から見た集合手続
【酒井　一】

Ⅰ　差止請求訴訟 …………………………………………………………… *307*
Ⅱ　損害賠償等金銭請求訴訟 ……………………………………………… *309*
　1　集団訴訟の審判対象・*309* ／ 2　請求の特定・*311* ／ 3　請求の併合・*312* ／ 4　請求の範囲・*313* ／ 5　手続構造による対象の相違・*314* ／ 6　消滅時効の中断・*314* ／ 7　消費者裁判手続特例法における「共通義務確認訴訟」・*315*
Ⅲ　まとめに代えて ………………………………………………………… *318*

2　消費者団体による訴訟と執行を巡る諸問題
【渡部美由紀】

Ⅰ　本稿の検討対象 ………………………………………………………… *319*
Ⅱ　差止めを命ずる判決の執行 …………………………………………… *321*
　1　執行方法——間接強制・*322* ／ 2　団体訴訟に係る差止判決の執行の特殊性・*325*
Ⅲ　損害賠償に関する裁判の執行 ………………………………………… *328*
　1　簡易確定手続の構造・*329* ／ 2　第三者の執行担当・*330* ／ 3　特定適格消費者団体のする仮差押え・*332* ／ 4　執行の内容・*332*
Ⅳ　結びに代えて …………………………………………………………… *334*

目　次

③ 消費者団体による訴訟と訴訟法上の問題点──訴訟物と既判力の客観的範囲を中心に
【町村泰貴】

Ⅰ　訴訟物と判決効の客観的範囲……………………………………………336
　1　無効・取消原因の競合と訴訟物の特定・336／2　同一訴訟物による再度の提訴と既判力・340／3　請求の特定・348
Ⅱ　確定判決等による他の適格消費者団体の差止請求権制限…………351
Ⅲ　結びに代えて………………………………………………………………353

④ 消費者裁判手続特例法に基づく請求・審理・裁判等に関する手続上の諸問題
【笠井正俊】

Ⅰ　本稿の趣旨…………………………………………………………………362
Ⅱ　対象となる請求や損害……………………………………………………363
　1　対象となる請求・363／2　除外される損害・364／3　多数性の要件・共通性の要件・支配性の要件・365／4　想定される事案と対象とならない事案・366
Ⅲ　仮差押えの要件としての被保全権利の主張と疎明……………………369
Ⅳ　共通義務確認訴訟における請求と判決主文……………………………371
　1　共通義務確認の訴えにおける請求の特定・371／2　共通義務を確認する判決主文の内容と争点に関する判断の記載・372
Ⅴ　対象消費者や請求権の存在を巡る審理および判断……………………377
　1　対象消費者や請求権に関する情報や証拠の提出に関する仕組み・377／2　対象消費者（被害者）の特定が困難な事案の取扱い・378／3　損害額の立証と認定・379

❺ 消費者裁判手続特例法の当事者適格の観点からの分析
──────────【八田卓也】

- Ⅰ 考察の対象……………………………………………………………………381
- Ⅱ 法の立場………………………………………………………………………382
  - 1 手続の構造・382 ／ 2 対象事案・383 ／ 3 当事者適格・384
- Ⅲ 当事者適格の構成……………………………………………………………386
  - 1 当事者適格に関する一般論・386 ／ 2 権利帰属主体以外の第三者に当事者適格を認める構成と，その正当化のために必要となる要素・388
- Ⅳ 法の検討………………………………………………………………………392
  - 1 手続全体について・392 ／ 2 第1段階の手続追行資格・401 ／ 3 第2段階の手続の手続追行資格・404
- Ⅴ 「E案」の可能性　407
  - 1 手続の構想・407 ／ 2 手続構想の根拠となる考え方・408 ／ 3 想定しうる批判とそれに対する応答・409

❻ 集団的消費者利益の実現における司法と行政──民事訴訟法学からみた役割分担
──────────【長谷部由起子】

- Ⅰ 問題の所在……………………………………………………………………411
  - 1 行政による消費者利益の実現・411 ／ 2 消費者利益の実現における私人の役割・412 ／ 3 損害賠償請求訴訟の限界・413 ／ 4 私人による消費者利益の実現──エンフォースメントの複線化・414 ／ 5 本稿の目的・416
- Ⅱ 集団的被害回復裁判手続による集団的消費者利益の実現…………416
  - 1 集団的被害回復裁判手続の構造──2段階の手続・416 ／ 2 共通義務確認訴訟の請求および当事者・417 ／ 3 対象債権の実現（その1）

目　次

——「簡易確定手続」の創設・*420* ／ 4　対象債権の実現（その2）——債務名義と仮差押えの特則・*423*

Ⅲ　比較法的考察 ………………………………………………… *424*
　1　アメリカ合衆国のクラスアクションの概要・*424* ／ 2　オプトアウト型とオプトイン型の比較・*426* ／ 3　オプトアウト型クラスアクションにおけるメンバーの利益保護の方法・*428*

Ⅳ　集団的被害回復裁判手続の特徴 …………………………… *429*
　1　オプトイン型か，オプトアウト型か・*429* ／ 2　簡易確定手続の実効性・*431* ／ 3　集団的被害回復裁判手続における対象消費者の利益保護の方法・*432*

Ⅴ　今後の課題 …………………………………………………… *434*
　1　集合訴訟の理念・*434* ／ 2　アメリカ合衆国のクラスアクションと集団的被害回復裁判手続の差異・*434* ／ 3　集団的被害回復裁判手続における裁判所の役割・*436* ／ 4　集団的被害回復裁判手続と行政手法の関係・*437*

◆ 7　集団的消費者被害救済の国際的側面——抵触法的考察
　　　　　　　　　　　　　　　　　　　　　　【横溝　大】

Ⅰ　国際裁判管轄 ………………………………………………… *441*
Ⅱ　共通義務の決定 ……………………………………………… *445*
Ⅲ　準拠法 ………………………………………………………… *447*
　1　当事者の合意による事後的な準拠法変更・*447* ／ 2　消費者の常居所地法中の強行規定適用の意思表示・*448*
Ⅳ　結語 …………………………………………………………… *450*
　1　外国消費者団体等の原告適格・*450* ／ 2　集団的消費者被害救済制度に基づく外国判決の承認・執行・*451*

⑧ 欧州における集団的救済手続の状況——オランダWCAM手続と渉外関係事件を巡って
【柴崎　暁・丸山千賀子】

Ⅰ　WCAM手続と欧州人権条約・代表団体の代表性 ……………………*457*
Ⅱ　WCAM手続と裁判管轄の問題 ………………………………………*462*
Ⅲ　おわりに …………………………………………………………………*465*

第3部　諸法からみた学際的検討

① 消費者法と公私協働
【宮澤俊昭】

Ⅰ　複合的法領域としての消費者法と公私協働論……………………*470*
Ⅱ　消費者法 ……………………………………………………………*472*
　1　消費者法と民法・*472* ／ 2　消費者法と行政法・*475* ／ 3　小活・*477*
Ⅲ　公私協働 ……………………………………………………………*478*
　1　公私協働論の現状・*478* ／ 2　民法学における公私協働に関する議論・*479* ／ 3　行政法学における公私協働に関する議論・*480* ／ 4　分析と検討・*483*
Ⅳ　消費者法における公私協働論の意義 ……………………………*485*

② 行動経済学と競争法
【林　秀弥】

Ⅰ　はじめに：行動経済学の重要性 …………………………………*487*

目　次

　Ⅱ　消費者行動の経済学……………………………………………*489*
　　1　序説・*489* ／ 2　消費者の認知能力の限界・*493*
　Ⅲ　消費者保護におけるパターナリズム……………………………*496*
　Ⅳ　結語………………………………………………………………*498*

❸ 景品表示法における消費者被害の事前防止について
　　──表示規制を中心として

【向田直範】

　Ⅰ　独占禁止法の特例法としての景品表示法………………………*500*
　Ⅱ　改正の概要………………………………………………………*501*
　　1　目的規定（1条）と実体規定（4条1項）の改正・*501* ／ 2　手続規定の改正・*502*
　Ⅲ　適格消費者団体による差止請求…………………………………*504*
　　1　差止請求権導入の趣旨・*504* ／ 2　差止請求権の内容・*505* ／ 3　差止請求手続・*506* ／ 4　適格消費者団体による差止請求権の行使の現状・*507*
　Ⅳ　消費者による損害賠償請求………………………………………*508*
　Ⅴ　消費者被害の事前防止のために…………………………………*510*

❹ 適合性評価の消費者保護機能

【原田大樹】

　Ⅰ　本稿の課題と対象………………………………………………*514*
　Ⅱ　認定機関の消費者保護機能……………………………………*516*
　　1　認定の意義とその手続的過程・*516* ／ 2　認定機関による苦情解決活動・*519* ／ 3　認定機関の消費者保護機能・*522*
　Ⅲ　認証機関の消費者保護機能……………………………………*524*
　　1　認証の意義とその手続的過程・*524* ／ 2　公平性委員会による公平

性・透明性確保・*526*／3　認証契約の消費者保護機能・*528*
Ⅳ　おわりに──理論的アプローチの可能性 ……………………………*529*

❺ 税は自ら助くる消費者(もの)を助く？──投資家の受領した損害賠償課税を中心として
　　　　　　　　　　　　　　　　　　　　　　　──────【髙橋祐介】

Ⅰ　はじめに …………………………………………………………………*532*
Ⅱ　投資家と所得税法 ………………………………………………………*534*
　　1　はじめに・*534*／2　損失控除の意味・*535*／3　損失控除に関する規定・*536*／4　損害賠償の取扱い・*539*
Ⅲ　検討 ………………………………………………………………………*540*
　　1　投資家と限定的な損失控除・*540*／2　Aの受領した損害賠償と課税・*541*／3　損失控除制限と損害賠償非課税・*543*／4　損害賠償と損失控除の偶発性排除・*544*
Ⅳ　おわりに …………………………………………………………………*545*

❻ 集団的消費者被害に対する刑事法の意義と限界
　　　　　　　　　　　　　　　　　　　　　　　──────【佐久間修】

Ⅰ　集団的被害と社会的損失 ………………………………………………*549*
Ⅱ　被害者の概念と保護法益 ………………………………………………*550*
　　1　刑法における「被害者」・*550*／2　被害者としての「消費者」・*551*／3　個人的法益と集合的法益・*551*
Ⅲ　刑法からみた集団的加害と被害 ………………………………………*552*
　　1　処罰規定の断片性・*552*／2　刑法における消費者被害の広がり・*553*／3　保護法益の概念と被害者の救済・*554*／4　犯罪被害者とは何か・*555*／5　集団的利益と被害者の救済・*556*
Ⅳ　刑法による利益剥奪と損害回復 ………………………………………*557*

1　犯罪被害者等基本法と被害者の救済・557／2　組織的犯罪処罰法と犯罪被害回復給付金支給法・558／3　組織的犯罪等による犯罪収益の剥奪・559／4　刑事手続法の改正と刑事上の和解・560
Ⅴ　刑事制裁の機能とその限界 ……………………………………………561
　　1　被害者救済と刑罰理論・561／2　集団的消費者被害を巡る理論的視座・562

❼ 消費者被害の救済と刑事法の役割
　　　　　　　　　　　　　　　　　　　　　　　　【宮木康博】

Ⅰ　問題の所在…………………………………………………………………564
　　1　消費者被害の現状・564／2　消費者保護と刑事法・565／3　消費者救済と刑事法・566／4　本稿の視座・567
Ⅱ　公判記録の閲覧・謄写と刑事和解………………………………………567
　　1　導入の経緯・567／2　制度の概要・568／3　（集団的）消費者被害との関係・569
Ⅲ　被害回復給付金支給制度…………………………………………………570
　　1　導入の経緯・570／2　組織的犯罪処罰法の改正内容・573／3　犯罪被害回復給付金支給法の内容・573／4　（集団的）消費者被害との関係・575
Ⅳ　損害賠償命令………………………………………………………………576
　　1　導入の経緯・576／2　制度の概要・577／3　（集団的）消費者被害との関係・579
Ⅴ　おわりに……………………………………………………………………579
　　1　刑法の最終手段性（謙抑性）との関係・579／2　没収・追徴の刑罰性・580／3　今後の議論の方向性・581

◆事項索引・583

第1部
集団的利益の類型論からみた救済制度の展開

第1部　集団的利益の類型論からみた救済制度の展開

集団的消費者利益の実現を巡る研究序説試論＊

名古屋大学教授　千葉恵美子

I　問題の所在

1　これまでの立法の動向

　司法制度改革審議会意見書（2001年6月12日）は，国民の期待に応える司法制度として裁判所へのアクセスの拡充を検討課題として掲げ，民事司法制度における被害救済の実効化確保の観点から，多数被害への対応が必要であることを指摘した。この意見書を踏まえて，2002年3月19日に，司法制度改革推進計画が閣議決定され，多数被害への対応策として，いわゆる団体訴権の導入が立法政策の課題の1つとなった。司法制度改革推進計画では，導入する場合の適格団体の決め方等について，法分野ごとに，個別の実体法において，その法律の目的やその法律が保護しようとしている権利，利益等を考慮した検討を行うものとされた。

　団体訴訟制度の導入の端緒となったのは，2006年の消費者契約法の改正によって誕生した適格消費者団体による差止請求制度である。周知のように，その後，消費者法分野では，2008年に，特定商取引法および景品表示法にお

＊ 本稿は，日本消費者法学会第4回大会資料の予稿として執筆した「集団的消費者利益の実現と実体法の役割——本シンポジウムの目的」現代消費者法12号（2011）4頁以下に，日本消費者法学会第4回におけるシンポジウムにおけるディスカッション，平成22年度〜25年度科学研究費・基盤研究(A)「公正取引市場の実現を目的とする消費者の集団的利益救済・予防システムの総合的構築」（研究代表者・千葉恵美子，課題番号22243007），および，平成23年度〜平成24年度司法協会研究助成「集団的消費者利益の実現のための制度設計のあり方——実体法・手続法の架橋をめざして」（研究代表者・千葉恵美子）による研究成果に基づいて，加筆修正したものである。

集団的消費者利益の実現を巡る研究序説試論

いて適格消費者団体による差止請求制度が制度化され，さらに2013年には，不当表示を対象として食品表示法にも適格消費者団体による差止請求制度が導入された。

　しかし，消費者契約に関して多数の消費者が被害を被っている（ないしは被るおそれがある）場合に，適格消費者団体による差止請求制度[注1]だけでは，違反した事業者のもとに利益が残存し，被害を被った消費者は救済されず，法の実現が阻害されることになる[注2]。そこで，将来の事業者の違法な行為の差止めによる消費者被害の未然防止・拡大防止だけでなく，過去の損害の適切な賠償によって被害を回復するための制度が必要になる。どのような法制度を通じて改善するのかについては，これまで，さまざまな調査がなされ，立法提案がなされてきた[注3]。

　2009年9月に，消費者庁および消費者委員会設置法附則6条において，消費者庁関連三法の施行（同年9月1日）後3年を目処に，多数の消費者に被害を生じさせた者の不当な利益を剥奪し，被害者を救済するための制度について検討を加え，必要な措置を講じることが明記されたことを受けて，2009年11月に，消費者庁に「集団的消費者被害救済制度研究会」（座長・三木浩一教授）が設置され，新たな訴訟制度創設のための論点整理・モデル案作りがなされた[注4]。その後，2010年10月に，消費者委員会に「集団的消費者被害救済制度専門調査会」（座長・伊藤眞教授）が設置され，専門調査会の答申[注5]

(注1)　2007年6月から2013年7月までに提起された適格消費者団体による差止請求訴訟は，31件に上る。

(注2)　2014年3月，消費者庁は消費者被害額は年約6兆円，GDPの約1.2パーセント，家計支出の約2.1パーセントに相当するとする推計結果を公表した。消費者被害額の推計結果については，http://www.caa.go.jp/adjustment/index_19.html 参照。

(注3)　具体的には2008年12月に，内閣府に「集団的消費者被害回復制度等に関する研究会」（座長・三木浩一教授）が設置されて各種の制度に関する基礎研究がなされた。「集団的消費者被害回復制度等に関する研究会報告書」（2009年8月・内閣府）については，http://www.caa.go.jp/planning/pdf/torimatome.pdf 参照。

(注4)　「集団的消費者被害救済制度研究会報告書（2010年9月・消費者庁）」については，http://www.cao.go.jp/consumer/history/01/kabusoshiki/shudan/doc/001_101028_shiryou2-2-2.pdf 参照。日本消費者法学会第3回大会の各報告（現代消費者法8号〔2010〕所収）も参照。

を受けて，2012年8月に，消費者庁から「集団的消費者被害回復に係る訴訟制度案」が公表された。これらの準備作業を経て，2013年4月，第183国会に法律案が提出され，同年12月4日に，「消費者の財産的被害の集団的な回復のための民事の裁判手続の特例に関する法律」が，可決成立した。消費者裁判手続特例法は公布の日（2013年12月11日）から起算して3年を超えない範囲において施行されることが予定されていることから，2016年に施行されることになる。

2　消費者裁判手続特例法の概要

今般，消費者裁判手続特例法によって新たに導入された制度（以下，「集合的消費者被害回復制度」という）は，簡易・迅速に消費者被害の回復を図ることを可能とする2段階型の訴訟制度である。

第1段階の手続では，内閣総理大臣の認定を受けた特定適格消費者団体が，消費者契約（ただし，労働契約を除く）に関して相当多数の消費者に生じた財産的被害について，これらの消費者に対し共通する事実上および法律上の原因に基づき，事業者に金銭支払義務があることを確認する訴え（これを「共通義務確認の訴え」という）を提起できる（消費裁判3条）。つまり，特定適格消費者団体が，相当多数の消費者の利益を代表する立場から訴えを提起する仕組みになっている（同法4-11条）。

この第1段階目の手続で，特定適格消費者団体が勝訴（あるいは和解）し，事業者に共通義務があることが確認された場合に，第2段階目の手続に移行する。第2段階目の手続は，共通義務確認訴訟が終了した時から1か月内に，原則として共通義務確認訴訟の当事者であった特定適格消費者団体が，被告・事業者に対する金銭支払請求（これを「対象債権」という）について簡易

（注5）　集団的消費者被害救済制度専門調査会では，被害主体とその被害を一応は確定できるような紛争を念頭に，民事訴訟手続による金銭的被害回復のための集合的被害回復制度についてとりまとめが行われた。上記調査会の報告書（2011年8月・消費者委員会集団の消費者被害制度救済制度専門調査会）については，http://www.cao.go.jp/consumer/iinkai/2011/067/doc/067_110826_shiryou1-1.pdf参照。

確定手続の申立てを行うことによってなされる（消費裁判12条）。

　裁判所が簡易確定手続の開始決定（消費裁判19条）を行ったときは，特定適格消費者団体の通知・公告（同法25-26条）により，被害を受けた個々の消費者（このような消費者を「対象消費者」という）が手続に加入し，加入者が集まった後，簡易確定手続の申立てを行った特定適格消費者団体が個々の消費者から授権を受けて（同法31条），債権届出を行うことになる。対象消費者個人の債権届出は禁止されており，申立団体に担当が強制させていることから（同法30条），対象消費者の手続保障のために，簡易確定手続申立団体には，原則として授権契約の締結が義務付けられている（同法33条）。

　簡易確定手続申立団体による債権届出に基づき，事業者によるその金額等に対する認否等の手続（消費裁判42条）を経て，個々の債権の内容を確定し，裁判所が簡易確定決定（同法44条）によって，個々の消費者に対する最終的な返還金額が決められる仕組みになっている。

　第1段階目の手続の判決の効力が，第2段階目の手続に加入した消費者（これを「届出消費者」という）にも及ぶ点に特徴があり，消費者としては，第1段階目の手続の結果（特定適格消費者団体の勝訴）を見定めたうえで，第2段階目の手続に加入するかどうかを判断することができ，他方，事業者にとっては，多数の消費者との間の紛争を効率的に解決することができるメリットがあると説明されている。

　新たな訴訟制度は，事業者が相当多数の消費者に共通する事実および法律上の原因に基づき金銭を支払うべき場合に認められていることから，「多数性」と「共通性」を訴訟要件としている。したがって，基本的には，同種の消費者被害が多数発生する場合に，訴訟にかかる費用や労力との兼ね合い等から消費者の被害が救済されないままになる事態を改善するための制度として導入されており，被害主体およびその主体が被った被害が，一応は確定できるような紛争について，多数の消費者の請求権を束にして，個々の被害者が自ら訴えを提起して被害回復を図ることが困難な状況を改善する制度といってよいだろう。

　ただし，消費者裁判手続特例法では，裁判所は，共通義務確認の訴えに係

る請求を認容するとしても，事案の性質，当該判決を前提とする簡易確定手続において予想される主張および立証の内容その他の事情を考慮して，共通義務確認の訴えを却下することができるとする規定を置いている（消費裁判3条4項）。上記の要件は，「支配性」の要件と言われているが，第1段階の手続が第2段階の手続の手段として位置付けられていること，また，第2段階の手続が簡易確定手続であることによるものと思われる（同法13条）。

しかし，共通義務確認の訴えについて確定判決の効力が，簡易確定手続に加入した届出消費者にも及ぶこと（消費裁判9条）を既判力の拡張理論に準じて説明するのであれば，当該判決を前提とする簡易確定手続において予想される主張および立証の内容その他の事情を簡易確定手続の開始決定において考慮すれば十分ではなかったのか。第1段階の手続の手続追行主体を特定適格消費者団体に限定し，さらに，「支配性」の要件で，共通義務確認の訴えの訴訟要件を加重する理論的な根拠をどこに求めるのか。「支配性」の要件の解釈，共通性の要件と支配性の要件の関係が，今後，消費者裁判手続特例法が権利実現のシステムとして機能するのかどうかについての試金石の1つとなると考えられる。

3　本書の目的

少額多数被害救済制度としては，1966年に導入されたアメリカ合衆国のクラス・アクション制度が知られているが，消費者裁判手続特例法では，第1段階で，多数の消費者の利益を代表できるのは特定適格消費者団体に限定されており，特定適格消費者団体のみに原告適格が認められていること，第2段階の債権確定手続の段階で特定適格消費者団体が債権届出を行うにあたって消費者がオプトインする制度となっていること，第3に，集合的消費者被害回復制度の対象が限定されている点で，アメリカ型のクラス・アクションとは異なる制度である。

消費者裁判手続特例法の制定は，難産の連続であった。アメリカ合衆国におけるクラス・アクションの苦い経験を投影して，経済界を中心に，集団的な消費者利益を実現することは，どのような制度構築をするにしても経済の

活性化の足かせとなるのではないかとの危惧や懸念が伝えられた。しかし，アメリカ合衆国におけるクラス・アクション制度の弊害については，陪審制・懲罰的賠償制度・弁護士の成功報酬制度などアメリカ合衆国の特殊な裁判制度に起因する問題であることが，すでに指摘されているところである。また，この種の制度については，消費者利益の保護か事業者の利益の優先かという二者択一的な議論ではなく，国境を越えて広がる市場を考えた場合に，誠実に取引する多くの事業者が報われ，同時に，多くの消費者が安全で質のよい財を取得できるような取引環境をどのように整備するのかという観点から検討することが必要である。

　これまでにも，民事手続法の分野では，民事司法制度における被害救済の実効化確保の観点から多くの研究[注6]が公表されてきたが，本書は，民事紛争一般，裁判制度一般ではなく，現行の消費者契約法・特定商取引法・景品表示法等に基づく適格消費者団体による差止請求制度，消費者取引に限定して消費者裁判手続特例法に基づいて新たに導入された集合的消費者被害回復制度を素材として，集団的消費者利益を実現するための法システムとして，どのような制度設計が，事業者にとっても消費者にとっても有益であるのかを学際的，理論的に解明し，今後の解釈論の展開と立法政策に有益な情報を提供することを目的としている。

(注6)　上原敏夫『団体訴訟・クラスアクションの研究』（商事法務研究会，2001），総合研究開発機構＝高橋宏志共編『差止請求権の基本構造』（商事法務研究会，2001），内閣府国民生活局『諸外国における消費者団体訴訟制度に関する調査』（2004年9月）のほか多数の著作と，集合的権利保護訴訟研究会（座長・三木浩一教授）が公表した一連の外国法制調査研究（NBL 911号以降）を挙げることができる。

Ⅱ　本書の分析視角
1　集団的被害概念から集団的利益概念へのパラダイム転換

　これまで，集団的消費者被害回復制度あるいは集団的消費者被害救済制度を検討する際に，主に議論の念頭に置かれてきた対象は，被害主体とその損害が特定できても，同一の相手方に対して共通の権利・利益を有する相当多数の消費者が存在し，これらの消費者が比較的少額の経済的損害を被っているために，現在の民事訴訟手続では効率的に権利実現ができない場合である。

　裁判所がその固有の権限に基づいて審判をすることができる対象は，裁判所法3条1項にいう「法律上の争訟」，すなわち当事者間の具体的な権利義務ないし法律関係の存否に関する紛争であって，かつ，それが法令の適用により終局的に解決することができるものに限られている[注7]。集団的被害救済制度の設計にあたって念頭に置かれてきた紛争類型が，被害主体とその損害を確定できる同種の個別的利益を中心に展開されている理由はこの点にある。被害主体とその損害を観念しづらい集団的消費者利益についても，実体私法が保護に値する利益として承認しているという加工を施さない限りは，現行の民事訴訟手続を前提にした救済制度の俎上にはのりにくいことになり，検討の対象から除外されやすくなる。また，当事者間の具体的な権利義務ないし法律関係の存否に関する紛争として擬制しようとすると，個々の消費者の救済というよりは，被害発生の抑止に意味がある問題領域があることが見過ごされやすくなる。

　しかし，消費者紛争のうち圧倒的な割合を占めている「契約」「取引」を巡る紛争には，被害主体とその被害を確定できるような紛争類型のほかに，不当条項や不当な取引方法などによって，消費者が損害を被っていることを抽象的には観念できても，被害者を特定することが困難である場合，さらには，

（注7）　最判昭和56・4・7民集35巻3号443頁。

被害者も損害も特定することが困難である場合がある。消費者契約法への団体訴訟制度の導入にあたっても、消費者裁判手続特例法の制定過程においても、請求の特定のしかたや法的利益をどのように捉えるのかに関連して議論があったところである(注8)。また、集団的消費者利益の実現という観点からは、新しい裁判手続の導入のほかにも、事業者の自主規制に関する強制的でないモデル、非拘束的な集団的ADR・拘束的な集団的ADRなども議論の対象となってきた(注9)。

そこで、この呪縛から検討課題を解放するために、本書では、①被害者・損害の特定が難しい場合も含めて、「不特定」ないし「多数」の消費者の利益を広く**集団的消費者利益**と定義したうえで、集団的消費者利益の特色に応じて実体法規範との関係で、なぜこの種の利益を実現することが必要であるかを分析するとともに、②集団的消費者利益の態様に応じた権利実現システムを構築するために、誰にどのような権利や権限を認めるべきか、また、法の実現という観点から集団的消費者利益の実現を目的とする制度設計のあり方を学際的に検討することにした。

従来の問題関心が、集団的被害を裁判手続でどのように取り扱うのかとい

(注8) 消費者裁判手続特例法における集合的消費者被害回復制度に関しては、「集団的消費者被害救済制度研究会報告書(平成22年9月消費者庁)」3頁・34頁・37頁など参照。

(注9) 2000年以降、欧州各国でも集団的消費者被害救済制度の導入が検討されてきたが、欧州委員会の動きについても注目する必要がある。2011年2月4日に、欧州委員会は、加盟国の集団的救済に関する消費者法・金融サービス法・競争法・環境保護等に関する分野の法律に違いがあることから、EU圏内で適用される集団的救済制度(Collective Redress)の統一化に向けて、集団的救済に関するオプションの可能性について意見公募を行った(http://europa.eu/rapid/press-release_IP-11-132_en.htm)。詳細については、European Commission ,Commission Staff Working Document Public Consultation：Towards a Coherent European Approach to Collective Redress SEC (2011) 173 を参照(http://ec.europa.eu/justice/news/consulting_public/0054/sec_2011_173_en.pdf)。

また、2013年6月11日に、欧州委員会は、カルテルや優越的地位の濫用など欧州競争法違反によって被害者となった市民および事業者による損害賠償請求に関する指令案を公表しており、ここでも、集団の救済制度の創設を推奨する勧告がなされていることが注目される(http://europa.eu/rapid/press-release_IP-13-525_en.htm)。

う点にあったことと比較すると，集団的消費者「利益」とその「法実現」という課題を，集団的利益の態様に応じて「何を」「誰が」「どのように」実現するのかという視点から，消費者の集団的利益救済・予防システムの総合的構築を検討する新たな方向性を提示する点に，本書の分析視角の新規性がある。

　このような分析視角を共有することによって，消費者契約法・特定商取引法・景品表示法等に基づく適格消費者団体による差止請求制度，消費者取引に限定して消費者裁判手続特例法に基づいて新たに導入された集合的消費者被害回復制度についても，その制度の理論的根拠をどのように理解するのか，法制度の意義を検討する視座を提供できるのではないかと考えている。

2　集団的消費者利益の類型化の提唱

　「不特定」ないし「多数」の消費者の利益を広く集団的消費者利益として包含して考察の対象とするにしても，前述したように，そこには，多様な消費者紛争が取り込まれることになることから，本書では，被害者および損害の特定という観点から，集団的消費者利益を集合的利益，拡散的利益，社会的損失（利益）の3つに類型化したうえで，これらの法益侵害の予防・被害救済手段を検討する［☞*第1部* ❷ ・*第1部* ❸ ⅡおよびⅢ・*第1部* ❹ Ⅱ1およびⅢ，Ⅳ・*第1部* ❻ Ⅱ］。

　集合的利益とは，個人的利益を束にした利益であり，損害の観念とその個別的な帰属の確定が可能である利益，これに対して，**社会的損失**（利益）とは，市場競争の機能不全により社会的損失が観念できるが，損害を観念することができないことから，個人的利益を観念とすることが困難である利益である。**拡散的利益**とは，損害を観念することはできるが，その個別的な帰属を確定するのが難しい利益である。拡散的利益は集合的利益と社会的利益の中間に位置しており，個人的利益を観念とすることがなお可能であり，公的利益としての側面もある利益ということになる。

　このように，集団的利益を類型化するというアプローチをとることによって，これまで検討対象から漏れてきた公益と私益の中間的で多様な利益を捉

えることができることになる。これに伴って，本書では，公益と私益概念に代えて，公的利益と個人的利益という概念によって，「誰のどのような保護法益が問題となるっているのか」という観点から，消費者の集団的利益を捉えることにした（公益と公的利益の関係については，☞第1部❹Ⅱ1）。

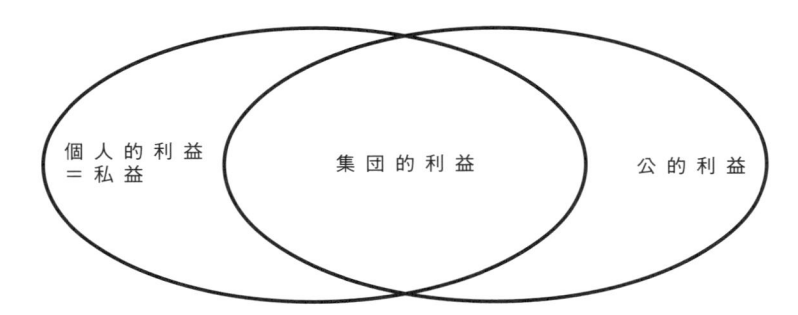

```
        個人的利益       集団的利益       公的利益
        ＝私益
```

また，集団的消費者利益の類型化によって，行政法・競争法・民事実体法上，誰にどのような権利や権限を認めることが集団的消費者利益を実現するために有益であるのかを考察し，司法手続による被害の救済以外にも多様な権利実現のシステムを複線的に構築することが可能となる。一方で，過剰な規制を回避するために，相互のシステムの関係を考察し必要があれば相互調整を考えることもできることになる。

しかし，他方で，このような視点から個々の消費者の法益を超えた「集団的消費者利益」をどのように実現するのかを考えることは，解決しなければならない多くの理論的課題を抱えこむことになる。

従来，公益が対象となる場合は，民主主義の原理との関係で，国会および国会が制定した法律に基づき授権された行政が対応すべき分野とされ，三権分立の原則との関係でも，違法行為を取り締まるのは行政であること，また，客観訴訟を原則的に民事訴訟手続で認めないのは，濫訴によって個人の自由・私権が侵害されるおそれがあるという点に対する配慮があるからである［☞第1部❹Ⅲ・第2部❻］。

そこで，現行のシステムの基礎理念を損なわないで，民主主義と三権分立と自由主義との軋轢を回避するための制度を構築するために，理論的課題を

第1部　集団的利益の類型論からみた救済制度の展開

明らかにし，解決の緒を示すことが必要となる。

3　法実現のための法規範の役割分担の流動化

　本書では，前述したように，適格消費者団体による差止請求制度，消費者裁判手続特例法に基づいて新たに導入された集合的消費者被害回復制度などを素材として，集団的消費者利益を実現するための法システムについて，理論的・学際的に検討することを目的としているが，従来のアプローチとの違いは，消費者の権利を実現するための被害救済制度を「手続法の制度改革」に限定せずに，集団的消費者利益を実現するために，法秩序をどのように制度設計するのか，また，すでに制度化された適格消費者団体による差止請求制度や消費者裁判手続特例法に基づく集合的消費者被害回復制度を全体のシステムの中で理論的にどのように位置付けるのかという点を主な検討対象とする点にある。

　伝統的には，①主に規制が発動される時期が，問題となる取引の前か後か，②社会全体の利益を実現するのか，それとも，公正な競争市場の確保か，個人的な利益を実現するのかという観点から法実現の対象となる利益が区別されてきた。また，③規制の手法についても，事業者ないし事業者の行為規制のためのルール（「事業者ルール」と呼ぶ），公正な競争市場秩序を維持するためのルール（「市場ルール」と呼ぶ），取引自体に対するルール（「取引ルール」と呼ぶ）のいずれの方法によるのかによって違いがあった。以上の3つの観点から，行政法・競争法・民事実体法が主に適用される領域が区分され，各法規範の役割分担がなされてきたことになる（下図参照）。

法規範 役割分担の視点	行政法	競争法	民事実体法
問題となる取引との関係で主に機能する時期	事前	事後	事後
誰の利益	社会全体の利益の実現	公正な競争市場の確保	個人の法益の保護
規制の手法	事業者ルール	市場ルール	取引ルール

　しかしながら，規制改革に伴って事前規制から事後規制への転換が図られ

る中で，消費者法に限定してみても，行政規制違反行為について私法的効力を否定する立法が盛んになされ，法規範の伝統的な役割は流動化してきた。この結果，現在，消費者私法には，2つの目的が共存していることになる。すなわち，消費者取引が情報力と交渉力に格差がある当事者間の取引であることから，経済的合理人を念頭に置いた民法の特別法として，消費者取引に適用される私法規範としての側面と，行政規制・刑事規制・民事規制の組合せによって，公正な取引秩序を維持・確保するという要請に答えようとする側面である。

　後者の典型は各種の業法であり，民事規制には，業法領域の法律において，消費者私法のいわゆる「三階部分」といわれている効力規定がある。たとえば，特定商取引法は主務大臣の指示処分・業務停止命令，景品表示法では内閣総理大臣の措置命令（景表6条）などによって広範な法執行が可能であり，これに加えて適格消費者団体による差止請求制度が導入されている。また，制定当初，純然たる民事立法として制定された消費者契約法も，消費者団体訴訟制度の導入によって，その性格を変えてきている。

　法の目的の競合と法の実現システムの複線化は，違反行為の抑止を強化するという観点からその必要性が説明されることが多いが，理論的には，なぜ，前述した法の目的による棲み分けを棚上げにして法の実現システムが複線化してくるのか，複線化が可能であるとしてその調整を要しないのかが課題となる。

　集団的消費者利益の中には，前述したように消費者の私権を観念しづらい領域があり，観念できたとしても，個々の消費者の救済というよりは，被害発生の抑止に大きな意味がある領域がある。このような場合には，将来の被害発生の抑止と競争的事業者の利益の確保という観点から，不当な取引によって利益を得た事業者を市場から排除することがより重要となる。この領域に対する規制は，従来，行政法と競争法が担ってきた法領域であり，行政が主に担当してきた。

　これに対して，適格消費者団体による差止請求制度は，まさに，このような領域において，適格消費者団体に実体法が差止請求権を与えるという方法

によって不適切な契約の締結，不適切な取引内容を排除する権限を認め，司法手続の中で被害発生の抑止を意図した制度であるといえる。

本書の目的は，消費者団体訴訟制度にとどまらず，広く集団的利益を実現するために，不適正な方法で得た利益を事業者からはき出させ，公正な市場に回復し（さらには，再び当該事業者が当該取引を通じて市場のプレーヤーとして登場する機会を奪うこと），もって消費者の利益・競争的事業者の利益を実現する点にあるが，司法手続を利用してこの目的を達成しようとすれば，公正競争阻害性という観点から一般消費者の利益を保護する競争法規範・行政法規範と私法規範が共存することになり，公法・私法の協働の意義や法規範の調整が問題となってくることになる。

また，消費者私法規範の内部にも，前述した2つの目的，すなわち，個人法益の保護と公正な取引秩序の維持・確保という目的を抱え込むことになる。そこでは，個別消費者の被害救済を必要とする領域と不当な取引によって利益を得た事業者を市場から排除する領域が共存することになり，理論的には，消費者契約法などの特別法上の私法的効力規定をどのような意味で民法の特別法として理解するのかが問題となる。

行政法・競争法と民事実体法は異なる法原理に基づいているが，「他に代替的契約条件を提示する事業者がいない」という取引環境を「その種の取引を締結する消費者からみて事業者が強い影響力をもっていること」と捉え，そのような取引環境の中で事業者が消費者の利益を侵害する（そのおそれがある）行為をした点に着目すれば，競争法と民事実体法の間に共通した議論の土壌を想定することは可能である。この点を手がかりとして，問題思考的アプローチをとることによって，公法規範と私法規範の相互の法原理の関係や関連する制度の要件論，また，エンフォースメントの関係を議論していくことが有益ではないかと思われる。①合意の優先する領域とそうではない領域か，②（合意は優先しないが）市場の自由が優先する領域か合意・市場への介入が優先する領域なのかという点を考慮しながら，各法領域からの介入の正当化の根拠とその手段を考えてみたい。

4　検討対象となる紛争類型の限定

　集団的消費者利益が，公益と私益の中間的で多様な利益を対象としていることに加えて，集団的消費者利益を巡る新しい法制度設計を難しくしているもう1つの原因は，ある事業者と不特定かつ多数の消費者との間で消費者取引が行われ，あるいは行われるおそれがある場合に，市場が歪められたことによる不利益が，法律学の観点からみた場合に何を意味しているのかが必ずしもはっきりしないという点にある(注10)。現象的に生じている消費者紛争を生活事実の観点から定量的に観察するだけでは，集団的利益の態様に応じて「何を」「誰が」「どのように」実現するのかについて解決の方向性を見いだすことは難しい。

　そこで，本書では，さまざまな消費者紛争のうち，市場において，①不当な取引内容によって取引行為が行われたという紛争類型（契約の内容を巡る類型），②適切な情報提供がなされない，あるいは，不公正な取引方法によって取引行為が行われた紛争類型（契約の締結過程を巡る類型），以上の2つの紛争類型に着目して，集団的消費者利益がどのように侵害されているのか，これに対して，実体法規範はどのような観点から権利ないし法の実現を図ることができるのかについて考察することにする。

　もっとも，典型的な消費者紛争類型には，上記の紛争類型と並んで，商品・サービスの「安全」を巡る紛争類型がある。しかし，商品・サービスの「安全」に関する紛争類型では，消費者が被る被害が取引の目的にとどまらず，人損に及ぶ場合がある。本書の目的は，集団的消費者利益の態様に応じた法の実現システムの多様な組合せを示すとともに，民事実体法と競争法・行政法との間の調整原理を探る点にある。そこで，市場における「取引」を前提とする紛争において，消費者が被る損害が経済的損失である場合に限定して検討するものとする。このような観点から，契約内容の適正化について

（注10）　この点の分析については，**第1部 ❻ Ⅱ** が，経済学的考察と法律学的考察を対比して，明確に論じている。

第1部　集団的利益の類型論からみた救済制度の展開

は，**第1部❺**と**第1部❻**が，契約過程の適正化については，**第1部❼**と**第1部❽**が，それぞれ民事実体法と競争法・行政法からみた分析を行っている。

Ⅲ　本書の構成

　本書は，「集団的利益の類型論からみた救済制度の展開」「集団的消費者被害救済制度の諸相」「諸法からみた集団的消費者利益の実現」の3部から構成される。本書に収録した論考の多くは，科学研究費・平成22年度から平成25年度基盤研究(A)「公正取引市場の実現を目的とする消費者の集団的消費者被害救済・予防システムの総合的構築」（研究代表者・千葉恵美子）の研究成果の一部である。また，第2部の論考については，司法協会研究助成・平成23年度～平成24年度「集団的消費者利益の実現のための制度設計のあり方――実体法・手続法の架橋をめざして」（研究代表者・千葉恵美子）の研究成果の一部である。

　第1部では，民事法・行政法・競争法から集団的消費者利益の類型化の意義を明らかにするとともに，集団的利益の類型化という視点から，救済制度との関係を考察している。消費者取引を巡る紛争について，集団的消費者利益――集合的利益・拡散的利益・社会的損失――の態様との関係で理論的にどのような救済制度が結びつくのか，また，紛争の態様が契約締結過程に関するものか，契約内容に関するものであるのかによって違いがないのかについて考察を加えている。

　第1部に収録されている論文のうち，本稿，第2論文（岡本裕樹第1論文），第4論文～第8論文（原田大樹第1論文・林秀弥第1論文・丸山絵美子論文・鈴木將文論文・千葉恵美子第2論文）は，日本消費者学会第4回大会（2011年）のシンポジウムにおける研究報告に，加筆・修正を加えた論考である。また，第9論文（吉田克己論文）と第10論文（山本隆司論文）は，上記の研究報告に対するコメンテーターによる論考であり，上記の論文に対する批評として

の意味を併せもつ。第3論文，第11論文～第13論文は日本消費者学会第4回大会後に，本書のために新たに執筆された論考である。

　第2部では，手続法の観点から集団的消費者被害救済制度の訴訟類型および訴訟手続のプロセスに応じて理論的な課題を検討している。第1部に収録されている第8論文までの論考が公表された以降，実体法学と手続法学におけるこれまでの検討をどのように架橋するのか，実体法学者と手続法学者との間で対話の機会をもった。第2部第1論文～第5論文（酒井一論文・渡部美由紀論文・町村泰貴論文・笠井正俊論文・八田卓也論文）は，その成果といえる。また，消費者裁判手続特例法が制定されたことを受けて，手続法の観点から新たな法律についても理論的な考察を加えた。第2部第6論文（長谷部由起子論文）は，集団的消費者被害救済制度について司法と行政が果たす役割について考察を加えており，第1部第3論文（岡本裕樹第2論文），第4論文（原田大樹第1論文）と第2部の論文の架橋の役割を果たしている。

　第3部の論文は，公私協働論，行動経済学，景品表示法，税法，刑事法などの観点から，学際的に，集団的消費者被害救済制度について考察を加えている。

　第3部に収録されている論考の多くは，第1部の論考とともに，市民生活に関連する次世代型の社会システムのあり方を研究対象としている「ライフ・イノベーション研究会」において報告され，その後，本書のために新たに執筆された論考である。

　なお，本書では，用語の混乱をさけるために，可能な限り，前述した「**集合的利益**」「**拡散的利益**」「**社会的喪失（利益）**」の概念を利用して，どのような利益が問題となっているのかを明らかにし，「**集団的消費者利益**」については，集合的利益・拡散的利益・社会的喪失（利益）を包含する概念として使用することにした。

　また，「集団的消費者利益救済制度」「集団的消費者被害回復制度」「集合的消費者被害回復制度」についても，立法過程でさまざまな表現が使われている。立法化をどの範囲で行うのかという点との関係で，用語に変遷があるように思われるが，集団的消費者利益の類型論との関係で，本書では以下の意

味で使用することにした。

「**集団的消費者被害救済制度**」については，集合的利益・拡散的利益・社会的喪失（利益）を包含する「集団的消費者利益」の侵害に関する救済制度を広く包含する際に利用することにした。したがって，課徴金制度などや刑事罰なども含まれることになる。「**集団的消費者被害回復制度**」については，消費者の被った被害回復を制度目的とすることから，消費者の損害が観念できる場合に限定して使用する。集団的利益の類型論との関係では，集合的利益・拡散的利益が侵害される場合に，被害回復のための制度全般を意味することになる。一方，「**集合的消費者被害回復制度**」は，消費者個人について損害の発生が観念でき，かつ，被害者が特定できる場合に，その被害回復の制度を指す場合に使用する。集合的利益が侵害される場合のみを対象とし，消費者個人の被害回復だけを目的とする制度ということになる。したがって，消費者裁判手続特例法に基づく制度は，集合的消費者被害回復制度に該当することになる。

② 集団的消費者利益の実現を巡る民事実体法上の観点からの試論＊

名古屋大学教授　岡本裕樹

I　本稿の目的

1　現状の概要

　集団的消費者利益を巡る動きとして，同種の被害が拡散的に生じる集団的消費者被害に対処すべく，法制度の整備が急がれている。民事法領域では，2006年の消費者契約法改正の際，適格消費者団体による差止請求の制度が導入された。これに加え，集団的消費者被害救済制度の創設が検討されてきている。主な動きとしては，まず消費者庁の下，三木浩一教授を座長とする「集団的消費者被害救済制度研究会」が，「集団的消費者被害救済制度研究会報告書」（以下，「研究会報告書」という）を作成した。また，2010年度の日本消費者法学会第3回大会にて，消費者救済制度のあり方を検討するシンポジウムが行われた[注1]。その後，消費者委員会の下で，伊藤眞教授を座長に，「集団的消費者被害救済制度専門調査会」[注2]が開催されたほか，日本弁護士連合会（以下，「日弁連」という）が『『損害賠償等消費者団体訴訟制度』要綱案」と「損害賠償等消費者団体訴訟制度（特定共通請求原因確認等訴訟型）要綱案」を公表していた[注3]。そして，平成25年12月に，財産的被害の回復を目的と

＊本稿は，現代消費者法12号（2011）9頁以下に掲載された同名の拙稿に，若干の修正を加えたものである。なお，日本消費者法学会第4回大会シンポジウムにて，この拙稿をもとにした報告の機会を賜った。関係する方々に，あらためて御礼申し上げる。
(注1)　「特集・集団的消費者被害の救済制度の構築へ向けて」現代消費者法8号（2010）4頁。
(注2)　議事内容は，内閣府のホームページで公表されている。本稿ではこれを「議事録」で引用する。なお，研究会報告書は，第1回調査会の資料にある。

した消費者裁判手続特例法が，国会で可決され，成立した。

　特別な救済制度が必要とされる背景には，以下のような消費者被害の特徴があるとされる(注4)。

① 多数に及ぶ同種の被害が頻発・反復するケースが多く，個々の被害者による個別的解決では問題の本質的解決にならない。

② 消費者と事業者との間に情報・能力の非対称性があるために，個々の被害者による個別的解決に期待することが難しい。

③ 個々の被害はしばしば少額であるため，個々の被害者は，コストを伴う訴訟による被害回復を断念しがちである。

④ 多数の被害者が集団を形成して実効的に被害救済を図ろうにも，消費者相互は面識や社会的なつながりがなく，また，消費者の中には被害の認識や権利の意識に乏しい者が含まれるため，集団の形成は困難である。

⑤ 消費者全体に被害が及ぶ事案には，個々の被害者の特定が困難または不可能な類型があり，こうした事案については，被害者の活動に期待することはできない。

⑥ 加害者が特に悪質な事案では，加害者による資産の隠匿・散逸などが行われるため，早期に対応しなければ被害の回復が困難になる。

　このような消費者被害を前に，その救済に利用されるべき既存の民事的手続の実効性が十全ではないことが，共通認識となっている。まず，消費者契約法上の差止請求制度は，過去の被害を回復させるものではない。また，現行の民事訴訟法には，共同訴訟制度，選定当事者制度，少額訴訟制度があるが，これらは多様な消費者被害への対応が十分ではなく，被害者による制度利用の実態から，利便性にも疑問がある。

　こうした状況を踏まえ，これまでの消費者救済制度の創設を巡る議論では，被害回復の現実的実効性を主眼においた民事手続の仕組みが検討されて

(注3)　いずれも，日弁連のホームページで公表されている。
(注4)　三木浩一「集団的消費者被害救済制度の展望と課題」現代消費者法8号（2010）4頁。

きた。その際，民事実体法上の問題は，想定される各種手続の検討の中で，付随的な取扱いに止まってきた(注5)。

2　問題の所在

本稿は，こうした議論の流れに異を唱えるものではない。現状では，民事実体法上の救済制度を充実させても，その活用が期待できないことに問題の根源があるため（上掲②③④⑤），権利実現を容易にする手続の整備こそが，最優先課題である。

ただ，特別な救済制度の導入に際しては，同様の役割を担う他の制度との調整が求められるし，その設計・実効的運用には，制度の趣旨を明確にして，その射程や運用指針を明らかにしておく必要もあろう。この観点から従来の議論を顧みると，これまでは，制度構築を考えるうえで，「何を」「誰が」「どのように」行うのか，のうち，「どのように」についての検討が中心であった(注6)。反面，「何を」「誰が」に関しては，副次的な位置付けに止まっており，検討の余地は大きい。

3　検討対象と留意点

こうした認識の下で，集団的消費者利益を巡り「何を」「誰が」行うべきかの検討を通じ，こうした利益の実現に際しての論点について，民事実体法上の観点から素描を試みたい。一口に「集団的消費者被害」といっても，その内実は多様である。この問題への対処には，被害実態に応じた法の実現システムの複線化が求められる［☞**第1部❶**］(注7)。本稿は，そのうち，民事的手段の対象と主体に関する実体法上の理論的課題を提示したい。その際，以下の点に留意する。第1に，被害消費者の私的自治の尊重である。個人を単位として，各個人に自己の私的生活関係の自律的形成を認める法体系の下で

(注5)　鹿野菜穂子「集団的消費者被害の救済制度と民事実体法上の問題点」現代消費者法8号（2010）16頁。
(注6)　第3回議事録37頁以下［伊藤眞発言］。
(注7)　三木・前掲（注4）5頁。

は，個人を保護するにしても，当該個人の自律的判断を阻害してはならない。第2に，制度の受動的主体となる事業者の取引活動に対する過度な制約の避止である。事業者の利益や自由も，消費者と同様に，保護されなければならない。第3に，濫訴の防止である。正常な取引にまで応訴リスクが及んではならない。これと関連して，訴訟追行主体の利得の禁止も挙げられる。

II 「何を」行うべきか

1 「何を」を巡る多様性

まず「何を」行うことが要請されるのか。議論の法的基礎である消費者庁及び消費者委員会設置法附則6項は，「多数の消費者に被害を生じさせた者の不当な収益をはく奪し，被害者を救済するための制度」の検討を求めている。これを受けた研究会報告書や日弁連の要綱案は，損害賠償請求権と不当利得返還請求権を想定している。具体的な検討事案は，不当条項規制に関するものから，特定商取引法の民事ルール違反，犯罪性のある悪質商法，カルテルや偽装表示など，被害の実態や事業者側の悪質性において多岐に渡る。このことから，現状の課題として，消費者の被害救済と事業者からの利益剥奪があることがわかる。

2 各課題の持つ意味の違い

これら2つの課題には，その意味において，重要な違いがあるように思われる。

まず，目的に違いがある。伝統的理解では，損害賠償制度の第1の目的は，被害者の被害救済であり，これによる違法行為の抑止や加害者への制裁という機能も副次的に果たす[注8]。これに対し，利益剥奪の場面では，違法・不当な取引によって得た利益の収得の阻止（以下，「取引の無益化」という）に狙

（注8） 最判平成9・7・11民集51巻6号2573頁。

いがある。また、集団的紛争での利益剥奪に際しては、同種取引の抑止も、取引の無益化と並ぶ主位的目的である[注9]。こうした利益剥奪は、民事手続によらずとも、行政的手段や刑事手続でも可能であるが、この際、利益剥奪が損害てん補に直結するとは限らない[注10]。他方、損害賠償では、原状回復的損害賠償が認められる場合でも、過失相殺などによる減額調整の可能性があるため、利益剥奪の実現に限界がある。

これに関連して、主張の要件面に違いがある。損害賠償請求では、損害発生につながった契約の効力を失わせる必要はない。ただ、損害発生が不可欠の要件となる。他方、違法・不当な取引の取締りを主眼とする利益剥奪では、損害発生よりも、問題取引の無価値評価が決め手となる。

こうした違いは、救済制度の趣旨に影響を及ぼす[注11]。だが、これまでは損害賠償請求と契約の失効（〔一部〕無効、取消し、解除、撤回）に基づく不当利得返還請求を区別しない傾向にあり[注12]、制度趣旨の軸足の所在があいまいといえる。先に述べたように制度趣旨の明確化が求められるところであり、それには、制度目的を確認する必要がある。

3　制度目的は何か

集団的消費者被害に対処する制度の目的としては、消費者の被害回復、違法・不当な利益の剥奪、違法・不当な取引の抑止、および、違法・不当な事業者への制裁が考えられる。このうち、日本の民事的被害救済制度は、伝統的に制裁を目的としていない。この点、議論の余地はあるが[注13]、制裁「機能」を超えて、制裁「目的」を正面から認めることについては、学会の中で

(注9)　山本和彦「集合的権利保護訴訟制度の検討（上）――諸外国の集合的権利保護訴訟制度について」月刊監査役567号（2010）49頁。
(注10)　中川丈久「消費者被害の回復――行政法の役割」現代消費者法8号（2010）38頁。
(注11)　潮見佳男『不法行為法Ⅰ〔第2版〕』（信山社、2009）43頁以下（とりわけ、44頁注62）・53頁以下も参照。
(注12)　研究会報告書のほか、鹿野・前掲（注5）17頁。
(注13)　制裁機能を重視する立場として、近江幸治『民法講義Ⅵ〔第2版〕』（成文堂、2007）90頁以下、吉村良一『不法行為法〔第4版〕』（有斐閣、2010）18頁以下。

も(注14)，また産業界においても(注15)，依然として消極的である。残りの3つは，相互に排除し合うものではなく，被害回復や利益剥奪により，抑止目的も達成されうる。

4 制度目的に対応する手段は何か

　これらの目的のうち，被害回復を重視すれば，その手段としては損害賠償が想起される。生命・健康・身体上の被害や精神的損害，あるいは，消費者の支払った対価を超える財産上の被害の救済には，損害賠償が最適である。ただ，利益剥奪という点では，被害者の受けた損害が限度となる。また，過失相殺などによる減額の可能性もある。そのため，実際の損害額が事業者の利益よりも小さい場合や，減額調整がされた場合，利益剥奪や抑止の効果は限定的になる。さらに，カルテルや偽装表示など，損害発生や因果関係の証明が困難な事例では，損害賠償請求は機能しない。

　これに対し，利益剥奪の実現を最優先する場合，その手段としては，まず，契約の失効に基づく不当利得返還請求が考えられる。ここで剥奪の対象となるのは，事業者が消費者から違法・不当に受けた給付（代金）である。この方法では，代金額を超える損害が生じている場合，被害救済の十全性に欠けるが，別途の損害賠償請求により補完されうる。ただし，事業者の代金運用による利益の収得までは妨げられないため，利益剥奪の取引無益化・抑止効果にも限界がある。また，この方法は，利益を剥奪されるべき事業者と消費者との間の契約を前提とする。カルテルや偽装表示等について利益剥奪を行うには，別の方策が必要となる。

(注14)　加藤雅信『新民法大系Ⅴ事務管理・不当利得・不法行為〔第2版〕』（有斐閣，2005）381頁，窪田充見『不法行為法』（有斐閣，2007）19頁以下，潮見・前掲（注11）50頁以下，内田貴『民法Ⅱ〔第3版〕』（東京大学出版会，2011）323頁以下。
(注15)　三木浩一ほか「消費者団体訴訟をめぐって」ジュリ1320号（2006）12頁〔大村多聞発言〕。

Ⅲ 「誰が」行うべきか

1 訴訟追行主体の候補

特別な救済制度において、「誰が」主体となるかを巡っては、被害を受けた消費者、適格消費者団体、行政機関、その他の私的主体が候補となる。このうち、被害を受けた消費者にこそ、被害回復のインセンティブが働くが、個別被害者に主導的役割を期待するには、限界もある（上掲②③⑤）。消費者契約法上の適格消費者団体ならば、現行制度を利用した制度設計が可能となる。また、市場の健全性や不特定多数の者の利益の保護という観点からは、行政機関が制度主体にふさわしいといえる。さらに、私的主体一般に広く原告適格を認めれば、制度目的の実現可能性が大きくなる。他方で、濫訴防止の観点からは、制度主体の限定が求められる。

限定的立場からは、第1候補として適格消費者団体が考えられてきている。また、被害者や行政機関も当然には排除されていない[注16]。ただ、いずれを訴訟追行主体とするにせよ、その基礎となる権利を巡る問題がある。現行の適格消費者団体の差止請求権は、被害者の法的地位に直接の影響を与えないため、団体固有の権利としての説明が比較的容易だった。これに対し、訴訟に関与していない被害者の法的地位を左右する制度まで志向するとき、相応の理論的根拠が要求される。

2 訴訟追行主体の原告適格の理論的根拠

民事実体法の観点では、他人の法的地位に関わる請求を行う資格の理論的根拠として、大きく2通り考えられる。1つは被害者の代理人としての地位、いま1つは固有の権利である。

このうち、個別の授権がない限り、代理構成は難しい[注17]。任意代理と構

(注16) 三木・前掲（注4）10頁以下は、被害者個人を訴訟追行主体として考えている。
(注17) 鹿野・前掲（注5）18頁。

成するには，個別消費者からの授権の点で非常な擬制を必要とする。そのための現行民法典と整合性のある説明は，困難である[注18]。法定代理構成では，訴訟追行に参加しない被害者の私的自治との抵触が問題となるとともに，少なくとも，訴訟提起前に代理の本人たる消費者を特定することは必要であろう。しかし，それは事実上不可能である。

他方，差止請求権を有する主体が存在していなかった消費者契約法上の差止訴訟制度と異なり，被害者がすでに損害賠償請求権を有する場面で，訴訟追行主体の固有権を認めることはできないとする見解もある[注19]。しかし，被害者の権利と内容的に異なる固有の権利を訴訟追行主体に認めることを考えてよいのではないか。

それでは，訴訟追行主体に固有の権利を構成することは可能だろうか。

3　訴訟追行主体固有の権利の法的性質

訴訟追行主体の固有の権利としては，2つの態様が考えられる。損害賠償や利益剥奪のための訴訟追行権を認める考え方と，訴訟追行権だけでなく，実体法上の権利を認める考え方である。この点，適格消費者団体の差止請求権と同様，訴訟追行主体による訴訟外活動を法的に基礎付けるためには[注20]，実体法上の権利が必要となる。

4　訴訟追行主体固有の権利の実体法的基礎

次に，訴訟追行主体固有の権利のあり方を検討するが，ここでは，私的利益や私権の帰属主体が，それらの侵害に基づく請求権の行使主体となるという，近代私法上の私権概念[注21]を前提とする。

これに従えば，個々の被害者に，他の被害者の利益に関わる実体法上の請

(注18)　例えば，第三者のためにする契約につき，契約当事者間の合意のみで第三者の権利が発生し，第三者には事後的な拒絶権を付与するという規律をとっていない。手続法の観点からも課題は多い（第6回議事録14頁以下の各発言）。
(注19)　第10回議事録22頁［三木浩一発言］。
(注20)　三木浩一「訴訟法の観点から見た消費者団体訴訟制度」ジュリ1320号（2006）62頁参照。

求権を付与することはできない。個人の権利は，同人自身の私的利益の範囲に限定されるためである[注22]。消費者全体から成る社会集団を措定し，消費者被害をもたらす取引を，この一般的消費者集団に帰属する集団的・公共的利益への侵害と評価することや，そうした一般的消費者利益とともに，違法・不当な取引から個別消費者が法律上保護される利益の存在を承認し，個別被害者に一定の請求権を認めることは，理論的に説明可能であろう[注23]。ただし，ここでの集団的・公共的利益の帰属先は，あくまで一般的消費者集団である。また，ある集団の構成員たる地位は，集団全体の利益の対外的な代表者たる資格を当然に含むものではない。そのため，個別被害者が自身の利益を超えて，集団的利益の侵害を根拠にした請求をするには，更なる説明を要する。

適格消費者団体はどうか。現在の消費者契約法では，適格消費者団体は，「不特定かつ多数の消費者の利益のために」差止請求権を行使する消費者団体と定義されている（消費契約2条4項）。そして，この差止請求権は，実体法上の権利として位置付けられている（同法12条・23条等）[注24]。この現行制度の枠組みを活用すれば，「不特定かつ多数の消費者の利益」に資する限りで，集団的被害救済のための実体法上の権利を，適格消費者団体に付与する方向性が考えられる。

その際，「不特定かつ多数の消費者の利益」が，具体的な権利内容を画する基準となるため，その解釈が重要となる。この点，「不特定かつ多数」は「特定されていない相当数」を意味するとの解説[注25]や，「消費者の集団的利益」の保護制度として差止請求制度を示すための理念的意義と，少数・特定の消費者利益のための差止請求を認めない法技術的意義を指摘する見解[注26]が

(注21)　森田修「差止請求と民法――団体訴訟の実体法的構成」総合研究開発機構＝高橋宏志編『差止請求権の基本構造』（商事法務研究会，2001）117頁。
(注22)　大村敦志「実体法から見た消費者団体訴訟制度」ジュリ1320号（2006）55頁。
(注23)　環境上の利益を巡る議論（とりわけ，国立マンション訴訟の最高裁の立場）が参考になる。
(注24)　大村・前掲（注22）54頁。
(注25)　消費者庁企画課編『逐条解説消費者契約法〔第2版〕』（商事法務，2010）260頁。

ある。前者の解説は,「消費者一般の利益」ではなく,「消費者のうちの特定事例の被害者一般の利益」との解釈につながることも考えられ,また,後者の見解からは,法技術的意義により,制度利用の場面が限定される印象を受けやすい。ただ,いずれも,消費者被害の拡散の容易性を重視し,差止請求制度の目的を同種紛争の未然防止・拡大防止と理解している^(注27)。そのため,「不特定かつ多数の消費者の利益」とは,社会集団としての消費者全体の集団的・公共的利益と広く解されうる。つまり,適格消費者団体には,こうした集団的・公共的利益を代表する地位が付与されているとの解釈が可能である。もっとも,こうした解釈は,特定被害者の個別の請求権に関する適格消費者団体の立場の説明を困難にさせる。

5 「公私協働論」からの考察

こうした理解に対しては,伝統的な公私峻別論からの異論も予想される。公共的利益を代表しうるのは,私的主体ではなく,公的主体たる行政機関のみと考えられうるためである。この点,「公私協働論」の展開に説明の糸口が求められる^(注28)。

社会的事象の中で公私協働を促す要因は多様であるが,適格消費者団体が差止請求制度の担い手とされたことには,市民社会の成熟に伴う私的団体の活動と力量の拡大^(注29)が強調される^(注30)。公共的利益実現の効率性や実効性を高めるには,専門的知識・技術をもって機動的に活動する能力のある私的主体に,一定の役割を担わせるのが有用である^(注31)。その際,公共的利益を代表する適格性が問われるが,適格消費者団体については,国際的に比較し

(注26) 三木ほか・前掲（注15）24頁[山本豊発言]。
(注27) 三木ほか・前掲（注15）24頁[山本・三木発言],消費者庁企画課編・前掲（注25）260頁。
(注28) 「公私協働論」については,☞**第3部❶**。
(注29) 原田純孝「企画の趣旨と問題の提示」法社会学66号（2007）7頁。
(注30) 鹿野・前掲（注5）23頁。
(注31) 山本隆司「日本における公私協働の動向と課題」新世代法政策学研究2号（2009）295頁。

て厳格な(注32)さまざまな規制により，その適格性は確保されている。この点で，適格消費者団体と他の私的主体は異なる(注33)。

　他方，公共的利益のための訴訟追行が各消費者の法律関係に影響を及ぼすとなれば，公共的利益の観点からの私的法律関係への介入に対する懸念も生じうる。ただ，成年後見制度や各種の財産管理制度，身分関係に関わる制度の中で，民法典自体が，一定の場合に公益的観点から私的法律関係に立ち入ることを認めている。したがって，問題は，実現されるべき公共的利益の画定と，私的法律関係が介入される場面の適切な限定となる。

6　近代的私権概念との整合性

　ただし，このような説明をしても，根本的な問題は残る。先の近代私法上の私権概念の下，私的主体たる適格消費者団体に認められるのは，同団体に帰属する固有の利益に関わる権利のみである。消費者全体の集団的・公共的利益を措定しても，適格消費者団体はこの利益を代表するだけで，この利益が適格消費者団体に帰属するわけではない。このことは，現在の差止請求制度にも当てはまる。

　それでは，こうした近代的私権概念を用いない理論構築は可能か。これには吉田克己教授の提唱する外郭秩序論が注目される。それによるとまず，広中俊雄教授に倣い(注34)，現代市民社会の基本的秩序は根幹秩序と外郭秩序とに分析され，根幹秩序として財貨秩序と人格秩序が，それぞれに対応する外郭秩序として競争秩序と生活利益秩序が措定される。このうち外郭秩序は，不特定多数の市民が接近可能な「公共圏」での市民総体の利益を確保するためのものであり，「公共的性格（市民的公共性）」を帯びるという(注35)。そして，そこで保護の対象となる競争利益や生活利益は特定人に排他的に帰属しないために外郭秩序への古典的な近代法パラダイムの適合性を否定し，新た

(注32)　三木ほか・前掲（注15）16頁［上原発言］。
(注33)　☞第1部 ❹ Ⅲ2(1)(B)。
(注34)　広中俊雄『新版民法綱要(1)』（創文社，2006）1頁以下〔初版・1989〕。
(注35)　吉田克己『現代市民社会と民法学』（日本評論社，1999）268頁以下。

な法理論を求める(注36)。そのうえで，外郭秩序での秩序違反行為に対しては，秩序違反を理由とする差止めを認めるとともに(注37)，不法行為法による損害てん補に止まらない違法行為の抑止の観点から，不法行為の要件論において，損害を金銭的差額ではなく，公共的利益への侵害と捉えて，損害賠償請求の際の損害立証の緩和を唱える(注38)。

こうした吉田教授の見解を採り，消費者一般の利益も競争利益に含まれるならば，適格消費者団体が，競争秩序違反を根拠に，現行法上の差止請求だけでなく，損害賠償請求等を行うことを説明できるかもしれない。しかし，この理解のためには，外郭秩序において不法行為制度に違法行為抑止の目的を与えることや，訴訟追行者が違反者から「損害」として金銭の支払を受けることにつき，基礎理論上の根拠の提示が必要となる(注39)。

結局，現状では旧来の私権概念を前提とせざるをえず，その限りで，適格消費者団体に実体法上の権利を認めることは困難である。立法による特殊な創設的権利との説明しかないかもしれない(注40)。この場合，やはり，その権利の趣旨と外延の明確性が求められる。

他方，行政機関を制度主体とするならば，いずれにせよ法律上の根拠が必要なため，そうした問題は生じない。ただし，規制の実効性・機動性に関する運用上の懸念が出てくる。また，社会の部分利益が行政機構の実現すべき

(注36) 吉田・前掲（注34）272頁。
(注37) 吉田克己「景観利益の法的保護」慶応法学3号（2005）93頁。
(注38) 吉田克己「競争秩序と民法」稗貫俊文編・厚谷襄兒先生古稀記念論集『競争法の現代的諸相（上）』（信山社，2005）40頁以下。
(注39) さらに，吉田教授の見解に対しては，より根本的な批判として，「秩序」を強調することにより個人の権利・利益が「秩序」に埋没することに対する懸念や，「秩序」の構成原理の不明確性などが指摘されている（大塚直「環境訴訟と差止の法理」能見善久ほか編・平井宜雄先生古稀記念『民法学における法と政策』〔有斐閣，2007〕728頁以下，山本敬三「基本権の保護と不法行為法の役割」民法研究5号〔2008〕111頁以下など）。
(注40) 森田・前掲（注21）127頁，鹿野・前掲（注5）23頁。この点については，ドイツ法上の議論が参考になる（上原敏夫『団体訴訟・クラスアクションの研究』〔商事法務研究会，2001〕34頁以下〔初出，1979〕，高田昌宏「消費者団体訴訟の法的構造に関する一考察(1)」大阪市立大学法学雑誌55巻3＝4号〔2009〕233頁以下など）。なお，ドイツの集団的権利保護制度を巡る問題については，ペーター・ゴットバルト（森勇訳）「ドイツにおける集団的権利保護制度の構築」比較法雑誌42巻1号（2008）71頁も参照。

利益に含まれないとするならば，行政機関は消費者の集団的・公共的利益の擁護主体たりえないことになる(注41)。

Ⅳ　民事実体法の観点からの制度考

　以上の検討を基に，消費者救済制度のあり方を探る。

1　利益剥奪のための制度

　取引の無益化・利益剥奪の民事的手段による実現を志向すれば，契約の失効に基づく不当利得返還請求が制度対象となりうる。違法・不当な取引の失効や，将来の同種被害の抑止は，消費者一般の利益に適うため，主体には適格消費者団体や行政機関が候補となる。また，利益を吐き出させてはじめて目的が達成されることから，訴訟追行主体に返還請求権まで認めることも選択肢となる(注42)。ただし，訴訟追行主体が直接に返還を受けるには，そのための理論的根拠を欠くため，利益の吐出し先の検討が必要となる。

　こうした請求を訴訟追行主体に認めると，被害者・事業者間の法律関係の消長が問題となる。これには，一方で，原告が勝訴しても，事業者・個別消費者間の法律関係には影響しないとの考えがありうる。例えば，詐害行為取消制度における相対的取消しのような考え方である。ただ，ここで消費者への損失てん補まで行うなら，その際の消費者の権利の根拠が問われる。他方，消費者と事業者との間の法律関係も失効させる方向性もある。この場合，失効後の事業者・消費者間で相互の原状回復において，事業者に先に利益を吐き出させれば，同時履行の抗弁を一方的に奪うことになる。この点は，詐欺をした者の同時履行の主張に関する議論が参考になる。ただ，いずれにせよ，

(注41)　理論的・政策的な疑念がすでに指摘されているところである。第4回議事録32頁〔野々山発言〕，☞ **第1部** ❹ Ⅲ2(1)(A)。
(注42)　菱田雄郷「消費者団体訴訟の課題」法時79巻1号（2007）101頁，第10回議事録7頁〔磯辺発言〕。

消費者の原状回復義務を処理する必要性が残る。また，消費者の中には契約存続を望む者も考えられ，その意思の尊重が必要である^(注43)。これらに対処するための手続上の工夫が求められることになる。

2　損害てん補のための制度

　損害てん補を目的とすれば，損害賠償請求を対象とすることになる。特に，既払代金以外の損害が生じる事例では，損害賠償手続の整備が不可欠である。ただ，具体的な損害賠償請求権は，あくまでも個別の被害者に帰属する。また，特定消費者の権利の行使は，適格消費者団体や行政機関の権限との関係が問題となる。消費者一般の利益の下で争えるのは，加害者である事業者の責任確定までとなろうか^(注44)。

3　個別消費者による証明が困難な事例

　カルテルや偽装表示等の事例でも，損害賠償請求制度は利用可能であるが，その際，損害や因果関係の証明を必要とする。ただ，カルテルや偽装表示は，具体的な損害や因果関係が証明されなくても，その取引態様自体が，一般消費者の利益を害するものである。そこで，特別な利益剥奪制度を創設し，剥奪した利益を，消費者保護活動の支援のための財源とすること等も選択肢となろう。

4　他の制度との関係

　最後に，他の制度との関係に触れておこう。

　まず，特に利益剥奪制度に言えることだが，他の制度（とりわけ，課徴金制度）により，同様の結果を実現できるのであれば，民事手続にこだわる必要はない^(注45)。ただ，集団的消費者被害への対処を通じた公正な市場の整備・拡大という理念を共通認識として，消費者全体の集団的・公共的利益を保護

(注43)　鹿野・前掲（注5）18頁以下。
(注44)　鹿野・前掲（注5）23頁。

する私的主体としての適格消費者団体の存在を勘案すれば，差止請求制度の対象拡大を含めて，適格消費者団体の権限の強化や，その活動の支援体制の整備が検討されるべきであろう[注46]。とはいえ，個別被害の救済を適格消費者団体に担わせることは，現行の差止請求制度の枠組みから本質的に外れることになる。

また，消費者契約法による契約の失効に基づく利益剥奪の場面では，適格消費者団体の訴訟追行における勧誘行為の違法性や契約条項の不当性の抽象的評価と，個別契約の効力との関係についても留意しなければならない[注47]。この抽象的評価が，個別契約の失効を直接的にもたらすとなると，こうした処理は，消費者契約法の解釈一般に影響しうる[注48]。逆に，個別契約の効力につき，各当事者の個別事情を別途考慮する手続とするならば，消費者一般の利益の保護は達せられない。これは共通争点のあり方に関わるとともに，制度趣旨に還元される問題であるといえる。

(注45)　☞第1部❹Ⅳ・第1部❺Ⅱ3・第1部❻Ⅰ。研究会報告書44頁以下も参照。約款規制につき，大村敦志『消費者法〔第4版〕』（有斐閣，2011）389頁。さらに，行政法と私法のそれぞれの理論に基づく団体訴訟の制度設計のあり方について，宮澤俊昭「団体訴訟の実体法的基礎――集合的・公共的利益をめぐる民法と行政法の関係」小野秀誠ほか編・松本恒雄先生還暦記念『民事法の現代的課題』（商事法務，2012）1083頁以下。
(注46)　☞第1部❺Ⅲ2，林・第1部❻Ⅳ3。
(注47)　山本豊「適格消費者団体による差止請求」法時83巻8号（2011）28頁以下を参照。
(注48)　☞第1部❺Ⅲ3。

第1部　集団的利益の類型論からみた救済制度の展開

❸ 集団的消費者利益の実現を巡る民事実体法上の観点からの試論(続)

名古屋大学教授　岡本裕樹

I　本稿の目的

1　前稿と新制度の概要

　集団的消費者被害の回復に向けた新たな訴訟制度の創設が議論されている中で、前稿(注1)では、そうした消費者救済制度を巡る民事実体法上の課題を、「何を」「誰が」実行するのかという観点から検討した。そこでは、制度目的として想定される被害救済と利益剥奪それぞれの違いを指摘するとともに、訴訟追行を基礎付ける権利の観点から訴訟追行主体を考察した。そのうえで、利益剥奪のための制度、損害てん補のための制度、および、損害や因果関係の証明が困難な事例のための制度について、それらのあり方や付随する諸問題を検討した。

　他方、2013年12月には、消費者裁判手続特例法（以下、「新法」という）が国会で可決され、成立した(注2)。この新法は、消費者契約において事業者が消費者に対して負う金銭支払義務に対象を限定し、さらに損害賠償の範囲から拡大利益や逸失利益、生命・身体損害、慰謝料を除いている。そのため、給付利益の回復に特化したものといえる。手続は2段階に分けられ、1段階目の手続では、「共通義務確認の訴え」として、「共通義務」に関する審理が行われる。この手続の追行主体は、消費者契約法上の適格消費者団体のうち、

（注1）　☞第1部❷。
（注2）　同法案の内容については、加納克利＝松田知丈「集団的消費者被害回復に係る訴訟制度案について」NBL 989号（2012）16頁、同『『消費者裁判手続特例法案』について」ジュリ1461号（2013）56頁を参照。

新たな認定要件を満たすものとして内閣総理大臣が認定する「特定適格消費者団体」のみとされている。被害を受けた消費者（対象債権を有する消費者として「対象消費者」と呼ばれる）であっても，この訴訟に参加することはできない。ここで請求が認容されれば，特定適格消費者団体の申立てに基づき，2段階目で，個別の消費者の債権を確定する手続である簡易確定手続に移る。この手続はオプトイン型となっていて，対象消費者は，手続を担当している特定適格消費者団体に授権し，団体を通じて債権を届け出ることで，手続に参加できる。この手続で裁判所が簡易確定決定という形で，届出債権の存否と内容を判断し，これに不服のある当事者は，異議を申し立てる。この異議の申立てにより，簡易確定決定は効力を失い，通常の民事訴訟手続に移行する。なお，特定適格消費者団体は，第1段階目で，対象債権の保全を目的とした仮差押命令を申し立てることができるとされており，被害救済の実効性にも配慮がされている。

2　本稿での作業

　新法により，消費者被害の救済について，一定の制度的手当てがなされることになった。しかし，今後も，新法の下での救済制度の改善が，間断なく求められると予想される。さらに，実効的な被害救済のために，加害者の財産の隠匿・散逸の防止に関する制度や，加害者から不当な利益を剥奪するための制度についても，検討が進められている。そうした集団的消費者被害の回復に向けた制度の内容をいかなるものにするにせよ，集団的消費者利益概念をどのように位置付けるかは，創設に向けて避けて通れない課題であると考える。本稿では，前稿での検討・整理を前提に，これを敷衍する形で，集団的消費者利益の特徴を分析しながら，その実現方法を検討したい。

第1部　集団的利益の類型論からみた救済制度の展開

II　集団的消費者利益の特色
1　集団的消費者利益の意義

　前稿では，現行の消費者契約法2条4項における適格消費者団体の定義をもとに，「不特定かつ多数の消費者全体に関わる集団的・公共的利益」を適格消費者団体が代表しているとの認識に立って，検討を行った[注3]。そこでは，こうした利益を「集団的消費者利益」として考えていた。前稿のもととなった研究会では，原田大樹教授が，消費者の保護されるべき「利益」について，より詳しく分析しており，これによると，消費者「利益」は4つに類型化される。第1に，市場競争の機能不全により社会的にはマイナスが生じているものの，損害を観念することができない「社会的損失」に対応する利益，第2に，損害を観念することは可能であるものの，その個別的な帰属を確定するのが困難な「拡散的利益」，第3に，損害の観念とその個別的な帰属の確定は可能であるものの，個別の損害が軽微である「集合的利益」，第4に，損害の観念とその個別的な帰属の確定が可能で，個別の損害が軽微ではない「個別的利益」である。原田教授は，これらのうち，第4の「個別的利益」は伝統的な民事法学の対象とされてきたものとして，個人による主張が困難とされる第1から第3の利益を「集団的利益」と呼んでいる[注4]。前稿での「集団的消費者利益」は，この原田教授の示す「集団的利益」と，内容を同じくするものである。

2　比較対象としての環境利益

　こうした集団的消費者利益の特徴を検討するうえで，ここでは，環境権ないしは環境に関する利益を含む環境利益を比較対象としたい。環境利益は，集団的消費者利益と同様に，「集団的利益」として司法的救済の可能性が議論

(注3)　☞第1部 ❷ III4。
(注4)　☞第1部 ❹ II1(1)。

されてきており，これまでも両利益に関する議論は相互に参照されたり，あるいは一体的に行われたりしてきている。ここでいう環境利益は，本質的に不特定・多数の住民の浴するものである。こうした利益を巡り，主として環境を維持するための民事上の差止請求権を根拠付けるために，何らかの形で「環境を破壊から守るために，良い環境を享受しうる権利」[注5]として環境「権」を理論化しようとする努力が重ねられてきた。また，暴力団対策法の改正により暴力団追放団体訴訟が導入されたが，これは生活環境に関する団体訴訟制度と位置付けられうる。このように，特定の個人の利益に還元できない集団的利益の法的保護が模索され，団体訴訟制度設立に向けた議論が進められてきた点だけを捉えても，環境利益は集団的消費者利益と比肩しうるといえる。

3　環境利益との類似性

両利益の類似性を，もう少し詳しく見ていこう。

まず，環境利益についても，先に挙げた消費者利益の4類型に対応する利益を想定できる。環境の悪化により生命・身体・財産に影響が及んだ場合に「個別的利益」が侵害されることは当然として，そうした損害が軽微で，かつ，多数生じるときには，「集合的利益」を語りうる。また，環境汚染は明らかだが，個人の損害が生じていない場合には「拡散的利益」が問題となり，景観利益の侵害には「社会的損失」の側面がある。そして，これらの利益は，相互排他的なものではなく，重畳的に存在しうる。

こうした利益に関する被害救済を巡り，消費者利益と環境利益とで同種の問題が存在する。「個別的利益」および「集合的利益」に関わる私法的救済であれば，利益の名宛人が既存の司法的手段をとることができる。そのうえで問題は2つあり，1つは，端的に個人に帰属しているとは必ずしも言いがたい利益（「社会的損失」，「拡散的利益」）の救済がどのように実現されうるかと，いま1つは，個人に帰属する利益であっても，既存の司法手続の下での私法

（注5）　大塚直『環境法〔第3版〕』（有斐閣，2010）56頁。

第1部　集団的利益の類型論からみた救済制度の展開

的救済を阻害する事実上の要因があるときに、これをどのように解消するか、である。新法や暴力団追放団体訴訟制度は、後者の問題に対処するものといえよう。これらの問題に際しては、仮に一部の者が現実の当事者となって利益保護のための行動をした場合、個人の利益のみの回復だけでなく、集団全体に影響を及ぼしうることの考慮が必要となる[注6]。前者の問題に対しては、環境法の分野において、人格権や財産権の範疇を超える環境利益が個人に帰属するとの主張が見られたり、共同の利益としての環境利益について市民や一定の私人に権利行使の主体性を認めようとする試みがなされてきた[注7]。集団的消費者利益については、現行の差止請求制度が「不特定かつ多数の消費者の利益」のための制度であり、特定の個人に帰属しない利益の私法的保護を図っている。

　また、環境利益には種々のものが含まれるところ、これを生命・身体などの人格権や土地・農作物などの所有権といった、すでに絶対権として承認されている権利に由来する利益を除くと、環境利益は主観的利益として捉えられうる[注8]。廃棄物や危険物を取り扱う施設に対する不安感や不快感などに起因する「平穏生活権」や良好な景観に対する「景観利益」は、環境利益の中でも特に主観性の強いものである。こうした主観性は、消費者被害にも見られると考える。消費者被害の救済が実現されない背景として、少額な個別被害と救済にかかるコストとが不均衡であることや、消費者における被害の認識や権利の意識の低さなどが挙げられている[注9]。しかし、消費者の中には、自らの状況を認識したうえで、「被害」と受け止めていない者もいるので

(注6)　伊藤眞『民事訴訟の当事者』（弘文堂、1978）103頁。ただし、そうした状況は、消費者利益や環境利益とは異なる利益を巡る紛争でも見られる。最判平成21・12・10民集63巻10号2463頁参照。

(注7)　環境権・環境利益に関するこれまでの議論については、森田修「差止請求と民法——団体訴訟の実体法的構成」総合研究開発機構＝高橋宏志編『差止請求権の基本構造』（商事法務研究会、2001）112頁以下、中山充「環境権論の意義と今後の展開」大塚直＝北村喜宣編・淡路剛久教授＝阿部泰隆教授還暦記念『環境法学の挑戦』（日本評論社、2002）45頁以下、大塚直「環境訴訟の展開——民事差止訴訟を中心に」法教258号（2002）66頁以下を参照。

(注8)　大塚直「環境訴訟における保護法益の主観性と公共性・序説」法時82巻11号（2010）118頁。

はないか。例えば、大学の入学手続で授業料を前払することや、建物賃貸借契約の更新時に更新料を支払うことについて、自己の得る利益に対する相応のコストとして受け入れるという判断もありえよう。また、安価で購入した物の不具合については、「安かろう、悪かろう」で済ますことも不合理とはいえない。同じ契約条項や同じ品質の製品であっても、個々の消費者が実際に納得していれば、そこには具体的な「被害」があるとはいえないことになる。このような形で、消費者の利益にも主観性が認められる。ただし、消費者の利益であれ、環境利益であれ、利益が主観的側面を持つことは、「被害」を訴える者を救済しないでもいいとする根拠にはならない[注10]。

4　環境利益との異質性

両利益については、こうした共通点を挙げることができるが、それでも、本質的な違いがあるように思われる。

大塚直教授によると、環境利益の中には、どの個人にも属さない「環境公益」ないしは「純粋環境利益」（環境自体に対する客観的侵害に対応する利益、汚染による一般環境への侵害に対応する利益）と、特定地域の集団の利益としての「環境関連の公私複合利益」（良好な景観享受、入浜、森林浴等）が含まれるとされる。そして、前者を「集団的利益」に含めて考えることには否定的な態度を示しながら、前者の存在を、消費者契約法に基づく団体訴訟と、環境関連の団体訴訟との相違点として重視している[注11]。

この指摘をどのように理解すべきであろうか。大塚教授の述べる「環境公益」の特徴が、個人に排他的に帰属される利益ではないという点に終始する

(注9)　三木浩一「集団的消費者被害救済制度の展望と課題」現代消費者法8号（2010）4頁。

(注10)　環境利益の議論の中で、大塚・前掲（注8）118頁が、景観利益の保護については、その利益の客観的価値を、平穏生活権の保護に関しては、リスクについての不安・恐怖感の合理性を要求し、利益の客観化を評価基準とする考えを示している。最高裁も、侵害されたと主張される環境利益が主観的なものに止まるのか、それとも客観的な価値まで認められているかということを、救済判断の基礎としているようである（最判平成18・3・30民集60巻3号948頁、最判平成22・6・29判時2089号74頁参照）。

(注11)　大塚・前掲（注8）120頁以下。

第 1 部　集団的利益の類型論からみた救済制度の展開

のであれば，これをもって消費者契約法に基づく団体訴訟と環境関連の団体訴訟との相違を語ることは難しい。現行制度の下で差止請求権を付与されている適格消費者団体は，「不特定かつ多数の消費者の利益」のために権利行使するものとされている（消費契約 2 条 4 項）。この利益も一義的とは言いがたいものの，一体的利益として個別消費者に個人的に帰属する性質のものではないことは確かであろう。そのため，「環境公益」に関する団体訴訟制度を仮想した場合，利益の非個人的帰属性という観点からは，消費者契約法上の差止請求制度と区別することはできない。

　しかし，やはり，環境利益の「公益」的側面は，両利益の本質的相違を表していると考える。

　大塚教授の見解に立ち戻ると，環境の分野における集団的利益は，多くの場合，脆弱であるという。なぜなら，「集団的利益＝当該地域の集団の利益」「当該地域の集団の利益＝当該地域の集団の意向・選択」とするならば，その地域に開発支持派が多いときには，むしろ開発利益が集団的利益として取り扱われることになり，また，環境保護派が一時期多くても，多数の意思はその時々で移ろいやすく，例えば裁判の最中にも変化しうるからである。これにより，「環境利益＝集団的利益」を基礎として法的な議論をすることができるのは，当該地域の住民の大多数が確実に環境利益を選択すると見られる場合に限られることになる[注12]。

　主に民法学の見地から環境法研究を行う大塚教授が，若干の躊躇を見せながらも，このように分析する環境利益の「公益」性にこそ，集団的消費者利益の特徴を把握するうえで，決定的な意義が存在するように思われる。環境保護の立場から環境紛争を眺める際，「開発事業者等の所有権・営業権 v.s. 周辺住民の環境権」という図式で語られがちであるが[注13]，これは捉え方の 1 つにすぎない。違った見方をすれば，事業者も土地や大気，河川等を利用することで環境利益を享受する存在であり，周辺住民との対立は，同じ環境か

（注12）　大塚・前掲（注 8）121 頁。
（注13）　吉村良一「公害・環境問題の歴史から学ぶもの」大塚＝北村編・前掲（注 7）43 頁。

ら利益を受けている者の間の内部関係において発生しているともいえよう。もちろん，事業者側は，あらかじめ定められた法規に則って環境利用を行わなければならないし，他の者の生命や健康，財産を始めとする法律上保護される利益を侵害することは許されない。しかし，そうしたことがなければ，事業者も，周辺住民と共同で，環境利益に浴する存在といえる。このように「公益」性のある環境利益は，万人に享受されることから，周辺住民が個人的に妥当と考える環境利用の態様を，環境利益の代表者として，事業者に対して強制することは，基本的に認められえない[注14]。

これに対して，集団的消費者利益は，不特定・多数の消費者に集団的に属するものとして措定しても，社会の部分利益にとどまる[注15]。事業者は，この利益の帰属先たりえず，独自の利益を有する。そのため，消費者問題は，「消費者利益v.s.事業者利益」の図式となって現れるのである。

このように，環境利益を享受する者相互の間の内部的紛争として環境問題が生じてくるのに対し，消費者利益の名宛人とその利益に浴さない事業者との間の対外的紛争として消費者問題を捉えることができる点で，集団的利益としての環境利益と集団的消費者利益には，大きな違いがみられることになる[注16]。

5　立法論との関係

ところで，集団的消費者利益をどう捉えるかは，団体訴訟制度における消費者団体の権利について，その法的性質をどのように構成するかということと密接に連関する。確かに，団体訴訟制度を立法する際には，団体の提訴権の法的性質を議論することに，それほど大きな意義はないとする見解もある[注17]。この消極的見解は，法的性質論の意義として，団体訴訟制度での重

(注14)　阿部泰隆「景観権は私法的（司法的）に形成されるか（上）」自治研究81巻2号（2005）12頁を参照。
(注15)　☞ *第1部* ❹ Ⅱ 1．
(注16)　そのほか，環境利益の特徴として，世代や国境を越えて問題が生じる。淡路剛久「環境法の課題と環境法学」大塚＝北村編・前掲（注7）17頁以下。

複訴訟や既判力の抵触の問題を演繹的・体系的に対応できることを挙げ，こうした問題については，その除去のための立法措置を講ずれば十分とする。しかし，団体の権利の法的性質は，重複訴訟や既判力の抵触に関わるのみならず，制度の方向性を決める重要な要素といえる[注18]。そのため，この見解を支持することはできない。

例えば，現行の消費者団体訴訟における適格消費者団体の差止請求権は，固有の実体的権利という構成がとられており，その理由として，消費者基本法8条が消費者団体に消費者全体の利益を擁護すべき固有の地位と責任を認めていることや，適格消費者団体の訴訟前・訴訟外の活動に法的基礎を与えることなどが示されている[注19]。ここでは，既存の法規との整合性や，適格消費者団体の地位が，権利の法的性質に基礎付けられている。

また，暴力団追放団体訴訟では，任意的訴訟担当構成がとられている。本来なら当事者適格はないはずの団体に特別な訴訟適格を付与することの正当化にあたっては，団体の「公益性」や，制度によって実現される「平穏な日常生活を営む社会環境」という利益に「公益」としての側面があることが強調されている[注20]。しかし，こうした「公益」の実現を制度の根幹において，団体を「公益」を代表する存在とするのであれば，個人の人格権とは区別される「公益」を源とした団体固有の権利を創設するほうが素直に映る[注21]。さらに，任意的訴訟担当構成に特別の工夫も施さないと，授権者であり被担当者である周辺住民等の氏名や住所などの情報が，被告である暴力団に否応なく開示されるという，まさに住民個人による訴訟提起を実質的に阻害する

(注17) 三木浩一「消費者団体訴訟の立法的課題——手続法の観点から」NBL790号（2004）45頁，山本和彦「環境団体訴訟の可能性——フランス法の議論を手がかりとして」高田裕成ほか編・福永有利先生古稀記念『企業紛争と民事手続法理論』（商事法務，2005）200頁。
(注18) 髙田昌宏「差止請求訴訟の基本構造——団体訴訟のための理論構成を中心に」総合研究開発機構＝高橋編・前掲（注7）165頁注3。
(注19) 三木浩一「訴訟法の観点から見た消費者団体訴訟制度」ジュリ1320号（2006）62頁。
(注20) 三木浩一「暴力団追放団体訴訟の立法における理論と展望」NBL 969号（2012）30頁以下。

事情が弊害として伴う^(注22)。固有権構成であれば，民事訴訟法の特則を検討するまでもなく，こうした問題が解消されるため，この点でも，固有権構成が優れているようにみえる。それゆえ，こうした説明では，暴力団追放団体訴訟でも固有権構成を採るべきであるかのような印象を受けてしまう。これは一例にすぎないが，権利の法的性質が，制度の理論的一貫性や実効性に影響を及ぼしうることを示しているといえよう。

このように，団体訴訟制度を巡っては，団体の権利の法的性質が重要な意味合いを有しており，それは，制度によって実現されようとしている利益がどのようなものであるかによって左右される。そして，これらの制度構成要因を考える際には，特別な制度が実現しようとする利益の代表者として，誰が適切であるかの問題も，当然に生じてくると考える。そこで，続いて，集団的消費者利益の担い手に関する検討に移ろう。

Ⅲ　集団的消費者利益の担い手

1　集団的利益の保護を巡る主体性に関する従来の議論

集団的利益の保護を担う主体に関する議論としては，周知の通り，主に環境利益や消費者利益を念頭に置いた民事訴訟法学における当事者適格論があ

(注21)　三木浩一教授も暴力団追放団体訴訟で固有権構成が不可能と考えているわけではなく，団体の権利の法的性質は立法裁量により政策的に決定しうるとしている（三木・前掲（注20）31頁以下）。ただ，任意的訴訟担当構成の採用について，十分な積極的論拠が示されているかには，疑問がある。すなわち，固有権として構成されている消費者団体訴訟の差止請求権は，消費者一般を広く保護するための拡散性の高い権利であるためにそうした構成と親和性が高く，暴力団追放団体訴訟では訴訟物が周辺住民等の人格権に基づく差止請求権であるために，任意的訴訟担当構成をとることが自然であるとされる。しかし，ここでは，共通の理解がいまだ定着しているとは言いがたい「拡散的利益」概念が用いられており，説明として不十分である。また，訴訟物を人格権に基づく差止請求権とすることを所与の前提としているが，団体の権利の法的性質に関する議論は，団体訴訟における訴訟物を問うことと同じであるため，訴訟物から演繹的に結論付けられうるものではない。
(注22)　三木・前掲（注20）32頁。

第 1 部　集団的利益の類型論からみた救済制度の展開

る(注23)。これを簡単に振り返ると，まず，伊藤眞教授の「紛争管理権」論がある。この概要は次の通りである。環境の利益のように利益の一体性が強く，個人の権利や利益に分解しにくい利益に関しては，当該利益についての管理権や法律上の利害関係という伝統的な基準により適切な当事者を選び出すことが期待できない。そのため，当該利益を巡る紛争において訴訟提起前に重要な解決行動を行った者に紛争管理権を認め，この者が当該利益の主体であるか否かにかかわりなく当事者適格を与える(注24)。この見解は，「利益あるいは私権の実体的な帰属関係については，差し当たり不問に付し，訴訟法的思考によって当事者適格を決するという形で，訴訟物たる権利義務の帰属と当事者適格とを切断した点にその意義がある」(注25)と評される。しかし，紛争管理権論には批判も強く(注26)，最高裁もこの見解の採用を明確に否定した(注27)。こうした状況を受け，伊藤教授は，環境訴訟について，環境権の主体である地域住民からの授権に基づく任意的訴訟担当を環境保護団体に許容すべきとの見解に修正した(注28)。

　これに続く代表的な論者として，福永有利教授がいる。福永教授の見解は，まず，集団構成員の個人的利益の集合物ではない，集団固有の利益たる「集団利益」の存在を，私的な利益として認め，こうした「集団利益」の擁護を目的とする訴訟を「集団利益訴訟」として類型化する(注29)。この「集団利益

(注23)　森田・前掲（注 7 ）121頁以下。また，集合的・公共的利益の実現のための団体訴訟に係る制度設計のあり方を論じる研究として，宮澤俊昭「団体訴訟の実体法的基礎──集合的・公共的利益をめぐる民法と行政法の関係」小野秀誠ほか編・松本恒雄先生還暦記念『民事法の現代的課題』（商事法務，2012）1059頁を参照。
(注24)　伊藤・前掲（注 6 ）103頁以下，伊藤「紛争管理権再論──環境訴訟への受容を目指して」新堂幸司ほか編・竜崎喜助先生還暦記念『紛争処理と正義』（有斐閣，1988）208頁。
(注25)　森田・前掲（注 7 ）121頁。
(注26)　福永有利『民事訴訟当事者論』（有斐閣，2004）216頁以下（初出・1981），水谷暢「紛争当事者の役割」新堂幸司編集代表『講座民事訴訟(3)当事者』（弘文堂，1984）54頁以下などを参照。
(注27)　最判昭和60・12・20判時1181号77頁。
(注28)　伊藤・前掲（注24）220頁以下。
(注29)　福永・前掲（注26）232頁以下。

訴訟」の特徴は，集団利益の帰属主体たる集団は当事者能力を欠くために訴訟当事者となることはできず，集団の全構成員を当事者とすることも不可能であることが多いことから，この訴訟を誰が当事者となって追行するかが問題となる点にある[注30]。この「集団利益」は，集団構成員に帰属するものではないため，構成員の授権があるだけで被授権者に任意的訴訟担当資格を認めることはできず，また，集団の意思を決定する組織もないため，構成員の協議により「集団利益」の代表者を選出することも，裁判所等によって選出される代表者を監督することも期待できない。そのため，実質的に集団を代表するであろうことが客観的に期待できるような者を代表者とする以外に，この種の訴訟を可能にする方法はないとされる[注31]。

2　個人に帰属しない集団的利益の代表の可否

これらの見解は，集団的利益として環境利益と消費者利益を念頭に置いた検討を行っている。そして，集団を代表しうる客観的能力を備えた者を代表者として，権利行使の役割を担わせようとしている。こうした考え方を実現するには，法人格もなく外延の不確定な集団に，権利が集合的に帰属することを認めるか，もしくは，利益の帰属主体とは別の「利益の最良の守り手」となる者に，集団的利益を保護するための権利を帰属させるか，近代私法理論の下では説明しがたい選択肢のうち，いずれかへの「飛躍」が必要とされる[注32]。また，代表者としての適格性を判断する基準という困難な問題が付随する[注33]。

これら実体法・手続法の両面における高い障壁が存在するものの，立法的解決が可能であることは，現行の適格消費者団体による差止請求制度によって示されている。この制度では，個別消費者の利益の単なる集積ではない消費者団体独自の利益を措定したうえで，この利益の代表者を適格消費者団体

(注30)　福永・前掲（注26）239頁。
(注31)　福永・前掲（注26）242頁以下。
(注32)　森田・前掲（注7）126頁以下。
(注33)　福永・前掲（注26）243頁以下。

第 1 部　集団的利益の類型論からみた救済制度の展開

とし，この団体に固有の権利を付与している（上述の第 2 の方向性への「飛躍」）。また，適格消費者団体の選定に際しては，比較法的にみても厳格な法定基準が定められている。

　このように，集団固有の利益を保護するための法制度は，すでに存在している。問題は，こうした手法をどこまで広げることができるかである。この点，先に検討したように集団的消費者利益には見られない「公益」性に，環境利益の特質を認める立場からは，環境利益に関して代表者を定めることには疑問が残る。まず，法令に反して公益的な環境利益を害する者への対処は，行政的に行われるのが筋と考えられる。しかし，行政主体による取締りは機能不全に陥りやすいので，その役目を専門的知識・経験を備えた私的主体に委ねることが，公私協働の観点から要請される。ここまではよいとしても，法令に反しない活動について，環境保護派がその許容性を争いたいときに，そうした対応が集団全体の利益に適うと評価できるかというと，それはやはり難しそうである。環境保護派の立場は，環境利益の享受者内部の一意見に止まるといわざるをえず，集団の利益の代表者としての適格性が当然に認められるわけではないであろう。公益をもとにした固有権構成がふさわしいようにも見える暴力団追放団体訴訟においても，こうした事情が存在する。ここでの「公益」の内容が「平穏な日常生活を営む社会環境」という利益であるならば，暴力団構成員であっても，この利益の享有主体であることを否定できそうもない。そのため，周辺住民の利益を代表する団体を，公益の代表者とするには，難しさがある。暴力団追放団体訴訟を個人の人格権に依拠した制度としたことは，こうした事情から理解できる。

　他方，集団的消費者利益は，公益ではなく，社会の部分利益である。そのため，行政主体を代表者とすることに困難が生じる反面，集団的消費者利益の保護する活動を行っている者を集団利益の代表者として事業者に対峙させても，事業者は消費者集団の部外者であるため，支障はない。こうしたことから，福永教授の見解は，環境利益について実現することは難しいが，集団的消費者利益との親和性が高いといえよう。

46

3 「集合的利益」の代表

　ここまでは，従来の議論に倣い，個人に帰属しない集団的利益を想定して，検討を行ってきた。しかし，消費者団体訴訟制度が求められる要因は，こうした利益の保護の必要性だけではない。個別の消費者に帰属することが明確な利益の実現手段が機能不全となっていることも挙げられる(注34)。こうした事情の下で，「集合的利益」や「個別的利益」を集合的に実現するための方策が必要とされており，新法は，ここに位置付けられうる。

　さて，同じ消費者被害に関連する利益でも，個人への帰属が想定できる利益については，これまでと異なる考慮が必要となる。消費者集団固有の利益について客観的能力に基づいて適格性のある者を代表者とすることができたのは，集団構成員による代表者の選定・監督が現実的ではなかったという理由が大きいが，個人への帰属が想定できないゆえに，各集団構成員の個々の利害を問題とする必要がなかったためともいえる。これに対して，消費者個人に帰属する利益は，名宛人である消費者に処分の自由が排他的に委ねられている。そのため，個人的利益の実現に際しては，帰属先の個別消費者の意思を尊重しなければならず，この意思に反する形で，個々の利益に影響を与える代表者を一方的に定めることは困難である(注35)。

　もっとも，個人への利益の帰属が想定されるからといって，集団固有の利益が常に否定されるわけでもなく，独立・重畳的に措定することも論理的には可能である(注36)。この場合，適格消費者団体の差止請求権と消費者個人の個別権利との関係が問題となるものの，これは現行の差止請求制度でも同様であり(注37)，その処理の仕方は技術的領域に属する。重要なのはむしろ，そうした消費者集団固有の利益を措定するかどうかの法政策的判断であろう。ただ，この判断に際しては，そうした利益の具体的な措定可能性が前提となる。この点をどのように組み立てていくかであるが，1つの考え方としては，

(注34)　三木・前掲（注9）4頁。
(注35)　☞*第1部* ❷ Ⅲ2。

適法な権利を個別消費者自身が行使することを事実上期待できない制度の下で、消費者全体が事業者との違法・不当な契約のリスクにさらされている状況を、集団的消費者利益への侵害と捉えるというものがありうる[注38]。このような「適法な権利の行使が事実上制約される中で違法・不当な契約のリスクにさらされない利益」を集団固有の利益と措定できれば、消費者個人に帰属する利益が併存する場合にも、集団的消費者利益の代表者である適格消費者団体の活動領域の拡大を説明することができよう。

Ⅳ　集団的消費者利益の救済の可能性

1　個人に帰属しない集団的消費者利益の救済方法

　最後に、集団的消費者利益の救済について、若干考察しておこう。まず、個人に帰属しない集団的消費者利益の救済であるが、これを語るには、どのような利益が侵害されているのかを確定する必要がある。先の試論のように、消費者にとって権利行使が事実上期待できない状況における事業者との違法・不当な契約の締結を、消費者集団固有の利益への侵害と考えるのであれば、こうした契約によって事業者が得た利益を剥奪することが、利益救済につながる。ただし、実際の被害を受けた個別の消費者とは別に、消費者団体などが集団固有の利益の代表者として請求主体となる場合、利益剥奪の根拠となる請求権の内容や剥奪した利益の吐出し先が検討される必要が当然に生じる[注39]。

　ただ、確認しておきたいのは、日本でこうした制度を作ったとしても、相手方となる事業者の負担やコストは、個別消費者がその権利を行使して、利得返還を請求した場合と比べて、著しく増大するわけではないということで

（注36）　三木・前掲（注20）32頁を参照。
（注37）　☞第1部 ❺ Ⅲ1。
（注38）　そのほか、経済学の観点からの分析について、☞第1部 ❻ Ⅱ。
（注39）　☞第1部 ❷ Ⅳ1。

ある。集団訴訟制度の検討に際しては，批判的立場から，そうした制度に「クラス・アクション」のレッテルを張り，アメリカ合衆国における「クラス・アクション」の弊害を強調するといった拒否反応が，決まって示される。しかし，そうした弊害はアメリカ合衆国の制度に特有の要因からもたらされているものであり，「クラス・アクション」と呼びうる集団訴訟制度一般に当てはまるものではない(注40)。それにもかかわらず，こうした批判を繰り返すことは，政治的アジテーションほどの意味しかない。むしろ，法が私人に付与した権利を行使するための制度を整えるのは，国家の当然の役割といえよう(注41)。

もっとも，消費者集団固有の利益を基礎とする集団訴訟には，事業者側にとって不都合な特徴があることも事実であろう。このような利益を措定して，消費者団体をこの利益の代表者とする場合，この消費者団体の権限には，利益処分権は含まれないと解される。こうした利益に関しては，集団の意思決定機関が存在せず，また，代表者の事前の監督も事実上困難だからである(注42)。集団の意思によらず，代表者としての適性のみで選任された消費者団体は，集団の利益に抵触する行為を当然に禁じられる（消費契約23条6項参照）。そのため，このような集団訴訟制度では，消費者団体は，事業者の責任を緩和する内容の和解といった妥協を許されず，徹底的に利益実現のための活動を推し進めるよりほかなくなる(注43)。このとき，事業者側の訴訟戦略も制約され，個別消費者との関係であれば可能なはずの柔軟な紛争解決が妨げられることになる。個別消費者との直接交渉が促進されるという利点もある

(注40) 三木浩一「集合的権利保護訴訟制度の構築と比較法制度研究の意義——アメリカのクラスアクションを中心として」NBL 882号（2008）14頁以下。
(注41) 高田裕成「訴えの利益・当事者適格——集団的利益をめぐる訴訟に焦点をあてた覚書き」ジュリ971号（1991）216頁。
(注42) 適格消費者団体の差止請求制度では，消費者契約法23条4項・5項に基づく通知義務と通知内容の公表により，適格消費者団体が活動を相互にチェックし合うことになるとともに，内閣総理大臣による監督が規定されている。これらも事後的な措置しか期待できない。
(注43) 山本和彦「集団的消費者被害回復制度の理論的問題」小野秀誠ほか編・松本恒雄先生還暦記念『民事法の現代的課題』（商事法務，2012）103頁も参照。

第1部　集団的利益の類型論からみた救済制度の展開

のかもしれないが，事業者にとってみれば，さまざまな事実的要因の中で，正当な法的主張から離れた困難な対応を迫られる懸念が残りそうである。

2　消費者個人に帰属する利益の救済方法

次に，消費者個人に帰属する利益を集団的に救済する方法について考えると，やり方としては，2つの方向性が想定される。1つは，消費者集団固有の利益に基づいて利益剥奪や損害賠償請求をした後に，事業者から支払われた金員を具体的に被害を受けた個々の消費者に分配するというものである。ここでは，先に見たように，消費者集団固有の利益の内容や請求主体となる者の請求権の根拠・内容のほかに，被害を受けた消費者への分配方法や分配されなかった金員の処理を検討する必要が生じる。

もう1つは，個々の消費者の個別の請求権をまとめて行使するやり方である。こうした形での権利行使は，現在でも，選定当事者訴訟や弁護団による集団訴訟により可能である。ただ，消費者問題では，これらの訴訟方式が実際に機能していない。そうした中で，新法が，対象消費者個人の権利を訴訟物として，現在の状況を打破すべく制定されたというのが，立法経緯である。この新法について，本稿との関係から2点ほど指摘して，結びとしたい。

第1に，新法によると，保護対象とされるのは，訴訟提起時には相当多数に上ると予想される対象消費者の利益である。したがって，ここでは，個人の個別利益が，第1段階から特定適格消費者団体に代表されることになる。これが理論的にどのように正当化されるのかは不明であり，このことは，共通義務確認の訴えにおける判決の効力が片面的にしか拡張されないであるとか，対象消費者が個人的に訴訟を提起することは妨げられていないなどの技術的対応によって説明されうる問題ではない。対象消費者個人の利益を代表する特定適格消費者団体は，消費者集団独自の利益を代表するものとされた適格消費者団体から変質するものであり，相応の理論的根拠が求められることになろう。

このことと関連して，第2に，手続追行主体としての地位が，適格消費者団体から選定される特定適格消費者団体に限定されている。この限定は，次

のように説明されることがある。すなわち，第1段階で原告が敗訴しても，対象消費者に判決効は及ばないが，個別訴訟での被害救済の可能性も事実上消滅するため，実際には訴訟の機会は1回限りになる。そのため，手続追行主体はできるだけ信頼できる者である必要があるが，そうした能力や信頼性を確認するのに，裁判所が個別的に判断するのは困難であり，また弁護士代理強制を説明するのも容易ではない[注44]。それゆえ，すでに消費者のために訴訟活動をする適格性が認められている信頼のおける団体から，さらに被害回復関係業務を遂行する能力が認められるものを選定するとのことである。第1段階では，相当多数の消費者との間で共通する事業者の義務の有無が抽象的に判断されることになろうが，これは現行の差止請求制度でも同様であり，適格消費者団体に手続追行の能力や信頼性が認められることには異論はないであろう。しかし，そうした能力や信頼性が他の者に認められないとはいえない。新法の下での原告の活動は，弁護団方式の集団訴訟における弁護団と実質的に大差ない。さらに，新法の下で手続追行主体が代表するのは，消費者集団固有の利益ではなく，個々人の個別利益である。ならば，適格性を担保するのは多数の者の権利を一括行使できる能力であり，過去の消費者保護活動の経験を必ずしも重視する必要はない。そのため，例えば，一定の審査を経た恒常的な弁護団にも，原告適格を認めることは排除されえないと考える。ただ，新法も，今後の手続追行主体の範囲拡大を否定する趣旨までは含んでいないと解されている[注45]。新法による新たな制度の運用実態やその社会的影響，さらには，それらを踏まえた今後の議論を見守りたい。

(注44)　山本・前掲（注43）102頁。
(注45)　山本・前掲（注43）102頁注52・103頁注53を参照。

4 集団的消費者利益の実現と行政法の役割
——不法行為法との役割分担を中心として

京都大学教授　原田大樹

I　本稿の問題意識

　消費者被害に対する実効性ある法的救済策の検討はかねてからの法律学の課題であり，2006年に導入された適格消費者団体による差止請求制度や，2013年に成立した消費者裁判手続特例法はその1つの大きな成果であった。この，いわゆる集合訴訟の制度設計に関しては民事訴訟法学の議論が先行し，これに民事実体法も呼応して理論的検討が行われてきた。これに対し，行政法学からのこの問題へのアプローチは，一部の例外[注1]を除き総じて活発とは言えなかった。その理由として，消費者被害の救済が主として不法行為法の問題と認識されたことが挙げられる。民事法と比較した行政法の特色としてしばしば指摘されるのが，事前司法としての行政法[注2]という考え方である。この考え方によれば，行政法は被害が起こる前にその予防をする法制度であり，被害が起きた後に救済策を講じる民事法とは時間軸の前後で役割分担していることになる。被害の救済の問題に行政法学が敏感でなかったのはこうした自己規定の影響とも言える。
　しかし，この問題を消費者の集団的「利益」の「実現」の問題と捉え直す

(注1)　米丸恒治「消費者保護と行政法システムの課題」現代消費者法1号（2008）79頁，中川丈久「消費者被害の回復——行政法の役割」現代消費者法8号（2010）34頁。
(注2)　つとに，山田幸男『行政法の展開と市民法』（有斐閣，1961）139頁。この特色を正面から取り上げている基本書として，阿部泰隆『行政法解釈学I』（有斐閣，2008）6頁，大橋洋一『行政法I〔第2版〕』（有斐閣，2013）11頁。

こと［☞*第1部* ❶ I－2］は，次の２点において行政法学の議論との接続可能性を生み出す。第１に，「利益」に注目することは，行政法学における「公益」「法律上保護された利益」の議論との比較を可能とし，ここから両者の新たな役割分担に向けた基礎理論を生み出す可能性が生じる。第２に，「実現」に注目することで，救済の局面以外も含む制度設計全般へと議論の射程を拡大することができ，行政法学が蓄積してきた制度設計論との接合が可能となる。

　この２つを手がかりとして，本稿は，以下の手順で集団的消費者利益の実現に対する行政法学の寄与可能性を検討する。まず，集団的消費者被害救済制度が念頭に置いている利益の性質（保護法益）に注目し，民事法の議論と行政法の議論を対照させることで，集団的利益の類型的整理を行うとともに，消費者利益の特質を明らかにしたい。次に，その利益を誰が実現するべきか（実現主体）に焦点を当て，利益帰属・代表・実現の３つを区別しつつ，利益実現主体の決定とその法的正当化の方法を検討する。具体的には適格消費者団体のように集団的利益を集積した団体（以下，「適格訴訟団体」という）と，公益を代表し実現する立場にあると考えられる行政との役割分担を，組織的特性の観点から考察する。その際に重要な視点は，利益代表資格の観点と，利益実現の実効性の観点である。そのうえで，集団的消費者利益を実現する具体的な制度設計（実現手法）を素描する。行政法と民事法の相補的な連携関係を模索する本稿は，複線的な法システムを構築する方向性を指向することとなる。他方で，相互のシステムの作動を調整する法理も検討する必要が生じる。以上の作業から，法律行為論[注3]と異なり従来手薄であった不法行為

（注3）　代表的な業績として，大村敦志「取引と公序」同『契約法から消費者法へ』（東京大学出版会，1999）163頁，山本敬三「現代社会におけるリベラリズムと私的自治(1)」法学論叢133巻4号（1993）1頁，吉田克己『現代市民社会と民法学』（日本評論社，1999）269頁，山本敬三＝大橋洋一「行政法規違反行為の民事上の効力」宇賀克也ほか編『対話で学ぶ行政法』（有斐閣，2003）2頁，山本隆司「私法と公法の＜協働＞の様相」法社会学66号（2007）16頁，大橋洋一「民法と行政法の対話」同『都市空間制御の法理論』（有斐閣，2008）388頁，内田貴『制度的契約論――民営化と契約』（羽鳥書店，2010）。この点に関する筆者の見解は，原田大樹「行政法学から見た制度的契約論」北大法学論集59巻1号（2008）408頁，同「民営化と再規制」法時80巻10号（2008）54頁，同『例解　行政法』（東京大学出版会，2013）25-27頁。

法と行政法との役割分担論を提示することが，本稿の目標となる。

II　集団的消費者利益の特質——保護法益

1　消費者の保護されるべき「利益」

(1)　民事法における消費者「利益」の諸相

　消費者法における消費者の保護されるべき「利益」は一様ではない。民事法学の議論(注4)を瞥見すると，消費者の保護法益の性質は，損害の有無，被害者の特定性，被害の内容・程度といった考慮要素によって区分されている。そこで本稿では，次の4つの利益の類型を以下の分析に用いることとしたい。第1は，市場競争の機能不全により社会的にはマイナスが生じているものの，損害を観念することができないタイプ（社会的損失）である［☞第1部❶I6］。第2は，損害を観念することは可能であるものの，その個別的な帰属を確定するのが困難なタイプ（拡散的利益）である。第3は，損害の観念とその個別的な帰属の確定は可能であるものの，個別の損害が軽微であるタイプ（集合的利益）である。現在議論されている集合訴訟制度は，このタイプへの対応を主として念頭に置いている(注5)。第4は，損害の観念とその個別的な帰属の確定が可能で，個別の損害が軽微ではないタイプ（個別的利益）である。伝統的な民事法学が想定していたのは第4の個別的利益である。これに対し第1から第3は問題となっている利益が個人によって主張されることが困難な類型であり，これらをまとめて「集団的利益」と呼ぶこととする。

(2)　行政法における「利益」論

　行政法における「利益」論として直ちに想起されるのが「公益」を巡る議

(注4)　例えば，三木浩一「訴訟法の観点から見た消費者団体訴訟制度」ジュリ1320号（2006）61頁。
(注5)　三木浩一「集団的消費者被害救済制度の展望」新世代法政策学研究11号（2011）239頁。

論である。公益は行政法学のキー概念であり、公法・私法の区分基準に関する利益説、裁量論における不確定法概念、さらに公益法人法制でも登場する[注6]。また、公益を行政機構が実現すべき利益と捉えると、それは政策目的ないし国家任務と言い換えることも可能である。先に見た消費者法における「利益」論と最も関係が深いのは、抗告訴訟の原告適格における「公益」「法律上保護された利益」との関係である。消費者保護を目的として事業者の活動を規制する行政法規が制定された場合、民事訴訟では困難な集団的消費者利益の主張が行政訴訟において可能となりうる。しかし周知の通り最高裁は、拡散的利益[注7]に当たると思われる主婦連ジュース訴訟（最判昭和53・3・14民集32巻2号211頁）や集合的利益に当たると思われる近鉄特急訴訟（最判平成元・4・13判時1313号121頁）において、問題となっている行政法規は消費者の利益を個別的に保護していると解釈できないとして処分の第三者たる消費者の原告適格を否定している。

2004年の行政事件訴訟法改正を経てもなお最高裁判例を強く規定している法律上保護された利益説は、次の3つの考え方から構成されているように思われる。第1は、何が公益であるかは第一次的には立法者が決定する事項であるということである。理念的に言えば、公的利益は社会全体の利益であって社会の部分利益ではない。その公的利益の中で何が「公益」なのかを確定させるのは民主的正統性を有する立法者である[注8]とするのが、法律上保護された利益説の核心であろう。第2は、公益を実現するのは専ら行政であるとする前提である。最高裁は第三者の原告適格が認められる条件として「不特定多数者の具体的利益をもっぱら一般的公益の中に吸収解消させるにとどめず、それが帰属する個々人の個人的利益としてもこれを保護すべきものとする趣旨を含む」[注9]ことを要求しているので、ある利益が公益ととと

（注6）　塩野宏「行政法における『公益』について」同『行政法概念の諸相』（有斐閣、2011）102頁。
（注7）　中川丈久「消費者——消費者法は行政法理論の参照領域たりうるか」公法75号（2013年）199頁は、このような場合にも個別的な利益侵害が認められるとする。
（注8）　神橋一彦『行政訴訟と権利論〔新装版〕』（信山社、2008）163頁。
（注9）　最判平成元・2・17民集43巻2号56頁（新潟空港訴訟）。

もに私益でもある場面(注10)を正面から認めている。他方で最高裁は，この場合に公益を実現しうるのは行政であるとする前提は崩していない。すなわち第3に，第三者が処分の取消を求めうる法律上の利益を持つ場面とは，端的に言えば第三者が上記のような私益を持つ場合に限られる。2004年の行政事件訴訟法改正後も最高裁は，第三者の原告適格の判断要素として，不利益・保護範囲要件と並び個別保護要件を堅持している(注11)。これを満たすために法律上保護された利益説が以前から用いていた個別実定行政法規の仕組みから解釈できる特別な地位（許認可数の限定・特定施設からの距離制限，行政手続上の参加権）と並んで，利益の性質（生命・安全・財産等）から直ちに個別保護要件を充足するルートが改正法によって明確化された(注12)とはいえ，最高裁は処分の名宛人と同視できるだけの利益侵害が認められる場合にのみ第三者の原告適格を肯定している。言い換えれば，最高裁が認めてきた第三者の原告適格は侵害的な行政作用からの「防御権」の延長に位置付けうるものである(注13)。そしてこの発想は，取消訴訟が主観訴訟として位置付けられていることから正当化されている。

　第三者の原告適格を認める際に一般国民からは切り出された特別な法的地位にあることを要求するこうした理解を前提とすると，本稿が取り扱っている消費者の利益を抗告訴訟で主張するのは一般には困難である。消費者利益は観念的には事業者利益と対立する社会の部分利益ではある。しかし，一定範囲の地域に不利益が限定されることが通例の環境利益(注14)と異なり，利益の不特定性・拡散性が高い場面も想定できる。消費者が製品の不良によって

（注10）　この点を民事法から基礎付ける議論として参照，原島重義「民法理論の古典的体系とその限界」同『市民法の理論』（創文社，2011）22頁，吉田・前掲（注4）182頁。
（注11）　この整理につき参照，小早川光郎「抗告訴訟と法律上の利益・覚え書き」西谷剛ほか編・成田頼明先生古稀記念『政策実現と行政法』（有斐閣，1998）43頁。
（注12）　塩野宏『行政法Ⅱ〔第5版補訂版〕』（有斐閣，2013）134頁。その理論的支柱となったと思われる新保護規範説につき，山本隆司『行政上の主観法と法関係』（有斐閣，2000）250頁以下。
（注13）　最も明快にこの立場を主張するものとして，藤田宙靖「行政活動の公権力性と第三者の立場」同『行政法の基礎理論（上）』（有斐閣，2005）282頁。
（注14）　環境利益の特性や類型論の可能性につき参照，大塚直「公害・環境，医療分野における権利利益侵害要件」NBL 936号（2010）46頁。

生命・身体に対する危険にさらされない利益（個別的利益）やある鉄道路線の定期利用者が不当に高い認可運賃を支払うことのない利益[注15]（集合的利益）までは一般国民からの切出しが可能であるのに対し，正しい表示がされたジュースを購入する利益（拡散的利益）や事業者が競争すれば得られるはずの低価格な製品・サービスを購入する利益（社会的損失）を訴訟で主張することはこのままでは困難である。そこで学説上主張されているのはおおむね次の2つの方向性である。

　第1は，個別保護要件を放棄する方法である。この場合の第三者の原告適格の判断基準は，不利益要件と保護範囲要件だけになるので，上記の拡散的利益までは原告適格が認められる可能性がある[注16]。この方法を採れば①利益が個人という単位に帰属するかを考える必要はなく，②行政訴訟ルールのみを変更するだけで足りる。他方で，この方法は第三者の原告適格を量的に拡大するにとどまらず「質的に変化」[注17]させる可能性も孕む。すなわち，防御権としてではなく適正な執行を求める権利から第三者の原告適格を基礎付けるべきこととなり，行政法学が伝統的に重視してきた行政作用により侵害される私人の権利の防御を第1とするという視点は後退する。これを突き詰めると名宛人と第三者の区別は不要となり[注18]，行政過程における市民の権利は参加権と適正執行（不執行）請求権から構成され，主観訴訟と客観訴訟を区別する意義も失われるかもしれない。

　第2は，個別保護要件は維持しつつ，①利益の受け皿として個人と並んで団体を想定し，②個別行政実体法の解釈・立法論を展開してその団体に特別

（注15）　阿部泰隆「鉄道運賃値下げ命令義務付け訴訟における鉄道利用者の原告適格(1)」自治研究87巻6号（2011）3頁。
（注16）　これに対し，「法律上の利益」要件に民衆訴訟との差異化機能があるとする前提に立てば，個別保護要件を放棄しても拡散的利益に対する第三者の原告適格は肯定できないという結論となりうる（稲葉馨「行政訴訟の当事者・参加人」礒部力ほか編『行政法の新構想Ⅲ』〔有斐閣，2008〕79頁）。
（注17）　村上裕章「改正行訴法に関する解釈論上の諸問題」同『行政訴訟の基礎理論』（有斐閣，2007）303頁。
（注18）　興津征雄「書評・大橋洋一著『都市空間制御の法理論』」書斎の窓586号（2009）75頁。

な法的地位を認めたうえで一般国民から切り出す方法である。環境享受や公共施設利用の利益など，共通に自己の利益として享受している者が一定の広がりをもって存在しているという社会実態に注目した「共同利益」[注19]や，個々人の主観的権利と法律執行請求権に親和的な拡散的利益との間に位置付けられる「凝集利益」[注20]はいずれもその受け皿としてある種の団体が想定されている。そして，行政過程への参加権を手がかりにこうした団体の行政過程や裁判過程における利益主張を認めようとする方向が示されている[注21]。したがって，拡散的利益や社会的損失に関して第三者の原告適格が認められるかどうかは，そうした利益を保護する個別の行政法規の制度設計と趣旨解釈による[注22]。この路線においても，個別行政実体法の制度設計に依存するという条件付きとはいえ，取消訴訟を私人の権利保護のための主観訴訟としてのみ把握する発想は弱まり，行政活動の適法性維持機能が重視されている点に注意が必要である[注23]。

2　事業者の違法・不法な「利益」

(1)　民事法における事業者の「利益」

次に視点を事業者の側に移す。消費者被害の総額と事業者の違法利益の総

(注19)　亘理格「公私機能分担の変容と行政法理論」公法65号（2003）189頁，同「行政訴訟の理論——学説的遺産の再評価という視点から」公法71号（2009）70頁。
(注20)　仲野武志『公権力の行使概念の研究』（有斐閣，2007）281頁。
(注21)　共同利益論は，共同利益から出発してこれを享受する人的集団に行政手続への参加権を認める立法を促進する（亘理・前掲（注19）公法65号190頁）とともに，主観訴訟に取り込めない部分は団体（行政）訴訟を創設することでの対応を提唱している（亘理格「行政訴訟の理念と目的」ジュリ1234号〔2002〕15頁）。これに対して凝集利益論は，個別行政実体法で行政手続に参画する外延が明確な団体が観念できる場合にその構成員に原告適格を認める（仲野武志「公権力の行使概念の研究(5)」法学協会雑誌120巻2号〔2003〕331頁）ため，団体訴権の付与なしに取消訴訟の枠内での処理を志向しているとも言える（原田大樹「法秩序・行為形式・法関係——書評・仲野武志著『公権力の行使概念の研究』」法政研究74巻3号〔2007〕666頁）。
(注22)　大貫裕之「取消訴訟の原告適格についての備忘録」稲葉馨＝亘理格編・藤田宙靖博士東北大学退職記念『行政法の思考様式』（青林書院，2008）405頁。
(注23)　亘理・前掲（注21）15頁，仲野武志「法律上の争訟と既得権の観念(1)」法学67巻2号（2003）213頁注141。

額とは相応するものの，必ずしも同額にはならない。伝統的な民事不法行為法は損害てん補による被害者救済を主要な制度目的と考えてきた[注24]のに対し，最近では違法行為を抑止することを制度目的と解したうえで，制裁の要素を正面から肯定[注25]したり，不法利益の吐き出しの制度を構想したりする見解が示されている[注26]。

(2) 行政法における事業者の「利益」

行政法がこうした事業者の「利益」に注目する局面は次の2つである。第1は，不利益処分の考慮要素としての位置付けである。消費者行政法規に含まれている業者に対する不利益処分（改善命令・許認可等の取消）のほとんどは行政に裁量が認められている。事業者の違法な利益が大きければ大きいほど，権限不行使の方向の裁量の余地は狭くなると考えられる。第2は，（執行）課徴金額の算定要素である。行政上の義務違反に対して金銭支払義務を課す行政上の制裁金として伝統的に存在していたのは行政上の秩序罰（過料）と重加算税などの加重税・加重返還金だけであった。しかし前者は罰金との均衡から低額に抑えられていて威嚇力に乏しく，後者は納税関係か行政との金銭授受関係が先行する場面でしか設定できなかった。これに対して，特に市場秩序維持に関係する行政法規のエンフォースメントを強化するために導入されているのが課徴金であり，独占禁止法・金融商品取引法・公認会計士法の3つで導入の実績がある。課徴金額の算定に際して，当該行政法規違反によって生じた事業者の違法利益はその「標準」を示す機能を持っている。周知の通り，独占禁止法が1977年に課徴金を最初に導入した段階では，まさに事業者の違法利益を課徴金によって奪うことが制度目的とされていた（不当利得のアナロジー）。しかし課徴金額の引上げとともに，事業者の違法利益から課徴金制度を正当化することは難しくなり，現在では課徴金の制裁とし

(注24)　山田卓生「不法行為法の機能」淡路剛久ほか編・森島昭夫教授還暦記念『不法行為法の現代的課題と展開』（日本評論社，1995）24頁。
(注25)　森田果＝小塚荘一郎「不法行為法の目的」NBL 874号（2008）16頁。
(注26)　この点に関する批判的検討を含め，不法行為法の制度としての正統性を包括的に論じたものとして，潮見佳男『不法行為法I〔第2版〕』（信山社，2009）13頁以下。

ての性格を正面から認めたうえで、比例原則の観点から制度を正当化する見解のほうが有力化している[注27]。これに対して金融商品取引法の課徴金額は違反行為によって得た利益相当額とされている。しかしこれはあくまで規制の実効性確保のために必要な水準を設定することが目標とされたうえで、初めて制度を導入することから、抑止のための必要最小限の水準として違反行為によって得た経済的利得を基準にしたと説明されている[注28]。また、公認会計士法の課徴金は監査報酬相当額を標準としているものの、一方で故意による虚偽記載の場合には報酬額の1.5倍とし、他方で課徴金賦課の要件を満たしても課徴金を徴収しない処理も認めている[注29]。このように、現在の課徴金額は単純に事業者の違法利益を吸収するシステムにはなっていないものの、違法行為抑止と並んで違法利益が金額算定の際の1つの「標準」として機能している[注30]。

III 集団的消費者利益の担い手――実現主体

1 利益帰属主体と利益実現主体

(1) 主観訴訟・客観訴訟峻別論の弱体化

個別的利益の帰属主体は当該利益の実現主体であるとするのが民事法の原則的な考え方である。私的自治に根拠が求められるこの考え方の投影が、処分権主義あるいは給付訴訟・確認訴訟の原告適格の議論であろう。これに対して、集合的利益の場合には個々人に帰属する利益が訴訟を用いて実現する

(注27) 佐伯仁志「二重処罰の禁止について」同『制裁論』(有斐閣, 2009) 95頁, 高木光「独占禁止法上の課徴金の根拠づけ」NBL 774号 (2003) 24頁。
(注28) 三井秀範編『課徴金制度と民事賠償責任』(金融財政事情研究会, 2005) 13頁。
(注29) 関哲夫ほか「公認会計士法改正をめぐって」会計・監査ジャーナル19巻9号 (2007) 24頁。
(注30) 曽和俊文「行政手続と刑事手続の交錯」同『行政法執行システムの法理論』(有斐閣, 2011) 147頁は、行政上の制裁金の制度化の考慮要素として、当該制裁が法執行システム全体として過度に制裁的でないこと、当該経済的負担を正当化する実質的理由があること等を要求している。

4 集団的消費者利益の実現と行政法の役割

には小さすぎるので，これを集合させて誰かに代表してもらい，それを実現してもらう法的ルールが必要となる。また社会的損失や拡散的利益になるとその帰属主体を特定個人に求めることができなくなるため，伝統的には民事法の対象外であった。こうした個人による訴訟利用が困難ないし不可能な集団的利益に対して，利害関係者が団体を作って訴訟をするのが団体訴訟のアイデアである[注31]。その制度化の際には，団体に付与する権利の性質，利益代表性の正当化方法，判決の効力などが論点となる。この場合，団体が消費者から個別に授権を得て訴訟提起するか，団体が消費者の利益について訴えを提起する固有の利益を持つかでなければ，伝統的な主観訴訟の図式から離れてしまう。

これに対し，行政法においては，特定個人には帰属しない「公益」を行政が実現するという暗黙の前提が存在し，公益代表者たる行政と自己に帰属する私益を主張する私人との対立図式を基本としてきた。しかし，第三者の原告適格論に代表される三面関係論は，自己の権利利益と結びついた「公益」の実現を訴訟によって行政に要求することを可能にし，さらに最近では行政訴訟の適法性維持機能への注目から主観訴訟・客観訴訟峻別論が弱体化しているように思われる。また，立法論としては，2004年の行政訴訟検討会最終まとめが示しているように，利害関係者から個別の委任を受けることなく提起することができる団体訴訟を，個別法分野ごとに検討することも考えられる[注32]。他方で，とりわけ団体（構成員）の利益と関わらない団体訴訟制度の新設は，憲法上の司法権概念との抵触の可能性を生じさせる。これに対しては，憲法上の司法権概念を定義する「法律上の争訟」から事件性要件を外そうとする考え方[注33]や，法律上の争訟をコア・中間領域・外周と区別した

(注31) 代表的な包括的研究として，上原敏夫『団体訴訟・クラスアクションの研究』（商事法務研究会，2001），宗田貴行『団体訴訟の新展開』（慶應義塾大学出版会，2006）。
(注32) 具体的な制度設計を検討したものとして，越智敏裕「行政訴訟改革としての団体訴訟制度の導入」自正53巻8号（2002）36頁。
(注33) 高橋和之「司法制度の憲法的枠組」同『現代立憲主義の制度構想』（有斐閣，2006）176頁。「事件性」と「法律上の争訟」の概念定義が異なっているものの，野坂泰司「憲法と司法権」法教246号（2001）47頁も類似の方向性の議論と考えられる。

上で主観訴訟をコアに，客観訴訟を中間領域に位置付けていずれも法律上の争訟に含まれているとする立場[注34]が提唱されている。行政訴訟の議論との関係で憲法上の司法権概念を拡張する理解[注35]は，民事の団体訴訟制度の設計に対しても意味を持つ。なぜなら，集団的利益を民事の団体訴訟によって実現することは，以下で詳論するように，行政法制度（行政過程・行政訴訟）で実現することと制度設計上の選択関係にあるからである。

(2) 利益「代表」と利益「実現」

そもそも利益帰属主体と利益実現主体が一致しなければならないと考えられたのは，帰属主体の自律的な意思のみによって当該利益の実現が決定されるべきであるとする考え方と，最大の利害関係者である帰属主体こそがその利益を最もよく実現しうるはずであるとする考え方の2つによる。しかし集団的利益に関しては，前者の前提となる利益帰属者の個別・特定性が充足されていない。そうすると，この場面で利益実現主体を決める判断基準は後者，すなわちその主体が当該利益実現をよりよくなしうる組織属性（利益代表資格の観点）や機能的特性（利益実現の実効性の観点）を有しているかに力点が置かれるべきである。

本稿では利益が実現される過程を「帰属」「代表」「実現」の3つの概念で切り分けている［☞**第1部❾**］。個別的利益が民事法で実現される場合にはこの3つの主体は通常は同一である。ただし，利益帰属主体が委任などの法技術を用いて別人に利益を代表させ，実現させることも起こりうる。これに対して行政法においては，利益の帰属主体は不特定多数の国民であり，利益の代表と実現は第一次的には行政が担っている。その際の国民と行政との関係は委任ではなく，選挙と立法による民主政的正統化の連鎖である。個別的な委任によらず利益帰属主体とは別の主体が利益代表主体となることを正当

(注34) 中川丈久「行政事件訴訟法の改正」公法63号（2001）130頁。佐藤幸治『日本国憲法論』（成文堂，2011）588頁は，中間領域について，訴訟の実体（対決性・現実の司法判断適合の争訟の存在）を伴っていれば法律上の争訟に該当するとする。
(注35) その理論的評価と新たな限界付けの方向性につき参照，松井茂記「『国民訴訟』の可能性について」村上武則ほか編・高田敏先生古稀記念『法治国家の展開と現代的構成』（法律文化社，2007）396頁，長谷部恭男「司法権の概念」ジュリ1400号（2010）10頁。

化する根拠として民事法が手がかりとしてきたのは，先行する寄与(注36)あるいは集団利益の存在(注37)であった。これに対し，民事の団体訴訟制度と行政法制度との制度設計上の選択可能性を強調する本稿の立場からは，以下で述べるように，正統性の要素でこれを正当化しうる。以下では集団的利益の担い手として「行政」と民事の団体訴訟を担う「適格訴訟団体」の2つを想定し，両者の比較を行うこととする［☞第1部❷❸］。

2 利益実現主体の組織と機能

(1) 利益代表資格の観点

(A) 行政

行政は（少なくとも理念上は）公益を代表しているのであって，社会の部分利益を代表しているのではない。集団的利益のような不特定多数者が享受する利益は，それが立法によって保護される（保護規範）ことによって初めて公益としての性格を獲得する。これを消費者の集団的利益に当てはめて考えると，行政は部分利益としての消費者利益を直截に代表しているのではなく，それが保護規範によって社会全体の利益＝公益としての消費者利益に変換されたうえでこれを代表していることになる(注38)。

一般的に言って，行政過程による公益の実現は，上記の過程を経て社会の部分秩序の利益から切り離された公益を，諸利害からの中立性が（少なくとも理念上は）保たれた公務員集団が実現する構造をとる。これを担保するため，国・地方公共団体や行政組織法上の行政主体性を有する組織に対しては，行政組織法制・（広義の）公務員法制・情報公開法制によって，ガバナンス構造や国民に対する情報公開がある程度定型化されている。他方で，現実

(注36) 伊藤眞「ドイツ連邦共和国における環境保護と団体訴訟（2完）」民商83巻3号（1980）373頁。
(注37) 福永有利「新訴訟類型としての『集団利益訴訟』の法理」同『民事訴訟当事者論』（有斐閣，2004）242頁。
(注38) そこで，社会的に禁圧すべき同一の行為に対して行政法上の不利益処分（是正命令・営業停止処分等）と団体訴権とが立法される場合には，両者の利益代表構造に配慮して要件に差異を設けることが適切であるように思われる。

には行政も諸利害のロビイングに曝されており，政治的に強い利益の影響を受けやすいことは周知の通りである。そこで，対立する利害を同一の行政機関に担わせず，組織を分離することで諸利害からの中立性を保つ方策が採られることがある(注39)。消費者庁の設置はその一例である(注40)。

(B) **適格訴訟団体**

消費者契約法が規定する適格消費者団体のような適格訴訟団体は，ある一定の集団的利益を共通に享受する利害関係者の利害を集積した組織である。そのため行政が当該利益を実現する場合と異なり，他の対立する諸利益との衡量作業は必要なく，端的に当該利益を代表しうる立場にある。適格訴訟団体の利益代表資格の問題はむしろ，当該集団的利益の全体（換言すれば「不特定多数」の当該利益）を代表していると言えるかどうか，あるいは団体固有の経済的利益のために活動していないかという点にある。適格訴訟団体に対するガバナンス構造規制や情報公開規制は，これら諸点の担保策としてさしあたり位置付けられる。

しかし，適格訴訟団体が自らの訴訟活動を正当化すべき相手方は共通利害関係者集団だけではない。集合的利益の場合，訴訟の相手方となりうる反対利害関係者集団から見れば，利益帰属主体の個別の委任を受けずになぜ訴訟が提起され，自らが被告とならなければならないのかとの不満が示されるであろう(注41)。また利益帰属主体を特定できない拡散的利益・社会的損失の場合には，適格訴訟団体の訴訟活動は客観法の維持の機能を強く持たされることとなるから，直接の利害関係が希薄な一般公衆に対してもその活動の正当化が求められよう。適格訴訟団体に対するガバナンス構造規制や情報公開規制は，このように幅広く社会全体に対するアカウンタビリティを確保するためのものでもあり，この点で行政のアカウンタビリティ構造と近似する（消

(注39) より一般的には，原田大樹「立法者制御の法理論」新世代法政策学研究7号（2010）128頁。
(注40) 山本隆司「消費者庁・消費者委員会」ジュリ1399号（2010）21頁。
(注41) 団体訴訟制度が民事実体法上の権利を前提として構築される場合には，「正統性」の見地からの正当化のみならず，訴訟の相手方となりうる反対利害関係者集団の権利・利益との均衡の観点からの正当化をも求められることになる。

費裁判65条・85条）^(注42)。もちろん当該集団的利益を公益として自ら実現する行政と，部分利益としたまま訴訟で主張するにとどまる適格訴訟団体のガバナンス構造・情報公開規制の強度は大きく異なる。しかし，両者の規制目的には共通する要素があることにも注目すべきである。そしてここに「正統性」の観点から適格訴訟団体の活動の正当性を基礎付ける契機も存在する^(注43)。

(2) 利益実現の実効性の観点

(A) 行政

行政は公益実現の実効性を確保するため，一方では諸利害から中立に徴収される租税財源と多数の人員を抱え，他方では法令で認められた，時に強制力をも伴うさまざまな権限の行使をすることが可能である。ある公益の実現が特定の行政部局に所掌事務として割り当てられることにより，当該利益の実現に関する恒常的な対応も可能となる。しかし他方で，法令上予定された規制権限の行使が実際には不十分にしかなされていないとする執行の欠缺の問題が指摘されている^(注44)。その要因の1つとして，規制の執行を促進する実体的要件（例：義務的な許認可取消）や手続的要件（例：利害関係ある第三者が規制執行を求める手続）が個別行政法規にはほとんど規定されていないことが挙げられる。三面関係的な行政法理解^(注45)に立てば，こうした局面で行政の執行活動をどう動機付けるかが大きな課題となる。

(B) 適格訴訟団体

適格訴訟団体は，集合的利益を実現すべく設立された団体であり，利益実

(注42)　原田大樹『自主規制の公法学的研究』（有斐閣，2007）287頁。
(注43)　山本隆司「公私協働の法構造」碓井光明ほか編・金子宏先生古稀祝賀『公法学の法と政策（下）』（有斐閣，2000）556頁にいう国家の「（波及的）正統化責任」がこの局面においても認められるべきであろう。山本隆司「日本における公私協働の動向と課題」新世代法政策学研究2号（2009）304頁では，団体訴訟は，公私協働の外側に当たる公的組織と私的主体との「ネットワーク」を形成する制度と整理され，私行政法の段階的適用が主張されている。
(注44)　代表的な業績として，宮崎良夫「行政法の実効性の確保」成田頼明ほか編・雄川一郎先生献呈論集『行政法の諸問題（上）』（有斐閣，1990）203頁，北村喜宣『行政執行過程と自治体』（1997）。
(注45)　大橋洋一「行政法総論から見た行政訴訟改革」同『都市空間制御の法理論』（有斐閣，2008）382頁。

現に向けた動機付けは一般的に言って十分なされている。また，当該利益の実現に関心のある私人が団体を構成することによって専門知が産出され，それが利益の実現を容易にすることが期待できる。公益を担う行政の側から見れば，適格訴訟団体の活動は私人による法執行[注46]であり，訴訟に持ち込まれる前の交渉によって当該利益が実現されるとすれば規制の民間化の一種とも言える。他方で，訴訟活動やその準備活動・訴訟を背景とした相対交渉などには莫大なコストがかかるため，活動資金を安定的に確保することが不可欠となる。

IV　集団的消費者利益の実現──実現手法

　集団的消費者利益に代表される集団的利益の実現主体たりうる行政と適格訴訟団体とは，これまで見てきたようにそれぞれ強みと弱みを持っている。そうであるとすれば，集団的消費者利益をよりよく実現するためには，相互の弱みをカバーし，強みを生かし合うような組合せに基づく制度設計を行う必要がある。行政法と民事法の組合せによる複線的な法システムが集団的消費者利益の実現の局面においても指向される理由はここにある。複線的システムでは，どちらかの機能不全をどちらかがカバーする可能性が高まるメリットがある反面，すべてが作動した場合に被規制者に対して過大な不利益が及ぶおそれがある。そこで相互のシステム作動の交通整理のルールについても合わせて検討する必要がある[注47]。以下でも，利益代表資格の観点と利益実現の実効性の観点の2つに分けて，考えられる制度設計を素描する。

(注46)　代表的な文献として，田中英夫＝竹内昭夫『法の実現における私人の役割』（東京大学出版会，1987）。
(注47)　原田・前掲（注42）280頁。

1 利益代表資格の観点

(1) 集合訴訟追行者としての行政

　集合的利益に対する効果的な救済策として立法された消費者裁判手続特例法は，訴訟を２段階に分け，第１段階を共通義務確認訴訟，第２段階を簡易確定手続としている。そして第１段階の訴訟追行者として特定適格消費者団体が充てられている。これに対し，この段階で行政機関にも訴訟追行させる可能性が指摘されていた(注48)。

　わが国の現行法制において，行政機関に裁判所に対する申立権を付与している例は稀少である。またそれらも裁判所が一定の命令（injunction）をすることが予定されているもの(注49)であって，損害賠償と結合したものではない。しかし，共通義務確認訴訟で行政に訴訟追行させることは，一方では行政の保持する監督リソースを用いて消費者被害の実効的救済に道筋をつけることができ，他方で，行政が共通義務確認訴訟でも利用することを想定して証拠を十分に収集したうえで慎重な判断をすることにより，違法な監督活動に伴う事業者側の経済的損害のリスクを低下させることができるかもしれない。また適格消費者団体と行政の双方に訴訟追行を認めることで，行政に対する規制執行のインセンティブが働く可能性もないわけではない。

　この構想の最大の理論的難点は，社会全体の利益を実現すべき行政が，部分利益たる消費者利益を代表して訴訟の一方当事者になることは不適切なのではないかということである。しかし先述の通り消費者に関する集団的利益は一般に拡散性が高く，利益帰属主体の確定が可能な集合的利益であっても環境利益と比べてその人的範囲が著しく広い。消費者の集団的利益は社会全体の利益と社会の部分利益の境界部分に位置付けられる利益であり，そのよ

(注48)　鹿野菜穂子「集団的消費者被害の救済制度と民事実体法上の問題点」現代消費者法８号（2010）24頁，中川・前掲（注２）34頁。
(注49)　例えば，金融商品取引法192条の定める緊急停止命令制度がある（神田秀樹監修・川村和夫編『注解証券取引法』〔有斐閣，1997〕1329頁，桜井健夫「改正金融商品取引法の概要と実務上の課題」現代消費者法８号〔2010〕62頁）。

うな場合には，保護規範によって当該利益が公益に変換されていることを前提に，行政が社会の部分利益を代表して訴訟追行することを通じて全体利益の実現を図る構図を考えうるのではないだろうか。

(2) 適格訴訟団体の組織構造の規格化

現在の日本法では消費者契約法が定める適格消費者団体しか適格訴訟団体がない。しかし制度設計論としては，環境利益・文化的利益などの集団的利益に対しても団体訴訟を活用することは考えられる。これらの団体訴訟にあっても，正統性をも根拠とするガバナンス・アカウンタビリティ構造規制は分野を問わず共通の内容を持つべきである。現行の適格消費者団体はその基礎資格として特定非営利活動法人または一般社団・財団法人であることが要求されている（消費契約13条3項1号）。これに加えて，適格消費者団体に対する規制に見られるように[注50]，①組織の目的として当該集団的利益の実現が明示され，かつその実績があること，②訴訟業務に関する情報管理体制が整備されていること，③意思決定が特定人によってなされておらず，また反対利害関係者に影響されていないこと，④訴訟業務を行うに足りる経理的基礎を有すること，⑤訴訟業務以外の業務が訴訟業務に支障を来さないこと，⑥何人も財務諸表・業務規程・訴訟活動に関する記録等の閲覧請求が可能であることなどが必要となろう（消費契約13条・31条）。これらを規定した適格訴訟団体の一般法を制定したうえで，必要に応じて個別法で適格要件を加重する立法スタイルが考えられる（消費裁判65条以下はそのような例である）。またその際には，認定特定非営利法人制度や公益法人制度との連携・調整も検討されるべきである。確かに，団体訴訟に関する適格性を判断する考慮要素と，税制優遇を受けうる法人を選択する際の判断基準とは一致しない部分もある。しかし，正統性の観点から要求される適格消費者団体に対するガバナンス・アカウンタビリティ構造規制は公益法人等に対するそれと類似する面がある[注51]。また両者とも不特定かつ多数の利益のために活動する

(注50) 磯辺浩一「適格消費者団体の課題」法律のひろば60巻6号（2007）32頁，消費者庁企画課編『逐条解説消費者契約法〔第2版〕』（商事法務，2010）276頁。

（公益法人2条4号，非営利活動45条1項2号，消費契約13条1項）点は共通である。適格消費者団体の経理的基礎を安定させる観点からも，こうした団体に対する税制優遇を検討すべきであろう。

(3) **適格訴訟団体の行政過程への参加権**

現行法制の中で適格消費者団体に行政過程における特別な参加権を規定した法令は存在しない。しかし一定の団体に行政過程への参加権を付与する制度設計は理論的には考えられる[注52]。例えば事業者に対する許認可の際に利害関係者として意見を聴取する手続や，事業者に対する監督措置等の不利益処分を行うよう求める手続への参加権を想定しうる[注53]。こうした手続を導入することで，従来から存在していた規制に対するブレーキ機能を持つ参加手続によって反映される利益と対立する利益も行政過程に位置付けられることとなり，行政による利害調整が適切になされることが期待される。さらに，このような参加手続の設定は，抗告訴訟における第三者の原告適格を肯定する重要な手がかりともなりうる。

行政過程に団体が参加する制度設計としてわが国に以前から存在しているのが，公共組合である。土地区画整理組合や健康保険組合に代表されるこれら公共組合は，強制加入制と組合員に対する処分権限の存在から行政組織法上の行政主体と位置付けられてきた[注54]。公共組合は，同種の部分利益を集積して強制加入団体とした上で利害調整を内部で行わせ，終局的決定をも委ねる方式である。参加権の観点から見ればこれほど強力なものは他にな

(注51) 税制優遇の二本柱の1つである寄附控除制度は，公益のための資金配分の決定権を民主的過程ではなく財産権者の裁量に委ねるという点で確かに「公益発見の仕組み」（藤谷武史「非営利公益団体課税の機能的分析（4・完）」国家118巻5＝6号〔2005〕571頁）である。他方で，その前提として，控除の対象となる法人の活動が不特定多数者の利益実現の枠内に含まれていることを一般的に確保する法的しくみも不可欠である。

(注52) 例えば，亘理・前掲（注19）190頁。この文脈における団体の行政過程への参加権と類似の機能を有するしくみとして，自然公園法39条は，国・地方公共団体以外の者が生態系維持回復事業の認定を受けて同事業を実施することを認めており，環境NPOがその担い手として期待されている。

(注53) ここでは，法令上の申請権には基づかないとされる行政の職権行使の端緒としての「申出」（例：特定商取引60条）よりも強い手続の関与権を想定している［☞**第1部❺**］。

(注54) 塩野宏『行政法Ⅲ〔第4版〕』（有斐閣，2012）113頁。

く^(注55)，決定の正統性は組織内部における民主的な手続で決まったこと（自律的正統化）に求められている。他方で決定者と名宛人とが観念的に一致することから公正な決定に必要な距離が両者に確保されず，また部分利益のみによる決定が全体利益を歪ませるおそれがあることから，その意思形成に対してはさまざまな手続上・実体上の要件が法律によって与えられており（民主政的正統化），これが決定の正統性を確保する重要な要素となる^(注56)。公共組合と比較した場合，適格訴訟団体は一方では集団的利益を集積した団体ではあるものの，他方でその利害調整を内部化することを目的とするものではなく，むしろ行政過程や司法過程の中で当該利益を代表することが期待されている。そうであるとすれば，当該利益を享有する者を強制加入させる必要も，組織内決定における自律的正統性確保のための強度のガバナンス構造規制を行う必要もないであろう。ただし，適格訴訟団体の行政過程における参加権をより強いものにする（例えば不利益処分の申請権を認める）場合には，民主政的正統化の観点から公共組合に要求されるガバナンス・アカウンタビリティ構造規制の一部が相応に適用される必要があるように思われる。

2　利益実現の実効性の観点

(1) 集合訴訟による行政法規の実現可能性

不法行為法における行政法と民事法の組合せとして以前から議論されてきたのが，不法行為に基づく損害賠償における違法性判断要素として行政法規違反を取り込むことである。例えば，廃棄物の処理及び清掃に関する法律が定める処理場設置許可要件に違反することが民事差止めの考慮要素となりうること（鹿児島地判平成18・2・3判時1945号75頁）や，景観に対する侵害行為の民事上の違法性を判断するに際し，刑罰法規・行政法規違反が基準となること^(注57)（最判平成18・3・30民集60巻3号948頁）が挙げられる。こうした結びつ

（注55）　仲野武志「行政過程による＜統合＞の瑕疵」稲葉＝亘理編・前掲（注22）114頁。
（注56）　原田・前掲（注42）208頁。
（注57）　吉田克己「民法学と公私の再構成」早稲田大学比較法研究所編『比較と歴史のなかの日本法学』（早稲田大学比較法研究所，2008）430頁。

きが広く認められるようになれば，一般に，行政による規制執行の代替・補完として民事の損害賠償・差止訴訟を位置付けうるようになる(注58)。こうした観点から，集合訴訟の導入は，（行政による訴訟追行の制度設計がなされなくても）集合的利益に関連する消費者行政法規の強力な法執行手段となる可能性がある(注59)。

(2) 日本型市民訴訟制度の可能性

しかし構想されている集合訴訟制度は損害賠償を念頭に置いたものなので，事後的な賠償請求の可能性を背景とした一般的な抑止効果によってしか損害発生の予防をすることができない。そこで行政法上の団体訴訟によって，損害発生を防止する規制の執行を確保し，集合的利益の早期段階での実現を図ることが考えられる。立法による制度設計の方策としては次の2つの方向がありうる。

第1は，適格訴訟団体に行政手続への参加権を個別の消費者法で認める立法を行うことである。適格訴訟団体はそのルートを用いて規制権限の行使を求めることになり [→Ⅳ1(3)]，それが果たされなければ，現行の行政事件訴訟法の枠内でその適否が裁判所によって審査されることになる(注60)。その基礎となるのは，個別行政実定法の参加権の規定によって団体に認められた団体固有の個別的利益である。

第2は，例えば住民訴訟制度と同様に，訴訟法のレベルでこの種の訴訟を客観訴訟と位置付けて適格訴訟団体による訴訟提起を認める方法であ

(注58) 原田・前掲（注42）193頁。
(注59) この方向性を理論的に推し進めると，行政法上の請求権を民事訴訟（私訴）によって実現する可能性を広く認める立場に到達する。このことを明確に説くものとして参照，中川丈久「取消訴訟の原告適格について（3・完）」法教381号（2012）74頁，宮澤俊昭「団体訴訟の実体法的基礎」小野秀誠ほか編・松本恒雄先生還暦記念『民事法の現代的課題』（商事法務，2012）1084頁 [☞*第3部*❶もあわせて参照]。ただし，制度設計論としては，ある法関係の内容はその当事者の特性（この見地から極めて興味深い論攷として参照，岡本裕樹「行政契約に関する私法的観点からの覚書」小野ほか編・前掲1087-1119頁）やそれをとりまく利害構造にも配慮して設定されるべきである。関連して参照，大塚直「環境民事差止訴訟の現代的課題」大塚直ほか編・淡路剛久先生古稀祝賀『社会の発展と権利の創造』（有斐閣，2012）537-583頁。

る^(注61)。そのモデルとなるのがアメリカの市民訴訟制度である。これは環境法の規制執行を行わせるため，規制の不遵守による不利益を受ける市民に対し，違反者（事業者・行政機関）や裁量の余地のない行為を行わない連邦環境庁長官に対する提訴権を認める制度である^(注62)。この種の訴訟は憲法上の限界なく立法によって自由に創出できるわけではない。しかしすでに述べたように，法律上の争訟の概念に関する現在の憲法学の理解［→Ⅲ1(1)］を前提とすれば，紛争の実態や行政活動に対する法的統制の可能性確保の観点から，憲法レベルの正当化は可能と考えられる。訴訟提起を基礎付ける団体の利益は客観訴訟の立法によって基礎付けられるべき公益とオーバーラップしており，このことが立法者の客観訴訟の立法化を憲法上正当化する要素ともなっている。ただし一旦そうした立法がなされれば，訴訟の段階で団体の主観的な利益の有無を判断する必要はなくなる。また，立法政策論的には，消費者裁判手続特例法に示されている，請求権の責任原因を基礎付ける事業者の行為の法的評価の確認を請求権行使から切り離して適格消費者団体に委ねるという発想は，原因行為に対する行動糾弾型^(注63)の確認訴訟を違法是正措置（remedy）とは一旦切り離した^(注64)うえで利害関係のない主体に委ねるという点で，他の法分野における集団的利益に関する行政法上の団体訴訟の制度設計を検討する際にも応用可能な考え方のように思われる［☞**第1部❿**］。

　それでは，上記のような手段をとらず，現行の訴訟法の解釈論の枠内で適

(注60)　島村健「環境団体訴訟の正統性について」高木光ほか編・阿部泰隆先生古稀記念『行政法学の未来に向けて』（有斐閣，2012）535頁はそのように解釈できる事例として，自然公園法の公園管理団体・風景地保護協定を挙げる。また，ドイツの自然保護法における団体訴訟（大久保規子「ドイツ環境法における団体訴訟」小早川光郎＝宇賀克也編・塩野宏先生古稀記念『行政法の発展と変革（下）』〔有斐閣，2001〕47頁）はこの系統に位置付けられる。

(注61)　曽和俊文「行政訴訟制度の憲法的基礎」ジュリ1219号（2002）65頁。

(注62)　北村喜宣『環境管理の制度と実態』（弘文堂，1992）168頁が詳細である。

(注63)　この考え方につき参照，中川丈久「行政事件訴訟法の改正——その前提となる公法学的営為」公法63号（2001）133頁。

(注64)　抗告訴訟のこうした構造把握につき参照，興津征雄『違法是正と判決効』（弘文堂，2010）330頁。また，レメディの観点から行政法上の権利のあり方を検討した論攷として参照，曽和俊文「権利と救済（レメディ）」高木ほか編・前掲（注60）543頁以下。

格訴訟団体に規制権限行使を求めて提訴する余地はあるだろうか。ここでも最大の問題は，適格訴訟団体が担う利益である。利益帰属主体が確定できる集合的利益の場合には，利害関係ある消費者から個別の授権を得れば，多数当事者訴訟の枠内での処理が可能である。また，利益帰属主体が個別には特定できない拡散的利益であってもそれを正当に担いうる団体が提起すれば（任意的訴訟担当），主観訴訟の枠内での処理が可能となるかもしれない。この場合に団体にその適性があるかどうかは，訴訟提起時に裁判所が判断することとなる。そのうえで，訴訟の受け皿として想定できるのは，直接型義務付け訴訟（行訴3条6項1号）である。

(3) ディスゴージメントの導入

現在の課徴金は国庫に納付されるにとどまり，被害者救済に直接用いられるようにはなっていない。そこで，事業者の違法利益額を1つの基準に算定される課徴金を直接，被害者救済に充てるディスゴージメントの導入が検討されている[注65]。さらに，被害者救済のための基金を設立し，課徴金に加えて適格訴訟団体が訴訟によって獲得した賠償金もここに投入し，逆に基金から団体の運営に必要な経費を支出できるようにすれば，団体の財政基盤を安定させることも可能となる。

ディスゴージメントを導入する際の論点は，資金の管理・分配に伴う事務的コストの増大にどう対応するか，事業者の不法行為に基づく賠償額と課徴金額を調整する必要があるかという点にある。以下では後者の問題を検討する。課徴金との調整対象として従来議論されてきたのは罰金との併科であり，これが二重処罰禁止に該当するかどうかが問題とされてきた。周知の通り，不当利得のアナロジーで課徴金を説明する方法は，課徴金が刑事制裁とは機能を異にすることを強調するためにも用いられていた。これに対し，課徴金を被害者救済の使途に用いたり，適格訴訟団体が得た賠償額を財源に用いたりすると，機能的には消費者個人が企業に対して損害賠償請求する作用

(注65) アメリカの制度につき，佐島史彦「米国証券取引法のディスゴージメント（上）」公正取引538号（1995）42頁。

を制度化したものと見ることができるため，課徴金と不法行為に基づく損害賠償請求権との調整が必要となるのではないかとの疑念が生じる。

　一般的に言えば，ある利益が保護規範によって公益に変換され，行政法上の請求権・地位として位置付けられたとしても，そのことから直ちに当該利益を民事法上の手段によって追求することができなくなるわけではない[注66]。例外的に，当該利益が行政行為の要件に組み込まれ，その利益の実現が行政行為の法効果として規定されれば，その実現は取消訴訟の排他的管轄に服することになり，民事訴訟による請求は不可能となる[注67]。この理解に立つと，課徴金の賦課要件が抑止効果を基準に設定され，また被害者救済給付金の請求権が加害者からの課徴金徴収の成否と関わりなく法定の基準を充足すれば発生する制度設計となっているだけならば，給付金を受領することが損害賠償請求権の失権に理論上直結するとは言えない。

　もちろん立法者が制度化に際し，給付金を受け取れば賠償請求権を消滅ないし請求額を減額させる立法をすることは可能である。ただしそれは，政策目的と政策手段とのバランスを求める立法準則としての比例原則[注68]から要請される制度設計であって，対象となる利益の重なり合いから自動的に帰結されるものではない[注69]。

V　おわりに――残された課題

　本稿では，集団的消費者被害の実効的な救済方法を巡る議論を，利益の性格とその帰属・代表・実現の観点から捉え直し，民事法と行政法の議論と接合させることで，両者の新たな役割分担のあり方を模索する作業を行った。

(注66)　山本隆司・前掲（注4）26頁。
(注67)　塩野宏『行政法Ⅰ〔第5版補訂版〕』（有斐閣，2013）149頁。
(注68)　原田・前掲（注39）125頁。利得吐き出しを不当利得と構成したとしても，この点は基本的に変わらないと思われる。
(注69)　この点をより詳細に検討したものとして，原田大樹「行政法学から見た原子力損害賠償」法学論叢173巻1号（2013）1頁。

集団的利益実現手法の観点から見れば，適格訴訟団体による団体訴訟と行政法規に基づく行政過程の作動とは一方では制度設計上の選択関係にある。他方で，両者には代表する利益や実現する手法の点で差異があるため，それぞれの強みを生かし弱みをカバーするには，両者の組合せに基づく複線的な法システムを構想するべきである。最後に，本稿では十分議論することができなかった課題を2点指摘して，稿を閉じることとしたい。

① 団体訴訟の類型区分として伝統的に注目されてきた基準は，団体が自らの利益（または構成員の利益）の実現のために訴訟を提起するか（自益的団体訴訟），それとも自らの利益とは関わらない他者の利益の実現のために訴訟を区別するか（利他的団体訴訟）であった[注70]。これに対して本稿では，適格訴訟団体と行政との制度設計上の選択関係を強調したことから，上記の区別を厳密に行わないまま議論を展開してきた。この要素を考慮すれば，集団的利益実現の制度設計の際に「私的自治」をどう位置付ければよいか[注71]という問題に帰着する［☞第1部 5 7 8］ことが予想されるものの，この点に関する検討は他日を期す。

② 法律行為論における行政法と民事法の役割分担論は，行政法規の実現に民事法上の効力を用いてよいか，民事契約規制の理念に行政法的な発想が流入する場面がありうるかが中心であった。これに対して不法行為法では損益の金銭的調整の要素が全面に出るため，行政過程と司法過程との役割分担論の色彩が強まる[注72]。本稿はこの問題群の一齣を取り上げたにすぎず，本格的な検討は別の機会に行うこととしたい。

【附記】本稿は，公益信託山田学術研究奨励基金奨励金による研究成果の一部でもある。

(注70) 上原・前掲（注31）119頁。
(注71) 原田・前掲（注39）144頁。
(注72) 現在の憲法学の司法権理解は，ドイツの権力分立論における核心領域説を想起させる。彼国における理論展開が核心領域説をはさんで厳格分離から機能的理解へ向かったこと（村西良太『執政機関としての議会』〔有斐閣，2011〕125頁以下）は，日本法のこの領域での役割分担論の今後の進展を示唆するものかもしれない。その先駆的な業績として参照，興津・前掲（注64）。

5 契約の内容規制の局面における私法規範の保護目的と消費者利益の実現手段*

名古屋大学教授　丸山絵美子

I　本稿の検討課題

　消費者法の領域では，「規制緩和」や「事前規制から事後規制へ」といった流れの中で，あらためて市場において消費者の果たす役割が意識され，市場における消費者の位置付けが自覚的に言及されるようになった(注1)。市場における消費者利益の実現のため，2000年に立法された消費者契約法に代表される消費者私法や，事業者に対する行為規制的な業法上の規制が拡充を続けている。また，消費者契約法の2006年改正では，差止請求権に関する規定が導入され，法の実現の担い手として適格消費者団体が登場した。そして，消費者被害を集団的に回復するための裁判手続制度として，「消費者の財産的被害の集団的な回復のための民事の裁判手続の特例に関する法律」が2013年12月4日に成立し，公布日から3年以内の施行が予定されている。この2段階型訴訟制度として立案された集団的消費者被害回復制度においても，1段階目の共通義務確認訴訟を担うのは，消費者個人ではなく，特定適格消費者団体とされている(注2)。消費者の利益を巡る実体法・手続法の変化の中で，

＊ 本論文は，「契約の内容規制と消費者の利益・公正な市場の実現」現代消費者法12号をもとに，その後の学会報告（日本消費者法学会・消費者法4号参照）を踏まえ，加筆・修正を加えたものである。
(注1)　21世紀における消費者保護と契約に関わるルールの展開については，丸山絵美子「消費者保護と契約」ジュリ1414号（2011）78頁。
(注2)　消費裁判3条参照。

5 契約の内容規制の局面における私法規範の保護目的と消費者利益の実現手段

①私法の目的，②法の実現に関わる利益，③法の実現手段の相互関係が問われている。本稿は，契約の内容規制という局面から，上述の①②③の相互関係について整理・検討を試み，新たな裁判手続制度を導入する意義と導入後の課題を探るものであるが，直ちにこの作業が容易ではないと自覚される。以下，敷衍しよう。

第1に，契約の内容を規制する私法上の無効規範は，絶対無効・相対無効，公益的無効・私益的無効という議論を一瞥してもわかるように[注3]，私法規範であっても，社会の秩序維持といった個別取引の外にある価値実現を1次的に目的とすることもあれば，取引当事者個人の意思自律の保護などを1次的に目的とすることもあると考えられてきた。もっとも，私法に根拠付けられる法律関係が民事訴訟で争われる限り，前者の場合においても，民事訴訟の当事者適格を認められるのは，私法上の「利害関係人」に限定され，例えば，国民全員が，ある契約に反社会性があるとして，公序良俗に反する契約の民事的な無効確認について当事者適格を認められるわけではない[注4]。かかる状況を前提に，契約の内容を規制する私法の「無効規範」について，法の目的と実現手段との適合性が問われることとなる。本稿では，合意への介入の正当化が異なる観点から問題となりうる事件類型[注5]（過大利得獲得[注6]型事件，市場価格硬直型事件，不当条項型事件）を立てて，まずは現状の整理・確認を試みる。この整理・確認は，法の実現の担い手として適格消費者団体が登場した背景・意義・役割の正当化を議論する前提作業となる。

(注3) 無効概念については，椿寿夫編『法律行為無効の研究』（日本評論社，2001）に掲載の諸論文を参照。
(注4) 当事者適格・訴えの利益については，中野貞一郎ほか編『新民事訴訟法講義〔第2版補訂2版〕』（有斐閣，2008）132頁〔福永有利〕以下など参照。
(注5) 民法，消費者契約法，競争法，業法等による「契約内容」への介入の特徴について見取り図を示す便宜として，合意が広く優先される契約の中心部分への介入，意思の関与が希薄な契約の付随部分への介入，市場機構の作用を失わせる合意への介入が問題となる3類型を設定している。
(注6) 「過大利得」という用語は，山本豊「契約の内容規制」山本敬三ほか『債権法改正の課題と方向――民法100周年を契機として』別冊NBL 51号（1998）62頁以下によるものである。

第1部　集団的利益の類型論からみた救済制度の展開

　第2に，消費者契約法における「差止規範」[注7]は，公害などの（潜在的）被害者に差止請求権が認められる場面とは異なり，（潜在的な）被害者以外の者に請求権を付与する制度となっている（消費契約12条以下参照）。侵害される可能性のある利益の帰属先と切り離した利益実現主体の登場した背景，そして差止規範の目的，実現すべき利益の捉え方を確認のうえ，契約の内容規制が関わる領域において差止めの対象行為を拡大する可能性や差止めにおける条項不当性の判断基準について検討を加える。

　第3に，集団的消費者被害回復制度[注8]の導入目的は，まずは，民事訴訟というシステムの実効性（最終的な法の実現）を確保することにあると考える。しかし，この目的を超えて，内容規制を行う実体私法の目的，法の実現に関係する利益，さらには実体私法の解釈に変化をもたらす可能性があるのか検討を行い，消費者裁判手続特例法の課題について検討する。

II　内容規制の局面における無効規範の目的，保護利益，実現手段

1　3つの事件類型からみる無効規範の目的・保護利益

　過大利得獲得型事件，市場価格硬直型事件，不当条項型事件という3つの事件類型を通じて，契約の内容規制に係る無効規範が，どのような目的をもって，どのような場面で契約に介入し，また法の実現においてどのような問題を残しているのか確認していくことにしよう。

（注7）　差止請求権一般について，その発生要件を検討する基礎研究として，根本尚徳『差止請求権の理論』（有斐閣，2011）参照。
（注8）　消費者裁判手続特例法成立までの検討については，内閣府国民生活局『集団的消費者被害回復制度等に関する研究会報告書』（平成21年8月），消費者庁企画課『集団的消費者被害救済制度研究会報告書』（平成22年9月），消費者委員会集団的消費者被害救済制度専門調査会『集団的消費者被害救済制度専門調査会報告書』（平成23年8月），などを参照。

❺ 契約の内容規制の局面における私法規範の保護目的と消費者利益の実現手段

⑴ 過大利得獲得型事件

過大利得獲得型事件とは、契約締結の交渉過程において、不意打ちや判断力不足への付け込みなど一方当事者の問題のある行為態様が存在し、その結果、権利・義務の著しい不均衡等が認められる内容で契約が成立している場合である。比較的高額な被害を生じている事件類型であり、契約全体の無効が志向される。例としては、原野商法、マルチ商法、過量販売等が挙げられる。

この種の事件に対する私法による内容規制は、民法90条による契約無効が中心となる[注9]。無効化にあたっては、契約内容の不当性（時価の数十～百倍、過量性、システムの破綻必須性等）と契約締結の手続的問題性（不退去、判断能力低下への付け込み、過大な宣伝等）の双方が認定されることが多い[注10]。これは、内容面での不公正さを理由として直ちに無効を導くのではなく、暴利行為論の拡張を志向するものと評価できる。個人的な利益保護を目的とする「保護的公序」として、民法90条が機能する場面とも言われ[注11]、相対無効（被保護者のみによる無効主張）が原則となると言われてきた事件類型である。

⑵ 市場価格硬直型事件

市場価格硬直型事件とは、事業者間の価格カルテル協定等により市場における資源配分が効率的に行われず、消費者からみれば市場価格やその他の取

(注9) 詐欺・錯誤や不法行為が主張されることも少なくないが、ここでは内容規制の局面に着目する。民法90条・公序良俗論の展開については、川島武宜＝平井宜雄編『新版注釈民法⑶』（有斐閣、2003）94頁以下〔森田修〕および山本敬三『公序良俗論の再構成』（有斐閣、2000）、大村敦志『契約法から消費者法へ』（有斐閣、1999）163頁以下などを参照。

(注10) 原野商法や過量販売では、表意者の判断能力低下・知識不足等と勧誘者側でのその認識が考慮要素とされ、不当性判断の個別性が強いのに対し（名古屋地判昭和57・9・1判時1067号85頁〔原野商法〕、大阪地判平成18・9・29消費者法ニュース71号178頁〔過量販売〕等）、マルチ商法・モニター商法では、システムの破綻必須性は必然的に違法勧誘を伴うとして一定の被害者集団に対し包括的に公序良俗違反が認定される傾向にはある（名古屋地判平成6・5・27判タ878号235頁〔ベルギーダイヤモンド〕、広島高岡山支判平成18・1・31判タ1216号162頁〔ダンシングモニター〕等）。

(注11) 山本・前掲（注9）48頁以下。

引条件が硬直している状況である。いわゆる独占禁止法違反の契約の私法上の効力として論じられてきた問題であり，契約の内容規制は，カルテル協定それ自体と，カルテルに基づく個別契約[注12]について問題となりうる。

カルテル協定等の私法上の効力（民法90条による無効）については，国家の経済政策の達成を目的とする「市場的公序」[注13]として，あるいは取引外在的悪性[注14]への対応として，民法90条が機能し，絶対無効をもたらすと言われてきた。対等契約当事者間において意思自律が完全に確保された状況での契約締結であっても，競争秩序を実現するために，無効主張が認められることになる。もっとも，絶対無効といっても，契約当事者および取引無効によって直接的にその私法上の権利・義務が影響を受ける第三者にのみ民事訴訟によって協定無効を争う当事者適格が認められるとすれば，カルテルによる損害について賠償請求権が帰属する可能性のあるにすぎない消費者一般には，将来の損害防止のために差止めを主張する法律上の利益を論じる余地があるとしても，契約を無効として財貨移転を巻き戻すことに利害があるとは言えず，民法90条による無効を確認する当事者適格は認められないことになろう。

カルテル等に基づく個別契約については，私的自治への過剰介入を回避するという観点から無効主張は原則として否定されるとしつつも，悪性の高い場合や，個別契約が未履行の場合に無効主張を例外的に認めうるという見解がある[注15]。カルテル協定とは異なり，個別契約それ自体を競争法等は禁止の対象としておらず，絶対無効と結びつくような秩序違反を個別契約に直ちに見出すことは難しい。個別契約については，他の事業者を選択する余地がなく，契約締結が不可避な商品やサービスについて，カルテル・談合等に基

(注12)　吉田克己「競争秩序と民法」稗貫俊文編・厚谷襄兒先生古稀記念論集『競争法の現代的諸相（上）』（信山社，2005）43頁以下，山本顯治「競争秩序と契約法──『厚生対権利』の一局面」神戸法学雑誌56巻3号（2006）197頁以下，曽野裕夫「競争秩序と契約法」NBL 863号（2007）69頁以下の議論を参照。
(注13)　山本・前掲（注9）48頁以下。
(注14)　川島＝平井編・前掲（注9）103頁以下［森田］参照。
(注15)　吉田・前掲（注12）44頁。

づく高額な価格を事業者が自覚的に設定しているような場合に，暴利行為論を拡張して相対無効を導く余地はあろう。しかし，契約しないことを含めて選択行動が現実に可能であった場合には，カルテル協定の影響下にあるということから，個別契約や契約条項の全部・一部無効を肯定することは，私的自治との調整という観点から疑問が生じる[注16]。

(3) 不当条項型事件

本稿において不当条項型事件とは，契約の一方当事者が，一方的に設定した契約条件に不当性が見出される場合である（実質的に交渉され，または交渉可能であった条項は除かれる）。より具体的には，当該契約条件が受け入れがたければ，契約相手を変更するのが通常である価格そのものや主たる給付の内容を除く，いわゆる付随的な契約条項が不当である場合を念頭に置く[注17]。

不当条項規制における無効規範の目的・保護利益に関連する議論として，消費者契約法における不当条項規制の射程と介入根拠に関する議論がある。消費者契約法における不当条項規制の射程については，中心部分と付随部分とを区別する発想が立法の審議段階から示された[注18]。この発想は，合意への介入を正当化する契機である「情報の質・量および交渉力の格差」[注19]を，付随条項を一方的に設定された側は，付随条項を重視せず，また内容の吟味

(注16) なお，価格上昇による購入対象の変化を意思決定に対する不当干渉として法的に評価できるのかという問題提起（山本・前掲（注12）151頁以下）や消費者がアクターとなりうる場面の「切り分け」の論理への問題提起（池田清治「競争秩序と消費者」NBL 863号〔2007〕78頁）も参照。

(注17) 事件類型の特徴を明確化するための定義であり，不当条項規制の意義・射程の捉え方自体に争いがあることは周知の通りである。もっとも，さまざまな内容規制手段が並立していく場合，その特有の意義や合意への介入の契機を自覚的に議論していく必要があり，その場合に，典型的付随条項に着目することは，思考の整理として有益であると考える。

(注18) 経済企画庁国民生活局消費者行政第一課『消費者契約法（仮称）の具体的内容について』(1998) 5頁・49-50頁，同『消費者契約法（仮称）の制定に向けて』(1999) 41頁。なお，民法（債権法）改正委員会の「基本方針」においては，中心部分が約款規制の対象となるかについて解釈に委ねる立場が示され（民法（債権法）改正検討委員会編『詳解債権法改正の基本方針Ⅱ』〔商事法務，2009〕83頁），「民法（債権関係）の改正に関する中間試案」の段階では，この問題について，条文として明確な提案や問題提起はなされていない。

や他の事業者の条項選択に労力や費用を投じることはなく，それゆえ条項内容の吟味や選択の機会を典型的に喪失する状況が存在すること（個人の十分な意思的関与の構造的欠如），そのため付随条項については構造的な競争の機能不全が生じ，その結果顧客に不利な契約内容の一方的形成が促進されること（市場への影響）を問題視するものとして理解することができる[注20]。不当性判断は，意思的関与の希薄さや選択行動の限界が構造的に払拭できないゆえに，原則として，その他の個別事例における主観要件を問題とせず，1次的には，当該条項について，あるべきリスク分配・権利義務関係からの正当な理由なき逸脱を基準に類型的・客観的にその不当性判断が行われるべきものと考えられる。現行消費者契約法10条について，その立法担当者の解説等は，契約締結前の勧誘状況など一切の個別事情の考慮を同法10条内部での信義則判断において行うと述べるが[注21]，契約条項が実質的に交渉の余地なく一方的に設定されている状況に，典型化された介入根拠を見出すのであれば，個別に交渉された合意として認定できない以上，個別消費者の知識・能

(注19) 消費者庁解説は，不当条項規制を正当化する「情報の質・量の格差」を，事業者は法律や商慣習，自己の作成した条項の意味内容を知っているが，消費者は知らないこと，交渉力の格差とは，消費者は，交渉によって，契約内容を変更する余地が現実的にはないことであると説明する（消費者庁企画課編『逐条解説消費者契約法〔第2版〕』〔商事法務，2010〕73頁）が，より踏み込んだ説明がなされないと，消費者が条項の意味内容を知っていても介入が行われる場合はないのか，また，市場の商品内容・価格も交渉によって変更されないのが通常であるが，競争関係にある他の事業者を選択できる状況にあるなら，介入の必要性はないのではないかといった議論を生じることになる。
(注20) 山本豊「不当条項規制と中心条項・付随条項」河上正二ほか『消費者契約法──立法への課題（別冊NBL 54号）』（1999）94頁以下，同「契約の内容規制（その2）──不当条項規制」法教340号（2009）117頁以下，池田清治「消費者団体の団体訴権──その背景と位置づけ」吉田克己編著『競争秩序と公私協働』（北海道大学出版会，2011）249-250頁。法と経済分析の観点から約款規制を研究し，交渉力の不均衡として論じられている内容は，情報非対称性の言い換えにすぎないと述べるものとして，Patrick C. Leyens/Hans-Bernd Schäfer, Inhaltskontrolle allgemeiner Geschäftsbedingungen, AcP210 (2010) 771,782ff. これに対し，力の格差に着目する個人保護のための内容規制と市場の機能不全に着目する超個人的保護のための内容規制を区別すべきという，Phillip Hellwege, Allgemeine Geschäftsbedingungen, einseitig gestellte Vertragsbedingungen und die allgemeine Rechtsgeschäftslehre, 2010 などの研究も現れている。
(注21) 消費者庁企画課編・前掲（注19）221頁，落合誠一『消費者契約法』（有斐閣，2001）150頁以下。

5 契約の内容規制の局面における私法規範の保護目的と消費者利益の実現手段

力や，競争不全の下での情報取得状況などを考慮することには疑問が生じる。考慮されるべき条項内容以外の事情は，当該条項の不当性を否定するような他の条項の存在・実際の条項の運用状況，中心条項と同等に競争が機能していると言える一般的事情など定型的・類型的事情と考えるべきではないか。なお，判例や学説をみても，価格そのもの（高い安い）や商品の組合せそのもの（抱き合わせ販売など）を消費者契約法の不当条項規制の対象とする議論はみられないが，条項への注目と他の事業者の条項との比較行動などの程度に鑑み，いわゆる価格関連条項や中間条項に対して不当条項規制を及ぼすことには肯定的である[注22]。

　消費者契約法の不当条項規制は，消費者という典型的に情報収集・処理能力および交渉力において劣位にあると評価される者が，一方的に設定され，吟味・選択の機会を通常は有さない付随条項について，その意思的関与の希薄さ・選択行動の構造的な限界を理由に，個人の利益を確保するために機能するので，相対無効をもたらす無効規範と捉えることができよう（実質的な個別交渉合意にも規制を及ぼすべきという場合は，別の考え方でその介入を基礎付ける必要が生じる）。多数取引に用いられる「約款」上の条項規制については，無効規範の目的を，個人の保護というよりも，付随条項間の競争が市場において機能不全に陥る事態への対応にあると捉える見解がある[注23]。確かに，多数への広がりが要件とされることにより，個人を超えた集団的利益との関わりが強まると言えるが，絶対無効を認めるほどの市場・社会への影響を不

(注22)　条項がどの程度競争的かに着目するアプローチについては，廣瀬久和「内容規制の諸問題――比較法的考察を中心に」私法54号（1992）32頁以下，特に43頁以下参照。敷引特約（最判平成23・3・24民集65巻2号903頁，最判平成23・7・12判時2128号33頁等）や更新料特約（最判平成23・7・15民集65巻全5号2269頁等），数量・長期割引に対する解約時対価清算条項（最判平成19・4・3民集61巻3号967頁）や解約金条項（大阪高判平成24・12・7判時2176号33頁等）などへのアプローチの仕方が問題となる。山本豊「借家の敷引条項に関する最高裁判決を読み解く――中間条項規制法理の消費者契約法10条への進出」NBL 954号（2011）13頁以下，河上正二「居住用建物賃貸借契約における更新料特約と消費者契約法10条の適用」判評628号（判時2108号）（2011）168頁以下も参照。

(注23)　Hellwege・前掲（注20）S.583ff.

当な付随条項にただちに認めることは難しい。不当条項規制の無効規範の保護目的は，いずれにせよ，直接的には個人の自己決定不全への対応にあり，市場全体における付随条項の競争機能不全への対応には，間接的な貢献を果たすものと捉えるべきではないか。

2 無効規範の目的・保護利益の実現手段

私法の無効規範が，直接的または間接的に，個別取引外のいわば公的な利益の実現を目的とする場合があるとしても，私法上の紛争は，個人に帰属する権利・義務の問題に還元されるので，法の実現手段は，私人による民事訴訟ということになる。

保護的公序として機能する民法90条や不当条項規制を行う消費者契約法8条から10条が，被害者・消費者のみに無効主張を認める相対無効を帰結し，市場的公序として機能する民法90条が，被害者に限定されない利害関係人に無効主張を認める絶対無効と理解される傾向にあることは先に述べた通りである。しかし，絶対無効と言っても，民事訴訟において当事者適格が認められるのは，審判の対象たる権利または法律関係について法律上の利害が対立している者である。前述の通り，カルテル協定によって損害を被る可能性のある消費者は，損害賠償請求の主体となりうるとしても，協定無効の主張について法律上の利害関係人と認定することは難しい。しかも，カルテル協定当事者間での無効主張はそれほど期待できるものではない[注24]。私法の無効規範による公的な利益実現への貢献は，個人による個別民事訴訟による限り，絶対無効とされる場合でも，それほど大きいものとはならない。

3 行政的な規制との役割分担と従来の規制状況の課題

行政的な規制に目を転じると，競争や市場を機能させる前提である適正情報の確保や不当勧誘の排除の問題（契約締結の手続的問題）と異なり，合意優先の観点から，契約内容への行政的介入は慎重である。

（注24）　吉田・前掲（注12）40頁・43頁。

❺ 契約の内容規制の局面における私法規範の保護目的と消費者利益の実現手段

　過大利得獲得型事件のうち，当該取引に見出される典型的な契約締結の状況（不招請勧誘等）や環境（取引必要性等）に，手続的問題要因を定型的に語ることができる場合，特別私法が主観要件の個別充足を要求せずに，一定内容の契約を画一的に市場から排除している領域はあり（特定商取引法9条の2の訪問販売における過量販売解除権，利息制限法による金利規制等）(注25)，このような場合，一定の内容の契約締結を禁止する行為規範が設定され，違反に対し刑事処罰（無限連鎖講，高金利貸付）や改善命令等（過剰与信，過量販売）が置かれることはある。しかし，市場において合意優先の原則が妥当する限り(注26)，事前に一定内容の契約を禁止することを広く認めることはできず，むしろ，契約締結の手続的問題に着目する形で（独占禁止法にいう不公正な取引方法とも重なりえよう），かつ多数被害や不特定多数の消費者への被害の広がるおそれがある場合に，特定商取引法の規制取引類型等に限定せずに，より広い取引を対象に違法行為の停止や個別被害者救済への行政の支援（財産保全措置等）を行うことが課題となる。

　市場価格硬直型事件は，独占禁止法による行政的サンクションが発動する典型的な場面である。公正取引委員会がすべての事件を網羅的に取り上げるわけではないが，個人による民事訴訟へのインセンティブは一般的には低く，行政的手段の役割が大きくなる。私法の無効規範による競争秩序維持は，個別民事訴訟による限り，限定的役割にとどまることは先に述べた通りであるが，私法による市場秩序維持への貢献を画餅としないためにも，民事訴訟手続におけるカルテル協定の差止請求（独禁24条）や消費者に帰属する損害の賠償請求（独禁25条，民709条）を容易化・活性化することが課題となる。

　不当条項型事件に対しては，特定の事業で用いられる約款について，価格も含めて，各種業法で認可・届出・公示義務等が規定されている。しかし，認可等において消費者契約法に照らしての点検が行われるわけではなく，不当条項一般への行政による事前規制や監督は予定されていない。特定商取引

(注25)　大村敦志『消費者法〔第4版〕』（有斐閣，2011）115-116頁参照。
(注26)　平井宜雄『債権各論Ⅰ（上）』（弘文堂，2008）70-75頁。

法等における不当条項規制も，不当勧誘規制と異なり，その違反に行政的な規制も罰則も用意されておらず，内容規制に対する行政的介入の慎重な姿勢をみてとれる。不当条項への行政的な規制というトピックに関しては，消費者契約法の不当条項規制と独占禁止法における優越的地位の濫用規制（独禁2条9項5号）との近似性が指摘され[注27]，公正取引委員会による行政規制が協働する潜在的可能性も示唆された[注28]。しかし，独占禁止法にいう優越的地位の濫用の解釈やガイドラインの方向性[注29]からは，両法における介入の根拠は異なるものと理解でき，さらに公正取引委員会の人的リソースを考慮すれば，独占禁止法上の行政規制が付随条項の不当性を問題とする不当条項規制の領域でワークする現実の可能性はほとんどないと考える。その一方で，不当条項は不特定多数に向けて用いられる約款上にある場合が多く，付随条項の構造的な競争不全により，市場全体で付随条項の内容が悪化の一途をたどる懸念から予防への要請が大きいところ，差止訴訟の提起を消費者に期待することはコストやインセンティブの面から現実的ではない。また，不当条項の撲滅に意欲的な消費者であっても，その不当性を認識し契約を回避できる場合，潜在的被害者層から外れることになり，差止請求権の帰属主体となりうるのかは検討を要する状況にあった。

(注27) 本城昇「情報の非対称性と優越的地位の濫用規制――消費者取引の規則との関連の考察」公取507号（1993）37頁。
(注28) 従来の学説を整理・検討するものとして内田耕作「消費者取引と優越的地位の濫用規制(1)-(3完)」彦根論叢346号（2003）1頁以下，347号（2003）21頁以下，349号（2004）1頁以下。
(注29) 優越的地位の濫用規制に関する有力な一見解は，付随条項に典型的な上述の意味での競争の機能不全ではなく，消費者に取引必要性が認められる場合に独禁法の介入の理論的余地を説明する（白石忠志「消費者契約法と独禁法――不当条項の無効化と優越的地位濫用の禁止」ジュリ1200号〔2001〕103頁）。公正取引委員会のガイドライン「優越的地位の濫用に関する独占禁止法上の考え方」（平成22年11月30日）。なお，川浜昇「競争秩序と消費者」ジュリ1139号（1998）26頁注29も参照。

Ⅲ　適格消費者団体による差止訴訟と実体法
1　差止規範の目的・保護利益と実現主体

　適格消費者団体による差止請求権が，特定商取引法や景品表示法によって事業者に課せられている行為規制の違反に対して認められている場合，ここでの私的主体による差止請求権は，行政的規制や罰則とともに，公私協働の一貫として，公的な利益の侵害に対する予防活動を行っているという文脈で捉えることが可能である[注30]。

　それでは，消費者契約法8条から10条など私法上の無効規範の要件と差止規範とが結びつく場合はどうか。潜在的被害者の個別的な利益侵害の予防に差止規範の目的があるというのであれば，個別の消費者に請求権を認めずに，適格消費者団体にその権限を付与する理由が問われる。まず，条項の不当性を知っている消費者が当該事業者を契約相手として回避できる場合，将来的にも，当該消費者が被る不利益の内容は，当該事業者との契約をあきらめる，市場で不当条項が増えるといった希薄な不利益であり，これを差止規範の保護利益と捉えることができるのか問題となる[注31]。もっとも，付随条項については，不当性を知っていてなお，主たる給付・価格を理由に契約締結に至る事態が考えられ，付随条項の不当性を知りつつも，これを回避しがたい場合があることにも注意が必要である。また，条項の不当性を知らない消費者は，将来，その個別的な利益を侵害される可能性があるものの，自分で差止訴訟を提起することはありえず，どの消費者にどの程度利益を侵害される蓋然性があるかは，消費者層の広がりを考慮すると事前特定が困難である。差止段階における被害者の特定困難性が，個別的利益とは区別される拡散的利益に言及されるゆえんであろう[注32]。さらに，個別訴訟の帰結が他の

(注30)　山本隆司「私法と公法の〈協働〉の様相」法社会学66号（2007）31頁参照。
(注31)　不当条項差止めにおける，利益帰属者のこのような特徴は早くから指摘されていた（鎌田薫「本研究の目的と構成」『不適切な行為の差止めのための民事法的手法の研究』NIRA政策研究13巻11号〔2000〕5頁）。

請求主体にも影響を与える制度を構築する場合には、訴訟遂行者が消費者である場合、利益代表者としての適格性が問われ、また、制度の実効性という点でも、消費者が差止訴訟へのインセンティブをもつことは稀であるという問題がある。このような背景から、不当条項の差止請求権の担い手として、適格消費者団体など消費者以外の主体の登場は必然的なものだったといえる。

そして、侵害予防の「実効性」という観点から、適格消費者団体に差止請求権が与えられるとともに、消費者契約法12条などの差止規範は、単純に個人的利益の侵害可能性を差止要件とするのではなく、実体私法の差止要件に「不特定かつ多数」の者という被害の広がり要件を追加することで（例えば、1人の富裕者を狙った詐欺的行為の準備などは差止めの対象とはならない）、差止規範の目的を、公法規範によっては公益と認定されていないが、個人的利益とも同一ではない、集団的な消費者利益の保護に転換していると考えることができるのではなかろうか。

消費者契約法12条は、上述の目的、保護利益、実効性の観点から現状での最適な差止訴訟追行の担い手として、厳格な適格認定要件の下、適格消費者団体に創設的に固有の実体法上の権利たる差止請求権を付与したと理解できる[注33]。逆に、消費者にも[注34]、個人利益の侵害予防を目的に、既判力を当該個人限りとする差止請求権を肯定することに、消費者契約法12条は障害とならないと考えてよかろう。

2　差止訴訟の対象

現在、適格消費者団体による差止請求の対象は、消費者庁所管の消費者契約法・景品表示法・特定商取引法違反行為に限定されているが、民法によっ

(注32)　三木浩一「訴訟法の観点から見た消費者団体訴訟制度」ジュリ1320号（2006）62頁参照。
(注33)　三木・前掲（注32）61頁以下、山本豊「消費者団体訴権制度の基本的特色と解釈問題」法律のひろば60巻6号（2007）39頁以下。
(注34)　消費者利益に関する鈴木將文「表示規制分野における私的利益の保護と公的規制」現代消費者法12号（2011）62頁の分析も参照。同63頁注24は、不当表示分野を念頭に置いてであるが、従来の差止め利益欠如ドグマを克服する可能性を指摘する。

て取消し・無効となる行為や独占禁止法違反行為等も適格消費者団体による差止めの対象とする可能性が論じられてきた(注35)。対象を民法に及ぼす考え方は,「不特定かつ多数の消費者」との関係で,事業者が消費者の利益侵害を「現に行い又は行うおそれがある」(消費契約12条)のなら,差止めの必要性と消費者による利益実現の困難という問題状況は同様に妥当するので,民法上違法とされる行為についても差止めを認める意義があると考えるものであろう(注36)。民法と消費者保護法規との異質性も指摘されているが,日本の消費者契約法はそもそも民法の継続形成の色彩が強く,差止規範化に際し,①「不特定かつ多数の消費者」要件の補充と②実体私法上の無効規範要件の(実質的)変更を,差止規範において行うことによって,個別的利益保護規範から集団的利益保護規範への転換を図っていく手法はありえよう。ただし,差止めは,事業者の同種行為によって不特定多数の消費者に生じうる被害を防ぐことが目的であるのだから,差止めの対象を,個別的な事情を問題とするような私法上の無効・取消要件にそのままリンクさせても差止請求権の発生要件としてうまく機能しないことになる(注37)。むしろ,不特定多数の消費者への被害の広がりの蓋然性を定型的に語れる事業者の行為類型にリンクさせる形で(注38),差止訴訟の範囲を拡大していくことは立法判断としてはありうるところである。なお,独占禁止法違反行為については,現に消費者に帰属する損害の確定が困難な場合でさえも(注39),カルテル協定等の存在による消費者の集団的利益の危殆化を語ることができ,公私協働の文脈の中で,適格

(注35) 鹿野菜穂子「消費者団体訴訟の立法的課題——団体訴権の内容を中心に」NBL790号(2004)58頁以下。
(注36) ヨーロッパにおいては,消費者保護法規に団体訴訟がセットされている状況について,角田美穂子「消費者団体の差止請求権と民事ルール——比較法の視点からみた特徴と課題」川井健先生傘寿記念論文集刊行委員会編・川井健先生傘寿記念論文集『取引法の変容と新たな展開』(日本評論社,2007)275頁注49参照。ただし,ドイツでは強行法規違反約款上の条項に差止請求の拡大が承認されているということである(三木浩一ほか「座談会・消費者団体訴訟をめぐって」ジュリ1320号(2006)28頁[山本豊発言]。
(注37) 原田昌和「ドイツ不正競争防止法における消費者の決定自由の保護」立教法学82号(2011)275頁以下参照。
(注38) 三木ほか・前掲(注36)28頁[山本発言]参照。

消費者団体による差止めを理由付けうると考えるが，事件掘り起こし的な独占禁止法違反の判断を適格消費者団体がなしうるのかといった手段としての実効性・適合性が問題となる^(注40)。

　集団的消費者被害回復制度が導入されたとしても，金銭的被害の発生が稀な不当条項^(注41)に対しては，個別的な利益侵害発生に対する未然防止策の果たす役割は大きい。差止訴訟がワークするためには，不当条項リストの充実化といった実体法上の手当ても必要であり，また広範囲の防止には，約款推奨行為を差止対象とし，認可約款の認可自体を争う資格を適格消費者団体に認めるといった観点も必要となろう。その一方で，悪質商法の機動的な停止・財産保全や独占禁止法違反の判断等は，適格消費者団体の活躍の余地を否定する趣旨ではないものの，行政機関が実効的介入をなしうる領域ではあろう（連携・競合は考えられる）。

3　差止訴訟における不当条項規制の特徴

　差止訴訟における条項の不当性判断の特徴としては，ドイツの議論等を参考に，解釈のレベルで作成者有利の原則によって条項内容を確定することを前提に，抽象的・類型的不当性判断が行われ，想定されうるさまざまな事実関係において問題のない条項か否かが審査されるといった説明が有力に行わ

(注39)　価格カルテルがあっても想定価格と現実価格に差がないとされる事態がありうることが指摘されている（白石忠志「独禁法関係事件と損害額の認定」日本経済法学会年報19号〔1998〕123頁以下）。もっとも，このような事例において採用されるべき損害賠償理論自体かなりの議論があるところである（山本・前掲（注12）152頁以下等参照）。
(注40)　ドイツにおいても，EUカルテル法の展開の下で，この法領域における消費者団体・消費者の役割について議論されている。現行ドイツ競争制限禁止法（GWB）は，差止請求や利益剥奪請求の主体に消費者団体を入れていないが，かかる団体をも含める方向での拡張や，拡張した場合の実効性について議論が行われている（Vgl., Jürgen Keßler,Verbraucherschutz im GWB de lege lata de lege ferenda −Anmerkungen zur 8. GWB -Novelle, VuR 2012, 391;BT-Drucks.17/9852, S.1）。
(注41)　例えば，免責条項の無効化を前提とする損害賠償請求は，事故が発生しない限り，集団的消費者被害回復制度には乗ってこないが，事故の発生前に免責条項が存在しない状態を実現することが集団的消費者利益との関係では重要なのであるから，積極的に差止めがなされるべき条項であると言える。

5 契約の内容規制の局面における私法規範の保護目的と消費者利益の実現手段

れてきた^(注42)。保険契約の無催告失効条項に関する個別訴訟において，約款上の条項の客観的内容以外の事情は有効性判断にあたり考慮すべきではないとした高裁判決に対し，差止めの場合とは異なり，個別訴訟では，条項内容以外の事情も考慮されうるという批評が多くを占めた^(注43)。そして，最判平成24・3・16（民集66巻5号2216頁）は，無催告失効条項について，通常の催告期間よりも猶予期間が長いこと，自動貸付条項の存在，実務的な督促の運用が確実であったことを考慮要素として，消費者契約法10条にいう「信義則に反して消費者の利益を一方的に害するもの」かを判断すべきとした。問題となるのは，差止訴訟では，その性質上，各消費者に特有の個別事情は考慮されないとして，当該条項外の類型的・定型的事情をどこまで考慮すべきかであろう。例えば，当該条項が同約款中の別の条項や別の契約の内容と密接に関わっている場合，個別訴訟のみならず，差止訴訟においても，当該条項以外の他の条項や他の契約の存在は，不当性判断において考慮されうると考えられる。しかし，実務的な運用に関しては，かかる運用が確実に行われる制度的保障がない限り，差止請求において不当性判断の考慮要素とすべきではなかろう^(注44)。

(注42)　上原敏夫『団体訴訟・クラスアクションの研究』（商事法務研究会，2001）292頁以下，小塚荘一郎「消費者団体訴訟の判決とその読み方」国民生活研究46巻3号（2006）1頁以下，山本豊「適格消費者団体による差止請求」法時83巻8号（2011）27頁以下など。

(注43)　東京高判平成21・9・30金法1882号82頁。「判批」として，山下友信・金法1889号（2010）12頁，鹿野菜穂子・金法1905号（2010）75頁，山本哲生・金判1336号（2010）240頁など。

(注44)　個別訴訟においても，実務的な運用を消費者契約法10条における不当性判断の枠内で取り上げるべきか，同条の外で信義則による主張制限などの問題として位置付けるべきか，などが問題となる。契約条項の内容規制における具体的審査・抽象的審査と事後的審査・事前的審査という課題について，関連する従来の学説や最判平成24・3・16を含め，詳細に分析・検討するものとして，山本豊「契約条項の内容規制における具体的審査・抽象的審査と事後的審査・事前的審査——生命保険契約における無催告失効条項を検討素材として」小野秀誠ほか編・松本恒雄先生還暦記念『民事法の現代的課題』（商事法務，2012）23頁以下がある。また，この問題については，潮見佳男「消費者契約である生命保険契約における保険料不払いによる無催告失効条項の効力」ジュリ1453号（2013）67頁も参照。

Ⅳ 消費者被害の集団的回復制度等と実体法

1 集団的被害回復制度と民事訴訟手続の実効性確保

　「消費者庁及び消費者委員会設置法」附則6項が「多数の消費者に被害を生じさせた者の不当な収益をはく奪し，被害者を救済するための制度」に必要な措置を講じることを定めたことに基づき，集団的消費者被害回復のための新たな訴訟制度の検討が進められてきた。消費者の権利を束ねるタイプの集団的消費者被害回復制度は，権利実現の実効性を確保することに眼目があると言える。個別契約の無効主張が，間接的に，違法行為の抑止に機能するとしても，不当条項型事件のように，被害がさほど高額に至らず，また条項の不当性判断が難しい事例では消費者に個別訴訟提起を期待できず，権利実現の実効性が確保できないことは先に述べた通りである。そこで，権利実現の実効性を高めるため，集団的消費者被害回復制度の導入が要請されることになるが，制度構築にあたっては，消費者の手続保障・私的自治との調和，事業者側の応訴負担の軽減への配慮が求められる。事業者の行為が違法であることを確認し，個人への支援を行うことは，広く消費者一般の利益ともなることから，消費者の自己決定を重視しつつも，適格消費者団体が1段階目の訴訟追行主体として登場し（行政が主体となる可能性も理論的に排除されない），その効果は消費者に不利には及ばない形で2段階目に消費者が参加するタイプの2段階型訴訟制度が有力な候補として議論されてきたと理解できる[注45]。個人の権利処分と結びつかない共通義務の確認の訴えについては，差止訴訟とパラレルに，適格消費者団体登場の背景と正当化を語ることができよう。

　これに対し，制度案の1つとして議論されてきた，いわゆる「オプトアウ

（注45）　鹿野菜穂子「集団的消費者被害の救済制度と民事実体法上の問題点」現代消費者法8号（2010）16頁以下，内閣府国民生活局・前掲（注8），消費者庁企画課・前掲（注8），消費者委員会集団的消費被害救済制度専門調査会・前掲（注8）の各報告書を参照。

❺ 契約の内容規制の局面における私法規範の保護目的と消費者利益の実現手段

ト＋総額判決」方式は，敗訴リスクの消費者への影響，取消し・無効規範とリンクする場合には前述した個人による権利主張による不当利得返還請求権発生メカニズムとの整合性，権利処分に関する私的自治との衝突といった問題を抱える。「オプトアウト＋総額判決」方式は，利益剥奪による違法行為の抑止という目的にも役立つと言われているが，利益剥奪を目的とするような制度を，民事訴訟として導入するにあたっては，私的主体による私的請求権を利用した公的な利益の実現という文脈において，位置付けを与えたほうがよいと考える。例えば，市場の歪みを語ることができ，かつ典型的に不特定かつ多数の消費者被害が発生するような領域で，消費者の主体の参加を期待できないような僅少被害額の事案[注46]に限定して，金額の算定などについても制度的手当てをしつつ，「オプトアウト＋総額判決」方式や「利益剥奪制度」を導入することは考えられよう。市場価格硬直型事件において，消費者が事業者の不法行為を理由に取得する僅少額の損害賠償請求権がこういったコンセプトに合致する。ただし，その場合でも，私的請求権の処分という建前を採用する場合には，利益剥奪後の消費者による事業者への直接請求の場合との調整などが求められることになる。これに対し，「消費者の請求権とは切り離した不当利益剥奪制度」を，行政のみならず，適格消費者団体が担うことも考えられるが，その際には，事業者の資力やトータルサンクションとの関係から，消費者個人による利益実現可能性（集合訴訟の支援による利益実現と抑止力発揮の可能性等）との調整・棲み分けや，最適な抑止となる剥奪額と私法上の消費者の請求権の総額との関係，そして，こういった制度を導入するにふさわしい領域といった観点からの検討は必要となろう。

(注46) ノルウェーにおけるクラスアクション制度（三木浩一「ノルウェーにおけるクラスアクション（集団訴訟制度）の概要(上)(下)」NBL 915号〔2009〕46頁以下，916号〔2009〕51頁以下）などが参考となるが，どの程度をもって僅少と考えるかも，議論となるところである。

2 集団的被害回復制度の特徴と課題
――内容規制の場面を中心に

　集団的被害回復制度の設計にあたり，対象事案の類型化や「多数性」「共通性」「支配性」を要件とすべきことが議論されてきた(注47)。消費者裁判手続特例法(注48)は，「共通義務確認の訴え」を，「消費者契約に関して相当多数の消費者に生じた財産的被害について，事業者が，これらの消費者に対し，これらの消費者に共通する事実上及び法律上の原因に基づき，個々の消費者の事情によりその金銭の支払請求に理由がない場合を除いて，金銭を支払う義務を負うべきことの確認を求める訴えをいう。」と定義している（同法2条4号）。差止めの場合の「不特定多数」と異なる「相当多数」という文言から，訴訟時点で一定程度の被害の広がりを確認できる事例ということになる。

　内容規制の場面では，差止めの議論と類似して，定型的・客観的に契約内容や条項内容の不当性を認定できる事案が対象として想定されてきた。いわゆる不当条項のブラックリスト違反による消費者被害が主張される場面では，原告・被告のやりとりの中で問題とすべき類型的事実は確認されていくことになろう（例として，学納金返還請求訴訟における一般入試合格者と専願推薦入試合格者，辞退の時期）。ただし，個別訴訟では取り上げられる個別事情が1段階目では取り上げられない可能性が高いことには留意が必要である（例として，電話で入学式欠席を入学辞退と扱うという説明を受けたといった個別事情）。これに対し，消費者契約法10条訴訟においては，不当性判断で取り上げられるべき契約締結時の事情としてどのようなものを想定すべきかが問われ

（注47）　消費者委員会集団的消費被害救済制度専門調査会・前掲（注8）を参照。
（注48）　この法律は，対象債権（請求）の限定列挙（①契約上の債務の履行請求，不当利得に係る請求，契約上の債務の不履行による損害賠償請求，④瑕疵担保責任に基づく損害賠償の請求，⑤民法上の不法行為に基づく損害賠償の請求）とされ（同法3条1項参照），拡大損害賠償請求や慰謝料請求を対象外とする除外規定が存在し（同法3条2項），訴訟遂行者の要件を特定適格消費者団体として厳格に定める（同法65条），といった集団的被害回復制度の射程をなるべく小さくとどめようとする特徴がみられる。このような内容での制度構築は将来に問題を残すものと考えるが，この点については本稿では立ち入らない。

る。前述の通り，筆者は，条項内容以外で2次的に考慮されるべき事情は一般的・定型的事情を想定すべきものと考えるが，仮に，あらゆる個人の事情（個別消費者の能力・知識・認識の程度，事業者による個別的な説明の仕方）を考慮すべきといった解釈に立つと，「相当多数」の認定が困難となり，消費者契約法10条訴訟において，集団的被害回復制度がうまく機能しない懸念が生じる。

V　おわりに

　取締法規違反の私法上の効力論に代表される，公法・私法の峻別を否定する方向の議論は，公的な利益の実現のために，対等の立場で自律的な意思に基づいて契約内容を形成した契約当事者にも，取引無効の主張を許すというものであった。もっとも，法の実現手段が個人による民事訴訟にとどまる限り，私法上の無効規範による公的な利益への貢献は，当事者適格や訴訟インセンティブの観点から，現実には，それほど大きいものとはならない。この貢献を強化するには，実効性確保の観点から，適格消費者団体などに訴権を認めるなどの手続法上の手当てが必要となる。

　適格消費者団体による差止請求制度は，行政的規制にこの差止請求権がセットされる場合には，公的な利益の実現のために私的主体が登場し協力するという意味での公私協働の文脈で捉えることが可能となる。これに対し，消費者契約法8条から10条という無効規範に抵触する条項使用を差し止めるという場面では，本来，潜在的被害者たる消費者に訴権を認めるべきではないかが問われるところ，条項の不当性を知っている消費者の被侵害利益は薄弱なものであり，その一方で，不当条項を知らずに被害に遭遇しうる消費者は現実に差止めをなしえず，また潜在的消費者層の広がりから差止めの段階では利益帰属先を確定できない事情がある。こういった事情が適格消費者団体の登場を必然的に要請したと言える。付随条項の競争不全による市場への影響を公法規範が公的な利益として認定し，行政機関が不当条項規制の一翼

を担うことも考えられるが，現実的な方向性としては，適格消費者団体の差止訴訟をより良く機能させる工夫が日本においては検討されるべきであろう。また，「不特定・多数」要件による個別的利益保護規範から集団的利益保護規範への実質的転換という考えを採用すれば，消費者契約法や特定商取引法以外の民事ルールに差止規範を設定していくことも可能である。

　集団的消費者被害回復制度の登場は，伝統的な民事的手段による利益実現の限界に対し一定の解決を提供し，実体法が付与した権利を建前で終わらせないための権利の実現手段である。それと同時に，集団的消費者被害回復制度を巡る議論において検討の俎上に乗せられたさまざまな制度設計は，民事的手段による公正な取引・集団的消費者利益の実現をどこまで可能とできるかの挑戦でもある。もっとも，被害者個人が，可能な限りで能動的に自己の利益を実現することにどの程度の意義を見出すかによっても，採用すべき制度に対する態度決定は変わってくるものと考える。

❻ 独占禁止法による集団的消費者利益の保護

名古屋大学教授 林 秀弥

I はじめに：競争秩序と消費者利益

　本章は，独占禁止法に違反する行為によって集団的消費者利益（後述）が侵害された（あるいはそのおそれがある）場合に，その救済制度のあり方について検討するものである。すでに，消費者法の分野においては，不当条項や不当勧誘行為などによって消費者が被害を被っている（あるいはそのおそれがある）場合に，現行の法制度だけでは，多くの消費者は救済されず，違反した事業者のもとに利益が残存し，法の実現が阻害されていることが認識され，公正取引委員会（以下，「公取委」という）という専門的執行機関が用意されている独占禁止法においても，状況は同様である。すなわち，公取委は，独占禁止法違反となるすべての行為を事件として取り上げ，排除しているのではなく，違反行為のうち特に競争秩序に影響を与える度合いの大きいものを人的・物的制約を勘案しながら合理的な裁量により優先的に取り上げているにすぎない。このため，個々の取引をみる限り，構成要件上は独占禁止法違反といえるようなケースであっても，競争秩序の維持の観点からみて公取委が事件として取り上げるに値しないと判断する場合には，当該違反行為に起因する独占禁止法の被害者は救済されないこととなる。また，公取委の排除措置命令は，個々の具体的取引ではなく，競争秩序維持の観点から違反行為の排除を行うものであって，必ずしも私人（消費者）が具体的に受けている被害状況を排除するものではない場合もありうる。現実的には，公取委の物的・人的資源の面からして，全国各地で発生する違反事実のすべてを知得することは不可能である。このため，公取委が必ずしもすべての独占禁止法

違反行為を排除することはできないし，またそれを求められているわけでもない。

そもそも，独占禁止法を中心とする競争法で保護されるべき集団的消費者利益とは，すぐれて「市民社会構成員の総体にかかわる公共的利益」[注1]を内包するものであって，消費者個人の個別的・私的利益では捉えきれない「競争秩序」として享受される利益を意味するものである。ここにいう「競争秩序」とは次の内容を指す。すなわち，独占禁止法は，私的独占，不当な取引制限および不公正な取引方法等を禁止することにより，直接的には「公正且つ自由な競争を促進すること」，すなわち自由競争経済秩序の維持を目的とし，これにより「一般消費者の利益を確保するとともに，国民経済の民主的で健全な発達を促進すること」を究極の目的としている（同法1条）。そして，同条は，市場の競争機能すなわち，需要量と供給量との関係で価格が決まり，価格の変化を通して需要と供給が調整されるという市場メカニズムを最大限発揮することが，「事業者の創意を発揮させ，事業活動を盛んにし，雇傭及び国民実所得の水準を高め」るといった諸々の経済的効果をもたらすために，最も重要であるとの考えに立っている[注2]。

かかる目的を達成するために，独占禁止法の主要な違反類型は「一定の取引分野における競争を実質的に制限する」（同法2条5項・6項）との要件を規定し，かかる要件を課すことで，単なる事業者間の個々の競争関係（同条4項参照）から止揚された市場全体の競争機能を維持すべきことをその主たる任務としている。そして，「競争を制限する」とは，かような市場の競争機能を制限すること（対市場効果）を意味すると解される。ここでは，「市場（独占禁止法の用語では「一定の取引分野」）」という枠を通じ，対市場効果という形で，競争秩序全体への影響が問題とされているのである。そして留意すべきは，価格カルテルや入札談合といった典型的な不当な取引制限行為については，かかる対市場効果は，行為それ自体の悪性という観点から，抽象的・

（注1）　吉田克己「総論・競争秩序と民法」NBL 863号（2007）42頁。
（注2）　今村成和『独占禁止法〔新版〕』（有斐閣，1978）2-8頁参照。

6　独占禁止法による集団的消費者利益の保護

一般的に観念され，現実にカルテル等によって価格が引き上げられたかどうかは問題としないことである。

　すなわち，不当な取引制限の典型である入札談合や価格カルテル等においては，本来市場の需給関係において決まるべき価格，数量等の競争条件について，「他の事業者と共同して……相互にその事業活動を拘束し，又は遂行すること」（同条 6 項）との要件に該当する合意の存在が認められれば，独占禁止法の保護法益である自由競争秩序は侵害されているものとして捉え，原則として「一定の取引分野における競争を実質的に制限する」とみる。ここでは，カルテル等に基づいて実際に価格引上げがなされたかどうかは問題にしない。本来，市場の需要と供給とのバランスで決まるべき価格を事業者間で合意することそれ自体が市場の競争機能を害するものと評価されるからである。そしてここに，独占禁止法は，競争秩序侵害行為としてカルテル等の悪性を見ようとしている。

　現実にも，価格カルテルの事案においては，価格に関して事業者が一定幅の値上げを合意したとしても，取引先であるユーザーとの力関係などの事情から，当該合意の内容通りに価格引上げが実施されることは容易ではない。カルテル合意をしてもユーザーとの力関係から実際には価格が引き上げられなかった場合，消費者にとっては「カルテルによって本来より高いものを買わされた」という意味での損失は生じていない。しかし，このような価格カルテルであっても，本来市場による需給の自動調節機能によって決まる価格を事業者間で協調して人為的に左右する旨合意することそれ自体に，市場を通じた競争機能を阻害するものと独占禁止法は評価して，これを競争秩序侵害行為として禁止している。その意味で，「一定の取引分野における競争を実質的に制限する」との要件が入っている行為類型は，すぐれて公共的利益に関わるものである。そうであるがゆえに，従来，公共的使命を担う公取委による執行が第一義とされてきた。

　しかしながら，行政機関による公的執行の存在を過度に強調することは問題であったように思われる。

　かつては，独占禁止法の執行・実現といえば，それはほとんど，公取委の

法運用と同義であった。何となれば，独占禁止法は競争秩序の維持を目的とする公共的利益保護の法律であり，独占禁止法の法運用は専門行政機関である公取委を中心に行えばよく，独占禁止法違反行為に対しては公取委の排除措置命令がなされるから，消費者が私益を保護するために行う違反行為の排除（差止め）とは相容れないという伝統的な公益・私益二分論の考えに支配されていたからである。

また，独占禁止法25条による損害賠償請求訴訟（以下，「25条訴訟」という）については，かつて最高裁は，独占禁止法による排除措置命令に単に「付随する」制度と捉え，公取委の不問決定が争われた事件の最高裁判決では，25条訴訟は，個々の被害者の受けた損害のてん補を容易にすることにより，違反行為に対する排除命令の抑止力をより高めるという排除命令に付随する制度であるとされていた[注3]。この判示の背景には，独占禁止法は公正な競争秩序の維持という公益の実現を目的としているのであるから，25条もかかる公益保護に奉仕する規定として統一的に理解すべきという思想がある。この理解に立つならば，被害者の損害の回復とはあくまでも違反行為の抑止という公益実現のための手段であって，被害者の損害回復自体が競争秩序の回復になるという効果は，あくまで付随的なものということにならざるをえない。最高裁は，25条訴訟を違反行為の抑止こそが主たる目的とした制度であって，被害者の損害の回復を容易にすることはその付随手段にすぎないと解してきたのである。

これに対して，公取委による「損害賠償制度研究会報告書」[注4]では，「独占禁止法違反行為によって生じた私人の損害が適正かつ迅速に填補されることを通じて当該競争秩序侵害行為が及ぼした経済社会に対する損害が除去さ

(注3)　最判昭和47・11・16民集26巻9号1573頁（不作為の違法確認等請求事件）では，独占禁止法「25条が特殊の損害賠償責任を定め，同法26条において右損害賠償の請求権は所定の審決が確定した後でなければ裁判上これを主張することができないと規定しているのは，これによつて個々の被害者の受けた損害の填補を容易ならしめることにより，審判において命ぜられる排除措置と相俟つて同法違反の行為に対する抑止的効果を挙げようとする目的に出た附随的制度に過ぎ」ないと判示している。
(注4)　公取委「独占禁止法に関する損害賠償制度研究会」報告書（平成2年6月25日）。

れることとなり，これにより競争秩序の回復と違反行為の抑止が同時に図られることにあるものと考えられる」(注5)とされている。この理解によれば，被害者の損害の回復それ自体が，競争秩序の回復になると同時に，あわせて違反行為の抑止にもつながるということになる。

現在では，独占禁止法の執行はもはや公取委の専有物ではなく，私人による執行によってもまた，独占禁止法の目指す競争秩序の維持が図られるべきものであることは，広く共通了解を得ている(注6)。現実にも，独占禁止法の執行における公私二分論的な考え方は，現在では，すでに過去のものとなっているといってよい(注7)。今では，広い意味で競争秩序の維持を図るという点では，独占禁止法だけでなく，不正競争防止法，民法，あるいは知的財産法もそれを担っている(注8)。今では，私益の実現を通じて公益が実現されるものであるとする考え方や民事上の問題処理において独占禁止法上の判断がなされている判決例は普通となっている。そして，このような議論状況の流れを踏まえると，今後，消費者の集団的被害救済制度を通じて競争秩序の維

(注5)　公取委・前掲（注4）7-8頁参照。
(注6)　国会審議の参考人として意見を述べた故・竹内昭夫教授は，「私は，独占を禁止する法律の運用を公取委が独占するというような考え方は，正当でもないし妥当でもないというふうに考えておるわけでございます」と述べたうえで，「被害を受ける消費者や事業者の救済を全うするということが，独禁法にとって最も重要な課題の1つではないかというふうに考えます」として，25条訴訟の問題点とその活性化を主張していた（衆議院商工委員会会議録25号〔昭和50年6月18日〕）。あわせて参照，竹内昭夫「独禁法改正と消費者——公取委試案の一批判」ジュリ580号（1975）76頁。
(注7)　たとえば，連鎖販売システムに基づく販売業務委託契約と委託事業者の取引拒絶行為の違法性が争われた事案であるノエビア化粧品事件（東京高判平成14・12・5判時1814号82頁）において，「被控訴人会社の本件の一連の対応は，前記のような販売システムを構築し，それに基づく販売網を有する被控訴人会社において，その相手方である控訴人が被控訴人会社以外に容易に取引先を見出し得ないような事情の下に，取引の相手方の事業活動を困難に陥らせる以外に特別の理由がなく，取引を拒絶したものというべきであり，独占禁止法19条，公正取引委員会告示第15号（一般指定）2項の不当な取引拒絶に該当するおそれがあり，独占禁止法19条の不公正な取引方法に該当する可能性が高い。また，同法条に該当しないとしても，その趣旨に反する行為であることは明らかである」と判示して，明確に独占禁止法違反を認定してはいないものの，独占禁止法の趣旨ないし法意に徹して紛争処理しているところが注目される。
(注8)　根岸哲「『競争法』としての民法，知的財産法，独占禁止法」曹時56巻1号（2004）1頁。

持を図るとすることもまた，独占禁止法上の趣旨に適うものである。そのように考える理由は以下の通りである。

すなわち，規制改革が進み，従来規制によって保護されていた分野についても競争原理が導入されていく中で，事業者の経済活動の基本原理を定める独占禁止法の役割はますます高まっており，公取委だけではなく，市場における一方の取引主体である消費者が実効性のある民事的救済手段に則って，独占禁止法違反行為を排除し，自律的な競争秩序形成を実現していくことは時代の要請となっている。そして，後に述べるように，消費者個々人の私的利益とは区別された集団的消費者利益が独占禁止法によって保護すべきものとして存在すると考える。本稿の第1の目的は，独占禁止法にいう集団的消費者利益とは何かについて検討することである。これは，Ⅱで議論される。

そして，本稿の第2の目的は，独占禁止法違反に基づく損害賠償の問題点について検討し，独占禁止法違反行為に対する民事的救済制度，具体的には独占禁止法に基づく損害賠償制度の再定位を図ることである。その理由は，一言で言うと，独占禁止法に基づく損害賠償制度が非常に使いにくく，制度の活性化のためには，制度そのもののあり方を再検討する必要があるからである。なぜ使いにくいのか，それを説明する前に，これまでの，すなわち2013年改正独占禁止法成立（後掲（注54）参照）までの制度の概要を紹介しておかねばなるまい。

独占禁止法は，独占禁止法違反行為に係る損害賠償請求について，公取委の審決が確定している場合について特則を設けている。すなわち，独占禁止法は公取委の審決が確定している場合における独占禁止法違反行為に係る損害賠償請求訴訟について，被告が故意または過失がなかったことを証明しても損害賠償責任を逃れることができない。このように無過失損害賠償責任と定め，その第1審の裁判管轄は東京高等裁判所に属し，その審理は独占禁止法に関する事件のみを取り扱う合議体（5人の裁判官で構成）で行われることとする等の特則を設けている。

すなわち，独占禁止法違反行為により利益を侵害された被害者は，当該違反行為について確定審決がある場合には，独占禁止法25条の規定に基づき損

害賠償請求訴訟を提起することができるが，確定審決がない場合には，民法709条の規定に基づき損害賠償請求訴訟を提起することとなる。25条訴訟においては，被告は無過失損害賠償責任を負うこととされているため，原告は被告の故意または過失の立証をする必要はないが，民法709条の規定に基づき損害賠償請求訴訟を提起する場合には，原告は被告の故意または過失の存在についても立証しなければならない。

　独占禁止法が無過失損害賠償責任を設けた趣旨は，①原告（被害者）の立証責任を軽減し，違反行為による損害のてん補を容易ならしめること，②不法行為一般の責任より重い責任を課すことによって，違反行為の抑止効果を高めることにあり，③被告（加害者）が故意または過失のなかったことを主張することは許されないことから，訴訟上の機能として審理の迅速化が図られるという意味を持つとされる。

　しかし，これまでの独占禁止法25条は，私人による競争秩序の回復実現にとって，決して使いやすいものとはいえなかった。なんとなれば，そもそも現行の25条訴訟は，独占禁止法違反行為についての排除措置命令等が確定した後でなければ，裁判上主張することはできないからである（独禁26条1項）。この排除措置命令等前置の趣旨は詰まるところ次の点にある[注9]。すなわち，独占禁止法違反行為により生じた損害が適正かつ迅速にてん補されるよう，公取委は，独占禁止法の目的を達成するために設置された専門的行政機関として，排除措置命令等を通じて当該訴訟に積極的に関与することが期待される。そこで，公取委の確定した行政処分があれば民法に基づく一般の不法行為訴訟よりも独占禁止法違反行為の存在について被害者の立証を容易ならしめる。すなわち，無過失損害賠償責任の法定によって，原告（被害者）の立証責任を軽減し，違反行為による損害のてん補を容易ならしめるとともに，一般の不法行為責任より重い責任を課すことによって，違反行為の抑止効果を高める，というのである。加えて，被告（加害者）が故意または過失

(注9)　起草過程を踏まえた立法趣旨の検討として，岡田外司博「独禁法違反と民事救済」日本経済法学会編『経済法講座(3)独禁法の理論と展開(2)』（三省堂，2002）351頁以下参照。

のなかったことを主張することは許されないことから、訴訟上の機能として審理の迅速化が図られるというのである。確かに、排除措置命令等前置によって、独占禁止法違反行為の存在について立証を容易ならしめる効果が一定程度期待できるため、26条にはそれなりの存在理由がないではない[注10]。

しかし、かかる効果はあくまで事実上のものである。というのも判例は、平成17年改正以前の法制度を前提としたものであるが、独占禁止法違反行為の存在の立証負担を軽減するための、審決書（現行法では排除措置命令等）の記載事実の存在に関する法律上の推定について、審決の種類を問わずその拘束力を否定し、事実上の推定を認めるにとどまるとする見解をとっており[注11]、通説もそれに従っている[注12]。そして、判例・学説とも、民法に基づく独占禁止法違反行為に係る損害賠償請求訴訟においても、審決の事実認定に事実上の推定を認めているから、排除措置命令等前置がそれほど25条訴

(注10) 不法行為による損害賠償請求権は、通常の契約に基づく債権とは異なり、その請求権の発生原因事実の主張、立証が複雑かつ困難な場合がある。特に、独占禁止法違反を理由とする不法行為（民709条）に基づく損害賠償請求訴訟であって、かつ、とりわけ債務者とされる相手方が違法行為の存在を全面的に争う場合には、請求権の発生原因事実の主張・立証責任を負う原告にとって、その主張・立証は、必ずしも容易ではない。そこで、独占禁止法違反事件について、公取委の排除措置命令等の確定を前置とし、その内容によっては、その後に、無過失損害賠償責任である25条訴訟を提起することになり、その主張・立証等が、同命令等が確定する前に不法行為に基づく損害賠償請求訴訟を提起する場合に比べて容易になるという、25条訴訟のもつ利点と効果はある程度否定できない。25条訴訟は、被告の故意・過失の存在を推定する点に利点があるというよりも、むしろ、排除措置命令等の確定を前提として違反行為の存在の立証が事実上推定されることに利点があると考えられる。このように25条訴訟の制度基盤となっている排除措置命令等前置制度にもそれなりの存在理由があり、その改廃については25条全体の制度枠組みの再構築の中で検討すべき課題といえる。
(注11) 出光興産勧告審決取消訴訟事件最高裁判決（最判昭和53・4・4民集32巻3号515頁）および東京灯油事件最高裁判決（最判昭和62・7・2民集41巻5号785頁）。
(注12) 旧法（平成17年改正法以前）の下での25条訴訟における審決の効力について、学説は確定審決の事実認定は、審決の種類を問わず裁判所に対し拘束力を有するとする全面肯定説、審判審決についてのみ拘束力を肯定し、勧告および同意審決については拘束力を否定し事実上の推定のみを認めるとする一部肯定説、審決の種類を問わず拘束力を否定し、事実上の推定のみを認めるにとどめる否定説に分かれていた。現在では否定説が通説である。学説の状況については、今村成和「無過失損害賠償請求訴訟と確定審決の拘束力」同『私的独占禁止法の研究(5)』（有斐閣、1985）147頁（初出・1978）を参照。

6 独占禁止法による集団的消費者利益の保護

訟における被害者の立証の容易化に著しい貢献を果たしているとは考えられない。

従来，学界では，独占禁止法25条によらない民法709条の不法行為による損害賠償請求が認められるか否かということが議論され，通説(注13)・判例(注14)は，これを肯定し，独占禁止法違反を理由とする損害賠償請求は，同法25条または民法709条のいずれによっても可能とされている(注15)。この解釈もあり，独占禁止法25条の損害賠償請求が排除措置命令等前置を前提とし，裁判の第一審を省略し，東京高等裁判所の専属管轄としていることの不都合を救済する，いわば弥縫策として，民法709条が根拠法条として利用されてきた傾向がある。しかし，公正かつ自由な競争を促進し，競争秩序を維持する方法として，独占禁止法違反の行為があった場合に，原状回復の方法として，独占禁止法違法行為の排除措置命令のみならず，違反行為による損害をてん補させることにより原状回復に相当する効果を生じさせること「それ自体」が，自由で公正な競争秩序を維持するという独占禁止法の目的に沿うものであ

(注13) 通説の立場については，さしあたり，今村成和ほか編『注解経済法〔上巻〕』（青林書院，1985）535頁［向田直範］，根岸哲「独占禁止法違反と損害賠償」経済法学会編『独占禁止法講座Ⅶ 独占禁止法の運用／公正取引委員会』（商事法務研究会，1989）45頁および同「独占禁止法違反と損害賠償請求」石田喜久夫＝西原道雄＝高木多喜男三先生還暦記念論文集刊行委員会編『石田喜久夫＝西原道雄＝高木多喜男先生還暦記念論文集中巻・損害賠償法の課題と展望』（日本評論社，1990）267頁以下を参照。なお，初期の学説の状況については，今村・前掲（注2）227頁を参照。
(注14) 古くは，エビス食品企業組合不問決定違法確認事件（判判昭和47・11・16民集26巻9号1573頁）の傍論において確認されていたし，鶴岡灯油カルテル事件上告審判決（最判平成元・12・8民集43巻11号1259頁）では，これを正面から認めている。近時でも，三井住友銀行の優越的地位の濫用に係る25条訴訟事件において東京高裁は，「法25条に基づく損害賠償請求権と民法709条に基づく損害賠償請求権とは別個の請求権というべきであり，民事訴訟における訴訟物を異にすると解される」と判示している。東京高裁平成19・11・16（平成18年(ワ)第5号損害賠償請求事件，請求棄却）。
(注15) インテル事件（平成17・4・13勧告審決）では，国内パソコンメーカー5社に対し，それぞれ，その製造販売するパソコンに搭載するCPUについてインテル製CPU以外のCPUを採用しないこと等を条件として，インテル製CPUに係る割戻しまたは資金提供を行うことを約束することにより，競争事業者のCPUを採用しないようにさせる行為が独占禁止法3条に違反するとされたものであるが，勧告審決の後，インテルのライバル事業者であるAMD社が25条訴訟を東京高裁に，および民法709条に基づく損害賠償請求訴訟が東京地裁に提起された。

り，かつ，私人による自律的な競争秩序の維持を図るという消費者法としての独占禁止法の目的にもまた沿うものである。独占禁止法1条にいう「一般消費者の利益を確保する」という文言は，かかる文脈においても理解すべきものである。Ⅲでは，このことを掘り下げて検討したい。その前提として，独占禁止法にいう「集団的消費者利益」とは何かについて，①「個別的利益」②「社会的損失」③「拡散的利益」④「集合的利益」に分けて論じる。

Ⅳでは，Ⅲまでを受けて，独占禁止法に基づく消費者団体訴訟のあり方について検討する。Ⅴで最後に，残された課題について述べる。

Ⅱ 独占禁止法にいう「集団的消費者利益」とは何か？
1 はじめに

独占禁止法の観点において，「消費者個人にとって伝統的には民事訴訟手続の中で権利実現することが難しい法益で，かつ，『不特定』ないし『多数』の消費者の利益」とは何か。ここで問題となっている「消費者全体の利益」とは何か。この解明を競争法の見地から解明することが，ここでの課題である。

消費者の被る被侵害法益の類型を，①個々の消費者への帰属の確定が可能な「個別的利益」に加えて，②「社会的損失」，③「拡散的利益」，④「集合的利益」に分類するならば，「競争秩序」との関係で独占禁止法上問題となる損失は，②の「社会的損失」，すなわち，市場競争の機能不全により社会的には厚生損失が生じているものの，損害を観念することができないタイプである。これは，競争が行われていれば購入できたはずであるのに，競争制限行為によって商品の価格が高くなったため，購入を断念したことに伴う損失（死重損失とか厚生損失などと呼ばれる），いわば潜在需要の喪失のことである。事業者の市場支配力により，社会に限りある資源を有効に利用できなかったことによる損失，すなわち，資源配分上の不効率であって，社会全体から奪われた富の損失分のことである。

また，③の拡散的利益，すなわち，損害を観念することは可能であるものの，その個別的な帰属を確定するのが困難なタイプも独占禁止法上問題となる。要するに，消費者は市場での供給者による公正かつ自由な競争を通じて良質廉価な商品役務の提供を受けることを期待しており，かかる期待は法的に保護されるべき抽象的（拡散的）利益である。例えば，適正な表示がなされた商品を購入する利益（適正な表示がなされることによって，消費者はその品質に見合った取引条件に基づいて商品を購入することができる）がこれに当たる。

④の「集合的利益」とは，価格カルテル等により，価格が現実に引き上がってカルテルの対象となった商品を高く買わされたという意味で，購入した消費者が，カルテル等による価格引上げ分の損失を被る場合であり，いわば「超過支払型損失」のことである。このタイプにおいては，個々の損害は「広く浅く」帰属することが多いため，訴訟コストや労力の点から，個々の消費者が被害回復を求めるインセンティブは一般に低い。

以下では，社会的損失の内容を検討したうえで，社会的損失が独占禁止法上の問題となる集団的消費者利益の対象となることを明らかにしたい。

2　社会的損失と集団的消費者利益

経済学では，競争市場と独占・寡占市場とを比較して，独占および寡占がなぜ規制されるべきかを説明している。競争市場の生産者は市場の価格を所与とし，市場が決めた価格（競争価格）に従って自己の利益を最大にするように供給量を決定する。独占市場の生産者は供給量や価格をある程度自由に決定できることから（この地位を「市場支配力」という），自己の利益を最大化するような供給量・価格を決定する。

完全競争の場合，企業はプライステイカー（市場価格を所与のものと受け入れそれに併せて生産量を決定する者のこと。すなわち，自身の生産量が市場価格に影響しないという前提で生産量の決定を行う者）となる。すなわち，自己の生産が価格に影響を与えないため，価格を所与として儲かる限り生産を続けることになる。この結果，これ以上に追加的な生産を行えば，追加的にかかる費

用が市場価格以上になってしまうぎりぎりまで生産を増やすことによって利益を得ることができる。すなわち、追加的に一単位生産するのにかかる費用（＝限界費用）が市場価格が一致するまで生産がなされることになる。ここで、市場価格が限界費用に一致するというのは、消費者の付与する価値が費用を上回る限り生産が行われるという意味で社会の資源を無駄なく使っていることである。

　これに対して、独占企業の場合、自己の産出量の決定が市場価格に影響を与える。産出量を増やせば売上げは上昇するだろうが、産出量の増加は通常市場価格の下落を意味する。一単位追加的に販売を増やしたことに伴う収入はどうなるだろうか。一単位追加的な販売を行うと、一単位の販売増分は売上げが増えるが、当該販売が価格に対して与える影響（微少な価格低下）に総販売量を乗じただけの売上げの減少を被る。この2つの効果が合わさって、一単位追加的な販売を行うことに伴う収入が決定される。この収入のことを限界収入と呼ぶ。限界収入は販売量に応じて変化する。限界収入が限界費用を上回る限り利潤は増加する。したがって、市場支配力を持つ企業が利潤を最大化するとするならば、限界収入が限界費用に一致するまで、販売を行うはずである。独占的市場での産出量はその水準で決定される。この結果、結論的には、独占による厚生上のロス（死重損失〔dead-weight loss〕）が発生する。図で説明しよう。

　競争市場では供給量、価格はQ_c、P_cで、需要者の利益（消費者厚生といわれる）は三角形GCP_c（次頁の図でいうアイウの合計）、社会全体の利益（社会的厚生という）も同じくGCP_cである。これに対して、独占市場では、供給量、価格はQ_m、P_mとなり、生産者の利益（生産者厚生）は四角形ABP_cP_mになり（次頁の図でいうイの部分）、消費者厚生は三角形GAP_mに減少し（次頁の図でいうウの部分）、社会的厚生は競争状態から比べて三角形ABC分（次頁の図でいうアの部分）だけ減少している。これは、競争状態であれば社会の資源を利用して、相対的に低い費用で消費者がより高く評価する財・役務を市場に供給できたはずなのに、独占発生のせいで失われたということを意味する。これを、独占による資源配分上の不効率性の発生ないし厚生上の損失（死重損失

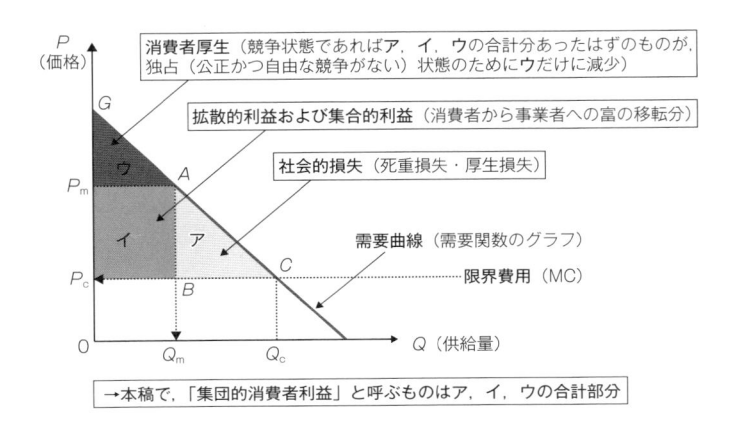

6 独占禁止法による集団的消費者利益の保護

[図:縦軸P（価格）、横軸Q（供給量）。需要曲線と限界費用MC、独占価格P_m・供給量Q_mと競争価格P_c・供給量Q_cを示す。三角形GAPm（ウ）、四角形ABPcPm（イ）、三角形ABC（ア）が示される]

- 消費者厚生（競争状態であればア，イ，ウの合計分あったはずのものが，独占（公正かつ自由な競争がない）状態のためにウだけに減少）
- 拡散的利益および集合的利益（消費者から事業者への富の移転分）
- 社会的損失（死重損失・厚生損失）
- 需要曲線（需要関数のグラフ）
- 限界費用（MC）

→本稿で，「集団的消費者利益」と呼ぶものはア，イ，ウの合計部分

dead-weight loss）と呼ばれるものであり，これが先に見た社会的損失である。いいかえればこれは，本来，競争が行われていれば購入できたはずであるのに，競争制限行為によって商品の価格が高くなったため，購入を断念したことに伴う損失（潜在需要の喪失）である。

3 消費者から生産者への厚生移転に対する独占禁止法上の評価

　個々の消費者に還元できない消費者が一般に被る集団的損失はこの厚生上の損失だけではない。消費者厚生すなわち四角形ABP_cP_m（イの部分）は，従来消費者に帰属していた利益が企業に移転したものであり，これは，先に見た「個別的利益」，「拡散的利益」，および「集合的利益」の一部を構成するものである。そして，生産者厚生である四角形ABP_cP_m，消費者厚生である三角形GAP_m（ウ），死重損失三角形ABC（ア）を合わせた三角形GCP_c（アイウ）を総体として，集団的消費者利益と呼ぶ。

　注意すべきは，イの部分は企業に移転しただけであり，厚生損失のように，社会全体からと富が失われたわけではない。このことから，それ自体としては資源配分上の効率性に影響するものではないとして経済学者は一般に「分配」の問題として軽視する[注16]。しかし，本稿は，効率性をmaximizing welfareと捉え，no distributive considerationsの立場をとるutilitarian的な見方，言い換えれば，厚生主義（welfarism）的な帰結主義には与しない。前記の消費者厚生の消費者から生産者への移転も，独占禁止法において阻止すべき法益であると考える点において，筆者はconsequentialistではない。この点をさらに敷衍したい。

相当数の経済学者やシカゴ学派の競争法学者は，問題となる行為の評価基準について，消費者厚生ではなく，厚生の増減をベースにする。その背景にあるのが，経済学でしばしば前提とされる「功利主義的」立場である。これによれば，個人間比較が可能な基数的効用を仮定してすべての関係する個人の効用の総和を社会的厚生と定義する。厚生とは金銭的価値によって裏付けられた個人間比較可能な基数的効用の指標にほかならない。このような余剰概念に基づいて行為の価値評価の序列を決定しようとするのである。しかし，功利主義的な社会的厚生の原理的基礎は実は脆弱であり，社会的選択が不可能となる可能性を排除できない。あるいは，望ましい制度のあり方は，資源配分を規定する制度の状況が明確に規定されたもとで初めて厳密な分析が可能となるともいえる(注17)。それにもかかわらず，あるいはそれゆえに，公正と効率性(注18)を分離する分析的態度が少なからぬの経済学者に採用されてきたのは，まったく便宜主義的理由によるというほかはないと筆者は考える(注19)。社会的厚生基準に代表される「新厚生経済学」的基準のみでは独

(注16) この四角形ABP_cP_mも効率性に関係するという見方も有力である。利潤最大化をめざす企業はこの利潤を求めて活動するはずである。この利潤獲得にかかる費用が利潤よりも低い限りそのような費用をかけるはずである。このようにかような利潤獲得のための活動が誘発されることになる。市場支配を目指す活動はそれに費用がかかったとして，それ自体が無駄になるわけではもちろんない。独占禁止法は競争を回避したり，競争を排除したりすることを通じて市場支配力を形成・維持・強化することを禁止している。かような行為が容認されたとしたらどうなるだろうか。かような行為を実現するには当然費用がかかる。他方，競争を回避したり，ライバルの競争を排除することをもっぱらとする活動は社会的な価値を生むことは少なかろう。すなわち，独占禁止法がかような行為によって市場支配力を形成・維持・強化することを規制しないと，四角形ABP_cP_m分だけの社会的な無駄（不効率性）が発生するかもしれないのである。
(注17) 奥野正寛＝鈴村興太郎『ミクロ経済学Ⅱ』（岩波書店，1988）34章〜36章は厚生経済学の基礎に関する簡潔かつ明快な説明を与えている。

占禁止法上の規制のすべてを正当化することは難しい。これら規制の根拠を考えるに当たっては、競争の公正性への配慮が不可欠となるのである。ただし、公正概念の定義について、共通の了解が得られない状況の下では、公正競争の確保を名目とする過剰なパターナリスティック的規制を招く危険と隣り合わせとなっている[注20]。競争法は、「公正」競争と「自由」競争の適切なバランスを図っていくという難しい課題に直面している[注21]。ただし、本稿の課題の設定上、これ以上この点について論を進めることは差し控える。

そもそも、独占禁止法の母法である米国反トラスト法の確立された判例法を見ても、反トラスト法が消費者厚生を保護していることは明らかであると繰り返し述べている[注22]。すなわち、独占禁止法上の悪性とは、消費者に被害を与えることであり、ここでいう、消費者被害とは、個々の消費者の具体的な個別的利益ではなく集合的利益とも形容すべきものである、と強調して

(注18) 市場における公正の原理的意義については、George Klosko, Political Obligations (2005). Richard B. McKenzie, The Fairness of Markets: A Search for Justice in a Free Society (1987). 長谷川晃『公正の法哲学』(信山社、2001) を参照。Louis Kaplow and Steven Shavell, Fairness versus Welfare (2002). もあわせて参照。

(注19) たとえば、奥野＝鈴村・前掲（注17）362-363頁は、「現実には、人の厚生判断はさまざまな考慮事項を慎重にウェイトづけながら、代替的方法の間に相対的な望ましさの順序づけを構成するという形をとるものではなかろうか。社会的厚生判断も、効率性と衡平性を敢えて分離させる『新』厚生経済学の方法を退け、代替的資源配分の方法を社会的にランクづけるという方法を考えるべきではあるまいか」と述べている。

(注20) 以上につき、岡田羊祐＝林秀弥「独禁法審判決の法と経済学」岡田羊祐＝林秀弥編著『独占禁止法の経済学』(東京大学出版会、2009) 14頁参照。

(注21) 政府は、時として、中小企業支援や地域振興といった名の下に事業者保護政策を継続的に注入することがある。この種の中小企業政策や地域振興政策は、経済学者が主張する効率性概念と比較するとき、何らかの価値を含んだある種の「社会的公正」原理に基づいて行われているように見える。しかし、その「公正」概念は必ずしも明らかではなく、時として、地域の住民や有力者による政治的働きかけや人々がもつ「直感」によって政策運用がなされているようにも思われる。それゆえ、競争政策を含めたあるべき経済政策を考察していくうえで、上記の「公正」とは一体何か、その「公正」は経済学的な「効率性」概念と調和しうるのか、「公正」が「効率性」と調和しえないとすれば、その間に生じるコンフリクトをいかに調整すべきか、といった問題を学術的観点から解明することが必要となる。この種の問題は、既存の法学・経済学が射程とする範囲を大きく超える要素を含んでいるから、これらの問題の解明は社会科学全体に与えられた共通の難問となっている。

いる(注23)。不当廉売（略奪的価格設定）において，米国最高裁は，原価を下回る価格設定は非効率（かつ総厚生を減少させる）ものの，「消費者厚生」を増加させることから，「埋め合わせ」(注24)が想定できない場合，反トラスト法は原価を下回る価格設定を認めていると明示的に判示している(注25)。これを競争法学者は付随的意見として退けることはできないのである。この判断は，消費者厚生の増減が独占禁止法の目的として重要であり，独占禁止法は，経済的には非効率的な廉売であっても，それが消費者厚生を増加させるのであれば容認していることを示唆するものである(注26)。さらに，消費者への提供価格を上回る費用削減を合併企業にもたらすことによって，合併が総厚生を増加させる場合においても，反トラスト法は，効率性によって，価格の上昇を伴う合併を正当化することを認めてはいない。すなわち，米国の判例および合併ガイドラインは，効率性分析において合併が消費者厚生を増加させる正味の価格引下げとなるように，費用削減が十分に消費者に均霑することの立証を要求している(注27)。このように消費者厚生を規制にあたって重視する

(注22) 米国の連邦最高裁は反トラスト訴訟で総余剰基準を支持したことはない。すなわち，「連邦議会は，『消費者厚生の処方箋』としてシャーマン法を設計した」と述べている。NCAA v. Board of Regents, 468 U.S. 85, 107 (1984); Arizona v. Maricopa County Med. Soc'y, 457 U.S. 332, 367 (1982); Reiter v. Sonotone Corp., 442 U.S. 330, 343 (1979)。また抱き合わせが問題になったジェファーソン・パリッシュ事件最高裁判決も，「消費者の利益を［シャーマン法が］保護することを特に意図したものであった」と述べている。466 U.S. 15.
(注23) 最近のLeegin事件の意見は，「反競争的効果」を「消費者に損害を与える」ことと同一視し，「競争を促進すること」を「消費者の最善の利益になること」と同一視している。Leegin Creative Leather Products, Inc. v. PSKS, Inc., 127 S. Ct. 2705, 2713 (2007).
(注24) 廉売によって競争者を市場から駆逐し，その後，独占に成功してから価格をつり上げて，それまでの廉売による損失を補てんすることを「埋め合わせ（recoupment）」という。
(注25) Brooke Group Ltd. v. Brown & Williamson Tobacco Corp., 509 U.S. 209, 224 (1993); Weyerhaeuser Co. v. Ross-Simmons Hardwood Lumber, 549 U.S. 312, 324 (2007).
(注26) 数多くの下級審において，反トラスト法は消費者余剰が生産者に移転されないよう保護するために設計されていると述べている。この点について詳しくは，John B. Kirkwood & Robert H. Lande, The Fundamental Goal of Antitrust: Protecting Consumers, Not Increasing Efficiency, 84 NOTRE DAME L. REV. 214, 219-224 (2008).

という判断は，反トラスト法は消費者厚生を減少させる合併を禁止しているとするために必要であるからである(注28)。また米国の反トラスト法の立法史を繙けば，連邦議会が消費者厚生の保護を意図していたことを示している(注29)。

4　消費者厚生を保護する意義

　独占禁止法が問題にする市場支配力とは，「価格，品質，数量，その他各般の条件を左右する」(注30)地位を意味し，特に価格支配力を中心に解されてきた。上記の消費者厚生の低下という観点を踏まえれば，価格の上昇や品質の低下だけでなく，商品選択肢の減少なども考慮されるべきである。商品選択肢の減少は，単に商品役務の多様性が減少するということだけを問題とするのではない。むしろ，消費者の「選択の機会」の減少を問題にするものと見るべきである。能率競争の結果として，市場で生き残る商品の多様性が減少

(注27)　Id. 224-227; U.S. DOJ/FTC，水平合併ガイドラインU.S. Department of Justice and Federal Trade Commission, Horizontal Merger Guidelines (2010) §4 (1992年, 1997年，2010年改訂) も参照。反トラスト法は，消費者厚生ではなく，「競争的プロセス」を保護しているとの主張もある。Gregory J. Werden, Competition, Consumer Welfare & the Sherman Act, 9 SEDONA CONF. J. 87 (2008) 参照。しかし，「競争的プロセス」とは，何を意味しているのかが吟味されなければならない。この点，米国の裁判所は行為が消費者余剰を減少させるおそれがあるどうかによって，行為が競争的プロセスを悪化させることを言及している。例えば，Grappone, Inc. v. Subaru of New England, Inc., 858 F. 2d 792, 794（第1巡回区裁判所，1988年）(Breyer, J.)（「反トラスト法は，個人消費者に資するために競争的プロセスを保護している」と述べている); Geneva Pharmaceuticals Technology Corp. v. Barr Laboratories Inc., 386 F. 3d 485（第2巡回区裁判所，2004年）（「反トラスト法は，競争的プロセスを保護することによって，消費者を保護している」と述べている); Brunswick Corp. v. Reigel Textile Corp., 752 F. 2d 261, 266（第7巡回区裁判所，1984年）（「反トラスト法の目的は，競争的プロセスの健全性を保持することにある。これは，消費者が競争価格で購入することを困難にする行為を阻止することを意味する」) 参照。
(注28)　たとえば，ある病気の予防・治療にとって不可欠なワクチンを作っている医薬品メーカー同士の合併が行われたとする。合併の結果，生産・流通コストの削減や，経営資源の統合による経営合理化が期待できるとする。その一方で，市場の寡占化が進み，ワクチン価格の上昇のおそれがあるとする。この場合，ワクチン価格が上昇したとしても，購入をやめるわけにはいかないので，この合併によって産出量の減少は生じない。本件合併によって，価格上昇に伴う消費者余剰の減少分を凌駕する生産者余剰の増加が見込まれるとき，生産者余剰と消費者余剰の総和としての社会的総余剰を「効率性」と捉えれば，この合併は違法とはされる見込みに乏しいかもしれない。

する場合と，表示偽装といった不正競争手段を通じてまっとうな表示をしていた商品を市場から排除し，結果として，商品全体の多様性が減少する場合とで，帰結としては同じかもしれない。しかし，市場における適正な手段をもとに競い合いをした過程の中で，人々が自律的自発的に取捨選択した結果の集積として，より魅力的なものへと商品役務の多様性が自ずと一定範囲に収斂する場合と，市場によるテストを経ずにカルテルや偽装表示等の人為的手段によって，強制的に提供される商品役務の多様性が縮減させられる場合とでは，帰結主義的には同じでも，消費者が適正な品質表示のもとに自律的選択を行った結果であるか否かという点において，両者の評価には違いが存する(注31)。

消費者厚生は，価格，品質，商品表示の信頼性など消費者から見た価値全体を表す概念である。したがって，消費者厚生が減少することが「競争の実

(注29) Lande, Wealth Transfers as the Original and Primary Concern of Antitrust: The Efficiency Interpretation Challenged, 34 HASTINGS L. J. 65, 74-77, 82-106, 14251 (1982)（「シャーマン法の立法史は，独占企業が富を消費者から移転する事実について多大な懸念を示しているものの，効率性のはっきりとした概念については全く注意を払っていない」と述べている）。これに対して，Borkは，この立法史は総余剰基準を支持していると論じている。ROBERT BORK, THE ANTITRUST PARADOX 110 (1978). Borkは，「独占企業とその所有者も消費者であり」，消費者に及ぼす被害を上回る利益を独占企業にもたらす行為は，「単に2種類の消費者間において所得を移転することに過ぎない」と述べている。Herbert Hovenkamp, Antitrust Policy After Chicago, 84 MICH. L. REV. 213, 250によれば，「Borkの研究は，1890年連邦議会には効率性の実質的な概念はなく，消費者を不利な富の移転から保護することに実質的な関心を持っていたことを示すその後の研究者によって疑問視されている」と指摘している。; Philip Areeda, Introduction to Antitrust Economics, 52 ANTITRUST L. J. 523, 536 (1983) は「反トラスト法と立法経過は，総厚生基準ではなく消費者厚生基準を支持している」と指摘している。
(注30) 東宝・新東宝事件東京高裁判決（東京高判昭和28・12・9高民集6巻13号868頁）。
(注31) 鈴村興太郎「競争の機能の評価と競争政策の設計——ジョン・リチャード・ヒックスの非厚生主義宣言」早稲田政治経済学雑誌356号（2004）19頁は，「帰結の非厚生主義的な特徴や，帰結をもたらす社会的選択の手続きとか，最終的な帰結の背後にあって選択される機会があった選択肢など，より広い情報的基礎を活用して政策のあらゆる側面を考慮に取り入れる慎慮的な評価・判断を形成することこそ，責任ある経済学者が引き受けるべき任務なのである」と指摘している。

質的制限」であると定義できるのであれば、「価格支配力」は競争的価格を上回る価格の引上げが可能になることだけでなく、品質向上の余地や商品表示の適正性が失われることも含めた概念であると考えられる。たとえ価格には変化がないとしても、品質の低下や商品表示の信頼性が減少することとなるのであれば、競争法の見地から問題である。反競争行為による消費者被害は、典型的には、価格の上昇によって判断されるものと考えられるが、消費者厚生の低下という観点を踏まえれば、品質の向上や表示の適正性、商品の多様性などを含むことを考慮に入れるものとして捉えられるのである。

5　消費者厚生の消費者から生産者への移転を集団的消費者利益として観念する必要性

　このような考え方に対しては、かように観念した集団的消費者利益が、他の法律で認めているような利益（不正競争防止法における営業上の利益等）と同程度に法律上保護された利益といえるか、疑問がありえよう。この疑問に対しては次のように応答することができる。

　消費者は、市場での供給者による公正かつ自由な競争を通じて良質廉価な商品役務の提供を受けることを期待しており、かかる期待は法的に保護されるべき抽象的利益であると考えられる（独禁1条）。カルテルや偽装表示等によって公正かつ自由競争の帰結として生じたのではないかたちで人為的に市場の競争環境が変容させられ、競争水準から乖離したかたちで価格をはじめとする取引条件が設定されることは、競争を通じた取引条件で商品役務を購入するという消費者一般（すなわち、「集団的消費者」）の抽象的利益が侵害されていると捉えることができるからである。ただしこのことから、個々の消費者が、直ちに何らかの具体的な請求権をもつことまでを意味するものではない。集団的消費者利益として措定した、第1の死重損失にせよ、第2の消費者厚生の喪失にせよ、これは、「個別的利益」と評価されない限り、消費者一般（あるいは社会一般）が被る抽象的な不利益ではあっても、これを個々の生身の消費者の「損害」に還元することはきわめて困難である。逆に言えば、個々の生身の消費者の「損害」に還元することはきわめて困難であるからこ

そ,「集団的」消費者利益として観念し,それに対応した特別な法的救済手段を用意する必要性が存するのである。

Ⅲ　独占禁止法違反に基づく損害賠償制度：その問題点と再検討

1　はじめに

　ここまで,「社会的損失」や「拡散的利益」を中心に論じてきたが,そもそも「個別的利益」や「集合的利益」でさえ,独占禁止法によって十分に保護されてきたのであろうか。

　そこで本節は,「個別的利益」や「集合的利益」に焦点を合わせ,Ⅰで述べたように,独占禁止法25条については,伝統的公私二分論を前提に,排除措置命令に付随する制度であるとする理解が最高裁によってされてきたこと,これに対して,公取委による「独占禁止法に関する損害賠償制度研究会報告書」においては,これとは異なる理解が示されてきたこと,の２点を踏まえて,Ⅲでは,「集団的消費者利益」なかんずく「個別的利益」や「集合的利益」の救済にとって,独占禁止法25条のどこにこれまで問題があったのか,その問題点を検討し,さらに同条の活性化に向けた若干の改善提案を行うものである。

　独占禁止法25条の立法趣旨について,公表資料からは必ずしも明らかでないが,制定当時の解説書は,「……損害の補填の点からことを考えるならば,私的独占,不当な取引制限又は不公正な競争方法を用いた事業者は,被害者に比して,その経済力の点において著しく優越した地位にあるのであって,而も彼は,法の禁ずる特殊な方法によって,独占利潤の獲得その他特別な経済上の利益を追求したのであるから,その行為によって生じた他人の損害に対しては,無条件にこれを賠償させることが,むしろ,当事者間に経済上の公平を得させる所以であるといわなければならない。」[注32]としている。このような考え方は,今村成和教授の所説[注33]や,近時の大阪市舗装工事談合

事件判決(注34)等にも見られる。

　最高裁判決では，独占禁止法25条が無過失損害賠償責任を定め，損害賠償請求権は審決確定後でなければ裁判上これを主張することができないと規定しているのは，前記のように，「個々の被害者の受けた損害の塡補を容易ならしめることにより，審判において命ぜられる排除措置と相俟つて同法違反の行為に対する抑止的効果を挙げようとする目的に出た附随的制度に過ぎ」ないとしている(注35)。しかし，このような理解が不当であることはすでに述べたとおりである。

　このような独占禁止法25条の立法趣旨の理解の不当性とあわせて，25条訴訟の活性化を難しくさせたのが，損害賠償請求における因果関係および損害額の立証の問題である。独占禁止法違反行為について消費者被害が問題となった典型例たる価格カルテルにおいては，昭和40年代から50年代にかけて，石油カルテルに係る消費者による損害賠償請求訴訟が提起されたが，これに関する2つの最高裁判決(注36)において，原告に対して損害賠償請求における因果関係および損害額についての厳しい立証負担を要求する判決が出されたからである。

　そして，このことを1つの契機として，公取委では，25条訴訟の活用を図るべく，「独占禁止法に関する損害賠償制度研究会」（後掲）を開催し，平成2年6月に報告書が取りまとめられた。同報告書は，私益を保護する損害賠償請求訴訟においても公取委のより積極的な対応を求めている点で意義深いものではあった。というのも，25条による損害賠償請求制度は，違法な行為によって受けた損害を補てんするための手段であると同時に，「独禁法違反行為の無効の主張とともに，独禁法違反を抑止する民事的規律としての役割

(注32)　石井良三『独占禁止法』（海口書店，1947）314頁。
(注33)　今村・前掲（注2）227頁。
(注34)　東京高判平成19・6・8審決集54巻719頁。
(注35)　最判昭和47・11・16民集26巻9号1573頁（エビス食品企業組合による不作為の違法確認事件）。
(注36)　最判昭和62・7・2民集41巻5号785頁（東京灯油訴訟最高裁判決）および最判平成元・12・8民集43巻11号1259頁（鶴岡灯油訴訟最高裁判決）。

も果たして」(注37)おり,「競争秩序」維持という公的役割を担っていると宣明したからである。すなわち,本規定は,私人による独占禁止法の法目的実現への参加を可能とし,「それが有効に違反行為を抑止する役割を果たせば,行政処分による違反行為の規制を補完するだけではなく,一般私人の発意によって法の運用を強化しその適正な運用を実現できる」(注38)という役割を本来有するものである。にもかかわらず,その果たす役割は,これまで限定的であったといわざるをえない。

そこでIIIでは,まず独占禁止法25条がどのような制度なのかということを概観したうえで,それを踏まえて,集団的消費者利益の実現にとって望ましい同条の解釈・立法論はどのようなものか,その方向性を示したい。以下,まず,無過失損害賠償責任,排除措置命令等前置について,立法趣旨に言及して,そこで採られている議論を紹介し [→2],次にこれに対する私見を展開する [→3]。次に,上記2最高裁判決の判示に照らせば,集団的消費者利益の救済にとって同条を活用するための訴訟遂行上の桎梏となると目される因果関係と損害額の算定について,その原因を検討し,改善案を模索する [→4]。最後に小括として,その他,25条訴訟が東京高裁の専属管轄(平成25年12月13日に公布された改正独占禁止法〔未施行〕前の制度)となっていること(独禁85条2号)の問題点と求意見制度(同法84条)の活用にも言及しつつ,IIIの結論を述べる [→5]。

以上,IIIは,IIで述べた集団的消費者利益(個別的利益,集合的利益)について,それを独占禁止法25条を通じて実現するとすれば,どのような解釈論・立法論を採るべきかについて,いくつかの論点に分けて検討するものである。

2 独占禁止法25条による無過失損害賠償:その概要

独占禁止法25条1項による損害賠償請求権は,排除措置命令(排除措置命令が出されなかったときは違反行為者に対する課徴金納付命令),または違法宣言

(注37) 厚谷襄児ほか編著『条解独占禁止法』(弘文堂,1997)406頁 [稗貫俊文]。
(注38) 厚谷ほか編著・前掲(注37)406頁 [稗貫]。

6 独占禁止法による集団的消費者利益の保護

審決（独禁66条 4 項）が確定した後でなければ，裁判上これを主張できない（同法26条 1 項）。命令が確定している場合に限定して独占禁止法に特則を設けていることについて，そもそもどのように考えればよいのだろうか[注39]。

この規定について，「民法709条訴訟の場合には，公取委の審決がなくても訴訟提起が可能であり，審決が確定しておれば違反行為の存在について事実上の推定が働くことは独禁法25条訴訟の場合と全く同一であり，したがって審決前置主義は廃止されるべきである」と一部で有力に主張されている[注40]。

排除措置命令等の確定が，無過失損害賠償請求権の要件となっていることについて，立法論として，①被害者の無過失損害賠償請求権の行使を制約するものであり，確定命令の存在を要件としないことが適当であるとするもの（便宜上，「要件不要説」と呼んでおく）と，②確定命令の存在を要件としないこととすれば，損害賠償請求訴訟における公取委の準司法的判断の比重を低下させ，独占禁止法違反行為の立証という不可能な負担を被害者に負わせる

(注39) 独占禁止法26条が設けられた経緯，理由等は必ずしも明確ではないが，一般に，同法の施行機関である公取委の判断を尊重し，裁判所との判断との相違を防ぐためであるといわれている。判例は，「独禁法が禁止する私的独占，不当な取引制限又は不公正な取引方法に該当する行為であるかどうかということは，その行為の性質上，経済や事業活動の分野の専門的かつ具体的な知識をもつてしなければ判断が困難であり，また，そのような行為があつたことを立証する資料は行為者自身が所持することが多く，右のような知識も十分でなく強制的な調査権限も有しない者が，被告に独禁法違反行為があつたことを主張立証することは，極めて困難なことである。独禁法26条 1 項が，同法25条の規定による損害賠償請求権は審決確定後でなければ裁判上主張することができない旨規定しているのは，審決の確定により，事業者の独禁法違反行為があつたことを前提として命じられた排除措置義務が確定した後は，被害者は当該事業者に対し特別の無過失損害賠償を訴求できることとしたものであるが，被害者はそれのみにとどまらず，事業者の独禁法違反行為の事実を認定した審決が確定すれば，その審決及び公正取引委員会が審査（調査）又は審判の手続において収集した証拠を利用することによって，事業者の右違反行為の存在を主張立証することが容易になるのである」と判示している（東京高判昭和52・9・19高民集30巻 3 号247頁〔松下電器産業㈱に対する件〕）。

(注40) 根岸哲「独占禁止法違反行為に対する私人の差止請求権の立法化」神戸大学法政策研究会編『法政策学の試み——法政策研究（第一集）』（信山社，1998）30頁。これに対して，村上政博＝山田健男『独占禁止法と差止・損害賠償〔第 2 版〕』（商事法務，2005）105頁は，「立法政策的には，独占禁止法違反を原因とする損害賠償について，民法709条に基づくものに一本化し（独占禁止法25条に基づく損害賠償制度を撤廃し）」ていくべきと主張する。

ことになる危険性を持つとするもの（これも便宜上「要件必要説」と呼んでおく）とに分かれる。

3　排除措置命令等前置要件の是非

　確かに，独占禁止法違反行為に対する損害賠償請求を活性化し，私人により集団的消費者利益の救済を図るという観点に立脚すれば，排除措置命令等の確定を前提としない独占禁止法違反行為の損害賠償を，一般不法行為法による救済のほかに，独占禁止法による損害賠償請求としても認めるべきではないか，という考え方は魅力的である[注41]。何となれば，独占禁止法違反行為による被害者の立証負担を軽減し，違反行為による損害のてん補を容易ならしめる必要性は排除措置命令や確定審決がある場合とない場合とでは差はなく，また，不法行為一般の責任より重い責任を課すことにより，違反行為の抑止効果を高めるという観点から，排除措置命令や確定審決がない場合についても，独占禁止法違反行為によって損害を与えたものは無過失損害賠償責任を負うとすべきとすることには理があるからである。これらの点から，要件不要説（排除措置命令等前置要件削除説）は傾聴すべきものがある。

　このように，要件不要説にも共感を覚えるのであるが，それでもなお，以下の3つの理由から，不要説に踏み出すことには躊躇を覚える。

　第1に，排除措置命令の確定がある場合には，拘束力はないものの，独占禁止法違反行為の存在について事実上の推定が働くことから[注42]，審理が迅速化され，被害者の救済に資する面があることは否定できない。被告に故意または過失がなかったことを主張することは許されないとする点について

（注41）　公取委「独占禁止法違反行為に係る民事的救済制度に関する研究会」第14回議事概要（平成11年5月21日）によれば，「独占禁止法違反行為に対する損害賠償請求訴訟を充実し，独占禁止法違反行為の抑止強化を図ろうという観点からは，審決の有無にかかわらず『無過失責任』とする方がよいのではないか」との指摘がある。
（注42）　現行法下で排除措置命令が争われずに確定した場合には，当該命令の記載事実の存在に関する法律上の推定についてその拘束力を否定する拘束力否定説を前提に，旧勧告審決が確定した場合と同程度の事実上の推定にとどまるとする学説が多数である（金井貴嗣ほか『独占禁止法〔第4版〕』（弘文堂，2013）560頁，根岸哲＝舟田正之『独占禁止法概説〔第4版〕』（有斐閣，2010）361頁。

は，民法709条に基づく独占禁止法訴訟も，故意または過失はかなり容易に認められているし，また，独占禁止法違反行為について，違反行為者が無過失であるということは通常考えがたい^(注43)ことから，無過失損害賠償責任を負うとしたところで，独占禁止法25条による請求が特に有利になるとはいいがたく，むしろ現行法上，確定命令がない場合には，独占禁止法違反行為の存在について事実上の推定が働くことはなく，被害者は違反行為の立証を尽くさなければならないことから，確定命令がない場合に違反行為者に無過失損害賠償責任を負わせることとするのは，密室犯罪的なカルテルを念頭に置いた場合，消費者にその立証は甚だ難しく，命令等前置を外したところで，審理の迅速化，被害者の救済の裨益にはつながるとは思えない。

　第2に，現実に25条訴訟が機能しているのは，そのほとんどが，民法709条訴訟の消滅時効完成のリスクがある事案においてである。というのも，独占禁止法25条の損害賠償請求権の消滅時効は，排除措置命令等または違法宣言審決（同法66条4項）が確定した時から3年とされており（同法26条2項），民法上の不法行為による損害賠償請求権に比べて（民724条前段），消滅時効は遅くなることが多い。排除措置命令は審判で争われることも多く，審判で争われた場合数年の期間を費やすことも稀ではないからである。審判で争われている間は消滅時効は進行しない。このため，不法行為による損害賠償請求権の消滅時効が完成したとして，請求が棄却されるリスク^(注44)を避けるために，命令前置を前提とした25条訴訟を活用することには依然として意味がある。

　第3に，独占禁止法違反行為に係る損害賠償請求について，確定命令の存在を要件としないこととすることにより，損害賠償請求訴訟における命令等

(注43)　不法行為法において過失が主観的義務違反と捉えられていた時代下では，排除措置命令等の存在を前提とした過失の推定規定にもそれなりの意味があったかもしれない。しかし，現在では，こうした過失概念が変容しており，客観的行為義務違反としての過失概念の下では，独占禁止法違反があった場合，当該行為に過失が認められるのは自然であることから，独占禁止法25条が被害者の不法行為要件の立証の容易化に資するとは必ずしも思われない。
(注44)　新潟地判平成22・12・28判時2127号71頁（新潟市工事談合事件）。

の比重が低下し，確定命令がある場合に当該命令書に記載された事実認定の事実上の推定力が減じて，かえって被害者にとって不利益となると考えられないか，といった問題点がある[注45]。

　以上のように，要件不要説を採ることは直ちには難しく，なお慎重な検討が必要である。

4　損害と違反行為との因果関係および損害額の算定

(1)　はじめに

　独占禁止法25条がどのような制度であって，集団的消費者利益（とりわけ，「個別的利益」および「集合的利益」）を同条を通じて実現するとすれば，同条はいかにあるべきかというⅢの主題にとって，避けて通れないのが，損害と違反行為の因果関係，損害額の算定についてである[注46]。

　前述の東京灯油訴訟最高裁判決，鶴岡灯油訴訟最高裁判決によれば，価格引上げカルテルによるカルテル対象商品の購入者の損害について，判例は，価格引上げカルテルによって購入者が余儀なくされた支出，すなわち，価格引上げカルテルがなかったとした場合の購入価格（以下，「想定購入価格」という）と現実の購入価格との差額を損害と捉えている。価格引上げカルテルにおける損害と違反行為の因果関係等についての判例の考え方によれば，価格引上げカルテルの対象商品の購入者が違反行為者から直接購入していない場合（被害者がいわゆる間接購入者である場合），上記2判決によれば，購入者が損害賠償を求めうるには，①違反行為者が価格引上げカルテルに基づいて出荷価格を引き上げたことが，②中間販売業者の販売価格への転嫁を経て，③購入者の現実購入価格（購入者に販売した販売業者の販売価格）の上昇をもたらした（いいかえれば，想定購入価格が現実購入価格よりも安くなっていた）[注47]

（注45）　公取委・前掲（注41）第14回議事概要（平成11年5月21日）の添付資料を参照。
（注46）　公取委では，25条訴訟の活用を図るべく，「独占禁止法に関する損害賠償制度研究会」を開催し，平成2年6月に報告書を取りまとめている。また翌平成3年5月には「独占禁止法第25条に基づく損害賠償請求訴訟における損害額の算定方法等について」と題する報告書（以下，「公取委・研究会報告書」という）が取りまとめられている。

ということの因果関係があることが必要であるとしている。

しかし，鶴岡灯油訴訟最高裁判決の少数意見が述べているように，「本件のように違反行為が価格値上協定である場合には，事業者の反対証明がない限り，最小限その協定による値上額相当の損害が違反行為により生じたものとするのが相当である」としなければ，独占禁止法25条の実効性は期待できない。少なくとも，同判決補足意見が述べるように，「たとえば，事業者に対し，価格協定において定めた値上げ額を基準として，一定の方式をもって算出される額を損害額と推定」するとするなど損害額について推定規定を設けなければ，同条の規定の趣旨も実効あるものとなるとはならないように思われる。学説上も，実質上不可能な立証を原告に課しているとして批判するものが多い。集団的消費者利益の救済にとって同条を活用するための訴訟遂行上の桎梏となっているように思われる。以下，因果関係と損害額の算定に分けて，桎梏となっている原因を検討し，改善案を模索する。

(2) **因果関係**

損害との因果関係については，価格カルテルを念頭に置いた場合，他の事業者と共同して，商品または役務の対価を引き上げる旨相互にその事業活動を拘束することにより，公共の利益に反して，一定の取引分野における競争を実質的に制限した場合においては，当該事業者が当該行為の実行としての事業活動を行った日から当該行為の実行としての事業活動がなくなる日までの間に，当該事業者が供給する当該商品または役務を，当該事業者が当該行為の実行としての事業活動を行った日の前日の当該商品または役務の価格より高い価格で購入した者は，当該行為により損害を受けたものと「推定する」と考えるのが妥当である(注48)。

(注47) ③について，前記灯油訴訟２判決は，購入価格（購入者に販売した販売業者の販売価格）の形成の前提となる経済的要因等に変動がない限り，価格引上げカルテル実施直前の購入価格（購入者に販売した販売業者の販売価格）を想定購入価格と推認するのが相当であるとしているものの，経済的要因等にさしたる変動がないことは被害者である原告が立証すべきであるとしており，その立証がない場合は，原告が，現実に存在した市場価格を手がかりとして，価格形成要因を含め，想定購入価格を推計（立証）すべきであるとしている。

つまり，①価格引上げカルテルが行われ，②違反行為者がカルテルに基づく値上げを行った日からカルテルが破棄される日までの間に，③違反行為者のカルテルに基づく値上げの直前の価格より高い価格でカルテル対象商品を購入した者は（直接の購入者も間接の購入者も），価格引上げカルテルによる損害を受けたと推定するというものである。ただし，当該事業者が当該行為の実行としての事業活動を行った日以後，その者が当該商品または役務を購入するまでの間に，当該商品または役務の対価の形成に係る経済的要因等に顕著な変動があった場合は，もちろんこの限りでない。つまり，違反行為者がカルテルに基づく値上げを行った日より後，被害者がカルテル対象商品を購入するまでの間に「顕著な経済的要因等の変動」があったことを被告が立証した場合は，推定は働かないというものである(注49)。

　このような考え方の背景には，2でみたように，集団的消費者利益の捉え方の問題として，価格引上げカルテルによる損害について，公正かつ自由な価格で商品・役務を購入する利益を侵害されたこと（カルテルによって形成された価格で商品・役務を購入せざるをえなかったこと）と捉えるならば，想定購

(注48)　公取委・研究会報告書でも，価格引上げカルテルの対象商品の購入者が違反行為者から直接購入している場合（被害者が直接の購入者である場合）における当該価格引上げカルテルによる損害は，カルテル期間中の現実の購入価格と想定購入価格との差額に購入数量を乗じた額であり，これは，通常，価格引上げカルテルと因果関係が認められるものと考えられるとしている。また，販売業者である直接の購入者が被害者である場合には，価格引上げカルテルによる損害は，一般的には，価格引上げカルテルがなければ得られたであろう利益であり，これは，通常，価格引上げカルテルと因果関係が認められるものと考えられるとしている。一方，価格引上げカルテルの対象商品の購入者が違反行為者から直接購入していない場合，すなわち，消費者のように被害者が間接の購入者である場合の損害との因果関係については，個別に判断されることとなるとしているが，カルテル対象商品が流通段階で加工，変更されることなく流通し，その過程において販売業者が自己の仕入価格の上昇分を販売価格に上乗せして転売しているのが一般的に明らかである場合には，少なくとも価格引上げカルテルによる違反行為者の出荷価格の引上分に係る損害は，一般的に，価格引上げカルテルと因果関係が認められると考えられるとしている。また，小売業者が製造業者の設定する希望小売価格で販売することが商慣行となっている場合に希望小売価格を引き上げたとき等一定の場合において，流通段階において販売業者が仕入価格の上昇分以上に自己の販売価格をさらに追加で引き上げたとき，当該流通段階での加算分についても価格引上げカルテルと因果関係が認められるものと考えられるとしている。

入価格と現実の購入価格との差額と捉え，価格引上げカルテルの実施直前の価格より高い価格で購入したことを要件とすることは整合的であると考える。

ただし，想定購入価格を価格引上げカルテルの実施直前の価格としてよいかという問題は残る。すなわち，違反行為者の取引先によっては，価格引上げカルテルに基づく値上げが実現せず，価格が維持されるにとどまる場合がある。このような場合，価格引上げカルテルの実施直前の価格より高い価格で購入していないことから，上記のような推定が妥当しないように思われる。しかし，それでよいかは疑問がある。というのも，仮にカルテル等により現実には価格が引き上がらなかったとしても，もしカルテルがなかったならば，もっと安い競争的価格で消費者は商品・役務を購入できたかもしれないのに，カルテルが行われたがために，本来，市場に存在しえたであろう，もっと安い競争価格を消費者が享受しえなくなる場合もあるからである。この点は悩ましい問題であるが，問題点の指摘にとどめる。

(3) **損害額**

集団的消費者利益の救済にとって独占禁止法25条を活用するための訴訟遂行上の桎梏を軽減させるという本稿の趣旨からは，損害額の立証についても，推定規定を設けるべきである。あるいは法改正までいかなくても，解釈

(注49) 同様に推定を働かせるべきでない場合として，中間販売業者の転嫁の問題がある。すなわち，被害者が中間販売業者であり，違反行為者の出荷価格の引上げ分を川下に転嫁しうる場合にも，本文のような推定を働かせることとすべきではない。ただし，現実には，カルテルによって仕入価格が上昇したが，上昇分の販売価格に対する割合が小さいこと等から販売価格を引き上げないこともままみられるところであり，必ずしも違反行為者の値上分がそのまま川下に転嫁されるとは限らない。この転嫁問題は，間接の購入者の損害との因果関係の推定の問題として現れる。この点，鶴岡灯油訴訟高裁判決においては，価格引上げカルテルに基づく値上分は，中間販売業者によって川下に転嫁されるのが通常であるという一般論だけでなく，石油元売業者は流通業者を系列化しており，流通業者の価格に関与していたと推認される等と認定したうえで，事実上の推定を行っている。しかし，カルテル対象商品が部品・原材料であって完成品の購入者が被害者である場合，完成品価格に占める部品価格・原材料価格のウエイトは商品によりまちまちであり，他の要因によって価格が上昇する場合も少なくないとすると，本文のような推定を働かせることには問題がある。

上推定を働かせることが妥当である。

　すなわち，事業者が，他の事業者と共同して，商品または役務の対価を引き上げる旨相互にその事業活動を拘束することにより，公共の利益に反して，一定の取引分野における競争を実質的に制限した場合（すなわち，価格カルテルを行った場合）において，当該事業者が当該行為（すなわち，ここでは価格カルテル）の実行としての事業活動を行った日から当該行為の実行としての事業活動がなくなる日までの間に(注50)，当該事業者が供給する当該商品または役務（すなわち，当該カルテルの対象とされた商品・役務）を購入した者が，当該行為により自己が受けた損害の賠償を請求するときは，当該期間（すなわち，当該カルテル期間中）においてその者が当該商品または役務の対価として支払った価額（すなわち，カルテル価格）から当該商品または役務の購入価格が上昇した日の前日の当該商品または役務の価額（すなわち，カルテル直前の価格）を差し引いた額（すなわち，当該カルテルによる値上がり分）に当該商品または役務の購入数量を乗じて得た額（その者が当該商品を転売したときは，その額から，当該商品を転売した価額から当該商品の購入価格が上昇した日の前日の当該商品を転売した価額を差し引いた額に当該商品を転売した数量を乗じて得た額を，差し引いた額）は，その者が受けた損害の額と推定するということにしてはどうか，というものである。

　もちろん，当該事業者が当該行為の実行としての事業活動を行った日以後，その者が当該商品または役務を購入するまでの間に，当該商品または役務の対価の形成に係る経済的要因等に顕著な変動があった場合は，もちろんこの限りでない。これは，因果関係の場合と同様である。

　要するに，①価格引上げカルテルが行われ，②違反行為者がカルテルに基づく値上げを行った日からカルテルが破棄される日までの間に，③カルテル

（注50）　公取委・研究会報告書においても，損害が生じた期間については，直接の購入者が被害者である場合には，価格引上げカルテル実施後，原告に対する販売価格の引上げが行われた日から価格引上げカルテルの実行としての事業活動がなくなった日までであり，間接の購入者が被害者である場合には，価格カルテル実施後，原告の購入価格の上昇があった日から価格引上げカルテル破棄後原告にカルテルの影響が及ぶことのなくなった日までであるとしている。

対象商品を購入した者（直接の購入者も間接の購入者も）の損害額は，④違反行為者のカルテルに基づく値上げの直前の価格と現実の購入価格との差額に購入数量を乗じた額（中間販売業者の場合は，その額から，カルテル実施直前の転売価格と仕入価格との差額に転売数量を乗じた額を控除した額）であると推定する，というものである。

ただし，このような推定にもいくつかの問題がある。前述のように，違反行為者の取引先によっては，価格引上げカルテルに基づく値上げが実現せず，価格が維持されるにとどまる場合がある。このような場合，損害額はゼロと推定されることとなってしまい，問題である。

また，カルテルに基づく値上げを行われた日より後，被害者がカルテル対象商品を購入するまでの間に「顕著な経済的要因等の変動」があったことを被告が立証した場合は，推定は働かないという点について，推定が働かなくなるのは，当該「顕著な経済的要因等の変動」が価格引上げカルテルの実施後に生じた場合に限ること（実施前に生じていた場合は，推定を働かせること）にも，疑義がある。鶴岡灯油訴訟最高裁判決は，「価格協定の実施当時から消費者が商品を購入する時点までの間に……経済的要因等に変動がない限り」価格引上げカルテル実施直前の購入価格を想定購入価格と推認するのが相当であるとしているのであって，当該経済的変動が価格引上げカルテルの実施後に生じた場合に限ると明確に判示しているわけでは必ずしもない。

実質的にも，例えば，顕著な原材料費高騰が価格引上げカルテルの実施前に生じていた場合，推定される損害額には，カルテルがなかったとしても当該原材料費値上分の転嫁によって生じたであろう価格引上分が含まれているはずである。その際，推定を覆すためには，その転嫁額がいくらであるかを被告が立証する必要があるとすれば，それは事実上不可能な立証を強いることになり，妥当でない。

また，間接の購入者が被害者の場合，中間販売業者の加算分の問題がある。上記の推定を働かせる場合，間接の購入者が被害者の場合，中間販売業者が，違反行為者の出荷価格の引上分以上に，その販売価格を引き上げた場合には，中間販売業者の加算分も含めて損害額と推定することになるという問題

がある。

　さらに，被告の立証負担の問題もある。すなわち，メーカーが価格引上げカルテルを行った場合，被告であるメーカーが推定を覆すためには，直接の取引関係にない小売業者のコスト等について立証する必要がある場合が生じるが，被告の立証負担が過大となるおそれがある。

　加えて，被害者が事業者であるか消費者であるか，直接の取引先であるか間接の取引先であるか等によって，損害との因果関係や損害額の立証のために必要な証拠を入手することができる可能性に違いがあると考えられ，その点の考慮も必要である。すなわち，被害者が消費者であるか事業者であるかによって推定の働かせ方を区別することもありうるのではないかと思われる。そもそも推定が，証明困難な事実が真偽不明となり，証明責任で裁判することによって正義にそぐわない結果となることを回避するための法技術であることからすれば，例えば，一般に損害との因果関係や損害額の立証のために必要な証拠を入手することが困難であると考えられる消費者についてのみ推定を働かせることも考えられるのではなかろうか。なお，損害額の算定については，民事訴訟法248条を巡る論点もあるが，この点については，本書の他の論稿に委ねたい。

5　集団的消費者利益の実現から見た独占禁止法25条のいくつかの改善提案

　以上みたように，独占禁止法における損害賠償制度には，種々の点で問題が多い。3・4では解釈論上の工夫を施すことによって，また場合によっては立法論に言及して，その問題点の改善に努める方向を模索した。改善策をまとめると以下の通りである。

　第1に，排除措置命令等前置要件を存続させることで，違反行為の存否とその内容については，消費者としては，事業者の独占禁止法違反行為の事実を認定し命令等が確定すれば，その命令または審決および公取委が審査または審判の手続において収集した証拠を利用することによって，事業者の当該違反行為の存在を主張立証することが容易になる。

第2に，損害と違反行為の因果関係，損害額の算定について，前記のような推定規定を設ける（あるいは解釈として打ち出す）というものである。これにより，因果関係，損害額の算定について，被害者の立証負担は一定程度軽減されるものと想定される。

　第3に，独占禁止法84条（求意見制度）の積極的活用である。同条により25条訴訟が提起された場合には，裁判所は，公取委に対し，違反行為によって生じた損害の額について意見を求めることができる旨が規定されている。これは，独占禁止法の専門機関である公取委の調査・分析能力を活用することにより，25条訴訟が適正かつ効果的に運用されるようにとの趣旨によるものとされている[注51]。平成21年独占禁止法改正により，「意見を求めなければならない」とする義務的求意見を改め，裁判所は公取委に「意見を求めることができる」とする任意的求意見制度になったが，裁判所は積極的に違反行為による損害額について公取委の意見を求めることとするのが望まれる。

　この規定の活用により，違反行為と損害との因果関係および損害額の算定基準の点についての被害者の立証の負担を軽減し，損害賠償制度の効果的運用に資するのではないか。本規定に基づき，公取委は，裁判所の求めに応じて，違反行為と損害額との因果関係および損害額の算定方法に関する意見を提出している[注52]。現在，公取委では，入札談合事案については違反行為終

(注51)　本条が設けられた経緯，理由等は必ずしも明らかではないが，一般には，独占禁止法の執行に当たる専門機関としての公取委の意見を尊重する趣旨によるものとされている。公取委の意見は，裁判所を拘束するものではない。最判昭和62・7・2民集41巻5号785頁（石油価格カルテル損害賠償請求事件）も，「公正取引委員会の意見は，裁判所が損害の存否，額を判断するに当たっての一つの参考資料にすぎず，裁判所の判断を何ら拘束するものではないことはいうまでもなく」と判示している。ただし，公取委の専門性の見地から，その意見は尊重されるといえよう。
(注52)　なお，公取委が提出する意見の内容については，法文上は「損害の額」のみが挙げられているが，損害額の立証のためには損害の範囲（因果関係の範囲）と損害の算定方法が明確となることが必要であり，これまで公取委が提出した意見においても，違反行為と損害との間に因果関係がある旨および損害の算定方法（想定価格との差額により算定すべき旨）が示されている。ただし，公取委の本来任務は違反行為の存否の立証であって，公取委が損害額の証明を行うことは本来的に困難であることから，求意見に対する回答において具体的な損害額までを示すことは行われていない。

了後の現実の落札価格を想定落札価格として，いわゆる前後理論により算定するのが適当である旨の意見書を裁判所に提出している。広島市水道管工事談合事件（平成18年2月17日請求一部認容判決）以降，談合事件での想定落札価格の算定方法は公取委の意見に依拠していることから，公取委の意見はそれなりに重みがある。

　第4に，確定命令がある場合の独占禁止法違反行為に係る無過失損害賠償請求訴訟の裁判管轄が東京高等裁判所の専属管轄となっているこれまでの規定を改正すべきである。25条訴訟が東京高等裁判所の専属管轄とされている趣旨は，25条訴訟が公取委の審決を前提として提起されるものであり，また，専門的かつ統一的な判断を必要とする独占禁止法違反行為に関して提起されることに鑑み，これを1つの裁判所に集中して審理，判断させ，迅速に救済を与えうるようにすることにある。一方，25条訴訟が東京高等裁判所の専属管轄となっていることは，地方在住者に負担を強いるものであり，改めるべきである。

　これに対して，25条訴訟の専属管轄を改正し，仮に各高等裁判所ないし各地方裁判所の管轄とした場合，25条訴訟を東京高等裁判所の専属管轄とした趣旨，すなわち，第1に，25条訴訟が，公取委の排除措置命令等の確定を前提とし，かつ，専門的かつ統一的な判断を必要とする独占禁止法違反行為に関して提起されることから，これを1つの裁判所に集中して審理，判断させることによって救済の迅速化を図る，という趣旨に反するのではないかとの批判がありえよう。しかし，この批判はまったく当たらない[注53]。

　第1に，25条訴訟は公取委の排除措置命令等の確定を前提として提起されるものであるとしても，このことは，地方裁判所ではなく高等裁判所を第1審裁判所とする理由にはなりえても，管轄を東京高等裁判所や東京地方裁判所に限る理由にはならない。

　第2に，各高等裁判所や各地方裁判所（高等裁判所所在地の地方裁判所）の

（注53）　林秀弥「独占禁止法25条訴訟における専属管轄制度の再検討(1)」名古屋大学法政論集223号（2008）291頁参照。

管轄とすることによっても救済の迅速さを損なうことにはならない。そもそも，東京高等裁判所の専属管轄とすることが審理や被害者救済の迅速化に資するという論拠自体に問題がある。そもそも過去提起された25条訴訟の係属期間を調べてみても，25条訴訟が他の私訴と比べて審理が特に迅速に行われたという傾向はみられない。それどころか，係属期間が12年余りの長きに渉ったものさえある。

　第3に，独占禁止法違反という専門的な判断を必要とするというのなら，独占禁止法87条を改正して，各高等裁判所にも特別部を設ければ専門性を担保することは可能である。また，立法論としては，①各地方裁判所の管轄とするが，特定の裁判所（例えば高等裁判所所在地の地方裁判所）にも競合して出訴することができることとするとか，②特定の地方裁判所（例えば高等裁判所所在地の地方裁判所）の管轄とする，あるいは，③各地方裁判所の管轄とするが，控訴審は東京高等裁判所の管轄とすること等，検討の選択肢はいろいろ考えられるのであって，いずれにせよ専門的かつ統一的判断の必要性が，東京高等裁判所や東京地方裁判所の専属管轄制度に固執する理由とはなりえない。

　第4に，独占禁止法について統一的な判断を必要とするというのなら，独占禁止法違反行為の存在については，そもそも現行の26条を前提とすれば，同条に基づく排除措置命令前置によって公取委を介在した判断の統一性は担保されている。また，損害の有無，損害と独占禁止法違反行為との因果関係，損害額の確定といった，損害賠償請求訴訟一般に通底する論点については，東京高等裁判所に限らず，各高等裁判所あるいは各地方裁判所の個別具体的な認定に委ねて問題はないはずであるし，かつそれが望ましくもある。そもそも，法的判断の統一性は，最終的には最高裁判所の判断によって担保されうるし，それが，わが国の裁判秩序の建前でもある。

　最後に，仮に25条訴訟が今後数多く提起される事態を想定するならば（この想定は，独占禁止法違反行為に対する消費者や事業者による権利意識の高まりを念頭に置くならば，ありえないことではない。特にフランチャイズ関連の25条訴訟は近時増えている。最近の事例として，セブンイレブン損害賠償請求事件判決〔東

京高判平成25・8・30審判集・判例集未登載〕を参照），むしろ，これまで（平成25年改正法まで）の独占禁止法のごとく，東京高等裁判所という１つの裁判所に集中して審理させることが，その本来の趣旨と逆に，かえって訴訟遅延の原因ともなりかねない[注54]。

ところで，第183回国会に提出され，第185回国会において平成25年11月１日に衆議院本会議で可決されて，参議院での審査・審議を待っていた，「消費者の財産的被害の集団的な回復のための民事の裁判手続の特例に関する法律案」（消費者裁判手続特例法案）が同年12月４日に参議院本会議で可決・成立し，同月11日に公布された（平成25年法律第96号）。しかし，独占禁止法は蚊

[注54] なお，第185国会（臨時会）で可決成立し，平成25年12月13日に公布された改正独占禁止法では，審判制度の廃止に伴い，25条訴訟の第１審裁判管轄が東京地方裁判所に委ねられることになる。東京地方裁判所の専属管轄によって，専門性，柔軟性が要求される独占禁止法違反事件に十全に対応することができるのかという問題は依然として残る。この点の疑問に配慮してか，改正法では，東京地方裁判所における審理の体制について，通常の事案よりも慎重な審理を行う必要があるとの観点から，同裁判所において，３人の裁判官の合議体による審理および裁判を義務付けるとともに，必要に応じて５人の裁判官の合議体により審理および裁判をすることができることとしている。通常，地方裁判所における審理は単独の裁判官によって行われるのが原則とされている（裁判所法26条１項）ことからすると，今回の改正独占禁止法のように，地方裁判所の民事・行政事件の第１審で，合議体で審理することを義務付けている法制度は特異なものである。しかし，東京地裁に第１審裁判権を限定することには問題があると考える。確かに，これまでの国会審議で説明されてきたように，公取委による排除措置命令等の取消訴訟に係る裁判管轄については，①裁判所においても専門的な判断を確保する必要性があること，②カルテル，入札談合のように複数の企業が違反事業者となる事案において，同じ裁判所が判断することにより判断の合一性を確保する必要性が高いこと，③これまで第一審機能を担ってきた公取委における審判手続は，基本的に東京にある公取委の審判廷で行われていること，の３点から，東京地裁に管轄を集中するとしたことにも，それなりの合理性がある。したがって，裁判所による統一的な判断の確保と効率化にかんがみるならば，改正法は，当面の措置としてはやむをえない。しかし，地方在住の事業者や市民の権利擁護の立場から，将来的には，他の裁判所でも扱えるようにすることを検討すべきである。高等裁判所所在地を管轄する地方裁判所（少なくとも大阪地裁）にも認めることは考えられてよいのではないか。例えば，行政事件訴訟法における裁判管轄については，従来，被告（行政庁）の所在地の裁判所に属することとされていたが，原告の負担軽減，国民の出訴の便宜を図ることを目的として，平成16年改正により，行政庁の所在地の地方裁判所の管轄を原則としつつ，原告の所在地を管轄する高等裁判所の所在地を管轄する地方裁判所への出訴も認められることとなった（行訴12条４項）。これは将来の制度改正にあたっても，参考になるのではないか。

帳の外である^(注55)。独占禁止法違反行為についても，ここで議論されている集団的消費者被害救済のスキームに乗せるべきか。この法案成立後の次の段階においては，独占禁止法も射程に入れた議論が期待されるところである^(注56)。

IV 独占禁止法に基づく消費者団体訴訟

1 はじめに

平成18年5月31日に「消費者契約法の一部を改正する法律」が成立し，消費者契約法に消費者団体訴訟制度が導入された（平成19年6月7日施行）。この消費者団体訴訟制度は，近年，さまざまな商品・サービスに関する消費者トラブルが増加していることを踏まえ，消費者被害については，同種の被害が多数の者に及ぶという特徴があることから，被害の発生や拡大を防ぐための差止請求権を適格消費者団体に付与するものである。

現在，適格消費者団体による差止請求の対象は，消費者庁所管の消費者契約法・景品表示法・割賦販売法・特定商取引法違反行為に限定されているが，民法上取消し・無効となる行為や独占禁止法違反行為等も適格消費者団体による差止めの対象とする可能性が論じられてきた。

上記のような特徴をもつ消費者被害については，独占禁止法に違反する行為によっても発生しうると考えられる。そこで，独占禁止法への団体訴訟制度導入の検討に当たっても，まず，消費者契約法への消費者団体訴訟制度導入の考え方と同様に，消費者全体の利益を守るため，独占禁止法による同種

(注55) 遡れば「集団的消費者被害救済制度専門調査会報告書」（2011年8月）が独占禁止法違反類型を挙げていないことの問題点といえる。
(注56) そもそも公取委は，当該行為が違法かどうか，および違法であるとして排除措置を採るかどうかを判断するに際し，個々の具体的な取引に着目するのではなく，競争秩序の維持の観点からみて公正かつ自由な競争が阻害されているかどうかを執行の基準としている。このため，公取委の法執行だけでは，消費者の財産的被害の集団的な回復にとって十分ではない。

の多数被害を未然防止・拡大防止するための差止請求権を一定の団体に付与する団体訴訟制度を導入することが考えられる。

独占禁止法に基づく団体訴訟について，かつて公取委「独占禁止法違反行為に係る民事的救済制度に関する研究会」（平成11年10月）でも議論されたが，そこでは，「我が国の法体系においては，私人の差止請求権は当該私人が独占禁止法違反行為によって受けた損害に対する救済手段として構成することが適当であること，現行の民事訴訟手続では判決の効力，適正手続の保障等の点で不都合が生じることも考えられること等から，一定の団体に他の私人の被害を救済するために差止請求権を認めることについては，将来の課題とすることが適当である」として見送られた経緯がある。

この問題の検討に当たって参考になるのが，海外の動向であるが，諸外国の制度は千差万別であるところ[注57]，これらの制度を単に日本に輸入するだけではうまくいかないのは明らかであり，わが国の実情を踏まえた制度の構築が求められている。

また，独占禁止法に基づく差止請求権は，物権的請求権に基づく差止請求権[注58]，人格権に基づく差止請求権，特許法等知的財産権に基づく差止請求権[注59]，不正競争防止法に基づく差止請求権[注60]，のいずれとも異なる，実

（注57）　たとえば，ドイツにおいては，わが国の独占禁止法に当たる「競争制限防止法（GWB）」において，競争法違反行為に対する事業者団体による訴訟提起が可能とされている一方，消費者団体による訴訟提起が認められていない。また，景品・不当表示等を規制する「不正競争防止法（UWG）」については，事業者団体および消費者団体の両方による同法違反行為に対する訴訟提起が認められている。また，イギリスでは，競争法における消費者団体がもつ請求権としては，2002年に制定された「企業法（Enterprise Act 2002）」Part 2により，国務大臣による認可を受けた団体は，イギリス競争法（Competition Act 1998）およびEU競争法違反行為に対して訴訟を提起することが可能である。団体は，違反行為によって生じた損害について被害を受けた消費者を代表して損害賠償を請求することが可能である。また，同企業法Part 8によって，国務大臣による認定を受けた団体は消費者保護関連規則に違反する行為に対し訴訟提起が可能とされている。団体は，違反行為の差止請求を行うことが可能である。これまで認定を受けた民間団体は，消費者団体である消費者協会（which）のみとなっており，訴訟提起の実績は乏しい。
（注58）　すなわち，所有権，占有権等の物権の行使としての妨害排除，妨害予防，返還請求である。

体法規である独占禁止法上の固有の請求権(注61)と位置付けられるものである。先に述べたように，従来からわが国では，公法的規制と私法の役割を分離し，独占禁止法については公取委による排除措置命令等の行政規制を中心とし，自由競争経済秩序を維持する公益保護を目的としていることを理由に，公法的なものと位置付け，私益保護を目的とする不正競争防止法などの私法秩序とは別体系を採るものとされてきた。このような歴史的背景を念頭に置くと，独占禁止法違反に対する消費者団体の差止請求権を導入するとしても，そもそも差止請求権の法的性質をどのように構成するかが問題となる。

この点については，第１に，公取委の排除措置命令と同様に独占禁止法の法目的を実現するための手段と捉える見方である。これに対しては，消費者団体に行政庁と同様な公益的な役割を与えることについて，わが国の法体系上なじむかという懸念がある。しかし，消費者団体訴訟は，消費者契約法や景品表示法ですでに導入済みであり，このような見方は，すでに克服されているとみうるのではないか。また，第２の懸念として，私人によるエン

(注59) 特許法，実用新案法，意匠法，商標法，著作権法，種苗法，半導体集積回路の回路配置に関する法律において，差止請求権が認められているのは，知的財産という情報を「物」と類似なものに擬制して，法律上明確な権利を付与し，所有権と同様の物権的効果（排他的効果）を与えることにより情報の保護を図ろうとする物権的請求権類似の権利に基づくものと解されている。物権的請求権に準じる権利であるから，損害の発生（または発生のおそれ）があるか否かにかかわらず，権利の実現が認められる。
(注60) ノウハウ，周知な標識，著名な標識，商品行為の模倣などの，不正競争として列挙された行為によって，営業上の利益を侵害され，または侵害されるおそれがある者が，侵害者に対して差止めを請求することができるという点で，不正競争防止法上の差止請求権は，不法行為法の保護の延長の色彩が強いと考えられる。しかし，侵害による損害の発生が要件とされていないことや，不正競争の背景にある営業秘密やノウハウが「営業上の利益」として法文上明確にされていることから，物権的請求権の色彩を併せ持つものといえなくもない。この点について，排他的権利とはいえないが，法益として認められた固い殻のようなものに覆われた利益の侵害が行われているという点では絶対権侵害に近い部分あるとの指摘がなされている（根岸哲ほか「座談会・独占禁止法と民事法（下）」民商125巻１号〔2001〕８頁［山本弘発言］）。
(注61) 独占禁止法の場合，知的財産権のような明確に保護すべき物権的な権利は見出しにくい。しかし，物権的請求権に基づくことなく，不法行為法の保護の延長として差止請求権を認めることもあり，個別法による立法例もある。したがって，不法行為の一般的効果の解釈により認めるのではなく，実体法規である独占禁止法上の差止請求権と位置付けるのが妥当である。

フォースメントは，公取委による排除措置命令等とは異なり，競争秩序維持という独占禁止法の目的から離れてしまうおそれがあるというものである。何となれば，消費者団体の差止請求が，公取委の排除措置命令等と同様の性質であるとすれば，必ずしも不法行為の成立要件である損害の発生が前提とならないため，適切な訴権者の範囲を絞る必要があるのではないかという問題意識に根ざしている。しかし，この点も，消費者団体の適格要件の問題として論ずれば足りるのではなかろうか。

次に，第2の見方として，民事救済の原則通り独占禁止法違反により私益を侵害された者の被害救済手段と捉える考え方である。

この考え方については，第1に，独占禁止法が保護している私益の範囲を確定する必要がある（すべての独占禁止法の規制類型が私益を保護しているのか，あるいは各規制類型によって私益を保護しているものとそうでないものがあるのか）。独占禁止法違反行為の中には，例えば，消費財に関わるぎまん的行為や再販売価格の拘束，あるいは価格カルテルといった行為類型は，直接，消費者被害に結びつくと考えられ，それらを規制することによって独占禁止法は，私益を保護しているものと考えられる。そうであるからこそ，米国では連邦取引委員会法（FTC法）において，消費者に対するぎまん的行為や価格カルテルの事業に対して，消費者への不当利得の吐き出し制度（disgorgement）を設けているのである[注62]。また，近年，独占禁止法と民法の関係について，民法学者の側で競争秩序を私法上の公序に組み込んだり，経済法学者の側から私法秩序と競争秩序は元来，市場秩序を実現させるものとして相互に不可分の関係にあるという見解が有力に主張されていることが挙げられている。すなわち，消費者団体による集合訴訟においては，私益保護（私益侵害の発生を前提）の差止めであっても，公益としての性質を持つのであり，純粋な私益保護とは異なるのである。

かつて，行政処分の不服申立てに対する消費者の原告適格（公正競争規約の認定に対する消費者の不服申立資格）が争われた主婦連ジュース訴訟事件（最判昭和53・3・14民集32巻2号211頁）において，「独占禁止法は競争秩序の維持という公益を保護しており，私人の受ける利益はその反射的利益に過ぎず，直

接的に個人の権利を保護している訳ではない」旨最高裁は判示し，ここでは，私益は直接的には保護されていないものとして措定されている。しかし，独占禁止法違反行為によって実際に被害を受ける者がおり，そのものの被害救済が法目的の実現のために不可欠である場合には，独占禁止法がことさらその者の救済を否定しているとする根拠はない。また現に，すでに独占禁止法において，損害賠償請求訴訟（独禁25条）が規定されていることから，同法が公益とともに私益をも保護していることは疑いない。

2　独占禁止法24条の差止請求権との関係

公取委「団体訴訟制度に関する研究会」報告書（平成19年）では，「独占禁止法の不公正な取引方法を対象として団体訴訟制度を導入する場合には，景品表示法の場合と異なり，第24条により個人が持つ差止請求権と消費者団体の差止請求の関係を整理することが必要であり，第24条の意義や位置付けを明確化した上で，整合性を図る必要性があると考えられる。また，法的構成（第24条の延長線上の制度とするか，新たな別の制度とするか）等についても慎重に検討を重ねる必要があるが，独占禁止法にどのような形で団体訴訟制度を

（注62）　FTC法は，排除措置命令，民事制裁金の他に，消費者に得利を還元させる措置を有している。FTC法19条(b)においては，連邦裁判所または州裁判所に民事訴訟を提起して，ぎまん的行為または慣行に反する行為によりもたらされた消費者の損害を救済する必要があると認める場合，かかる救済を許容する権限を有すると規定している。ただし，同規定については，「合理的な者であれば当該事情下において不誠実であり詐欺であると知りうるものであることを委員会が裁判所に証明する」（19条(a)(2)）ことは非常に困難であり，また3年の時効期間があること（同条(d)）から，事例は非常に少ない。また，FTC法13条(b)においては，差止命令（permanent/preliminary injunction）のほか，不当利得の吐き出し請求（disgorgement）を行うことができる。これまで，以下の事例がある。①Federal Trade Commission v. Mylan Pharmaceuticals, Inc., et al.（August 12, 2004）。これは，既存事業者が参入した場合には，他の事業者と競争しない旨の合意を結び，その結果，価格を引き上げたケースである。②FTC v. Perrigo and Alpharma（August 12, 2004）。これは，既存事業者が初めて許認可を申請した場合には，他の事業者と競争しない旨の合意を結び，その結果，価格を引き上げたケースである。このように，不当利得の返還請求（disgorgement）に限っては，事例は，カルテル合意を結び価格を引き上げたケースが主である（このほか，合併案件についても吐き出し制度は使われている）。FTCは，①価格カルテルのような違法性が明確である場合や，②損害が明確に算定できる場合，③損害賠償，刑事罰がない場合に用いるとしている。

導入することが適当かについては，十分に時間を尽くして検討できなかったため，現段階で直ちに結論を得ることは困難である」とした。学説上は，「個人差止請求権の存在は，消費者団体の一般的差止請求権導入の障害とはならないと考えるべき」と主張される一方で，独占禁止法24条の差止請求権は，事実上一般的差止めの効果をもちうるとする見解もあり，議論は一致していない(注63)。

　しかし，管見によれば，独占禁止法24条に基づく差止請求権は，現実には，その本来所期された効果を発揮していないと評価せざるをえない。これまでに提起された同条に基づく差止請求訴訟は60件あまりに上るが，請求が認容されたのはごくわずかであり，そのほとんどは請求棄却（全体の過半数がこれである），和解，請求の取下げ，却下のいずれかである。また，各裁判所から公取委に対して，同法83条の3第2項の規定に基づく求意見もなされていないのが現状である。

　では，独占禁止法24条の差止請求権のどこに問題があるのか，その内容を確認しておきたい。その限界を克服することでしか，適格消費者団体による差止請求訴訟の展望は開けないからである。

　独占禁止法24条の差止請求権の要件は，次の3つである。すなわち，①同法8条5号または19条の規定に違反する行為の存在，②原告が①によってその利益を侵害され，または侵害されるおそれがあること，③原告が②により著しい損害を生じ，または生ずるおそれがあることである。①の点について，同法24条の差止請求権は不公正な取引方法についてしか認めていない(注64)。そうであるがゆえに，同法に基づく消費者団体訴訟を導入する実益が存在する。そこで，カルテル契約自体の差止めを，適格消費者団体に認めることは可能なのかが問題となる。前述のように，一般消費者の利益は，その前段階である公正かつ自由な競争による事業者間の取引を保護することにより反射的に得られる利益であるとする考えがあった。しかし，そもそもこのような

(注63)　山本豊「独占禁止法・景品表示法への団体訴訟制度の導入について」ジュリ1342号（2007）101頁を参照。

考え方はすでに述べたように妥当でないし，また損害賠償請求においては，間接被害者である消費者にも請求権が認められていることから差止請求について消費者団体を訴権者としない理由はない。

②については，消費者団体訴訟においては，利益侵害は，消費者個人に生ずるのであって，消費者団体ではない。このため消費者個人に帰属する差止請求権を適格消費者団体が代表すると解することもできない。つまり，競争秩序に違反し不当な利益を享受している事業者の行為を市場から排除するためには，消費者個人の権利行使に頼る制度だけでは限界がある。ここに，独占禁止法に基づく消費者団体訴訟の必要性が存する。そこで，「不特定かつ多数の消費者」の利益が危険にさらされ，取引秩序に違反した行為を差し止めるためには，いわば私益と公的利益の中間的利益である消費者の集団的利益を実現する主体として，適格消費者団体に，団体訴訟の遂行を認めるのである[注65]。

(注64) 公取委・前掲（注41）独占禁止法違反行為に係る民事的救済制度研究会では，差止めの対象を不公正な取引方法に限定した趣旨について，次のように説明している。すなわち，「不公正な取引方法は，これにより差止めによる救済を必要とするような損害が生じ得ると考えられること，一般的に救済として有効な差止めが命じられると考えられること，特定の私人の私益を侵害するものも多いと考えられること等から，基本的に私人による差止めの対象とすることが適当であると考えられる」。これに対して，「私的独占，不当な取引制限及び事業者団体の禁止行為の一部のように，『一定の取引分野における競争を実質的に制限する』ことが要件となっているものについては，市場における競争全体に対する重大な侵害となるものであり，不特定多数の私人の私益を侵害するものも多いことから，公正かつ自由な競争秩序という公益に対する侵害の排除という面を重視し，……公正取引委員会にゆだねることが適当である」との考えもあることから，差止めの対象から見送られた。
(注65) たとえば，当該被害者に関して損害の発生が一時的であるような場合，発生する損害自体がその金銭的価値からみてとるに足らない場合など，個々の消費者にとっては，非常に小さい損害や間接的なわずかの損害しかない場合には，著しい損害の要件以前に独占禁止法が不公正な取引方法を違法として禁止することにより発生を防止しようとしている利益の侵害に当たらず，そもそも「利益の侵害」の要件を満たさないと考えるべきである（根岸哲「独禁法と差止請求制度」民商124巻4＝5号〔2001〕506頁）とされている。このような個々の消費者にとって私権の侵害とは評価されない場合でも，消費者全体の集合的利益の喪失および社会的厚生損失としては有意な場合があり，これを私益と公的利益の中間的利益である消費者の集団的利益の侵害と評価して消費者団体訴訟に服せしめるのである。

第1部　集団的利益の類型論からみた救済制度の展開

　③「著しい損害」について，消費者団体訴訟においても，このような要件を導入すべきかが問題となる。この点を考えるに当たっては，そもそも，現行の独占禁止法24条において，どのような理由から「著しい損害」が導入されたのかを検討することが必要である。

　「著しい損害」が導入された趣旨として，学説上は，違法性段階説と非絶対権説に分かれる。違法性段階説は，わが国の民事法においては，被害に対する救済手段としての差止めは例外的なものであり，一般に，差止めを認容するには損害賠償を認容する場合よりも高度の違法性を要すると解されている（国道43号差止請求事件最高裁判決[注66]）ことから，被侵害利益がより大きく侵害行為の悪性がより高い場合に差止めが認容されることとするため「著しい損害」が要件とされたというものである[注67]。これに対しては，国道43号差止請求事件最高裁判決が違法性段階論を採用したとは解釈できない，であるとか[注68]，同判決は，差止めにより国道の使用という公の目的を排除しようとする事案であって，独占禁止法違反行為を排除する場合のここでの差止訴訟にそのまま適用されると考えてよいかは疑問であるといった批判もある[注69]。独占禁止法24条に関する下級審判例は，この違法性段階説に依拠したとみられるものが存在する[注70]。なお，立案担当者は，「不法行為によって個々の私人が被った損害の態様・程度により，差止めが認容されるか否かが決まる」としており，「著しい損害」を損害の態様，程度，被侵害利益を個別・具体的に検討して決定しようと考えているようである。これも一種の違

(注66)　最判平成7・7・7民集49巻7号2599頁。
(注67)　公取委・前掲（注41）「独占禁止法違反行為に係る民事的救済制度の整備について」（平成11年10月22日）第1章第2－1(2)，塚田益徳「民事的救済制度の整備にかかる平成12年独占禁止法改正の概要」NBL 690号（2000）8頁，山田昭雄ほか「座談会・民事的救済制度の整備について」公取597号（2000）15-16頁［淡路剛久発言・山田昭雄発言］。
(注68)　白石忠志「差止請求制度を導入する独禁法改正（下）」NBL 696号（2000）53-54頁。
(注69)　石川正「独禁法違反行為に対する差止訴訟におけるいくつかの基本問題」原龍一郎先生古稀祝賀論文集刊行委員会編・原井龍一郎先生古稀祝賀『改革期の民事手続法』（法律文化社，2000）42頁。

法性段階説に依拠するものと考えてよいだろう(注71)。

これに対して，非絶対権説は，「著しい損害」とは，「不公正な取引方法の禁止によって発生を防止しようとしている利益」の侵害を意味することになるとする。その趣旨は，独占禁止法違反行為というのは多様であり，個別の事案によって，あるいは，被害者の立場によって，被害の性質もまちまちである。このため，どのような要素が認められる場合に金銭賠償に加え差止めによる救済が必要と認められるかという問題があることから，不公正な取引方法による利益侵害を基軸にすえるべきだとするものである(注72)。なんとなれば，物権あるいは物権類似の排他的な支配権（絶対権）の効果として当然

(注70) たとえば，共同の取引拒絶に係る独占禁止法24条の差止訴訟である，関空島事件控訴審判決（大阪高判平成17・7・5判例集未登載平成14年(ワ)第11188号，平成15年(ワ)第6629号）は，「ここにいう著しい損害とは，いかなる場合をいうかについて検討するにそもそも，独禁法によって保護される個々の事業者又は消費者の法益は，人格権，物権，知的財産権のように絶対権としての保護を受ける法益ではない。また，不正競争防止法所定の行為のように，行為類型が具体的ではなく，より包括的な行為要件の定め方がされており，公正競争阻害性という幅のある要件も存在する。すなわち，幅広い行為が独禁法19条に違反する行為として取り上げられる可能性があることから，独禁法24条は，そのうち差止めを認める必要がある行為を限定して取り出すために『著しい損害を生じ又は生ずるおそれがあるとき』の要件を定めたものとも解される。そうすると，著しい損害があって，差止めが認められる場合とは，独禁法19条の規定に違反する行為が，損害賠償請求が認められる場合より，高度の違法性を有すること，すなわち，被侵害利益が向上の場合より大きく，侵害行為の悪性が向上の場合より高い場合に差止が認容されるものというべきであり，その存否については，当該違反行為及び損害の態様，程度等を勘案して判断するのが相当である」と判示している。また，同事件地裁判決（大阪地判平成16・6・9判例集未登載平成14年(ワ)第11188号，平成15年(ワ)第6629号）は，「そもそも，独禁法によって保護される個々の事業者又は消費者の法益は，人格権，物権，知的財産権のように絶対権としての保護を受ける法益ではない。また，不正競争防止法所定の行為のように，行為類型が具体的ではなく，より包括的な行為要件の定め方がされており，公正競争阻害性という幅のある要件も存在する。すなわち，幅広い行為が独禁法19条に違反する行為として取り上げられる可能性があることから，独禁法24条は，そのうち差止めを認める必要がある行為を限定して取り出すために，『著しい損害を生じ，又は生ずるおそれがあるとき』の要件を定めたものと解される」としている。
(注71) 東出浩一『独禁法と民事訴訟──差止請求・損害賠償制度』（商事法務研究会，2001）28頁。なお，民事法の分野で「著しい損害」の要件が定められているものとして，監査役による取締役の行為の差止めに関する会社法385条（平17改正前商275条ノ2）がある。
(注72) 前掲（注67）第1章第2－1(2)。

に出てくる差止請求権とは異なり，不公正な取引方法による利益侵害は純粋の経済損害であり，民法709条の金銭による損害賠償の対象としてすら根拠薄弱であるから，そのようなものについて差止めまで認めるということにはある種の「慎重さ」が必要だからである。このような見地から，「著しい損害」の要件が加わった，とするものである[注73]。

　両説を比較した場合，まず違法性段階説に対しては，すでに公共的な観点から違法性が強いと考える独占禁止法違反行為についてさらに高度の違法性を要求する必要があることが疑問であることから妥当でなく，また，非絶対権説に対しては，不公正な取引方法があることが証明されていれば，その構成要件該当性の判断において，そのような「慎重さ」は担保できているのであって，そもそも不公正な取引方法を用いる事業者の利益など保護に値しないし，そもそも不公正な取引方法をすることによる社会的な便益があるとは疑わしいのであり，不公正な取引方法による被害との衡量を考える必要はない。このことからすると，「著しい損害」要件で濫訴の防止を図ろうとすることにも十分な合理性があるとはいえない。消費者団体による差止めは，独占禁止法に基づく固有の請求権として存在すべきものであり，消費者利益が保護法益となる場合に立法により個別承認するものである。そしてその趣旨は，不特定多数の消費者利益の保護の観点から，（侵害状態排除ではなく）侵害予防と解すべきであって，そもそも侵害状態排除を前提とした「著しい損害」はそもそも要件として不要であり，その意味で両説ともに妥当でない。

　そもそも，「著しい損害」の要件は，差止請求の原告適格を限定するための要件であり，個々の請求者ごとに損害の程度を個別具体的に認定したうえで判断されるのではなく，基本的に，類型的ないし定型的に判断されるべき性質の要件として解釈されるべきであるとすると[注74]，消費者団体訴訟を考え

(注73)　根岸ほか・前掲（注60）8-9頁［山本発言］。
(注74)　根岸・前掲（注65）507頁。根岸教授によれば，独占禁止法が不公正な取引方法を違法として禁止することにより発生を防止しようとしている利益の侵害にも，中心的に保護される利益とそうでない利益とが存在し，前者の利益の侵害がある場合には「著しい損害」の要件を満たし損害賠償請求とともに差止請求をも正当化するとする。

るに当たっては，カルテル等によって失われる消費者厚生と死重損失を「不特定かつ多数の消費者」の利益が侵害されたと捉えることができるのであって，消費者個人の法益侵害を回復するための個別的差止請求権（独禁24条）とは異なり，消費者団体訴訟においては，このような要件は不要と解すべきである。

いずれにせよ，独占禁止法違反行為による同種の多数被害を未然防止・拡大防止するため，差止請求権を適格消費者団体に帰属させることを内容とする団体訴訟制度をもう一度議論すべきではないか，と思われる。

3 本節の課題

Ⅳで述べた独占禁止法に基づく消費者団体差止訴訟の導入については，多くの克服すべき点が残されている。

第1に，消費者集合訴訟における，権利帰属主体に還元し尽くせない利益（保護法益）の明確化である。2で述べた独占禁止法にいう「集団的消費者利益」は，経済学的には説明可能な，独占禁止法上保護すべき利益たるにとどまり，これを法的な保護法益として抽出し明確化する必要がある。Ⅱ１２で見た②の社会的損失は，価格が上昇したことにより，需要者の一部が購入を手控えたこと（逆に言えば過小供給）により失われた損失であり，消費者個人には，請求権が帰属しない性格のものである。かつ，消費者に総有的に帰属する実体権も観念できない場合である。③の拡散的損失は，適正な表示がなされた商品を購入する利益の喪失がその典型例である。これも，当該商品を購入していない個人には，請求権が帰属しえないが，社会的損失とは異なり，消費者に総有的に帰属する実体権は観念できる場合である。いずれにせよ，これらの損失をより洗練された形で，差止めによって保護すべき「集団的消費者利益」として，その外縁を含め内容を確定する必要がある。

第2に，独占禁止法違反行為について差止請求権者として認められる範囲の問題である。同法の差止請求は，行為により利益を侵害される者に請求権を与えるのが原則であることから，25条訴訟と同様に，法益を侵害される者つまり同法違反行為によって被害を受ける者，あるいは被害を受けるおそれ

のある者ということになる。この点は，団体訴訟によっても変わりがないと思われる。してみると，同法違反行為により被害を受ける者の範囲としては，当該行為を行っている者との関係において，①競争関係にある事業者（潜在的競争関係にある者も含む），②直接または間接に取引関係にある事業者，③直接または間接の購買者となる消費者，④①～③のいずれにも該当しない者が考えられる。同法に基づく団体訴訟においては，「集団的利益」を害された者として，消費者に限定し，事業者を外すという考え方がよいのか，あるいは，同法における消費者団体訴訟制度の議論と同様に，事業者団体訴訟制度の導入についても積極的に考えるのかについて，議論を尽くすべきであろう。どのように既存の差止め法理と整合的に整理できるのか，さらなる検討が必要であろう。

　関連して，権利帰属主体以外の第三者に当事者適格を認めるものとして，請求権者を適格消費者団体とすることについても整理が必要である。ただし，集団的消費者利益を措定することは，現に消費者に帰属する損害の確定が困難であることを前提にしており，反競争行為による将来の集団的消費者利益の危殆化を語ることができることから，適格消費者団体による差止めを理由付けることは十分可能であると考えられる。適格消費者団体に帰属する差止請求権は，消費者の個人的利益に還元できない集団的利益を実現するために法が認めた特別の権利とすればよいのではないか。ただし，固有適格構成とするか訴訟担当構成とするかは整理が必要であろう。

　第3に，差止めの対象となる行為としてどの類型を念頭に置くかである。私的独占，不当な取引制限の禁止については，その行為自体が，事業者の公正かつ自由な事業活動を排除または制限し，競争を実質的に制限することが問題となる類型であり，これらの行為により，直接的な被害を受ける者がいると考えられることから，これらが差止請求の対象となることについては問題ないと考えられる。ただし，事件の掘り起こし的な独占禁止法違反の判断を適格消費者団体がなしうるのかといった手段としての実効性・適合性が問題となろう。

　とりわけ，カルテルや談合に代表される不当な取引制限は，「証拠を残さな

6 独占禁止法による集団的消費者利益の保護

い」,「秘密裏に行われる」という密室犯罪的なものであるため,私人が,一から証拠を収集し違反事実を立証することは極めて困難である。この意味で,一義的には公取委による排除措置命令,課徴金納付命令に期待するところが大きい。ただし納付課徴金については,「被害者への返還額の控除」(いわゆるディスゴージメント)を認めるような制度の検討はあってよい。

　不公正な取引方法については,独占禁止法24条とどう棲み分けるかについて,さらなる整理が必要である[注75]。消費者団体訴訟を認めることが,消費者・競争事業者による個人的法益の実現の自由を侵害しないことが必要である。

　また,わが国においては,米国の父権訴訟[注76]の背景にある考え方が直ちには受け入れられないにしても,私人による独占禁止法違反行為に対する民事的救済を通じて競争秩序の維持が図られるという関係にありながら,私人による同法違反行為の証拠収集,立証が非常に難しいという現実は決して無視できない。行政(公取委)による証拠収集の面での協力,差止訴訟費用の補てん可能性[注77],求意見制度の創設[注78]など,一定の援助制度を設けることが必要であろう[注79]。

(注75)　私的独占にも該当しうる「抱き合わせ」や「再販売価格維持」は有力候補と思われる。

(注76)　たとえば米国では,州司法長官(States' Attorney General)は,それぞれの州の反トラスト法を執行し,州内における違反行為の摘発を行うほか,シャーマン法違反により州民が被害を受けた場合には,クレイトン法第4C条(15 U.S.C. §15c)に基づき,州民に代わって3倍額損害賠償を請求することができる(父権訴訟〔parens patriae actions〕)。1976年に制定されたHart Scott Rodino反トラスト改善法は,クレイトン法を修正してクレイトン法4c(具体的な条文は,「15USCS §15c」と記される。以下,「15c」と記す)条を設け,各州に行政官として在籍する州司法長官に,州民を代表する準主権者としてシャーマン法違反者に対して民事訴訟を提起する権限を付与した。15c条(a)項は,すべての州司法長官がシャーマン法違反行為によって財産に損害を被った州民である自然人を代表し,その州の名において,被告の管轄権を有するすべての連邦地方裁判所に対して,パレンス・パトリエとして民事訴訟を提起できること,3倍額の損害賠償のほか,合理的な弁護士報酬を含む訴訟費用を請求できる旨を規定する。15c条(b)項は,メンバーへの通知は裁判所の指定による公告で足りること,メンバーからの除外を希望する者は届出を要することを規定する。15c条(c)項および(d)項は,訴訟取下げあるいは和解が裁判所の承認を要すること,および弁護士報酬の裁判所による決定について規定する。

V　結語

　最後に，本稿の要点をまとめると，その結論は以下の通りである。
　第1に，消費者個々人の私的利益とは区別された集団的消費者利益が独占禁止法によって保護すべきものとして存在する。
　第2に，そこにいう独占禁止法上の集団的消費者利益とは，①個々の消費者への帰属の確定が可能な「個別的利益」に加えて，②「社会的損失」，③「拡散的利益」，④「集合的利益」に分類される。そして「競争秩序」との関

(注77)　筆者はその原資として国庫に納入される課徴金を利用することは十分ありうるのではないかと考える。そもそも課徴金が導入された独占禁止法1977年改正時の議論において，徴収した課徴金を消費者に還元すべきではないかという意見は，法務省（法務省「独占禁止法改正試案について」〔1974年10月30日〕）や当時の通商産業省（通商産業省「独占禁止法改正問題について（メモ）」〔1974年12月11日〕）から出ていた。最近でも，内閣府独占禁止法基本問題懇談会（2005年7月～2007年4月）で同様の主張が出されていた（内閣府懇談会では「利益の剥奪によって得たものが全て国庫に行ってしまうということになると，その後被害者たちが裁判を起こしても，会社にはお金がなく倒産しているということも生じるかもしれず，こういう問題をどうするのかという問題も考えなければならない」〔第2回会合2005年9月16日議事録〕，「消費者基金や消費者団体に還元するといったことや直接消費者に還元するといったような制度について検討してはどうか」〔第6回会合2005年12月15日議事録〕といった議論が出されていた）。課徴金の立法史について詳しくは，林秀弥「課徴金の立法史」法政論集229号（2008）1頁。

(注78)　適格消費者団体による差止請求制度の導入に当たっては，公取委の支援・関与のスキームの構築は必要かつ重要である。この点に関して，独占禁止法24条の差止請求制度では，同法83条の3第2項の規定に基づく求意見制度が存在するが，各裁判所から公取委に対する求意見はこれまで，一度もなされてこなかった。適格消費者団体による差止請求制度における公取委の関与のあり方を検討するに当たっても，同法83条の3第2項の規定に基づく求意見制度が現実には機能していない理由を探求しておく必要があろう。

(注79)　現に，25条訴訟や民法709条訴訟においては，各地の地方公共団体が談合などの独占禁止法違反行為により被った損害について損害賠償請求を行うことが多くなってきているところ，公取委は，かかる損害賠償請求訴訟を支援しており，当該請求の検討に必要・有益な情報については，自治体や裁判所に対して資料提供を行っている。具体的には，公取委「独占禁止法違反行為に係る損害賠償請求訴訟に関する資料の提供等について」（1991年5月15日事務局長通達第6号）によりその基準を公取委ホームページ等で公表しており，これに基づいて，被害者たる自治体等からの要望・依頼に対応している。また，審判になった事件については，同法70条の15の規定に基づき，被害者たる自治体等の利害関係人から請求があれば，審判事件記録の閲覧謄写等に応じている。

係で独占禁止法上問題となる損失は，特に「社会的損失」と「拡散的利益」であり，この２つが独占禁止法上問題となる集団的消費者利益の中核をなす。また，消費者厚生の消費者から生産者への移転の阻止こそが独占禁止法において最も果すべき役割の１つであるという見地から，独占禁止法違反行為に対する「集団的消費者利益」の救済が，同法の目指す競争秩序の実現に当たっても，同法の主要な任務の１つである。

第３に，集団的消費者利益の実現という見地からは，25条訴訟の活性化のために必要であり，そのため望ましい方策は何かについて今後検討すべきである。

第４に，独占禁止法違反行為による同種の多数被害を未然防止・拡大防止するため，差止請求権を適格消費者団体に帰属させることを内容とする団体訴訟制度の導入が必要である。ただし，それには克服すべき多くの課題が残されている。

最後に，本稿では，EU競争法上の損害賠償請求に関する指令案（2013年６月11日公表）をはじめとする最近のEU・ドイツ法の動向については検討することができなかった[注80]。これについては他日を期することとしたい。

【追記】　本稿脱稿後，杉浦市郎「独禁法違反に基づく損害賠償制度と集団的消費者被害救済制度」川濵昇ほか編・根岸哲先生古稀祝賀『競争法の理論と課題──独占禁止法・知的財産法の最前線』（有斐閣，2013）447頁に接した。

(注80)　Proposal for a Directive of the European Parliament and of the Council on certain rules governing actions for damages under national law for infringements of the competition law provisions of the Member States and of the European Union. COM (2013) 404, 11.6.2013. 邦文での検討として，松下満雄「競争法上の損害賠償請求に関するEU指令案について」国際商事法務41巻10号（2013）1437頁を参照。また，ドイツにおいてもGWB第８次改正が2013年に成立し，集団的消費者被害救済制度として消費者団体に差止請求権および利益剥奪請求権が導入されたことが注目される（BGBl. 2013 I S. 1738.）。

7 表示規制における保護法益と民事救済措置*

名古屋大学教授　鈴木將文

　本稿は，競争法および知的財産法[注1]の観点から，表示規制の保護法益と同規制に関係する民事救済措置について検討する。そして，本書の主題である集団的消費者利益の救済に関する示唆を得ることを目指す。

　ここで，表示規制とは，事業者が，提供する商品または役務の質や取引条件等に関する情報を伝達する手段（すなわち表示）についての法的規範を広く指すものとする[注2]。景品表示法に基づく，消費者を誤認させる不当表示の規制がその典型例であるが，消費者に直接的に関係しない表示の規制も視野に入れる。

　検討の順番としては，まず現行法における表示規制を概観する。ただし，関連制度は極めて広範に及ぶところ，本稿では，競争法・知的財産法の観点から，一般的な表示規制を定めている制度に焦点を当てることとする（特定

---

* 本稿は，鈴木將文「表示規制分野における私的利益の保護と公的規制」現代消費者法12号（2011）57頁に加筆・修正をしたものである。
(注1)　本稿では，「競争法」を広い意味で用いる。具体的には，検討対象となる法制度のうち，景品表示法と独占禁止法は競争法に，不正競争防止法と商標法は知的財産法と競争法の両方に属すると捉えている。競争法と知的財産法の関係は，それ自体議論の必要がある問題であるが，ここでは深入りしない。なお，景品表示法は，後述のように，平成21年法改正により，条文上，独占禁止法の特例としての位置付けを失い，公正取引委員会から消費者庁に所管が移されているが，実質的な内容は不変であり，また公正取引委員会に一部の権限が委任されていることにも表れているように，（消費者法としての性格とともに）競争法としての性格を持つことには異論がないと思われる。
(注2)　実定法上の「表示」の定義として，景品表示法2条4項参照（この定義では，同法の目的との関係で，「顧客を誘引するための手段」という要件が置かれている）。なお，本稿では，本文に述べたように「表示規制」の語を広く捉え，表示の使用の制限を直接目的とする制度はもとより，商標法のように，表示に係る私権の設定と保護を主眼としつつ，副次的に表示の使用を規律する制度も含む概念として用いる。

分野に関する事業法等は対象としない)。第2に,それらの制度の目的と保護法益を確認する。この点を踏まえて,第3に,民事救済措置のあり方につき,主に消費者の利益保護の観点から,検討を行う。

I 現行表示規制の概観

1 総論

表示規制に関連する法としては,【表】に挙げたもののほか,特定の取引や業種等に関する法(特定商取引法,農林物資の規格化及び品質表示の適正化に関する法律,食品衛生法,健康増進法,家庭用品品質表示法,薬事法,宅地建物取引業法等),刑法(詐欺罪),軽犯罪法(虚偽広告の罪)などがある[注3]。本稿では,表示一般に関する主要な法として,【表】に掲げたものを主に取り上げる。ここでは,各法の詳細を説明することは不可能であるから,各法の位置付けについて簡単に確認しておく。

2 各論

(1) 景品表示法

本法は,元来,独占禁止法における不公正な取引方法のうちのいわゆる不当顧客誘引(独禁2条9項6号ハ,一般指定8項および9項参照)に係る規制の特例として,昭和37年に制定された。しかし,消費者庁の設置に伴い,平成21年の改正により,独占禁止法との直接的な関連付けが法文上なくなり,所管が公正取引委員会から消費者庁に移された。ただし,規制の範囲は実質上変更がない。本法は,大きく分けて表示規制と景品規制とを対象とし,前者については,一般消費者に対する,不当に顧客を誘引し,一般消費者による自主的かつ合理的な選択を阻害するおそれがある表示(優良誤認表示,有利誤

(注3) 表示規制に係る法制度を広く概観する文献として,伊従寛=矢部丈太郎編『広告表示規制法』(青林書院,2009)参照。なお,「不当(な)表示」は,狭義では景品表示法が規制する表示を指すが,本稿では広く表示規制の対象となる表示の意味で用いる。

【表】　表示規制に関係する法制度

法	対象	民事的措置	行政措置	刑事措置
景品表示法	一般消費者を誤認させる表示（4条1項1-3号）	①適格消費者団体による差止め（10条） ②損害賠償（民709条等） ③協定・規約の締結（11条）	措置命令（6条） 知事の指示等（7条・8条） 報告徴収，立入検査等（9条） 協定・規約の認定（11条）	措置命令違反等（15条以下）
独占禁止法	ぎまん的顧客誘引（2条9項6号ハ，一般指定8項・19条）	①差止め（24条） ②無過失損害賠償（25条） ③損害賠償（民709条）	排除措置命令（20条）	排除措置命令違反等（90条等）
不正競争防止法	(a)品質等誤認惹起（2条1項13号） (b)周知表示混同惹起（2条1項1号） (c)著名表示冒用（2条1項2号）	①差止め（3条） ②損害賠償（4条） ③信用回復措置（14条） ＊営業上の利益の侵害（のおそれ）が要件。	—	不正の目的による (a)(b)（21条2項1号） 品質等虚偽表示（21条2項5号） 図利加害目的による (c)（21条2項2号）
商標法	商標（商品・役務に使用する標章）	①差止め（36条） ②損害賠償（民709条） ③信用回復措置（39条，特許106条）	行政処分による商標権付与	商標権侵害罪等（78条以下）

認表示その他の不当表示）を禁止し，関連する措置について定めている[注4]。本稿のテーマとの関係では，特に，平成21年法改正により，不特定かつ多数の一般消費者に対する優良誤認表示および有利誤認表示について，適格消費者団体による差止請求制度が導入された（景表10条）点が重要である[注5]。

また，同改正により，独占禁止法25条の無過失損害賠償制度の対象から景品表示法違反が外されている。ただし，改正の前後を通じて，消費者による損害賠償請求は，景品表示法または独占禁止法を「説明道具」[注6]として民法709条等の一般民事法に基づき行うことは可能である。

―――――――――――――――――――――――――――――

（注4）　景品表示法については，片桐一幸編著『景品表示法〔第3版〕』（商事法務，2014），伊従＝矢部編・前掲（注3），白石忠志『独占禁止法〔第2版〕』（有斐閣，2009）215頁以下等参照。また☞*第3部* ❸ 。

(2) 独占禁止法

本法は，(かつては明示的に，また現在も実質的に) 特別法である景品表示法に対する一般法として位置付けられる。すなわち，不公正な取引方法 (具体的には，一般指定8項のぎまん的顧客誘引) の規制が表示規制をカバーしており，かつ，その対象は，景品表示法のように一般消費者に示される表示に限定されない[注7]。

独占禁止法24条に基づき，個別消費者が，不当表示の行為を独占禁止法の一般指定8項に該当する行為と捉えて差止請求をすることが，理論上は可能である[注8]。ただし，不当表示に係る商品・役務の消費者が差止請求をする場合には，不当表示であることを認識している以上，侵害・損害 (のおそれ)

(注5) これまでのところ，適格消費者団体が差止請求に関し一定の行為をした例はあるが，差止請求訴訟の提起に至った例はないようである。鈴木敦士「消費者契約法の運用及び今後の消費者被害救済制度について」公取725号 (2011) 32頁。また，行政措置の動向も含めた法の運用状況につき，片桐一幸「最近の景品表示法の運用状況及び消費者取引の適正化への取組」公取725号 (2011) 15頁参照。なお，景品表示法4条1項3号 (指定告示に基づく不当表示。例えば原産地を偽装した表示が該当する) は，適格消費者団体の差止めの対象とならない。その理由に関し，同号については「一般消費者に誤認されるおそれがある表示」(傍点筆者) と規定され，また同号に抵触する表示は同項1号または2号にも抵触する場合が多いことから，差止措置の対象とする必要は低いとの説明があるが (加納克利ほか「消費者契約法等の一部を改正する法律について」NBL 884号〔2008〕33頁，加納克利ほか「消費者契約法等の一部を改正する法律」ジュリ1364号〔2008〕84頁)，説得的な理由となっていないと思われる。「内閣総理大臣指定の有無により適格消費者団体が裁判上請求できる範囲が異なることは法制上の問題がある」とされたためとの説明もあるが (伊従＝矢部編・前掲 (注3) 126頁〔横田直和〕，向田直範「消費者利益の確保と競争政策」公取717号〔2010〕42頁)，どのような意味で「法制上の問題」になるのかが不明である。立法論として，同号を差止めの対象から外す合理的理由はないと思われる。

(注6) 白石・前掲 (注4) 239頁・648頁。

(注7) 景品表示法と独占禁止法の規制の相違点および関係について，伊従＝矢部編・前掲 (注3) 134頁〔横田〕は，前者が一般消費者に誤認される表示に対象を限定しているのに対し，後者の規制では事業者に対する不当表示を広く規制できる点のほか，後者は表示以外のすべてのぎまん的誘引行為を規制できること，後者は事業者団体の行為も規制対象とできること，前者の法執行については都道府県知事に権限の一部が委任されていること，差止請求は前者では適格消費者団体のみが可能であるのに対し，後者では私人一般が可能であること，無過失損害賠償が後者のみで認められることを挙げている。鈴木恭蔵「景品表示法と不正競争防止法との交錯について」小野昌延先生古稀記念論文集刊行事務局編・小野昌延先生古稀記念論文集『知的財産法の系譜』(青林書院，2002) 785頁，川濵昇「不当な顧客誘引と景表法」公取685号 (2007) 2頁も参照。

が認められにくいこと^(注9)，さらに同条に基づく差止請求は，違反行為による原告の利益の侵害および「著しい損害」またはそれらのおそれが要件とされること等から，不当表示について個別消費者が差止請求をする可能性は低いと思われる^(注10)。

(3) 不正競争防止法

不正競争防止法は，同法に列挙された不正競争行為類型について，差止め等の民事救済措置を認めるとともに，一部行為類型に罰則を定めている。表示に関する不正競争行為としては，商品の原産地，品質もしくは内容等または役務の質，内容等について誤認させるような表示に係る行為（同法2条1項13号。以下，「誤認惹起行為」という）のほか，他人の周知の商品等表示により商品または役務の出所につき混同を惹起する行為（同項1号。以下，「混同惹起行為」という），および他人の著名な商品等表示を冒用する行為（同項2号。以下，「著名表示冒用行為」という）がある。民事救済措置は，「営業上の利益」の侵害（のおそれ）が要件^(注11)とされているため，請求できるのは事業者に限られる。実際上，混同惹起行為と著名表示冒用行為に関する民事訴訟（原告は，周知または著名商品等表示の主体）は多数提起されているのに対し，誤認惹起行為に関する民事訴訟（原告は，被告の競業者）は少ない。最近の食品偽装表示等については，誤認惹起行為に対する刑事罰が活用されている^(注12)。

(4) 商標法

本法は，商標の登録に関連する規律を定めており，登録の有無を問わず商品等表示に関する規律を定める不正競争防止法と並んで，商品・役務に係る表示（出所を表示する標識）の使用に関する法秩序の形成に大きな役割を果た

(注8) 白石・前掲（注4）240頁・655頁参照。
(注9) この点については議論の余地がある。後述する。
(注10) 公正取引委員会・団体訴訟制度に関する研究会「独占禁止法・景品表示法における団体訴訟制度の在り方について」(2007) 8頁，渋谷達紀『知的財産法講義Ⅲ〔第2版〕』（有斐閣，2008）272-273頁参照。
(注11) 不正競争防止法3条の差止請求権との関係で，訴訟要件とする説もあるが，請求権の実体的要件と見るのが通説である。高部眞規子「営業上の利益」牧野利秋＝飯村敏明編『新・裁判実務大系(4)知的財産関係訴訟法』（青林書院，2001）424-425頁参照。
(注12) 伊従＝矢部編・前掲（注3）361頁［山口雄］参照。

している。具体的には，第1に，特定の商標につき独占的・排他的な財産権（商標権）を認めることにより，商標に化体した事業者の信用を保護するとともに，商品・役務の需要者の誤認を防いでいる。第2に，他人の商品等との混同や商品の品質等の誤認を招くおそれがある標章等について，商標登録（すなわち商標権）を認めないことにより（商標4条1項参照），不当な表示を抑制している[注13]。

(5) 消費者契約法

表示規制を直接目指した制度ではないが，消費者契約法では，特に4条の定める不実告知（同条1項1号），断定的判断の提供（同項2号）および不利益事実の不告知（同条2項）が不当表示に関係する。同条につき，「事業者が消費者契約の締結について勧誘をするに際し」所定の行為を行う場合を対象とする規定であることを理由として，不特定多数の消費者に向けた表示行為は対象とならないとする説もある[注14]。しかし，このように限定的に解するべきではないと思われる[注15]。

II 表示規制の理論的根拠と保護法益

1 表示規制の理論的根拠

表示規制の根拠を，競争法の観点から確認しておこう。

独占禁止法において，ぎまん的顧客誘引は，不公正な取引方法のうち，競争手段の公正さを害する意味で公正競争阻害性が認められる類型（いわゆる不正手段型）として，規制される。すなわち，顧客の適正かつ自由な選択を歪め，また正しい表示を行っている競争者の顧客を奪うおそれがあるため，行

(注13) ある表示について，商標登録を認めない，すなわち商標権を与えないことは，それ自体は当該表示の使用を禁止することを意味しない。しかし，当該表示の独占的な使用を否定し，かつ，他の商標権の効力が及んだり，不正競争防止法に基づく請求の対象となったりすることにより，その使用の抑制につながる場合がある。

(注14) 消費者庁企画課編『逐条解説・消費者契約法〔第2版〕』（商事法務，2010）108頁。

為自体がいわゆる能率競争に反するとされている^(注16)。

しかし，表示規制の競争法上の意義について，競争手段としての表示行為の不当性の是正という点のみに着目するのは不十分であり，表示と市場機能との関係を踏まえつつ，同規制が競争秩序において持つ役割を理解する必要がある。

具体的には，表示規制は，生産者と需要者^(注17)の間で，提供される財に関する情報を前者のほうがより多く持つという情報の非対称性が存在する場合^(注18)に，財の質（quality）がどのように決まるかという経済学上の問題と関係する。

標準的な経済学では，情報の非対称性が存在する場合，生産者が財の質を向上させる行動を採らないというモラルハザード問題と，市場に提供される財の質は低下していくという逆選択の問題が生じ，結局，需要者が（たとえ高価格であっても）高品質の財を望んでも，市場では高品質の財が供給されな

(注15)　日本弁護士連合会消費者問題対策委員会『コンメンタール消費者契約法〔第2版〕』（商事法務，2010）66頁およびそこに引用された文献参照。特定の消費者に向けた行為か否かと，消費者がその行為によって意思形成上の影響を受けるか否かは，別問題であろう。景品表示法も，不特定多数に向けた広告等が，消費者を誤認させ，顧客を不当に誘引し，その選択に影響を与えうることを当然の前提としている。また，米国においても，不当表示に関する民事救済措置を定める連邦法であるランハム法43条(a)につき，判例上，同規定に該当するための要件として，偽装が消費者の購入判断（purchasing decision）に影響を与えるという意味で実質的（material）であることが求められており（Philip J. Crihfield & Keara M. O'Dempsey, 1-7 Business Torts §7.03〔3〕〔Matthew Bender, 2013〕），行政措置の根拠となる連邦取引委員会法5条の適用についても，消費者の行動や選択に影響を与える可能性があるという意味での誤認表示の実質性（materiality）が要件とされている（Crihfield & O'Dempsey, ibid, §7.05〔3〕〔c〕）。さらに，EUでも，不公正取引に関する指令（2005年）およびぎまん的広告・比較広告に関する指令（2006年）のぎまん的行為・広告に係る規定は，平均的な市場参加者の取引上の判断に影響を与える可能性がある行為に適用されると解されている（BERT KEIRSBILCK, THE NEW EUROPEAN LAW OF UNFAIR COMMERCIAL PRACTICES AND COMPETITIION LAW 329〔Hart Publishing, 2011〕）。

(注16)　金井貴嗣ほか編著『独占禁止法〔第4版〕』（弘文堂，2013）365頁〔金井貴嗣〕。

(注17)　ここで「需要者」とは，財の生産者（供給者）に対する概念であって，消費者と，財を購入する事業者（例えば部品を購入する加工業者）とを含む。

(注18)　現実の市場について通常当てはまる前提であり，特に消費者については，ほとんど常に，生産者ほど情報を持たないといえる。

7 表示規制における保護法益と民事救済措置

い事態に陥るとされる[注19]。この，本来であれば需要がある高品質の財が市場に提供されないという問題も，競争政策として，生産者に正確な情報を提供させるための規制を行うこと（規制により市場に介入すること）を正当化する根拠というべきである。

2 表示規制による保護法益

次に，競争法の観点から，表示規制によって保護されるのは，どのような利益かを考えてみたい。競争法（特に独占禁止法）の目的については種々の議論が見られるが，本稿の問題関心からは，最近の有力説に従って，公正かつ自由な競争の維持とそれを通じた一般消費者の利益の実現と捉えれば十分であろう[注20]。このような公正かつ自由な競争という状態（競争秩序）と一般消費者のマスとしての利益が，競争法，ひいては表示規制の保護すべき公益ということができる。では，表示規制によって保護される私的利益は何か[注21]。以下，消費者と事業者に分けて検討する。

（注19） 逆選択（adverse selection）の問題とは，需要者が財の品質について正確な情報を持ちえない場合，市場における平均的な財の品質を元に購入活動をすることになるが，生産者は高品質の財を提供しても高価格で購入してもらえないため，低品質の財を提供するほかなくなり，それがまた市場の財の平均的な品質を下げるという問題である。逆選択の問題につき，中古車市場（品質の悪い中古車を「レモン」と呼ぶことから，逆選択の問題は「レモン問題」とも呼ばれる）を例に最初に論じたAkerlofは，「不誠実（dishonesty）のコストは，購入者がだまされることによるものだけでなく，公正な事業者が市場から追い出されることによる損失も含む」と述べている。George A. Akerlof, The Market for "Lemons": Quality Uncertainty and the Market Mechanism, 84 THE QUARTERLY J. OF ECONOMICS, 488, 495 (1970). なお，情報の非対称性に基づく問題については，厳密には，財の性格や，需要者の購入が一回的か反復的か等に応じた分析がされる。需要者が反復的・継続的に購入する場合には，生産者の評判（reputation）が財の品質の維持・向上に役立つ可能性がある（「評判のメカニズム」）。また，保証（warranty），高価格（または低価格），広告などが，財の品質のシグナルとして機能する可能性もある。さらに，第三者的機関に財の品質の評価および公表をしてもらうことで，問題を軽減することもできる。詳しくはJEAN TIROLE, THE THEORY OF INDUSTRIAL ORGANIZATION, 96-115 (1988), 簡略には長岡貞男＝平尾由紀子『産業組織の経済学〔第2版〕』（日本評論社，2013）147頁以下，堀江明子「景品・広告による不当な顧客誘引」後藤晃＝鈴村興太郎編『日本の競争政策』（東京大学出版会，1999）184-187頁。
（注20） 金井ほか編著・前掲（注16）5頁以下［泉水文雄］参照。

第1部　集団的利益の類型論からみた救済制度の展開

(1) **消費者の利益**

まず消費者の利益は，景品表示法と独占禁止法による保護の対象であるところ，不当な表示によって侵害される危険の具体性に応じて，大別して3種類の利益を想定できると思われる。

第1に，最も具体性の高いものとして，適正な表示によって，特定の商品または役務を，その品質に見合う（と消費者が判断する）取引条件により購入することについての利益である。

第2に，適正な表示により，商品・役務の選択について自主的かつ合理的な判断をすることについての利益である。平成21年改正後の景品表示法では，この利益が保護法益として明記されている（同法1条・4条1項各号参照）[注22]。

第3に，市場全体において，適正な表示が確保されることにより，希望する品質の商品・役務が市場に提供されることについての利益である。これは，上述の，情報の非対称性に起因する，高品質の財が供給されなくなるという問題が，表示規制により解決されるということに対応する利益である。

(注21)　ここで論じる私的利益は，表示規制の関係法に直接根拠を持つ救済措置（消費者について景品表示法10条，事業者について不正競争防止法の3条および4条等，さらに消費者と事業者の双方について独占禁止法24条および25条）の保護法益である（ただし，実際のそれらの措置の対象となりうるかは，具体的事案によることはいうまでもない）。他方，例えば，民法709条に基づく救済対象となるかには，必ずしも直結しない。同様の視点で独占禁止法25条の保護法益について検討した川濵昇「独占禁止法は誰の利益を保護するのか？」川濵昇ほか編・森本滋先生還暦記念『企業法の課題と展望』（商事法務，2009）552頁以下の議論を参照。なお，公益と私益の相互関係については，以下の指摘を参照。「独禁法においても不競法においても，私益の保護を通じて公益の保護をも実現し，公益の保護を通じて私益の保護をも実現しているのであり，公益と私益とは密接な関連性，連続性を有しているものと捉えることができる。」（根岸哲「独占禁止法と不正競争防止法」金子晃ほか監修『企業とフェアネス：公正と競争の原理』〔信山社，2000〕100頁）。

(注22)　景品表示法が「一般消費者による自主的かつ合理的な選択」を保護法益とすることは，平成21年法改正前も同様であったとされている（白石・前掲（注4）217頁，泉水文雄「消費者と競争政策」公取725号〔2011〕6頁等。片桐・前掲（注4）27-28頁は，上記法益の保護と公正な競争の確保は，政策目的として「表裏一体の関係」とする）。なお，独占禁止法と消費者保護の関係については，川濵昇「競争秩序と消費者」ジュリ1139号〔1998〕22頁および泉水・前掲6頁以下参照。

第1の利益と第2の利益は，不当表示によって当該消費者が誤認を引き起こされた場合に侵害される可能性があり，このうち第1の利益は，その誤認に影響された判断に基づき，当該消費者が商品・役務を現に購入した場合に侵害されるのに対し，第2の利益は，誤認を引き起こされた場合であれば，実際に購入したか否かを問わず，侵害される。また，第3の利益は，当該消費者が誤認したか否かを問わず，不当表示に係る商品・役務の消費者の多くが誤認している場合に，侵害される。

　なお，第3の利益は，個々の消費者との結びつきが弱いため，むしろ競争秩序に係る公益として（のみ）把握したほうが自然と思われるかもしれない。しかし，個別の消費者（例えば，価格は高くても高品質の商品を希望する者）が第3の利益を現実に侵害される可能性がある以上，これを私的利益としても位置付ける理由があり，かつ，そのように解することには消費者の救済可能性を広げる実益もあろう(注23)。

(2) 事業者の利益

　事業者の利益についても簡単に触れておく。表示規制で保護される事業者としては，大きく分けて2種類がある(注24)。第1に，不当な表示を行う者と，市場で競争関係にある事業者である（以下，「競業者型」という）。第2に，不当な表示が付された商品・役務の需要者である事業者である（以下，「需要者型」という）。

(注23)　川濱・前掲（注22）24-25頁も，第3の利益に言及しつつ，これを私的利益としても捉えているように思われる。なお，消費者の救済可能性を広げる実益とは，例えば，後述の差止利益欠如のドグマを否定する根拠の1つとなる点である（川濱・前掲（注22）25頁参照）。また，集団的消費者被害回復に係る訴訟制度を不当表示分野で活用していくうえで，（損害の把握や賠償額の認定など詰めるべき問題は多いものの）対象消費者を広く捉えること等にもつながるかもしれない。

(注24)　厳密には，本文に挙げた2つの類型のほか，第3の類型として，商品Aを製造販売する甲が，事実に反して，乙の製造販売する商品Bを原料料として使用している旨の表示を商品Aに付している場合において，甲と乙が競争関係にないときの，乙のような事業者がある（原材料供給者型）。このタイプの事業者については，主に知的財産法の問題として論じられており（例えば，加藤ちあき「商標の使用と適用除外(3)——内容表示・原材料表示と商標の使用又は商標的使用」パテント62巻別冊1号〔2009〕130頁），本稿の本題との関連が薄いので，詳細は触れないこととする。

需要者型の事業者については、不当な表示に関する問題状況は消費者と同様であり、上記の消費者について述べたところが当てはまる。

　また、競業者型の事業者は、不当な表示によって顧客を奪われる可能性を持つ事業者である。競業者型の事業者について表示規制で保護される利益とは、いわゆる能率競争の実現、すなわち、商品・役務の品質および取引条件を巡って自由に顧客の獲得を競い合うこと(注25)についての利益である。「公正な条件の下で営業活動を行う利益」と表現されることもある(注26)。

　ところで、知的財産法の観点も踏まえると、競業者型はさらに2種類に分かれる。すなわち、事業者の利益が不当な表示で侵害される場合を想定すると、表示が特定事業者の知的財産(注27)を冒用するものである場合における当該事業者（以下、「知財保有者」という）と、その他の単に競業関係に立つ事業者（以下、「単純競業者」という）である。例えば、甲、乙、丙および丁の4事業者が同一商品市場で競争している場合において、甲と乙はこの商品の名産地Aの事業者であり、産地Aの名称を取り込んだ地域団体商標（商標7条の2）の使用権者であるときに、丙が産地Aで生産していないにもかかわらず商品にAを原産地とする旨の表示をして、消費者を誤認させ、売上げを伸ばしているとする。この場合、甲と乙は知財保有者であり、（産地Aと無関係の）丁は単純競業者である。知財保有者については、上記に述べた能率競争の実現に係る利益のほか、知的財産を無断で利用されないことについての利益が認められる（通常、むしろ後者の利益が重視されているといえる）。

　上記の知財保有者と単純競業者の区別に関連して、2点コメントする。

　まず、差止請求権の競合に関する問題である。不正競争防止法に消費者（またはその団体）の差止請求権を導入する可能性を論じる文脈で、知財冒用型については、知財保有者にライセンスによる対価の還流を可能とするた

(注25)　金井ほか編著・前掲（注16）264頁［川濱昇］。
(注26)　大阪地判平成8・9・26知的裁集28巻3号429頁、髙部・前掲（注11）424頁参照。
(注27)　排他的独占権のほか、法により特別の保護を受ける成果をいう。具体的には、商標権や不正競争防止法2条1項1号および2号の保護対象である周知・著名商品等表示が主に問題となる。国際的には、EU等で法的に保護される地理的表示も該当する。

め，差止請求権者の限定が必要であり，消費者（団体）への差止請求権の付与は適切でないとの指摘がある。すなわち，知財保有者以外に差止請求権を認めると，知財保有者が第三者に当該表示を使用させるか否かを排他的に決める（許諾をする）ことができなくなるという趣旨である[注28]。この議論を敷衍すれば，景品表示法10条や独占禁止法24条に基づき，適格消費者団体または消費者が不当表示行為について差止めを求める場合[注29]についても，当該表示との関係で知財保有者が存在するときは，当該者のみに差止請求権を認めるべきであって，適格消費者団体等による差止請求は否定すべきではないかという疑問が生じうる。

例えば，登録商標Aにつき事業者甲が商標権を有している場合において，事業者乙が，甲に無断でAと類似する商標を商品（Aに係る指定商品と類似する商品）に使用することによって，当該商品の品質が実際よりも著しく優良であると不特定かつ多数の一般消費者に誤認させている事案を想定すると，乙の当該行為は甲の商標権の侵害に当たり，甲がその差止めを請求できる以上（商標36条・37条1号），適格消費者団体は差止請求（景表10条1号）をなしえないと解するべきでないかという問題である。この点については，原則として，適格消費者団体による差止請求を否定する必要はないと考える。乙の行為を差し止めることは，原則として甲の利益に合致するし，仮に甲が差止めを求めない場合に，消費者の利益が害されることを放置するのは不当と思われるからである[注30]。

第2に，損害賠償の特則との関係である。周知のように，多くの知的財産法では，侵害者の侵害行為による利益の額を権利者の損害額と推定する旨の規定が置かれており，不正競争防止法においても5条2項がその旨を定めて

(注28)　鎌田薫ほか「競争秩序の維持と『私訴』を考える（上）」NBL 680号（2000）14-15頁〔田村善之発言〕。田村善之『不正競争法概説〔第2版〕』（有斐閣，2003）195頁も参照。
(注29)　本文で挙げた原産地表示に係る不当表示の例は，現行景品表示法10条の適用対象ではないが（そのこと自体の不当性については（注5）を参照），不正競争防止法上の混同惹起行為もしくは著名表示冒用行為，または商標権侵害行為が，景品表示法上の優良誤認表示や独占禁止法上のぎまん的顧客誘引行為に該当する可能性はあると思われる。

いる。ところで，誤認惹起行為（不正競争2条1項13号）については，知財保有者のみならず単純競業者が差止請求や損害賠償請求をすることもある（同法における請求人の範囲については，後に再度触れる）。そこで，同法5条2項を知財保有者について適用することは，他の知的財産法における同趣旨の規定の扱いと同様であるが，同項を単純競業者についてまで適用することは，他の知的財産法では見られない扱いということになる。現に，「不正競争防止法2条1項13号所定の不正競争行為は，権利者に帰属する商品等表示や営業秘密等を冒用して侵害者が利得を得るものではないから，そもそも同号所定の不正競争行為を理由とする損害賠償においては同法5条1項〔筆者注・現2項〕の推定規定を適用する前提が一般的に存在しているとはいい難い」とわざわざ述べる裁判例(注31)もある。しかし，最近，複数の判決が，誤認惹起行為を理由とする単純競業者からの損害賠償請求について，同法5条2項の適用を認めていることが注目に値する(注32)。適用が認められた事例では，いずれも市場が寡占状態で，被告の行為によって原告の販売が直接影響を受けたことを認定しやすい事情があったといえる。しかしながら，原告が，市場

(注30)　「原則として」としたのは，甲が乙とのライセンス（専用使用権の設定または通常使用権の許諾）を望む場合には，甲の利益と一般消費者の利益が相反することがありうるためである。商標権者のライセンスをなす権利を尊重する立場からは，1つの考え方として，乙の商標の使用が甲のライセンスに基づく場合については，景品表示法10条に基づく差止請求を否定するという案がありえよう。しかし，個別の誤認行為を規制することはライセンスを付与する権利自体を否定するものではないし，ライセンスに基づく行為であっても誤認混同を避けるべきであるから（商標53条参照），景品表示法10条に基づく差止請求を認めてよいとする考え方も十分ありうる。筆者としては，後者の立場に傾いているが，現時点では結論を留保したい。なお，ドイツでは，不正競争防止法5条（誤認惹起取引行為の禁止）の解釈上，商標権のライセンスに基づく行為については，同規定の要件を満たす場合であっても，商標権者以外の者による差止請求を認めないとするのが通説のようである。Joachim Bornkamm, *Die Schnittstellen zwischen gewerblichem Rechtsschutz und UWG – Grenzen des lauterkeitsrechtlichen Verwechslungsschutzes*, GRUR 2011, 4（商標権者にライセンスを付与する権利が実定法上認められている以上，その権利に起因する行為については不競法による誤認防止規制は及ばないとする）；通説に疑問を呈するものとして，Michael Schmidt, *Verschiebung markenrechtlicher Grenzen lauterkeitsrechtlicher Ansprüche nach Umsetzung der UGP-Richtlinie*, GRUR-Prax 2011, 159参照。
(注31)　東京地判平成15・2・20平成13年(ワ)2721号。

で優位性を持つことを法的に認められる基盤となる知的財産を有しない者であることには変わりない。単純競業者に同法5条2項の推定が認められていることは、知的財産的性格を持たない競争法的規定において、違法行為者の利益を損害額と推定することが認められていることを意味する。かかる動向は、今後、同様の推定規定を知的財産法以外に広げていくこと、さらには利益の吐き出し的な救済規定を設けることを検討する際に、一定の示唆を与えるものと思われる。

III 規制手段

1 差止請求権

これまでの検討を踏まえ、主に消費者の利益保護の観点から、規制手段の趣旨・あり方について検討する。まず差止請求権については、平成21年の景品表示法改正により、適格消費者団体の差止請求制度が導入された。同制度に関する一般論は本書の他論文（特に*第1部* ❽ ⓭ ⓮ ・*第2部*の各論稿）に譲り、ここでは不当表示規制の観点からこの制度の趣旨を検討する。

不当な表示による消費者の利益の侵害は、一般に、「不当」であることを知らない消費者について大きく、「不当」であることを知った消費者については相対的に小さい[注33]。したがって、個別消費者に不当表示の差止めを求めることを期待するのは、現実的には困難である。他方、不当な表示は、社会に

（注32） 不正競争防止法5条2項の適用を認めた事例として、東京地判平成16・9・15平成14年(ワ)15939号（自動車用コーティング材に係る「5年間完全ノーワックス」等の表示。原告は同商品市場シェア25パーセント。ただし控訴審は、誤認惹起行為該当性を否定し、請求棄却。知財高判平成17・8・10平成17年(ネ)10029号、平成17年(ネ)10034号）、名古屋高金沢支判平成19・10・24判時1992号117頁（氷見市で製造されていないうどんに係る「氷見うどん」の表示。原告は氷見うどんの市場シェア72パーセント。原審, 控訴審ともに不正競争防止法5条2項の適用を肯定）、東京地判平成20・11・28平成18年(ワ)23402号, 平成19年(ワ)24141号（コーティング加工塗料に係る「XYLAN 1052」等の表示。実質上、原告と被告のみが競業。ただし、控訴審は誤認惹起行為該当性を否定。知財高判平成22・3・29判タ1335号255頁）、那覇地判平成23・3・30平成18年(ワ)1165号（「ミンサー織」の表示。原告の市場シェア50パーセント）がある。

とって益をもたらす面はなく、市場参加者の利益および競争秩序を害するものであるから、これを排除することにためらう必要はない。そこで、適格消費者団体に、消費者（問題となる不当表示に係る商品・役務の需要者となる可能性を持つ消費者）全体の集団的利益を保護するために、法が実体的請求権として認めたのが、上記制度であると解される。

2　損害賠償その他の金銭的措置

すでに指摘されているように、不当表示による消費者の利益の侵害は、理論上肯定できるにしても、現行の民事実務の下で、その侵害を損害と構成し、金銭評価をすることは難しい[注34]。2013年11月30日に成立した消費者裁判手続特例法により導入される訴訟制度は、実体法上消費者が有する請求権を束ねて行使するための、手続法上の特例的な制度として構想されており[注35]、この制度単独では不当表示規制との関係で活用の可能性は大きくないように思われる。

不当表示に関し個別の消費者に金銭的な請求権をどの程度認めるべきかについては、不当表示の内容、商品・役務の性格等の具体的事情によって大きく異なる[注36]。したがって、不当表示に関する損害賠償について一律に特則的な立法を行うことは困難と思われる[注37]。

他方、不当表示行為は商品・役務の需要を喚起する効果を持ち、悪性の高い行為者ほど、大きな利益を得る可能性がある。実際上、事業者による差止

(注33)　表示の不当性に気付き、商品・役務について正確な情報を知った消費者は、もはや差止請求権による保護の必要性を認めがたいとの議論がある（差止利益欠如のドグマ。例えば、前掲（注12）に挙げた文献参照）。必ずしもそう言い切れないことについては、本文Ⅱ2(1)で述べた。根岸哲「独禁法と差止請求制度」民商124巻4＝5号（2001）64頁、田村・前掲（注28）436-437頁、白石・前掲（注4）659頁も、それぞれの観点から上記の見解に疑問を呈する。理論上、保護法益・要保護性を欠くか否かという問題と、実際上、差止請求訴訟の提起を期待できるかという問題は、区別すべきである。
(注34)　消費者庁企画課「集団的消費者被害救済制度研究会報告書」（2010）44-45頁。
(注35)　消費者委員会集団的消費者被害救済制度専門調査会「集団的消費者被害救済制度専門調査会報告書」（2011）8頁。
(注36)　例えば、粗悪品を高品質と偽装して高価で少数販売する場合と、安価で大量に販売する場合を対比せよ。

めや損害賠償請求は市場が寡占的である場合に限られ，また行政措置および刑事措置にも，執行機関の体制上の制約等があることも勘案すれば，この分野こそ，課徴金制度の導入や利益の剥奪制度を検討すべきと思われる[注38]。

3　不正競争防止法の活用可能性

最後に，かねてから多くの論者が主張している，不正競争防止法を消費者保護に活用する案[注39]について，触れておきたい。

不正競争防止法は，消費者保護の観点からも必要な行為規範の一部を持つとともに，差止請求権，罰則等の規定を備えていることから，消費者法としての活用可能性を持つ「『夢のような』包括的法律」[注40]と評されたこともある。しかし，今日に至るまで，消費者とは直接関係しない法制度のままである。

不正競争防止法に消費者法としての性格を付与するための立法論を議論する前に，まず解釈論として，競争法としての性格をより徹底した解釈をすべ

（注37）　不当表示に対する消費者の損害賠償に係る特則については，米国が，州法としての消費者保護法（Consumer Protection Acts; CPAs. "little-FTC Acts"とも呼ばれる）によって多様な制度を講じており，米国特有の法制度という面が強いものの，一定の参考にはなろう（なお，前掲（注15）で触れたランハム法43条(a)は，事業者のみに適用され，消費者には適用されないと解されている）。具体的には，法定賠償（多くの州は100ドルから500ドル程度であるが，1000ドルや5000ドルと定める州もあるという），懲罰賠償，2倍・3倍賠償等である。現状を批判的に分析するものとして，Henry N. Butler & Jason S. Johnston, *Reforming State Consumer Protection Liability: An Economic Approach*, 2010 COLUM. BUS. L. REV. 1 (2010); Henry N. Butler & Joshua D. Wright, *Are State Consumer Acts Really Little-FTC Acts?*, 63 FLA. L. REV. 163 (2011)参照。
（注38）　景品表示法については，平成20年に国会に提出された改正法案において課徴金の導入が盛り込まれていたが，同法案は廃案となった。消費者庁に設置された消費者の財産被害に係る行政手法研究会は，平成25年6月にとりまとめた報告書「行政による経済的不利益賦課制度及び財産の隠匿・散逸防止策について」において，景品表示法に賦課金制度を導入することを提言している（同報告書6頁以下参照）。
（注39）　不正競争防止法上の請求人適格を消費者または消費者団体にも広げるべき旨を述べた文献は非常に多いが，古くは満田重昭『不正業法の研究』（発明協会，1985〔初出・1980〕）21頁，最近のものとしては宗田貴行「不正競争防止法への団体訴訟制度の導入について」紋谷暢男教授古稀記念論文集刊行会編・紋谷暢男教授古稀記念『知的財産権法と競争法の現代的展開』（発明協会，2006）1097頁，野々山宏「消費者契約法に関わる訴訟および消費者団体訴訟制度の現状・問題点・展望」日本経済法学会年報29号（2008）89頁等。
（注40）　松本恒雄「不正競争防止法と消費者の権利」消費者法ニュース7号（1991）27頁。

きではないかと考える。具体的に問題になるのは,「営業上の利益」の解釈を通じた請求人適格の範囲である。従来は,不正競争防止法を基本的に競業者間の関係を規律する法と捉え,かつ,知的財産法的側面を重視する解釈が採られてきた。その結果,通説・判例上,例えば,混同惹起行為および著名表示冒用行為に対する救済措置の請求人適格は,周知・著名商品等表示の主体（上述の分類では,知財保有者たる競業者）に限定されている。また,誤認惹起行為については,競業者型事業者に限定されている。しかし,競争法として表示規制を行う観点からは,少なくとも誤認惹起行為については,需要者型事業者も請求人の範囲に含めるべきであろうし,混同惹起行為についても,単純競業者さらには需要者型事業者にまで請求人範囲を広げることは十分検討に値すると思われる[注41]。

　上記のように,解釈上,誤認惹起行為等について需要者型事業者にも請求人適格を認めると,次に,商品・役務の需要者が事業者である場合と消費者である場合とで,救済の必要性は変わらないのではないかという疑問が直ちに生じるであろう[注42]。そして,両者を区別する合理的根拠は見出しがたく,立法論として,消費者（またはその団体）を請求人の範囲に加えることにつながりやすいと思われる。

　独占禁止法や景品表示法において消費者または適格消費者団体の差止請求権が導入された今日,あえて不正競争防止法に消費者法の性格を持たせる必要性は,薄れたと言えるかもしれない。また,不正競争行為類型につき,ドイツ法等のように一般条項を設ければ,不正競争防止法独自の意義が増すであろうが,現時点で一般条項導入の機運は低い。しかし,上記のように,まず解釈論のレベルで,競争法としての機能を高める観点から不正競争防止法のあり方を見直せば,その先に,消費者の保護のための法として同法を発展させていくことは,必然的な流れというべきであろう。

(注41)　鈴木將文「不正競争防止法上の請求権者」高林龍ほか編『現代知的財産法講座Ⅰ　知的財産法の理論的探究』（日本評論社,2012）438-446頁。
(注42)　田村・前掲（注28）431-432頁注2もこの点を示唆している。

8 消費者取引における情報力の格差と法規制
——消費者法と市場秩序法の相互関係に着目して*

名古屋大学教授　千葉恵美子

I　はじめに——分析の対象とその視点

　消費者取引における契約締結過程を巡る紛争には，事業者側の表示・広告・勧誘行為によって，消費者が自己の意思形成過程において情報収集に失敗したケース，ないしは，意思決定過程において収集した情報に基づく判断を誤ったケースが多い。これらの紛争において消費者の利益をどのような法システムを通じて実現するのか。この点が本稿の目的である。

　上記のケースでも，消費者個人が経済的損失を被る個別利益侵害型のほかに，社会的損失型・拡散的利益侵害型・集合的利益侵害型の紛争がある（以下では，後者の3つの被侵害法益を「集団的利益」という）[注1]。個別利益侵害型の紛争と比較すると，集団的利益侵害型の紛争の場合には，侵害された主体が明確ではなく，主体が被った損害を捉えにくいという特色がある。しかし，これらの紛争の多くには，事業者によって消費者に「契約を締結するかどうかの判断に影響を及ぼすべき情報」が適切に提供されなかった点で共通した原因があり，事業者と消費者の間の情報量・情報分析力の格差がその背

---

* 本稿は，日本消費者法学会第4回大会資料の予稿として執筆した「消費者取引における情報力の格差と法規制——消費者法と市場秩序法の相互関係に着目して」現代消費者法12号（2011）68頁に，大幅に加筆修正を加えたものである。
（注1）　集団的消費者利益とその類型化については，☞第1部 ❶ II 2・第1部 ❹ II。

景にはある(注2)。

　従来，消費者取引における契約締結過程を巡る紛争においては，独占禁止法・不正競争防止法・景品表示法などの競争法，各種業法上の行政規制，民事実体法が，それぞれ被害の予防・抑止・救済を図るために機能してきたが(注3)，規制緩和の流れの中で，民事実体法による規律が拡張されてきたことが，最近の傾向といえる［☞第1部❶Ⅱ3］。

　このうち民事実体法規範は，民法，消費者契約法，特別法上の民事実体規定（特定商取引法・割賦販売法・貸金業法・金融商品販売法・宅建業法など）の3層構造となっている(注4)。前述したケースでは，民法95条・96条によって契約の効力を否定することが難しいことから，消費者に，消費者契約法上ないし特別法上，消費者取消権（消費契約4条，特定商取引9条の3・24条の2・40条の3・49条の2・58条の2，割賦35条の3の13～35条の3の16）が与えられており，同時に，適格消費者団体に，実体法上，差止請求権（消費契約12条，特定商取引58条の18～58条の24）が認められている。

　消費者取消権は，契約当事者である消費者自身が消費者契約の効力を失わせることができる権利であり，消費者の個人法益を実現するための手段であるのに対して，適格消費者団体の差止請求権は，適格消費者団体が取消原因になる事業者の行為の停止・予防を請求できる権利であり，「不特定かつ多数の消費者」の利益，つまり，集団的利益を実現する手段である。

　民事実体法の観点からこれらの権利を理論的に分析する際には，いずれの

(注2)　説明義務・情報提供義務が問題となった多数の裁判例があるが，これらの中には，相手方の生命・身体・財産に対する危険を防止するための情報の不提供ないし不完全な提供が問題となった判決もある（最判平成17・9・16判時1912号8頁，最判平成17・7・19民集59巻6号1783頁など）。しかし，これらの事案では，関連情報が適切に提供されれば，消費者が契約を締結しなかったというわけではない。この点で本文で述べた紛争類型との間に違いがあるものと考えられる。そこで，本稿の課題を究明するにあたっては，検討対象から上記のような紛争類型を一応除外して考察することにする。
(注3)　☞第1部❼。
(注4)　山本豊「消費者契約法制の今後」NBL 800号（2005）72頁，廣谷章雄＝山地修『現代型民事紛争に関する実証的研究――現代型契約紛争(1)消費者紛争』司法研究報告書63輯1号（2011）35頁など。

権利についても，市場への介入を正当化するだけでなく，取引の当事者である事業者・消費者間の合意ないし契約への介入を正当化する根拠を明らかにすることが必要である。さらに，集団的利益の態様に応じて「何を」「誰が」「どのように」実現するのかという視点から，消費者の集団的被害救済制度を検討する本書の目的との関係では，消費者取消権と適格消費者団体の差止請求権の2つの権利を素材として，消費者個人の法益の実現と消費者の集団的利益の実現の相互の関係を明らかにすることが必要になる。

そこで，本稿では，まずはじめに，民法の特別法として，消費者の個人法益を保護するために，消費者に消費者取消権がなぜ認められているかを検討する［→Ⅱ］。

そのうえで，適格消費者団体に差止請求権を認めるという方法によって集団的利益を実現することが，なぜ民事実体法の観点から正当化されるのかを分析する。被侵害法益に違いがあるにもからわらず，消費者取消権と適格消費者団体の差止請求権の発生要件の一部が重なっており，消費者取消権が認められるような事情がある場合に，さらに適格消費者団体に差止請求権が認められている理由について検討を加え，民事実体法における両制度の関係について考察することにする。あわせて，集団的消費者利益を実現するために，行政法・競争法の観点からの規律のほかに，民事法の観点から適格消費者団体による差止請求権が認められている意義についても考えてみることにしたい［→Ⅲ］。

以上の分析を踏まえたうえで，投資取引を素材として，契約締結過程を巡る紛争において，消費者の集団的利益を実現するために，追加すべきエンフォースメントがないのか検討する。消費者裁判手続特例法では，この法律によって権利実現が可能な請求を限定している（同法3条1項）。後述するように，有価証券報告書等の虚偽記載事案については，証券発行者と証券取得者の間に消費者契約関係が認められないとしても，不法行為に基づく損害賠償請求権が問題となる余地はある。しかし，同法は，民法の規定による損害賠償請求権に適用対象を限定しており，特別法において過失の立証責任の転換や損害額について推定規定などの特則が定められている場合であっても，

特則規定に基づく請求については，同法の適用を除外している。同法の適用対象を厳しく限定することについては種々の批判があるが，エンフォースメントの複線化が生じる可能性がある場合に，それらが相互にどのような関係にあるのかという観点から，今後の制度改革の方向性を考えてみたい［→Ⅳ］。最後に，類型化した集団的利益の態様と各種の救済手段の関係を要約し，今後の課題を示してまとめとする［→Ⅴ］。

Ⅱ　消費者の個人的法益と消費者取消権の根拠

1　消費者取消権は意思表示の瑕疵に関する制度なのか

　表意者には，意思表示にあたって自ら情報収集しなければならず，契約締結意思決定過程における情報収集の失敗のリスクは，本来，表意者自身が負担するのが，民法上の原則である。これに対して，消費者契約法は，消費者と事業者の間の情報量および情報分析力の格差および交渉力の格差があることに着目して（消費契約1条），消費者に自己責任を求めることが適切ではないとして消費者取消権を認めている。

　合理的経済人モデルを前提にすれば，消費者に市場における自由な意思に基づく選択を保障するために，情報力において優位に立つ事業者は，劣位にある消費者に対して，契約締結に影響を与える事項について必要な情報を提供することが求められていることになる。競争法の観点からは，情報の非対象性という観点から市場介入が正当化されることになるが，この点から直ちに，民事規制の手段として，消費者に消費者取消権を与えるという手段が正当化されるどうかは，必ずしも明らかではない。消費者取引権については，消費者に一方的に契約の拘束力を喪失させる権利を認める根拠が必要となる。

　この点，誤認行為類型については詐欺の特則，困惑行為類型については強迫の特則であると解されてきた[注5]。このような理解は，意思表示の瑕疵の拡張理論の具体化として立法が検討され，民法95条・96条によっては保護さ

れない表意者(注6)を消費者取消権の付与によって保護をしようとした消費者契約法の起草過程における議論から導かれている。起草過程の議論が消費者取消権の根拠を明らかにするための1つの資料となることは疑いない。

しかし，消費者契約法制定後の裁判例を含めて，消費者取消権がどのような要件の下で認められているのかを整理した最近の研究成果(注7)によると，消費者取消権を意思表示ないし合意の瑕疵理論の拡張規定と解することができないのが現状である。

理論的にも，消費者契約法4条1項および2項の誤認行為類型については，民法96条の詐欺類型が拡張され，取消権の範囲が拡大したとは必ずしもいえないことが明らかにされている(注8)。消費者契約法4条1項1号については，故意に不実告知が行われた場合には，消費者契約法が消費者の誤認の

(注5) 消費者庁企画課編『逐条解説消費者契約法〔第2版〕』（商事法務，2010）107頁・129頁以下，山本敬三「消費者契約法の意義と民法の課題」民商123巻4＝5号（2001）39頁など。

(注6) 錯誤における「要素」の要件，詐欺における「二重の故意」の要件，強迫における「違法性」の要件などについて拡張する理論が，さまざまに学説上は主張されてきたが，拡張には一定の限界があることが指摘されてきた（大村敦志『消費者法〔第4版〕』〔有斐閣，2011〕92頁以下など）。

(注7) 消費者取消権に関する議論を整理した最近の文献としては，山本敬三「消費者契約法の改正と締結過程の規制の見直し」平野仁彦ほか編『現代法の変容』（有斐閣，2011）313頁以下，宮下修一「消費者契約法4条の新たな展開(1)〜(3完)」国民生活研究50巻2号（2010）91頁，3号（2010）21頁，4号（2011）38頁。このほか，丸山絵美子「消費者取消権」法時83巻8号（2011）15頁，後藤巻則「契約締結過程の規律の進展と消費者契約法」NBL958号（2011）30頁なども参照。

(注8) ただし，断定的な判断の提供といわれる消費者契約法4条1項2号では，動機の表示がないと錯誤無効の主張ができないとする判例の立場と比較すると，契約を締結する際の動機に当たることになる「将来における不確実な事項」が，消費者取消権の要件に取り込まれており，民法95条の錯誤規定より消費者の救済範囲は広い。また，消費者が事業者の故意を証明する必要がない点で，民法96条の詐欺規定より消費者の救済範囲が広い。最判平成22・3・30判時2075号32頁は，金の商品取引委託契約において，将来における金の価格は消費者契約法4条2項本文にいう「重要事項」に当たらないと解し，同条1項2号の断定的判断の提供の場合とは異なるとしている。
　結局，消費者契約法4条4項の「重要事項」を上記判決のように限定的に解する点については問題があるとしても，条文を前提にする限り，「断定的判断の提供」が行われる場合も，不当告知・不利益事実の不告知とともに誤認行為類型の1つとし，意思表示の瑕疵・合意の瑕疵理論との関係で，同条1項・2項が，事業者の誤認惹起行為を原因として消費者に契約の取消しを認めていると説明することは困難である。

対象を重要事項に限定し，かつ重要事項かどうかの判断を当該契約を締結しようとする一般的平均的消費者に限定している点で，民法96条の適用範囲が拡張されたとはいえない。また，消費者契約法4条2項で情報の隠蔽行為とされているのは，事業者が，ある重要事項またはこれに関連する事項について消費者の利益となる旨を告げ（利益告知）かつ，当該重要事項について消費者に不利益となる事実を故意に告げなかった（不利益事実の故意による不告知）場合に限定されていることから，沈黙によっても詐欺の成立を認める民法96条の解釈論を前提とすると，消費者取消権が認められる範囲はむしろ狭いことになる。

加えて，消費者契約法4条3項の困惑行為類型と同条1項1号・2項の誤認行為類型について，なぜ消費者取消権という共通した効果が付与されているのかについても，消費者と事業者間の情報力・交渉力の格差を目的としているという点以上に，契約の介入を正当化する根拠が説明されているわけではない。不実告知と不利益事実の不告知は，消費者に事実の認識を誤らせる行為であるのに対して，断定的判断の提供は——事実に関する不適切な表示と連動して問題となることが多いとしても——消費者に事実の評価を誤らせることによって，消費者の判断を誤らせる行為であると指摘されている[注9]。その意味では，断定的判断の提供に基づく消費者取消権は，むしろ困惑行為類型との間に近似性があることになる。

民法（債権関係）の改正が検討されるにあたって，消費者契約法4条1項1号と同条2項を統合して総則に不実表示に関する規定を置くことが提案されたのに対して，断定的判断に基づく誤認行為型と困惑行為類型については，消費者契約に限定して立法提案がなされた。このことは，断定的判断に基づく誤認行為型と困惑行為類型の場合には，意思表示の瑕疵の拡張理論に基づく不実表示の制度とは異なる観点から契約に対する介入の正当化根拠が考えられていることが示す1つの証左といえるであろう[注10]。

(注9)　山本・前掲（注7）315頁・344頁。
(注10)　民法（債権法）改正検討委員会編『詳解債権法改正の基本方針Ⅰ』（商事法務，2009）151頁，山本・前掲（注7）346頁など参照。

8 消費者取引における情報力の格差と法規制

　消費者契約において，事業者によって断定的判断に基づく誤認行為および困惑行為がなされた場合には，むしろ，事業者の行為が消費者の意思決定に不当な影響を与えており，消費者と事業者の間に判断力の格差が構造的にあることから，消費者に自己責任の原則を文字通り適用すべきではないという点に，契約への介入の契機があるものと思われる。

　このような民事法学からみた問題状況に，さらに隣接科学からも，以下の問題提起がなされている。

　消費者行動の特性を分析した近年の行動経済学の成果[注11]を前提にすると，現実の消費者は，自らの利益を最大化するように行動を選択し，誘惑に負けることなく自制的に判断し，自分の利益のみを考えて振る舞うことができる利己的主体として取引の場に現れることはないといわれている。また，社会心理学の知見によれば，消費者は主観的には自由な意思決定をしているように感じているが，消費者取引では，しばしば消費者心理を利用した勧誘や説得が行われており[注12]，消費者心理・消費者の行動の特性を踏まえた事業者の行為によって，消費者の自由意思は制約されているとの指摘がなされている。むしろ，消費者に対する多量の情報提供によって合理的判断が阻害されることもある。事業者が消費者に情報を提供したからといって，適切な選択を消費者に期待できないとすれば，事業者と消費者の間に情報力の点で格差があり，事業者の情報提供義務が正当化されるべき事情があるとしても，これだけでは，効率的な選択が保障されるわけではないことになる。

　消費者が，他人から影響を受けやすく，直感的な判断に頼ることが多く，損失を嫌う性格などのために，合理的な判断ができるとは限らないとすれ

(注11)　「消費者の意思決定行動に係る経済実験の実施及び分析調査の概要」（内閣府国民生活局総務課調査室）（2008年10月15日），山本顯治「投資行動の消費者心理と勧誘行為の違法性評価」新世代法政学研究5号（2010）201頁など参照。

(注12)　ロバート・B・チャルディーニ著・社会行動研究会訳『影響力の武器——なぜ，人は動かされるのか〔第2版〕』（誠信書房, 2007），藤田政博「説得の心理学」判タ1261号（2008）112頁，村本武志「消費者取引における心理学的影響力行使の違法性——不当威圧法理，非良心性ないし状況の濫用法理の観点から」姫路ロー・ジャーナル1＝2号（2008）193頁など。

ば，消費者取消権によって契約・合意への民事的介入を正当化する根拠を消費者の意思表示の瑕疵・合意の瑕疵理論の延長線上で説明することができるのかについては，根本的な疑問が生まれることになる。そこでは，本来，事業者の行為がなければ，消費者は正しい選択ができたことが前提とされているからである。

合理的経済人モデルを前提とする民法上の規範には限界があり[注13]，消費者の意思決定過程（前提の理解→情報の検索→情報の評価→結論の導出）において，消費者が合理的でない行動をすることを織り込んだモデルを前提として[注14]，消費者取消権についても契約への介入を正当化する理論的な根拠を説明することが必要となる。

ただ，消費者は自己利益の最大化に失敗している非合理的な判断しかできない個人であり，この点から消費者の選択の自由が侵害されているとして，消費者取消権を正当化することはあまりにも短絡的である[注15]。それでは，消費者は，市場における弱者として保護の対象となることを述べたにすぎないからである。消費者の合理的な判断を阻害しているのは，事業者の行為で

(注13) 佐久間毅『民法の基礎Ⅰ総則〔第3版〕』（有斐閣，2008）204頁。
(注14) 大村・前掲（注6）78頁，村本武志「実務から見た民法改正と消費者法」現代消費者法4号（2009）38頁など。行動経済学は，消費者政策の策定にあって立法事実としてのレベルでも影響を与えている。たとえば，OECD消費者政策委員会「消費者政策の検討：詐欺に関する消費者情報キャンペーン報告書（内閣府仮訳）（2005年12月20日付）。なお，行動経済学を介入の根拠・手段とする場合の理論的問題については，川濱昇「行動経済学の規範的意義」平野仁彦ほか編・前掲（注7）405頁（特に415頁以下）参照。
(注15) 行動経済学は人間の行動が非合理的であることを実証しているが，このことから，非合理的な個人を保護する必要があるとすることは，行動経済学という衣装をまとった新しいパターナリズムの復権であるとする批判がある。この点に関連して，若松良樹「行動経済学とパターナリズム」平野ほか編・前掲（注7）445頁参照。若松教授は，パターナリズムを「個人の利益と個人の選択とが離齬した場合に，個人の利益を優先する立場」と定義したうえで（同書447頁），以下の興味深い分析を行っている。合理的経済人モデルを前提とする経済学的分析（ホモ・エコノミカス仮説）では，合理性とは自己利益の最大化であり，個人が自由に選択できるならば，自分の利益になるように行動するはずであるから，政府や他者が行為者の選択に介入することは，選択の自由に対する侵害にとどまらず，合理性に対する侵害であるとして，反パターナリズム論を展開する。これに対して，行動経済学は個人の選択が非合理的であるだけでなく操作可能であることとして，個人が自己利益の最大化に失敗していることを実証的に示している

あって，消費者の選択が事業者の行為によって操作されていることは，公正な競争市場秩序に違反した行為であるという規範的評価こそが，契約への介入を正当化しているのではなかろうか。

2 消費者取消権の意義と誤認行為類型・困惑行為類型の位置付け

現行法の条文から，消費者取消権を発生させる要件の規範構造を分析すると，消費者契約法4条は，第1に，事業者の行為と表意者である消費者の誤認・困惑によって意思表示がなされていることの間に因果関係があることを要件としているが，表意者＝消費者の意思表示のプロセスのどの部分にどのような瑕疵があったのかは，消費者取消権の発生要件とはなっていない。第2に，消費者が意思形成過程において情報収集に失敗した原因を与えた事業者の行為態様，ないし，自己の意思決定過程において収集した情報に基づく判断を誤らせた事業者の行為態様が取消権の発生要件となっている。つまり，消費者契約法は，消費者に取消権を付与しているが，消費者の意思表示の瑕疵ではなく事業者の行為態様に着目して取消権の発生要件を定めている

点に，個人の選択に介入する理由があるとし，行動経済学は，個人の選択を規範的に評価する際に，選択された選択肢の合理性に対する批判となっているとする。そのうえで，若松教授は，合理的経済人モデルを前提とする経済学的分析（ホモ・エコノミカス仮説）も行動経済学も，ある選択肢を選択することが別の選択肢を選択することよりも合理的であるか否かを問題としている点で変わらないと指摘している。以上の分析から，若松教授は，選択させた選択肢が自己利益を実現するという望ましい性質を有するのかどうか，また，その際に，個人の選択に合理性があることだけが，なぜ，選択肢を規範的に評価する際の基準になるのかと問題を提起され，選択に関する規範的な評価は多元的なものであり，選択されるプロセスや選択肢の集合の質や量に対する評価にも依存すること，また，政府は，個人に特定の選択肢を選択ないし選択させないためにではなく，個人の選択肢の集合を豊かにするために，一定の施策を採ることを正当化されるかもしれないとして，個人に一定の選択肢を選択させることではなく，完全競争市場という市場の最も魅力的な姿を求めて，市場への参入と退出に関する選択肢の集合を整備するという第3の道も可能であるとする（特に，458頁以下参照）。本稿は，消費者契約法・特定商取引法に基づく消費者取消権・適格消費者団体の差止請求権を民事法分野の市場秩序法として位置付け，両制度の被侵害法益（保護法益）と違法性の考慮要素の関係を明らかにしようとする1つの試みといえる。

点に特色があることになる。第3に，三層部分の民事実体規定として定められている誤認類型に関する消費者取消権（特定商取引9条の3，割賦35条の3の13～35条の3の16など）については，従来の取締規定に効力規定が結びついたものである[注16]。

上記のような条文の構造分析からすると，現行法は，消費者の意思表示が自己の利益の最大化という合理的な選択から乖離している点から消費者に取消権を付与しているのではなく，取引における事業者側の行為態様の違法性を原因として消費者に取消権を認めていることになる[注17]。

消費者取引における非合理性は，当該取引の「場」（状況・関係）における事業者の消費者に対する優位性から生じていることに注目すべきであり[注18]，消費者は主観的には自由な意思決定をしているように感じているが，消費者心理・消費者の行動の特性を踏まえた事業者の行為態様によって，消費者の自由意思は制約されていると解すべきである。

消費者取消権の発生要件のうち中核的要件となっている事業者側の行為態様の違法性は，独占禁止法の「不公正な取引方法の一般指定」の理論的基礎として構築された3類型のうち，「競争手段の不正型」ないし「自由競争基盤侵害型」の違反類型との間に連続性があることになる。同法は主に事業者間のルールとして機能しているが，本稿で問題となっているケースとの関係では，ぎまん的顧客誘引（独禁2条9項6号ハ，一般指定8項）ないし優越的地位の濫用（独禁2条9項5号）との関連がうかがわれる。前者の場合には，取引に関する事項について顧客に誤認させることによって顧客の主体的・合理的選択を歪める行為が，後者の場合には，取引関係における優越的地位が存

(注16) 潮見佳男「比較法の視点から見た『消費者契約法』——比較法からの『摂取』と比較法への『発信』」民商123巻4＝5号（2001）631頁，石戸谷豊「消費者取引における民事ルールと業者ルールの交錯」NBL 827号（2006）18頁など。
(注17) 千葉恵美子「金融取引における契約締結過程の適正化ルールの構造と理論的課題——消費者契約法・金融商品販売法に関する理論上の問題と立法的課題」金法1644号（2002）41頁。
(注18) 同様の問題意識によると思われるものとして，角田美穂子「消費者契約法の私法体系上の独自性——10年の経験と課題」NBL 958号（2011）21頁。

在するときに，かかる優越性がなければ課することができない不利益を取引の相手方に課する行為が，公正競争阻害性がある行為であるかどうかの判断基準になっているからである(注19)。

消費者契約法では，消費者契約における事業者の消費者に対する優越性を利用して，事業者による誤認行為・困惑行為によって契約を締結させることは，不当に需要を喚起した行為であり，事業者に取引公序に反する不当な利得（消費者に不当な不利益）をもたらしているものと解することができる(注20)。このように解すると，消費者取消権という効果をもたらす誤認行為類型と困惑行為類型における違法性を包括的に捉えることができることになり，他方で，消費者取消権における事業者の行為の違法性と独占禁止法上の公正競争阻害性との連続性が説明できることになる(注21)。

比較法的には，事業者の説明義務違反や情報提供義務違反を原因として損害賠償責任を認める国は多いが，意思表示の瑕疵の拡張理論を介して消費者契約に限定した特有の取消権を立法化した国は他にはないことが指摘されている(注22)。しかし，消費者が歪められた市場に契約主体として登場する場合に，公正競争市場での取引となるように，市場における取引の無効化を目的

(注19) 根岸哲編『注釈独占禁止法』（有斐閣，2009）412頁以下・497頁以下，**第1部 ❼** I，II。**第1部 ⓫ III**で，林教授は，消費者の置かれている一般的状況あるいは消費者の一般的属性から，独占禁止法でいう事業者の「優越的地位」を認めることには慎重であるべきであるとして，事業者間取引における事業者の「優越的地位」の捉え方では取引の「継続」を前提としており，消費者取引における事業者の「優越的地位」の捉え方については，取引の「解消」を前提とする点に違いがあるとして，同じ優越的地位の濫用規制が適用されるといっても，事業者取引と消費者取引とには，排除措置のあり方には違いがあるとしている。独占禁止法による規制と消費者法による規制が並存する理由を説明する重要な示唆といえる。

(注20) ヨーロッパ契約法原則第4・109条，共通参照枠草案第7・207条も参照。なぜ，事業者にこの利得を帰属されることが不当となるのかについての経済学的分析については，☞**第1部 ❻** II以下。

(注21) 競争法と民法の関係については，大村敦志『契約法から消費者法へ』（東京大学出版会，1999）163頁以下，山本敬三『公序良俗論の再構成』（有斐閣，2000）239頁以下，森田修「市場における公正と公序良俗」金子晃ほか監修『企業とフェアネス——公正と競争の原理』（信山社，2000）67頁，山本顕治「競争秩序と契約法——『厚生対権利』の一局面」神戸法学雑誌56巻3号（2006）272頁など。

として^(注23)，消費者には消費者取消権が付与されているとすれば，情報量の格差を原因として，事業者の説明義務ないし情報提供義務違反を原因として損害賠償責任を認め，消費者が被った被害自体のてん補を事業者に求める以外に，消費者に消費者取消権が認められている理由も説明することができる。

不当勧誘事件について消費者取消権による取消しが認められるかどうか微妙なケースについて，裁判上ではしばしば不法行為責任と公序良俗違反による無効が主張されるが，裁判実務では，民法90条の該当性（不法行為責任の場合には違法性の判断の際の侵害行為の態様として公序良俗違反行為）を，意思決定プロセスに着目した4つの考慮要素，①情報に関する事業者側の行為態様（主観面も含む），②判断に関する事業者側の行為態様（主観面も含む），③判断主体たる消費者の属性，④契約内容（具体的には，給付の不均衡，取引のリスクなど）に基づいて検討するべきであるとの主張^(注24)が展開されている。

この判断枠組みと比較すると，消費者取消権の発生要件は，①かつ③，ないし②かつ③の要件を満たせば取消権が認められることになり（③は事業者

(注22)　「『消費者契約法に関する調査作業チーム』論点整理の報告」（2013年8月，消費者委員会）12頁以下参照（http://www.cao.go.jp/consumer/iinkaikouhyou/2013/houkoku/201308_houkoku.html）
　　　上記作業チームでは，誤認行為類型について，消費者・消費者契約の概念を踏まえ，民法の特別法として，消費者契約における特有の取消権を意思表示の瑕疵の拡張理論の具体化というコンセプトで設定する意義を確認する必要があると提言されているが，その方向性については，「消費者・事業者間の構造的な情報格差を前提に意思表示の瑕疵の拡張理論を具体化する形で取消規定を手当てするという本来の立法コンセプトに合致するように取消要件を再構成すること」が提案されている（丸山絵美子報告）。比較法的視点からは，欧米法において，意思表示の瑕疵の拡張理論の具体化として消費者契約を包括する取消権が認められてこなかった理由に着目すべきであり，意思表示の瑕疵の拡張理論は，民法典に不当表示制度を導入するための議論としては有用な議論であるとしても，消費者契約法4条の改正にあたって，意思表示の瑕疵の拡張理論にこだわって要件を再構成することは，消費者取消権による契約への介入根拠との関係で，むしろ同条の適用範囲を現在以上に拡張することを阻害する要因となるのではないだろうか。
　　　また，本文で述べたように，断定的判断の提供型については，意思表示の瑕疵の拡張理論によって説明することには限界がある。
(注23)　☞第1部❷
(注24)　廣谷＝山地・前掲（注4）53-54頁。

の消費者に対する優越性を基礎付ける要件であり，消費者契約法では消費者契約の定義規定，3層部分の特別法上の消費者取消権は定義規定と適用範囲除外規定において判断される），④の点についても「過大」でなくとも「不当」な利得を事業者が得ていれば契約の効力を否定できることになる。

合理的経済人モデルを前提とする民法上の規範との関係で，消費者の意思表示の瑕疵・合意の瑕疵に基づいて詐欺・強迫による取消し，あるいは錯誤無効を主張することはもちろん可能であるが，消費者取消権は，一言でいえば，上記の公序良俗違反行為の該当性を判断する枠組みを簡素化し，契約の拘束力からの解放を認めている点に，民法の特則としての意味があるものと解される。

もっとも，公序良俗違反の効果は無効であり取消しではない。しかし，消費者の主体的・合理的選択を歪める行為を行ったのは事業者であるから，消費者にのみ契約の効力を否定する権利を認める必要がある。また，消費者が取得した物やサービスが最終消費されることが多いとしても（消費者からの第三者の取引の安全を考慮するべき場合が多くないとしても）この種の取引についても，いつまでも無効の主張を認めるべきではない。そこで，消費者だけに契約の拘束力を否定する権限，すなわち，取消権を与え，消滅時効の主張ができる制度設計を採用したものと解される。消費者取消権が民法の特則とされるもう1つの理由はこの点にある[注25]。

誤認行為類型と困惑行為類型の2つの類型は，事業者が当該取引の「場」で状況・関係をどのように利用したかによって区分されているにすぎない[注26]。すなわち，誤認行為類型のうち，不実告知と不利益事実の不告知に基づく取消権は，消費者の意思決定のための「認知過程」において，事業者

（注25）　もっとも，小粥太郎「説明義務違反による不法行為と民法理論——ワラント投資の勧誘を素材として(下)」ジュリ1088号（1996）92頁は，動機の錯誤について，整備されていない情報環境に基づいて表意者が意思決定する際に，一定の条件の下で，相手方に，その不整備状況を利用することを許さないという趣旨と理解することができると述べ，また，詐欺については，相手方が故意に情報環境の決定的に重要な部分を破壊した場合と解しており，民法上の詐欺・錯誤自体を「表意者の意思表示の瑕疵と相手方の保護」という枠組みから解放する方向性を提示している。

が誤った情報提供，情報隠匿などの情報コントロールを行ったことを原因として契約の効力を否定するための権利（情報型取消権）である[注27]。一方，困惑行為類型に基づく取消権は，「判断過程」において，事業者が消費者の思考を妨害して一定方向に誘導するために多様な心理的コントロールを行ったことを原因として，契約の効力を否定するための権利（判断型取消権）であると捉えることになる。断定的判断の提供に基づく取消権は，消費者の意思決定のための「判断過程」を誤らせたことを原因として契約の効力を否定するための権利である点では困惑行為類型に近いが，その原因の多くが事実に関する不適切な表示によるものである点では，不当表示型と共通する原因があることになる[注28]。

Ⅲ　適格消費者団体の差止請求権における保護法益とその実現主体

1　何が問題か

　消費者団体訴訟制度は，2006年の消費者契約法の改正によって導入され，2008年には，景品表示法・特定商取引法の違反行為にも適用が拡大されている（消費契約12条，景表10条，特定商取引58条の18～58条の24）[注29]。さらに，2013年6月28日公布された食品表示法においても，消費者が食品を選択するうえで重要な事項について，著しく事実に反する表示行為がある場合，およ

(注26)　廣谷＝山地・前掲（注4）36頁。大村・前掲（注6）79頁も参照。大村教授も一般理論によって無効となりうる行為について，特別な要件を定めて取消権を付与したものと解している（大村・前掲（注6）127頁）。ただし，大村教授が状況の濫用・関係の濫用を根拠として説明しているのは，困惑行為類型の取消権のみである。
(注27)　このように解すれば，断定的判断の提供型といわゆる不当表示型を統一的に誤認行為類型と解することができるのではないだろうか。
(注28)　山本・前掲（注7）315頁・344頁は，不実告知と不利益事実の不告知の場合には，消費者に事実の認識を誤らせる行為であるのに対して，断定的判断の提供は，事実に関する不適切な表示と連動して問題となることが多いとしても，消費者の事実の評価を誤らせることによって，消費者の判断を誤らせる行為であると指摘している。

び，そのおそれがある場合には，適格消費者団体が食品関連事業者に対して差止請求権を行えるように制度が整備されている（食品表示11条）[注30]。これらの制度は，適格消費者団体に差止訴訟を追行する権限だけを付与しているわけではなく，固有の差止請求権を実体法上付与した制度と解されている[注31][注32]。消費者契約法における適格消費者団体による差止請求制度においては，適格消費者団体が，消費者契約法4条違反の行為について当該行為の停止もしくは予防，またはそのために必要な措置を講じることを請求できると規定していること，差止請求権の行使を定めた同法23条で裁判外での行

(注29) 独占禁止法は，不公正な取引方法に限定して同法違反行為の差止請求権を被害者である私人にも認めている（独禁24条）。一方，一般指定8項・9項の特則である景品表示法では，同法4条1項1号から3号に該当する場合に適格消費者団体に差止請求権が認められている。この点については，☞第1部❼Ⅰ。
(注30) 食品表示法の概要については，蓮見友香「食品表示法の概要」NBL 1009号（2013）8頁参照。この他に，個人が行政機関（内閣総理大臣・農林水産大臣・財務大臣）に直接不適正な表示の実態について申出ができる制度が整備されている（食品表示12条）。食品表示法の申出制度は，JIS法の制度を販売に供されるすべての食品の表示に対象を拡大したものであり，行政の情報収集を補完する制度として設計されている。なお，食品表示法の施行期日については，公布から2年を超えない範囲内とされている（同附則1条）。宮城朗「表示に係る差止請求の現状と課題」現代消費者法21号（2013）36頁も参照。
(注31) 三木浩一「訴訟法の観点から見た消費者団体訴訟制度」ジュリ1320号（2006）62頁，上原敏夫「消費者団体訴訟制度（改正消費者契約法）の概要と論点」自由と正義57巻12号（2006）68頁，菱田雄郷「消費者団体訴訟の課題」法時79巻1号（2007）96頁，山本豊「消費者団体訴訟制度の基本的特色と解釈問題」法律のひろば60巻6号（2007）39頁など。適格消費者団体固有の差止請求権を認めていることから，民事手続法では「固有権的構成」と呼ばれている。もっとも，実体法上の権利義務を基準に団体訴訟の当事者適格を考えることは困難であるとして，当事者適格を実体法の権利義務から切り離すことを提唱する見解として，川嶋四郎『差止救済過程の近未来展望』（日本評論社，2006）132頁以下。
(注32) 消費者契約法12条の2第1項2号では，各適格消費者団体に固有の権利として帰属している差止請求権の行使が制限されており，訴訟法の観点からも多くの問題が指摘されている（三木・前掲（注31）66頁，町村泰貴「消費者団体訴訟に関する訴訟手続上の問題点」現代消費者法1号〔2008〕28頁など）。これに対して，野々山宏「消費者団体訴訟制度の創設――改正消費者契約法の論点と課題」法教312号（2006）101頁は，矛盾判決，事業者の過大な応訴の負担の回避，訴訟経済の観点から訴訟法上の権利行使の弊害を除去する目的で規定されているにすぎないと指摘し，適格消費者団体の実体法上の差止請求権が制限されているわけではないとする。実体法上は，各適格消費者団体に差止請求権が帰属することが制限されているわけではなく，差止請求権の行使が制限される場合があるということになろうか。

使を前提としている制度を置いていること（消費契約23条4項2号・9号），差止めの訴えに先立って被告となる事業者に書面で事前に差止めを要求する制度があること，以上の点から，適格消費者団体には団体固有の差止請求権が認められているものと解される（同法41条）。

　適格消費者団体には団体固有の差止請求権があり，この権利に基づいて，契約・合意に介入することになるが，その正当化根拠はいかなる点に求められるのだろうか。差止請求権と消費者取消権は権利主体は異なるが，消費者取消権と差止請求権の発生を基礎付ける要件には共通部分があり，2つの権利がどのような関係にあるかが問題となる。

　消費者取消権を消費者の意思表示の瑕疵理論の特則と解する立場からすると，取消しがない以上は，当該契約が有効であることが前提となり，差止請求の対象となっている事業者の行為の違法性をどのように基礎付けるのか。また，個別取引において個々の消費者に消費者取消権の発生を基礎付ける事情がある場合に，適格消費者団体に差止請求権の発生を連動させる消費者契約法12条の構造が問題となる。

　また，実体法上，適格消費者団体に差止請求権が帰属しているといっても，保護法益は不特定かつ多数の消費者の利益であることから，なぜ，本来，法益の帰属主体であるはずの「不特定かつ多数の消費者」ではなく，適格消費者団体に団体固有の差止請求権が認められているのだろうか。

2　適格消費者団体の差止請求権と保護法益

　適格消費者団体の差止請求権の法的性質を巡っては，比較法的観点からドイツ法について詳細な検討が紹介され分析されているところであるが[注33]，実体法の観点からは以下の点を指摘することができる。

　消費者契約法4条に該当する行為によって契約を締結してしまった消費者は自己の法益侵害を回復するために取消権を行使すればよいが，これだけで

（注33）　上原敏夫『団体訴訟・クラスアクションの研究』（商事法務研究会, 2001）34頁以下，総合研究開発機構＝高橋宏志共編『差止請求権の基本構造』（商事法務研究会, 2001）137頁以下［髙田昌宏］など。

は，当該消費者が締結した契約の効力を否定できるにすぎない。一方，契約を締結していない消費者は自らの法益が侵害ないし侵害のおそれがない以上，差止請求は簡単には認められない。つまり，取引公序に違反し不当な利益を享受している事業者の行為を市場から排除するためには，消費者個人の権利行使に頼る制度だけでは限界があることになる。

差止請求権における被侵害法益である「不特定かつ多数の消費者」の法益には，これから侵害されるおそれがある消費者の法益も含まれており，取引秩序に違反する当該取引の相手方となる全消費者の利益が対象となる。したがって，「不特定かつ多数の消費者」は，「侵害された消費者個人の法益の集合体」とは必ずしも一致しないことになる。

適格消費者団体に帰属する差止請求権は，消費者の個人的利益に還元できない集団的利益を実現するために認められた権利であり，本書が提唱する集団的利益の類型化の観点からは，消費者契約法に基づく適格消費者団体に帰属する差止請求権は，集合的利益のほかに，拡散的利益に対する侵害を除去するための権利ということなる。消費者契約法4条によって，消費者個人の消費者取消権が認められているほかに，同法12条によって適格消費者団体に差止請求権が認められている理由の1つは，消費者取消権と差止請求権の発生を基礎付ける要件のうち，保護法益が異なっているからである。

このように保護法益の違いがあるにもかかわらず，差止請求権の対象行為と取消権の対象行為が重なってくるのは，当該取引の「場」（状況・関係）における事業者の消費者に対する優位性から，消費者は主観的には自由な意思決定をしているように感じているが，消費者心理・消費者の行動の特性を踏まえた事業者の行為態様によって，消費者の自由意思は制約されており，事業者の行為の違法性を，いずれの場合にも市場秩序違反という観点からの評価が可能であるからである[注34]。もっとも，両制度の保護法益が異なることから，消費者取消権の場合には，個人的法益が事業者の取引公序違反行為によって侵害されている点からの救済制度となり，一方，適格消費者団体による差止請求制度は，集団的利益が事業者の公正競争市場違反行為によって侵害されている点からの救済制度ということになり，保護法益との関係で違法

性の判断要素が異なってくることが考えられる^(注35)。

3　適格消費者団体が差止請求権の権利主体となる理由

「権利帰属主体が権利実現主体である」という権利実現システムの基本原則は，帰属主体の自律的な意思のみによって当該利益の実現が決定されるという考え方と，最大の利害関係者である帰属主体こそがその利益を最もよく実現しうるという考え方を基盤にしている。私的自治の原則との関係では，本来，法益の帰属主体が，その法益の実現主体となることが民事実体法の原則である。しかし，差止請求権の場合に，この原則を貫けるかどうかが問題となる。

(注34)　原田昌和「攻撃的取引方法からの消費者の保護について――決定自由の重層的保護の視点から」大塚直ほか編・淡路剛久先生古稀祝賀『社会の発展と権利の創造――民法・環境法学の最前線』（有斐閣，2012）258頁は，ドイツ法を参考に（個別の当事者の個別取引においては，意思表示に瑕疵がないとして許容される取引行為であっても，事業者によって反復継続されることによって，平均消費者の取引上の意思決定に著しい影響を与え，与えるおそれがある行為については，消費者・競争事業者・競争を害しあるいは損失を与えうることから，適格消費者団体などに差止請求権や利益剥奪請求権が認められること），日本法についても，適格消費者団体に，市場秩序の監視者としての役割を積極的に担わせるために，個々の消費者に民事上の権利発生を直ちに観念できるどうかという基準を緩和ないしは撤廃して，取消権を基礎付ける諸規律とは独立して，それらよりも広く適格消費者団体に差止請求権を認めるべきであるとする。
　適格消費者団体に差止請求権を認める要件を消費者取消権の要件とは別に考えるべきであるとする点で，上記の指摘は的確である。ただ，適格消費者団体に，市場秩序の監視者としての役割を積極的に担わせることから，消費者契約法に基づく差止請求権を基礎付けると，独占禁止法・景品表示法などの競争法に基づく差止請求権との関係では，存在理由を十分に説明できないのではないだろうか。また，原田教授は，消費者取消権は，個別当事者間での契約であることを前提に，競争への悪影響を考慮にいれて制度設計がされていないとして適格消費者団体による差止請求権との違いを説明する。もっとも，本文で述べたように，消費者取消権や不法行為に基づく損害賠償請求権についても，個人的法益を保護法益とするが，法律行為の公序良俗違反の判断に競争法違反の判断を取り込むことは可能である。むしろ，保護法益との関係で違法性の判断要素（ないし過失の判断基準）が異なってくるがゆえに，取消権を基礎付ける諸規律とは独立して，それらよりも広く適格消費者団体に差止請求権を認めるべきなのではなかろうか。

(注35)　この点に関連して，集合的利益の実現を目的とする消費者裁判手続特例法における特定適格消費者団体の共通義務確認訴訟の場合と拡散的利益の実現をも目的とする消費者契約法における適格消費者団体における差止請求訴訟の場合に，保護法益との関係で，違法性ないしは過失の評価に違いがないのかどうかを分析する必要がある。

8 消費者取引における情報力の格差と法規制

　消費者契約法4条違反の行為によって契約を締結してしまった消費者は個人の法益侵害を回復するためには取消権を主張すればよいはずである。しかし，消費者個人に当該契約の取消権を認めただけでは，その消費者が締結した当該契約の効力しか否定できず，取引公序に違反し不当な利益を享受している事業者の行為を市場から排除することはできない。

　一方，契約を締結していない消費者は自らの法益が侵害ないし侵害されるおそれがなければ，差止請求はできないことから，集団的利益の侵害があった場合に，競争的事業者とは異なり，消費者個人には差止請求権が認められにくいことになる。したがって，消費者個人の差止請求権をまとめて適格消費者団体が代って行使すると解することも難しいことになる。

　集団的利益の本来の帰属主体は，「不特定かつ多数の消費者」であるから，「不特定かつ多数の消費者」集団を団体として観念して差止請求権の行使主体とすることができればよいが，「不特定かつ多数の消費者」集団には権利能力がない。「不特定かつ多数の消費者」集団に，民事訴訟法29条に基づいて当事者能力を認めることも簡単にはできない。つまり，集団的消費者利益という法益が侵害されているのに，伝統的な理論に基づけば，その法益の帰属主体に法益を実現する方法がないことになる。

　そこで，集団的利益の本来の帰属主体とこれを代表して利益を実現する主体を区別し，集団的利益を実現する主体として誰に適格性を認めるのが最も適当かという観点から，法益の実現主体を定めることが必要になる。消費者契約法12条が，実体法上，適格消費者団体に固有の権利として差止請求権の行使を認めている理由は，この点にある。

　もっとも，以上の点から，適格消費者団体が集団的利益を実現する主体として適切であるという結論が直ちに認められるわけではない。適格消費者団体に差止請求権の帰属適格があるといえるためには，以下の検討が必要となる[注36]。

　消費者の集団的利益には，公的利益としての側面があり，適格消費者団体に固有の差止請求権を帰属させることは，公的利益の処分を私人に委ねるという意味を合わせもつことになる。したがって，公的利益に係る集団的利益

の実現にあたっては，当該団体に利益代表資格があるのかという観点から，①利益実現主体が集団的利益の実現を目的とする団体であり，団体の目的との関係でその公共性が担保されていること，②利益実現主体である団体が「民主的決定とそれを担保できる組織」であること，③最終的な利益帰属主体である「不特定かつ多数の消費者」が利益を享受できるように，利益実現主体が利益帰属主体に必要な情報を公開できる主体であること，また，利益実現の実効性があるのかという観点からは，当該団体に専門的な知見のある人材，財源などがあるかどうかが問題となってくる。消費者契約法の適格消費者団体，消費者裁判手続特例法における特定適格消費者団体は，上記の点を満たす団体であることが認定の要件となっており，その意味では権利実現主体としての適格性があることになる。もっとも，適格消費者団体だけが集団的利益の実現主体として適格性があるのかは，なお検討の余地があることになる[注37]。

4　独占禁止法・景品表示法の差止請求権との関係

以上から適格消費者団体の差止請求権が正当化されるとしても，独占禁止法24条は個人に差止請求権を認めており，また，景品表示法10条は適格消費者団体に差止請求権を認めている。これらの差止請求権も集団的利益の実現を目的としていることから，競争法における差止請求権と消費者法における差止請求権の関係が問題となる。

この点，競争法では，事業者の行為が公正でかつ自由な競争市場秩序に違反しているかどうかだけを要件として差止請求が認められており，消費者個人の法益が侵害されていることは要件とはしていない[注38]。独占禁止法・景

(注36)　集団的利益を実現するといっても，集合的利益の救済手段としての消費者裁判手続特例法に基づく共通確認義務訴訟の場合，特定適格消費者団体に共通義務存在確認請求についての請求適格があるかどうかについては，本来，消費者と事業者の間の消費者契約に基づいて，損害の観念とその個別的な帰属の確定が可能である個人的利益が対象となっているから，保護法益との関係で適格性を判断する要素は異なることになる。
(注37)　☞第1部 ❸ Ⅳ。
(注38)　☞第1部 ❻ Ⅳ，第1部 ❼ Ⅱ。

品表示法上の差止請求権では，個人には帰属する損害があるとはいえない社会的損失の回復もその目的となっている点で，消費者法における差止請求権とは異なることになる。

消費者契約法に基づく差止請求権の場合には，個々の消費者の法益を侵害する，ないし，そのおそれがある事業者の行為の存在を違法性の根拠としており，同種の被害が多数発生するような消費者被害についての未然防止・拡大防止を目的としている。したがって，消費者個人の被害が被っていることを抽象的ではあるが観念できる拡散的利益の侵害までが消費者契約に基づく差止請求権の対象となる[注39]。つまり，差止請求の訴えは，現在原告が有している差止請求権（予防請求権）に基づく給付の訴えであり，被告に対して将来にわたる実体法上の作為義務または不作為義務の履行を命じることによって，個人的利益の具体的な保護に限定されない救済手段として機能することになるが，他方で，抽象であっても，消費者の利益が侵害されていることが要件となっている点で，消費者法に基づく差止請求権は，競争法上の差止請求権との間に違いがあることになる。

もっとも，独占禁止法24条では，個人が差止請求権の権利実現主体となることが認められている。しかし，そこで請求主体として登場するのは，主に競争的事業者である。条文上は，消費者個人も請求主体となることが排除されているわけではないが，本書が提唱する集団的利益の類型化との関係では，個人的法益が間接的に侵害されているにすぎない消費者に，市場の監視者として差止請求権を認めていることになる。この点で，同じ私人であっても，個人法益が侵害されている競争的事業者の場合とは異なることになる。また，景品表示法上の差止請求権とは異なり，独占禁止法24条の差止請求権の場合には，適格消費者団体が請求主体として規定していない。独占禁止法

(注39) 消費者契約法12条は，個人法益の侵害を回復するための消費者取消権の発生を前提としている点で差止請求権の発生要件が狭すぎるという問題がある。また，消費者取消権と差止請求権を基礎付ける違法性の判断は，保護法益によって違いがある。したがって，差止請求権を違法性の高い場合に認める，いわゆる違法性二段階説は，消費者契約法に基づく差止請求権の場合には当てはまらないことになる。

24条の差止請求権の保護法益を明確にする必要があるが，理論的には，拡散的利益・社会的利益の実現という観点からは，むしろ適格消費者団体を差止請求権の請求主体とするべきものと解される[注40]。

Ⅳ 集団的利益の実現手段とその関係
──投資取引を素材として

1 差止請求権だけで集団的利益は実現するか

今までの検討から明らかになったように，消費者取消権による権利実現は，消費者契約を締結した消費者個人の法益の回復にとどまる。一方，消費者法に基づく適格消費者団体による差止請求制度は，不適切な契約の締結，不適切な取引内容を将来にわたって排除する権限を適格消費者団体に差止請求権を与えるという方法によって実現している。また，集団的消費者利益の類型論との関係では，集合的利益および拡散的利益の回復を目的としていることになる。しかし，事業者に取引秩序違反行為の不作為を求め，そのための措置を講じるだけでは，集団的消費者利益の回復を十分に実現することはできない。将来の行為の差止めだけでは，集合的利益および拡散的利益に限定しても，事業者による過去の違法行為の結果の除去はできないからである。消費者裁判手続特例法によって新たに集合的消費者被害回復制度が導入された理由は，この点にある[注41]。

また，不当な取引行為によって利益を得た事業者を市場から排除するという観点から見た場合，当該市場を公正な市場に戻すこと，さらには，不当な取引行為を維持する限り，当該事業者が再び当該市場のプレーヤーとして登場する機会を奪うことが重要である。この点に関連して課徴金制度などの行政による経済的不利益賦課制度のほかに，民事実体法の視点から見た場合に

(注40) ☞第1部 ❻ Ⅳ。
(注41) ☞第1部 ❶ Ⅰ。

は，利益の剥奪請求権を私権として認めるかどうかが問題となる。利益剥奪請求権は，不公正な取引方法・取引内容によって得た利益を事業者に吐き出させることを目的とする権利であり，消費者個人の法益を実現するために，契約の取消しを原因とする不当利得返還請求権や事業者の不法行為に基づく損害賠償請求権（の束）とは異なる権利である。

消費者取引は多様である。そこで実現されるべき「不特定かつ多数の消費者」の利益もさまざまである。したがって，当該取引分野との関係で，集団的利益がどのように侵害されているのかを検討し，それを回復するために，どのような実現手段があるのかを検討することが必要になる。集団的利益の類型化との関係では，集合的利益侵害型の紛争が生じやすいのか，それとも拡散的利益侵害型の紛争が生じやすいのか，それとも社会的損失が問題となっているか，具体的な市場を想定して事業者の行為を分析することが必要である。そして，保護法益の特徴に合わせて，過去の集団的利益の回復と将来にわたる事業者の取引公序に反する行為の抑止を目的として，どのような実現手段があるのかを検討し，複線化する権利実現手段相互の関係を考えてみることが必要となる。そこで，以下では，投資取引における契約締結過程の紛争を素材として，上記の点について考えてみることにしたい。

2　投資取引における法規制の概観[注42]

投資家が投資判断を合理的に行うためには，金融商品の価格形成に影響を与える一定の情報があることが必要となる。しかし，このような情報を一般投資家が取得することは容易ではない。投資取引の場合には，事業者側に専門性があり，一般投資家はこれを信用して取引をせざるを得ない状況にある。投資取引は，情報の非対称性が問題となる取引であり，事業者には特に

(注42)　投資取引における法規制については，山下友信＝神田秀樹編『金融商品取引法概説』（有斐閣，2010），長島・大野・常松法律事務所編『アドバンス金融商品取引法〔第2版〕』（商事法務，2014），桜井建夫ほか『新・金融商品取引法ハンドブック〔第3版〕』（日本評論社，2011），神田秀樹ほか編著『金融商品取引法コンメンタール(4)』（商事法務，2011），松尾直彦監修・池田和代著『逐条解説 新金融商品販売法』（金融財政事情研究会，2008）参照。

高い職務上の義務が期待されていることになる。

　投資取引には，金融商品取引法（以下，「金商法」という）の対象となっている取引と商品先物取引法（以下，「商先法」という）の対象となっている取引がある。いずれについても，一般投資家が自己の意思形成過程において情報収集に失敗しないように，ないしは，意思決定過程において収集した情報に基づく判断を誤らないように，情報開示と販売勧誘行為について広く行政規制が行われている。金融商品取引法の対象となっている取引についてみると，開示制度が整備され，金融商品取引業者に対する販売勧誘規制が行われている。

　一方，民事実体法としては，金融商品販売法（以下，「金販法」という）が，金商法と商先法の対象となっている取引に適用となる。金融商品販売業者等が金融商品の販売（金販2条2項）を業として行うにあたって，金融商品の販売，その代理もしくは媒介に際して，説明するべき事項（同法3条）を説明しなかった場合，または，不確実な事項について断定的な判断を提供し，または，確実であると誤認させるおそれがあることを告げる行為を行った場合（同法4条）に，これらの行為によって生じた顧客の損害について金融商品販売業者等は賠償責任を負う旨を定めている（同法5条）。権利侵害（違法性）・相手方の故意・過失の要件に代えて，金販法3条・4条違反行為があったことを主張・立証すればよいこと，金融商品販売業者等が直接の賠償責任を負うこと，因果関係と損害の額について推定規定が置かれていること（同法6条），以上の点で，金販法は民法の不法行為責任の特別法となる（同法7条）。

3　開示規制とその実現

　発行市場における発行開示制度についてみると，発行者に目論見書の作成義務を課し（金商13条1項），当該有価証券を投資家に取得させようとするものは，目論見書の交付義務（同法15条2項・3項）があり，これによって投資者に投資判断に必要な情報が確実に伝達されるとともに，不適切な情報が投資家に届かないように，一定の表示行為が禁止されている。さらに，継続して流通する有価証券に関しても合理的な投資判断ができるようにするため

に，定期的に発行者の財務状況など投資判断に影響を及ぼしうる情報について有価証券報告書等の提出義務を課している（同法24条・24条の4の7・24条の5）。

発行開示・流通開示の実効性を確保するための方法としては，行政処分，刑事責任のほかに，開示規制違反によって被害を被った投資家を救済するために，発行者などに損害賠償責任を負わせる民事責任制度（金商16条〜24条の6）と課徴金制度（同法172条・172条の2・172条の3・172条の4）がある。このうち，開示書類における虚偽記載，開示書類の不提出の場合に，一般投資家の利益を図るために，機動的・効果的に機能しているのは，行政処分と課徴金制度である。

通説は，民事責任の法的性質を民法上の不法行為責任の特則と解しているが，不実開示と因果関係のある損害額を主張・立証することが困難であること，違反行為を発見することが難しいこと，個々の投資家の損害が必ずしも大きくないことから，民事責任制度については，これまではあまり利用されてこなかった。しかし，2004年改正によって，有価証券報告書の虚偽記載について発行会社の無過失責任が法定されたこと，損害賠償額の推定規定（金商21条の2）が導入されたことから，機関投資家だけでなく，一般投資家によっても集団的な損害賠償訴訟が提起されるようになった[注43]。

周知のように，最判平成23・9・13（民集65巻6号2511頁〔西武鉄道株式一般投資家集団訴訟事件〕）[注44]において，法廷意見は，一般投資家であり，当該株を取引所市場で取得した者においては，本件虚偽記載がなければ，取引所市場の内外を問わず，その株を取得することはできず，あるいはその取得を

（注43）　東京地判平成20・4・24判時2003号10頁，東京高判平成21・2・26判時2046号40頁，最判平成23・9・13民集65巻6号2511頁（以上，西武鉄道株式一般投資家集団訴訟事件），東京高判平成21・3・31金判1316号2頁，最判平成23・9・13資料版商事332号121頁，東京高判平成22・3・24判時2087号134頁，最判平成23・9・13資料版商事332号127頁（以上，西武鉄道有価証券報告書虚偽記載損害賠償請求事件），東京地判平成21・5・21判時2047号36頁，東京高判平成23・11・30判時2152号116頁，最判平成24・3・13民集66巻5号1957頁（ライブドア株式一般投資家集団訴訟事件）。なお，西武鉄道事件は，2004年の金商法改正前の事件であるため，民法709条に基づく請求である。

避けたことは確実であって，これを取得するという結果自体が生じなかったとみることが相当であることから，当該株を取得させられたこと自体が損害であり，対価として支出した取得価額の全額が損害額となるとする主張は理由があるとした(注45)。本稿の関心との関係では，まさに集合的利益に対する侵害があることが示されており，この保護法益との関係で，事業者による有価証券報告書等の虚偽記載という行為が，株式市場秩序違反行為であるとして，その違法性が認められていることになる。

　損害の額の算定については，「有価証券報告書等に虚偽の記載がされている上場株式を取引所市場において取得した投資者が，当該虚偽記載がなければこれを取得することはなかったとみるべき場合，当該虚偽記載により上記投資者に生じた損害の額，すなわち当該虚偽記載と相当因果関係のある損害の額は，上記投資者が，当該虚偽記載の公表後，上記株式を取引所市場において処分したときはその取得価額と処分価額との差額を，また，上記株式を保有し続けているときはその取得価額と事実審の口頭弁論終結時の上記株式の市場価額（上場が廃止された場合にはその非上場株式としての評価額。以下同じ。）との差額をそれぞれ基礎とし，経済情勢，市場動向，当該会社の業績等当該虚偽記載に起因しない市場価額の下落分を上記差額から控除して，これを算定すべきものと解される」としたうえで，「以上のようにして算定す

(注44)　黒沼悦郎「西部鉄道事件判決の検討――東京地判平成20年4月24日(上)(中)(下)」商事1838号（2008）4頁，商事1839号（2008）20頁，商事1840号（2008）39頁，潮見佳男「資産運用に関する投資者の自己決定権侵害と損害賠償の法理――西武鉄道事件最高裁判決における損害論の検証」小野秀誠ほか編・松本恒雄先生還暦記念『民事法の現代的課題』（商事法務，2012）513頁参照。
(注45)　前掲・最判平成24・3・13（ライブドア株式一般投資家集団訴訟事件）では，金商法21条の2は，投資家保護の見地から，民法709条の規定の特則として立証責任を緩和した規定であり，金商法19条1項の規定の例により算出した額を上限とする以外に限定はないとして，同法21条の2第1項にいう損害には，民法709条の損害と同様に，虚偽記載などと相当因果関係のある損害すべてを含み，また，同条2項の損害の推定規定についても，虚偽記載などと相当因果関係のある損害すべてを含むものと解して，取得時の差額に限定しないことを判示している。寺田逸郎補足意見は，本事件に起因する株価の下落は，会社の信用が失墜した結果による損害というよりも，投資家に生じた不信感が市場で株式の評価として表われた結果であって，虚偽記載の違法性との結びつきが認められると述べている。

べき損害の額の立証は極めて困難であることが予想されるが，そのような場合には民訴法248条により相当な損害額を認定すべきである」とした。

　発行・流通情報を投資市場で適切に開示させることは，投資市場の公正な価格形成機能を確保するために必要であり，また，これらの情報は一般投資家にとって取引をするかどうかを決定する際に重要な事項である。そこで，金商法上の民事責任制度を，投資家保護のための私法的救済制度ではなく，不公正な開示によって生じてしまった資本市場における不当な資金配分について，事後的に資金を供給者に戻すことによって，投資市場の適正な資金配分機能を維持する点に目的があるとする見解[注46]もある。このような観点から民事責任制度趣旨を考えていくのであれば，事業者の開示規制違反行為を市場から排除するためには，投資家個人の権利行使による制度だけでは限界があり，理論的には，開示義務に違反した発行会社等に対して，私人による差止請求と利益の剥奪請求の組合せによって投資家全体の利益を実現する方法を考えていく余地があることになる。

　もっとも，拡散的利益の実現や社会的損失の回避を目的として，投資市場の公正な価格形成機能を確保するには，行政処分と課徴金制度の組合せのほうがより効果的で効率的であるようにも思われる。違反行為を発見するには専門性が要求されること，一般投資家全体の投資について，いつの財産的損失を被侵害利益として利益の剥奪請求権を観念するかは理論的には困難な問題を生じさせるからである[注47]。

　結局，投資取引における情報開示をめぐる紛争について，民事実体法の観点から集団的利益を実現させるためには，投資家個人の損害賠償請求権を束にして集団的に行使させる以外に方法はないように思われる。今般の消費者裁判手続特例法の対象からは除外されたが，いわゆる集合的利益侵害型の紛争として，立法論的には，集合的消費者被害回復制度の展開が期待される分野となる[注48]。

(注46)　神田秀樹監修・野村證券法務部＝川村和夫編『注解証券取引法』（有斐閣，1997）118頁。

4 販売勧誘規制とその実現

金商法上，金融商品取引業者に対しては，広告規制（金商37条），適合性の原則（同法40条），契約締結前の書面交付＝説明義務（同法37条の3），虚偽告知・断定的判断の提供・不招請勧誘など不正行為の禁止（同法38条）などの販売勧誘規制がなされている。違反行為については一定の場合に罰則があり，行政処分の対象となるが，課徴金制度の対象にはなっていない[注49]。

金融商品の販売が消費者契約にあたる場合であって消費者契約法4条の要件を満たさない限り，消費者取消権が認められることはなく，したがって，この点を補完するために，従来，金融商品販売の場合には金融商品販売業者に対して不法行為に基づく損害賠償責任を追及する多数の裁判例が登場してきた[注50]。

投資取引の裁判例のうち，不実・虚偽の情報の提供，断定的判断の提供に

(注47) 一般的投資家といっても，個人的法益の侵害という観点からは，たとえば，有価証券報告書の虚偽記載の前後に投資した者では異なる。この点に関連して，加藤貴仁「流通市場における不実開示と投下家の損害」新世代法政策学研究11号（2011）303頁，黒沼悦郎「有価証券報告書等の不実表示に関する責任について」法セミ695号（2012）22頁など。能見善久「投資家の経済的損失と不法行為法による救済」前田重行ほか編・前田庸先生喜寿記念『企業法の変遷』（有斐閣，2009）309頁は，経済的損失を類型化した上で，不法行為責任の成否を検討するべきであるとしたうえで，虚偽情報による投資家被害を取り上げ，①不実・虚偽の企業情報によって投資家が被る経済的損失を賠償するべきか否かは，その経済的損失が法的に保護に値するかによって決めること，②しかし，投資家の経済的利益というだけでは法律的に保護される利益かどうかは決まらず，どのような状況における利益なのかを考える必要があること，③一定の類型では，これらのレベルとは，異なる評価的な判断がされることがあると述べている。
(注48) 消費者裁判手続特例法3条1項によって，同法の適用対象にならないことになる。特別法に基づく不法行為に基づく損害賠償請求権について，過失の立証責任の転換や損害額の推定等の特則が定められていることが，すでに権利実現システムの実効性を確保する措置が講じられているという評価につながり，この点が消費者裁判手続特例法の適用対象から除外される理由となっているとすれば，それは，集団的利益という法益についての理解が十分になされていないことになる。過失の立証責任の転換や損害額の推定等の特則は，投資家個人の負担を軽減しているのであり，これに加えて，この種の紛争が集団的に発生することを見過ごしていることになるからである。
(注49) ただし，日本証券取引業協会や証券取引所において過怠金・制裁金制度が設けられている。

よって契約を締結させた場合には，金商法上の禁止行為に該当し，独占禁止法の不公正な取引方法のうち「手段の不当型」ないし「自由競争基盤侵害型」の違反類型に相当する。民事法の観点からみた場合には，事業者側の行為態様の違法性は，当該取引の「場」（状況・関係）における事業者の一般投資家に対する優位性を利用して事業者が不当な利得を図ろうとする行為であることから，公序良俗違反行為に該当し，不法行為責任との関係では侵害行為の態様の違法性が基礎付けられるものと解される。

多数の投資家に対して上記の行為がなされた場合には，いわゆる集合的利益侵害型の紛争として，各投資家の原状回復的損害賠償請求権を束にして集団的に行使させる集合訴訟制度の展開が考えられる場合となる。ただ，原状回復的損害賠償請求権を束にした請求権の実質は，取引の効力を否定して事業者に対して不当利得返還請求権を行使する場合に近い。このように解すると，まずは，適格消費者団体固有の権利として，差止請求権と消費者裁判手続特例法に基づく集合的消費者被害回復制度の組合せによる権利行使を認める余地があるのではないかと思われる。

次に，適合性原則に違反して多数の一般投資家に販売等がなされた場合は

（注50）　清水俊彦『投資勧誘と不法行為』（判例タイムズ社，1999）参照。金販法の特則は，違反行為類型が限定されており，同法3条・4条の要件に該当する場合しか適用にならないことから，裁判実務では，当該契約を締結するか否かに関する判断に影響を及ぼすべき情報を相手方に提供しなかった紛争類型の場合，民法の不法行為に基づく損害賠償請求権の有無が争われることが多い（損害賠償請求権の法的性質について最判平成23・4・22民集65巻3号1405頁）。なお，投資取引における断定的判断の提供に係る裁判例の分析を試みた論考として，牧佐智代「断定的判断の提供法理について(1)(2完)」北大法学論集61巻1号247頁，同2号（2010）83頁，同「市場秩序と消費者保護——断定的判断の提供法理をめぐる思想のねじれ(1)-(7完)」NBL923号8頁，同924号76頁，同925号116頁，同926号118頁，同927号89頁，928号72頁，929号（2010）64頁があるが，2006年の金融商品販売法の改正にあたって，断定的判断の提供を理由とする損害賠償責任を導入する際の考え方に思想のねじれがあったことを指摘する。そこでは，消費者契約法に基づく消費者取消権を消費者を保護するための制度，金融取引販売法を市場参加者に行動指針を事前に提供し，市場育成を図ることを目的とする市場秩序法であるとして，両者の立法の思想に違いがあるとする。しかし，両者を対立的な関係（弱者保護の関係か自律的な関係か）として把握するべきではなく，むしろ保護法益との関係で救済制度に違いがあるのではないというのが，本稿の立場である。

どうか。狭義の適合性原則は，一般投資家のうち自己責任原則を負わせることができない顧客を市場から排除する理論である[注51]。最判平成17・7・14（民集59巻6号1323頁）は，一般論としてではあるが，狭義の適合性の原則から著しく逸脱した勧誘によって証券取引をさせた行為は不法行為上も違法となると解している。狭義の適合性原則に違反する勧誘行為の場合には，顧客に取引の危険をどのように説明したか，あるいは，顧客がその説明を理解できたかどうかを問題とすることなく，違法性を認定できると解されていることになる。

したがって，不特定かつ多数の顧客に対して狭義の適法性原則に違反する販売等が行われた場合には，当該業者の行為によって投資市場基盤自体が侵害されていることになり，理論的には，適格消費者団体固有の権利として金融商品販売業者に対する差止請求権と利益の剥奪請求権を認める余地があるものと考えられる[注52]。

かりに，適格消費者団体に利得の剥奪請求権を認めるとした場合に，個別の投資家の利益とどのような関係に立つかが問題となる。侵害された個別投資家の「利益」は，不特定かつ多数の一般投資家全体の「利益」の一部を構成することから，個別投資家の利益が実現された範囲で事業者の利得は消滅することになる。したがって，理論的には，利益剥奪請求訴訟で，事業者が対象消費者に個別に利得を返還したことを主張・立証した場合には，利得額を減額することができる。また，個別投資家の損失は，取引の対価相当額に限定されることになるが（したがって，個別法益の侵害を原因として損害部分を含まないことになるが），自己の損失部分については適格消費者団体から返還

(注51)　最近のまとまった研究として，王冷然『適合性原則と私法秩序』（信山社，2010），川地宏行「投資取引における適合性原則と損害賠償責任(1)(2完)」法律論叢83巻4＝5号（2011）31頁，同84巻1号（2011）1頁，角田美穂子『適合性原則と私法理論の交錯』（商事法務，2014）。

(注52)　本稿では，狭義の適合性原則を市場から投資不適格者を排除する考え方として理解しており，広義の適法性の原則を，ある投資が当該顧客と適合的かという観点から，顧客の属性に照らして適合する投資勧誘をしなければならないとする考え方として理解している。

を求めることができるものと解される。一方，適格消費者団体は，不特定かつ多数の一般投資家に本来帰属すべき利益について，これに代わって利益剥奪請求権を行使したことになるから，他人の事務を管理したことを原因として事業者から剥奪した利益の中から費用の償還を受けることができるものと解される。

　適格消費者団体の利益の剥奪請求権と課徴金制度との間には，機能的には類似性があり，理論的には利益の剥奪請求権と課徴金制度については選択・共存の余地がある。共存させる場合には，課徴金制度との調整が必要になってくるが，調整の対象となるのは事業者からの利益の吐き出し分に限定され，課徴金の制裁部分については調整の余地はない。また，利益の剥奪請求権の場合と同様，課徴金についても利益の吐き出し分については，侵害された個別の一般投資家の「利益」は，不特定かつ多数の一般投資家全体の「利益」の一部を構成することから，個別の一般投資家の損失分に補てんすることができるものと解される。

　一方，前掲・最判平成17・7・14は，投資家個人の損害賠償請求権の有無を判断する際には，取引類型における一般的抽象的なリスクのみを考慮するのでなく，具体的な商品特性を踏まえて，これとの相関関係において，顧客の投資経験・証券取引の知識・投資意向・財産状態などの諸要素を総合的に判断して，顧客の適合性を判断するとしている点に留意する必要がある（広義の適合性原則）。一般的投資家保護のために制度的保障がある商品であり一般投資家にも取引適合性があると考えられる商品であっても，当該取引をした顧客の財産状態や投資目的・投資意向からは適合していない場合があることになり，損害賠償請求が認められる場合もあることに言及している（裏を返せば，狭義の適合性原則違反だけでは，責任を追及できない場合があることになるが，他方で，狭義の適合性原則違反が問題とならない場合でも，何度も繰り返される取引全体の量や取引の傾向に着目して，広義の適合性原則違反を問題とする余地があることになる）。また，ある投資商品について顧客の属性に照らして適合する投資勧誘が行われなかった結果，損害を被った顧客が多数発生している場合には，これら顧客の損害賠償請求権を束にして訴訟を追行する方法とし

V　おわりに

　本稿では，事業者側の表示・広告・勧誘行為によって，消費者が自己の意思形成過程において情報収集に失敗した場合，ないし，意思決定過程において収集した情報に基づく判断を誤った場合について，個人法益を回復するための消費者取消権・損害賠償請求権と対比しながら，集団的利益を民事実体法規範の中でどのように扱い，どのように実現するかについて考えてきた。

　集団的利益の実現を難しくしている理由の１つは，法益自体が伝統的な理論では捕捉できない場面を含んでいる点にある。すなわち，集団的利益の侵害が問題となる紛争には，損害と帰属主体が確定しているがゆえに，消費者個人の「私権」に基づく「請求権の束」として観念できる場合のほかに，取引の「場」における「消費者全体の利益」の侵害として観念できるにとどまる場合があるからである。前者が「集合的利益」侵害型の紛争類型にみられる集団的利益（以下では「Ⅰ型の集団的利益」という）であり，後者の典型は「社会的損失」型の紛争である。損害は観念できても，その損害を回復するべき利益の帰属主体が明らかではないという点では，「拡散的利益侵害」型の紛争類型も，後者の集団的利益（以下では，拡散的利益と社会的損失をあわせて「Ⅱ型の集団的利益」という）に含まれるものと考えられる。本稿では，保護法益の特徴に合わせて，過去の集団的利益の回復と将来にわたる事業者の不当な行為の抑止を目的としてどのような実現手段があるのを検討し，さらに，投資取引を素材として複線化する権利実現手段相互間の関係についても考察を加えた。

　Ⅰ型の集団的利益については，個別の法益侵害を救済する私権に基づく請求権の束として訴訟追行を認めていく制度を考える必要があることになる。過去の集団的利益の回復については，今般，成立した消費者裁判手続特例法に基づく集合的消費者被害回復制度が，また，将来にわたる事業者の不当

行為の抑止については，基本的には，消費者契約法に基づく適格消費者団体による差止請求制度が，これに対応する。

　Ⅰ型の集団的利益は，損害の観念とその個別的な帰属の確定が可能である個人法益の侵害が多数存在する場合であることから，Ⅰ型の集団的利益の実現にあたっては，第1に，消費者個人による個人的法益の実現との関係・調整が課題となる。

　本稿では，消費者の個人的法益の実現を目的とする消費者取消権（消費契約4条，特定商取引9条の3・24条の2・40条の3・49条の2・58条の2，割賦35条の3の13〜35条の3の16）を意思表示の瑕疵の拡張理論から解放し，集団的利益の実現を目的とする適格消費者団体による差止請求権（消費契約12条，特定商取引58条の18〜58条の24）とともに，事業者の行為について当該取引の「場」（状況・関係）における市場秩序違反を規律するという法制度（市場秩序法）として位置付け，両制度の保護法益が異なること，また保護法益の違いが，事業者の行為の違法性判断に影響を与えることを示した。すなわち，消費者取消権の場合には，消費者の個人法益が事業者の取引公序違反行為によって侵害されている点からの救済制度として，一方，適格消費者団体による差止請求制度は，集団的利益が事業者の公正競争市場違反行為によって侵害されている点からの救済制度として位置付けられることになる［→Ⅱ・Ⅲ1・2］。

　第2に，Ⅰ型の集団的利益の実現にあたっては，実質的な法益の帰属主体とその行使主体の間にずれが生じることが問題となる。個人的利益が侵害ないし侵害されるおそれがある場合に，なぜ，適格消費者団体に固有の差止請求権が帰属することになるのか。本稿では，差止請求権が集団的利益の実現を目的として事業者の市場秩序違反行為を排除するための権利である点で，公的利益の実現を内包していることに着目し，適格消費者団体に差止請求権の帰属適格性（正当性）があることを明らかにした。［→Ⅲ3］。

　もっとも，適格消費者団体による差止請求権の場合には，将来にわたる事業者の不当な行為の抑止を目的としており，個人法益との調整は抽象的な問題にとどまることになる。これに対して，消費者裁判手続特例法に基づく集

合的消費者被害回復制度では，個人法益との調整が中心的課題となる。共通義務確認訴訟の原告適格と２段階目の簡易確定手続の原告適格が，なぜ特定適格消費者団体にのみ認められているのか，手続法の観点からだけでなく，実体法の観点からみた場合に，特定適格消費者団体にどのような権限がなぜ認められるのかをさらに検討する必要があることになる。この点は，残された課題となる。

　一方，Ⅱ型の集団的利益を民事法上実現するためには，第１に，伝統的私権概念との比較を通じて，個人法益を超えた範囲に「私権」概念を拡張することが正当化される領域がどこまでなのか[注53]を明確にすること，また，第２に，Ⅰ型の集団的利益に比べて，より公的利益との関係が問題となり，上記の個人法益を超えた法益を実現する主体として，どのような主体に適格性があるのかもあわせて検討しなければならないことになる。

　本稿では，消費者契約法に基づく適格消費者団体による差止請求制度の対象は，Ⅱ型の集団的利益に分類される拡散的利益をも対象とすることができること，また，拡散的利益が問題となる場合までしか対象とできないことを明らかにした。理論的には，個別の契約においては意思表示に瑕疵があるとはいえないと解される取引行為であっても，事業者によって反復継続され，一般的消費者の取引上の意思決定に著しい影響を与え，与えるおそれがある場合には，本来消費者に帰属するべき利益が事業者の市場秩序違反行為によって事業者に移転していることから，消費者の利益の帰属先が個別に確定できなくとも，消費者契約法に基づく適格消費者団体による差止請求制度の対象となることを明らかにした［→Ⅲ４］。その意味では，Ⅰ型の集団的利益とⅡ型の集団的利益に属する拡散的利益の関係は流動的であることになる。

　もっとも，差止請求の訴えは，現在原告が有している差止請求権（予防請求権）に基づく給付の訴えであり，被告に対して将来にわたる実体法上の作為義務または不作為義務の履行を命じる訴えであり，この点が，個人利益の具体的な保護に限定されない救済手段として消費者契約法に基づく適格消費

（注53）　同様の問題意識を提示する見解として，森田・前掲（注21）67頁以下。

【図】 集団的消費者利益の類型化と民事法規制の観点から権利実現手段の関係

民事的救済手段 集団的 利益の類型化	消費者裁判手続特例法に基づく集合的消費者被害回復制度		消費者法上の適格消費者団体による差止請求権（消費契約12条、特定商取引58条の4〜58条の24）	利益剥奪請求権
	共通義務確認訴訟	簡易確定手続		
集合的利益	○	○	○	△
拡散的利益	○	×	○	○
社会的利益	×	×	×	○

者団体による差止請求制度を機能させていることになる。Ⅰ型の集団的利益とⅡ型の集団的利益の分類は、消費者法に基づく差止請求権が基本的には集合的利益の保護を目的としており、他方で競争法に基づく差止請求権はⅡ型の集団的利益を対象にしており、消費者法と競争法の目的の違いによって差止請求制度が並存することを明らかにする点で意義があることになる。

Ⅱ型の集団的利益に対応する制度としては、基本的には、行政規制が中心となるが、拡散的利益の実現については、抽象的ではあるが消費者個人の損害を観念できることから。民事法の観点からも法実現の余地がある。本稿では、投資取引を素材として、Ⅰ型の集団的利益とⅡ型の集団的利益の境界に位置する一般投資家の利益について、エンフォースメントの関係に言及した［→Ⅳ］。

消費者取引は多様であり、そこで実現されるべき「不特定かつ多数の消費者」の利益もさまざまである。したがって、当該取引分野との関係で、集団的利益がどのように侵害されているのかを検討し、それを回復するために、どのような実現手段があるのかを検討することが必要になる。

本稿は、消費者取引における契約締結過程を巡る紛争について、集団的利益の類型化を手がかりに、民事法領域における法益の実現のあり方について検討の枠組みを理論的に示したにとどまる（【図】参照）。具体的な取引を素材として、当該取引に係る現行法の問題と立法改革の方向性を考え、本稿において提示した消費者取引における情報力格差の法規制のあり方について検証していくことが今後の課題となる。

第 1 部　集団的利益の類型論からみた救済制度の展開

9　集団的消費者利益に関する基礎的視点
——利益・帰属・役割分担

早稲田大学教授　吉田克己

　2011年の日本消費者法学会において行われた「集団的消費者利益の実現と実体法の役割」をテーマとするシンポジウム（以下，「消費者法学会シンポジウム」という）は(注1)，日本における集団的消費者利益論の最初の本格的な理論的検討の機会であったと言ってよい。本稿は，このシンポジウムのために準備された7本の論考(注2)を対象に，それらの検討を通じて，集団的消費者利益に関する基本的論点のいくつかを整理してみることを目的とする(注3)。

　本稿で扱う基本的論点は，利益論，帰属論，そして役割分担論の3つである。もちろん，いずれも大きなテーマであり，これらを本格的に議論するには，それぞれの論点について本格的な論文を必要とするであろう。本稿でで

(注1)　2011年11月5日開催の第4回大会。
(注2)　千葉恵美子「本シンポジウムの目的」，岡本裕樹「集団的消費者利益の実現をめぐる民事実体法上の観点からの試論」，原田大樹「集団的消費者利益の実現と行政法の役割——不法行為法との役割分担を中心として」，丸山絵美子「契約の内容規制と消費者の利益・公正な市場の実現」，林秀弥「独占禁止法による集団的消費者利益の実現」，鈴木將文「表示規制分野における私的利益の保護と公的規制」，千葉恵美子「消費者取引における情報力の格差と法規制——消費者法と市場秩序法の相互関係に着目して」。以上，すべて，現代消費者法12号（2011）に収録されている。これら7論文は，加筆訂正のうえ，本書に収録される予定である。したがって，本稿は，本書のこれらの論文へのコメントの意味も持つことになるが，上記論文後の加筆補正への対応はできていない。
(注3)　本稿の基になったのは，このシンポジウムにおいて行われた私のコメントであり，その内容は，「『集団的消費者利益の実現と実体法の役割』ディスカッション」消費者法4号（2012）40-47頁に収録されている。本稿は，このコメントに基づきつつ，それを補充したものである。

きるのは，そのような本格的な検討ではなく，先に言及した7本の論考との若干の対話を行う中で，それらの問題の有り様の一端を示すことにすぎない(注4)。しかし，これら3つの論点は，集団的消費者利益を検討するうえで不可欠のものと考えられるので，そのような作業を行うことで，集団的消費者利益論の深化について多少なりとも寄与することができればと願っている。

I 利益論

1 利益の類型化

　消費者利益という言葉は頻繁に語られる。しかし，この観念が何を意味するのかという点になると，従来，きちんとした議論は意外なほど少ない，あるいはほとんどなかったというのが実情ではないだろうか。しかし，集団的消費者被害あるいは集団的消費者利益侵害への対処という課題を深めていくためには，利益概念を深化することが不可欠である。先に挙げた消費者法学会シンポジウムは，この問題に正面から取り組むものであり，そのために用意された先の7本の論考は，この問題に関するおそらくは初めての本格的な理論的検討である。

　これらの検討の大きな功績は，利益の類型化を行ったところに求められる。すなわち，そこでは，これまで民法学の対象になってきた個別的利益のほかに，集合的利益，拡散的利益，社会的損失という利益の3つの類型が提示された。まず，①「個別的利益」であるが，これは，損害の観念とその個別的な帰属の確定が可能で，個別の損害が軽微ではないタイプとされる。民

（注4）　なお，これらのうち利益論については，神戸大学科研費公開カンファレンス「集団的・集合的利益としての"中間的利益"論の可能性」（2013年2月2日）において行った「保護法益としての利益と民法学——個別的利益・集合的利益・公共的利益」と題する報告において多少の深化を試みている。その内容については，吉田克己「保護法益としての利益と民法学——個別的利益・集合的利益・公共的利益」と題する論考を民商147巻4＝5号（2014）に公表する予定なので，それを参照していただければ幸いである。

第1部　集団的利益の類型論からみた救済制度の展開

法学で伝統的に問題になる利益は，この「個別的利益」である。この「個別的利益」以外の利益は，「集団的利益」と総称されるが，それはさらに，「集合的利益」「拡散的利益」「社会的損失」の3つに細分化される。まず，②「集合的利益」は，損害の観念とその個別的な帰属の確定は可能であるものの，個別の損害が軽微であるタイプである。次に，③「拡散的利益」は，損害を観念することは可能であるものの，その個別的な帰属を観念することが困難であるタイプである。最後に，④「社会的損失」は，市場競争の機能不全によって社会的にマイナスが生じているものの，損害が観念できないタイプである[注5]。このような類型化の大きなメリットは，それによって，議論の分節化と明晰化が可能になることである。

多少具体的に見ておこう。例えば千葉論文においては，集団的利益が2つに分けられ，集合的利益をⅠ型の集団的利益，拡散的利益と社会的損失をⅡ型の集団的利益と捉えるという整理が行われている。Ⅰ型の集団的利益は，個別消費者の「私権」に基づく「請求権の束」として観念することができるのに対して[注6]，Ⅱ型では，集合的利益は，取引の「場」における「消費者全体の利益」として観念できるのにとどまる場合がある。困難な問題を提示するのはⅡ型であり，これを民事法上実現するためには，個人的法益を超えた範囲に「私権」概念を拡張することが正当化される領域はどこまでなのか，個人法益を超えた法益を実現する主体として，どのような主体に適格性があるのかなどの問題を検討する必要があるとされる。そして，適格性がある主体として適格消費者団体が想定されるとともに，この主体に，現行法上認められる差止請求権のほかに，利益剥奪請求権を認める可能性が検討される[注7]。

千葉論文においては，このように，拡散的利益と社会的損失はⅡ型としてまとめて検討される。原田論文においても基本的には同様であるが，そこで

(注5)　☞ 第1部 ❹ Ⅱ1(1)・第1部 ❻ Ⅱ1。
(注6)　したがって，「利害関係ある消費者から個別の授権を得れば，多数当事者訴訟の枠内での処理が可能である」ということになる。☞ 第1部 ❹ Ⅳ2(2)。
(注7)　☞ 第1部 ❽ Ⅳ4。

は，拡散的利益について，それを正当に担いうる団体が提起すれば（任意的訴訟担当），主観訴訟の枠内で処理することが可能になるかもしれないという問題提起がなされている[注8]。社会的損失については，そのような可能性はありえないであろう。つまり，ここでは，拡散的利益と社会的損失とが分節化されるわけである。林論文は，上の各種の利益について，経済学的観点から明晰な定義付けを与える（これについては後に触れる）。林論文は，そのうえで，独占禁止法上の差止請求権を想定しつつ，消費者個人には請求権が帰属しない性格の社会的損失と，消費者に総有的に帰属する実体権を観念しうる拡散的利益について，洗練された形で法的な文言に翻訳し，立法の中に落とし込む必要性を指摘する[注9]。ここでも，社会的損失と拡散的利益との差異に応じた法的対応が求められているわけである。

2　分節化された議論の深化

(1)　経済学的整理

このように，消費者法学会シンポジウムを契機に，消費者利益に関する議論は，大きな進展を見せた。しかし，このように分節化された議論については，さらに深化させる余地があるようにも思われる。その手がかりとして，林論文の経済学的整理を参照することにしよう。

林論文によれば，競争的市場と独占的市場とを比較すると，独占的市場においては2つのレベルの社会的厚生の減少が生じる。①1つは，経済学上「厚生損失」あるいは「死重損失」と呼ばれるものである。これは，潜在需要の喪失である。すなわち，本来，競争が行われていれば購入できたはずであるのに，競争制限行為によって商品の価格が高くなったために，購入を断念したことに伴う損失である[注10]。②もう1つは，価格の上昇によって，従来は消費者に帰属していた利益が企業に移転したものである[注11]。これは，消

(注8)　☞第1部❹Ⅳ2(2)。
(注9)　☞第1部❻Ⅳ3。
(注10)　☞第1部❻Ⅱ2。

費者余剰の生産者余剰への転換と捉えることもできる。ここでは，購入は行われるが，その価値が高くなるわけである。経済学は，①については社会的厚生の減少として問題視するが，②については分配の問題であって社会全体から利益が失われたわけではないとして軽視する。しかし，消費者から生産者へのこのような利益の移転を防止することこそ，独占禁止法の核心的任務であるというのが，林論文の主張である[注12]。まことに正当な指摘であって，民法学においても，②についてどのように対処するかが，重要な問題となる。問題は，このような経済学的整理と，先の類型化との関係である。

(2) 集合的利益と拡散的利益

便宜上まず②から取り上げる。林論文は，②について，「これは，……『拡散的利益』（および『集合的利益』）と評価できる」と述べる[注13]。問題は，拡散的利益と集合的利益との関連である。林論文は括弧を付しているが，この括弧を外して，両者を対等の並列関係と整理することはできないであろうか。もう少し敷衍すると，②は，消費者余剰から生産者余剰への転換が生じる部分を示している。これを総体として個別的消費者への帰属を問題にすることなく捉える場合に，「拡散的利益」の概念が用いられ，②について個別消費者への帰属とその侵害および損害を問題にしたうえで，個別消費者への帰属が認められる場合に，「集合的利益」の概念が用いられると整理するのである。このように整理すると，拡散的利益と集合的利益とは，性質の異なるものとして峻別されるものではなく，同じ性質の利益を消費者への帰属のあり方に応じて呼び分けているものにすぎないことになる。

このように捉えることによって，この領域におけるいくつかの解釈論上の提言に，理論的な基礎付けを与えることができるように思われる。2つだけ例を挙げる。

(注11) ☞ **第1部** ❻ Ⅱ3。なお，本書収録の林論文のこの部分については，（注2）に挙げた原論文にかなりの補正がなされている。そこで，以下については，（注2）の原論文の頁を引く。
(注12) 林・前掲（注2）45頁。
(注13) 林・前掲（注2）45頁。

❾ 集団的消費者利益に関する基礎的視点

①拡散的利益については，個人への帰属を観念することが難しい以上，その侵害を根拠とする損害賠償は，たとえ団体訴訟を制度化したとしても，難しいと言わざるをえない。損害賠償は，それが認められる個人への利益帰属を前提とするからである。しかし，かつて述べたように，公正な競争秩序を侵害する行為について，公正かつ自由な競争によって形成された価格で購入する利益の侵害それ自体を損害と見るというような形で損害概念を再構成するならば，個人を主体とする損害賠償請求もありうることになろう(注14)。また，個別的な損害賠償請求が損害の軽微性ゆえに事実上困難である場合に，それを束ねる形での団体訴訟も可能になるであろう。この損害概念の再構成は，個人への帰属を語ることが困難な拡散的利益を，個人への帰属を観念しうる集合的利益に転換する機能を果たすことになるわけである。上記の把握は，この転換が可能であることを理論的に基礎付ける。

②千葉論文は，事業者からの利益剥奪制度に関して，それは経済的には「不特定かつ多数の消費者」の損失に対応することから，「不特定かつ多数の消費者」に本来帰属すべきものであるが，「不特定かつ多数の消費者」には権利能力がないことから，これに代わる利益剥奪請求権の帰属・行使主体として適格消費者団体を位置付ける。そのうえで，個別の消費者の利益が実現される場合には，その範囲で事業者の利得は消滅することになるから，利益剥奪請求訴訟で事業者が対象消費者に個別に利得を返還したことを主張・立証した場合には，利得額が縮減されると説く(注15)。先の認識は，このような提

(注14) 吉田克己「競争秩序と民法」稗貫俊文ほか編・厚谷襄兒先生古稀記念論集『競争法の現代的諸相（上）』（信山社，2005）40-43頁参照。競争秩序における公共的利益と個別的利益の二重性を，伝統的な差額説では取り込むことができない。そこで，この論文において，公正かつ自由な競争によって形成された価格で購入する利益の侵害それ自体を損害と見るという構想を提示してみたわけである。この侵害は，カルテル行為があればそれだけで生じていると見るべきである。そのうえで，損害がある以上，民事訴訟法248条を活用して相当な損害額を算定することができる。これがそこでの問題提起のポイントであった。このような方向を先駆的に説く文献として，藤岡康宏「生活妨害における法規範の創造」同『損害賠償法の構造』（成文堂，2002〔初出・1975〕）265頁以下がある。

(注15) ☞第1部 ❽ Ⅳ4。

言の正当性を理論的に基礎付けることができるであろう。

(3) 社会的損失

次に①の「死重損失」であるが，これが「社会的損失」に対応することには，問題がない。経済学的整理のメリットは，これが，社会的には損失ではあっても，個人に帰属する損害にはなりえないことを明確に示したところにある。

社会的損失がこのような性質のものである以上，それは，社会全体の公共的利益の問題であり，伝統的には行政法の規律対象ということになる。また，独占禁止法がまずもって関心を持つのも，この領域である。問題は，私人である消費者，あるいは消費者団体が，この問題領域において一定の役割を果たすことができるのかである。それは，民法がこの領域において一定の役割を果たすことができるかという問いでもある。

林論文，鈴木論文は，これに肯定的なスタンスのようであり[注16]，千葉論文も，先に触れたようにⅡ型の集団的利益ということで，拡散的利益と併せて社会的損失についても，民法の役割を認めようとしている。私もこのような方向に賛成であるが，問題は，その理論的な根拠付けである。社会的損失については，その定義上，個別消費者に固有の具体的利益が帰属することはないといわざるをえないからである。自己に固有の利益が帰属しない場合に，個別消費者に，あるいは消費者が設立する消費者団体に，どのような法的根拠で，どのような権限が認められるか。これが問われるわけである。この問題は，先に設定した本稿の第2の論点である帰属論に密接に関わってくる。そこで，この論点の検討に移ろう。

(注16) 林論文については，先に引いたところを参照。鈴木論文については，☞*第1部* ❼ Ⅱ 2(1)。

II　帰属論

　以上検討してきた利益の類型論は，見方を変えると帰属の類型論でもある。利益論と帰属論とは，表裏の関係にあるのである。しかし，そうはいっても，帰属論を独自の問題にすることによって，利益論だけでは見えてこない問題が見えてくることは確かであるように思われる。そのような観点から，2点だけ述べることにしたい。

1　集団的利益の帰属主体と実現主体

　第1は，集団的利益の帰属主体と実現主体という問題である。集合的利益にせよ，あるいは拡散的利益や社会的損失にせよ，法実現のために問題となるのは，利益の帰属主体ではない主体に法実現を委ねることができるか，である。権利利益の法実現に関しては，帰属主体と実現主体とが一致することが原則である。両者がずれることは確かにありうるが，その場合には，それを正当化する理論が用意される必要があるのである[注17]。消費者の集団的利益が問題となる領域においては，その実現主体としてまずもって想定されるのは消費者団体であるから，ここでは，主として消費者団体の訴訟活動の根拠付けが問われることになる。

　なお，この根拠付けを，消費者団体にも何らかの消費者利益が帰属しているという点に求める見解も考えられる。この見解は，利益帰属と法実現の主体がズレているように見えるケースにおいて，実はそのようなズレはないという方向で問題を考えるわけである。しかし，消費者法学会シンポジウムで提示された利益の類型論からすると，それらの利益が消費者団体に固有に帰属するという事態は，想定するのが困難だと思われる。むしろ，先に検討した利益の類型論は，消費者団体には固有の消費者利益は帰属しないというこ

（注17）　この点は，千葉論文においても指摘されている。千葉・前掲（注2）「消費者取引における情報力の格差と法規制」77頁参照。また，☞ **第1部 ❽ V**。

とを明らかにしたものと考えられる。そうだとすると，他人に帰属する利益の実現をどのような根拠で行うことができるかという，上に提示した問題に，正面から向かい合う必要が出てくるわけである。

　このズレを正統化する古典的な根拠付けは，意思に求めることができる。利益帰属が認められる個別的消費者がその意思に基づいて消費者団体に訴訟追行を授権すれば（任意的訴訟担当），消費者団体が法実現の主体になりうることに問題はないのである。集合的利益については，まずもってこのような方向で問題を考えるのが適切である。しかし，集合的利益についても，ズレを正統化する根拠として意思以外のものがありうることを否定するのは，やや狭すぎる嫌いがあろう。また，拡散的利益や社会的損失については，帰属主体を想定するのが困難なのであるから，そもそも授権する主体を想定することができない。したがって，これらの利益については，意思以外の根拠付けを探求することがどうしても必要となる。

　原田論文は，利益実現の過程を「帰属」，「代表」，「実現」の３つに切り分けることを提唱した[注18]。また，岡本論文においても，「代表」という観念が語られている[注19]。これらは，きわめて示唆的な見解である。この問題意識を踏まえつつ，民法により引きつけた形で帰属と実現の分離を媒介する概念を探すと，「管理」という概念に逢着する。つまり，原田論文の枠組みを借りて表現すると，「帰属」，「管理」，「実現」という３つに切り分ける形で問題を把握するということである。

　このように切り分けたうえで，個人では管理が困難な集団的消費者利益の管理を，どのような主体に，どのような要件の下で付与すべきかが問われることになる。その際には，意思以外の要素を基準とせざるをえないわけであるが，これも原田報告で示唆されているように[注20]，行政に準じて正統性（legitimacy）の観点から考察するのが有益であろう。本稿ではこのような基

（注18）　☞*第1部* ❹ Ⅲ 1 (2)。
（注19）　「適格消費者団体には，こうした集団的・公共的利益を代表する地位が付与されている」との解釈が語られている。☞*第1部* ❷ Ⅲ 4。
（注20）　☞*第1部* ❹ Ⅲ 2 (1)(B)。

本的発想に基づいて検討を具体化するだけの準備がないが，ともあれ，今回の消費者法学会シンポジウムは，このような方向での検討の理論的基礎を切り開くものだと評価している[注21]。

以上の検討は，消費者団体に付与される法実現の手法が差止めか損害賠償かを区別していない。しかし，以上の検討がよりよく妥当するのは，差止請求だと言ってよい。差止めという救済は，その効果が特定の個人に帰属するわけではなく，不特定多数の利害関係人に均霑するという意味で，公共的性格を有する救済手段だからである。

しかし，管理を中心に問題を把握するという発想は，同時に，消費者団体から事業者に対する一定の損害賠償請求をも基礎付けることが可能であろう。管理概念を用いることによって，消費者団体の運営費用は，不特定多数の消費者の利益に関する法実現の費用と位置付けることが可能になる。ところで，個別的権利利益の法実現の費用は，例えば弁護士費用のように，不法行為による法実現を図る場合には，損害項目に組み入れ，損害賠償の対象にすることを認められている。そうであれば，法実現に当たる消費者団体の運営費用を損害賠償に組み入れるという方向もありうるのではないだろうか。

(注21) 民事訴訟法の領域においては，先駆的な理論的試みがつとになされていたことも注目される。いわゆる「紛争管理権論」である。そこでは，環境差止訴訟を念頭に置きつつ，不特定多数人によって共同で享受されている利益について，訴え提起前に紛争解決のための行為をしていた者に当事者適格を認めることが目指される（伊藤眞『民事訴訟の当事者』〔弘文堂，1978〕113頁以下参照。もっとも，その後，改説がなされた。同「紛争管理権再論——環境訴訟への受容を目指して」新堂幸司ほか編・竜嵜喜助先生還暦記念『紛争処理と正義』〔有斐閣，1988〕203頁以下等参照）。この見解は，民事訴訟の当事者適格論に特化したものであり，また，本文に示した利益の類型化を踏まえたものではない。この「紛争管理権論」と並んで，「集団利益訴訟論」（福永有利「新訴訟類型としての『集団利益訴訟』の法理——環境保護訴訟・消費者保護訴訟についての一考察」同『民事訴訟当事者論』〔有斐閣，2004〕219頁以下）もしばしば引かれる。この見解は，環境訴訟と消費者訴訟を念頭に置きつつ，公の利益ではないが，集団構成員の個人的利益の集合物でもない，ある集団固有の利益の存在を観念して，その擁護を目的とする訴訟として集団利益訴訟という新たな訴訟類型を観念する。ここに示されているように，この見解は，本文で先に「消費者団体にも何らかの消費者利益が帰属しているという点に求める見解」としてまとめた見解に類別されるべきものであって，「紛争管理権論」とは理論的基礎を異にすると言うべきである。

近年，適格消費者団体に損害賠償請求権を付与すべきかという問題が議論されているが，そこでの問題の実体は，実は，このようなものではないかと思われる。

2 利益剥奪

　第2は，いわゆる利益剥奪の問題である。この問題は，事業者の手許に利益が事実上存在しているが，その事業者への利益帰属が競争秩序の観点から正当化されないという場合に提起される。したがって，この問題への対処は，不法行為法理よりも，不当利得法理に親しむ。しかし，利益をもたらした個別消費者との多数の契約を無効としない限り，法律上の原因はあることになる。したがって，そのような多数の契約の無効を前提としないで利益剥奪を追求しようとすれば，不当利得法理をそのまま適用するわけにはいかなくなる。

　岡本論文は，この利益剥奪の問題を詳細に検討している。そこでは基本的方向として，損害賠償ではなくて不当利得の方向でこの問題の対処法が提示されていた。この方向は，上記の観点からして正当なものと考える。ただし，岡本論文においては，どちらかというと，伝統的法理を踏まえて問題の検討がなされているという印象を受ける。すなわち，そこでは，利益剥奪の前提として，無効・取消し等による契約の失効が必要とされているのである[注22]。しかし，例えばカルテルなどを想定してみると，カルテル協定自体が無効であることに問題はないにしても，個別の多数の契約を当然に無効とすべきものではないであろう[注23]。しかし，利益剥奪の必要性は，カルテルという反競争秩序行為による利益獲得のような場合にこそ，強く感じられる。そうであれば，ここでは，個別契約の効力は維持したままで利益を剥奪することが要請されるわけである。これは，いってみれば，独占禁止法等による課徴金の民事バージョンということになる。本稿で十分に展開する準備

（注22）　例えば，☞ **第1部** ❷ Ⅳ 1。そこでは，「契約の失効に基づく不当利得返還請求」が語られている。
（注23）　**第1部** ❺ Ⅱ 1 (2)においても，同趣旨が指摘されている。

はないが，同法等の課徴金との役割分担も十分意識しながら，民事上の利益剥奪の可能性と，要件・効果，正当化根拠を検討していくのが望ましいと思われる。

ところで，先の類型論を踏まえると，ここで問題となっている利益は，拡散的利益である。拡散的利益においては，個別消費者のところに利益剥奪に対応する損失を見いだすのは困難であるから，利益剥奪で得た金銭を個別消費者に配分するという解決には必ずしも合理性がないという点にも留意すべきである。このような点が明確になるのも，帰属という観点を自覚的に問題化する効用の1つであろう。

もっとも，さらに注意すべきは，先に述べたように，「拡散的利益」と「集合的利益」とは，性質の異なるものとして峻別されるものではなく，消費者余剰が生産者余剰に転換されたという同じ性質の利益を，消費者への帰属のあり方に応じて呼び分けているものにすぎないということである。このような理解が正しいとすれば，上で問題にした拡散的利益の中には，個別消費者への帰属を語りうるものも存在していることになる。それが明確である部分については，個別消費者への配分を否定する根拠はなくなる。また，個別消費者の利益が何らかの形で実現している場合には，その分だけ事業者の利益は消滅することになり，利益剥奪の対象から除外されるべきものとなる。この点もまた，先に述べたところである[注24]。

Ⅲ　役割分担論

最後に，法実現のための役割分担論を取り上げる。役割分担論を考えるためにも，今回提示された利益の類型論は有益なように思われる。この観点から見ると，役割分担論といっても，大きくは2つの性格の異なるものがあることに気付かされる。本来は私人の役割に属する事項について行政が関与し

(注24)　(注15)に対応する本文を参照。

うるかという問題と，本来は行政の役割に属する事項について私人が関与しうるかという問題の２つである。

1　集合的利益に関わる役割分担

　第１は，集合的利益に関わる役割分担である。ここでは，個別消費者に損害があることは確かで，ただ，それが僅少なため個別消費者の利益回復が困難になっているという事情があった。そこで，ここでいう役割分担論は，要するにこのような個別消費者への支援を課題とすることになるわけである。適格消費者団体を主体とする２段階型の集合訴訟を制度化する試み[注25]が現在検討されている。これは，適格消費者団体にそのような支援の役割を担わせるというものにほかならない。

　先の消費者法学会シンポジウムではさらに，原田論文において，このような手続における行政による支援の可能性が提示されたことが注目される。すなわち，そこでは，２段階型の第１段階で行政に訴訟を追行させる可能性が検討されたのである。もっとも，このような方向を志向するうえでの理論的困難性もある。原田論文は，そのような理論的困難性として，社会全体の利益を実現すべき行政が部分利益たる消費者利益を代表することは不適切であるという批判の可能性を指摘していた[注26]。

　確かにそのような問題点があることは否定しえない。しかし，例えば刑事手続ですでに制度化されている被害回復給付金支給制度（組織犯罪処罰法の

(注25)　この試みは，2009年８月に，内閣府国民生活局から『集団的消費者被害回復制度等に関する研究会報告書』が公表されたことをもって始まる。(http://www.caa.go.jp/planning/pdf/torimatome.pdf)。他方，2010年９月には『集団的消費者被害救済制度研究会報告書』が消費者庁企画課から公表された（http://www.caa.go.jp/planning/pdf/100914body.pdf)。そして，このような検討を受けて，2012年８月には，消費者庁消費者制度課から，『集団的消費者被害回復に係る訴訟制度案』が公表されている（http://www.caa.go.jp/planning/pdf/1208072.pdf)。これらの作業に基づいて，2013年４月19日には，「消費者の財産的被害の集団的な回復のための民事の裁判手続の特例に関する法律案」が閣議決定されて国会に上程された。本法案のポイントを解説するものとして，足立格＝児島幸良「『消費者の財産的被害の集団的な回復のための民事の裁判手続の特例に関する法律案』の概要とポイント」金法1970号（2013）74頁がある。

(注26)　☞第1部 ❹ Ⅳ 1(1)。

2006年改正によって導入）などは，公的セクターが被害者の被害回復を援助する制度と位置付けることができる[注27]。そうであれば，すでに行政が部分利益を支援する制度が実現しているのである。上記の批判が決定的なものだとは思えない。また，独占禁止法25条の損害賠償請求については，かつては公取委による審決が確定することが要件とされていたが（平12改正前独禁26条1項。審決前置主義），審決手続における公正取引委員会の認定事実が独占禁止法25条の損害賠償訴訟において裁判所を拘束するとすれば，行政の活動が私人の権利実現に対する支援の役割を果たすことになろう。裁判実務は，そのような扱いを認めず，公正取引委員会の認定によって事実上の推定がなされるにすぎないと解していた。しかし，学説上は，上記の拘束力を認めようとする見解も有力に存在していた[注28]。ここでも，行政による支援の可能性はありうるのである。原田論文が提示した方向のさらなる深化，具体化が期待される。

2　社会的損失に関する役割分担

第2は，社会的損失を避けるという課題実現のための役割分担である。集合的利益とは異なり，ここでは個別消費者の損害を明確に想定することができない。というか，正確には，ここでは，個別消費者の個別の損害は，定義上ありえない。ここで問題となるのは，消費者全体，さらには社会全体に関わる公共的利益なのである。この公共的利益を擁護する役割は，先にも触れたように，伝統的には行政や公正取引委員会といった公的セクターが担って

（注27）　法務省が作成した『被害回復給付金支給制度Q&A』（http://www.moj.go.jp/keiji1/keiji_keiji36.html）によれば，これは，「犯人からはく奪した『犯罪被害財産』を金銭化して，『給付資金』として保管し，そこからその事件により被害を受けた方などに給付金を支給する制度」である。なお，この制度に関して詳しくは，飯島泰ほか『組織的な犯罪の処罰及び犯罪収益の規制等に関する法律の一部を改正する法律（平成18年法律第86号）』及び『犯罪被害財産等による被害回復給付金の支給に関する法律（平成18年法律第87号）』の解説(1)～(3完)」曹時59巻8-10号（2007）参照。
（注28）　旧規定下での学説の状況については，厚谷襄児ほか編『条解独占禁止法』（弘文堂，1997）479-484頁［東海林邦彦］参照。2005年改正後の問題状況については，根岸哲編『注釈独占禁止法』（有斐閣，2009）593-595頁［泉水文雄］参照。

きた。したがって，この領域で役割分担を語ることは，私人である消費者が，これらの公的セクターの役割の少なくとも一部を補完することを認めるということを含意している。

　このような私人による公共的利益の実現という要請を具体的に担う制度としては，差止請求権に注目したい。消費者法学会シンポジウムにおいては，林論文が独占禁止法上の差止請求権を[注29]，鈴木報告が景品表示法上の差止請求権を[注30]，そして丸山論文と千葉報告が消費者契約法上の差止請求権を検討した[注31]。差止請求権は，伝統的には私人が持つ絶対権侵害がある場合に認められてきた。しかし，今回の消費者法学会シンポジウムで扱われた特別法上の差止請求権は，そのような枠には収まらない。特別法上の差止請求権は，絶対権侵害を想定しているわけではないし，さらに，消費者の個別的利益侵害さえ怪しい場合でも，差止請求権が認められているからである。

　そこで林論文は，この差止請求権は，物権的請求権に基づく差止請求権，人格権に基づく差止請求権，特許権等知的財産権に基づく差止請求権，不正競争防止法に基づく差止請求権のいずれとも異なる，実体法規である独占禁止法上の固有の請求権と位置付けられるべきものと捉える[注32]。林論文はまた，この請求権は，私益の保護と同時に，公的利益保護の性格を持つという[注33]。鈴木論文は，差止請求権を消費者全体の集団的利益を保護する制度として位置付けた[注34]。千葉論文は，差止請求権を消費者の個人的利益に還元できない集団的利益を実現するために認められた権利と捉えることになった[注35]。

　細部にわたる理解についてはともあれ，これらの見解が提示する基本的方

(注29)　☞*第1部* ❻ Ⅳ1－3。
(注30)　☞*第1部* ❼ Ⅲ1。
(注31)　☞*第1部* ❺ Ⅲ1－3・*第1部* ❽ Ⅲ1－4。
(注32)　☞*第1部* ❻ Ⅳ1。
(注33)　☞*第1部* ❻ Ⅳ1。
(注34)　☞*第1部* ❼ Ⅲ1。
(注35)　千葉・前掲（注2）「消費者取引における情報力の格差と法規制」73頁。また，☞*第1部* ❽ Ⅲ2。

向には賛意を表したい。差止請求権は，もちろん，個別的利益を擁護する制度として機能しうる。しかし，それだけではなく，差止請求権は，前述のように，その効果が損害賠償とは異なり消費者全体に均霑するがゆえに公共的性格を帯びている。そのような性格によって，差止請求権は，個別消費者の具体的損害を想定しえない社会的損失に対処する法的制度として機能しうるわけである。適格消費者団体等の具体的利益が帰属しない主体による行使が理論的に可能になるのも，差止請求権のそのような性格に由来する。

もちろん，だからといって，差止請求権を無条件で認めるわけにはいかない。他方で，差止請求権は，差止めが問題となる行為主体の行動の自由を制約し，それが濫訴にわたる場合には，かえって社会的に否定的意味合いが強くなるからである。今後は差止請求権のこのような性格を踏まえて，要件論を中心とする，あるべき差止請求権の制度設計を深める必要がある。そして，そのような検討に立って，林論文が行っていたように[注36]，現行法の要件の批判的検討を深めることが期待される。

なお，以上は，「社会的損失」を想定した検討である。しかし，それらは，「拡散的利益」にも基本的には同様に当てはまることを最後に指摘しておきたい。拡散的利益は，その個別的帰属を観念することが困難であるという意味では，社会的損失と共通する性格があるからである[注37]。

(注36)　☞第1部 ❼ Ⅳ2。
(注37)　拡散的利益は，先に指摘したように，基本的には集合的利益と同質の利益と把握される。その意味で，拡散的利益は，社会的損失とは性格を異にする。しかし，それは，個別的帰属を語ることが困難という点では，個別的帰属を語ることが不可能である社会的損失との間で，ある種の共通性を見出すことができるわけである。拡散的利益については，このような両面を見ておくことが必要である。

10 集団的消費者利益とその実現主体・実現手法
——行政法学の観点から

東京大学教授　山本隆司

　本稿^(注1)の考察するテーマは次の3点である。第1に，消費者の「集団的利益」の法的性質はどのように理解されるか[→Ⅰ]。第2に，消費者の「集団的利益」を「実現」する主体の権利または権限は，どのように根拠付けられるか[→Ⅱ]。第3に，こうした主体が消費者の「集団的利益」を「実現」する法的手法は，どのように理解されるか[→Ⅲ]^(注2)。本稿は，これらのテーマを行政法総論の観点から考察すると同時に，これらのテーマに照らして行政法総論を反省することを目的とする^(注3)。これらのテーマは，商品・サービス自体の安全を求める集団的消費者利益に比し，市場での取引を巡る集団的消費者利益に関して，より複雑な検討を要するため，本稿は後者の市場取引に対象をしぼる。

(注1)　本稿は，2011年11月5日に開催された日本消費者法学会第4回大会シンポジウム「集団的消費者利益の実現と実体法の役割」にて行ったコメントの原稿に，加筆修正したものである。シンポジウムの記録は，消費者法4号（2012）に掲載されている。コメントを寄せた報告は，現代消費者法12号（2011）に掲載され，一部加除修正の上で本書に再録された次の諸論考である［☞*第1部* ❶・*第1部* ❷・*第1部* ❹・*第1部* ❺・*第1部* ❻・*第1部* ❼・*第1部* ❽］。
(注2)　*第1部* ❹ Ⅰ・Ⅲ1(2)のいう「利益帰属・代表・実現」。
(注3)　こうした方法につき，エバーハルト・シュミット－アスマン（太田匡彦ほか訳）『行政法理論の基礎と課題——秩序づけ理念としての行政法総論』（東京大学出版会，2006）7頁以下。

I 利益
――利益の保護・実現の過程におけるメタモルフォーゼ

1 個別的利益・不特定多数者の利益・公益

　まず第1のテーマである「利益」を考察する端緒として，最高裁判所が抗告訴訟の原告適格を判別する基準とする定式を挙げる。「行政法規が，不特定多数者の具体的利益を専ら一般的公益の中に吸収解消させるにとどめず，それが帰属する個々人の個別的利益としてもこれを保護すべきものとする趣旨を含むと解される場合には，このような利益も……法律上保護された利益に当た」る（最大判平成17・12・7民集59巻10号2645頁〔小田急訴訟〕）。この定式は，利益が法秩序において保護ないし「実現」されるプロセス，そしてこうしたプロセスにおける利益のメタモルフォーゼを，大まかにではあるが示唆する。すなわち，法により保護される利益は，個人ないし個別の主体に「帰属」する個別的利益（以下，「個別的利益」という），現在および将来の不特定多数の個人ないし個別主体に共通の利益（以下，「不特定多数者の利益」という），そして，こうした諸利益を衡量した結果として保護される利益（以下，「公益」という），と配列される[注4]。

2 不特定多数者の保護利益の可分性・不可分性

　法的に保護される不特定多数者の利益は性質上，個々人に帰属して個別的利益としても保護される場合と（以下，「可分的」という），個々人に帰属するとは言いがたく，個別的利益としては保護されない場合（以下，「不可分的」という）がある[注5]。消費者法を離れていうと，例えば自然保護や文化財保護の利益が，個々人の個別的利益としても保護されると解することは難しいであろう（文化財保護につき最判平成元・6・20判時1334号201頁〔伊場遺跡訴訟〕。

(注4) 　シュミット－アスマン・前掲（注3）153頁以下はそれぞれにつき，「私益」「公益」「公共善」という用語を使っている。
(注5) 　山本隆司『行政上の主観法と法関係』（有斐閣，2000）263頁以下。

第1部　集団的利益の類型論からみた救済制度の展開

自然保護法は、かつてドイツで、団体による行政訴訟が法定されていた唯一の分野であった^(注6)。消費者法の例でいうと、景品表示法に基づく表示規制により、不特定多数の消費者が商品・役務を自主的・合理的に選択する利益が保護されるが、こうした利益は消費者個々人の個別的利益としても保護されるといえよう（判例との関係は3で述べる）^(注7)。では、独占禁止法等により公正な市場競争が行われ、それに基づき商品・役務が供給されて価格が形成されることを通じて、あるいは、自然独占の分野などで市場競争の代替として公共料金等を規制することを通じて、不特定多数の消費者の利益のみならず消費者個々人の個別的利益も保護されるといえるか。こうした規制は、市場における不特定多数の消費者の利益を総括し「消費者厚生」として考慮して行われる点に特徴がある^(注8)。市場の性質上、消費者厚生は個々の消費者にとっての効用から構成されるから、こうした規制により、消費者個々人の個別的利益も保護されるものと解されよう^(注9)。

(注6)　山本・前掲（注5）378頁以下。
(注7)　*第1部* ❼ Ⅱ2(1)が消費者の利益として挙げる第1、第2の利益。さらに、中川丈久「消費者──消費者法は行政法理論の参照領域たりうるか」公法75号（2013）188頁以下（197頁以下）。
(注8)　*第1部* ❻ Ⅱ3・4・5は、独占禁止法が総厚生でなく消費者厚生を保護することを論証している。
(注9)　*第1部* ❹ Ⅱ1(1)は、「市場競争の機能不全により社会的にはマイナスが生じているものの、損害を観念することができないタイプ」の「社会的損失」を観念する一方、特急料金規整に係る近鉄特急事件［→次述3］を、「損害の観念とその個別的な帰属の確定は可能であるものの、個別の損害が軽微である」「集合的利益」が問題となる例とする。*第1部* ❻ Ⅱ1・Ⅳ3は、独占禁止法の規律により防止すべき損失を細分し、「価格が上昇［する］ことにより、需要者の一部が購入を手控えたこと（逆に言えば過小供給）により失われ［る］損失」を、「社会的損失」とする一方、「価格上昇により、需要者が競争水準より高く買わされた損失」を、「損害を観念することは可能であるものの、その個別的な帰属を確定するのが困難な」「拡散的利益」とする。これに対し*第1部* ❼ Ⅲ2(1)は、表示規制により直接実現される（注7）の利益と並び間接的に実現される第3の利益、すなわち「市場全体において適正な表示が確保されることにより、希望する品質の商品・役務が市場に提供されることについての利益」も、「私的利益として」「位置付ける理由〔が〕ある」とする。

3 実体法上の利益の実現過程における救済法上の利益および損害

　不特定多数者の利益に吸収解消されない個々人の個別的利益が実体法上（どのように）認められるか、という２の問いより細かいレベルに、救済法上の利益の問題がある(注10)。実体法上の個別的利益を（どのように）保護するように求める現実の利益が個々人に認められるか、また、個々人が実体法上の法益を侵害されたことによる損害が（どのように）認められるか、等の問題である。

　実体法上の利益と救済法上の利益との区別は、従来必ずしも明確には行われていない。例えば、判例は行政法規が消費者個々人の個別的利益を保護する性格を否定する傾向にある（最判昭和53・3・14民集32巻2号211頁〔ジュース訴訟〕、最判平成元・4・13判時1313号121頁〔近鉄特急訴訟〕）。しかし本来は、行政法規は消費者の個別的利益も保護するが、事前に救済を求める利益のある消費者個々人を特定することが困難な事例がある（ジュース訴訟——後述①）として、救済法上の利益を論じるべきであったと思われる。近鉄特急訴訟のほうは、こうした救済法上の利益を有する消費者の特定がそれほど困難とはいえず、原告適格を認める判例変更を行うことの支障の小さい事案と思われる(注11)。このように、これまで専ら個別的利益の存否として論じられてきた問題から、個別的利益の存在は前提にした救済法上の利益の存否の問題を区別することにより、個別的利益の存在が必ずしも論理の鮮明でない行政法規の解釈によって否定されなくなり(注12)、さらに以下で述べるように、行政法

(注10)　山本隆司「訴訟類型・行政行為・法関係」民商130巻4＝5号（2004）640頁以下（660頁以下）。
(注11)　東京地判平成25・3・26判例集未登載は、少なくとも居住地から職場や学校等への日々の通勤や通学等の手段として反復継続して日常的に鉄道を利用する者に、鉄道事業法による旅客運賃認可処分の取消しを求める原告適格を認めた。近鉄特急訴訟は、鉄道事業法制定前の地方鉄道法に基づく処分に係る事案であったとして、当該事案には射程が及ばないとされた。
(注12)　山本・前掲（注5）272頁注16のドイツにおける学説の指摘も参照。

規範と民事法規範の立法論・解釈論を論じるための共通の基礎になる「利益」の観念が得られるのではないか。

　消費者個々人が救済法上の利益を実際に認められることが困難な場面としては，次のような例が想定される[注13]。①消費者保護法規に違反する行為の差止めをあらかじめ求める利益を有する消費者個々人を特定することは，しばしば難しい。確かに例えば，誤認を生じさせる表示行為の差止めを求める消費者は，自分は誤認しないから却って差止めを求める利益が認められにくいというのは，言いすぎかもしれない[注14]。しかし，実体法上の利益の侵害を受けるおそれのある消費者は「拡散」[注15]しているため，消費者個々人が差止めを求める現実の利益を示しにくいという事情は否定できない。②事後的な損害賠償に関しても，契約の無効に伴う損害でない限り，消費者保護法規に違反する行為による具体的な損害の存在を消費者が示すことが難しい場合がある[注16]。③さらに，救済の利益や損害を示すことが法的に困難とはいえないとしても，事業者と消費者との間における情報や交渉力の格差（消費契約1条），あるいは，消費者個々人の被害が少額の場合に権利保護手続をとるコストの大きさゆえに，事実上，個々人による差止めや損害賠償の請求が難しい場合もある。

4　民事実体法の保護法益としての不特定多数者の利益

　本書の表題にある「集団的消費者利益」を以上の思考枠組みに位置付けるとすれば，「法的に保護された不特定多数の消費者の利益」ということになろう。ここまで見てきたように，行政法規であれば基本的には，行政機関の行為規範の形式をとり，直接には不特定多数者の利益を保護することが目的と

(注13)　☞第1部 ❶ Ⅱ1。
(注14)　☞第1部 ❼ Ⅳ1（注33）。
(注15)　第1部 ❶ Ⅱ1(1)は，消費者の「集団的利益」を「社会的損失」「拡散的利益」「集合的利益」に分けて議論すべきことを説く（具体的には注9）。個々人が個別的利益を実現することが法的に，あるいは事実上困難なさまざまな状況を表現する概念として，興味深い。
(注16)　☞第1部 ❼ Ⅳ2。

される。ただ、行政処分の第三者の原告適格（行訴9条2項）等を認めるためにあえて、判例は、行政法規が個々人の個別的利益も保護する旨の解釈を求めてきた[注17]。逆に、消費者を保護する民事法規は、従来当然に、個々の消費者の個別的利益を保護する法規範と解されてきた。興味深いのは、近時、民事法規が、個々人（個々の消費者）の個別的利益を不特定多数者（不特定多数の消費者）の利益としても保護するものとして、立法化され、あるいは解釈される動向が見られることである。こうした行政法規と逆の動向は（矛盾する動向という意味ではない）、民事法規が保護する個別的利益を個々の消費者が実現することについて、救済法のレベルで困難が生じていることから［→3］、後述するように消費者団体や行政機関に消費者を保護する権利・権限を認めるために［→Ⅱ］、生じているのである。

例えば、消費者契約法8条以下の不当条項に関する規定は、不特定多数の消費者に対する約款の規制の趣旨を含む[注18]。また、同法4条の消費者取消権に関する規定は、個々の消費者の意思表示の瑕疵というよりは、事業者が「取引の『場』（状況、関係）」を不公正に設定することを禁じ、「事業者の行為態様」を規律するものと分析されている。そして、特に行政法規で（も）ある経済法規との「連続性」が説かれている[注19]。こうした規定は、個々人の個別的利益のみならず、不特定多数者の利益も保護するものと解することが可能であり、適格消費者団体による差止請求の対象とされている[注20]。

(注17) この「個別保護要件」を厳格に要求することに対しては、学説上批判がある［☞*第1部* ❹ Ⅱ 1 (2)］。
(注18) *第1部* ❺ Ⅱ 1 (3)は消費者契約法の不当条項規制について、「意思的関与の希薄さや選択行動の限界が構造的に払拭できないゆえに、原則として、その他の個別事例における主観要件を問題とせず、1次的には、当該条項について、あるべきリスク分配・権利義務関係からの正当な理由なき逸脱を基準に類型的・客観的にその不当性判断が行われる」とする。
(注19) ☞*第1部* ❽ Ⅱ 2。また*第1部* ❺ Ⅱ 3は、「消費者契約法の不当条項規制と独占禁止法における優越的地位の濫用規制……との近似性」を指摘する。

5　事後的な契約の効力否定または民事損害賠償の基礎となる不特定多数者の利益

　この例のように事前の差止請求の根拠としては，個々の消費者を保護する規範ないし当該規範により事業者に課される義務を，基本的にはそのまま，不特定多数の消費者を保護する規範ないし当該規範により事業者に課される義務に読み替えられる可能性がある。これに対し，事後的な契約の効力の否定や損害賠償等を根拠付ける場合には，個別の消費者および消費者と事業者との個別の関係を考慮する必要があり，そのようなシンプルな読替えができない。しかし，契約の効力の否定や損害賠償等を個別の消費者ごとに根拠付ける規範から，不特定多数の消費者の利益を保護する部分を抽出し，事業者が不特定多数の消費者に対し契約の効力を否定されることや損害賠償義務を負うこと等を根拠付ける法的原因ないし要件事実を想定することはできる。確かに，効力を否定される契約や損害賠償を請求できる消費者は，事後なので，論理的には（いわば神の目から見れば）特定される。しかし，現実の手続過程では，対象となる契約や被害者をすべて完全に特定して示すことは不可能な場合がある。法的にも，これらの完全な特定をしない手続過程を構想し，「不特定多数」の消費者を観念することが許されよう。

　消費者裁判手続特例法は，特定適格消費者団体による「共通義務確認の訴え」を定めるために，「消費者契約に関して相当多数の消費者に生じた財産的被害について，事業者が，これらの消費者に対し，これらの消費者に共通する事実上及び法律上の原因に基づき，個々の消費者の事情によりその金銭の支払請求に理由がない場合を除いて，金銭を支払う義務を負うべきこと」（2

（注20）　**第1部 ❺ Ⅲ2**は，「不特定多数の消費者への被害の広がりの蓋然性を定型的に語れる事業者の行為類型にリンクさせる形で，〔適格消費者団体による〕差止訴訟の範囲を拡大していくことは立法判断としてはありうる」とする。また**第1部 ❺ Ⅲ3**は，不当条項に関し，差止めや損害賠償の成立の可能性の「抽象的・類型的」判断と，契約の有効性や損害賠償責任の成否や範囲の個別事情を踏まえた判断とを区別する。前者はいわば不特定多数の消費者も保護する規範への違反，後者は専ら個別の消費者を保護する規範への違反ともいえよう。両者の区別につき，☞**第1部 ❷ Ⅳ4**。

条4号）という要件事実を抽出しており，不特定多数の消費者の利益も保護する規範と解しえよう。

II　権利・権限
——個人の自由権と参政権との間における団体の権利・行政機関が不特定多数者の利益を主張する権限

1　利益と権利

そこで，以上のような利益を実現する権利ないし権限を認められる主体に話題を移す。考察にあたり，「民主主義と三権分立と自由主義」の枠組みが重要であることは，すでに指摘されている通りである[注21]。

一般論として，「個別的利益」を実現する実体権は当該個別主体に認められ，当該個別主体には実体権を裁判により実現する可能性が保障される（いわば「自由主義」）。他方で，「公益」を最終決定する権限と責任は基本的には国ないし地方公共団体の機関が有する。個人には，こうした機関の組織形成に関与する権利（選挙権），またはこうした機関の活動を監視する権利（情報公開請求権等）が認められ，やはり裁判による実現を保障される（「民主主義」）。権利は，古典的な定義によれば「意思力」と「利益」とから構成されるが，個別的利益が権利に必須の要素とされるわけでは必ずしもない[注22]。

2　不特定多数者の利益を実現する個人および団体の権利の構想[注23]

問題は，個別的利益と公益とのいわば中間に位置する「不特定多数者の利益」である。こうした利益を実現する権利を構想するとすれば，次の2つの方法が考えられる。第1に，個人の個別的利益を補充ないし強化するものとして，不特定多数者の利益を当該個人が主張する権利を認める方法，第2に，

（注21）　☞第1部❶ II 2。

第1部　集団的利益の類型論からみた救済制度の展開

諸個人が不特定多数者の利益を主張するのに適した団体を形成し，こうした団体に不特定多数者の利益を主張する実体権および訴権を認める方法[注24]である。第1の方法の例としては，私鉄特急料金値上認可に対し，通勤定期券を購入している鉄道利用者が取消訴訟を提起する原告適格を認め，取消判決のいわゆる絶対的効力[注25]を承認する場合が挙げられる（Ⅰ3の近鉄特急訴訟の事例。ただし最高裁はそもそも原告適格を否定している）。これに対し，消費者個人による権利行使の限界［→Ⅰ3］に対処する場合には，第2の方法を構想することになる。この場合，団体は，国や地方公共団体のように対立する諸利益を衡量・調整して「公益」について決定する役割そのものを担うわけではないものの，自由主義・民主主義の基礎となる個人を超える法的力を付与されることにはなる。したがって，自由主義・民主主義と調和を図るために，こうした団体は，粉飾なく当該不特定多数者の利益を主張する能力・適格性と，当該団体の目的に賛同する個人であれば加入を認める等の公開性とを，備える必要がある。公私協働論，公益実現の「ネットワーク」論

(注22)　例えばG・イェリネクの説につき，山本・前掲（注5）125頁以下。Axel Halfmeier, Popularklagen im Privatrecht: Zugleich ein Beitrag zur Theorie der Verbandsklage (2006), 3.Kap.は，民事の団体訴訟の基礎に権利および請求権を認めず，団体訴訟を「民衆訴訟」の一種としての「アクチオ法上の権限」と説くが，公権，ないし公権と私権との共通の概念基盤を軽視していないであろうか。これに対しEva Kocher, Funktionen der Rechtsprechung: Konfliktlösung im deutschen und englischen Verbraucherprozessrecht (2006), S.367f., S.482f.は，消費者団体訴訟の基礎に「集合財」としての「超個人的利益」を「代表」する「権利」を認める。
　　　公権に関しても，Michael Reiling, Zu individuellen Rechten im deutschen und im Gemeinschaftsrecht: Ein Vergleich ihrer Gründe, Ermittlung und Durchsetzung (2004), S.198ff.は，私益が集合化（Aggregation）されて公益になるという両利益の連続性ゆえに［→Ⅰ1］，利益の性質決定だけで権利の有無を判定できず，法が利益を当該主体に「割当て（Zuweisung）」ていることが権利の要件になるとし，ドイツの現状として具体的には，利益の対象が個々人に帰属すること，利益の対象に対する保護および侵害が「直接」行われること，不利益（の可能性）が「特定」できること等が考慮要素とされている，と分析する。こうした認識を前提にして自説を展開させたのが，（注27）のKrüperである。
(注23)　以下4までにつき，山本隆司『判例から探究する行政法』（有斐閣，2012）456頁以下。
(注24)　ここでは当然，「利他的団体訴訟」［☞*第1部* ❹ *Ⅴ*］を想定する。
(注25)　山本・前掲（注23）409頁以下。

で，指摘されている論点である（注26）（注27）。

こうした不特定多数者の利益を主張する権利を団体に認める点において，消費者法は先導的な法分野である。すでに消費者契約法12条は，適格消費者

（注26）　山本隆司「行政の主体」磯部力ほか編『行政法の新構想Ⅰ行政法の基礎理論』（有斐閣，2011）89頁以下（101頁以下）。

（注27）　なお，環境保護等の「自主規制」を行う取り決めを国との間で結ぶ事業者団体の法的地位をstatus negativus cooperationisと称するLothar Michael, Rechtsetzende Gewalt im kooperierenden Verfassungsstaat: Normprägende und normersetzende Absprachen zwischen Staat und Wirtschaft（2002），S.320ff.になぞらえれば，ここでの消費者団体の地位はstatus positivus cooperationisといえようか。

Johannes Masing, Der Rechtsstatus des Einzelnen im Verwaltungsrecht, in: Hoffmann-Riem/ Schmidt-Aßmann/ Voßkuhle（Hrsg.），Grundlagen des Verwaltungsrechts, Bd.1, 2.Aufl.（2012），§7 Rn.68f., Rn.112ff.は，個人の参政権を充実させる「監視権」ないし「監視者的地位（status procuratoris）」の拡充を説く。しかし，一足飛びにそれだけを説くよりは，利益の実現プロセスにおける不特定多数者の利益を手がかりにするほうが，権利の拡充を自由主義と民主主義の古典的枠組みと接合させつつ均衡をとって行う方法として，確実ではないかと思われる。実際にMasingは結局のところ，監視権の拡充を立法者に求めるにとどまっている。

また，Julian Krüper, Gemeinwohl im Prozess: Elemente eines funktionalen subjektiven Rechts auf Umweltvorsorge（2009），§4, §5, §7は，個々人に帰属する利益を自ら主張する実体的権利と並び，国が公共善を実現する際に十分に表出されない利益（例えば，将来世代の利益を含む環境利益）を主張するなど，公共善を実現するために私人が国と協働する「機能的（funktional）権利」を説く。機能的権利は，民主的参加の要素をもちstatus activus cooperationisと表現される。この説は，一方で個人的権利およびこうした権利を保護する裁判所の役割という古典的観念から離れないために，①私益が集合化して公益になるという両者の連続性（（注22）参照），②機能的権利が個人的実体的権利を有する主体に認められるという意味で，前者の権利が後者の権利に付従する点（連邦イミシオン防止法5条1項1文1号により保護された主体が同2号の実現を主張することが想定されている。両規定につき山本・前掲（注5）265頁）③権利行使が義務づけられるのではなく個人の選択に委ねられ，権利行使に伴うリスクも個人が負う点を，指摘する。他方で，公権力の行使が私人に過剰に委ねられるとの懸念に対し，機能的権利は訴訟手続により法の適用を裁判所に求めるものにとどまり，行政による法執行を促すものではあってもそれに代わるものではない点を指摘する。個々の指摘は示唆に富むが，私益・公益・公共善の関係，および，協働の諸段階・諸形態を，より体系的に明確に示して権利論に取り入れることが課題であろう。

Eberhard Schmidt-Aßmann, "Gemeinwohl im Prozess", in: Gedächtnisschrift für W.Brugger（2013），S.411ff.（421ff.）は，個人の利益保護の要素をもたない権利の存在を認めつつ，MasingやKrüperの見解は権利の基本形から離れすぎないか危惧を表明し，むしろ「私益」と「公益」（その意味につき（注4）参照）の境界が理論的に強固なものでないことに着目して，保護規範の柔軟な解釈により権利の範囲を拡張することを主張している。なお（注30）参照。

団体に差止請求・差止訴訟を認めており，さらに消費者裁判特例法3条により，特定適格消費者団体には共通義務確認訴訟の提起も認められることになる。こうした団体は「公益」の決定を行うわけではないから，訴訟の追行を1団体に限って認める必然性はない。ただし日本では，裁判所の判断がまちまちになることを防ぐために，ある団体による訴訟につき確定判決等があった場合に他の団体による請求ないし訴訟を制限する立法政策をとっている（消費契約12条の2第1項2号，消費裁判9条）。

3　不特定多数者の利益を権利化する実質的根拠
　　——法益主張の機会の均衡

　2で挙げたいずれの方法にせよ，不特定多数者の利益を実現する権利を構想する根拠は，次の2点にある。第1に，消費者法の分野でいえば独占禁止法など経済法の発展に見られるように，法秩序の保護対象が個別的利益から不特定多数者の利益に拡張ないし重心移動していることに対応して，個人の権利および裁判所の権能も拡張ないし補足するべきである。さもなければ，個人の法的地位および裁判所の権能がマージナル化する危険がある。第2に，事業者の利益と消費者一般の利益のように，個別的利益と不特定多数者の利益とが対立する法関係において，前者の主張の機会が十分保障され，前者の主張は会社等の団体にも認められる一方で，後者の主張の機会が十分には保障されないとすると，実体法上保護された諸法益の間で，それらを実現する手続における不均衡が生じ，広い意味で武器対等の原則に反する[注28]。なお，訴訟手続において一方当事者が不特定多数者の利益を主張する構図は，対審構造にも適合する。

（注28）　Sabine Schlake, Überindividueller Rechtsschutz: Phänomenologie und Systematik überindividueller Klagebefugnisse im Verwaltungs- und Gemeinschaftsrecht, insbesondere am Beispiel des Umweltrechts（2008）は，「公共善から分派化された利益が裁判により貫徹される可能性が〔法的に，または事実上〕弱い状態を除去する」「機能」を，「個人の権利保護を超える適法性保障」のための団体訴権等が有することは認めるが（S.482），本文の意味における武器対等の原則が憲法上基礎付けられることは否定する（S.67f.）。

ことは，容易でない[注33]。

　行政機関においても，事業者・消費者間の情報や交渉力の格差を埋めるように，消費者個々人の個別的権利の行使を補助して事業者と交渉すること，裁判外紛争解決手続を主宰すること（例えば，独立行政法人国民生活センターによる相談・あっせんと重要消費者紛争解決手続），およびその延長といえる範囲で消費者個々人の権利行使を支援することは（行政手法研報告書第2・3⑴イ），可能である。行政の「民事不介入の原則」が少なくとも硬い原則でないことは，近時多くの学説が強調している[注34]。しかしさらに，行政機関が消費者個々人の個別的権利（特に，性質上当然に個別的権利となる損害賠償請求権）を主張して訴訟を提起・追行することまで制度化すると，やはり消費者個々人の権利行使に対する介入となるおそれがある[注35]。また，行政機関が，特定の消費者個人の個別的権利を充足するように事業者を義務付ける行政処分を，通常の行政処分の手続により行う制度は，消費者個々人に対する介入の問題に加えて，事業者から見て行政処分の公平中立性を疑われるおそれもある。行政機関に関しても，消費者個々人の個別的権利の行使の補助を超える行為としては，次に述べるように不特定多数の消費者の利益を保護する制度を，構想することになろう。ただし，不特定多数の消費者にとって重要な案件を判別することの困難さは，前述の団体の場合と同様である。

6　不特定多数の消費者の利益を明確に表出する行政機関の権限・役割

　では，行政機関が不特定多数の消費者の利益を保護する権限の制度設計

（注33）　消費者契約法2条4項の「不特定かつ多数の消費者の利益」の解釈について，☞第1部 ❷ Ⅲ 4。
（注34）　山本隆司「行政による紛争解決手続──序論的考察」ソフトロー研究14号（2009）25頁以下（26頁以下）。独占禁止法違反に対する民事的救済において一定の援助制度が必要なことにつき，☞第1部 ❻ Ⅳ 3。
（注35）　Jochen Bernhard, Kartellrechtlicher Individualschutz durch Sammelklagen: Europäische Kollektivklagen zwischen Effizienz und Effektivität（2010），S.55f.は，損害賠償に係る父権訴訟について，「憲法により保護される私法上の処分権主義と両立しない」とする。

は，どのように考えられるか。

　現行法上は，国や地方公共団体の行政庁が不特定多数の消費者の利益を保護するために，特定の事業者に対し違法行為を禁止する制度が一般的である（例えば，近時の法改正による制度として，消費安全40条4項以下）。これを延長させて，行政庁が違法行為を行った事業者に対し，不特定多数の消費者に対する損害賠償等の回復措置を命ずる行政処分の制度も考えられる。しかし，このような回復措置命令は，定型化できる措置の命令を除くと[注36]，内容が抽象的になるため，実効性に疑問がある[注37]。行政手法研報告書は，こうした命令の制度を正面からは取り上げず（第2・4(1)），行政庁が消費者に発生した被害額を認定して事業者に相当額の供託を命じる制度を提案している（第2・3(1)ウ）。これは機能上，特定適格消費者団体による仮差押命令の申立て（消費裁判56条）に対応する制度と解される。ただし，やはり実効性をどう担保するか，さらに，その後の手続をどうするか（いつまで供託させ続けるのか）という問題が指摘されており，より複雑な制度を構築しなければ成り立たないようにも思われる。

　これに対し，国や地方公共団体の行政機関は不特定多数の消費者を保護するために，事業者に対し差止めや回復措置を求めて出訴し，事業者の違法行為の最終的な認定は裁判所に委ねる，つまり行政機関は検察官役と割り切る制度設計もありうる（行政手法研報告書は，独占禁止法70条の13に基づく緊急停止命令，金融商品取引法192条に基づく禁止・停止命令，労働組合法27条の20に基づく緊急命令を例示する）。この場合，行政機関は，「公益」［→Ⅰ１］の決定を行うのではなく，（特定）適格消費者団体と同様に，「不特定多数者の利益」を

(注36)　中川丈久「消費者被害の回復――行政法の役割」現代消費者法8号（2010）34頁以下が，安全分野におけるリコール命令を手がかりに考察している。

(注37)　Christian Alexander, Schadenersatzanspruch und Abschöpfung im Lauterkeits- und Kartellrecht: privatrechtliche Sanktionsinstrumente zum Schutz individueller und überindividueller Interessen im Wettbewerb (2010), S.465ff.は，ドイツの競争制限防止法に関し，法違反者に対するカルテル庁の措置命令（同法32条2項）として，被害者に対する損害賠償を命じられないかを検討し，被害者自身の権利および権利行使との関係で困難が生じること等を理由に，結論としては否定する。そして，行政庁が違法収益の範囲内で賠償請求権を保全する仮差押等の制度の導入を検討すべきとする。

補助して当該利益を明確に表出する権限ないし役割を担うことになる。このような権限ないし役割を法定することは，消費者利益のように，法の実現手続において当該法益が対立する他の法益に比して十分表出されていない場合には，巨視的に見て法益の均衡を図る措置として正当化され［→3］，行政の中立性の要請に反しないと考えられる[注38]。また，行政機関が行政目的で出訴することは，最高裁判例によれば「法律上の争訟」ではないが，特別に法定すれば可能である（最判平成14・7・9民集56巻6号1134頁）。具体的な手続に即していえば，行政機関による民事（訴訟）手続の利用という手法は，損害賠償請求権のような民事法上の個別的権利のきめ細かな規律[注39]に適しているとも考えられる。ただし，行政手法研報告書は，このように行政機関が不特定多数の消費者の利益を表出する訴訟を提案しておらず（第2・4(2)の「被害回復」制度の検討は，行政庁が個別の被害者の請求権を主張して出訴することを想定しているようである），こうした訴訟を前提にしないため，行政庁による保全命令の申立ても考えがたいとしている（第2・3(1)ア）。ただ，行政庁による事業者の破産手続開始申立ては積極的に提案しており（第2・3(2)），これが，不特定多数の消費者の利益を表出する権限・役割を行政庁に認める制度の提案と解される。

7　不特定多数の消費者の利益を保護する団体の権利と行政機関の権限との関係

4までで基礎付けた不特定多数の消費者の利益を保護する団体の権利と，6で分析した行政機関の権限との関係は，どう捉えるべきか。まず単純にいって，団体，行政機関とも消費者保護のために使用できる資源が不足している現状からは，できる限り団体の権利と行政機関の権限とを併存させるべきではないかと思われる。行政機関は団体と異なり調査権限を備えている，あるいは立法により備えうるから，特に悪質な事業者に対応するためには，

(注38)　☞*第1部* ❹ Ⅳ1(1)。山本・前掲（注5）381頁以下。
(注39)　山本・前掲（注5）322頁以下。

行政機関の権限が不可欠であろう。他方，日本の行政機関は，裁判所に出訴する制度の下でも［→6］，自ら行政処分を行う場合と同様に，慎重に事業者の行為の違法性を判断したうえで出訴することが予想される。つまり，行政庁が私権について裁判所の判断を経て慎重に決定する制度のように運用するのではないかと思われる。これに対し団体は，各団体それぞれの観点から，新たな問題を提起するような訴訟を提起する能力が高い。したがって，団体は，行政機関とは異なる観点をもって，行政機関と緩やかに役割分担を行うことになると思われる[注40]。

III 法的手法
――違法収益の剥奪と制裁・賠償との関係[注41]

1 違法収益の剥奪の法的性質

以上では，消費者の利益を実現する手法の典型と見られる，違法行為の差止め[注42]と違法行為による損害賠償請求を念頭に置き議論を進めてきた。最後に，消費者利益の実現手法として，消費者保護法規に違反する行為を行った事業者から，違法行為によって得た収益を剥奪する法制度について考察する。こうした制度を日本でどのように構想し構築することができるか，そし

(注40) *第1部* ⑤ III 2は，「事件掘り起こし的な独占禁止法違反の判断を適格消費者団体がなしうるのかといった手段としての実効性・適合性が問題となる」，「悪質商法の機動的な停止・財産保全や独占禁止法違反の判断等は，適格消費者団体の活躍の余地を否定する趣旨ではないものの，行政機関が実効的介入をなしうる領域ではあろう」，と指摘する。Michailidou (Fn.32), S.252, S.360は，行政機関がしばしば業務の過重ゆえに，また財政状況を理由に，重大な違法行為に対してしか行動しないこと，消費者利益に対立しうる社会経済的諸利益の実現も担っていること，政治的圧力にさらされること，非効率なこと等から，行政機関による出訴という手法は団体訴訟との関係で例外的な位置付けにとどめるべきとする。
(注41) 本章については，消費者法の領域に限定しない基礎的な考察を行う別稿を（山本隆司「行政制裁に対する権利保護の基礎的考察」磯野弥生ほか編・宮崎良夫先生古稀記念論集『現代行政訴訟の到達点と展望』〔日本評論社，2014〕）用意しており，以下の叙述はスケッチにとどまることをお断りする。

て，剥奪した違法収益を，損害賠償請求権を有する消費者個々人に分配できるか，という問題である。この点については，独占禁止法違反に対する課徴金の制度を巡ってすでに行われている議論が参考になるので，この制度を素材にして検討する。

 かつては独占禁止法違反に対する課徴金の制度の法的性質が，違法収益の剥奪と説明されていた。しかし，なぜ国が違法収益を剥奪する権限を持ちうるかを，もう一歩突っ込んで説明する必要がある。まず，違法収益は，消費者個々人に認められる損害賠償，不当利得返還等の請求権の総額として計算されるわけではなく[注43]，違法収益を剥奪する国は，消費者個々人に代わって個々の請求権を行使するわけでもない。「不特定多数の消費者」の損害を賠償請求する制度として，違法収益の剥奪を性格付けることも困難である。理論上，違法収益を剥奪しても，不特定多数の消費者の損害が全部は回収されないからである[注44]。では，不特定多数の消費者のための準事務管理や，不特定多数の消費者の損失による不当利得という法律構成により，違法収益の剥奪を性格付けられるか。確かに準事務管理や不当利得の法理は，違法収益の剥奪を構想する際に参考になる。しかしこれらの法理は，特定の個々人に帰属する権利を前提にしており，「不特定多数者の利益」に当てはめるのは，比喩にとどまる[注45]。結局，違法収益の剥奪は，違法行為により生じた社会

(注42) 第1部❻Ⅳ2は，独占禁止法24条の差止請求の要件である「著しい損害」について検討し，消費者団体訴訟においては，それを不要としている。これを必要とする見解には，最判平成7・7・7民集49巻7号2599頁（国道43号線訴訟）を引用し，差止めの要件は損害賠償の要件より加重されており，高度の違法性を要する旨を理由にするものがあるようである（違法性段階説）。しかし，同判決は国家賠償法2条を供用関連瑕疵（塩野宏『行政法Ⅱ行政救済法〔第5版補訂版〕』〔有斐閣，2013〕342頁）に適用した事案であり，同法2条は無過失責任の定めであるうえ，供用関連瑕疵による賠償は，公の施設により特別の犠牲を被った者に対する損失補償に近い部分があり，いわば要件がもともと緩和されている。したがって，同判決を根拠に差止めの要件のほうを加重することは不当であろう。さらに，景品表示法10条による差止請求の対象の限定（4条1項3号の事由が除外されている）に対する批判として，☞第1部❼Ⅱ2(1)（注5）。
(注43) Kocher (Fn.22), S.410.
(注44) 第1部❻Ⅱ2の明晰な分析によれば，例えば，独占禁止法違反の場合，死重損失は，「集団的消費者利益」に含まれるが，事業者に移転する損失ではない。Vgl. auch Bernhard (Fn.35), S.12.

における財産状態（場合により市場条件）の不公平を，将来に向けて（完全な回復には至らないにせよ）改善して公正な状態にする措置というほかなかろう。つまり，将来に向けて具体的な現状を公益に適合するように維持または変更する，通常の行政作用と同じ法的性格を持つのではないか[注46]。

2　行政制裁の法的性質・経済的抑止に機能特化した行政制裁

しかし，独占禁止法上の課徴金は，違法収益そのものを計算して金額を決定されていたわけではない。金額が違法収益を超えないように計算されていたとはいえるかもしれないが，この点も，2005年の法改正により課徴金の額が引き上げられたため，もはや妥当しない。そのため，独占禁止法上の課徴金は，違法収益の剥奪を1つの主要な量定基準とする一種の制裁とする説明が有力になっている[注47]。そうすると今度は，行政機関が私人に制裁を課しうるか，および，制裁と違法収益の剥奪とはどのような関係に立つか，という点が問題になる。

この問題に関して，近時は，行政機関が制裁を課す権限を正面から認める代わりに，行政機関による制裁にも，責任主義など，刑事制裁に適用される法理による統制を及ぼす正当な見解が有力化している[注48]。ただし，刑事制裁は行政機関が課しえないとすれば，行政機関が課しうる制裁（以下，「行政制裁」という。裁判所が課すことも排除されない）とは何か，刑事制裁とどのように異なるかを明らかにする必要がある。この点は，必ずしも明晰に説明さ

(注45)　Hans-W.Micklitz/ Astrid Stadler, Unrechtsgewinnabschöpfung: Möglichkeiten und Perspektiven eines kollektiven Schadenersatzanspruches im UWG (2003), S.101f., S.118f.; Alexander (Fn.37), S.442.

(注46)　違法収益剥奪制度の趣旨として，*第1部* ❶ Ⅱ 3・*第1部* ❽ Ⅳ 1 は，「公正な市場に回復」させることを挙げ，*第1部* ❷ Ⅱ 2 は，「取引の無益化」と「同種取引の抑止」を挙げる。Alexander (Fn.37), S.487f.は，競争法上の違法収益の剥奪の意義として，違法行為への経済的な誘因を除去する一般抑止・特別抑止，および，競争の淘汰機能の回復を挙げる。

(注47)　宇賀克也『行政法概説Ⅰ行政法総論〔第5版〕』（有斐閣，2013）257頁。

(注48)　佐伯仁志「わが国の行政制裁体系」同『制裁論』（有斐閣，2009〔初出・1998〕）7頁以下，佐伯仁志「独占禁止法改正と二重処罰の禁止」同書（初出・2005）113頁以下。

れているとはいえないが，次のように説明できるのではないか。刑事制裁は違法行為者を，全体としての国法秩序，国法秩序一般に違反した者として非難する意味を持つのに対し，行政制裁は違法行為者を，国法秩序のうち特定の一部の法制度に違反した者として非難する意味を持つ。そのため，刑事制裁は一般の法秩序における違法行為者の活動を全面的に制限する自由刑を含むが，行政制裁はこうした人身の自由の制限を含みえない。そして，行政制裁の中でも，違法収益の剥奪を1つの主要な量定基準とする行政制裁は，違法行為の経済的な誘因を除去する経済的な抑止・経済的なディスインセンティブに機能を特化させた制裁と解される（違法収益の剥奪に限定されるわけではない）[注49]。念のためにいえば，抑止機能は，刑事制裁も有し，また，それだけでは不利益の賦課を強制する法的理由にならないと解されるから，抑止機能により行政制裁の制裁としての法的性質が否定されるわけではない。

3 二重処罰禁止法理の基礎にある比例原則の適用

2のような制裁の区別は，二重処罰禁止の法理を従来よりきめ細かく適用するために資するであろう。もっとも判例は，独占禁止法上の課徴金は「行政上の措置」であるから，刑罰と併科しても憲法39条後段に違反しないとする（最大判昭和33・4・30民集12巻6号938頁を引用する最判平成10・10・13判時1662号83頁）。学説上も近時は，刑事制裁と行政制裁との併科には憲法39条後段を適用せず，刑罰と課徴金を合わせて過剰な不利益にならないかを比例原則に照らして審査すればよいとする学説が有力になっている[注50]。

しかし，憲法39条後段の二重処罰禁止の法理は，複数回の手続により処罰を行う必要性を厳格に要求する比例原則を基礎にしたものと解するべきであり，二重処罰禁止の法理と比例原則とを切り離して理解するべきではなかろう[注51]。刑事制裁と行政制裁を併科する場合も，次のように（制裁全体の合計

(注49)　塩野宏『行政法Ⅰ行政法総論〔第5版補訂版〕』（有斐閣，2013）242頁以下にいう「違反金」。
(注50)　佐伯・前掲（注48）20頁以下・123頁以下。

ではなく）それぞれの制裁の必要性を，制裁間の目的・内容の差異を考慮して審査する形で，比例原則ないし柔軟化された二重処罰禁止の法理を適用するべきであろう。すなわち，行政法規違反を要件とする刑事制裁は，当該行政法規の形成する特定の法制度に違反したことを非難する意味も包含するから，それにもかかわらず同一の行政法規違反を理由として行政制裁を併科する必要性は認められず，併科すれば二重処罰禁止の法理の基礎にある比例原則に違反するのではないか。こうした疑義に対し，行政制裁の中で経済的抑止を基準ないし内容として課されるものは，刑事制裁と併科する必要性が認められ，ただ，科された刑事罰のうち経済的抑止の機能を持ち機能が行政制裁と重なる部分（支払われた罰金額）を，行政制裁から差し引く必要がある（判例はこのような条件を付けておらず，独占禁止法7条の2第19項・51条の調整は中途半端なものにとどまっている），ということができよう。

4　賠償との調整の必要性と賠償のための配分可能性

以上の基礎的考察に基づき，消費者法分野における違法収益の剥奪に関する立法論に話を進める。行政手法研報告書は，違法な収益の吐き出しの制度を提示したうえで，違法収益額の主張・立証が実際上困難であるという問題を指摘している（第2・4(2)）。この制度は，1で述べた通常の行政作用としての違法収益剥奪の制度と見られる。この制度の1つの特徴は，不特定多数の消費者の利益を主張する適格を有する団体が［→Ⅱ2］，裁判所に違法収益吐き出し命令を申し立てる制度設計も考えられる点にあろう[注52]。報告書は行政庁による実現のみを想定して，行政庁が裁判所に出訴する手続とともに，行政処分により違法収益の吐き出しを命ずる手続を示唆するが，Ⅱ6で述べたように立法論としてはどちらも考えられる。しかしいずれにせよ，指摘されているように，違法収益額の算定の困難という実務上の問題は残る。

（注51）　Eberhard Schmidt-Aßmann, in: Maunz/ Dürig, GG Komm.(Stand:1992), Art.103 Abs.3 Rn.277ff.
（注52）　☞第1部 ❺ Ⅳ1・第1部 ❽ Ⅳ4。

その点で言えば，報告書が重点を置いて検討する，行政庁が違法行為を行った事業者に「賦課金」を課す制度のほうが実際的である（第2・2(1)）。この制度は，2・3で述べた経済的抑止に機能特化した行政制裁と見られる。ただしこの制度には，責任主義等の刑事制裁に適用される諸法理も，刑事制裁より柔軟な態様ではあるにせよ及ぶ点に，注意を要する。

　通常の行政作用としての違法収益の剥奪の制度と，賦課金の制度とを併存させることも考えられるが，両制度の趣旨から，二重払いを要求することは正当化できない。賦課金が徴収された場合，その分の違法収益の剥奪はできず，違法収益の剥奪が行われた後で賦課金が課された場合は，違法収益剥奪分を賦課金の支払いとして繰り入れるべきことになろう。また，通常の行政作用としての違法収益の剥奪はもちろん，経済的抑止に機能特化した行政制裁としての賦課金についても，制度の趣旨から，被害者である消費者個々人に対し損害賠償ないし不当利得返還が行われた場合，その額を差し引いて徴収し，すでに徴収が行われていれば，その額を返還すべきことになろう。そうであるとすると，すでに徴収された違法収益または賦課金を，被害を受けた消費者に分配することも，これらの制度の趣旨に適うといえる[注53]。問題はむしろ，どのような基準・手続により分配を行うかという点にあろう。

（注53）　以上のような調整の必要につき，☞*第1部* ❻ Ⅳ3・*第1部* ❽ Ⅳ4。

第1部　集団的利益の類型論からみた救済制度の展開

11　消費者取引と優越的地位の濫用規制[*]
——搾取規制と独占禁止法

名古屋大学教授　**林　秀弥**

I　優越的地位の濫用規制と消費者取引
——問題の所在とこれまでの議論状況

　本稿は，競争法のうち，優越的地位の濫用規制について，その消費者取引への適用可能性を論じるものである。優越的濫用規制の消費者取引への適用可能性を検討する実益として，次のような1つの仮想事例を考えたい。すなわち，ある電力会社と取引しているほとんどの消費者にとって，当該電力会社との取引の継続が困難となれば消費生活上大きな支障を来すため，当該電力会社が当該消費者にとって著しく不利益な取引条件の提示等を行っても，当該消費者がこれを受け入れざるをえない状況にある，すなわち，当該電力会社が当該消費者に対し，その取引上の地位が優越している状況にあるという場合，当該電力会社がそのような状況を奇貨として，当該消費者に対して，当該取引条件の変更とその理由について必要な情報を十分に開示して説明することなく，一方的に当該取引条件の変更を消費者に迫るような行為に仮に出た場合，その独占禁止法違反を問う前提として，優越的地位の濫用規制の

---

[*] 本稿は，林秀弥「消費者取引と優越的地位の濫用規制——行動経済学と競争法」NBL 981号（2012）105頁を改稿したものである。すなわち，原論文のうち，本稿のテーマにとって不要な叙述を削除したうえで，新たに優越的地位の濫用規制に関する経済学的根拠について加筆したものである。なお，本稿に対しては，栗田誠教授（千葉大学大学院法務研究科）および稗貫俊文教授（北海学園大学法科大学院）より懇篤なご教示をいただいた。記して謝意を表する。

11 消費者取引と優越的地位の濫用規制

消費者取引への適用可能性一般についてその可否を論ずる意味が存するのである(注1)。

優越的地位の濫用と消費者取引については、1953年の旧一般指定10項の運用時にすでにそれを示唆する公正取引委員会（以下、原則として「公取委」という）の答弁がある。すなわち、土地の販売業者が土地の購入者に対して建築業者を指定して建築請負契約の締結を義務付ける行為に対する独占禁止法上の取扱いについて1980年5月7日の第91回衆議院建設委員会第15号では、公取委の奥村栄一第一審査長（当時）は優越的地位の濫用にかかる規定を使って規制するということをすでに考え方として打ち出していた(注2)。

また、独占禁止法研究会報告書「不公正な取引方法に関する基本的な考え方」（昭和57年、以下、「独禁研報告書」という）(注3)では、「自由な競争の確保」、「競争手段の公正さの確保」、「自由競争基盤の確保」という3つの条件が保たれていることを公正な競争秩序と観念し、このような競争秩序に対し悪影響を及ぼすおそれがあることをもって、公正競争阻害性とみる考え方を提示し、優越的地位の濫用規制で問題となる「自由な競争基盤の確保」については、「取引主体が取引の諾否及び取引条件について自由かつ自主的に判断することによって取引が行われているという、自由な競争の基盤が保持されていること」とされている。しかし、この独禁研報告書は明らかに事業者間の取引を念頭に置いているように思われる(注4)。すなわち、自由競争基盤の侵

（注1）　なお、東京電力による家庭用電気料金値上げ申請については、2012年5月10日の消費者委員会による「委員長声明（家庭用電気料金値上げに係る認可申請について）」を参照。関連して、河上正二「公共料金について」ジュリ1442号（2012）62頁、および同「公共料金について（続報）――東京電力家庭用電気料金値上げ申請」ジュリ1443号（2012）68頁をあわせて参照。公正取引委員会「東京電力株式会社に対する独占禁止法違反被疑事件の処理について」（2012年6月22日）、同「電力市場における競争の在り方について」（2012年9月21日）。

　　ただし、本文で述べた仮想例については、事業法による料金規制の有無によって評価は変わってくる。すなわち、一般家庭向け電気料金は自由化されておらず、経済産業大臣による認可に係らしめられているため、現実に、優越的地位の濫用規制の適用が当面問題となることはないことには十分留意する必要がある（その意味で上述の例はあくまで仮想例である）。公正取引委員会による東京電力に対する上記注意の事案は、自由化対象ユーザー向けの料金設定であり、電気事業法上の価格規制がない分野である。

239

害を「事業活動上の自由意思の抑圧」と捉え，取引の相手方の競争機能の発揮の妨げとなる行為と位置付けているように見受けられる。また近時出された，公取委による優越的地位の濫用規制に関するガイドライン（以下，「ガイ

（注2）　「土地の販売業者が，その販売する土地に建築する建物につきまして，自己または自己が指定する特定の第三者と建築請負契約を締結することを購入者に義務づけるというふうなことがございます。こういった場合に，土地購入者が，将来何年かいたしまして建物を建てようとした場合に，ほかに安い価格による建築請負契約ができる，そういう安い建築業者のいることがわかりましても，それとの契約ができないというようなことが起こるわけでございます。こういうふうに，土地の販売業者が土地の購入者に建築業者を指定して，それを拘束するといいますか，強制するというようなことになりますと，建築業者間において競争がなくなるというふうな問題，また逆に，土地購入者が建築業者を選ぶことができなくなる，そういった点から独占禁止法上問題ではないかというふうに考えられるわけでございます」（1980年5月7日第91回衆議院建設委員会会議録第15号11頁）。ただし，この種の取引は，いわゆる抱き合わせの一種であり，優越的地位の濫用として位置付けられるかについては若干の疑義が残る。しかし，仮に抱き合わせであっても，市場競争の減殺（建築業者間において競争減殺）を問題にしているのみならず，消費者の選択肢を狭め，結果として不当に高い建築物を買わされることを問題にしているものとして捉えられているのであり，消費者取引への優越的地位の濫用規制の適用を念頭に置いているものとみることも，あながち的外れではないように思われる。ただし，建築条件付土地取引は広く行われていることもあって，独占禁止法上，これが規制された例はない。

（注3）　田中寿編著『不公正な取引方法――新一般指定の解説』別冊NBL 9号（1982）100頁。

（注4）　例えば，同報告書「第1部2　公正競争阻害性の基本的な考え方」の(5)「自由競争基盤の侵害については，次のように考えることができる」として，次のような記述がある。

　「ア　取引主体の自由かつ自主的な判断により取引が行われるという自由競争基盤の保持の侵害としてとらえるものであり，これは優越的地位にある事業者が，取引の相手方に対して，①取引するかどうか（取引先選択の自由），②取引条件の自由な合意，③取引の履行・事業遂行の自由という，事業活動上の自由意思を抑圧し，不当に不利益な行為を強要することによりなされる。

　これらの侵害は，市場における自由な競争そのものを直接侵害するおそれがあるものではないが，当該取引の相手方の競争機能の発揮の妨げとなる行為であり，このような行為は，第1に，不利益を押し付けられる相手方は，その競争者との関係において競争条件が不利となり，第2に行為者の側においても，価格・品質による競争とは別の要因によって有利な取扱いを獲得して，競争上優位に立つこととなるおそれがある」（傍点筆者）。また，「第2部9　取引上の地位の不当利用」の項では，「(2)……当事者の事業規模，それぞれが属する市場における構造的な地位を考慮することを要する」としており，取引の相手方が，事業者ないし市場競争の主体であることを前提にしていると受け取れるような書き方になっている。

ドライン」という）^(注5)においても，「優越的地位」の概念^(注6)やその公正競争阻害性の判断^(注7)において，事業者間の取引を念頭に置いているように見受けられる。

これに対して，2002年の公取委「消費者取引問題研究会報告書」^(注8)では，優越的地位の濫用規制を消費者取引に適用するかどうかということについて，正面から論点として取り上げられている点で注目すべきものである。すなわち，そこでは，中途解約が難しいことなど，消費者に対する情報・交渉力の格差に乗じて，消費者の取引先（事業者）変更の可能性が制限されている継続的なサービス取引において，事業者が不当な契約条項を定めたり，取引開始後に一方的に消費者の不利益となるよう契約内容を変更する行為（一方的不利益行為）について，独占禁止法の一般指定平成21年改正前14項（優越的地位の濫用）の適用や平成21年改正前独占禁止法2条9項5号（取引上の地位の不当利用）に基づく特殊指定，特別法の立案について引き続き検討することが謳われていた^(注9)。

そもそも，消費者取引における優越的地位の濫用の根拠となる公正競争阻害性をどのように捉えるべきか。この点について，独禁研報告書で打ち出された「自由競争基盤の侵害」とは，取引主体が取引の諾否・取引条件について主体的な判断を行うことが自由競争の基盤であるのに，それが侵害される

(注5) 公正取引委員会「優越的地位の濫用に関する独占禁止法上の考え方」（2010年11月30日）。
(注6) ガイドラインでは，「甲が取引先である乙に対して優越した地位にあるとは，乙にとって甲との取引の継続が困難になることが事業経営上大きな支障を来すため，甲が乙にとって著しく不利益な要請等を行っても，乙がこれを受け入れざるを得ないような場合である」（第2の1後段）（傍点筆者）としている。
(注7) ガイドラインでは，優越的地位の濫用の公正競争阻害性について「自己の取引上の地位が相手方に優越している一方の当事者が，取引の相手方に対し，その地位を利用して，正常な商慣習に照らして不当に不利益を与えることは，当該取引の相手方の自由かつ自主的な判断による取引を阻害するとともに，当該取引の相手方はその競争者との関係において競争上不利となる一方で，行為者はその競争者との関係において競争上有利となるおそれがあるものである。このような行為は，公正な競争を阻害するおそれがある」（第1の1）（傍点筆者）としている。
(注8) 消費者取引問題研究会報告書『消費者政策の積極的な推進に向けて』（2002年11月14日，公正取引委員会）。

ことをいうものである。これは,「自由な競争の確保」,「競争手段の公正さ」の確保を可能ならしめる前提条件である。公正な競争を価格および品質による競争すなわち能率競争として捉え,市場におけるこのような能率競争を阻害するおそれを公正競争阻害性として捉える今村成和教授に代表される説と,個別的な取引における抑圧性それ自体を公正競争阻害性とする正田彬教授に代表される説を中心にさまざまな見解が主張されてきたのは周知の通りであるが,今村説においては,具体的には,①取引方法自体が非難に値するもので,これを放任しておくことが,公正な競争秩序を維持していくうえで,好ましくないという場合,②公正な競争の基盤は自由な競争にあるから,自由競争を困難ならしめるような経済力の集中または特定の事業者の市場からの排除を生ずる場合,に公正競争阻害性が認められるとする[注10]。これに対して,正田説では,公正競争は競争参加者に,①競争の要因たるべき事項について自主的な判断に従って事業活動を行いうる状態,すなわち競争機能を

(注9) 消費者取引問題研究会報告書では,「消費者に対する一方的不利益行為については,独占禁止法第2条第9項第5号(取引上の地位の不当利用)の問題として独占禁止法が適用可能か,また,独占禁止法で十分対応できないとすればどのような法的枠組みが適切かを検討することが必要となる」として,次のような考え方を示していた。すなわち,「消費者の取引先変更可能性が制約されている場合には,一方的不利益行為を行う事業者は,消費者に対して優越的な地位にあると捉え,独占禁止法の一般指定第14項(優越的地位の濫用)の規定を適用できるとの考え方がある。一方,独占禁止法の一般指定第14項は,事業者間取引を念頭に置いたものであるため,特に不公正な取引方法の中心的な概念である『公正な競争を阻害するおそれ』(公正競争阻害性)の捉え方の観点から,消費者取引に適用することは困難であるとの考え方もある。

このように消費者取引への独占禁止法の一般指定第14項の適用については異なった見解があるが,消費者に対して一方的不利益行為を行う事業者は,価格・品質による競争とは別の要因によって不当に有利な地位を獲得して,消費者に適切にサービス等を提供する事業者に比し,競争上不当に優位に立つこととなると考えることができる。このような考え方に立てば,消費者に対する一方的不利益行為について,独占禁止法の一般指定第14項を適用する余地があり,適切な事案に対しては,同項を適用することを検討していくことが考えられる」。他方で,「独占禁止法の一般指定第14項を適用する余地があるものの,消費者取引における一方的不利益行為に有効に対応するためには,独占禁止法第2条第9項第5号(取引上の地位の不当利用)の規定を根拠として特殊指定を定めたり,特別法を立案するなど,新たな法的枠組みを設けることも適当であると考えられるが,その場合には,次のとおり,検討すべき事項は多く,更に議論を深め,考え方を整理する必要がある」として,現在に至るまで議論は先送りされたままである。

(注10) 今村成和『独占禁止法〔新版〕』(有斐閣,1978)94頁以下参照。

自由に発揮しうる状態が保たれると同時に，②企業の能率，製品の価格・品質などを巡って行われる競争行為によって構成される自由な競争の状態をいうものであり，これに対応して，①事業者の自主的な競争機能の自由な行使を阻害すること，および②競争行為が，当該取引に固有な事項について行われていない場合，事業者の能率競争を否定するような競争方法が用いられる場合に公正競争阻害性が認められるとする。これは，優越的地位の濫用を不公正な取引方法の典型，ひいては「公正競争阻害性」を有する行為の典型とみる立場である。独禁研報告における上記3類型は，今村説の①および②と正田説[注11]を有機的に統合したものである。このうち「自由競争基盤の侵害」の類型は正田説を今村説にいう公正競争阻害性と関連付けて取り入れたものである。この沿革に鑑みても，優越的地位の濫用で問題となる「自由競争基盤の侵害」類型は，個別的な取引における抑圧性それ自体を公正競争阻害性と捉えるため，濫用事業者とその競争者との間の競争，あるいは濫用を受ける事業者とその競争者との間の競争への影響を公正競争阻害性の判断において考慮することは考えなくていいはずである[注12]。取引関係において優越的地位（これについては後述する）が存在するときに，かかる優越性がなければ課しえなかったであろう不利益を取引の相手方に課すこと（すなわち搾取）それ自体に，公正競争阻害性があると解される[注13]。独禁研報告やガイドラインの表現にある「事業活動」「事業経営上」「事業規模」といった文言は，優越的地位の濫用規制の適用を画する限定と読むべきではなく，あくまで例示と解すべきである[注14]。独占禁止法の優越的地位の濫用の定義規定である2条9項5号には，「相手方」とあるのみであって，この文言から鑑みるに取引の相手方はこと「事業者」に限定されるものではなく，消費者取引に適用するうえでの文理上の制約はないと思われる[注15]。

(注11) 正田彬『全訂独占禁止法Ⅰ』（日本評論社，1980）307頁以下参照。
(注12) 神宮司史彦『経済法20講』（勁草書房, 2011）302－303頁における「優越的地位の濫用の規制は，取引上の地位の格差自体の解消を目指すものではなく，格差から生じる弊害を個別に排除しようとするものである。ここでいう弊害とは，直接的には，取引の相手方である事業者が受けている不利益であって，市場における競争の阻害ではない」（強調引用者）との指摘は，正鵠を得ている。

Ⅱ　優越的地位の濫用規制に関する経済学的根拠

　優越的地位の濫用規制を消費者取引に適用するうえでの独占禁止法上の文理上の制約はないとしても，そのことが，経済学上正当化されるかはまったく別である。独占禁止法上は，優越的地位の濫用規制は，取引当事者のうち「優越的地位にある」当事者が，その地位を「濫用」した取引を行う結果として公正競争を阻害するおそれがある場合に，その当事者の取引行為を問題とする点に特徴を見出すことができる。独占禁止法の他の規制と異なり，この規制においては取引を行う当事者間の取引関係そのものの公正競争阻害性を問題にしているからである。このことは対消費者取引であっても変わらない。

　しかし，経済学的には，情報が完備で当事者間の取引費用がゼロであり，取引が第三者に影響を与えることがないときには，一般に取引当事者双方が取引から利益を得ることになると考える。2人の当事者が交渉を行って取引

(注13)　すなわち，取引主体が取引の諾否および取引条件について自由かつ自主的に判断することによって取引が行われることが自由競争の基盤であり，優越的な地位にある事業者が取引の相手方に対して事業活動上の自由意思を抑圧する行為は，この基盤を侵害するものである。この見地に立つならば，本来は，個別的な抑圧行為があれば，不当性の要件も充足されるはずであり，当該行為の対象となる取引事業者の数，行為の継続性・反復性・伝播性，および行為が組織的，制度的なものかといった要素の総称であるところの「行為の広がり」は，公取委の事件選択の基準にすぎない。金井貴嗣『独占禁止法〔第2版〕』（青林書院，2006）172頁および，舟田正之『不公正な取引方法』（有斐閣，2009）558頁を参照。なお，本文で書いたように，「優越性がなければ課しえなかったであろう不利益を取引の相手方の課すこと（すなわち搾取）それ自体に，公正競争阻害性があると解すべきである」という点は，公取委の実務ではまったく採られていない解釈であることは自認せざるを得ず，学説上も賛否が分かれている。
(注14)　本文でみたように，そもそも法令の文理を離れて（独占禁止法上は「相手方」としか規定されていないのであって），それ自体法的拘束力のない独禁研報告書やガイドラインから，法令の適用範囲につき追加的・創設的な限定を付加することは許されないと解すべきであり，また，解釈指針にすぎないそれらの行政文書を法令におけるように厳密に文理に即して解釈しても詮ないことである。
(注15)　白石忠志「消費者契約法と独禁法――不当条項の無効化と優越的地位濫用の禁止」ジュリ1200号（2001）100頁参照。

を行うケースを考えよう。情報が完備で取引費用がゼロであれば、交渉の当事者は結合利潤を最大にするように交渉を行おうとするであろう[注16]。交渉は、それを通じて達成される結合利潤が交渉決裂の際に達成される結合利潤を上回る（下回る）ときに成立（決裂）すると考えることができる。すなわち、当事者Aと当事者Bの間で行われる交渉において、A・Bが交渉を通じて達成できる結合利潤をΠ、当事者Aの交渉決裂時の利益をΠA、当事者Bの交渉決裂時の利益をΠBとすると、$\Pi - \Pi A - \Pi B$がプラスのときに交渉が成立し、当事者A・Bはそれぞれ、

(1)　Aの利潤 ＝ $\Pi A + \gamma [\Pi - \Pi A - \Pi B]$　（1 a）
(2)　Bの利潤 ＝ $\Pi B + (1-\gamma)[\Pi - \Pi A - \Pi B]$　（1 b）

　　　　　ただし、γは当事者Aの交渉力を示す。

の利潤を得ることになる。上式(1)は、交渉が成立し取引が主体的な形で行われるときには、両当事者ともに（交渉が決裂して取引が行われないときに比べて）プラスの利益を享受することを示している。加えて、この事実は両当事者の交渉力の程度に大きな非対称性が存在するときにすら成立する。したがって、情報が完備で取引費用が無視しうるほど小さいときには、経済学的観点から優越的地位の濫用規制を正当化することはできないのである[注17]。この理由のために、多くの経済学者は優越的地位の濫用規制に対して否定的なスタンスを採るのである[注18]。

それゆえ、優越的地位の濫用規制の正当化根拠を見出すためには、上記の議論の前提が満たされない局面を考察する必要があるということになる。そ

(注16)　2人の当事者が結合利潤を最大にするように交渉を行う結果として、両当事者間にさまざまな取引形態上の工夫が生じることに注意する必要がある。それゆえ、現実に観察される多くの取引慣行（例えば、長期継続的取引・キックバック等）は、この意味で結合利潤を最大にする制度上の工夫と理解できる。
(注17)　当事者間の分配上の考慮が優越的地位の濫用規制の正当化根拠として想起されるかもしれない。この種の分配上の考慮によって、(1)式の当事者間の交渉力γをある値以下（以上）にしようとする政策は、明らかに両当事者にメリットのある取引を抑制する可能性を持ち、望ましい帰結を生まない。加えて、この種の規制は事前的にも望ましい取引を抑制する効果を持ち、経済学的には正当化されないことに注意する必要がある。

こでまず，情報が完備でなく取引費用が無視しえないものとなるときに，どのようなことが生じうるかを考えよう。消費者取引はまさにこのような局面が問題となるからである。情報が完備でないときには，将来時点の契約履行時に生じうるあらゆる事態を事前の契約に盛り込むことができないため，事前に当事者間で合意される契約は包括的・抽象的なものとなるであろう。今，こうした状況下において，当事者Aが取引に先立って当事者間の取引にしか有用にならない関係特殊的資産（relation-specific assets）への投資を行うことが必要であると考えよう。当事者Aは関係特殊資産への投資を行った事後においては，当事者Bとの間での交渉ポジションの大幅な低下を経験することになるだろう。このことを認知した当事者Bは，当事者Aの交渉ポジションの低下につけ込んで自らの利益を大きくしようとする行動（機会主義的行動）をとることになる。この種の機会主義的行動を予想する当事者Aは，当事者Bの機会主義的行動の原因となる関係特殊資産への投資を抑制する可能性を持つ。関係特殊資産への投資が社会的に有益なものであるとき，こうした投資の抑制は効率性を大幅に低下させることになるのである。

若杉隆平教授[注19]や伊藤元重・加賀見一彰両教授[注20]は，上のように情報の不完備性の下で当事者Bによる機会主義的行動が，当事者Aをホールドアップさせ効率性を低下させるときには，優越的地位の濫用規制が効率性の低下の問題を解消させる可能性を持つことを明らかにした[注21]。

彼らは，優越的地位の濫用規制が当事者Bによる事後的な機会主義的行動

(注18) この種の批判の典型的な議論として，三輪芳朗『日本の取引慣行——流通と消費者の利益』（有斐閣，1991）が有益である。
(注19) 若杉隆平「不公正な取引方法に関する規制(1)不当廉売及び優越的地位の濫用・下請取引」後藤晃＝鈴村興太郎編『日本の競争政策』（東京大学出版会，1999）。
(注20) 伊藤元重＝加賀見一彰「企業間取引と優越的地位の濫用」三輪芳朗＝神田秀樹＝柳川範之編『会社法の経済学』（東京大学出版会，1998）。
(注21) ただし，松村敏弘「優越的地位の濫用の経済分析」日本経済法学会年報27号（2006）90頁以下が指摘するように，関係特殊的資産への過小投資の問題は，優越的地位の濫用規制のような強行法規ではなく，関係当事者間の取引に関する任意法規で十分対応可能である。このように理解するときには，ホールドアップ問題の解消策として優越的地位の濫用規制を根拠付けることは不可能となる。

を抑制する役割を果たし，これを通じて当事者Aによる関係特殊資産への過小投資の問題を解消させると論じたのである。こうした観点に立てば，優越的地位の濫用規制を運用するためには，取引を行う当事者間に関係特殊資産が存在し，当事者がこの種の資産にコミットしていることが必須条件となることになる。

それゆえ，経済学的にはあくまでホールドアップ問題によって生じた社会的に有用な関係特殊資産への過小投資の問題こそが解消されるべき重要な事項であって，決して事後的な当事者間の交渉ポジションの是正が解消されるべき事項ではないことに注意しなければならない。この見地からすると，対消費者取引に優越的地位の濫用規制を適用することについて，情報の不完備性や取引費用の存在を前提としたとしても，経済学的に正当化される範囲は相当限定されているといわざるをえない[注22]。

ただ，当事者間の取引が第三者に影響を与える（外部効果を持つ）場合には，当事者間での取引が取引当事者以外の第三者の経済行動に大きな影響を与え，これを通じて社会全体の経済厚生が変化する可能性がある。よく知られているように，この種の第三者への効果が当事者間で行われる交渉に内部化されないときには，経済学的にも交渉の帰結は効率性を達成できない。この点は，優越的地位にある取引当事者の行動が取引当事者以外の経済主体に悪影響を与えるときには，そうした行動が社会的にみて（効率性の観点からも）望ましくないものとなることを示唆しており，優越的地位の濫用規制の有力な根拠となる可能性を持つことを意味している。典型的には，優越的地位の濫用は，優越的地位を有する買い手が買い手独占力を行使しようとする局面で生じる。この問題は，本稿のテーマと乖離するためここでは取り扱わない。

(注22) それゆえに，林秀弥「行動経済学と競争法」[☞**第3部 ❷**] では，OECD〔2006〕Roundtable on Demand-side Economics for Consumer Policy: Summary Report〔DSTI/CP〔2006〕3/FINAL〕やFederal Trade Commission, Conference on Behavioral Economics and Consumer Policy, Washington, DC〔Apr. 20, 2007〕を手がかりに，法と行動経済学の観点からの介入の正当化を試みようとしたのである。

要するに，経済学的には，交渉は交渉当事者間の結合利潤を最大にするような形で行われ，(1)式で表現されるような帰結をもたらすのであった。(1)式は，各当事者の利潤が自らの交渉力や交渉決裂時の利益（outside option）が増加するときに増大し，交渉相手方のoutside optionが増加するときに低下することを示している[注23]。一般に，交渉の帰結を変化させる交渉力やoutside optionの変化が交渉当事者のみに影響を与えるときには，その効果は交渉の帰結に反映されて内部化されることになる。しかし一方で，これらの変化が交渉当事者以外の経済主体に影響を与えてその行動を変化させるときには，その効果は交渉の帰結に反映されず交渉を巡って第三者効果（外部効果）が発生することになる。それゆえ，優越的地位の濫用がこの種の第三者効果を生み出すときには，交渉が効率的に行われていたとしてもその帰結は必ずしも社会的な厚生を引き上げることにはならない可能性が生じることになる。

しかし，このような第三者効果は，従来，優越的地位の濫用規制では慮外の要素であるように思われる。前述のように，優越的地位の濫用規制は，2当事者間の相対的優越性に基づく「濫用」を問題とするものであり，それは実質的には，取引の自由に対する侵害を問題にするものであった。ここでは，第三者効果は考慮外にある。第三者効果で問題となる，市場全体における行為の影響は，こと対消費者取引では，一層希薄である。この意味でも，優越的地位の濫用規制の消費者取引への適用可能性を積極に解する本稿の見地からは，残念ながら，第三者効果の点から経済学的正当化を図る余地は相当限定されているといわざるをえない。

（注23）　以下で見るように，交渉の帰結にとって，こうした交渉決裂時に獲得できる利益（outside option）は極めて重要な役割を果たす。outside optionが大きいことは，「交渉の席を蹴った」ときにも「失うものは少ないこと」を意味する。しばしば，「失うものが少ない」交渉当事者が交渉上極めて強い立場に立つのはこのためである。

Ⅲ 消費者取引における事業者の「優越的地位」の捉え方

さて，本題に戻って，優越的地位の濫用規制の消費者取引への適用可能性を肯定するに際し，消費者取引における「優越的地位」をどのように捉えるべきか[注24]。ガイドラインでは，被濫用者の取引依存度，濫用者の市場における地位，被濫用者の取引先変更の可能性，その他被濫用者にとって取引することの必要性を示す具体的事実を優越的地位の認定に当たって総合的に考慮するとされている（取引必要性説）。このうち，取引先変更の可能性こそが決定的に重要であり，その他の要因は，究極的には，取引先変更可能性を判断するための要素とみることができる。消費者の一般的属性から，消費者が事業者に従属した地位に置かれていると断言することには問題がある[注25]。これから取引に入ろうとする消費者は取引の相手方となりうる複数の候補者から取引の相手方を選択するのが通常であり，この点に鑑みれば，一般的には取引先を変更できる可能性が限定されているとはいえない[注26]。「他に代替的契約条件を提示する事業者がいないというような例外的事例」[注27]があれば格別[注28]，そうでない限り，「消費者と事業者との間の情報の質及び量並びに交渉力の格差」（消費契約1条）といった消費者の置かれている一般的状況あるいは消費者の一般的属性から，独占禁止法でいう事業者の「優越的

(注24) 独占禁止法の通説的見解では，「自己の取引上の地位が相手方に優越していること」（独禁2条9項5号）すなわち「優越的地位」とは，個別の取引関係において一方が他方に相対的に優越することにより相手方に不当に不利益を課しうるような取引上の地位（相対的優越性）で足りるとされている。
(注25) 内田耕作「消費者取引と優越的地位の濫用規制(2)」彦根論叢347号（2004）30頁。
(注26) 内田・前掲（注25）30頁。
(注27) 白石・前掲（注15）103頁。
(注28) そのような「例外的事例」の場合には，取引必要性説でも優位的地位を十分説明できよう。何となれば，そういった事例では，例えば濫用者の市場における地位が非常に支配的であったり，あるいは被濫用者のロックイン効果が強く働いていたりするのが通常であると思われるからである。

地位」を認めることには慎重であるべきである。それは次の理由に基づく。

　公取委による優越的地位の濫用規制に関するガイドラインでは,「優越的地位」を「甲が取引先である乙に対して優越した地位にあるとは,乙にとって甲との取引の継続が困難になることが事業経営上大きな支障を来すため,甲が乙にとって著しく不利益な要請等を行っても,乙がこれを受け入れざるを得ないような場合」と定義している。この定義に即していうならば,消費者にとって特定の事業者の取引の継続が困難になることが,事業経営上というかどうかはともかく,大きな支障を来すかといえば,いわゆる消費者被害の事案では,そうしたケースはごく限られるであろう（そのようなレアなケースとして,冒頭Ⅰで述べた電力会社による一般家庭向け電気料金の値上げの事例が考えられる）。何となれば,いわゆる悪徳商法に関わる典型的な消費者被害事例の場合には,消費者は下請取引のように「取引の継続」を希望しているのではなく,むしろ当該取引を一刻も早く解消したい（にもかかわらずそれができないで困っている）のが通常であろう。とすれば,対消費者取引においては,「取引必要性」が強いかどうかの基準を満たす意味において,事業者の優越的地位を認めることは困難である。むしろ,消費者取引における優越的地位とは,一旦契約してしまった消費者の解約可能性として「取引先変更可能性」を構成し,取引期間が比較的長期にわたり,契約期間の途中で消費者が中途解約を行うことが法律上あるいは事実上困難な場合も含めて捉え直すことが必要ではなかろうか。

　では,情報の非対称性は事業者の優越的地位を基礎付ける事実といえるであろうか。消費者契約法がその1条において「消費者と事業者との間の情報の質及び量並びに交渉力の格差にかんがみ」としており,また経済法学においても優越的地位の濫用規制を情報の不完全性による市場の失敗との一類型と位置付ける有力説[注29]があることから問題となる。この点について,千葉恵美子教授は,事業者が消費者に適切な情報を提供したからといって,適切

（注29）　大録英一「優越的地位の濫用と取引上の地位の不当利用」駿河台法学15巻2号（2002）130頁。

な選択を消費者に期待できないとすれば、事業者と消費者の間に情報力の点で格差があることは、取引への介入の根拠・規制の必要性を基礎付けるとしても、このことから直ちに消費者に取消権を付加する点まで正当化することはできない旨指摘され[注30]、この認識が妥当であろう。情報の不完全性[注31]によって強行法規による介入が正当化される可能性はあるが、正当化できるのは限定的な状況のみである。そもそも情報の非対称性を取引上の地位の格差をもたらすものであると位置付けることは可能であるとしても、情報の非対称性それ自体の解消を目的とすることは、優越的地位の濫用規制の趣旨ではない。優越的地位の濫用に対する排除措置命令（行政処分）の主文は、かような情報の偏在をなくす形での内容とはなりえず、情報の偏在それ自体の解消を目指すことは、優越的地位に基づく「濫用行為」を規制するという現行法の枠組みと齟齬を来すように思われる[注32]。仮に情報の非対称の解消を目指すのが法（優越的地位の濫用規制）の目的だとするのであれば、取引の中身への介入ではなく、情報の偏在をなくすことのほうが規制内容とされるべきだからである。

IV　事業者間取引と消費者取引

以上のように、情報の非対称性に着目した「消費者契約」と（消費契約1条）と取引先変更の可能性に着目した「優越的地位」との間には、概念の懸隔がある[注33]。

これは、事業者間取引を念頭に置いた優位的地位濫用規制と交渉力の格差

(注30)　☞第1部 ❽ II 1。
(注31)　情報の不完全性とは、情報の非対称性を含むが、将来の情報の欠如のために契約がうまく作れないような場合も含み、契約の不完備性の原因の総称である。大録・前掲（注29）130頁参照。
(注32)　ただし、情報の非対称性の解消自体を目的とすることはできないとしても、濫用行為の再発防止のためには優越的地位の背景に存在する情報の非対称性を是正することが必要であると認められる場合には、情報の非対称性を是正する排除措置を命じることはできると考える。

を基本とした消費者取引規制の違いでもある。すなわち，事業者間取引の優位的地位濫用規制とは基本的には取引の継続を前提として，取引上の不利益を排除する仕組みである[注34]。下請取引における親事業者と下請事業者の関係はその典型である。これに対して，消費者取引に係る排除措置としては，取引の継続を前提として取引条件を変更するものでは実効性のある措置たりえず，契約の解除（取引関係の解消）や不当な契約条項の削除・変更などの排除措置を求めることが必要である。取引の「継続」を前提とするか取引の「解消」を前提とするかで，同じ優越的地位の濫用規制が適用されるといっても，事業者取引と消費者取引とには，排除措置のあり方に自ずと違いがあることに留意する必要がある。

V　結語

本稿では，消費者取引に対する優越的地位の濫用規制による対処の可能性について論じた。独占禁止法はその目的規定（1条）において「一般消費者の利益を確保」しという文言を設けているが，そこでいう消費者は，生身の消費者像ではなく，極度に抽象化された「消費者」である[注35]。競争法の悪性とは，消費者に被害を与えることであるものの，ここでいう「消費者」に対する被害（「社会的損失」や「拡散的利益の侵害」）[注36]とは，個々の消費者の具体的な個別的利益にとどまらない，まさに集団的消費者利益に対する侵

(注33)　白石・前掲（注15）100頁参照。
(注34)　もちろん，優越的地位の濫用については，公正競争阻害性が認められれば，結果的に1回限りのものであっても，継続的・反復的なものであっても違反となりうる（独占禁止法2条9項5号イロは「新たに継続して取引しようとする相手方」を含むことに注意せよ）。他方，取引上の地位の優位性・劣位性は取引交渉の場において容易に生じやすいことから，優越的地位の濫用に対する課徴金制度については，取引交渉を萎縮させないよう謙抑的な制度とする必要性が高い。そこで，継続的・反復的な違反行為については，競争秩序に与える影響が顕著化・恒常化するものであり，これを抑止する政策的必要性はより高いものといえるため，「継続してするもの」に限り（独禁20条の6括弧書），課徴金の対象とされた。継続性の要件を，独占禁止法2条9項5号ではなく，同法20条の6に規定しているのはかような趣旨に基づく。

害と形容すべきものである^(注37)。これに対して，消費者法における消費者は，先にみた消費者契約法1条において述べられているように，より具体的な消費者像を想定しているように思われる^(注38)。本稿は，競争法と消費者法における，いわば消費者像の架橋を試みようとした。そして優越的地位の濫用規制は，独占禁止法にある規制としては，最もその架橋にふさわしい例ではないかと思われる。優越的地位の濫用規制の消費者取引への適用可能性を検討したのは，かかる理由に基づく。

(注35) 消費者の被る被侵害法益の類型を，①個々の消費者への帰属の確定が可能な「個別的利益」に加えて，②「社会的損失」，③「拡散的利益」，④「集合的利益」に分類するなら，「競争秩序」との関係で独占禁止法上問題となる損失は，第1に，②の「社会的損失」，すなわち，市場競争の機能不全により社会的には厚生損失（潜在需要の喪失）が生じているものの，損害を観念することができないタイプである。また，③の拡散的利益，すなわち，損害を観念することは可能であるものの，その個別的な帰属を確定するのが困難なタイプも独占禁止法上問題となる。例えば，不適正な表示により不当な需要が喚起されることによって効率的で公正な取引秩序（市場機能）が阻害される場合，例えば①適正な表示により，商品・役務の選択について自主的かつ合理的な判断をすることについての利益の侵害，ⓘⓘ市場全体において，適正な表示が確保されることにより，希望する品質の商品・役務が市場に提供されることについての利益の侵害である。特に「社会的損失」においては，そこで被害を受ける消費者ないしその利益は極度に抽象化されている。詳しくは，☞**第1部❻**。泉水文雄「消費者と競争政策」公取725号（2011）2頁もあわせて参照。

(注36) 前掲（注35）参照。なお，消費者政策と競争政策に関する最近の状況については，「特集・消費者行政と競争政策」公取740号（2012）に掲載された一連の論稿を参照。また，競争秩序と民法秩序の関係については，「特集・日本私法学会シンポジウム資料：競争秩序と民法」（NBL 863号〔2007〕39頁以下）に掲載された一連の論稿を参照。

(注37) 最近の米国Leegin事件の連邦最高裁判決意見は，「反競争的効果」を「消費者に損害を与える」ことと同一視し，「競争を促進すること」を「消費者の最善の利益になること」と同一視している。Leegin Creative Leather Products, Inc. v. PSKS, Inc., 127 S. Ct. 2705, 2713（2007）.

(注38) ところで，景品表示法が，公取委から消費者庁へ移管されたことに伴い，改正により，同法の目的が「公正な競争を確保し」から「一般消費者による自主的かつ合理的な選択を阻害するおそれのある行為の制限及び禁止を定めることにより」に変更され，これに伴い，実体規定における「公正な競争」についても「一般消費者による自主的かつ合理的な選択」に変更された。改正前の景品表示法が，不公正な取引方法の特別法として，公正競争阻害性を要件としていたことは，この要件の希薄化を招いたと思われる。景品表示法改正は，景品表示法の消費者法としての「純化」であり，それ自体は適切なことであったと考える。消費者庁への移管が適切であったかどうかは別問題である。

第1部　集団的利益の類型論からみた救済制度の展開

12 不当条項規制における裁判官の役割に関する一考察
—— フランス法における議論

法政大学准教授　大澤　彩

I　本稿の問題意識

　2000年の消費者契約法成立，さらには2006年の適格消費者団体訴訟制度導入以降，多くの裁判例で契約条項の不当性判断がなされている。ここでは，訴訟において条項の不当性判断を行っている裁判官が，不当条項規制の担い手としての重要な役割を果たしていることになる。判決を通じて条項を事後的に排除するのはもちろん，判決を受けた事業者の自主的な条項削除・改定を促すこととなっている。

　この点について，フランスではより一歩踏み込んだ役割が裁判官に期待されている。具体的には，消費者が自己の請求を裏付けるため，または，防御理由としてその攻撃防御方法を用いていない場合であっても，裁判官が職権でその契約の無効原因を摘示することができるかという問題が，特に2000年代以降議論されてきた[注1]。仮にこのような職権を認めるとなると，契約内容への裁判官の介入は最低限度でなければならないという原則や裁判官は紛争解決において中立でなければならないという原則と正面から衝突する可能性があるが，それでも消費者保護という価値を実現するために裁判官への期待が高い。

　本稿はこの問題について不当条項規制の場面に絞って紹介する。その際，

（注1）　Raymond (G.), *Droit de la consommation*, 2ᵉ éd, Litec, 2011, n°897, p.452.

裁判官の職権による消費法典規定違反の摘示を認めた消費法典L141-4条が設けられた2008年の消費法典改正を中心的な素材とする。本稿が扱う素材はフランス法の議論にすぎず，日本法に直接示唆を与えるものではないかもしれないが，消費者法の実効性を図るうえで従来明示的にはそれほど意識されていなかった裁判官の役割について，その実体法的・手続法的限界も含めて新たな視点を提示する点で1つの比較法資料となるものと思われる。

以下，まず2008年の消費法典改正前の学説・裁判例を概観し［→Ⅱ］，2008年の消費法典改正によって設けられた消費法典L141-4条の意義と限界について述べる［→Ⅲ］。そのうえで，2008年改正以降に頻出する欧州司法裁判所裁判例を通して，消費法典L141-4条の，さらには裁判官の職権行使の意義と限界について示す［→Ⅳ］。なお，紙幅および筆者の能力の都合上，本稿ではもっぱら不当条項規制における裁判官の役割に関する近時の立法・裁判例および民法・消費者法学説を扱い，一般的に裁判官の職権について論じる手続法の議論には必要な限りで触れるにとどめる。

Ⅱ 裁判官への職権付与に至るまで
──2008年の消費法典改正前

1 前提──裁判官への条項の濫用性評価権限の付与[注2]

フランスでは「製品および役務の消費者の保護および情報に関する1978年1月10日の法律第78-23号」（現在では消費法典L132-1条以下）によって濫用条項規制が開始されたが，同法では裁判官の条項の濫用性評価権限は認められておらず，濫用条項をデクレで禁止するという規制方法が採用された。裁判官の契約への介入の余地をなくし，当該条項の効力が裁判官の裁量によって左右されることを避けるためである。これに対して，学説では裁判官に濫用

(注2) 詳細は，大澤彩『不当条項規制の構造と展開』（有斐閣，2010）を参照。特別法の詳細や参考文献の引用も同書に委ねる。

性評価権限を付与すべきであるとする説が有力となり，消費者団体による濫用条項排除訴訟が認められた「認可された消費者団体の訴権および消費者情報に関する1988年１月５日の法律第88-14号」，裁判官の評価権限を認めた1991年５月14日の破毀院判決^(注3)を経て，「濫用条項および契約の提示ならびに各種経済活動に関する1995年２月１日の法律第95-96号」による消費法典L132-1条の改正で裁判官の評価権限が認められるに至る。現在ではL132-1条の一般条項，および，R132-1条，R132-2条の濫用条項リスト，濫用条項委員会の勧告を参考に，裁判官が条項の濫用性判断を行っている。

　本稿で紹介する裁判官の職権による条項の濫用性についての摘示は，以上のように裁判官の条項の濫用性評価権限が拡大してきたことを受けて，そこからさらに進んで裁判官に消費者保護のためにより積極的な権限を付与するかについての問題とみることができる。

２　裁判官への職権付与を巡る学説・判例

　フランス法において裁判官の職権による摘示が認められるのは，民法典の明文で認められている場合のほか^(注4)，学説上，指導的公序^(注5)違反で絶対無効をもたらす場合に限られており，相対無効を生じさせる場合（契約のレジオン・不均衡，合意の瑕疵など）には職権で摘示することはできないとするのが伝統的な学説の見解である^(注6)。ここで，消費法の規定も契約における弱者保護の規定，すなわち，保護的公序規定にすぎないことから，その規定

(注3)　Cass.1re Ch.civ.14 mai 1991, Bull. civ.I. n°153.
(注4)　違約金条項について裁判官が職権で違約金額の増減をすることができる旨定めた民法典1152条２項がその例である。
(注5)　経済的公序は，経済的社会的劣位に置かれた契約一方当事者の保護を目的とする保護的公序と，公権力をして一定の経済的目標の達成を可能ならしめる指導的公序に分類されるというのが伝統的な学説である（日本語での紹介として山口俊夫『概説フランス法（下）』〔東京大学出版会，2004〕29頁以下を参照）。
(注6)　Terré (F.), Simler (Ph.) et Lequette (Y.), *Droit civil : Les obligations, 11^eéd*, Dalloz, 2013, n°385, p.431, n°390, pp.437 et s. ; Malinvaud (Ph.) et Fenouillet (D.). *Droit des obligations, 12^eéd*, Litec, 2012, n°388 et s., pp.296 et s. ; Bénabent (A.), *Droit des obligations, 13^eéd*, Montchrestien, 2012, n^{os}206 et s., pp.163 et s.日本語での概要として，山口・前掲（注5）81頁以下も参照。

違反についてはその規定による保護を求める者が自ら提起しなければならない。これが、消費法における裁判官の職権による摘示を否定する論理である(注7)。また、民事訴訟法学者からは、裁判官の職権による摘示を認めることは、処分権主義や不変性の原則と抵触するとの指摘もなされている。すなわち、新民事訴訟法典5条では、「裁判官は、請求されたすべての事項について、また、請求された事項についてのみ裁判しなければならない」とされているが、保護的公序について職権摘示を認めると、請求された事項から外れるものについて判断する危険性があるからである。

もっとも、民法学説においても相対無効と絶対無効を区別せず、新民事訴訟法典16条の対審の原則(注8)を尊重するという条件の下でどちらの場合にも裁判官の職権を肯定する見解も出現している(注9)。その影響もあってか、裁判官の職権による摘示を認めることに肯定的な見解も有力に主張されている。その理由としては、20世紀半ばより手続法が根本的に修正されており、裁判官の権能が著しく拡大していることが挙げられている(注10)。また、新民事訴訟法典12条(注11)に照らして肯定する見解も存在する。

(注7) 学説の概要について、Poissonier (G.), *Office du juge en droit de la consommation : une clarification bienvenue*, D.2008, éd. G.chr., p.1286.

(注8) 各当事者が判決の基礎とされる申立て、主張および証拠について十分に意見を述べる機会を与えられなければならないとする原則である。本稿と関係する条文としては、「裁判官は、予め当事者に意見を表明する機会を付与しない限り、自らが職権で取り上げた攻撃防御方法を判決の基礎とすることはできない」とするフランス新民事訴訟法典16条3項がある。概要および条文の訳は、山本和彦『フランスの司法』(有斐閣、1995) 55頁以下によった。ほかに、徳田和幸『フランス民事訴訟法の基礎理論』(信山社、1994) 252頁、ロジェ・ペロ(北村一郎訳)「対審の原理と判事による法的攻撃防禦方法の職権摘示」ジュリ929号(1989) 99頁以下も参照。

(注9) Malaurie (Ph.), Aynès (L.) et Stoffel-Munck (Ph.), *Les obligations*, 6°éd, Defrénois, 2013, n°699, p.333.また、Terré, Simler et Lequette, supra note 6, n°390, pp 437 et s.においても新民事訴訟法典7条および16条2項を遵守するという条件の下で職権行使を認めるという立場を示している。

(注10) フランス民事訴訟手続の基本原則として、当事者が訴訟手続について支配権をもつという処分権主義があり、本稿と関係するものとして例えば本文でも引用した新民事訴訟法典5条があるが、近時は処分権主義が全体的に緩和されており、裁判官の職権を拡大する方向が顕著に表れているとされている(例として新民事訴訟法典12条)。以上の点について、山本・前掲(注8) 54頁以下を参照。

第 1 部　集団的利益の類型論からみた救済制度の展開

　消費法学者からは，消費者保護の実効性を高めるために職権による摘示を認めるべきであるとの見解が提示され，後にみるように消費者保護の実効性を高めるために裁判官に職権による摘示を認めている欧州司法裁判所の見解が支持されている。さらに，消費者保護と市場秩序の維持という 2 つの目的を有する消費者法において保護的公序と指導的公序の区別は必然的ではなく，欧州司法裁判所でもこれらの公序の区別はなされていないことを指摘する見解もある[注12]。

　この問題について，2000年 2 月15日の破毀院判決[注13]では，「消費法典の規定の無知は，それが公序規定である場合であっても，当該規定が保護の対象としている者の請求がある場合にしか問題とされ得ない」とされた。この判決は，消費法典で定められている公序規定は保護的公序規定であり，そのことから保護の対象となる者（すなわち消費者）の請求によってしか引用されえないという論理に基づいている[注14]。また，その背景には裁判官に課される中立性の義務の存在や[注15]，裁判官は請求されたことについてのみ判断しなければならないという新民事訴訟法典 5 条の存在がある。その後，破毀院では複数の判決で同様の判断が下され[注16]，裁判官へ職権を付与することには否定的な見解をとる点でおおむね一致していた。

（注11）　「12条 1 項　裁判官は，それに適用される法の規定に従って紛争を解決する」（訳は，法務大臣官房司法法制調査部編『注釈フランス新民事訴訟法典』〔法曹会，1978〕39頁によった）。
（注12）　Poissonier, supra note 7, p.1287：Raymond (G.), *Les modifications au droit de la consommation apportées par la loi n°2008-3 du 3 janvier 2008 pour le développement de la concurrence au service des consommateurs*, J.C.P., éd. E, 2008, 1383.
（注13）　Cass.1re Ch.civ., 15 févr.2000, CCC.2000, comm.116, obs.G.Raymond.
（注14）　Raymond, supra note 13.
（注15）　フランス民事訴訟手続における伝統的な考え方として，裁判官は厳格な中立性を保たなければならないという考え方がある。そこから，裁判官は当事者・当事者の資格，請求の目的・請求の原因を変更することはできず（訴訟の不変性の原則），「請求されたすべての事項について，また請求された事項についてのみ裁判しなければならない」（新民事訴訟法典 5 条）という考え方や，裁判官は「法律によって許容され，かつ，法律上の形式にしたがって提出された証拠の資料に基づいてのみ心証を形成しなければなら」ないという考え方が導かれる（徳田・前掲（注 8 ）38頁以下）。
（注16）　Cass.1re Ch.civ. 10 juill.2002, D.2003, comm.549；Cass.2ème Ch.civ.4 déc.2003. Bull. civ.II.n°367 など。

これに対して，事実審裁判所のうち，小審裁判所では裁判官が職権で摘示する権限を認めるものもあった(注17)。職権を認める理由としては，新民事訴訟法典12条や16条は指導的公序と保護的公序を区別しているわけではないことや，消費者保護の実効性確保が挙げられている。

3 欧州司法裁判所判決

以上のようにフランス破毀院が裁判官へ職権を付与することに対して消極的であるのに対して，欧州司法裁判所では裁判官への職権付与を積極的に認める判決が頻出する。その嚆矢となったのが，欧州司法裁判所2000年6月27日判決（以下，「2000年判決」という）(注18)である。同判決では裁判官の職権について，次のように判示されている。

「消費者契約における濫用条項に関する1993年のEC指令が消費者に保障している保護は，国内裁判官が，国内裁判所に対してなされた請求の受理可能性について審理する場合に，判断を委ねられた契約に含まれる条項の濫用性について職権で評価できることを意味している」。

2000年判決は，「交渉力および情報において劣位」にある消費者を「実効的に保護」するためには，消費者が無知ゆえに権利を主張していない場合であっても職権による裁判官の介入を認める必要があると判示した。このように職権による裁判官の濫用性評価を認めることは，1993年の「消費者契約における濫用条項に関するEC指令」（以下，「1993年のEC指令」とする）のうち，濫用条項の効力について定めた6条や加盟国に濫用条項の継続使用を阻止する手段の保証義務を課した7条の目的にも適うとされている。本判決の理由

(注17) 例として，TI Vienne, 22 sept. 2000, CCC. 2000, comm.181 ; TI Liévin, 13 juill.2001, CCC. 2001, comm. 97 ; TI Niort, 15 mai 2002, CCC. 2002, comm. 115 ; TI Vienne, 14 mars 2003, CCC. 2003, comm.118 ; TI Roubaix, 16 oct. 2003, CCC. 2004, comm. 14 ; TI Roubaix, 11 juin 2004, CCC. 2004, comm. 132 ; TI Saintes, 4 janv. 2006, CCC. 2006, comm.94.
(注18) CJCE 27 juin 2000, aff.C-240/98 ; J.C.P., éd. E. 2001.1281, note M. Carballo Fidalgo et G.Paisant.

付けを見る限り，本判決の射程は事業者との関係で消費者を保護している濫用条項以外に関する指令についても妥当するとされている[注19]。

その後も，欧州司法裁判所2002年11月21日判決[注20]，欧州司法裁判所2006年10月26日判決[注21]で同様の判断が下される。これらの判決でも「消費者の実効的な保護」が目的とされている。もっとも，欧州司法裁判所2004年4月1日判決[注22]が言うように，欧州司法裁判所は指令における条項の濫用性基準を抽象的なレベルで解釈することはできるが，各国の裁判官によって事案の状況に応じて具体的になされるべきである個々の条項の濫用性の判断について意見を表明することはできないとされている。

以上の欧州司法裁判所判決の影響もあり，次に見るようにフランスでは立法によってこの問題の解決が図られることになる。

Ⅲ 2008年の消費法典改正による裁判官への職権の付与

「2008年1月3日の消費者のサービスにおける競争の発展のための法律第2008-3号」34条によって設けられた消費法典L141-4条において，以下のように裁判官の職権による摘示が明文で認められることとなった。

> L141-4条　裁判官は本法典のあらゆる規定の適用から生じる紛争において本法典のあらゆる規定を職権で顧慮することができる。

この規定は元老院での審議において，共和国斡旋員の注意喚起を受け，報告者であるコルニュ氏の発意によって初めて提案されたものである[注23]。提案理由の中心は，事業者と消費者の間に存在する司法上の不均衡を是正し，

(注19)　Carballo Fidalgo et Paisant, supra note 18, n°9.
(注20)　CJCE 21 novembre 2002, Cofidis, aff.C-473/00, CCC.2003, comm.31, note G.Raymond.
(注21)　CJCE 26 octobre 2006, aff. C-168/05.
(注22)　CJCE 1 avril 2004, aff.C-237/02, D.2004, AJ.1812.

「消費者保護の実効性」を図るためには，裁判官の職権による摘示を明文で認める必要があるというものである。その理由を補強するものとして，前述した欧州司法裁判所の判決や公平な裁判を受ける権利について定める欧州人権条約6条[注24]，新民事訴訟法典12条で定められた裁判官の権限が引用されている。その後，元老院においてこの職権を義務として定めるか否かが議論されるが，消費者が常に脆弱な立場にあると言えるのか（中小事業者との関係など）が問題となる以上，常に消費者を保護するということではなく場合に応じて職権行使を認めるという形をとることが望ましいとされ[注25]，結局現行消費法典L141-4条のように「権限」にとどめた条文が可決されるに至る。このように，消費法典L141-4条は，従来の裁判官への職権付与に否定的な破毀院判決を裁ち切り，欧州共同体法との調和を図るために設けられた。

　消費法典L141-4条が設けられた結果，消費法典のすべての規定について事実審裁判官が職権で摘示することが可能となった。その際，指導的公序と保護的公序の区別や，絶対無効と相対無効の区別は問題とされておらず，そもそも公序規定であるか否か[注26]も問わない。この点は新民事訴訟法典12条や同法典16条3項が規定の種類を問うていない点に合致したものであると評されている[注27]。また，裁判官は純粋に法律上の攻撃防御方法を職権で摘示することができる（新民事訴訟法典12条）が，L141-4条は消費法典の規定から生じるあらゆる攻撃防禦方法（事実上の攻撃防禦方法，事実と法の混合も含まれる）を職権で摘示することを認めている点に特徴がある。さらに，請求を

(注23)　Rapport n°111 de la session ordinaire de 2007-2008 du 5 déc.2007, pp. 99 et s. (http://www.senat.fr/rap/l07-111/l07-111.html)
(注24)　「第6条1項　すべての者は，その民事上の権利義務の決定または刑事上の罪の決定のため，法律で設置された，独立の，かつ，公平な裁判所による合理的な期間内の公正な公開審理を受ける権利を有する。判決は，公開で言い渡される。（以下略）」（訳は，戸波江二ほか編『ヨーロッパ人権裁判所の判例』〔信山社，2008〕491頁による）。
(注25)　Des débats de la séance du 14 déc.2007 au Senat (http://www.senat.fr/seances/s200712/s20071214/s20071214009.html#section1651).
(注26)　Poisonnier (G.), *Mode d'emploi du relevé d'office en droit de la consommation*, CCC.2009, étude 5, n°7.
(注27)　Poisonier, supra note 26, n°7.

行っている当事者が誰であるかは問わないため，例えば過剰債務委員会の決定に対する債権者からの異議申立てを受訴した執行担当裁判官が当該消費者の信用契約の方式違反について問題提起することも認められる[注28]。もっとも，新民事訴訟法典4条・5条により，当事者からの請求を超えた判断（例えば，当事者が請求していない損害賠償）を下すことはできない[注29]。また，「（消費法典の）適用から生じた紛争において」職権を行使することができるとされていることからもわかるように，職権を行使するためには，すでに訴訟が裁判所に対して提起されていることが必要となる。さらに，対審の原則を尊重するために関係当事者，とりわけ事業者に対して異議を申し立てる機会を与えなければならない（新民事訴訟法典16条3項）[注30]。

L141-4条については，消費者と事業者の間には経済的にも司法上も不均衡があることから，職権による摘示を認めることで両者の均衡を実体法的側面のみならず手続法的側面からも図ることができ[注31]，「消費者保護の実効性」を高めるうえで有用であると評価されている。また，市場秩序の維持を図る効果も期待されている[注32]。しかし，以下のような問題点も指摘されている[注33]。

第1に，消費法典の規定に限られており，消費法典には設けられていないが消費法分野に属するといえる規定（民法典，商法典の規定など）については職権による摘示が認められない。この点については消費法典の規定に限定したことで予見可能性は確保されているものの不便さも存在すると言われている。

第2に，職権による摘示を行う「権限」にすぎないことから，裁判官によっ

(注28) Raymond, supra note 1, n°899, p.453.
(注29) Poissonier, supra note 26, n°6.
(注30) Raymond, supra note 12, n°11.
(注31) Poissonier, supra note 7, p.1285 ; Leveneur (L.), *Un peu de concurrence, beaucoup de droit de la consommation : à propos de la loi n°2008-3 du 3 janvier 2008*, J.C.P., éd. G., 2008, act. 69, p.5.
(注32) Poissonier, supra note 26, n°6.
(注33) 問題点について分析したものとして，Gorchs (B.), *Le relevé d'office des moyens tirés du code de la consommation : une qualification inappropriée*, D.2010, 1300.

て異なる扱いがなされるおそれがある。この点は，後述する2009年の欧州司法裁判所判決が職権行使を「義務」としたことを受けてさらに批判されることになる。

　第3に，そもそも，職権を立法で付与したことの意義自体に疑問を呈する見解もある。具体的には次の2つの見解である。第1に，条項の濫用性を判断し，濫用的であると判断した場合には当該条項の適用を拒否するのは新民事訴訟法典12条1項から要請される裁判官の義務であることから，後に見る欧州司法裁判所の2009年判決に合わせるまでもなく裁判官が条項の濫用性について摘示することは義務となり[注34]，その意味で，L141-4条を設けることにはそれほど大きな意味がなかったとする見解である[注35]。第2に，L141-4条に前述したような限界がある以上，「消費者保護の実効性」を図るうえでは裁判官に職権を付与するという形ではなく，消費者問題専門の裁判手続を創設することなど他の手続の整備によって対処すべきという見解もある[注36]。実際，立法過程においても裁判官に職権を付与することが消費者保護として最良の策なのかについては懐疑的な態度が示されており，むしろ集団訴訟の確立などによって消費者保護を図るべきではないかという声も見られた[注37]。

　2008年改正後，破毀院では2009年1月22日判決において，裁判官は，消費法典の公序規定の無知について，職権を行使することができるという判断が下された[注38]。これによって，破毀院も対審の原則を遵守するという条件の下で2008年改正を後押しする方向に転じたと言われている。

(注34)　Gorchs, supra note 33, p.1303.
(注35)　Poisonnier, supra note 26, n°2.
(注36)　Gorchs, supra note 33, p.1306.
(注37)　Des débats de la séance du 14 déc.2007 au Senat (supra note 25).
(注38)　Cass. 1re Ch. civ. 22 janv.2009 : CCC. 2009, comm.88, obs. G.Raymond.

Ⅳ 裁判官の職権の強化と限界
──欧州司法裁判所2009年6月4日判決以降

　以上のように，裁判官の職権による摘示が明文で認められ，破毀院もこれに追従することとなったが，その後，欧州司法裁判所で消費法典L141-4条の見直しを迫るような判決が出ることになる。

1　欧州司法裁判所2009年6月4日判決[注39]

(1)　判決の内容
　携帯電話加入契約を巡る紛争において，ハンガリーの国内裁判所が欧州司法裁判所に「1993年のEC指令」の解釈について判断を求めた事案であり，以下の3点が判示されている。

　第1に，前述した欧州司法裁判所2000年6月27日判決が，消費者保護の実効性を確保するために，国内裁判所の裁判官が条項の濫用性を職権で評価することができると判示した点を引用したうえで，消費者が濫用条項に拘束されないためには，当該条項についてあらかじめ成功裏に異議を申し立てられることは必要ではないとした。

　第2に，国内裁判官は，条項の濫用性という結果を導くのに必要な法および事実の要素を自由に利用できる場合には条項の濫用性を摘示する「義務」があり，条項が濫用的であると考える場合には，消費者がそれに反対しない限り，当該条項を適用することはできないとした。

　第3に，1993年のEC指令3条1項にいう条項の濫用性基準を満たすか否かを判断するのは国内裁判所の裁判官の役割であり，そのために，国内裁判所の裁判官は，消費者と事業者の間で締結された契約に盛り込まれた，事業者の本社が所在する場所を管轄する裁判所への専属的管轄を定める条項が濫用的であると考えられるための事実を考慮に入れなければならないと判断した。

（注39）　CJCE, 4 juin 2009, aff.C-285/08, J.C.P., éd. G, 2009, n°42, p.33, obs. G.Paisant.（以下，「2009年判決」とする）。

(2) 判決の評価

2009年判決の特徴として，裁判官が職権で濫用性を摘示する「義務」があるとしており，先に引用した一連の欧州司法裁判所の判決を一歩進めた点を挙げることができる(注40)。本判決が出たことで，フランスの裁判官も消費者契約における濫用条項を職権で摘示する「義務」が自己に課せられていることを考慮に入れなければならないという見解や(注41)，消費法典L141-4条は改正されることが望ましいとする見解も見られる(注42)。

2009年判決の理由付けにおいては，国内の事実審裁判官は欧州共同体法が追求している目的に適うべく消費者保護の実効性を確保しなければならないという点が挙げられている。具体的には，契約関係において事業者に比べて劣位にある消費者を保護し，契約関係における実質的な均衡を確保する目的から裁判官の職権行使を「義務」であるとしている。その際，本判決の理論を正当化する理解として，本判決で問題となる消費者保護は，欧州共同体法の指令で各国に義務付けられているものであることから，単なる保護的公序ではなく指導的公序であるとする理解がある(注43)。このように，欧州共同体法は各国の国内裁判所裁判官に対して，単なる仲裁人としての役割ではなく欧州共同体法の目的遂行の実行者としての役割を果たすことを求めている(注44)。

職権行使が，「義務」とされた点については次の2点から評価されている。第1に，消費者と事業者の間には経済的にも司法上も情報・交渉力の格差が存在することから，消費者が紛争に巻き込まれているにもかかわらず消費者

(注40) 先に引用した欧州司法裁判所2006年判決では，「契約条項の濫用性を職権で評価することを義務づけられる（est tenu d'apprécier）」という表現がなされていたが，この判決については明示的に「義務」であると述べているわけではないと理解されている（C. Aubert de Vincelles, note sous l'arrêt CJCE 4 juin 2009, RDC 2009, n°2, p. 1469）。
(注41) Paisant, supra note 39, p.33 ; Poissonier, note sous l'arrêt CJCE 4 juin 2009, D.2009, 2314.
(注42) Picod (Y.) et Davo (H.), *Droit de la consommation, 2^{e}éd*, Sirey, 2010, n°269, p.187.
(注43) Paisant, supra note 39, p.36.
(注44) Aubert de Vincelles, supra note 40, n°3, p. 1469 ; Paisant, supra note 39, p.33.

が自己の権利の存在を知らないという場合や，権利行使を断念する場合がありうる以上，消費者以外の介入が必要になる。そこで，裁判官の職権を義務付けることで，消費者が裁判所による保護を受ける上で公平に扱われることになる。これに対して単なる「権限」にとどめると，職権を行使するか否かが裁判官によって異なるため，消費者にとって不公平な扱いがなされうる。また，裁判による保護を受ける権利の平等は欧州人権条約6条でも定められていることからも，本判決が職権行使を「義務」であるとした点は評価されている(注45)。第2に，新民事訴訟法典12条に照らして評価する見解がある(注46)。単なる権限にとどまると裁判官が恣意的にある紛争には適切な法律を適用しないという態度をとる可能性があるが，義務であれば正義および同法典12条を尊重して法律を適用した職権行使となるからである(注47)。

もっとも本判決が「消費者が反対しない限り」という留保を示していることから，裁判官が消費者に条項の濫用性について通告したものの，消費者が条項の濫用性の主張をしない場合には，当該条項を削除することはできないことになる。裁判官によって一旦消費者に対して条項の濫用性の通知がなされれば，消費者が劣位にあるという前提は成り立たず，裁判官が介入して契約の均衡性を回復するということが正当化されないからである(注48)。これに対しては消費者が反対することなどありうるのかという実質的な疑問を呈する見解もある(注49)。

また，欧州司法裁判所は，条項の濫用性について，1993年のEC指令3条および同指令別表の濫用条項リストに沿って一般的に評価することしかできず，具体的に当該条項が濫用的であるか否かの判断は国内裁判所の権限に属

(注45)　Paisant, supra note 39, p.37.
(注46)　Paisant, supra note 39, p.36.
(注47)　裁判官が職権で法律上の攻撃防御理由を取り上げることができること（新民事訴訟法典12条）は，単なる「職権」にとどまるとするのが伝統的な学説・判例であるが，消費者法分野のように，欧州共同体判例において職権行使義務が国内裁判官に課される場合には「義務」であると解すべきであるとするのが近時の学説である（Cadiet (L.) et Jeuland (E.), *Droit judiciaire privé*, 7^{e}éd, LexisNexis, 2011, n°547, p.411）．
(注48)　Aubert de Vincelles, supra note 40, p. 1470.
(注49)　Paisant, supra note 39.

するものであると判断している。前述した欧州司法裁判所2004年判決を踏襲したものであるが，条項の濫用性が契約締結を取り巻く状況に照らしてなされることを踏まえると妥当な判断である^(注50)。

その後，2009年10月6日の欧州司法裁判所判決^(注51)でも同旨の判断が下されている。

2　消費者の権利・保護・情報を強化する法律案

フランスでは2011年6月1日に，「消費者の権利・保護・情報を強化する法律」案が国民議会の経済取引委員会へ提出され，その10条4項において，「裁判官は，当事者からの意見徴収の上，弁論における要素から濫用条項であることがわかる場合には当該条項の適用を職権で排除する権限を有する」とする条文を消費法典L132-1条6項に設けることが提案されている^(注52)。この案の説明の中では，現状では当事者の主張がない場合には裁判官が職権で提起する権能があるとされているのみであるが，本案は消費者の権利行使を実効的なものとするために一歩進めたものであり，2009年判決にも合致するという点が述べられている。10条4項は，元老院で修正されることなく国民議会第2読会に送付されたが，「消費者の権利・保護・情報を強化する法律」案自体が廃案となったため，実現されていない。しかし，2009年判決を受けて，フランス国内においても職権行使を強化しようとする動きが見られたことを示している。

3　欧州司法裁判所2012年6月14日判決・2013年2月21日判決

欧州司法裁判所2012年6月14日判決^(注53)において欧州司法裁判所は，第1に，1993年のEC指令は，濫用的という帰結を導くために必要な法および事実

(注50)　Paisant, supra note 39.
(注51)　CJCE. 6 octobre 2009, aff. C40/08.
(注52)　V. Rapport n°3508 au Assemblée Nationale (http://www.assemblee-nationale.fr/13/projets/pl3508.asp).
(注53)　CJUE. 14 juin 2012, J.C.P., éd. G., 2012, note 975, obs. G.Paisant.

を利用できるにもかかわらず，消費者の異議申立がない場合には裁判官は職権で条項の濫用性を判断することができないとしているスペイン法に反する形で解釈されなければならないとした。その一方で，第2に，国内裁判官に対して濫用条項が無効である場合には当該条項の内容を修正する権限を与えている国内の規則に反する形で1993年のEC指令を解釈しなければならないと判断した。

このように，職権での条項の濫用性判断義務については2009年判決を踏襲しているが，あくまで条項を無効とする権限にすぎず，条項内容を修正する権限までは国内裁判官に与えられているわけではないという判断を示している点に特徴がある。条項内容の修正権限が認められなかったのは，判決によれば，裁判官に修正権限を認めると修正を期待して事業者が当該濫用条項を使い続けるという問題が起きるからであるとされている。もっとも，条項内容の修正権限が認められなかった点については，濫用条項の抑止力を下げるものであるとの批判もある[注54]。

その後，欧州司法裁判所2013年2月21日判決[注55]で，1993年のEC指令6条1項および7条は，「職権で契約条項の濫用性を確認した国内裁判所裁判官は，この確認の結果を引き出すことができるようにするために，自己の権利について通知された消費者が当該条項が無効となる旨の請求をする申述を待つ義務はない。しかしながら，対審の原則から，契約条項の濫用性を職権で調査する国内裁判所裁判官は，紛争における両当事者に条項の濫用性を知らせ，国内法の手続規則によって定められた形式にそって対審の下で討議する可能性を与えなければならない」，「契約条項の濫用性についての評価をなすためには，国内裁判所裁判官は契約における他のすべての契約条項を考慮に入れなければならない」という判断が示された。

(注54)　Paisant, supra note 53.
(注55)　CJCE 21 février 2013, aff.C-472/11.

V 日本法への示唆と今後の課題

　裁判官が職権で濫用性を摘示することを義務として課すことは，裁判官に対して単なる当事者の仲裁としての役割ではなく，消費者保護のために適切な規制をなす行政官としての役割を求めていることになる。また，消費法の規定のもう1つの目的である市場秩序の維持という目的が，裁判官の役割を単なる仲裁としての役割以上の役割へと変化させている要因と言える[注56]。

　もっとも，本稿で見たように，欧州司法裁判所においては，裁判官が消費者保護や市場秩序維持のために権限を行使するうえでのいくつかの条件が示されており，そこから裁判官の条項濫用性評価にあたっての限界を見てとることができる。具体的には，第1に，手続上は個別の事案について訴訟が提起されていることや条項の濫用性を主張することについての消費者の反対がないことを前提としている点，対審の原則を遵守することが要求されている点を挙げることができる。第2に，具体的に当該条項が濫用的であるか否かの判断は国内裁判所の権限に属するものであると判断されている点を挙げることができる。第3に，条項の無効を摘示することはできるが，職権で条項の修正をもなすことは認められないとされている点である。これらの限界を踏まえると，裁判官にはあくまで個別の紛争解決において手続法の原則を遵守したうえで濫用条項を排除することが求められており，事案を離れた条項の濫用性評価や消費者の意思を無視した濫用性評価，さらには契約内容の積極的な形成までも求めることができるかについては留保を要するという仮説を提示することができるのではないだろうか。

　本稿の問題は，契約における当事者間の債務の不均衡について，衡平や消費者保護といった要請に基づく目的論的考慮を裁判官がどの程度自己の役割として引き受けるべきなのかという根本的な問題にもつながる[注57]。この問題意識を踏まえたうえで裁判官による条項の濫用性評価のあり方や濫用条項

(注56)　Poissonier (G.), note sous l'arrêt CJCE 4 juin 2009, D.2009, p.2315.

第 1 部　集団的利益の類型論からみた救済制度の展開

排除の適切な方法を考える必要があるだろう。裁判官は中立な立場で個々の紛争を解決すべきであるという原則およびそれゆえに生じる前述した限界を踏まえつつ，立法・行政との関係や消費者団体訴訟や集合訴訟といった他の方法との関係を念頭に置きながらいかにして消費者保護・契約正義という価値を実現することができるのかについて検討することが残された課題である。本稿で素材とした裁判官への職権付与という 1 つの方法およびその方法に内在する限界がこの課題を解決するうえでの 1 つの手がかりとなることを祈念して結びとしたい。

※脱稿後，フランスでは2013年 5 月 2 日に「消費に関する法律」案が国民議会の経済取引委員会に提出されており，その中の28条で，本稿でも触れた2011年 6 月 1 日の「消費者の権利・保護・情報を強化する法律」案10条 4 項と同様の「裁判官は，当事者から意見徴収の上，弁論における要素から濫用条項であることがわかる場合には当該条項の適用を職権で排除する権限を有する」という規定を設けることが提案されている。その後，28条は国民議会，元老院で修正を施されることなく可決されているが，2013年11月に筆者がフランスにて調査した際には，法律が成立するのは2014年 1 月頃であるとの見通しが示されていた。「消費に関する法律」案は，本稿で扱った裁判官の職権による濫用性摘示のみならず，集合訴訟制度等が盛り込まれた，消費法全体に大きな影響を及ぼす法案である。法律が成立した場合には，筆者も分析を加えたいと考えている。
※本稿は科学研究費補助金（若手研究 B）「事業者間契約における不当条項規制をめぐる民法・消費者法・競争法の発展可能性」（課題番号23730108）の助成による研究成果の一部である。

(注57)　契約解釈という局面ではあるが，このような問題意識に基づくものとして，北村一郎「契約の解釈に対するフランス破毀院のコントロオル⑴」法学協会雑誌93巻12号（1976） 4 頁。

13 適格消費者団体による包括的差止請求・条項改訂請求の可否
——差止請求権の請求内容に関する序論的考察をも兼ねて

北海道大学准教授　根本尚徳

I　本稿の目的

　わが国の現行消費者団体訴訟制度[注1]は，不特定かつ多数の消費者の利益を不当に侵害する（または，そのおそれのある）事業者の一定の行為に関して，当該行為に対する差止請求権を適格消費者団体に付与する法制度である。2006年に日本に初めて導入されたこの法制度は，現在，いわゆる集団的消費者利益に対する侵害を未然に防止するための「強力な武器」[注2]として，社会に着実に根付きつつある，と言うことができよう。今後，その果たすべき役割がさらに増大することも予想されるところである[注3]。

　他方，上記法制度が実際の紛争に適用されるにつれて，その解釈論的課題もまた認識され始めている[注4]。あらためて指摘するまでもなく，この法制度のさらなる定着とより一層の活用とを促進するためには，それらの課題を

（注1）　消費者契約法12条-12条の2，景品表示法10条，特定商取引法58条の18-58条の25。以下，単に「消費者団体訴訟制度」と呼ぶ。
（注2）　長野浩三「消費者団体訴訟制度（改正消費者契約法）と弁護士の役割」自正57巻12号（2006）77頁。
（注3）　例えば，*第1部* ❻ Ⅳ（一定の独占禁止法違反行為について），*第1部* ❽ Ⅳ4（金融商品取引法違反行為，とりわけ，狭義の適合性原則に違反する行為について）などが新たな行為を消費者団体訴訟制度の適用対象に加えることの可否について分析を行う。

整理し，それぞれに関する適切な解決策を見出すことが不可欠である。

そこで，本稿においては，消費者団体訴訟制度を巡る解釈論上の諸問題のうち，特に差止請求権の請求内容に関する論点を2つ取り上げ，それらについてささやかな考察を試みる。

具体的には，まず，①適格消費者団体による包括的差止請求の可否，および②当該団体による条項改訂請求の可否という2つの問題を析出し，各々の特徴などを整理する［→Ⅱ］。その後，これらの論点に順次，検討を加え，各請求の可否に関する私見を提示したい［→Ⅲ・Ⅳ］。

Ⅱ 問題の所在

はじめに，以下のような具体例に即して，問題のあり様を確認しよう。

1 具体例

結婚式および披露宴の企画と運営を行う事業者Aは，挙式披露宴実施契約に関する自らの約款の中に，次のような条項を設けている。

「挙式開催日の300日以上前に，お客様の都合で本契約がキャンセルされた場合には，挙式披露宴実施料の50パーセントに相当する額の違約金を申し受けます。」

今，この条項（以下，「本件条項」という）が消費者契約法9条1号に違反するものであるとしたとき，適格消費者団体Bは，同法12条3項所定の差止請求権に基づき，Aに対して，具体的にいかなる事柄を請求しうるか。

（注4） この点につき，例えば，山本豊「消費者団体訴権制度の基本的特色と解釈問題」ひろば60巻6号（2007）44-46頁，同「適格消費者団体による差止請求」法時83巻8号（2011）27頁，笠井正俊「適格消費者団体による差止請求に関する諸問題」NBL 959号（2011）27頁を参照。

2　3つの可能性

　この場合におけるBの差止請求として、次の3つの請求を想定することが可能である。

　第1に、本件条項の使用それ自体を停止することの請求である。すなわち、BがAに対して、①「Aは、本件条項を使用するな。」と請求することが考えられる。

　また、上記具体例において、仮に挙式開催日の300日以上前に前記挙式披露宴実施契約と同種の契約がキャンセルされた場合（以下、このような場合を指して「本件契約がキャンセルされた場合」という）には、平均して挙式披露宴実施料の10パーセントに相当する額の損害がAに発生しうるとすると、第2に、Bが以下のような請求を行うこともありえよう。すなわち、②「Aは、本件契約がキャンセルされた場合には、挙式披露宴実施料の10パーセントを超える額の違約金を申し受ける旨定めた条項を使用するな。」との請求である。

　さらに、第3の可能性として、BがAに対し、③「Aは、『本件契約がキャンセルされた場合には、挙式披露宴実施料の10パーセントに相当する額の違約金を申し受ける』との条項を使用せよ。」と請求することも想定される。このような請求は、本件条項の使用に代えて、上記のような別の条項の使用をAに要求するもの、あるいは、本件条項を以上のような別の内容へと改訂することをAに求めるものであると言えよう。

　では、Bは、これら3つのうち、いずれの請求をなすことができるか。

3　論点の整理

(1)　第1の請求の許容性

　まず、第1の請求（前記①）は、消費者契約法12条3項に規定された違法な侵害（本件条項が不特定かつ多数の消費者に対して使用されている状態）そのものを直接に除去しようとするものである。したがって、当該請求は、同項によってBに付与された差止請求権の請求内容に、当然に含まれるものと解

すべきである。この点に関して，異論は存しないであろう^(注5)。また，そのような解釈は，同項の文言——適格消費者団体は，事業者が同法9条1号に違反する条項を含む消費者契約の申込み，またはその承諾の意思表示を現に行っている（＝当該条項を不特定かつ多数の消費者に対して使用している）場合には，上記事業者に対して「当該行為の停止」を請求することができる，との文言——にも良く合致しうるものと思われる^(注6)。

(2) 第2の請求を巡る問題——包括的差止請求の可否

次に，第2の請求（前記②）は，本件契約がキャンセルされた場合に関する違約金条項のうち，本件条項をも含めて，消費者契約法9条1号に抵触するすべての条項の使用を一括して差し止めようとするものである（以下，このような請求のことを「包括的差止請求」と呼ぶ。その正確な定義は，後にあらためてこれを示す）。

例えば，先述の具体例において，BがAによる本件条項の使用の停止を求めて訴訟を提起し，その請求（＝上記第1の請求）が認容され，その判決が確定した場合には，Bは，当該判決に基づき，執行裁判所に対して，Aに対する強制執行手続の開始を求めることができる（民執172条1項）。

(注5) 適格消費者団体は，事業者が現に用いている条項の使用を差し止めることができる，と説くものとして，大髙友一「消費者団体訴訟制度における法律実務家の役割とその留意点」ジュリ1320号（2006）94頁注24，山本・前掲（注4）解釈問題44-45頁，山本・前掲（注4）差止請求30-31頁。
(注6) なお，本文における前記第1の請求は，「本件条項」の使用の停止をAに求めるものにすぎない。それを超えて，Aによる違約金条項の使用全般を，その条項の内容の如何にかかわらず，およそ一般的に差し止めようとするものではない（この点につき，大髙・前掲（注5）94頁注24を参照）。それゆえ，例えば，裁判所に本件条項の使用の停止を命じられたAが，当該条項を廃棄した後，あらためて消費者契約法9条1号に違反しない違約金条項を用いることは，もちろん可能である。

また，したがって，Bは，本件条項のうち，同法9条1号に違反する部分（本件契約がキャンセルされた場合には，挙式披露宴実施料の10パーセントを超える額の違約金を申し受ける旨定めた部分）をあらかじめ特定したうえで，その部分の使用の停止しか請求しえない——つまりは，後述する包括的差止請求（本文における第2の請求〔前記②〕）しか行うことができない——と考えるべきではない（以上と同旨を唱えるものとして，大髙・前掲（注5）94頁注24，山本・前掲（注4）解釈問題44-45頁，山本・前掲（注4）差止請求30-31頁・31-32頁）。

しかし，上記判決が確定した後，Aが本件条項の違法性を基礎付ける核心部分，すなわち「本件契約がキャンセルされた場合には，挙式披露宴実施料の10パーセントを超える額の違約金を申し受ける。」との内容を維持しつつ，形式的には本件条項とは異なる新たな条項を作成したとき——例えば，「本件契約がキャンセルされた場合には，挙式披露宴実施料の40パーセントに相当する額の違約金を申し受ける。」との条項を本件条項に代えて新たに設けたとき——には，Bは，前記判決に基づき，Aによる当該新条項の使用を止めさせることはできず，その使用停止を求めて，あらためてAを被告とする差止請求訴訟を提起しなければならないということになりうる。なぜなら，本件条項と上記新条項とは形式上あくまで別個の存在であり，したがってまた，侵害としても別物である，とも考えられるからである[注7]。しかも，このような手法による強制執行の潜脱は，無限に繰り返すことが可能である。だが，もしそのような「執行逃れ」を許すとすれば，適格消費者団体に与えられた差止請求権は，その実効性を失ってしまう。そこで，このような事態を避けるために，適格消費者団体が，現に存する違法な侵害の排除（本件条項の使用の停止）とともに，それとは形式的には別物であるものの，しかしその違法性の核心を同じくする他のあらゆる侵害の予防（本件条項と本質的に同一であると認められる全条項の使用の停止）をも——1つの差止請求権に基づく1つの請求内容として——包括的に請求することが許されるか（あるいは，どのような要件の下で，そのような請求を肯定すべきであるか）が問われることとなる。

(3) 第3の請求を巡る問題——条項改訂請求の可否

他方，先述の具体例における第3の請求（前記③）もまた，それが認容された場合には，これによって，Aによる強制執行の潜脱を防止しつつ，消費者契約法9条1号に違反する状態を取り除くことが可能である。すなわち，上記第3の請求も，包括的差止請求（前記第2の請求）によるものと同様の帰

（注7）　以上と同様の分析を示すものとして，三木浩一「消費者団体訴訟の立法的課題——手続法の観点から」NBL 790号（2004）52頁。

結をもたらすことができる。

　しかし，それら2つの請求は同じものではない。なぜなら，前者の請求には，後者の請求には見られない固有の特徴が備わっているからである。それはすなわち，差止請求を行う適格消費者団体が複数の侵害除去方法の中から特定の方法を選び出し，その実施を事業者に対して請求する，という特徴である。

　具体的に分析しよう。例えば，前記具体例において，Aが本件条項の内容を――Bの請求にあるとおり――「本件契約がキャンセルされた場合には，挙式披露宴実施料の10パーセントに相当する額の違約金を申し受ける。」と改訂すれば，現に存する違法な侵害（本件条項が不特定かつ多数の消費者に対して使用されている状態）は排除される。だが，上記侵害を除去するためにAが採りうる方法は，それのみではない。例えば，Aは，本件条項を変更して，本件契約がキャンセルされた場合には，挙式披露宴実施料の10パーセントに満たない額（例えば，当該実施料の9パーセントに相当する額）の違約金を申し受ける旨新たに定めることによっても，同じく当該侵害を排除することができる。あるいは，違約金条項の使用を今後一切止めることでも，やはりAは上記侵害を除去しうるのである。

　では，このように（少なくとも）3つの選択肢が存在する場合に，B（差止請求権の請求権者）が，それらの中から第1の選択肢を選び出し，その実施をA（被請求者）に対して請求すること（さらに，もしAがそれを拒否するならば，国家権力の助力を得て，Bがそれを強制的に実現すること）は許されるか。私見によれば，この点こそ，前記第3の請求――ある条項を特定の別の内容へと改訂することの請求（このような請求のことを，以下，「条項改訂請求」という）――の可否を巡る問題の中心を成すものにほかならない。

(4)　小括

　以上に分析したように，本稿の見るところ，前記第2の請求（包括的差止請求）と第3の請求（条項改訂請求）とでは，それぞれの可否につき論じられるべき問題の本質を異にする（前者：現に存する違法な侵害と実質的に同じものと認められる他の侵害をも一括して1つの差止請求権の請求対象とすることの可否。

後者：ある侵害を除去するために採られるべき方法を，差止請求権の請求権者が自ら特定することの可否）。

　そこで，以下，これらの請求を区別した上で，各々の可否について順に検討する。

Ⅲ　包括的差止請求の可否

　まず，適格消費者団体による包括的差止請求の可否に関して分析する。

1　序

(1) 定義
　はじめに，包括的差止請求の定義を明確にしよう。

　すなわち，包括的差止請求とは，現に存する違法な侵害[注8]とともに，これとその本質を同じくする他の侵害をも合わせて差止めの対象とする請求のことをいう。別言すると，現在の侵害の排除のみならず，当該侵害と実質的に同じものと認められる他の侵害の予防もその請求内容に含むものが，ここにいわゆる包括的差止請求である。このような請求は，具体的には，除去されるべき侵害の本質的内容（その違法性を基礎付ける核心部分）を抽出し，それを具備するすべての侵害の差止めを求める形で行われる[注9]。

(2) 具体例
　上記のような包括的差止請求の可否については，これまで，主に商号使用を巡る紛争や各種の知的財産権侵害の事例において議論されてきた。

(注8)　あるいは，目前に差し迫った将来の違法な侵害の危険。以下，同じ。
(注9)　なお，金炳学「仮処分の方法及び立担保と処分権主義の関係について——生活妨害・知財侵害差止仮処分を素材として(1)(2・完)」行政社会論集24巻1号（2011）1頁，24巻2号（2011）87頁は，「包括的差止請求」という言葉を，「抽象的差止請求」と同義のものとして使用する。しかし，本稿では，このような用法には従わず，「包括的差止請求」という概念を本文にて定義したような請求を表すものとして，「抽象的差止請求」とは区別して用いることとしたい。

例えば，Cが長年，札幌市内で「東寿し」という商号を用いて寿司屋を営んでいたところ，Dが同じ市内において「東鮨」と称する寿司屋を新たに開店した[注10]。このとき，もし前記包括的差止請求が許されるとすれば，Cは，Dに対して，次のように請求することができる。すなわち，「Dは，札幌市内において寿司屋を営業するために，『アズマズシ（スシ）』と発音されうる文字をその中に含む商号を使用するな。」と[注11][注12]。このような請求は，Dによる現在の侵害──「東鮨」という商号の使用──の本質的内容（その違法性を基礎付ける核心部分），つまりは「札幌市内における寿司屋の営業のために，『アズマズシ（スシ）』と発音されうる文字をその中に含む商号を使用すること」を括り出し，当該要素を共有するあらゆる侵害を一括して差止めの対象とするものである。そのような請求をなすことによって，Cは，Dによる「東鮨」という商号の使用（現在の具体的な侵害）を排除しうるとともに，例えば「東鮨」の前に店舗所在地の名前（みその・美園）を小さな文字で冠しただけの「みその（美園）東鮨」という新商号の使用をも合わせて予防する

(注10)　この設例は，札幌高決昭和49・3・27判時744号66頁の事案を基にしたものである。

(注11)　谷口安平「商号使用差止めの強制執行」小野昌延先生還暦記念論文集刊行会編・小野昌延先生還暦記念『判例不正競業法』（発明協会，1992）796-797頁には，差止請求の認容判決主文例として，これと同内容のものが挙げられている。

(注12)　なお，この場合に，Cは──例えば，「Dは，Cの商号と同一の商号またはこれと類似する商号を使用するな。」というような──Cの商号使用の利益に対する違法な侵害全般（違法な侵害に該当しうるすべての商号使用）を対象とする差止請求を行うことは許されない（本稿が今，その可否を問題としている「包括的差止請求」と以上のような請求とは，明確に区別されなければならない）。

　なぜなら，第1に，そのような請求は，「権利者の商号と同じものを使用してはならない」という「法律上当然のことを言っているにすぎ」ないからである。また，第2に，判決裁判所が当該請求を認容し，「Dは，Cの商号と同一の商号または類似する商号を使用するな」との判決主文を言い渡すことは，Dによる現在または将来における具体的な行為（例えば，「東鮨」という商号の使用）が実際にCの上記利益に対する違法な侵害に当たるか否かに関して，その一切の判断を執行裁判所に委ねるものにほかならない。それゆえそのような主文の宣告は，わが国の「債務名義制度が前提とする執行名義〔債務名義〕の作成機関と執行機関との分離のたてまえ」に反するものとして「違法」であると解されるからである（以上，谷口・前掲（注11）794頁。ただし，引用文中，亀甲括弧に括られた部分は，筆者によるものである。この点について以下，同じ）。

ことが可能となる（Cの前記請求が認容され，その判決が確定した後に，Dが自らの商号を「みその（美園）東鮨」に変更して，寿司屋の営業を継続しようとする場合には，Cは，上記判決に基づき，Dによる当該新商号の使用停止に関する強制執行を直ちに申し立てることができる）。

2 考察

では，差止請求権の請求権者は，当該請求権に基づく請求内容の1つとして，以上のような包括的差止請求を行うことが許されるか。

(1) 従来の議論の整理・分析

考察の手始めに，まずここで，包括的差止請求の可否を巡る従来の議論[注13]を簡単に振り返るならば，かつては，そのような請求を認めることに反対する見解[注14]も主張されていた。しかし，その後，包括的差止請求を肯定する立場が有力となり，現在では，これを許容すべきことにつき，大方の見解は一致しているものと思われる[注15][注16]。

(A) 谷口安平博士の主張

例えば，包括的差止請求を承認する代表的論者の1人である谷口安平博士は，この請求の許容性について，大要，次のように述べられる[注17]。

(注13) 従来の議論，特に1995年までに現れた学説および下級審裁判例の内容や特徴は，野村秀敏『予防的権利保護の研究——訴訟法学的側面から』（千倉書房，1995）108-155頁によって詳細に分析されている。
　また，それ以降における議論のうち，違法な商号使用等に関するそれについては，田村善之「知的財産侵害訴訟における過剰差止めと抽象的差止め」同『競争法の思考形式』（有斐閣，1999）172-176頁が，その要点を的確に提示する。
　さらに，知的財産権侵害に対する包括的差止請求の可否につき詳しく検討する比較的近時の文献として，同論文177-182頁のほか，田村善之「特許権侵害に対する差止請求」同『特許法の理論』（有斐閣，2009〔初出・2001〕）337頁以下，金炳学「知的財産権侵害差止請求における訴訟物の特定と執行手続について——生活妨害訴訟における抽象的差止請求との比較検討を中心として」法政研究72巻3号（2006）149頁を参照。
(注14) 古関敏正「特許侵害訴訟における対象物件の特定」小山昇＝中島一郎編集代表・兼子博士還暦記念『裁判法の諸問題（中）』（有斐閣，1969）462-464頁。反対の理由に関しては，後に検討する。

(ア) 既存の債務名義の執行力潜脱を阻止すべき必要性

すなわち，例えば前述の「東鮨」の具体例において，Cが，Dによる現在の侵害（「東鮨」という商号の使用）しか差止請求の対象とすることができないとすれば，Dは，当該請求を認容する判決が確定した後，「ほんの少し〔上記侵害の〕違反態様を変更することによって既存の債務名義を無力ならしめ」[注18]ることが可能である。その結果，Cをして「重ねて債務名義取得に走らせるといういたちごっこが生じかねない」[注19]。このような事態を避けるためには，「債務名義による不作為義務〔差止めの義務〕の特定の緩和と執行裁判所の権限強化」[注20]を行うことが必要である[注21]。そこで，①訴状の

(注15) 包括的差止請求を認めるものと解される文献として，花岡巖「侵害物件，侵害方法の特定」牧野利秋編『裁判実務大系(9)工業所有権訴訟法』（青林書院，1985）70-71頁（特許権侵害に対する差止請求に関して），谷口・前掲（注11）796-797頁（違法な商号使用に対する差止請求に関して），田村・前掲（注13）抽象的差止め177-182頁（知的財産権侵害に対する差止請求一般に関して），田村・前掲（注13）差止請求339頁・342-343頁（特許権侵害に対する差止請求に関して），沖中康人「知的財産権侵害訴訟の請求の趣旨及び主文」牧野利秋＝飯村敏明編『新・裁判実務大系(4)知的財産関係訴訟法』（青林書院，2001）48頁（商標権侵害に対する差止請求に関して），金・前掲（注13）186頁（知的財産権侵害に対する差止請求一般に関して）。

また，上村明広「差止請求訴訟の訴訟物に関する一試論」岡山大学法学会雑誌28巻3＝4号（1979）104-120頁，特に114-115頁，および野村・前掲（注13）156頁・159頁・165頁・171頁・177-196頁も，それぞれ包括的差止請求を肯定するのと同内容の帰結を導く。

(注16) なお，下級審裁判例にも，（結果として）包括的差止請求を認容したものが散見される。神戸地判昭和36・7・24不正競業法判例集（商事法務研究会，1967）434頁以下（「日華食品株式会社即席チキン・ラーメン」，「二匹エビ印即席チキン・ラーメン」との商標を用いて即席ラーメンを販売していた被申請人に対し，それらの商標の使用停止とともに，「チキン・ラーメン」の文字を含むその他の商標の使用禁止をも命じた仮処分決定を認可する），大阪高判昭和41・4・5高民集19巻3号215頁（「三菱建設株式会社」という商号および標章を用いて建設業を営んでいた被告に対し，「三菱」という文字を含むすべての商号および標章の使用停止を命ずる）。

(注17) 谷口安平博士の見解に賛成するのは，金・前掲（注13）162頁・186-188頁。
(注18) 谷口・前掲（注11）791頁。
(注19) 谷口・前掲（注11）796頁。なお，引用文に付された傍点は，谷口博士によるものである。
(注20) 谷口・前掲（注11）796頁。
(注21) 田村・前掲（注13）抽象的差止め177頁，金・前掲（注13）155-156頁は，それぞれ知的財産権侵害の事案に関して同様の必要性を指摘する。

「請求の趣旨」および請求認容判決の主文には、差し止められるべき被告の行為（違法な侵害）の一般的特徴――「債務名義を作成した裁判所が何をもって権利〔法益〕侵害と認識したか」[注22]――を記載すれば足り、②当該記載を指針としつつ、執行裁判所が、被告（執行債務者）による具体的な行為が上記一般的特徴を備えているか否かについて自ら実質的に判断しうるものと解すべきである[注23]。

　(イ)　不作為義務の執行手続の特殊性

　このような肯定説の主張に対しては、あるいは次のような批判がなされるかもしれない。

　すなわち、日本の現行民事手続法においては、「債務名義の作成とその執行とは分離され、執行機関はもっぱら債務名義の内容を忠実に実現することに専念すべきであ」る[注24]との「基本方針」[注25]が採用されている。また、「そのために債務名義は執行さるべき請求権の内容を一義的に明確に表示しなければならない」[注26]。したがって、上記肯定説のように、①執行裁判所による主体的な実質的判断を（一定の程度であれ）承認すること、およびその前提として、②包括的差止請求を許容し、判決主文における被告の義務の記載に関して緩やかな表現を認めることは、上記基本方針に背馳する、との批判である。

　しかし、谷口博士によれば、このような批判は成り立たない。なぜなら、わが国の民事手続法は、（差止めの義務もその1つであるところの）不作為義務の強制執行に関して、もともとそのような基本方針を「厳格に貫徹し難い構造」[注27]を有しているからである。むしろ、現行法は、代替執行（民414条2項本文・3項、民執171条）や将来のための適当な処分（民414条3項）あるいは間接強制（民執172条）の実施を通じて、執行裁判所が「本案に関する『続行

(注22)　谷口・前掲（注11）797頁。
(注23)　以上、谷口・前掲（注11）796-797頁。
(注24)　谷口・前掲（注11）791頁。
(注25)　谷口・前掲（注11）791頁。
(注26)　谷口・前掲（注11）791頁。
(注27)　谷口・前掲（注11）791頁。

的判断』」^(注28)を行い，判決裁判所によって作成された「債務名義の内容を〔執行裁判所が自ら〕より具体化……する」^(注29)ことを求めている，と考えることが可能である。それゆえ，不作為義務の強制執行については，「金銭執行や物の引渡執行におけるような両者の機能的峻別を前提とした考え方は再考されなければならない」^(注30)。すなわち，「不作為義務の内容の隅々まで債務名義によって〔あらかじめ〕確定されていなければならないわけではなく，必要な場合には執行機関たる第一審裁判所が事案に適した執行命令によって債務名義の補完を行う」^(注31)ことができるものと解すべきである（不作為義務の強制執行に関する「債務名義の作成機関と執行機関の協働」^(注32)の可能性）。したがって，前述のような包括的差止請求を肯定しても，そのことは，日本の民事手続法が則っている前記基本方針に反するものではない。

(B) 特徴

以上が，包括的差止請求の可否に関する従来の議論，とりわけその許容性を肯定する近時の有力説の概要である。それらの特徴として，以下の2点を指摘することができよう。

第1に，これまでの議論（肯定説の主張）において包括的差止請求を認めるべき理由として挙げられている事柄（①既存の債務名義の執行力潜脱を阻止すべき必要性，②不作為義務の執行手続の特殊性）は，商号使用を巡る紛争や知的財産権侵害の事例に限って妥当しうるものではない。言い換えるならば，それらの事情は，上記2つの事案類型以外にも同様に当てはまる。すなわち，従前の議論，特に肯定説の見解は，例えば適格消費者団体による包括的差止請求を許容すべき理由としても，これを援用することが可能であると思われる。

(注28)　谷口・前掲（注11）792頁。
(注29)　谷口・前掲（注11）792頁。
(注30)　谷口・前掲（注11）793頁。また，竹下守夫「生活妨害の差止と強制執行・再論——名古屋新幹線訴訟判決を機縁として」判タ428号（1981）37頁は，谷口博士による上記主張と実質的に同旨の立論をつとに展開していた（竹下守夫博士による当該立論に賛成するものとして，野村・前掲（注13）197頁）。さらに，これらの見解を「至当」なものと評するのは，田村・前掲（注13）抽象的差止め176頁。
(注31)　谷口・前掲（注11）792頁。
(注32)　谷口・前掲（注11）792頁。

第2に，谷口博士による先述の立論がまさにそうであるように，包括的差止請求の可否に関する従来の議論は，もっぱら，その民事手続法上の適法性に焦点を合わせて進められてきた（少なくとも，そのような傾向が強かった）ものと解される。これに対して，私見によれば，その実体法上の適法性は，いまだ十分に詰められていない。

(2) 考察

では，包括的差止請求は，わが国の現行民法典その他の実体法の下で，これを認めることができるか。

(A) 否定説の主張——問題の所在

この点，包括的差止請求の許容性を否定する見解（否定説）は，その論拠として，妨害排除請求権と妨害予防請求権とを実体法上，別個の存在として峻別すべき必要性を指摘する。

すなわち，包括的差止請求（例えば，「アズマズシ（スシ）」と発音されうる文字をその中に含む商号の使用停止の請求）には，①現在の侵害に対する妨害排除の請求（「東鮨」という商号の使用中止の請求）と②将来の別の侵害に対する妨害予防の請求（例えば，「みその東鮨」という商号の，未然の使用停止の請求）とが含まれている。それゆえ，包括的差止請求を承認することは，①妨害排除請求権の請求内容（現に存する違法な侵害の排除）と②妨害予防請求権の請求内容（目前に差し迫った違法な侵害の危険の除去＝侵害の予防）とをいわば統合し，そのようなものを1つの差止請求権に基づく1つの請求内容として肯定することを意味する。これは要するに，妨害排除請求権と妨害予防請求権とを1つの請求権に融合させることにほかならない[注33]。だが，妨害排除請求権と妨害予防請求権とは，一般に「明確に区別されなければならない」[注34]。というのも，それら2つの請求権は，互いにその発生要件を異にしているためである。（前者：現に在する違法な侵害，後者：目前に差し迫った違

(注33) 古関・前掲（注14）463頁。
(注34) 古関・前掲（注14）462頁。また，三村量一「特許侵害訴訟における被告製品の特定と実務上の留意点」中山信弘編集代表・牧野利秋判事退官記念『知的財産法と現代社会』（信山社，1999）525-526頁も，この点につき同旨であると解される。

法な侵害の危険)。したがって，これらの混同をもたらす包括的差止請求を認めることは許されない，と。

　(B)　私見

　(ア)　妨害排除請求権と妨害予防請求権との本質的同一性

　しかし，本稿の見るところ，このような否定説の見解，特に「妨害排除請求権と妨害予防請求権とは，一般に，別個の存在として，峻別されなければならない。」との主張を支持することはできない。なぜなら，上記各請求権の本質的機能に鑑みるならば，むしろ，それらを同一（単一）の請求権と捉えることが妥当である，と解されるからである[注35]。

　すなわち，妨害排除請求権は，確かに，現に存する違法な侵害を排除するために発生する。だが，なぜ妨害排除請求権がそのような現在の侵害を排除しようとするのかと言えば，それは，当該侵害を「将来」に向けて放置して

(注35)　特許権侵害に対する侵害停止請求権と侵害予防請求権との関係につき同旨を唱えるものとして，牧野利秋「特許権侵害差止請求訴訟の訴訟物」入山実編集代表・原増司判事退官記念『工業所有権の基本的課題（上）』（有斐閣，1971）582頁・585頁注8，鎌田薫「特許権侵害訴訟における請求の特定――方法の特許権の場合を中心に(1)」特許管理25巻9号（1975）936頁，花岡・前掲（注15）68頁。著作権侵害に対する侵害停止・侵害予防請求権に関して，森義之「著作権侵害訴訟における訴訟物について」清水利亮＝設楽隆一編『現代裁判法大系(26)知的財産権』（新日本法規，1999）363頁以下・371頁。また，宇井正一「特許侵害訴訟における主張立証上の諸問題」入山編集代表・前掲624-625頁も以上と同様の立場に立つものと思われる。
　さらに，好美清光博士は，差止請求権（妨害排除請求権，妨害予防請求権）の一典型とも言うべき物権的請求権につき，本文における分析および上記諸文献による主張と同内容と解される以下のような指摘をつとに行われていた（舟橋諄一＝徳本鎮編『新版注釈民法(6)〔補訂版〕』〔有斐閣，2009。旧版の初出・1967〕200頁〔好美清光〕。また，奥田昌道『請求権概念の生成と展開』〔創文社，1979〕276頁，石田喜久夫「物権的請求権について」同『物権法拾遺』〔成文堂，1986〕11頁，同『口述物権法』〔成文堂，1982〕12-13頁も，それぞれこれに賛成する）。好美博士曰く，「物権的請求権の目的は，物権侵害に対してあるべき物権の状態を確保しようとするものであり，その具体的方法は物権侵害の種類・態様に応じて多様である。物権的請求権の３つの分類〔返還請求権，妨害排除請求権，妨害予防請求権〕は，多様な侵害を３つに分類したことに対応する，多様な回復方法のいちおうの分類にすぎない。各々『請求権』と呼ばれてはいるが，それらは，むしろ１つの請求権の多様な現象形態にすぎないのである。したがって，相互に連続し，限界は必ずしも明確ではありえず，とりわけ妨害排除と妨害予防の措置は，侵害の在り方によっては併存して必要とされる場合も生じる」。

おくことが許されないからである。つまり，その侵害を今直ちに排除しなければ，それが「将来」にわたってそのまま継続し，まさしく「将来」における違法な侵害となりうるからこそ，妨害排除請求権は，そのような「将来」の侵害の発生を「予防」するために，現在の侵害を——「将来」の侵害の「危険」源として——取り除こうとするのである。それゆえ，妨害排除請求権の機能の中核は，「将来」における侵害の発生を「予防」することにある，と考えられる。すなわち，「妨害排除請求権」と呼ばれているものの実体は，「妨害予防請求権」そのものにほかならない。言い換えるならば，妨害排除請求権と妨害予防請求権とは，本質的には，「違法な侵害の危険とその除去」という同じ内容の要件および効果をもって発生すべき同一の請求権（妨害予防請求権＝差止請求権）——より厳密に表現すれば，いわば外形上は 2 つに分かれて見えるものの，実体としては単一の請求権——である，と思われるのである(注36)(注37)(注38)(注39)。

　(イ)　包括的差止請求の実体法的適法性——小括

　そして，以上に分析したように，妨害排除請求権と妨害予防請求権とが一

(注36)　以上につき同旨と解される文献として，上村明広「不作為請求権に関する一問題」吉川大二郎ほか編・末川博先生追悼論集『法と権利(3)』民商78巻臨時増刊 3 号（1978）50頁，竹下守夫「救済の方法」芦部信喜ほか編『基本法学(8)紛争』（岩波書店，1983）199 -200頁。

(注37)　また，以上と同様の分析を，ドイツ法における妨害排除請求権（日本の妨害排除請求権と同様の要件および効果を備えたもの）に関して力説する近時の文献として，vgl. R. Wilhelmi „Risikoschutz durch Privatrecht" (Mohr Siebeck, 2009) S. 46, S. 73ff., S.80, S. 125（「すでに存在する〔現在の〕侵害の排除は，……その侵害がもたらしている，差し迫った〔将来の〕侵害〔の危険〕を除去することの反射に過ぎない」）。さらに，T. Dreier „Kempensation und Prävention" (Mohr Siebeck, 2002) S. 147もこれと同旨である，と思われる。

(注38)　さらに，以上に述べた事柄は，物権的返還請求権にも同じく当てはまる。すなわち，返還請求権が，被請求者による不法占有をその者から剥奪する（そして権利者の下に適法な占有を回復する）のは，当該不法占有を「将来」にわたって放置することが許されないからである。換言すれば，物権的返還請求権の機能の本質もまた，やはり「将来」における違法な侵害（不法占有）を予防することにあるものと考えられる。この点につき，vgl. E. Picker „Der vindikatorische Herausgabeanspruch" 50 Jahre Bundesgerichtshof —— Festgabe aus der Wissenschaft Bd. I Bürgerliches Recht (C. H. Beck, 2000) S. 693ff., 702f.。

般に，究極的には同一（単一）の請求権であるとすれば，①ある侵害を排除するために「妨害排除請求権」がすでに発生している場合において，②当該侵害と実質的に同じものと認められる新たな侵害(注40)を予防するために，「妨害予防請求権」がさらに発生するときには，それらを1つの請求権として一体的に把握することに，実体法上の原理的障害は存在しない。否，そのような把握を行うこと，つまりは，それらの侵害を包括的に予防しようとする1つの差止請求権の発生を承認することこそ，むしろ合理的である，と言うことができよう。

そこで，これまでの検討に基づく本稿の結論は，次の通りである。

すなわち，わが国の現行民法典その他の実体法に関する解釈論として，先に定義したような包括的差止請求を認めることが可能かつ妥当である（そのような請求を承認すべきである，との前記肯定説の主張は，民法その他の実体法に照らしても，これを支持することができる）(注41)。

(注39) なお，誤解を避けるために，以下の点を念のために付言しておきたい。すなわち，ある具体的な妨害排除請求権と妨害予防請求権とが実体法上，別個の請求権として発生し，かつ存続することは当然ありうる。例えば，甲の所有するA土地の上に，その隣地であるB土地に住む乙の自動車が正当な理由なく駐車されている場合には，甲は，①Aの所有権に基づく妨害排除請求権を行使して，上記自動車の撤去を乙に対して請求することができる。また，このような場合において，B（乙所有）に生えている樹木の枝がAとの境界を超えてA土地内へと侵入しようとしているときには，甲は，やはり乙に対して，②Aの所有権に基づく妨害予防請求権をも取得する。そして，このとき，上記①と②との各請求権は，それぞれ相互に独立している。換言すれば，それらは──たとえ同じく甲のA土地に対する所有権に基づくものであっても──別個の（2つの）請求権として発生し，存続する（それらは，各々が除去すべき侵害〔①自動車，②樹木の枝〕を異にしているため）。本稿が本文において主張していることとは，すなわち，前記①のような妨害排除請求権の究極的な目的ないしは機能が，一般的に，将来に差し迫った違法な侵害を予防することにあること，したがって，妨害排除請求権もその本質において妨害予防請求権にほかならないこと，そのような意味で，それら2つの請求権は実体法上，単一の存在である，ということである。

(注40) ある侵害と別の侵害とが実質的に同一物であるか否か（それぞれの違法性を基礎付ける核心部分が同じであるか否か）は，①被侵害法益の異同，②各侵害の具体的態様，③それらの時間的・場所的接着性の程度などを考慮して判断すべきである（この点に関する一般的な判断基準の定立および具体化に向けた分析は，今後の課題としたい）。

3 まとめ
——適格消費者団体による包括的差止請求の許容性

また，したがって，適格消費者団体も，包括的差止請求を行うことが可能である，と解される[注42]。

すなわち，ある事業者が，消費者契約法8条から10条に違反する条項を不特定かつ多数の消費者に対して現に使用している場合には，適格消費者団体は，同法12条3項所定の差止請求権に基づき，まず，①当該条項の使用の停

(注41) なお，以上の分析に関連して，ドイツの判例および通説が，いわゆる核心理論（Kerntheorie）に従って，包括的差止請求を肯定するのと実質的に同様の立場に立っている事実が注目される。
　すなわち，ドイツの判例・通説によれば，一般に，法律上の不作為義務（差止めの義務）の効力は，現に存する，あるいは目前に差し迫っている特定の侵害のみならず，当該侵害とその核心を同じくする（しかし，その具体的態様においては異なる）他のあらゆる侵害にまで及ぶ（核心理論）。したがって，①被侵害者（原告）は，侵害者（被告）に対し，1つの請求（訴訟物）として，現在の侵害の排除とともに，上記他のあらゆる侵害の予防をも合わせて請求することができる（具体的には，原告は，訴状において，それらの侵害に共通する特徴〔＝核心〕を一般化した形で示したうえで，当該特徴を備えたすべての侵害の差止めを求めることが可能である。Vgl. BGH Urteil vom 23. 2. 2006 Gewerblicher Rechtsschutz und Urheberrecht〔以下，GRURとする〕2006 S.421）。また，②たとえ確定判決に，ある特定の侵害の停止あるいは予防を命ずる主文しか掲げられていない場合であっても，執行裁判所は，当該判決を債務名義として，上記特定の侵害の停止あるいは予防とともに，これとその核心を同じくする他のあらゆる侵害の停止や予防についても強制執行を実施することができる（Vgl. BGH Urteil vom 16. 2. 1989 GRUR 1989 S.445）。
　さらに，以上のような核心理論は，制定法自体が採用するところともなった（H. Köhler / J. Bornkamm „Gesetz gegen den unlauteren Wettbewerb"〔31. Auflage, C. H. Beck, 2013〕S. 1604 Rn. 3〔Köhler〕）。すなわち，旧約款規制法17条1号およびその後継たる差止訴訟法9条3号によれば，ある条項の使用を差し止める旨の判決主文には，その内容として，当該条項と「同じ内容」を持ったすべての条項の使用停止の命令もまた，当然に含まれる。
　上記核心理論に関するドイツの判例および学説の議論を詳細に整理・分析する代表的邦語文献として，野村・前掲（注13）29-107頁を参照（ただし，同書において取り上げられている判例・学説は，1980年代までのものに限られる）。また，この理論を巡る議論の現況を要領よくまとめた最新の独語文献として，vgl. C. Klaus „Die Kerntheorie" Der Grüne Bote（Zeitschrift für Lauterkeitsrecht und geistiges Eigentum）2010 S. 1ff.
(注42) 適格消費者団体による差止請求について（も）包括的差止請求を承認すべき必要性に関しては，本稿Ⅱ3(2)およびⅢ2(1)における各分析を参照。

止(のみ)を請求することができる(この点は,前記Ⅱ3(1)において,すでに述べた通りである)[注43]。さらに,その場合において,上記事業者が当該条項と実質的に同一物と認められる別の条項を別途,使用するおそれがあるとき[注44]には,適格消費者団体は,現在の条項の使用とともに当該新条項の使用をも合わせて予防すべく,②包括的差止請求を行うことが許される。すなわち,例えば,前述の挙式披露宴実施契約に関する具体例において,Bは,Aに対し,「Aは,本件契約がキャンセルされた場合には,挙式披露宴実施料の10パーセントに相当する額を超える違約金を申し受ける旨定めた条項を使用するな。」と請求しうる[注45]。

さらに,事業者の不当勧誘行為に対する差止請求権(消費契約12条1項)につき,以上と別異に考えるべき理由は在しないであろう。すなわち,私見によれば,これまでに述べた事柄は,上記差止請求権にも等しく当てはまるものと思われる。それゆえ,例えば,事業者Eが,ビタミンCを500mgしか含有していない健康食品(甲)を販売する際に,「甲には,ビタミンCが1000mg

---

(注43) また,このように適格消費者団体は,包括的差止請求を常に行わなければならないわけではない。それをなすか否かは,適格消費者団体が自由に決定すべき事柄である(この点につき同旨を唱えるものとして,大高・前掲(注5)94頁注24、さらに,以上に関連して,本稿(注6)をも合わせて参照)。すなわち,例えば先述の挙式披露宴実施契約に関する具体例において,事業者Aの裁判内外における対応等に照らし,そのような請求を行う必要がないと適格消費者団体Bが判断した場合には,Bは,本件条項の使用の停止のみを請求することが可能である。
(注44) この点に関して,長野・前掲(注2)89頁は,ある侵害の違法性の有無が侵害者によって争われている場合には,その事実から,①上記侵害者が当該侵害に変更を加えるおそれと,さらに,②変更を加えた新たな侵害の違法性についてもやはりその者が争うおそれとを推定すべきである,とする(特許権侵害に関してこれと同様の立場に立つと思われるものとして,花岡・前掲(注15)86頁)。

また,ドイツの判例も,違法な侵害に当たる行為が現に行われているという事実から,①当該行為それ自体が反覆される危険とともに,②それと核心を同じくする他の行為がさらに実行される危険もまた推定される,とする(Vgl. BGH Urteil vom 15. 7. 1999 Neue Juristische Wochenschrift 1999 S. 3638.同判決によれば,これがドイツにおける「判例の確立した立場」である)。
(注45) 同様の結論を支持するものとして,大高・前掲(注5)93頁・94頁注24、山本・前掲(注4)解釈問題45頁,山本・前掲(注4)差止請求32頁,笠井・前掲(注4)32頁。

含まれている」と消費者に告げてEとの売買契約の締結を勧誘している場合[注46]には，Bは，Eに対して，「Eは，甲に関する売買契約の締結の勧誘に際し，不特定かつ多数の消費者に対して，『甲は，ビタミンCを，500mgを超えて含有している』旨を告知するな。」と請求することが可能である[注47]。

以上が，適格消費者団体による包括的差止請求の可否に関する分析である。

IV 条項改訂請求の可否

1 問題の所在

次に，適格消費者団体による条項改訂請求の可否について検討する。

消費者契約法12条3項によれば，ある事業者が不特定かつ多数の消費者に対して不当条項を現に使用している，あるいはそれを現に使用するおそれがある場合には，適格消費者団体は，同項所定の差止請求権に基づき，当該条項の使用の停止もしくは予防またはその使用の「停止若しくは予防に必要な措置」の実施を上記事業者に対して請求することができる。

では，適格消費者団体は，そのような使用の「停止若しくは予防に必要な措置」の1つとして，事業者に対し，その者が現に使用している条項を特定の別の内容へと改訂することを要求しうるか。例えば，先述の挙式披露宴実施契約に関する具体例において，BがAに対し，本件条項の内容を「本件契約がキャンセルされた場合には，挙式披露宴実施料の10パーセントに相当する額の違約金を申し受ける。」との内容に変更するよう求めることはできるか。

このような問題は，消費者団体訴訟制度が成立した当初より，「考え方の分

(注46) これは，三木浩一「訴訟法の観点から見た消費者団体訴訟制度」ジュリ1320号（2006）69頁に挙げられている例を基にしたものである。
(注47) 以上につき同旨として，長野・前掲（注2）89頁。

かれ得るところ」^(注48)として，学説の関心を集めてきた。実際に，以上のような条項改訂請求を認めるべきではないと主張する見解^(注49)が一早く現われる一方で，（少なくとも一般論としては）当該請求を肯定すべきである，との立場^(注50)も唱えられるなど，この点を巡る見解の対立もすでに生じている^(注51)。

また，先に詳述したように，上記条項改訂請求の可否に関して真に論じられるべき事柄とは，次のような問題であると思われる。すなわち，違法な侵害を除去するための方法が複数存在する場合において，差止請求権の請求権者（適格消費者団体）が，それらの中から特定の方法を自ら選び出し，その実施を被請求者（事業者）に対して強制することは許されるか，という問題である。

そして，このような問題は，これまで，生活妨害（公害）に対する抽象的差止請求の可否如何という形で検討されてきた^(注52)。

そこで，以下，分析の手始めとして，まず，抽象的差止請求の可否に関す

(注48) 三木浩一ほか「座談会・消費者団体訴訟をめぐって」ジュリ1320号（2006）27頁［三木浩一発言］。

(注49) 三木ほか・前掲（注48）26頁［山本豊発言］，山本・前掲（注4）解釈問題45頁，山本・前掲（注4）差止請求32頁。また，笠井・前掲（注4）32頁も，山本教授の主張に賛成する。

(注50) 日本弁護士連合会消費者問題対策委員会編『コンメンタール消費者契約法〔第2版〕』（商事法務，2010）299頁。ただし，その具体例としては，包括的差止請求に当たる場合が挙げられている。

(注51) なお，消費者団体訴訟制度の立案担当者の1人は，条項改訂請求の可否について，次のように述べている。すなわち，消費者契約法12条3項の文言上，「そういった改訂請求……のようなものも必ずしも否定されるものではないというか……〔条項改訂請求を〕排除することを意図して，この規定ぶりにしているということでは必ずしもありません」（三木ほか・前掲（注48）27頁［加納克利発言］）。

このような発言からは，上記立案担当者が，立案当時，同項に基づく差止請求の一内容として，条項改訂請求を積極的に承認していた，と解することは困難であると思われる。もちろん，他方において，まさしく以上の発言にある通り，当該請求の可能性が立案担当者によってあらかじめ排斥されていたわけでもない。したがって，条項改訂請求の可否如何という問題の解決は，同項の解釈論（判例・学説による分析）に委ねられていると言うことができよう。

(注52) ただし，抽象的差止請求の可否は，知的財産権侵害の事案においても問題となりうることにつき，金・前掲（注9）(1)27頁注52を参照。

る従来の議論を確認しよう。

2　抽象的差止請求の可否を巡る従来の議論の整理

(1)　定義・具体例

一般に，（生活妨害に対する）抽象的差止請求とは，請求権者が被請求者（侵害者）に対して違法な侵害の排除あるいは予防を請求する場合に，そのために採られるべき具体的な方法を特定せずに，当該侵害の排除あるいは予防という結果の実現のみを請求することをいう[注54]。

例えば，Fの居住する甲建物からGの居住する乙建物内へと受忍限度を超える騒音（楽器の演奏によって生ずる音）が流入している場合において，上記抽象的差止請求が認められるとすれば，GはFに対して，「Fは，乙建物内に当該騒音を流入させるな。」と請求することができる。このとき，Gは，Fによって最終的に除去されるべき侵害（受忍限度を超える騒音が乙建物内へと流入している状態）のみを特定すれば足りる。それを超えて，当該侵害を排除す

(注53)　周知のとおり，生活妨害に対する抽象的差止請求の可否を巡っては，特に民事訴訟法の領域において，判例および学説による論争が行われていた（学説間の議論を詳しく分析するものとして，川嶋四郎『差止救済過程の近未来展望』〔日本評論社，2006〕181-198頁・159-181頁）。

　　しかし，後述するように，現在では，上記請求を認めるべきことが判例・学説によって一般的に承認され，当該論争に一応の決着が付いている（この点については，本稿注57および注58を参照）。

　　また，私見によれば，本稿における課題（適格消費者団体による条項改訂請求の可否如何）の解決にとっては，そのような論争の経過やその中で展開された個々の見解の詳細について分析することよりも，上記論争を経たうえで形成された今日の判例・通説の立場，特にそれらが抽象的差止請求を肯定すべきものと考える理由に着目し，その意義を深く掘り下げることこそ，より重要である。

　　そこで，本稿においては，抽象的差止請求の可否を巡る従来の論争それ自体には立ち入らず，この点に関する現在の判例および通説の見解に焦点を合わせて，これ以降の検討を進めることとしたい。

(注54)　このような定義については，最判平成5・2・25判時1456号53頁および名古屋高判昭和60・4・12下民集34巻1-4号461頁の各判示（前者に関しては，上告人の上告理由をも合わせて参照），さらには，右田堯雄「差止をめぐる訴訟上の問題」判時988号（1981）11-12頁，井上治典「請求の特定(3)」井上治典ほか『演習民事訴訟法』（有斐閣，1982）57-58頁，新堂幸司＝福永有利編『注釈民事訴訟法(5)』（有斐閣，1998）106頁〔新堂幸司〕を参照。

るためにFがどのような具体的方法（措置）を採用すべきであるか——例えば，甲建物の周辺に防音壁を設けるべきか，あるいは甲建物内に地下室を設置し，そこで演奏をすべきか，あるいは甲建物の内部における演奏そのものを一切中止すべきか——をGが決める必要はない。それは，被請求者たるFが自ら決定すべき事柄である。さらに，このような請求が認容され，その判決が確定した場合には，Gは，当該判決に基づく強制執行として，間接強制を申し立てることが可能である[注55]。したがって，強制執行を開始する段階においても，Gは，Fのなすべき具体的措置をG自身で定めることを要しない。

(2) **抽象的差止請求が認められるべき理由**

以上のような抽象的差止請求が民事訴訟法上，さらには現行民法典の下で適法なものであること[注56]は，今日，判例[注57]および多数の学説[注58]が承認するところである。

では，なぜ抽象的差止請求は肯定されるべきであるのか。

この点に関して，学説および下級審裁判例の一部は，生活妨害に対する差止請求権の機能ないしは目的に注目する。すなわち，それらの学説や裁判例

(注55) 松本博之『民事執行保全法』（弘文堂，2011）336頁。いわく「この点には争いがない」。

(注56) 抽象的差止請求の可否如何という問題は，もともと民事訴訟法に関する問題（請求の特定の有無，あるいは，それを命ずる判決の強制執行の可否に関する問題）として議論されてきた（それゆえ，特に議論の初期においては，当該問題を検討する論文の多くが民事訴訟法の研究者によって生み出された。例えば，竹下守夫「生活妨害の差止と強制執行——強制執行法案要綱案第二次案における関連規定の検討」立教法学13号〔1974〕1頁，竹下・前掲（注30））。しかし，そのような訴訟法に関する問題とともに，抽象的差止請求の実体法上の適法性如何という問題もまた——上記訴訟法上の問題を解決するうえでその分析を欠くことのできないものとして——早くから学説の検討の対象とされてきた（少なくとも，暗黙の裡に分析の俎上に載せられてきた）と言うことができる（この点に関して，例えば，佐藤彰一「差止請求論」法時66巻10号〔1994〕49頁は，抽象的差止請求に関する訴訟法上の問題が，「基本的には」，差止請求権の「実体法上の請求権内容の構築の問題に連なる」ものであることを（正当にも）指摘する。また，抽象的差止請求の訴訟法上の適法性について，これとその実体法上の適法性とを明確に関連させつつ考察する代表的論考として，上村・前掲（注15）98-99頁・106-107頁を参照。さらに，そのような分析の萌芽は，大阪弁護士会環境権研究会『環境権』〔日本評論社，1973〕209-210頁〔池尾隆良＝仁藤一〕にすでに見られる）。

は，抽象的差止請求を承認すべき理由の1つとして，上記目的を達成するためには，抽象的差止請求を認めれば十分であること，言い換えるならば，請求権者が特定の侵害除去方法の実施までをも請求しうると解することは，当該目的に照らして不要（かつ不当）であることを指摘する。

例えば，松本博之教授は，以上について，次のように述べられる。

すなわち，ある者（被侵害者）が生活妨害の差止めを侵害者に請求する場合において，侵害を取り除くために採りうる措置が複数存在するときには，「少なくとも判決手続の段階では……〔侵害者〕にとるべき措置の選択権が与えられるべきである」[注59]。なぜなら，侵害者は自らの「とるべき措置の選択に最も〔強く〕利害関係を有するのに対し，被害者は要するに防止結果にのみ利害関係を有するからである。それゆえ不作為請求権〔差止請求権。以下，同じ〕としては，原則として，被害者には実体法上，一定の発生源から流入する一定種類の生活妨害を一定程度以上及ぼしてはならないという内容の不作為請求権が帰属するにすぎないというべきであ」[注60]る，と。

また，井上治典博士による以下の指摘も，松本教授による上記立論と同趣旨を，いわば裏面から表現したものであると言えよう。すなわち，博士いわ

(注57) 最上級審として初めて抽象的差止請求が民事訴訟法上，適法なものであることを判示したのは，前掲・最判平成5・2・25である。この判例が登場した後，なおしばらくの間は，当該請求を不適法と判断する下級審裁判例（横浜地川崎支判平成6・1・25判時1481号19頁，岡山地判平成6・3・23判時1494号3頁）が現われたりもしたものの，近年では（管見の限り）そのような裁判例は存在せず，抽象的差止請求の適法性を認める下級審裁判例が大勢を占めている（例えば，①福岡高那覇支判平成10・5・22判時1646号3頁，②東京高判平成11・7・23訟月47巻3号381頁，③東京地判平成14・10・29判時1885号23頁，④京都地判平成20・9・18 LEX/DB 28142140。さらに，⑤広島地判平成22・5・20 LEX/DB 25471020も，結論において同旨。なお，これらのうち，④以外の判決は具体的な帰結としては，それぞれの原告が主張する差止請求権の実体法上の発生要件が充足されていないことを理由に，いずれも請求を棄却した。これに対して，上記④判決は，抽象的差止請求を実際に認容する判決を下している。④判決の判示に関しては，さらに，本稿（注73）を参照）。
(注58) 同旨の指摘として，井上治典『実践民事訴訟法』（有斐閣，2002）8頁，川嶋・前掲（注53）114頁。
(注59) 松本博之「抽象的不作為命令を求める差止請求の適法性」自正34巻4号（1983）33頁。

く，もし被侵害者が複数の防止手段の中から「1つの手段を指定・選択することになれば，〔それは〕被告〔たる侵害者〕の自由な選択領域に不当に介入・干渉することになりかねない」(注61)。

さらに，大阪高判平成4・2・20（判時1415号3頁）もまた，抽象的差止請求が訴訟法上，適法であることを認めるに当たり，次のように判示する。

すなわち，被侵害者が，生活妨害の「被害を将来に向けて回避するという観点から，〔差止請求権を行使して〕直截に救済を求めるには，原因の除去を求めることが必要であると同時に，それで十分というべきである」。特に，「その原因除去の手段として，多様な選択肢が想定できるときに，そのうちのどれをどのように選んで有効適切ないし合理的かつ効果的……に〔生活妨害の除去という〕目的を達成するかは，本来被告〔侵害者〕らの……選択の自由に属することであって，それが尊重されなければならないことはいうまでもない」，と(注62)(注63)。

3　考察——請求権者が特定の侵害除去方法を選択することの可否

(1)　従前の議論の一般的妥当性

以上に概観したように，抽象的差止請求の可否を巡る従来の議論においては，当該請求を基礎付けようとする学説および下級審裁判例の一部によって①差止請求権の機能ないしは目的に関する考察が展開され，さらにそれを演

(注60)　松本・前掲（注59）33頁。また，淡路剛久「公害・環境問題と法理論——最近の公害・環境訴訟を中心に(5)」ジュリ844号（1985）91-92頁，大塚直『環境法〔第3版〕』（有斐閣，2010）691頁，金・前掲（注9）(1)39頁も，それぞれ松本博之教授の主張を支持する（ものと思われる）。さらに，これと同内容の見解を早くから説いていたものとして，竹下・前掲（注30）32頁。
(注61)　井上治典「請求の特定」新堂幸司ほか編『民事訴訟法判例百選Ⅰ〔新法対応補正版〕』（有斐閣，1998）149頁。また，奥田昌道編『新版注釈民法(10)Ⅰ』（有斐閣，2003）134頁〔金山正信＝金山直樹〕も，これと同旨であると解される。「実体法上の不作為給付実現のため債務者がどのような手段を用いるかは，債権者の関知するところではないし，関知すべきでもない……。それは，……人が本来持つべき自由に資する大切な視点だろう」。
(注62)　同様の判断を示す下級審裁判例として，さらに，大阪地判平成7・7・5判時1538号17頁を参照。

繹する形で，②差止請求権の請求内容が特定の侵害除去方法の実施にまでは及ばないことの論証が行われていた。

上記考察と論証とは，いずれもそれ自体としては，生活妨害の事例を念頭に置いてなされたものである。しかし，私見によれば，それらは，生活妨害に対する差止請求権を超えて，広く差止請求権一般に妥当しうるものと思われる。この点を——前記考察および論証の要諦を本稿なりに再構成しつつ——敷衍するならば，以下のようになる。

(2) **分析**

一般に，差止請求権制度は，民法その他の法秩序がその実現を予定している本来あるべき（規範的な）法状態と現実の事実状態との間に齟齬が生じている（あるいは，今まさに生じようとしている）場合に，そのような齟齬，つまりは違法な侵害（の危険）を除去することをその目的とする[注64]。したがって，差止請求権は，必然的に，当該違法な侵害の排除または予防それ自体に対して向けられるべきこととなる。例えば，Hの発行する雑誌に，Iのプラ

(注63) なお，ドイツの判例・通説は，いわゆるインミッシオンに対する妨害排除請求権の請求内容について，本文にて紹介した日本の学説や下級審裁判例の一部と同様の立場に立っている。
　　　すなわち，ドイツにおいては，隣地から流入するインミッシオン（その地域における土地利用方法としては異常な方法から発生する騒音，悪臭，煙など）によって自らの土地の利用を本質的な形で侵害されている所有者（被侵害者）は，所有権に基づく妨害排除請求権を行使して，当該隣地の所有者等（侵害者）に対し，騒音などの排除を請求することができる（ドイツ民法典906条1項第1文・第2文・1004条1項第1文）。ドイツの判例および通説によれば，この場合において，被侵害者は，原則として，自らの土地内へと騒音などを流入させないということ（そのような状態の実現）を侵害者に対して求めうるにとどまる。騒音などの流入を防ぐために実際に採られるべき具体的な防御措置の内容は，侵害者がこれを自由に決定することができる。ただし，侵害者の選択の自由を害しないと認められる例外的な場合（その典型としては，現実に採りうる方法が事実上1つしか存在しない場合）に限り，被侵害者は，その防御措置（特定の具体的な侵害除去方法）の実施を侵害者に対して請求することが許される。以上の詳細に関しては，vgl. K.-H. Gursky „J. von Staudingers Kommentar zum Bürgerlichen Gesetzbuch mit Einführungsgesetz und Nebengesetzen Buch 3 Sachenrecht §§ 985-1011" (Seiller-de Gruyter, 2013) S. 588f. Rn. 147, S. 648ff. Rn. 236-237.
(注64) 根本尚徳『差止請求権の理論』（有斐閣，2011）60-61頁．同「差止請求権制度の機能・体系的位置について」松久三四彦ほか編・藤岡康宏先生古稀記念論文集『民法学における古典と革新』（成文堂，2011）111頁．

第1部　集団的利益の類型論からみた救済制度の展開

イバシーを違法に侵害する記事が掲載されている場合には，Ｉは，差止請求権に基づき，上記侵害（Ｉのプライバシーを記載した記事が第三者の目にさらされている状態）を取り除くこと，具体的には，①当該雑誌のさらなる発行の停止と②すでに発行された雑誌の回収とをＨに対して請求することができる（そのような請求が，差止請求権に基づく請求内容として，Ｉに認められなければならない）。

　だが，他方において，現に存する違法な侵害（の危険）が除去されれば，差止請求権制度の前記目的は達成される。すなわち，当該侵害がいかなる方法によって排除あるいは予防される（べきである）かということは，上記目的の実現にとっては重要ではない。別言すると，どのような手段を通じてであれ，当該侵害が的確に取り除かれるのであれば，差止請求権制度の目的は果たされることとなる（また，それゆえ，この場合には，差止請求権は，その使命を終えて消滅する）。そのことは，例えば，上述の具体例において，Ｈ自らが雑誌を回収しても，あるいはＨの依頼に基づき，Ｊがその回収作業を行ったとしても，当該雑誌が確実に回収される限り，Ｉのプライバシーに対する違法な侵害が同様に除去されうること——したがって，それ以後，Ｉに差止請求権を認める必要は（とりあえず）なくなること——からも理解されよう。

　また，このように，差止請求権制度が違法な侵害の除去それ自体（そのような結果の達成）を追求するものであり，その過程の如何を問うものではないとすれば，まさしくそれゆえに，差止請求権の請求権者に，①違法な侵害の除去そのものを請求する権限に加えて，さらに②特定の侵害除去方法の実施を請求する権限までをも付与することは（原則として）不要である，と解される[注65]。

　のみならず，そのような無用の権限（上記②の権限）を請求権者に認めること，すなわち，その者が希望する場合には，たとえ差止請求権制度の目的を達成するには本来不要な事柄であっても，これを被請求者にあえて行わせる

（注65）　なお，以上のような違法な侵害の除去それ自体の請求（＝抽象的差止請求）が，最終的に，間接強制の方法によって強制的に実現されうるものであることは，本稿（注55）およびそれに対応する本文において，すでに確認した通りである。

こと（さらに，その者が任意に実施しないときには，それを強制的に実施させること）は，被請求者にもともと備わっている——それ自体，1つの法益として可能な限り尊重されるべき——一般的な行為の自由（その意思に基づき，自らの行為を自由に決定しうる権利）[注66]を不当に制約するものである，と言わざるを得ない。なぜなら，請求権者による差止請求権の行使（差止請求権制度の発動）によって制限される被請求者の自由の範囲は，あくまで，その制度目的の実現にとって不可欠な，必要最小限にとどめられるべきものと思われるからである[注67][注68]。例えば，先述の具体例において，Hが，雑誌の回収作業を自ら行った場合に生ずる時間的・労力的負担などを考慮した結果，多額の報酬を支払ってでも上記作業をJに行わせたいと望んでいる（そのような形で，違法な侵害を排除するために自らの採るべき行為を決定しようとしている）場合に，IがあえてHの希望を無視して，H自身による回収作業を要求することができる——Iに対するプライバシー侵害を除去するために不可欠とはいえない行為を，Iがそれを望んでいるというだけの理由をもってHに行わせるべきである——と考えるべき合理的理由は見当たらない。少なくとも，差止請求権制度の前記目的から，この点に関する正当化根拠を導き出すことは困難であると解される。

(注66) 私的自治の原理に基づき，およそ私人には，一般的な行為の自由として，「自分の生活空間を主体的に形成する自由」が保障されている，と解すべきことにつき，山本敬三『公序良俗論の再構成』（有斐閣，2000）22-23頁・24-26頁を参照。
(注67) 山本敬三教授の分析（本稿（注66）参照）に依拠するならば，このような限定は，私的自治の原理に基づくものである，と考えることができる。
(注68) また，ドイツの判例（BGH Urteil vom 22. 10. 1976 BGHZ 67, 252）も，インミッシオンに対する妨害排除請求権の請求内容に関して，以上と同旨を次のように判示する。すなわち，「被告〔被請求者〕は，悪臭による違法な侵害から原告〔請求権者〕の土地所有権を保護するために必要な範囲を超えて，自らの土地所有権に関する処分権限を制限されない。そのことについて……，被告は〔法的保護に値する〕利益を有している。このような観点から，……違法なインミッシオンの除去方法〔の選択〕は，一般に，これを被告たる侵害者に委ねなければならず……，またしたがって，〔妨害排除請求を認容する〕判決主文は，しばしば，当該具体的侵害を停止することのみを一般的な形で〔被告に〕命ずべきこととなる」。

第1部　集団的利益の類型論からみた救済制度の展開

(3) 小括

　そこで，もしこれまでの分析に大きな誤りがないとすれば，それに基づき，次のように結論付けることが許されよう。すなわち，差止請求権の請求権者は，――生活妨害の事案においてのみならず，広く一般的に――当該請求権に基づく請求として，被請求者（侵害者）に対し，①現在または将来における違法な侵害の排除または予防それ自体を請求することが可能である。しかし，それを超えて，②特定の侵害除去方法の実施までをも求めることは（原則として）許されない(注69)，と(注70)（抽象的差止請求の可否を巡る従前の議論と関連させた形でこのような分析結果をまとめるならば，一般に，抽象的差止請求こそ，差止請求権の請求内容に関する本則を成す，ということになる）。

(注69)　ただし，前述したドイツの判例および通説が承認しているように（本稿（注63）参照），違法な侵害を除去するための方法が事実上1つしか存在しない場合（それゆえ，当該方法の選択に関する被請求者の自由を害しないと認められる例外的な場合）には，請求権者が上記方法の実施を被請求者に対して直接に要求することができる，と解すべきであろう。この場合には，そのような特定の方法の実施そのものが，「違法な侵害の排除あるいは予防それ自体」として，差止請求権の請求内容の中に取り込まれるものと考えられる。

(注70)　なお，ドイツにおいては，インミッシオンに対する妨害排除請求権の請求内容に関する判例および通説の立場（本稿（注63）参照）が，不正競争行為に対する妨害排除請求権（不当勧誘行為など消費者の利益を侵害する行為に対して，一定の消費者団体などが行使しうるもの。ドイツ不正競争防止法8条所定）にも同じく妥当するか否かについて，否定説（不正競争行為に対する妨害排除請求権に関しては，請求権者は，常に1つの侵害除去方法を自ら特定して請求しなければならない，と唱える説。W.L. Pastor „Das wettbewerbsrechtliche Unterlassungs- und Schadensersatzrecht" (4. Auflage, Carl Heymanns Verlag KG, 1971) S. 350, H-J.Ahrens „Wettbewerbsverfahrensrecht" (Carl Heymanns Verlag KG, 1983) S. 65, W. Hefermehl „Münchener Kommentar Wettbewerbsrecht—Gesetz gegen unlauteren Wettbewerb, Zugabeverordnung, Rabattgesetz und Nebengesetze" (22. Auflage, C. H. Beck, 2001) S. 330 Rn. 313, R. Jacobs/W.F. Lindacher/O. Teplitzky (Hrsg.) „UWG Großkommentar zweiter Band Vor §13, §§13bis 30" (De Gruyter Recht, 2006) Vor §13 B Rn. 133〔H. Köhler〕, Vor §13 D Rn.210〔R. Jacobs〕）と肯定説（不正競争行為に対する妨害排除請求権についても，請求権者は，原則として，特定の侵害除去方法を自ら選択することは許されず，採りうる措置が事実上1つしか存在しない場合に限って，当該措置の実施を請求することができるにすぎない，と解する説。O-F-F. v. Gamm „Wettbewerbsrecht Erster Halbband" (5. Auflage, Carl Heymanns Verlag KG, 1987) S. 948 Rn. 35, K-J. Melullis „Handbuch des Wettbewerbsprozesses" (3. Auflage, Verlag Dr. Otto Schmidt, 2000) S. 729f. Rn. 1005, P.W. Heermann/G. Hirsch (Hrsg.) „Münchener Kommentar zum Lauterkeitsrecht

また，以上の分析結果と同旨の事柄は，すでに竹下守夫博士によって，つとに指摘されていたところである。すなわち，差止請求の「本来の趣旨が，一定の結果を発生させないことの要求にあ……ることは否定できないと思います。むしろ，そのほうが原則というべきであって，物権や人格権の侵害の場合は，通常これにあたると思われます」[注71]と。

さらに，竹下博士の上記分析にもあるように，物権的請求権や各種の人格的利益の侵害に基づく差止請求権の請求内容に関しても，本稿の前記分析結果（上記①および②の各命題）は同じく成り立ちうるものと解される。

すなわち，例えば，ある物の所有者は，物権的返還請求権に基づき，その物を不法に占有する者に対して，当該不法占有（所有権に対する現在の違法な侵害）の排除それ自体，つまりは，その物の返還を請求することができる。こ

Band 2 §§5-22 UWG" (C.H. Beck, 2006) S. 875f. Rn. 170〔J. Fritzsche〕, U. Loewenheim „Die Beseitigungsklage" im H-J. Ahrens (Hrsg.) „Der Wettbewerbsprozess" (6. Auflage, Carl Heymanns Verlag, 2009) S. 1414ff., S. 1417 Rn. 5, Köhler/Bornkamm a. a. O. (Fn. 41) S. 1160f. Rn.1.81~1.86〔Bornkamm〕, H-P Götting/A. Nordemann (Hrsg.) „UWG Handkommentar" (2. Auflage, Nomos, 2013) S. 1112 Rn. 8〔V. Schmitz-Fohrmann/F. Schwab〕）との2つの見解が主張されている。

しかし，上記否定説のうち，比較的近時のものは，侵害除去方法が複数存在する場合においては，被請求者がそれらの中から1つの方法を自由に選択しうることを認めている（Vgl. Jacobs/Lindacher/Teplitzky (Hrsg.) a. a. O. Vor §13 B Rn. 133〔Köhler〕, Vor §13 D Rn. 210〔Jacobs〕。また，Hefermehl a. a. O. S. 330 Rn. 333も，①不正競争行為を排除するための方策は，通常，1つしか存在しないこと，②複数の方法を採ることが可能であるとしても，それらの間に大きな違いはなく，いずれの実施を被請求者に要求しても，その者に過大な負担を課すことにはならないことを自説の論拠として挙げたうで，「それが侵害の除去にとって唯一，有用なものであるか，あるいは侵害を排除しうる複数の方法が判決文において具体的に示されている限り，ある特定の措置の実施を主文において被請求者に命じることに問題はないであろう」と述べる）。

したがって，私見によれば，少なくとも今日においては，上記不正競争行為に対する妨害排除請求権に関しても，原則として被請求者が具体的な侵害除去方法を自ら自由に決定しうることについて，ドイツの学説の間に見解の実質的対立は存在しない，と解することができるものと思われる（また，このように，被請求者が複数の選択肢の中から特定のものを自由に選びうることに関して学説間に共通了解が形成されているとすれば，それは要するに，事実上，前記2つの学説のうち，肯定説が学説の一般的支持を得ていることを意味するものと言えよう。実際に，最新のコンメンタールであるH-P Götting/A. Nordemann (Hrsg.) a.a.O. S. 1112 Rn.8〔Schmitz-Fohrmann/Schwab〕は，学説の趨勢として，肯定説のほうが優勢である，とする）。

(注71) 竹下・前掲（注30）32頁。

の場合に，当該請求に従って，占有者自身が所有物を所有者の下に届けようと，あるいは占有者から頼まれた第三者がそれを運ぼうと，それによって所有者の適法な占有が回復されるならば，物権的返還請求権の目的は完全に達成される。したがって，所有者が，以上２つの占有回復方法のうち，いずれか一方のみを自ら特定して，その実施を占有者に対して請求することは，上記目的を実現するうえで本来不要な事柄である。また，そうであれば，被請求者の一般的な行為の自由を可能な限り尊重すべき必要性に照らして，そのような無用の請求を所有者に認めることは許されない（各種の人格的利益の侵害に対する差止請求権については，違法なプライバシー侵害に対する差止請求権に関してすでに述べたところを想起されたい）。

4　まとめ——条項改訂請求の不適法性

　以上，抽象的差止請求の可否に関する従来の議論を１つの手がかりとしながら，差止請求権の請求権者が特定の侵害除去方法の実施を被請求者に請求することの許否について考察してきた。

　それでは，その結果を踏まえて，以下，適格消費者団体による条項改訂請求の可否について検討しよう。

　まず，この点に関する結論（私見）を端的に述べるならば，上記条項改訂請求は，これを否定すべきである。すなわち，前述の挙式披露宴実施契約に関する具体例において，ＢがＡに対し，「Ａは，『本件契約がキャンセルされた場合には，挙式披露宴実施料の10パーセントに相当する額の違約金を申し受ける』との条項を使用せよ（本件条項をそのような特定の別の内容へと改訂せよ）。」と請求することは許されないものと思われる。なぜなら，すでに詳述した通り，差止請求権の請求内容は，一般に，違法な侵害（＝消費者契約法10条に違反する不当条項〔本件条項〕が，不特定かつ多数の消費者に対して使用されている状態）を排除あるいは予防すること（＝当該条項の使用を停止させること）それ自体を超えて，②そのためにＢが選択したある特定の侵害除去方法を実施すること（＝本件条項をＢが指定する特定の別の内容へと改訂すること）にまでは及ばないからである。

⑬ 適格消費者団体による包括的差止請求・条項改訂請求の可否

　また，すでに詳しく分析したように，適格消費者団体は，差止請求権に基づき，事業者に対して，──条項改訂請求とは区別されるべき──包括的差止請求を行うことが可能である。例えば，Bは，Aに対して，「Aは，本件契約がキャンセルされた場合には，挙式披露宴実施料の10パーセントを超える額の違約金を申し受ける旨定めた条項を使用するな。」と請求しうる。それゆえ，前記改訂請求を否定しても，その結果，適格消費者団体の活動（実効的な差止請求権の行使）に格段の支障は生じないものと解される。したがって，上記改訂請求をあえて肯定すべき必要性もない，と言うことができよう。

　さらに，Aのような事業者には，一般に，消費者と締結する契約の内容を自ら自由に決定しうることが認められている。そのような事業者の自由をできる限り尊重するためにも，──上述のように，それを肯定すべき特段の必要性が認められない──適格消費者団体による条項改訂請求は，これを否定すべきであると(注72)思われる(注73)(注74)。

　以上が，適格消費者団体による条項改訂請求の可否に関する分析である。

(注72)　このことは，山本豊教授が早くから強調されていることである。三木ほか・前掲（注48）26頁［山本発言］，山本・前掲（注4）解釈問題45頁，同・前掲（注4）差止請求32頁。また，笠井・前掲（注4）32頁も，山本教授の見解を支持する。

(注73)　なお，実際の訴訟において，条項改訂請求がなされた場合には，裁判所は，当該請求を全部棄却するのではなく，現に用いられている不当条項の使用停止それ自体を求める限度において，その請求を一部認容すべきである。この点に関しては，前掲・京都地判平成20・9・18（④判決）の判断が参照に値する。すなわち，この判決は，騒音の差止請求に関する事案において，原告が，当該騒音を発生させている冷暖房の室外機の撤去を被告に求めたのに対して，当該騒音の程度を受忍限度内に抑えるために「どのような方法を採用するかは，……被告において自由に選択することを容認すべきである」から，「原告らの被告に対する差止め請求については，上記各室外機の撤去請求は許されず，原告方敷地…〔内への〕50デシベルを超える騒音の到達を差し止める，いわゆる抽象的不作為請求の限度で認容すべきものと解せられる」と判示した。

V 結論

 最後に，本稿における考察の結論をまとめて，その締めくくりとしたい。
 第1に，適格消費者団体は，事業者に対して，現在の違法な侵害の停止あるいは将来の侵害の予防それ自体を請求することができる（例えば，現に用い

（注74） また，条項改定請求の可否如何と同様の事柄は，不当勧誘行為に対する差止請求に関しても問題となる。例えば，事業者Eが，実際にはビタミンCが500mgしか含まれていない食品（甲）について，1000mgのビタミンCが含まれている旨の宣伝などを行って，不特定かつ多数の消費者にその購入を勧誘している場合において，適格消費者団体Bは，消費者契約法12条1項所定の差止請求権に基づき，Eに対して，「Eは，甲に関する売買契約の締結の勧誘に際し，不特定かつ多数の消費者に対して，『甲は，ビタミンCを500mg含有している』旨を告げよ。」と請求することができるか。
 この点，上述のような事案においてはEが消費者に告げうる事実は1つ（その食品にはビタミンCが500mg含まれているという事実）しか存在しないこと——したがって，侵害除去方法に関するEの選択の自由を害するおそれがないこと——を理由に，以上のような請求（論述の便宜上，ここでは，これを仮に「特定事実告知請求」と呼ぶ）を認める立場が，学説上，有力である（そのように唱える見解として，三木・前掲（注46）69頁，笠井・前掲（注4）32頁。また，上記のような特定事実告知請求も「基本的には可能」であるとするのは，日本弁護士連合会消費者問題対策委員会編・前掲（注50）291頁。
 しかし，私見によれば，ここで法的に問われるべき事柄は，Eが伝えることのできる事実が1つであるか否かではない。現に存する違法な侵害を排除するために採りうる方法が事実上1つであるか否か，である。そして，上述の事案において，Eが排除すべき現在の違法な侵害とは，「甲のビタミンC含有量に関する誤った情報を不特定かつ多数の消費者に対して告知すること」である。このような侵害は，EがビタミンCの正しい含有量を消費者に伝えることによっても，もちろん排除することが可能である。しかし，他方において，当該含有量に関する告知を今後，一切停止することによっても，やはり取り除くことができる。すなわち，上記違法な侵害を除去するためにEが採りうる方法は，1つではない。言い換えるならば，その限りにおいて，Eにはなお選択の自由が残されている。それゆえ，本稿の分析結果に照らすならば，この場合において，前述のような特定事実告知請求を認めるべきではない，ということになる。
 また，すでに指摘したとおり［→Ⅲ3］，上記具体例において，BはEに対して，包括差止請求を行うことが許される。すなわち，「Eは，甲に関する売買契約の締結の勧誘に際し，不特定かつ多数の消費者に対して，『甲は，ビタミンCを，500mgを超えて含有している』旨を告知するな。」と請求することが可能である。したがって，それに加えて，特定事実告知請求をさらにBに認める必要性は乏しいものと思われる。以上の理由により，現段階における私見としては，前述のような特定事実告知請求も——条項改定請求と同じように——やはり否定すべきではないか，と考えている。

られている不当条項の使用停止や不当勧誘行為の停止など）。

　第2に，適格消費者団体は，事業者に対して，現在の違法な侵害の停止とともに，それと本質的に同一であると認められる他のあらゆる侵害の予防をも，1つの差止請求権に基づき，包括的に請求することが可能である。

　第3に，適格消費者団体は，事業者に対して，現在，その者が使用している条項を，当該団体によって特定された別の内容へと改定するよう請求することは許されない。

　※　本稿は，2009年度～2013年度科学研究費補助金基盤研究(A)（課題番号：21243007，研究代表者：吉田克己教授）および2011年度～2013年度科学研究費補助金（学術研究助成基金助成金）若手研究(B)（課題番号：23730077，研究代表者：根本尚徳）に基づく研究成果の一部である。

　なお，本稿脱稿時（2013年6月10日）においていまだ公布されていなかった食品表示法（平成25年法律第70号）11条所定の消費者団体訴訟制度は，これを本稿の検討対象から外すこととした。上記法制度の施行後，それを踏まえて，本稿が取り扱った諸問題に関する再考察の機会をもちたい。

第2部

集団的消費者被害救済制度の諸相

第 2 部　集団的消費者被害救済制度の諸相

1　消費者の権利保護のための集合訴訟
——訴訟対象から見た集合手続

名古屋大学教授　酒井　一

　「消費者と事業者との間の情報の質及び量並びに交渉力の格差にかんがみ……消費者の被害の発生又は拡大を防止するため……消費者の利益の擁護を図り，もって国民生活の安定向上と国民経済の健全な発展に寄与することを目的と」して（消費契約 1 条），消費者契約法が制定された。交渉力の格差の問題は弁護士による適切な助言や助力により埋めることができるとして，弁護士費用などの司法制度論の枠内で解消できるものではないことは明らかである。消費者の権利保護には，交渉力の格差にとどまらず，権利実現の現実的困難が立ちふさがる。消費者と事業者の間で紛争が生じた場合に，消費者が，その権利保護のため適切な司法的救済が受けられるような制度作りをしておかなければならない。

　消費者の権利を適正に保護するための制度として，集合訴訟制度の導入が検討されてきた[注1]。一口に集合訴訟制度といっても，具体的な制度としてはさまざまなバリエーションがありうる。理論的・実際的な側面から適否が，それぞれについて論じられることになる。その際，手続法的には，当事者適格，手続進行，判決効などの諸観点から制度としての適否が検討されてきた。本稿では，手続の客体の視点から集合訴訟制度を眺め，検討したい。

I　差止請求訴訟

　利益侵害行為が行われ，または，行われるおそれがある場合，その行為を差し止める権利が認められる（特許100条，不正競争3条など）。消費者の利益も同様な保護を受けられるはずである。業者による不当な勧誘等が行われるならば，消費者の利益が危険に晒され，消費者がその差止めを求めることができよう。しかしながら，この差止請求権が消費者によって訴求されることは，およそ考えられず，実効性に乏しい。そこで，消費者に代わる者による訴求の可能性が探られ，適格消費者団体が訴求権者として選ばれたのである。その訴求する差止請求権が個々の消費者に帰属する権利であるならば，適格消費者団体の当事者適格は訴訟担当と構成されることになるが，担当者の選任等の困難を生じることになる。差止請求訴訟における審判対象という視点からは，各消費者の差止請求権が対象とされ，併合状態にあると観念されることになろう。ところで，差止請求権は，個々の当事者の権利というよりも，むしろ消費者全体に帰属するというのが実態に即している。差止めによる利益が個々の当事者でなく，消費者全体の集合体に帰属するものと捉えたならば，帰属主体が明確性を失い，権利の存立自体が危うくなる。差止請求訴訟の対象は，差止請求権であることに間違いはないが，この理解からすると，具体的に誰の権利が対象となっているのか特定できないことになって

（注1）　山本和彦「集合的権利保護訴訟制度の検討——諸外国の集合的権利保護訴訟制度について(上)(下)」月刊監査役567号44頁以下，568号（2010）56頁以下，三木浩一＝奥宮京子「今注目される『集団的権利保護訴訟』とは何か——三木浩一教授に聞く」NBL 911号（2009）21頁以下および大村雅彦「カナダ（オンタリオ州）のクラスアクション制度の概要(上)(下)」NBL 911号34頁以下，912号（2009）82頁以下，長谷部由起子「オランダの集合的和解制度の概要(上)(下)」NBL 913号（2009）71頁以下，914号54頁以下，三木浩一「ノルウェーにおけるクラスアクション（集団訴訟制度）の概要(上)(下)」NBL 915号46頁以下，916号（2009）51頁以下，上原敏夫「デンマークにおけるクラスアクション（集団訴訟制度）の概要」NBL 917号（2009）72頁以下，山本和彦「フランスにおける消費者集団訴訟制度の概要(上)(下)」NBL 942号22頁以下，943号（2010）19頁以下において，すでに周到な比較法研究に基づく分析が行われている。

しまう。(国内の)全消費者に総有的に帰属する差止請求権として説明することは可能かもしれないが，擬制がすぎる。消費者集団を観念し，その差止請求権が訴求されると構成するとしても，消費者集団自らが差止請求権を行使することは実際には不可能である。かくして，消費者集団に代わる権利行使者が求められる。例えば適格消費者団体に消費者または消費者集団に帰属する差止請求権に関する訴権を付与し，提訴の可能性を開くことも考えられたであろうが，現行法体系との不整合が著しい(注2)。

　理論と実際的な要請のジレンマを解消するため，適格消費者団体に差止請求権を付与することによって解決が図られた(消費契約1条)。訴訟においては，適格消費者団体固有の権利が対象とされることになる。その結果，適格消費者団体ごとに差止請求権を観念することができ，ある適格消費者団体が受けた判決の効力は他の適格消費者団体や個々の消費者には及ばず，事業者としては，複数の提訴に応対しなければならないことになる。事業者に酷な結果ともなることから，請求の内容を同じくする差止請求が制限されるのである(同法12条の2第1項2号)。この規定は，判決効の拡張ではなく，政策上の特殊な失権規定となろう(注3)。

　差止請求権が適格消費者団体固有の権利であるとしても，消費者集団に帰属すべき利益保護のために認められたものであることから，差止請求訴訟も公益的な性質を帯びてくる。そこでは完全な私人間での訴訟と異なって，当事者たる適格消費者団体の処分権限に一定の制約が生じることを認めざるをえないであろう。ある適格消費者団体が請求棄却判決を受けることによって，他の適格消費者団体が差止請求権を失うことからも，その処分権限は制限されざるをえない。

　また，差止請求訴訟の公益的な性格は，請求が認容された場合の執行にも影響せざるをえないであろう(注4)。事業者が不当表示を使用し続ける等し

(注2)　鹿野菜穂子「消費者団体による差止訴訟の根拠および要件について」立命館法学292号(2003)167頁以下参照。
(注3)　先行判決の存在は，既判力と異なり，職権調査事項とする必要はないであろう。

て，任意に履行しないならば，適格消費者団体は，差止請求権を適正に実現するため適時に執行を申し立てなければならないことになろう（消費契約23条）。実質的利益帰属主体である消費者集団との関係では，権利実現の負託者として善管注意義務を負うと考えられるからである。適時に執行が申し立てられない場合，他の適格消費者団体は，先に適格消費者団体が取得した認容判決に承継執行文を得て，差止請求権の強制執行を申し立てることが許されよう。執行債権は，形式的には，先の適格消費者団体の差止請求権であるが，実質において消費者団体の権利であり，その権利の適正な実現に他の適格消費者団体も利益を有しており，執行担当適格が認められるべきである。また，例えば判決で一定の不当条項の使用の差止請求が認容された場合，文言に多少の変更が加えられたとしても，実質的に内容を同じくする条項の使用は許されず，執行が認められなければならない。その際，転換執行文が活用されることになろう。

II 損害賠償等金銭請求訴訟

1 集団訴訟の審判対象

　消費者に生じた被害・損失は，不法行為や不当利得などを根拠として，金銭請求の形で回復が図られることになる。この金銭債権は，いうまでもなく消費者個人に属する権利であり，消費者が各個に訴求することが可能である。しかしながら，債権額が少額であることや手続の経済的・心理的負担，勝訴見込みなどの要因から，理論的には可能であっても，ほとんどの消費者は請求を断念することになろう。権利保護に支障を来すものであり，制度の欠陥である。しかし，これは，消費者法固有の問題ではなく，少額請求に共通する問題である。消費者保護を単なる私権保護の側面から捉えたならば，少額訴訟制度や調停制度の充実など一般的な制度改革で対応すべき問題とさ

（注4）　この差止請求権の執行手続に関しては，*第2部* ❷ に詳しい。

れてしまうおそれがある。ところが，消費者による権利実現の断念は，事業者の不当な利益の保持を意味し，事業者の不当・違法な活動を助長することになり，市場経済に悪影響を及ぼす。強者が弱者を食い物にする構図となり，正義に悖り，望ましからざる社会となってしまう。消費者の被害回復が公益的な性格を帯び，特殊な手当てを正当化することになろう。訴訟法的には，被害回復のための金銭請求も，差止請求権と同様に，一種の公益的な訴訟として捉えることが可能となる[注5]。

　消費者による提訴をためらわせる原因は，単に提訴が経済的に見合わないというだけでなく，提訴に対する心理的・社会的負担・不安などさまざまである[注6]。提訴のための障害を除去する手立てとしては，提訴に当たり，請求を糾合し請求額を提訴に見合ったものにし，手続を一本化することによって個々の消費者の手続関与の負担を軽減し，さらには個々の消費者を匿名化することが考えられなければならない。理論的には，訴えの併合や選定当事者など既存の制度を利用することによっても可能であるとしても，個々の消費者による選定等の実際の困難に直面し，特別な手当てが必要とされよう。

　ところで，差止請求権に関しては，適格消費者団体に差止請求権を付与することにより問題を実質的に回避することができた。例えば，ある適格消費者団体による不当条項の使用の差止めは，その適格消費者団体の権利の行使であり，理論上は，消費者（集団）の権利が実現されるわけではない。しかしながら，適格消費者団体の差止めが認められることによって消費者の権利が実現されたに等しい結果がもたらされ，消費者の利益も反射的に保護される。適格消費者団体による権利行使によって，事実上，消費者の権利が実現されるのである。これに対して，金銭請求に関しては，事情が異なる。金銭請求は，個々の消費者に属する権利である。適格消費者団体に金銭が給付されたとしても，消費者の利益保護や被害の回復はもたらされない。差止請求

(注5)　小島武司「消費者問題への１つのアプローチ——集団訴訟と損害賠償請求」ジュリ521号（1972）90頁は，民事訴訟の「公的契機」を強調する。示唆に富む。
(注6)　長谷部由起子「集団訴訟制度の課題——立法に向けての覚書」曹時64巻7号（2012）1586頁以下。

訴訟と異なって，適格消費者団体に損害賠償請求権などの金銭支払請求権を付与するだけでは問題は解決されないのである[注7]。

したがって，金銭請求に関する訴えが提起された場合，各消費者の不法行為に基づく損害賠償請求権あるいは不当利得返還権など（消費者裁判手続特例法」では「共通義務」と表現される）が対象とされなければならず，それら訴訟が併合提起されているものとするのが最も素直な構成であろう。そうすると，手続的には，給付訴訟として，通常通りに進行すれば足りるようにも考えられる。しかしながら，消費者の権利保護のための集合訴訟の特徴から，通常の訴訟とは異なった問題も予想される。若干の問題点について検討を加えよう。

2　請求の特定

金銭請求は，発生原因によって特定され，金額によって範囲が画される。ここで問題とする集合訴訟においては，手続開始当初において，債権者であり，かつ，手続に参加する意図を有する消費者の全体を的確に把握することは困難であり，請求額を訴状に確定的に記載できないことが予想される。

対策の1つとして考えられるのは，提訴前に請求額を確定するための手続を設けることである。提訴権者の募集であれば訴訟外でも可能であるし，従来の訴訟手続とはまったく異質の手続であり，裁判所の事件処理体制の整備も必要となる。理論上も募集段階で頓挫した場合の処理など課題も多いであろう。むしろ，提訴時点における請求額の特定を断念するほうが簡明であろう。請求の趣旨としては，例えば「相当金額を支払え」としておき，一定時期までに特定する工夫をすることになろう。少なくともオプトイン型の手続

(注7)　適格消費者団体に固有の損害賠償請求権等を付与した場合，各消費者が有する請求権との関係を整理しておかなければならない。可能性としては，両者の実質的な同一性を肯定し，適格消費者団体が受領した金銭を消費者に分配し，その限度で消費者の権利が満足されたものとすることが考えられる。他の可能性としては，独立の請求権とすることも考えられる。受領金額の処理手続や適格消費者団体が受領する理論的正当化根拠など課題は多く，妥当性が問われよう。

においては，遅くとも手続終結までには債権者および請求額を確定することが可能である。これに対して，オプトアウト型は，金額を特定できない可能性がある。1つの解決方法が，総額判決方式である[注8]。いずれによっても請求額が確定するまでは請求の認諾はできないことになろう[注9]。

　技術的な問題にすぎないが，請求金額は，管轄や訴額にも影響する。事件の性質上，地方裁判所の管轄とするにふさわしく，訴額に関しては，理論上は，請求額特定後に印紙の追貼を命じることになろう[注10]。

3　請求の併合

　提訴時点においては，請求金額だけでなく，請求権の主体に関しても十分に特定されていない。権利能力の問題は別にしても，損害賠償請求権などに関しては，消費者集団ではなく，個別の消費者に帰属する権利であり，それらが訴訟の対象とされるべきことは明白である。オプトイン型の手続では，後に加入してくる消費者の権利が追加的に併合されると捉えることが可能であるとしても，提訴時点における権利主体は特定する必要がないものとしなければならず，いわば訴訟物なき訴訟係属を認めることになろう。これに対して，オプトアウト型の訴訟においては，全消費者の権利が対象とされ，オプトアウトの申出をした者の請求が除外されることになる。現行の制度の枠組みで説明するとすれば，訴えの取下げという説明が可能であろう。ただし，最後まで主体が不明確なままであることは承認せざるをえないであろう[注11]。

（注8）　総額判決の場合の請求の趣旨の例として，大村雅彦ほか「シンポジウム・消費者集合訴訟制度の可能性と課題」民訴58号（2012）89頁以下［笠井正俊］を参照。本稿は，笠井報告に負うところが多く，基本的に笠井報告の方向性は正しいものと考えている。
（注9）　提訴時点で名目的な金額を掲げ，後に請求を拡張する手法も考えられるが，その場合，一定時期までの請求認諾の禁止を規定しなければならないであろう。
（注10）　提訴時においては，訴額の算定不能と処理するほかないであろう。

4　請求の範囲

　損害賠償請求の場合には損害額につき，不当利得においては損失額について，いずれも個別に算定される。契約上の義務についても同様に消費者ごとに請求額が異なりうる。共通義務の請求額に関しては，消費者ごとの算定が必要となる。ところが，集団訴訟の利点は，訴訟を統合し，集団的に処理する点である。集団的処理に親しむのは，金銭債権として共通した部分であることになろう。そうであれば，請求の範囲も自ずと限られることになる。例えば，損害賠償における拡大損害の賠償に関しては，消費者個人による個別訴訟に委ねられることになろう。その政策的な当否はひとまず措くとして，理論的な問題も生じることになろう。

　集団訴訟では請求額の一部のみが対象とされる結果，いわゆる一部請求（分割訴訟）とならざるをえない。集団訴訟係属中に残余の請求を訴求することを認めるのか，二重起訴の禁止（民訴142条）との関係で問題が生じる。訴訟物としては別としても，実質的に矛盾する判決が下されるおそれはある。訴訟物が別であるとした場合，集合訴訟の対象以外の債権が時効消滅する可能性が残るであろう。集団訴訟の提訴による時効の停止なども考慮するに値しよう。

（注11）　大村雅彦「集団的権利保護訴訟モデルの予備的検討」民訴57号（2011）15頁以下は，「具体的個人として特定されていないような者の権利について判決をすること」の現行訴訟理論との整合性について疑問を提示しつつも，「法定訴訟担当の機能」として「権利帰属者の匿名化機能」を認める見解を援用しつつ，請求の「抽象的な特定」を肯定する。「匿名化の必要性」で請求の抽象特定が正当化されるかは，さらなる検討を必要としようが，オプトアウト型手続で総額判決を導入するならば，この結論を動かすことはできない。

　また，大高友一＝野々山宏「集団的消費者被害救済制度に向けた実務からの提言」現代消費者法8号（2010）47頁は，請求の特定は「他の権利と誤認混同を生じ」ない程度でよく，主体の「個々の具体的氏名の特定」までは必要でなく，「請求総額」が特定されていれば十分である，とする。

5　手続構造による対象の相違

　集団訴訟は，対象となる消費者による加入または脱退の視点からオプトイン型とオプトアウト型に区別されるほか，手続整序の観点から，共通争点についての審理段階と個別争点の審理段階を区別する2段階型と一連の流れとして審理を行う1段階型に区分される[注12]。請求（額）の特定の問題は，いずれの手続構造を採るかにかかわらず生じるが，解決に若干の相違が認められる。とりわけ，これまでにはない2段階型手続を採用した場合，特別に考慮すべき問題が想起される。

　2段階型手続では，共通争点に関する第1段階の審理が実施され，請求が認容される可能性が認められた場合にのみ，第2段階の審理に進むことになる。消費者契約における金銭請求における第1段階での審理は，責任原因の確定に向けられ，第1段階における審理結果を中間判決類似の判決で判断を示し[注13]，個別債権額の審理を行う第2段階の審理に移行することになる。中間的な判決では，事実または法律状態が確認されることになろう[注14][注15]。

6　消滅時効の中断

　特定の債権を訴訟物とする訴えが提起されることによって，裁判上の請求

（注12）　2段階型は，2つの手続を継時的に実施するものであり，段階ごとの審判対象を観念することになる。2「段階」型という表現は，ミスリーディングであろう。
（注13）　責任原因を否定する場合には，請求棄却の終局判決となるが，ここでは請求が認容される場合を前提とする。
（注14）　判決の主文は，さまざまでありうるが，やはり検討しておかねばならない。その例として，大村ほか・前掲（注8）88頁［笠井］を参照。
（注15）　三木浩一「集団的消費者被害救済制度の展望と課題」現代消費者法8号（2010）14頁は，「共通争点の確認を求める確認訴訟」としたうえで，第1段階の手続を実体法上の権利を対象としない「一種の客観訴訟となる」ものとする。また，鹿野菜穂子「集団的消費者被害の救済制度と民事実体法上の問題点」現代消費者法8号（2010）23頁は，「消費者集団の利益の担い手」に「共通争点である事業者の責任等についての確認判決を求める固有の権利を法律上与えるということは，差止めの場合と同様に立法政策上可能」とするが，当事者適格の根拠に関する叙述であり，適格消費者団体等「固有の権利」を対象とする訴訟を想定するものではないであろう。

として提訴の時に消滅時効が中断される（民147条，民訴147条）。消費者の有する損害賠償請求等の債権も同じである。オプトアウト型を前提に考えると，消費者によるオプトアウトがされない限り，債務のすべてが裁判上請求されているものと考えることができる。適格消費者団体の提訴時に消滅時効が中断され，オプトアウトによって，訴えの取下げと同様に遡って消滅時効の中断効が失われることになろう。これに対して，オプトイン型の場合，追加的併合構成を採ったならば，オプトインして初めて特定の消費者の権利主張が係属することになり，その時点で消滅時効が中断されることになろう。提訴からオプトインまでのタイムラグを考えると，適格消費者による提訴時点での消滅時効の中断を認めないならば，消費者自らが原告となって提訴しなければならないことになる。適当な手当てが必要となる。

7　消費者裁判手続特例法における「共通義務確認訴訟」

　集合訴訟においては，少なくとも，請求の特定の程度を緩和するか，特定の時期を提訴後に遅らせることが必要となってくる。この意味において，訴状における訴訟物の特定掲記を求める現行訴訟法体系の修正を迫ることになる。

　2013年12月4日，消費者裁判手続特例法（以下，「法」という）が成立し，集合訴訟の具体像が明らかとなった。この法律の規定を参考として，どのような訴訟対象が想定されており，訴訟上どのような問題が起こりうるのかを検討したい。

(1)　共通義務確認訴訟

　法では，「被害回復裁判手続」の第1段階として，「共通義務確認の訴え」が規定されている（第2章第1節）。その対象は，「事業者が消費者に対して負う金銭の支払義務」のうち，契約上の履行請求，不当利得返還請求権，債務不履行，瑕疵担保責任または不法行為に基づく損害賠償請求権であり（法3条1項），拡大損害，逸失利益，人身損害の賠償や慰謝料を除外したものである（同条2項）。請求原因は広く捉えられているかもしれないが，請求の範囲はかなり限定されている。すべての消費者に共通する部分のみを集合訴訟で

取り上げ，個性が強いものや個別に訴訟を提起するに値するものを除外する趣旨であろう。しかしながら，人身損害においても金額が高額になるとは限らないし，類型化に親しむ事例も考えられる。賠償金額を調整する機能が認められる慰謝料をも除外することが，真の紛争解決を阻害するおそれも考えられよう。

　共通義務確認の訴えは，「事業者が、相当多数の消費者に対して……金銭を支払う義務を負うべきことの確認」を求める訴訟とされている[注16]。個々の債権者の債権額は，第1段階の訴訟では審理されず，続く第2段階手続としての簡易確定手続（法第2章2節第1款）で確定される。第1段階での審理対象は，適格消費者団体の事業者に対する抽象的な義務の存在を確認する訴えであり，その認容判決の効力が対象消費者に拡張されている（法9条）。共通義務確認訴訟の訴状において，「対象債権及び対象消費者の範囲を記載して、請求の趣旨及び原因を特定しなければならない」とされる（法5条）。対象消費者の「範囲」が確定されればよいのであり，権利主体は抽象的に確定されることとなる。金額についても，最終的には第2段階の手続で確定されるものとすれば，共通義務確定訴訟の段階での特定は不要ということになろうか。そうであれば，この訴訟の請求の趣旨は，例えば「被告は，被告事業者との間で○○契約を締結した消費者に対して，消費者が同契約上の義務の履行として被告に支払った代金相当額を返還する義務があることを確認する」となるであろう[注17]。共通義務確認訴訟の判決は，形式上は終局判決であるが，第2段階の対象債権確定手続を前提としたものであり[注18]，実質的には中間判決である。そうはいっても，その訴訟対象は厳密には権利としての特定に欠けるといわざるをえないであろう。特定の権利・義務が訴訟の対象とされなければならないとの原則を堅持するならば，債権確定手続において特

(注16)　〈http://www.caa.go.jp/planning/pdf/130419-0.pdf〉を参照。
(注17)　加納克利＝松田知丈「集団的消費者被害回復に係る訴訟制度案について」NBL 989号（2012）17頁は，「判決主文をより簡明なものとする観点から構成し直した」とする。
(注18)　共通義務確定手続で勝訴した特定適格消費者団体は，簡易確定手続の申立義務を負うとされる（14条）。

定適格消費者団体に授権した対象債権者の債権が遡って共通義務確認訴訟の対象とされていたと説明することになろうか。

共通義務訴訟と対象消費者が提起する請求または請求原因を共通にする「関連請求」訴訟が係属する場合，関連請求の訴訟を中止することができるものとされている（法62条）。伝統的な訴訟物理解からは厳密には二重起訴といえない請求間での手続調整に関する規定である。

事物管轄に関しては地方裁判所の管轄を認め（法6条），訴額についても非財産権上の請求とみなされる（法4条）との手当てがされており，妥当な規定であろう。

(2) **対象債権確定手続**

共通義務確認に続く第2段階の手続として対象債権確定手続が規定されている。この手続の対象は，特定適格消費者団体に授権した対象債権者の債権である[注19]。その債権は，債権届出書において，特定される。

(3) **消滅時効**

共通義務の確認段階においては，個々の消費者の権利が対象とされておらず，特定の消費者の権利に関する消滅時効は中断せず，債権確定手続によって消費者の各権利が手続に上ることによって，はじめて消滅時効が中断することになろう。「債権届出があったときは、時効の中断に関しては、簡易確定手続の前提となる共通義務確認の訴えを提起した時に、裁判上の請求があったものとみなす」手当てがされている（法38条）。

(4) **仮差押え**

特定適格消費者団体は，対象債権の執行を保全するため，仮差押命令の申立てをすることができる（法56条1項）。被保全権利は，対象消費者の債権であるが，対象消費者と総額を特定するだけでよいものとされ，特定が緩和されている（同条3項）。

(注19) 山本和彦「集団的消費者被害回復制度の理論的問題」小野秀誠ほか編・松本恒雄先生還暦記念『民事法の現代的課題』92頁は，この第2段階の手続では「個々の消費者の権利を確定させ，債務名義を形成する手続である」とし，「この手続の目的は個々の消費者の権利確定である」とする。

Ⅲ　まとめに代えて

　消費者裁判手続特例法の制度設計は，提訴段階における請求の特定を要求する伝統的民事訴訟法理論から乖離するものであり，ドイツ法型の民事訴訟とはなじまない面がある。むしろ同じ大陸法系に属するフランスにおける議論が少なからず影響しているように感じられる[注20]。発想の転換が必要となろう。また，執行手続まで視野に入れた場合[注21]，金銭分配の必要性が審査された後に（共通義務確認手続），各消費者の債権額が確定されたうえで（対象債権確認・異議・異議後の訴訟），配分へと続く一連の流れは，倒産手続に擬することもできる。しかし，ここで問題となるのは，前提となる権利の確定手続である。原告の権利保護を強調しすぎ，被告の利益保護を等閑にすることはできない。攻防の対象は明確にされなければならない。まったく新しい司法制度の下で手続を構築するのであればともかく，既存の裁判所において手続を行う以上，通常の手続とかけ離れた手続とすることもできないであろう。

　印象論の当否はともかく，さまざまな誤解もあろうが，本稿が議論の１つの契機となれば幸いである。

（注20）　後藤巻則「消費者団体と損害賠償請求——２段階構造型消費者団体訴訟への視点」早稲田法学84巻３号（2009）64頁以下。
（注21）　金銭債権の執行手続については，*第2部* ❷。

② 消費者団体による訴訟と執行を巡る諸問題

名古屋大学教授 渡部美由紀

I　本稿の検討対象

　不特定多数に及ぶ比較的少額の消費者被害の予防や救済にとって，特定当事者間の紛争の事後的救済を念頭に置く伝統的な民事訴訟法の枠組みが不十分であることは，現在の学界における共通認識であり，世界的に見ても，集団的消費者利益保護スキームの確立は喫緊の課題となっている。周知のように，わが国では，2006年の消費者契約法の改正（平成18年法律56号）により，適格消費者団体（消費契約2条4項・13条）に，消費者契約における事業者の不当勧誘行為や不当条項の使用につき固有の差止請求権を認める消費者団体訴訟制度を新設し，その後，2008年の消費者契約法等の一部を改正する法律（平成20年法律29号）により，特定商取引法の定める特定の取引（訪問販売，通信販売，電話勧誘販売など）における不当な行為（特定商取引58条の4以下）や景品表示法が定める不当な表示（景表10条）に，消費者団体による差止請求の対象を拡大した。そして，2013年12月4日，消費者被害の事後的な救済手段として，損害賠償請求権の行使を認める消費者裁判手続特例法（以下，「法」という）が成立し，同年11日に公布された（平成25年法律第96号）。その手続構造について，2010年9月に消費者庁の下に設置された集団的消費者被害救済制度委員会が発表した報告書では，オプトイン型，オプトアウト型，2段階型等から成る4つの手続モデル案[注1]が示されていたが，2011年8月に出された「集団的消費者被害救済制度専門調査会報告書」[注2]（以下，「報告書」という），同年12月の「集団的消費者被害回復に係る訴訟制度の骨子」[注3]（以下，「骨子」という）では，2段階型の手続構造が提示され，翌2012年8月の

「集団的消費者被害回復に係る訴訟制度案」[注4]（以下,「制度案」という）, 2013年4月に公表された消費者特例法案[注5]（以下,「法律案」という）, そして法もこれを採用する。

2段階型とは, まず, 適格消費者団体のうち新たな認定要件を満たす特定適格消費者団体（以下,「特定団体」という）が訴えを提起し（共通義務確認の訴え）, 共通義務確認に関する審理・判決を得た後, 2段階目の手続において, 個々の消費者が団体に対し, 対象債権に係る授権をし（オプトイン）, 非訟的な手続により, 債権の簡易確定決定を受ける（簡易確定手続）というものである。

これら消費者団体による訴訟は, 伝統的な民事訴訟の手続構造とは異なる新たな面を有するため, 従来の民事訴訟の基礎理論との関係においては, これをどのように理解するかが大きな問題となるが, 執行との関係では, 消費者団体訴訟に係る差止判決は, 団体の固有の実体的な差止請求権に基づくものであり, また, 法により, 共通義務確認訴訟手続, 簡易確定手続等を経て取得された債務名義は, 個々の消費者の損害賠償請求権に係るものであるから, 現行法によってもその執行は可能であり, 抽象論としては問題がないようにも思われる。しかし, これらの執行は, 想定する事例や手続の特殊性からして, 従来の制度理解を前提として同様に論ずることが困難な局面もあるのではないだろうか。そこで, 本稿では, 特に, 消費者団体訴訟に係る差止判決の執行方法［→Ⅱ］と, 被害回復裁判手続のうち特定団体が取得した債務名義による民事執行手続における執行債権者に関する問題［→Ⅲ］をとり

(注1) 集団的消費者被害救済制度研究会報告書については, http://www.caa.go.jp/planning/pdf/100914body.pdf 参照。三木浩一「集団的消費者被害救済制度の展望と課題」現代消費者法8号（2010）4頁以下には, 同委員会の座長を務められた三木浩一教授の私案が掲載されている。
(注2) http://www.cao.go.jp/consumer/iinkai/2011/067/doc/067_110826_shiryou1-1.pdf
(注3) http://www.caa.go.jp/planning/pdf/111209_3.pdf
(注4) http://www.caa.go.jp/planning/pdf/120807_2.pdfこれにつき, 加納克利＝松田知丈「集団的消費者被害回復に係る訴訟制度案について」NBL 989号（2012）16頁以下。
(注5) http://www.caa.go.jp/planning/pdf/130419news_release.pdf

あげて検討する^(注6)。

II　差止めを命ずる判決の執行

　消費者団体訴訟においては，適格消費者団体（消費契約2条4項・13条。以下「団体」という）が，不特定かつ多数の消費者の利益のために，事業者の不当勧誘行為や不当条項の使用に対して差止請求権を行使することができる（同法12条）。団体が，差止めを命ずる確定判決その他の債務名義を得たにもかかわらず，相手方事業者がそれに従わない場合には，団体は，強制執行の申立てをすることができる^(注7)。判決等に基づいて強制執行することは，団体の義務と考えられ（同法23条1項）^(注8)，正当な理由なく，強制執行を怠って，その結果，不特定多数の消費者に著しい不利益を与えた場合には，適格性の認定が取り消される（同法34条1項5号）^(注9)。差止めを命ずる判決の執行は，間接強制による^(注10)。そこで，間接強制制度およびそれを巡る従来の議論を概観したうえで，団体訴訟に係る差止判決の執行の特殊性を分析する。

（注6）　本稿は，渡部美由紀「消費者団体による訴訟と執行をめぐる諸問題」NBL980号（2012）115頁以下に，その後の立法動向や議論の展開を踏まえて加筆修正したものである。とりわけ，IIIの部分は，法律案において具体的な方向性が示されたため，これを受けて大幅に修正している（法律案は，2013年11月1日に衆議院において修正議決されたうえで法律として成立したが，本稿の問題意識との関係においては，法律案からの変更はない）。
（注7）　差止めを求める団体訴訟において，不当な約款の使用や不当行為を行わない旨の約束とともに，それにもかかわらず，被告事業者がそのような行為を行った場合には，被告は，原告に対し，違約金として，当該行為の相手方となった各消費者につき，一定額の金銭（違約金）を支払う旨を約する和解がなされることがある。和解条項には，確定判決と同一の効力が生じる（民訴267条）ため，不当行為等を行わない旨の和解がなされたにもかかわらず，被告事業者が，なお不当行為等を行った場合には，債権者である団体は，違約金の支払いにつき，執行文付与を求め（民執33条1項），執行を申し立てることができる（例えば，大阪地判平成22・5・31平成21年(ワ)第19964号執行文付与請求事件）。この違約金は，当事者となった団体に帰属するものであり，消費者に帰属するものではない。
（注8）　松本恒雄＝上原敏夫『Q&A消費者団体訴訟制度』（三省堂，2007）96頁［上原敏夫］。

1 執行方法──間接強制

(1) 間接強制の性質

　間接強制は，執行裁判所が，債務者に対し，「債務の履行を確保するために相当と認める一定の額」の金銭（間接強制金）の支払いを命ずることによって（民執172条1項），債務者に心理的な強制を加えて，これを通じて請求権の内容を実現させようとするものである。間接強制決定の主文においては，債務名義上の不作為義務と同一内容の不作為義務が明示され，その違反行為に対して一定の金銭を支払うべきことが示される。間接強制決定後も，債務者がなお違反行為をやめない場合は，執行債権者は，この決定に基づいて（同法22条3号），債務者の財産を差押え・換価することにより，強制的に間接強制金を取り立てることができる。間接強制決定に当たっては，債権者において，債務者がその不作為義務に違反するおそれがあることを立証すれば足り，これについては，高度の蓋然性や急迫性に裏付けられたものである必要はない[注11]。

　間接強制の性質について，旧法（昭和54年改正前民訴734条）は，「遅延ノ期間ニ応シ一定ノ賠償ヲ為スヘキコト又ハ直チニ損害ノ賠償ヲ為スヘキコトヲ命スル」旨規定していたため，強制金は当然に損害賠償金として理解されていた。これに対して，現行法は，強制金を損害金に充当することを認める（民執172条4項）一方で，強制金を「債務の履行を確保するために相当と認める一定の額の金銭」（同条1項）として，強制金と損害賠償との切り離しを認めるため，両者の関係については見解が分かれている。学説では，従来これを

（注9）　請求認容判決を得た団体の適格性の認定が失効した場合には，内閣総理大臣は，他の団体を指定して差止請求権を承継させ（消費契約35条1項・2項），指定を受けた団体が差止請求をすることができる（同条3項）。このとき，すでに確定している請求認容判決については，指定を受けた団体が，口頭弁論終結後の承継人として執行文の付与を受け（民執23条1項3号・27条2項），強制執行の申立てをすることになる。
（注10）　松本＝上原・前掲（注8）92頁［上原］。裁判所が，違反結果の除却または将来のための適当な処分として代替的作為を命じたときは，代替執行によることもでき（民執171条・173条，民414条3項），間接強制と併用される場合もありうる。中野貞一郎『民事執行法〔増補新訂第6版〕』（青林書院，2010）813頁。
（注11）　最決平成17・12・9民集59巻10号2889頁。

損害賠償の一種(注12)ないし違約金と解する見解が一般的であり(注13)、実務においても、損害額を強制金算定の基礎としてきた(注14)。これに対して、近時、学説では、権利実現の実効性確保という機能面等から間接強制の適用範囲が金銭債権の一部にまで拡大されていることを追い風として(注15)、間接強制を執行法上の制裁と捉える見解（制裁説）が有力化している(注16)。その代表的な見解は、フランスのアストラントが、裁判所の命令の不遵守に対する制裁であって損害賠償とは異なると理解されていることに示唆を受けるものであり、過酷な執行からの債務者保護の要請と間接強制の実効性確保の要請を調和させるべく、日本の間接強制についても同様に解すべきであると説く(注17)。強制金を制裁金と解すると、強制金が債権者に支払われ、損害金に充当され

(注12) 香川保一監修『注釈民事執行法(7)』（金融財政事情研究会、1989）292頁［富越和厚］、三ヶ月章『民事執行法』（弘文堂、1981）422頁等。

(注13) 浦野雄幸『条解民事執行法』（商事法務研究会、1985）752頁、田中康久『新民事執行法の解説〔増補改訂版〕』（金融財政事情研究会、1980）376頁、鈴木忠一＝三ヶ月章編『注解民事執行法(5)』（第一法規、1985）112頁［富越和厚］、中野貞一郎『民事執行法〔新訂4版〕』（青林書院、2000）678頁等。もっとも、法定違約金の意義は必ずしも明らかではない（香川・前掲（注12）296頁注3［富越］参照）。

(注14) 田中・前掲（注13）376頁、浦野・前掲（注13）752頁、鈴木＝三ヶ月・前掲（注13）106頁［富越］、香川・前掲（注12）290頁［富越］等参照。

(注15) 従来は、人権の尊重という要請から、直接強制・代替執行ができない債務についてのみ間接強制が認められてきた（「間接強制の補充性」）が、間接強制のほうが適切・迅速・効果的な場合があり、権利実現の実効性確保という観点から、2003年の民事執行法改正により、物の引渡義務や代替的作為債務・不作為債務につき、債権者の申立てがあるときは、間接強制の方法によることも可能となり、間接強制の補充性は緩和された（民執173条）。さらに2004年改正によって、扶養義務等に係る金銭債権についても、間接強制による強制執行が認められた（同法167条の15・167条の16）。

(注16) 大濱しのぶ『フランスのアストラント――第2次世界大戦後の展開』（信山社、2004）487頁以下、中野・前掲（注10）819頁注1（中野貞一郎教授は従来の見解を改説）、伊藤眞ほか「座談会・間接強制の現在と将来」判タ1168号（2005）23頁以下、中西正ほか『民事執行・民事保全法』（有斐閣、2010）248頁、松本博之『民事執行保全法』（弘文堂、2011）333頁など。また、山本和彦ほか「座談会・手続法の側面からみた担保・執行法改正の論点（4完）」金法1648号（2002）43頁［山本和彦発言］参照。

(注17) 大濱・前掲（注16）487頁以下。もっとも、債務名義に基づく間接強制は、裁判以外の債務名義の場合でもなされるため、これをただ裁判所の命令（または裁判）の不遵守に対する制裁と解することはできない。大濱しのぶ教授は、間接強制の決定に、義務を履行すべき旨の命令が含まれているとし、間接強制をその履行命令に違反したことにする制裁と位置付ける。

ることの説明は困難であり，懲罰的損害賠償（punitive damages）と機能的には近似することになる[注18]。

　間接強制は，債務者への心理的強制を中核とする国家の強制執行手段の1つであり，その強制に必要な額は必ずしも損害額と一致するものではないし，これを損害賠償と捉えて損害額を基準とすると諸事情を柔軟に考慮できず，間接強制の実効性が損なわれるおそれもあることに鑑みると，間接強制を債務名義上の履行内容を実現しないことに対する執行法上の制裁と捉える見解が妥当であると思われる。もっとも，ここで制裁とは損害賠償に拘束されないという趣旨であり，債権者の悪性に対する懲罰であるとする必要はない[注19]。強制金の債権者への帰属と損害金への充当は，あくまで便宜的措置と捉えるべきであり，後述するように，今後その扱い自体を再検討する価値があろう。

(2) 強制金の算定要素・基準

　間接強制を損害賠償と切り離して考えれば，強制金の額は損害額を基準とする必要はない。すでに現行法は損害額と強制金額を別にすることを認めている。強制に必要な限りで，強制金の額は現実の損害額を超えてもよいし[注20]，逆に現実の損害額が強制金の支払額を超えるときは，その差額の賠償を別途請求できる（民執172条4項）。強制金の額の算定要素として何を重視するかは論者により異なるが，債権者が被る損害と債権者の必要の程度といった債権者側の事情，債務の性質，債務者の不履行の態度，履行の難易，不履行による債務者の利益，債務者の資力といった債務者側の事情，不履行による社会的影響等の諸要素を総合的に考慮して裁判所の裁量で決定される[注21]。間接強制が債務者に対する心理的強制を中核とすることに鑑みると，その中心となるのは，債権者側の事情ではなく，債務者の履行を心理的に強制するためにどれだけの額が必要かという債務者側の事情である[注22]。

(注18)　伊藤ほか・前掲（注16）31頁［春日偉知郎発言］参照。
(注19)　伊藤ほか・前掲（注16）47頁［森田修発言］。
(注20)　その差額は原則として不当利得とならない。中野・前掲（注10）811頁以下。

そのため，同じ違反行為であっても債務者によって強制金の額は異なりうる。

2　団体訴訟に係る差止判決の執行の特殊性

(1)　強制金算定における損害

　消費者団体訴訟における差止めを命ずる判決に対する間接強制の支払額の算定につき，消費者契約法は特則を設け，「債務不履行により不特定かつ多数の消費者が受けるべき不利益を特に考慮しなければならない」旨規定する（消費契約47条）。その趣旨は，消費者団体における差止請求の間接強制では，通常の事例とは異なり，債権者である団体には差止請求に係る相手方の不当な行為によって受ける固有の損害は観念されず，差止請求により保護される利益の帰属主体は不特定多数の消費者であるという特殊性があることから，適正な強制金の額の算定を図るために，債権者が受ける損害に代わる考慮事情として，債務の不履行によって不特定かつ多数の消費者が受けるべき損害を特に考慮すべきことにある[注23]。すなわち，ここで強制金の算定要素とし

（注21）　中野・前掲（注10）820頁注4は，①執行債権の性質，②不履行によって債権者が受ける損害，③債務者の不履行の態度，④履行の難易，不履行継続による債務者の利益，不履行の社会的影響の有無などを挙げており，藤田耕三ほか編『民事執行法の基礎』（青林書院，1983）282頁以下［伊藤剛］は，実損害・精神的損害・義務の内容・性質，債権者の必要の程度，債務者の態度，資力等を挙げ，特に義務の性質と債務者の態度を重視するが，実務上第1次の決定は損害額を基準として定めることになろうという。また，大濱しのぶ「間接強制決定に関する覚書——強制金の額及び期間を中心に」伊藤眞ほか編・小島武司先生古稀祝賀『民事司法の法理と政策（上）』（商事法務，2008）908頁以下・936頁は，公表された間接強制決定を検討し，強制金額の考慮要素として，不履行の状況（不履行の態度・違反行為の態様その他これに相当すると考えられるものを含む）・債務者の資力（収入等）・損害・債務の性質が重視される傾向があるとし，民事執行法167条の15第2項の類推適用を認めるべきだと説く。

（注22）　鈴木忠一ほか編『注解強制執行法(4)』（第一法規，1978）168頁［山本卓］，Münchener Kommentar ZPO, Band 2,3.Aufl.(2007), s.2206, Rn.29 (Gruber) も，強制金の額の決定に重要なのは，債権者の履行利益ではなく，義務の履行を妨げる債務者意思を克服するために，どれだけの額が必要かだとする。債務者側の事情を基礎とした強制金額を認める裁判例として，静岡地浜松支決昭和62・11・20判時1259号107頁。

（注23）　松本＝上原・前掲（注8）92頁以下［上原］，日本弁護士連合会消費者問題対策委員会編『コンメンタール消費者契約法〔第2版〕』（商事法務，2010）483頁以下，消費者庁企画課編『逐条解説消費者契約法〔第2版〕』（商事法務，2010）452-453頁。

て特に念頭に置かれているのは，訴外不特定多数の消費者の損害である。

しかし，従来の通説のように，間接強制の性質を損害賠償であると捉えたとしても，このように強制金の算定において抽象的な「不特定かつ多数の消費者が受けるべき不利益」を損害と捉えることは，取り立てた強制金が債権者に帰し[注24]，債務不履行による損害金の補てんに充てられる（民執172条4項）ことと整合するだろうか。強制金の算定において，不特定多数の消費者の損害を基準とするのであれば，当該債務者の違反行為により，具体的に損害を被った個々の消費者の具体的損害金に充当されるべきであるように思われるが，強制金は，団体に属するから個々の消費者の損害への充当は困難である。もっとも，法は，団体は受領した強制金を積み立て，これを，差止請求関係業務に充てる（消費契約28条5項）ものとしており，強制金をいわば一般消費者の抽象的利益に還元しているようにも思われる[注25]。しかし，当該差止判決の執行として得た強制金を，将来の不特定多数の消費者が受ける抽象的利益に還元するというのでは，対象となる具体的消費者の範囲はすり替わる。また，団体訴訟の場合には，差止めの対象となった行為の広がりにより，少額でも多数の被害を生じさせるおそれのあるものについては，算定される強制金額が大きくなりうることが指摘されているが[注26]，不特定多数の消費者の損害を算定基準とすることにより，債務者に対して過酷な執行になる反面，債権者である団体の利得が過剰になるおそれは生じないだろうか。あるいは，この場合の間接強制金は，従来の一般的理解と異なり，悪を懲らしめるという意味での制裁的色彩も帯び，懲罰的損害賠償ととくに機能的に

(注24) 最判平成21・4・24民集63巻4号765頁は，保全執行の債務名義となった仮処分命令における被保全権利が，本案訴訟の判決において当該仮処分命令の発令時から存在しなかったものと判断され，当該仮処分命令を取り消す決定が確定した場合には，債権者に交付された間接強制金は法律上の原因を欠く不当利得に当たり，債権者は間接強制金を債務者に返還しなければならないとする。解説・評釈として，山田文「判解」平成21年度重要判例解説（ジュリ1398号）（2010）149頁および掲記の参考文献参照。
(注25) 団体の適格性の認定が取り消され，あるいは団体が解散した場合には，この積立金は他の団体あるいは国に帰属する（消費契約28条6項）。日本弁護士連合会消費者問題対策委員会編・前掲（注23）418頁以下参照。
(注26) 中野・前掲（注10）821頁注4a。

近似するものとなるのだろうか。いずれにせよ，執行債権者と損害の帰属主体を異にする団体訴訟では，債権者の損害を中心的要素として構成する従来の解釈論は必ずしも妥当しないように思われる。

(2) 強制金の帰属

団体訴訟に係る差止判決では，損害の帰属主体ではないが執行債権者である団体に強制金が帰属する。このことはどう正当化されるだろうか。

一般に，強制金の帰属先としては，債権者，国・公的機関，およびその両者が考えられる(注27)。強制金を執行法上の制裁と解すれば，強制金の帰属先は，債権者ではなく，国とするほうが論理的には一貫するように思われるが，制度の実効性の観点からは，執行を申し立てる債権者のインセンティブに対する配慮も必要であるため，帰属先の決定はそう容易ではない。まず，債権者への強制金の帰属は，債権者が国家の役割である私権の強制的実現に協力する（国家による執行を一部私人が代行する）ことへの対価という観点から説明することができ，さらに，帰属することを前提として損害金への充当を認めれば，債権者の利益が過剰になるおそれを緩和し，簡易な手続で損害賠償についての債務名義を得られるという便宜的利点もある(注28)。しかし，反面，債権者の利益が過剰になるおそれや，債権者による制度の濫用のおそれも否定しえない。他方，強制金を国庫に帰属させるとすると(注29)，債権者の利得が過剰になるおそれは生じないが，反面，債権者が間接強制を申し立てるインセンティブが低下し間接強制が利用されなくなるおそれがある(注30)。そこで，配分等の理論的説明は困難であるが，債権者の間接強制を利用するイン

(注27) 大濱・前掲（注16）501頁以下。以下の記述はこれに負うところが大きい。
(注28) 大濱・前掲（注16）489頁以下，伊藤ほか・前掲（注15）38頁［山本発言］等参照。
(注29) 石川明「判批」判評354号（判時1276号）(1988) 53頁は，強制金を国に帰属させることを提唱する。なお，ドイツ法では，強制金は国庫に帰属し，その額は25000ユーロを超えてはならない（ドイツ民事訴訟法888条1項第2文）。
(注30) ドイツ民事訴訟法888条・890条は，間接強制の方法として，金銭の支払い（Zwangsgeld）のほかに，拘禁（Erzwingung）を認める。その実効性は高いようであるが（大濱・前掲（注16）502頁注57参照），対人執行の導入には慎重な検討が必要であろう。

センティブを確保しつつ，債権者が過剰な利益を得ることを回避する方策として，債権者と国・公的機関に一部ずつ帰属させることも考えられる[注31]。

　消費者団体訴訟においても，国家の役割である私権の強制的実現への協力に対する対価という点から，執行債権者である団体への強制金の帰属は一応正当化されうる。しかし，事業者の過大な応訴負担等や訴訟不経済を回避するために，1つの団体が差止請求権を行使すれば，請求の内容および相手方が同一である場合には，実体法上，他の団体は差止請求権を行使できず，手続は一本化される構造にあり（消費契約12条の2第1項2号・44条・45条等参照），原告となった団体には，いわば公益を代表して，強制執行を含めて，差止請求権を行使する義務があること，団体には債務者の不当な行為により被る固有の損害があるわけではなく，損害賠償金としての性質は希薄であり，通常間接強制による執行が想定される一般的な事例同様の損害のてん補は困難であること，債務者にとって不当に過酷な執行になることを回避し，団体の利益が過剰にならないように配慮する必要があること等を考慮すると，将来的には，政策的観点もいれて，国（消費者庁）ないし消費者支援基金[注32]等に強制金を帰属させることや，債権者と国等が折半することも検討に値すると思われる。現行法においても，団体が，差止請求関係業務を廃止したり，適格性の認定が取り消されたりした場合には，積立金は他の団体または国に帰属することになっており（同法28条6項），間接的に国への帰属が認められている。

III　損害賠償に関する裁判の執行

　次に，共通義務確認訴訟手続および簡易確定手続を経て特定団体が対象債権について取得した債務名義による民事執行手続について検討する。

（注31）　大濱・前掲（注16）503頁以下参照。
（注32）　http://www.csr-forum.gr.jp/crpf 参照。

❷ 消費者団体による訴訟と執行を巡る諸問題

1　簡易確定手続の構造

　特定団体の簡易確定手続開始の申立てにより開始する簡易確定手続においては，対象債権に係る対象消費者の授権を受け，申立てを行った特定団体（簡易確定手続申立団体。以下，「申立団体」という）が，対象債権の届出を行う（法30条）。対象消費者の授権は追加的選定（民訴30条3項）類似のものと解され(注33)，申立団体は，当事者（訴訟担当者）として手続を追行するものと考えられる。①相手方が届出債権の内容の全部を認めたときは，届出債権の内容は確定し（法42条3項・2項），届出債権の内容を記載した届出消費者表の記載は，確定判決と同一の効力を有する。この場合において，債権届出団体（申立団体）は，確定した届出債権について，相手方に対し，届出消費者表の記載により強制執行をすることができる（同条5項）。②届出債権につき，適法な認否を争う旨の申出があったときは，債権届出を却下する場合を除き，裁判所は簡易確定決定をしなければならない（法44条1項）。これに対して，当事者および届出消費者は，異議の申立てをすることができ（法46条1項・2項），この場合，簡易確定決定は，仮執行宣言を付したものを除き，その効力を失う（同条5項）。③届出債権につき，適法な認否を争う旨の申出がないときは，届出債権の内容は，届出債権の認否の内容により確定し（法47条1項），届出消費者表の記載は，確定判決と同一の効力を有する。この場合においても，債権届出団体は，確定した届出債権について，相手方に対し，届出消費者表の記載により強制執行をすることができる（同条2項）。④簡易確定決定に対し適法な異議の申立てがあったときは，当該債権届出時に，債権届出団体または異議を申し立てた届出消費者を原告として，訴えの提起があったものとみなされる（法52条1項）。異議後の訴訟については，届出消費者の授権が必要であり（法53条1項），届出消費者は，その届出債権に係る債権届出団

（注33）　三木・前掲（注1）7頁参照。追加的選定は，クラス・アクションの代替策として選定当事者制度を利用しやすくするために導入されたが（河野正憲「当事者」塚原朋一ほか編『新民事訴訟法の理論と実務(上)』〔ぎょうせい，1997〕157頁参照），実際にはあまり利用されていないようである。

体に限り，授権をすることができる（同条2項）。⑤簡易確定決定に対して，適法な異議の申立てがないときは，簡易確定決定は確定判決と同一の効力を有する（法46条6項）。

2　第三者の執行担当

民事執行において，第三者が他人の（実体上の）権利義務について自己の名で執行を追行し，あるいは受ける場合を「第三者の執行担当」とよぶが，これは，訴訟との連続性から，「第三者の訴訟担当による訴訟手続が先行し，訴訟担当者が受けた判決に基づいて第三者の執行担当による執行手続がなされる場合（接続的執行担当）」と，「権利義務の帰属者本人が受けた判決に基づいて第三者の執行担当による執行手続がなされる場合（派生的執行担当）」[注34]に，また，執行担当資格面から，法律の規定に基づく法定執行担当と，権利義務の帰属主体の授権に基づく任意的執行担当とに区別される。簡易確定手続において対象消費者の授権を追加的選定類似のものと捉えると，申立団体は，接続的執行担当・任意的執行担当に分類されよう[注35]。

同様に，接続的執行担当・任意的執行担当とされる選定当事者（民訴30条）については，選定当事者が原告として得た債務名義に基づいて，自己の名で強制執行することができるか否かにつき議論がある。通説は，選定当事者は単純執行文の付与を受けて選定者のために強制執行の申立てができるとする[注36]。しかし，これに対しては，選定当事者の執行権限の根拠を問題とし，選定者の意思と訴訟法律関係を簡素化し円滑迅速に訴訟追行するという選定

(注34)　中野貞一郎「代表訴訟勝訴株主の地位――第三者の訴訟担当と執行担当」判タ944号（1997）41頁（同『民事訴訟法の論点Ⅱ』〔判例タイムズ社，2001〕204頁以下に所収）。
(注35)　山本和彦「集団的消費者被害回復制度の理論的問題」小野秀誠ほか編・松本恒雄先生還暦記念『民事法の現代的課題』（商事法務，2012）110頁。
(注36)　兼子一『民事訴訟法体系〔増訂版〕』（酒井書店，1968）397頁，兼子一＝松浦馨＝新堂幸司『条解民事訴訟法』（弘文堂，1986）125頁〔新堂幸司〕，斎藤秀夫ほか編『注解民事訴訟法(2)〔2版〕』（第一法規出版，1991）59頁〔小室直人＝大谷種臣〕，中野・前掲（注34）42頁以下，下村眞美「『第三者の執行担当』に関する基礎理論の試み」民訴51号（2005）173頁，高橋宏志『重点講義民事訴訟法(下)〔第2版〕』（有斐閣，2012）410頁など。

当事者制度の趣旨・判決主文の趣旨からみて，選定当事者には執行担当適格が認められないとする見解が有力に主張されている[注37]。この見解は，選定者の意思として執行申立権まで含んだ授権であれば，選定者の権利についての実体法上の管理権までが選定当事者に付与されると考えるのが自然であり，その場合は，判決主文に選定者に対する給付ではなく，選定当事者に対する給付が命じられると考えるのが合理的であるし，また，訴訟法律関係を簡素化し円滑迅速に訴訟追行するという選定当事者制度の趣旨に鑑みると，選定当事者がなすべき責任は，選定者の権利を確定することによって果たされ，それを強制執行の方法によって実現することまでは含まないと解することが，実質的に考えても妥当である[注38]と論ずる。

これに対して，簡易確定手続により取得される債務名義の民事執行については，規定上，債権届出団体が強制執行における債権者となることができることが明記されている（法42条5項・47条2項）。したがって，簡易確定手続における対象消費者の授権（法31条1項）は，簡易確定手続の手続追行権のみならず，これにより取得される債務名義の民事執行についての執行申立権も含むものと解されよう[注39]。なお，債権届出団体は，消費者の利益を適切に代表するための厳格な要件審査を経ており（法65条4項参照），授権をした消

(注37) 村松俊夫「選定当事者と給付判決」同『民訴雑考』（日本評論新社，1959）4頁以下，伊藤眞「株主代表訴訟の原告株主と執行債権者適格(下)」金法1415号（1995）15頁。
(注38) 伊藤・前掲（注37）15頁以下。伊藤眞教授は，株主代表訴訟の原告株主に執行債権者適格を認めることも否定する。それによれば，被担当者である会社の意思は問題とならず，もっぱら制度の趣旨によるべきであり，平成17年改正前商法267条3項（現会社法847条）が代表株主の訴権を認めていることを考慮すれば，訴訟追行権のみが代表株主に付与され執行申立権を含まないと解するのが合理的であり，それにより少なくとも執行の段階において会社が判断権を行使する余地も生まれると説く。
(注39) 山本・前掲（注35）110頁。これにつき，骨子は，特定団体は，「自己が債務名義上の当事者となっている場合には，加入消費者から授権を受けて，強制執行の申立てをすることができる」として再度の授権を必要としていたが（前掲（注3）骨子8頁），報告書は，「決定・判決の名宛人となっていた適格消費者団体は，強制執行の申立てをすることができることとする」としていた（前掲（注2）報告書31頁）。これら法律案が出される以前の状況を検討したものとして，渡部・前掲（注6）122頁。また，債権届出団体は，簡易確定手続において，届出債権について和解することができる（法37条）ことから，届出債権についての実体的な処分権も授権されているとみることができよう。

費者に対し公平誠実義務等を負う（法34条）ことも付言しておく[注40]。

3　特定適格消費者団体のする仮差押え

　特定団体は個別消費者の損害賠償請求権に係る執行についての執行適格を有する。特定団体のする保全につき，骨子では，団体は，個別請求権を保全するため，対象消費者から授権を受けて，仮差押命令の申立てをすることができるとしていたが，法は，団体は，当該団体が債務名義を取得することとなる対象債権の実現を保全するため，民事保全法の規定により，保全すべき権利に係る金銭の支払義務についての共通義務確認の訴えを提起することができる場合に限り，仮差押命令の申立てをすることができるものとする（法56条1項・2項）。特定団体は，授権なくして他人の権利を自己の名で行使するのであるから，法定保全担当と解される[注41]。この場合，被保全権利は対象消費者の有する対象債権と解され，申立てにおいては，対象債権および対象消費者の範囲ならびに対象債権の総額を明らかにすれば足りる（同条3項）。

　この仮差押えに対する本案訴訟は，対象債権の簡易確定手続に連続する共通義務確認の訴えとみなされる（法58条）。

4　執行の内容

　債権届出団体は，簡易確定手続により取得した債務名義により，確定した届出債権につき強制執行することができる（法42条5項・47条2項）[注42]。確定した届出債権に関する届出消費者表に確定判決と同一の効力を認め，その記載による執行を認めるという形式は，破産手続における破産債権確定の規

(注40)　この点で，株主（担当者）と会社（被担当者）の実質的利害が必ずしも一致しない株主代表訴訟の場合とは異なる。代表訴訟の場合について，伊藤・前掲（注37）15頁は，会社に考慮する余地を与えるためにも執行には新たな授権を必要とする。
(注41)　山本・前掲（注35）108頁。
(注42)　これにつき，報告書は，判決主文につき「請求を認容する判決については，申立団体が授権を受けている場合には，申立団体への支払を命ずる」（前掲（注2）報告書31頁）としていたが，主文の形式を授権の有無により決定すると，多数の届出消費者が見込まれる集合訴訟では手続が煩雑になり，授権した消費者と授権しない当事者との取扱いの調整という問題が生じよう。

律と類似するが（破124条以下・221条参照），破産債権者表の記載による執行の場合は，執行債権者は自己の債権についての給付を求める破産債権者であるのに対し，届出消費者表の記載による執行の場合は，執行債権者は債権届出団体である点において異なる。そのため，執行については，届出消費者表記載の債権について，債権届出団体が一括して執行を申し立てるとしても[注43]，その弁済金については，総額を債権届出団体が受領して個々の届出債権者に分配するという方法と，対象消費者が直接個々の届出債権に対する弁済金を受領するという2つの方法が観念しうる。これについて，法は，特定団体に相手方から届出債権の認否等に基づいて支払われた金銭等の弁済受領権を認め（法83条1項参照），債権届出団体が執行手続の追行ならびにこれらに伴い取得した金銭その他の財産の管理をしなければならない旨規定しており（法34条1項），執行債権者である債権届出団体に全額の弁済受領権を認めたうえで，個々の届出消費者への分配を委ねているものと思われる[注44]。配当については，仮差押えが前置された強制執行では特定団体に届出債権の平等取扱義務がある（法59条）のに対して，前置されない場合には平等取扱義務は想定されていないことから，取扱いに違いが生じうることが指摘されている[注45]。今後，特定団体においては，相手方より支払いを受けた金銭を各対象消費者に効率的に分配するための手続をいかに整備するかが課題となろう。

(注43) 対象消費者が承継執行文を受けて，自ら強制執行を申し立てることもできると解されようか。山本・前掲（注35）110頁。
(注44) 例えば，報酬等（法76条参照）を差し引いた結果個人への分配が少額になった場合に，対象消費者の合意（授権）を基礎として，これを分配せず，消費者支援基金等に組み入れるなどの柔軟な運用をすることも可能になろうか。
(注45) 山本・前掲（注35）110頁以下。

IV　結びに代えて

　本稿では，消費者団体による訴訟に係る執行法上の問題につき，特に間接強制と執行担当の取扱いを対象として検討を試みた。前者については，従来の一般的理解からは，団体訴訟に係る差止判決の間接強制による執行を理論的に説明することは困難であり，損害賠償と切り離す方向で検討すべきことを指摘した。後者については，前稿において筆者が示した問題点はすでにほぼ解消されたが，被害回復裁判手続に係る執行について，オプトアウト型の手続に係る総額判決等の執行や分配の処理等もにらみつつ，詳細を詰める必要があろう。思わぬ誤解をしていることを危惧するが，本稿が，今後の議論の展開にわずかでも資するところがあれば幸いである。

3 消費者団体による訴訟と訴訟法上の問題点
——訴訟物と既判力の客観的範囲を中心に

北海道大学教授 町村泰貴

　本稿は，消費者契約法により創設された適格消費者団体による差止請求訴訟(注1)を中心に，その訴訟法的な問題点を検討対象とする(注2)。

　適格消費者団体による差止請求訴訟については，筆者自身もその訴訟手続上の問題点を対象とする論稿(注3)を公表している。この前稿では，消費者契約法に特則がある訴額と管轄（42条・43条），移送（44条），併合（45条），確定判決等の効果（12条5項2号，その後の改正により12条の2），訴訟手続の中止（46条），書面による事前請求（41条），間接強制金の算定（47条）に関して，それぞれの問題点を指摘した。また，解釈上の問題点としても，請求の趣旨およびその特定，確定判決等による請求権制限の帰結，共同訴訟の規律および

(注1)　消費者契約法2006年改正（平成18年法律56号）により創設され，その後2008年の消費者契約法等の一部を改正する法律による景品表示法，特定商取引法および消費者契約法自身の改正により拡張されたものをいう。

(注2)　適格消費者団体は，本稿で扱う差止請求訴訟のほかにも，団体自身が損害を受けた場合に，その損害賠償請求訴訟を提起することができるし，また集団的消費者被害回復制度の担い手として特定適格消費者団体（消費裁判2条10号参照。また認定については同法65条以下参照）としての認定を受ければ，第1段階の訴訟および第2段階の簡易な手続および異議訴訟を提起し，訴訟追行することができる。この法律については，本書の他の論考で取り上げられるほか，筆者の検討としては町村泰貴「集団的消費者被害の救済と手続法」現代消費者法8号（2010）26頁以下，同「集団的消費者被害の救済と手続法」消費者法2号（2011）26頁以下参照。

(注3)　町村泰貴「消費者団体訴訟に関する訴訟手続上の問題点」現代消費者法1号（2008）28頁。以下ではこれを「前稿」という。このほか同「団体訴訟と仮処分の活用」現代消費者法4号（2009）84頁，同「消費者の権利の実現」法セミ681号（2011）22頁。

参加形態について検討した。そこでは，大きな問題点として，訴訟物の特定およびこれに対応する既判力・執行力の客観的範囲が必ずしも明らかでないとの問題と，確定判決等による他の適格消費者団体に対する差止請求権制限規定の趣旨および範囲が明らかでないとの問題を指摘した。

本稿では，これら前稿での検討結果を踏まえ，現実に運用された団体訴訟の実例を考察しながら，消費者団体訴訟の訴訟物と既判力の客観的範囲についての問題点を掘り下げて検討することとする。

なお，検討素材として，末尾に適格消費者団体が事業者に対する差止めを裁判上または裁判外で請求し，判決，請求の放棄・認諾，裁判上または裁判外の和解により終結した公表事例を一覧する表を掲げた。この表は消費者庁(注4)およびその前身である内閣府国民生活局(注5)がウェブページ上で公開しているものを基礎とし，判例雑誌，判例データベース，および各消費者団体のウェブページに掲載されている情報で補ったものである。以下では，表に示した番号により引用することとする。

I 訴訟物と判決効の客観的範囲

1 無効・取消原因の競合と訴訟物の特定

差止請求訴訟は給付訴訟であるところ，給付訴訟の訴訟物は旧訴訟物理論(注6)と新訴訟物理論(注7)との論争の場となってきた。すなわち，旧訴訟物理論（旧実体法説）は実体法上の請求権を訴訟物と捉えるのに対して，新訴訟物理論（訴訟法説）は訴訟法上再構成された給付を求める法的地位ないし受給権が訴訟物となると考える。この両説の対立点は，同一の給付を求める

(注4) http://www.caa.go.jp/planning/index.html
(注5) http://www.consumer.go.jp/seisaku/caa/soken/hanketsu/hanketsu.html
(注6) 最近のものとして，伊藤眞『民事訴訟法〔第4版〕』（有斐閣，2011）198頁以下参照。
(注7) 同じく最近のものとして，高橋宏志『重点講義民事訴訟法(上)〔第2版〕』（有斐閣，2011）25頁以下参照。

実体法上の請求権が複数競合して成立するとき（請求権競合の場合）に，そのそれぞれについて訴訟物が観念されると構成するのか，同一の給付を求める法的地位が1個の訴訟物を構成し，競合する実体法上の請求権はその法的地位の理由付けにすぎないと構成するのかという点にある。そこでは，給付の内容は原則として同一であることを前提に，一定の金銭給付を求める訴え，あるいは一定の物の引渡しを求める訴えを想定して，同一の給付を求める請求権の競合を論じていた。

本稿が対象とする消費者団体訴訟においても，同様の問題はある。とりわけ不当条項の差止めを求める消費者契約法12条3項または4項においては，同法8条から10条までのいずれかの条文に基づき，不当と評価される条項の差止めを求めるのであるから，同一の条項の差止めに複数の法条が理由となりうる。特に同法10条は，8条とも9条とも競合して適用される。その場合に，実体法上，複数の差止請求権が成立するのか，それとも1個の差止請求権が成立するにすぎないか[注8]，仮に複数の差止請求権が実体法上成立するとしても，訴訟物としても複数なのか単数なのかが問題となる[注9]。

実務上は，特に消費者契約法9条1号の平均的損害を超える損害賠償予定または違約金を定める条項と同法10条の消費者の利益を一方的に害する条項とが，選択的ないし予備的に主張されることが多い。例えば京都消費者契約ネットワークがNTTドコモに対して携帯電話通信契約の解約金条項の差止めを求めた訴えは，訴状[注10]においても，これに対する京都地判平成24・3・28（後掲【22-1】）[注11]においても，解約金条項が同法9条1号に反し，ま

(注8)　これは実体法上の解釈論として法条競合か請求権競合かという問題である。例えば賃貸借契約終了に基づく明渡請求権については，かつては終了原因（期間満了，解約告知，あるいは解除）によってそれぞれ請求権が発生すると解する多元説が有力であったが，現在では終了原因にかかわらず，1個の明渡請求権が生じるにすぎないと解する一元説が有力である。牧野利秋ほか編『民事要件事実講座(3)』（青林書院，2005）369頁以下［山本和敏］参照。
(注9)　三木浩一「訴訟法の観点から見た消費者団体訴訟制度」ジュリ1320号（2006）61頁以下，特に66頁以下では，消費者契約法12条の2（当時の12条5項2号）との関係で，請求権競合を認め，かつ旧訴訟物理論に基づく個別的な訴訟物構成を支持されている。
(注10)　http://kccn.jp/tenpupdf/2010/10616docomosojyou.pdf

たは同法10条に反するとの理由を挙げて，同法12条3項に基づく差止めを求めるものとなっている^(注12)。

　まず，実体法上の請求権の構成として，同一の契約条項が複数の無効原因を有する場合に，複数の差止請求権が競合して存在すると解するべきであろうか。同一の条項の差止めという同一の結果に向けた請求権であり，その請求権の成立根拠は物権と債権のように性質が異なるものではなく，また複数の請求権のいずれかに担保が設定されたり譲渡や差押えの対象となったりするものでもない。要件は，当然ながら各法条間で異なるので，消費者契約法8条または9条に該当しないが同法10条には該当する場合も，その逆もありうる。しかし要件が異なるということは，先に言及した賃貸借契約の終了に基づく明渡請求権と同様であるので，そこでの一元説に従うならば，異なる要件の法条が複数根拠として存在しても1つの明渡請求権があるにすぎないと解される。

　したがって，同一の条項の使用差止請求権は，その根拠が消費者契約法8条または同法9条と10条とが考えられるとしても，1個の請求権が成立するにすぎないと考えるほうが簡明である。このように実体法上，請求権競合に当たらないとすれば，訴訟物理論としては，旧訴訟物理論（旧実体法説）と新訴訟物理論（訴訟法説）のいずれをとっても，結論は1個の訴訟物ということになる^(注13)。

(注11)　http://kccn.jp/tenpupdf/2011/20120328docomohanketu.pdf
(注12)　同様に京都消費者契約ネットワークが訴えを提起した事例では，セレマおよびびらくらくクラブに対する訴えでも消費者契約法9条と10条とが主張されている。京都地判平成23・12・13後掲【17】。
(注13)　訴訟法説の立場からは，実体法上1個の請求権と解することと訴訟物の個数とが論理必然的に結びつくわけではないので，本文のように実体法上1個の差止請求権が発生すると解しても，なお同一の契約条項の使用差止めを求める複数の訴訟物を構想することは理論的に排除されない。そのような解釈をとる場合，その意図は，例えば消費者契約法8条に基づく差止請求訴訟において下された判決の効力が，同法10条に基づく差止請求権の主張を遮断することが不当だというにある。しかしながら，次に述べるように，遮断効については差止請求権の特殊性を考慮しなければならず，訴訟物の構成から遮断の有無を一律に導き出すことはできない。

もっとも，こうした訴訟物論の解釈は，現在の民事訴訟理論を前提にすると，判決の効力の範囲をただちに左右するものとはいえない。消費者契約法9条違反を理由とする差止請求権と同法10条違反を理由とするそれとが別個の訴訟物を構成すると解した場合でも，同法9条違反に基づく訴えが請求棄却となって確定すれば，その確定判決基準時前の事実関係に基づいて同法10条違反を理由とする再度の差止訴訟を提起することは信義則に反すると評価される余地がある(注14)。同一の条項を対象とする以上，同法9条1号に反するかどうかの評価に必要な要素と同法10条に基づく差止めの成否を決する要素とは大部分重複するであろうし，同法9条1号に関する審理の中で同法10条に関する審理も実質的に尽くされているとすれば，同法9条1号に基づく請求が棄却された後に同法10条に基づく差止請求訴訟を提起することは不当な蒸し返しと評価されるからである。

逆に両者を同一の訴訟物と解しても，差止請求棄却の確定判決に対してその基準時後の事由に基づくのであれば，同一の差止請求権を根拠に提訴することは既判力に抵触しない。

つまり，消費者契約法8条，9条または10条のそれぞれを理由とする差止請求権が，それぞれ別個の訴訟物となるのか1個の訴訟物となるのか，いずれの解釈をとるにせよ，不当な蒸し返しは許されず，また確定判決の基準時後の事由に基づく再度の差止請求は許されるので，少なくとも訴訟法的には大きな差異は生じない。

問題は，差止請求訴訟の確定判決により，どのような場合に遮断効が生じるのかという点で，これについてはさらに検討が必要である。具体的には，基準時前に用いていたのとまったく同様の条項であれば，差止請求の確定判決によってその基準時後の使用の可否を確定的に決するといってよいか，それとも基準時後において同一の条項を使用することは常に，前訴判決の時的

（注14）　前訴と後訴の訴訟物が異なるにもかかわらず，後訴は前訴の不当な蒸し返しであって信義則上許されないとして却下された例は，最判昭和51・9・30民集30巻8号799頁，最判平成10・6・12民集52巻4号1147頁などがある。

限界を越えるものとして，既判力を受けないと解するか，その中間に解があるのかが検討されなければならない。

2　同一訴訟物による再度の提訴と既判力

　差止請求権の場合，その棄却判決が確定した場合の既判力の作用と，認容判決が確定した場合の既判力の作用とに分けて検討することが便宜である。

(1)　認容判決の効果と判断枠組み

　一定の条項の使用差止めを命じる認容判決が確定した場合，その差止めの効果は将来的に及ぶ。すなわち，判決が執行力を得た後に事業者が同一の条項を使用し，または使用するおそれがあれば，「使用してはならない」との不作為命令について強制執行をすることができる。また差止判決が契約ひな型の破棄を命じるなど，作為を命じているのであれば，その作為命令違反に対して強制執行をすることができる。

　この場合の既判力の作用は，基準時における差止請求権の存在を確定し，原則として将来の違反行為に対する差止執行の実体的正当性を基礎付けることになる。

　例えば，敷引特約を消費者契約法10条に反する不当な条項だとして使用を差し止める判決が確定した場合，判決により特定された条項を使用してはならないとの不作為命令は，当該事業者がその条項を使用する限り妥当する。同一条項と評価される限り[注15]，一旦使用を中止して，後に使用を再開したとしても，既判力をもって確定された不作為命令の効力は及ぶ。実例としては，判決ではなく請求の認諾ではあるが，京都消費者契約ネットワークが大和観光開発に対して訴えた事件（後掲【1】）がある。そこでは「被告は，消費者との間で建物賃貸借契約を締結もしくは合意更新をするに際し，当該消費者から受領する敷金もしくは保証金に関して，当該消費者との建物賃貸借契約終了時において，その名目の如何に関わらず，当該消費者に返金すべき敷金もしくは保証金より無条件に一定額を控除する旨の条項を含む意思表示を

（注15）　この同一条項と評価できるかどうかが大きな問題となるが，この点は後述する。

行なってはならない」との請求の趣旨を被告が認諾したので，いわゆる敷引特約の差止命令が確定判決と同一の効力[注16]を有することになる。

別の例では，同じく京都消費者契約ネットワークが長栄に対して訴えた差止請求訴訟[注17]において，「被告は，消費者との間で建物賃貸借契約を締結するに際し，(別紙1)記載の内容の条項を含む契約の申込み又はその承諾の意思表示を行ってはならない」との主文で，(別紙1)には以下のような記載があった。

(別紙1)

「(定額補修分担金条項)
1　消費者は，目的建物退去後の賃貸借開始時の新装状態への回復費用の一部負担金として，定額補修分担金を被告に対し支払う。
2　当該消費者は，被告に対し，定額補修分担金の返還を，入居期間の長短にかかわらず，請求できない。
3　被告は，当該消費者に対し，定額補修分担金以外に目的建物の修理・回復費用の負担を求めることはできない。ただし，当該消費者の故意又は重過失による同建物の損傷及び改造については除く。」

こうした判決が確定した後，同趣旨の条項を当該事業者が消費者との間の契約に用いたときは，それが違反行為となり，差止判決の強制執行がなされるのであるから，基本的には将来の行為について判決効が及ぶことになる。

(2)　**基準時後の事情変動**

そして基準時後の事由により差止請求権が消滅する場合とは，基準時後の事業者の行為態様が差止めの根拠となった規定の要件を満たさなくなったことが考えられる。

例えば，定額補修分担金の定めに関して，上述の請求認諾例（後掲【1】）に

(注16)　民事訴訟法267条。なお，ここでいう確定判決と同一の効力に執行力が含まれることは争いがないが，既判力も生じると解するかどうかについては見解の対立がある。伊藤・前掲（注6）453頁以下参照。ここでこの点について論じるゆとりはないので，さしあたり意思の瑕疵など無効原因がない限り既判力があるものと解する。
(注17)　京都地判平成21・9・30後掲【6-1】。

おいても差止請求認容判決例（京都地判平成21・9・30後掲【6-1】）においても，消費者契約法10条に基づき不当条項と評価されているが，同条の要件のうち後段「民法第１条第２項に規定する基本原則に反して消費者の利益を一方的に害するもの」の該当性は，総合考量により判断される。その要素の主なものとしては，消費者と事業者との交渉力の格差に乗じて一方的な負担を押し付けているかどうかという点が挙げられる。京都地判平成21・9・30（後掲【6-1】）では，被告が定額補修分担金の有利な点や不利な点を判断するのに必要な情報を消費者に提供していたとは認められないとの認定に基づいて，同条後段の要件の充足が認められている。仮にこの１点が決定的なポイントだとすれば，事業者が基準時後に消費者と差止対象となった条項を用いて契約したとしても，消費者に対する情報提供のあり方を改善することで法的評価が変わることになる。例えば，一般的に生じる原状回復費用を具体的に明らかにして，定額補修分担金の定めがあることにより本来賃借人が負担しなくてもよい通常損耗部分を賃借人が負担する結果となりうることなどの情報を提供したうえで契約を締結するかどうかの選択を求めていれば，これをもって定額補修分担金の定めが信義則に反して消費者を一方的に害するものとはいえないこととなろう[注18]。このように，差止対象たる条項の内容は変わらなくとも，消費者契約法10条違反の法的評価を支える事実が基準時後に変動すれば，差止判決の効力を免れることとなる[注19]。

　以上はあくまで信義則という抽象的評価的概念の下で，考慮要素の１つである情報提供の有無が信義則違反の評価を決定付けるものと仮定したうえでの説明であり，例に挙げた判決の効力が説明の仕方を変えるだけで当然に失われると主張するものではない。それはともかく，１回の給付で満足し，消

(注18)　この部分は，京都地判平成21・9・30後掲【6-1】の判決文で，定額補修分担金の額が賃借人にとって有利か不利かを判断するのに必要な情報として例示されているところを参考にした。

(注19)　このことは，消費者契約法12条の２第２項の解釈として，しかも棄却された後の再訴が可能な例としてではあるが，消費者庁企画課編『逐条解説消費者契約法〔第２版〕』（商事法務，2010）275頁注１に同様の考え方が示されている。

滅する給付請求権の場合と異なり，一定の条項を用いてはならないという差止請求権の場合は，基準時における違法評価に基づく差止めを，基準時後になされる違反行為に対して及ぼすという点で将来に向かっての効力がある。この将来への効力は，将来における事情変動により絶えず影響を受けるものである。この点で，将来の給付請求権の場合の問題と類似している。

将来給付の訴えにおいても，基準時後に履行すべき義務が生じる請求権について，判決基準時における資料で存否を判断するわけだが，将来の事情変動による変更可能性は不可避的につきまとう。したがって将来給付の訴えが適法だとしても基準時後の事情変動による変更を認めざるをえない[注20]。逆に基準時後の事情変動によって実体的正当性が失われる可能性があり，しかも債務名義をあらかじめ作成することによって事情変動による変更を被告・債務者側のイニシアティブで手続に反映させることが不当と評価される場合には，将来給付の訴え自体が不適法とされる[注21]。

これらと同様に，将来の行為に対する差止めを基準時における資料で正当と認める認容判決が確定しても，将来の時点での事情変動により差止めが実体的正当性を失えば，既判力は時的限界にかかると解することとなる。

このように考えると，差止請求認容判決が確定しても，判決確定後に違反行為があった時点で，あらためて差止請求権の実体的正当性が問題にならざるをえず，既判力が無意味になるのではないか，差止訴訟の実効性が著しく

(注20)　そのことを如実に示したのが，最判昭和61・7・17民集40巻5号941頁である。そこでは不動産の不法占拠者に対して明渡しまでの間の賃料相当額として毎月定額の賠償を命じる判決が確定したとしても，その後に予見できない地価変動などがあった場合には賠償額の変更を求めることが認められている。
　　また厳密には将来給付請求ではなく，過去の事故に対する定期金賠償を命じた場合の規定であるが，民事訴訟法117条は変更の訴えを創設することにより既判力ある判断が変動する可能性を認めたものである。学説では，越山和広「将来給付判決の既判力とその修正」民訴47号（2001）189頁が，ドイツにおける議論を参照しつつ，将来給付判決の既判力が著しい事情変更により修正されることを論じている。高田裕成「将来の法律関係の確定を求める訴えとその判決の既判力」伊藤眞ほか編・青山善充先生古稀祝賀論文集『民事手続法学の新たな地平』（有斐閣，2009）175頁以下参照。
(注21)　典型例は，一連の空港等騒音公害訴訟における将来の損害賠償請求の訴えである。リーディングケースとして，最大判昭和56・12・16民集35巻10号1369頁。

減少するのではないかという疑問が生じる。しかし，既判力の時的限界から基準時後の事情変動により実体的正当性が失われた場合に当該判決が妥当しなくなるという現象は，差止請求権に限らず一般的に認められることである[注22]。また，差止判決が確定することで執行力が生じ，違反行為とそのおそれに対しては強制執行が可能となる[注23]。これに対して上記のような実体的正当性が基準時後に失われたということは，債務者たる事業者側で起訴責任を負い，また執行停止のための申立責任も負うこととなる。このように差止判決の効力が存在意義を失うというわけではないのである。

(3) 基準時後の立法または解釈の変動

以上は基準時後に事実が変動して差止請求権の実体的正当性が失われるに至った場合に関する考察であったが，基準時後に差止請求権を定める立法が改正されたり，判例等により解釈が変動したという場合も同様であろうか。

例えば，敷引特約については，後掲【1-1-1】において差止請求が認諾されているが，その後，最判平成23・3・24（民集65巻2号903頁）において，敷引特約が「当該建物に生ずる通常損耗等の補修費用として通常想定される額，賃料の額，礼金等他の一時金の授受の有無及びその額等に照らし，敷引金の額が高額に過ぎると評価すべきものである場合には，当該賃料が近傍同種の建物の賃料相場に比して大幅に低額であるなど特段の事情のない限り，信義則に反して消費者である賃借人の利益を一方的に害するものであって，消費者契約法10条により無効となると解するのが相当である」との一般論の下で，当該事案においては不当に高額にすぎるとはいえないとして有効とされた。こうした解釈の下で，すでに確定判決を受けた事業者の敷引特約についても，その差止請求権の成否を再度問題となりうるかどうか，検討が必要である。

一般的には，既判力ある判断が法律の変動や解釈の変化により効力を失う

(注22) 請求権が基準時後に弁済等により消滅した場合を考えれば明らかである。
(注23) 後掲【6-1】【6-2】において認められた差止請求権の強制執行としてなされた間接強制決定として，http://kccn.jp/tenpupdf/2011/111124choeikettei.pdf参照。

とは解されていない。法令の改廃は原則として遡及効をもたないので、過去に下されて確定した判決の効力を左右することはないし、仮に経過規定などで遡及適用が定められたとしても、既判力を左右するものではない^(注24)。判例はそもそも厳密な意味での法源ではないので、当該事件の遡及適用や係争中の事件への適用ということはあっても、過去の確定判決の効力を左右することはありえないはずである。

しかしそうだとすると、アンバランスな結果が生じる。すなわち、ある条項についてすでに差止めの確定判決を得た事業者は、その条項を使用できないのに、他の事業者は、法令改正または解釈の変更により、同一の条項を使用できるということになる。一見すると私人間の判決の効力が相対的であることから当然のようにも思えるが、適格消費者団体が事業者に対して得た差止判決の効力は、その事業者が今後行う消費者取引のすべてに規範として及ぶのであるから、単に訴訟当事者ごとに相対的という以上の法的地位の格差を、被告となった事業者とその他の者、特に他の事業者との間に生じさせてしまう。したがって、こうした帰結は妥当とはいいがたい^(注25)。

近時の下級審裁判例^(注26)には、法解釈に影響する事実関係の変動があってなされた判例変更を基準時後の事由と解し、却下判決が確定した事件と同一訴訟物に関する訴えを、却下判決の既判力^(注27)にかかわらず、適法と認めたものがある。もっともこの判決は、事案が外国国家の民事裁判権免除という訴訟要件に関するものであり、本稿で取り扱うような実体的法律関係に関す

(注24) 再審事由には、「判決の基礎となった民事若しくは刑事の判決その他の裁判又は行政処分が後の裁判又は行政処分により変更されたこと」との規定がある（民訴338条1項8号）が、確定判決の依拠した法令が改廃されたことを再審事由とする規定はない。
(注25) 菱田雄郷「消費者団体訴訟の課題」法時79巻1号（2007）96頁以下、特に97頁がこの問題を指摘する。そこでは結論を出されていない。
(注26) 東京地判平成23・10・28判時2157号60頁。
(注27) 一定の訴訟要件が欠けるとして下された訴え却下の確定判決には、その訴訟要件欠缺という判断に関して既判力があるとするのが判例通説といえよう。最判平成22・7・16民集64巻5号1450頁は適法な住民監査請求を経ない住民訴訟の却下判決の既判力により、当事者、請求の趣旨および原因を同じくする別の当事者参加申出を不適法として却下した。学説では、新堂幸司『新民事訴訟法〔第5版〕』（有斐閣、2011）685頁など参照。

る既判力の問題とは異なる[注28]。

　私見によれば，法令の改廃や解釈の変動により既判力が左右されることは，原則としてありえないが，(2)において論じたように，将来への効力を有する差止判決は，将来における事情変動により正当性を失うことがありうる。事実の変動であれば，基準時後の事由として既判力により遮断されないとすることができるが，法令の改廃は事実の変動に当たらない以上，基準時後の事由とすることはできないので，法令の変動により過去の判決の正当性が失われた場合は，確定した差止判決の強制執行が権利濫用となる余地を認めざるをえないであろう[注29]。これに対して，判例や法解釈の変動を理由とする確定した差止判決へのチャレンジは，法令の場合以上に認めにくい[注30]。確定判決によって差し止められた条項と同種同等の条項が，その後の判例を含む法実務で適法と解され，広く用いられ，差止判決を受けた事業者だけが当該条項の使用を禁止されている状態が法の下の平等に反すると評価できる場合に限り，法令改廃の場合と同様に，差止判決の強制執行が権利濫用になると解すべきである。

（注28）　近時，非嫡出子の相続分を嫡出子の半分とする民法900条4号ただし書の規定を違憲と判断した最大決平成25・9・4判時2197号10頁においては，違憲判断の効力を当該事件にしか及ばないとする個別的効力説に立ちつつ，他の事件にも判例として事実上の効力が及ぶことを前提に，すでに確定した遺産分割審判や分割協議の合意に遡及して適用することはないと判示されている。通常の法解釈に関する判例と違憲判断の効力とでは同列に論じられないともいえるが，違憲判断の効力について個別的効力説に立つのであれば，法令解釈に関する新判例と変わるところはない（この点に関して異論として竹下守夫「違憲判断の多様化・弾力化と違憲判決の効力」中野貞一郎ほか編・三ヶ月章先生古稀祝賀『民事手続法学の革新(中)』〔有斐閣，1991〕669頁以下）。もっとも遺産分割審判については既判力がないからこそ蒸し返しが問題となりえたのであって，ここで問題としているような既判力ある判決の場合は，後の判例により既判力が失われたり，再審による取消しが可能となるとは解しえない。
（注29）　既判力ある判決の強制執行が，基準時後の事由に当たらない事情変更のため，権利濫用の法理により制限された例として，最判昭和37・5・24民集16巻5号1157頁参照。
（注30）　判例といっても法的には個別事案における判断にすぎず，先例的価値がある部分の特定は一見明白ではなく解釈の余地がある。判例変更自体ではなく，一般的な法解釈が大きく変わったことを理由とする確定判決へのチャレンジは，より一層不明確で，事実上常に確定判決を覆せるということになって，既判力制度を空洞化することにもなりかねない。

(4) 差止請求棄却判決の場合

これに対して差止請求棄却判決が確定した場合は、基準時において差止請求権が存在しないとの判断が既判力をもって確定されるにすぎない。差止請求認容判決が将来の違反行為に対する効力をもつのに対して、棄却判決はそのような意味での将来に対する効力は、本来は生じないのである。

もちろん、同一条項についての再度の差止請求訴訟を提起すれば、基準時後の事由に基づくのでない限り、前訴判決の既判力による請求権不存在との判断に後訴裁判所は拘束されるから、同様に棄却判決が下される。しかし、同一条項の使用が基準時後の事情に基づき不当と評価される限りにおいては、既判力にかかわらず差止請求が可能となる。このことは、例えば騒音公害の差止めおよび損害賠償を求める訴えにおいて、請求原因が充足していないとの理由で請求棄却判決が確定した後に、その判決基準時後に同一の騒音につき請求原因が具備するに至った場合には、再度の差止めおよび損害賠償請求訴訟が既判力によっても妨げられないというのと同様である。

具体例をみると、消費者支援機構関西のニューファイナンスに対する差止請求訴訟においては、期限の利益喪失による貸付金償還の場合に3パーセントの違約金を支払う旨の条項（条項B）について過去には使用していたが、現在は使用しておらず、使用のおそれもないとの理由で、差止請求が棄却されている[注31]。この判断は同訴訟の控訴審口頭弁論終結時において条項Bの差止請求権不存在を確定するにとどまり、その後に条項Bが消費者契約法12条3項にいう「現に行い又は行うおそれがある」と認められるに至ったのであれば、再度の差止請求が実体法的に可能となり、それは前訴判決の既判力により妨げられることはない[注32]。

なお、ここでも前記(3)で言及した法令・法解釈の変更が判決効を左右する

(注31) 第1審は京都地判平成21・4・23後掲【3-1】、控訴審は大阪高判平成21・10・23後掲【3-2】であり、いずれも同様の判断がなされている。なお、この判決に対する上告受理申立てには不受理決定がなされ、確定している。

(注32) このことは、消費者契約法12条の2第2項の解釈としてではあるが、消費者庁企画課編・前掲（注16）275頁注1にも現れている。

かどうかが問題となる。認容判決の場合と同様に，法令・法解釈の変更が当然に基準時後の事由として既判力を左右するものとはいいがたい。しかしまず，法令の改廃により，棄却判決の訴訟物たる差止請求権とは別個の差止請求権が新たに制定された法令に基づいて生じるといえる場合であれば，新たな請求権に基づく訴えに既判力が及ぶことはない。消費者契約法10条前段では民法等の任意規定を参照しているが，この任意規定が改正されれば，同条の適用対象が変わることとなる。例えば，確定判決により任意規定と比較して消費者の権利を制限しているとはいえないと判断された条項でも，民法等の任意規定が改正され，同一の条項が新たな任意規定と比較して消費者の権利を制限するものと解されるに至れば，前の確定判決にかかわらず差止請求権が成立すると考えられる。

　これに対して，判例変更を含む一般的な解釈の変動の場合には新たな請求権が発生したとは言いがたい。しかし，法解釈の基礎となる事実関係が変動し，それに基づいて法解釈が変更されたというのであれば，その新たな事実関係は基準時後の事由と位置付ける余地がある。例えば，消費者契約法10条の後段の要件は信義則に反して消費者の利益を一方的に害することであるが，信義則に反するとの評価を支える事実が変動すれば，同一の条項であっても後段該当性が変わることになる。その場合，すでに確定判決で同条の要件を満たさないがゆえに差止請求権が認められないとされたとしても，新たに同条の適用を求める訴えを提起しても既判力には抵触しないと解することができる。

　なお，適格消費者団体による差止請求訴訟は困難であっても，当該事業者と取引した個別の消費者が当該条項の無効を主張することは可能であるので，そうした個別的な救済は別論である。

3　請求の特定

　消費者団体訴訟の請求の特定は，より抽象的なレベルで可とすれば幅広い差止めの効果が認められる反面，問題を執行段階に先送りし，場合によっては執行できない差止判決となってしまう可能性がある。反対に具体性を強く

求めるのであれば，差止判決が実質的に無意味となる事態になりかねない。このことは前稿においてもすでに指摘しておいた[注33]。

実例においてこの請求の特定が問題となったものとしては，京都消費者契約ネットワークと大和観光開発との間の敷引特約差止訴訟が挙げられる。第1審判決[注34]は，消費者契約法12条3項の「当該行為に供した物の廃棄若しくは除去その他の当該行為の停止若しくは予防に必要な措置をとること」として求められた請求について，特定されておらず不適法であるとして却下した。その請求の趣旨は，「被告は，その従業員らに対し，被告が消費者との間で建物賃貸借契約を締結又は合意更新するに際し，当該消費者から受領する敷金又は保証金に関して，当該消費者との建物賃貸借契約終了時において，その名目の如何にかかわらず，当該消費者に返還すべき敷金又は保証金より無条件に一定額を控除する旨の条項を含む意思表示を行うための事務を行わないよう指示せよ」というものである。

その理由として京都地裁は「事業者に対して不当行為の差止めが命じられた場合，当該事業者が，その命令を内部的にどのように実現するかは，本来は当該事業者の自律的な決定に任されるべき事項」であると指摘しつつも，「差止命令とは別に，その命令の実現過程に介入して，事業者に対して，別途義務を課すことができる行為は，不当行為の停止又は予防の実効性を確保するために必要な具体的に特定した措置に限られる」とし，原告の請求が「具体的な事務内容を何ら特定することなく」，「被告が従業員に対して行わないよう指示することを求めている事務の内容は明確ではない」として，請求の特定を欠く不特定な訴えだと結論付けている[注35]。

控訴審では，原告が第1審同様の請求に加えて予備的に，一定文言の書面

(注33) 前稿34頁以下。実務家の主張として，長野浩三「消費者団体訴訟の検証と今後の課題」現代消費者法14号（2012）59頁以下，特に66頁以下参照。
(注34) 京都地判平成21・1・28後掲【1-1-2】。
(注35) この理由には疑問がある。差止命令を内部的にどのように実現するかは被告の判断に委ねられるというのであれば，個別具体的な実現方法を原告が特定して要求することは本来できず，むしろ抽象的なレベルでの請求が可能だということになるはずである。

第2部　集団的消費者被害救済制度の諸相

を従業員に配布するよう求める請求を追加した。控訴審判決(注36)は、主位的請求について第1審と同様に具体的な特定が欠けているとして却下し、予備的請求については、原告が求めるのと同内容の書面を被告が従業員に配布するなどして、敷引特約を含む意思表示を行うおそれがないと判断し、請求を棄却した。

　また、同じく京都消費者契約ネットワークと長栄との訴訟においても、第1審(注37)では「被告は、その従業員らに対し、被告が1項記載の意思表示を行うための事務を行わないこと及び前項記載の契約書用紙を破棄すべきことを指示せよ」との請求の趣旨が、「書面によることの要否、その方法、程度等、事業者の義務の内容が一義的に明らかではなく、請求の特定を欠く」として却下された。

　ところが控訴審の大阪高裁(注38)は、このような請求であっても、被告の事業規模を前提に指揮命令権に基づく業務上の指示を意味するのであるから、「そのような業務上の指示は、上記指示を記載した各従業員に対する書面の配布もしくは社内メールの送信などによって行われるべきことは当然予想されることであるから、このような作為を求めたとしても、その履行の有無について判別できないようなことは想定し得ないので、上記請求自体は特定性に欠ける点はない」として適法と認めた。

　この点に関する私見は前稿に記載した通りであるが、基本的には個別具体的な指示を特定するよりも、ある程度抽象化した内容での請求を認める必要があるし、被告事業者側に個別具体的な措置としてどのような行為をすべきかの判断が委ねられているという以上は、抽象化した内容での請求を適法と解することが相当と考えるべきである。さらに前稿では、差止請求訴訟の中で両当事者の主張により作為義務の内容を特定していくことが望ましいと述べた。これに付け加えるならば、上記実例のような程度の特定でも、請求認

(注36)　大阪高判平成21・6・16後掲【1-2】。
(注37)　京都地判平成21・9・30後掲【6-1】。
(注38)　大阪高判平成22・3・26後掲【6-2】。

容判決が下された場合には、その間接強制申立てにおいて、より具体的な作為の内容を特定し、これに対する債務者側の審尋[注39]結果を踏まえて、作為の範囲を確定した間接強制決定を下すということが考えられる。具体的な作為の内容は、こうしたプロセスに委ねることもありうることを付言しておく[注40]。

II 確定判決等による他の適格消費者団体の差止請求権制限

　消費者契約法12条の2第1項2号による差止請求権制限については、少なくともこれまでのところ、確定判決等の存在により差止請求権が制限されたり、その制限が争点となった事例は存在しない。もっとも、適格消費者団体が裁判外で行っている不当条項改善の申入れ活動に視野を広げるならば、同一事業者に対して複数の団体がそれぞれの視点から申入れを行ったり[注41]、あるいは不動産賃貸や冠婚葬祭サービスなど同じ業界に対してキャンセルの取扱いなど同種の問題点を指摘する申入れを行ったりする例[注42]が多く見られる。したがって現在のところは、同一事業者に同一の不当取引行為の差止めを求めるという事態が生じておらず、また適格消費者団体が相互に情報を共有している仕組みが機能しているとはいっても、その可能性がないわけ

(注39)　民執172条3項参照。
(注40)　商標権侵害差止めに関して、田村善之『商標法概説〔第2版〕』（弘文堂、2000）328頁以下参照。そこでも、執行機関に一定の実体判断を期待するという方向性が示されている。特に331頁以下参照。なお間接強制と消費者団体の差止めに関する特殊性については、☞第2部❷。
(注41)　例えば携帯電話契約に関して、大手携帯電話会社に京都消費者契約ネットワーク、COJ、ホクネット、KC'sなどが申入れを行っている。このうち京都消費者契約ネットワークだけは、差止訴訟に発展した。後掲【22-1】【23-1】【25-1】参照。
(注42)　結婚式・披露宴に関する契約の解約料の定めについては、ホクネット、全相協、ACネット、京都消費者契約ネットワークなどが申入れを行っており、京都消費者契約ネットワークのみが提訴に至っている。

ではない。

　この問題については，前稿において，実体法上の権利行使阻止要件と位置付け，その帰結として訴訟外の請求が許されなくなるものとは必ずしもいえないこと，請求内容の同一性については機械的な判断によるべきではなく，差止対象や差止めの可否を判断した理由，さらに手続経過なども含めて，権利行使阻止が妥当かどうかを判断すべきと論じた(注43)。

　学説上は，ここでの請求の同一性の判断について訴訟物の同一性の議論を持ち込むもの(注44)と，これと切り離して議論するもの(注45)とが主張されている。いずれにせよ，既判力そのものではないことは疑いがない(注46)し，また消費者契約法12条の2第2項は，明らかに既判力の時的限界の考え方に基づいて作られており，既判力に関する規律が解釈の参考となることもまた当然である。要するに，既判力に関する従来の議論がここでの権利行使阻止要件範囲の決め手となるわけではないが，参考とはなりうる。反対に，この権利行使阻止要件に関する解釈論は，既判力の範囲の考え方と常に整合性を保たなければならないものでもない(注47)。

　したがって，基本的には訴訟物や既判力の客観的範囲を巡る議論を参考にしつつも，それとは別に，前稿で示したような実質的な考慮に基づく解釈により，同条による権利行使の可否を決すべきと考える。

(注43)　特に前稿35頁以下参照。なお本書においては，☞**第2部 ❶**。
(注44)　三木・前掲（注9）66頁以下では，実体法上の権利行使阻止要件であることを前提にしつつも，立法技術的には既判力の拡張によって処理するほうが望ましい選択であったとし，「既判力に関する従来の議論や考え方を基礎にすべき」とされる。
(注45)　菱田・前掲（注25）98頁参照。
(注46)　もともと既判力は，訴訟物に対する判断が後の裁判所を拘束するという拘束力として作用するのであり，権利行使の阻止として作用するものではない。
(注47)　なお，訴訟物や既判力の範囲の議論自体も流動化していることを想起すべきであろう。例えば二重起訴禁止（民訴142条）の範囲は，かつては訴訟物の同一性と解されていた。ところが，近時はより実質的な考慮に基づく解釈が有力化している。三木浩一「重複訴訟論の再構築」法学研究68巻12号（1995）115頁以下など参照。既判力の客観的範囲や時的限界についても，信義則による拡張や基準時前に形成原因があった場合の遮断効などにおいて実質的な考慮に基づく解釈が判例学説において一般化している。

III　結びに代えて

　本稿では，消費者契約法12条および景品表示法並びに特定商取引法の規定に基づいて適格消費者団体に認められた差止請求権について，その訴訟物と既判力の客観的範囲を中心に検討した。

　本書の中で与えられたテーマは訴訟法上の問題点というものであり，実体権としての差止請求権の範囲や性質論には立ち入らなかったが，差止請求権の訴訟物の考え方を整理するとともに，差止請求訴訟における確定判決の効力を中心的に検討した。そこでは，差止請求認容判決が将来効を有することを手がかりとして，将来給付の確定判決と同様に，確定判決の効力の限界ないし変更可能性があることを論じた。また差止請求を棄却する確定判決の場合は，それが基準時における判断であることから，その後の事情の変動により同一条項の差止めを重ねて求めることは可能だが，基準時後の事由による変動がなければ，棄却判決の結論に拘束されるとした。

　はなはだ不十分な検討にすぎないが，差止請求訴訟に特有の不安定さを明らかにすることができた。このことは，基本的に個別紛争の解決手続である民事訴訟制度によって，消費者の集団的利益の擁護という一般的な結果を得ようとすることの制度的なズレが現れているようにも思われる。

第2部　集団的消費者被害救済制度の諸相

	終結日	原告	被告	結果	備考
【1-1-1】	京都地裁平成20・10・21	京都	大和観光開発	請求認諾	消費者契約法10条に基づく敷引き特約の差止めを認諾。
【1-1-2】	京都地判平成21・1・28	京都	大和観光開発	訴え却下	消費者契約法10条に基づく敷引き特約の意思表示を行うための事務を行わないよう指示するとの作為請求が、請求が特定されていないと判断され、訴え却下。
【2】	大阪地裁平成21・3・4	KCs	FORTRESS, JAPAN	裁判上の和解	消費者契約法4条1項1号、2項、3項2号に基づく監禁、不実告知、不利益事実の不告知、有利誤認行為の差止請求につき和解成立。その後、違反行為に対する違約金支払条項を執行するため、執行文付与の訴えを提起し、大阪地判平成21・5・31において、執行文の付与を命じる判決が下された。
【3-1】	京都地判平成21・4・23判時2055号123頁, 判タ1310号169頁	KCs	ニューファイナンス	一部認容・一部棄却	消費者契約法10条に基づく中途解約違約金条項Aは差止めの必要性が高いとして認容、Bは未使用で使用のおそれもないとして棄却。仮執行宣言に基づく間接強制決定は京都地決平成21・7・24。
【4】	平成21・4・28	COJ	総合資格	裁判外の和解	解約権制限および無返金特約を合理的理由のない解約制限に改訂。
【1-2】	大阪高判平成21・6・16	京都	大和観光開発	控訴棄却・予備的請求棄却	【1-1-2】判決のうち、「事務を行わない旨の指示」は特定されていないので、却下は相当。予備的に追加された書面配布義務付けは、問題の意思表示を行うおそれが主張立証されていないとして棄却した。
【5】	平成21・8・1	COJ	建築資料研究社	裁判外の和解	解約制限・無返金特約の使用中止につき合意。
【6-1】	京都地判平成21・9・30判時2068号134頁,	京都	長栄	一部認容・一部却	定額補修分担金条項の使用差止は認容したが、合意更新の際の差止めのおそれが認められず棄却。契約書雛形廃棄

	判タ1319号262頁			下，一部棄却	はその用紙が存在するとは認められず棄却，定額補修分担金を含む意思表示をする事務を行わないとの指示請求は不特定で却下，予備的追加による書面配布請求は必要性がないとして棄却．
【3-2】	大阪高判平成21・10・23WLJ（平成21年(ネ)1437号）	KCs	ニューファイナンス	控訴棄却	第1審判決【3-1】同様に，①早期完済違約金条項について消費者契約法10条に違反するとして差止めを認める一方，②期限の利益喪失による違約金条項については，差止めの必要性はないとした．②については単に今後条項を使用しないと表明したことだけでなく，貸金業法と出資法の改正により同社が契約変更を余儀なくされたとの経緯を重視している．この判決に対する被告の上告受理申立ては平成23年11月30日付けで不受理決定があり，確定した．
【6-2】	大阪高判平成22・3・26	京都	長栄	原告の控訴棄却，被告の控訴は一部認容	第1審【6-1】で却下された部分につき請求特定を認め，しかし請求は棄却した．なお，勝訴部分について間接強制申立てに対する認容決定が京都地決平成23・11・24として出されている．
【7】	神戸地裁平成22・4・19	兵庫	伊藤塾	裁判上の和解	解約制限・無返金特約を改訂する起訴前の和解成立．
【8】	さいたま地裁平成22・7・20	埼玉	杉山	裁判上の和解	着物レンタルのキャンセル料を定めた条項の使用差止め．
【9】	京都地裁平成22・7・28	京都	Plan・Do・See	裁判上の和解	結婚式のキャンセル料をモデル約款に準じて改訂する内容の和解成立．
【10-1】	神戸地判平成22・12・8	兵庫	JALツアーズ	請求棄却	クーポン利用の契約関係は被告との間にはなく，JALとの間にあるので，被告との間の契約は差し止められない．
【11】	札幌地裁平成23・2・25	ホクネット	バイアップ	請求認諾	中古車販売の解約料条項の使用差止めを，消費者契約法9条1号に反するも

355

					のとして認諾した。
【12】	平成23・4・1	COJ	カーチス	裁判外の和解	中古車買取りの違約金条項を実損実費の支払いに変更し，再査定規定を廃止する内容の和解が成立。
【13】	広島地裁平成23・6・3	広島	石谷衣裳店	裁判上の和解	貸衣装のキャンセル料条項使用差止めを請求し，合意。
【10-2】	大阪高判平成23・6・7	兵庫	JALツアーズ	控訴棄却	仮に被告・被控訴人と消費者との間の契約条項と見ることができるとしても，ポイントは旅行者に対する特典にすぎず，失効しても不当な利得とはならないとして，原判決【10-1】を維持した。
【14】	平成23・7・1	COJ	四谷学院	裁判外の和解	入学金不返還特約の削除と少人数制との広告を中止するよう申し入れ，削除については合意に至らず，広告中止について合意が成立した。
【15-1-1】	東京地裁平成23・9・22	COJ	三井ホームエステート	一部裁判外和解による取下げ	修繕費用賃借人負担，無催告解除，原状回復費用賃借人負担条項の使用差止めについて裁判外で合意し，訴え取下げ。その他の原状回復費用賃借人負担，更新料，明渡遅延損害の家賃2倍条項差止めについてはなお係属。
【16】	神戸地裁平成23・10・21	兵庫	東京法経学院	裁判上の和解	解約制限，不返還特約の使用差止めについて合意。
【17-1】	京都地判平成23・12・13判時2140号42頁，金判1387号48頁	京都	セレマ，らくらくクラブ	請求認容	冠婚葬祭の解約金条項使用差止め，契約書破棄，解約金条項を含む意思表示事務を行わないことと契約書の破棄とを指示する旨請求し，いずれも認容。
【18】	京都地判平成23・12・20資料版商事345号200頁	京都	JCI	請求認容	未公開株式の購入勧誘に際しての不実告知等を差し止める訴えで，被告の答弁書にはこれという答弁はないと記載されていたため擬制自白。
【19】	京都地判平成24・1・17WLJ平成22年(ワ)	京都	JSB	請求棄却	不動産賃貸借と仲介業務の被告に対し，更新料条項の使用差止めを求めたが，信義則に反するとはいえないとし

	4222号				て棄却された。家賃の2倍の更新料が信義則に反して無効となるかは具体的事例に即して判断される必要があり，一般的な差止めはできないとして棄却。
【20】	平成24・1・23	COJ	ワタミ	裁判外の和解	介護ホームの入居一時金について，契約解除に伴い年単位で償却するとの条項を使用しない旨合意したが，これを消費者契約法10条違反とするかどうかは合意されていない。
【21】	平成24・2・29	COJ	国際デンタルクリニック駒沢	裁判外の和解	前払い治療費等の不返還特約を使用しない旨と，その条項を記載した同意書の破棄とを合意した。
【22-1】	京都地判平成24・3・28判 時2150号60頁，金判1402号31頁（①事件）	京都	NTTドコモ	請求棄却	docomoのいわゆる2年縛り割引に付せられた途中解約違約金条項は不当だとの差止め請求に対し，その割引分の累積額平均を平均的損害とすると，約定違約金はそれより低いので，平均的損害を上回るとはいえないとした。
【15-1-2】	東京地判平成24・7・5判 時2173号135頁，判タ1387号343頁，金判1409号54頁	COJ	三井ホームエステート	請求棄却	更新料条項は，契約期間中の解除に伴う損害賠償の予定ではなく，違約金でもないとしたうえで，消費者契約法10条違反との主張に対しては以下のように判示した。「更新料支払条項は，一般的には賃貸借契約の要素を構成しない本件更新料の支払債務を特約により賃借人に負わせるという意味において，……任意規定の適用による場合に比し，消費者である賃借人の義務を加重するものに当たる。したがって，本件更新料支払条項は消費者契約法10条前段の要件を充足する」が，「本件更新料支払条項は，……更新料を支払うべきこと及びその金額の算定方法が契約書に一義的かつ

第2部　集団的消費者被害救済制度の諸相

					明確に記載されている上に……，賃貸借契約が更新される期間を2年間としつつ，一律に更新料の額を賃料の1か月分とするものであり，本件更新料の……額が高額に過ぎるものと認めることはできない。……から，上記特段の事情が存するとはいえない。……本件更新料支払条項は消費者契約法10条後段の要件を充足しない」 なお，本事件では契約終了から明渡しまでの期間に賃料相当額の倍額を賠償すべきとする条項についても，有効と判示した。
【23-1】	京都地判平成24・7・19判時2158号95頁，判タ1388号343頁，金判1402号55頁（②事件）	京都	KDDI	一部認容	AUのいわゆる2年縛り割引特約に付せられた途中解約の違約金条項を損害賠償の予定と認め，平均的損害は逸失利益を含むとの解釈のうえで，月ごとの解約によりいくらの平均的損害が生じるかを認定し，契約期間の最後の2か月間は，解約による逸失利益の平均を上回る違約金条項になっているとして，その部分に限り無効だとした。
【24】	大阪地判平成24・11・12判時2174号77頁，判タ1387号207頁，金判1407号14頁	KC's	明来	一部認容	賃貸借契約の賃借人に後見・保佐開始申立てがあったことを理由とする解除条項についてのみ差止めと契約書廃棄を認めたが，明渡しまでの賠償予定，督促手数料，クリーンナップ条項の差止請求は棄却された。
【25-1】	京都地判平成24・11・20判時2169号68頁，判タ1389号340頁	京都	ソフトバンクモバイル	請求棄却	携帯電話契約の2年縛り割引特約に付せられた途中解約の違約金条項差止請求に対して，平均的損害は2年縛り特約者の平均解約時期から契約期間満了までの月数に毎月の逸失利益平均を乗じた額とし，違約金はそれより低いので，平均的損害を上回るとはいえないとした。
【22-2】	大阪高判平成	京都	DOCO	控訴棄	第1審【22-1】同旨。

358

	24・12・7判 時2176号33頁,金判1409号40頁		MO	却	
【26】	大阪地裁平成24・12・20	KC's	日本セーフティ	裁判上の和解	家賃債務保証事業を目的とする日本セーフティーを被告とする求償権行使要件緩和,抗弁権制限,解除権付与,自力救済条項などの使用差止め請求訴訟において,請求を大筋で認める和解が成立した。
【27-1】	名古屋地判平成24・12・21判時2177号92頁	ACnet	モード学園	請求認容	AO入試,推薦入試および専願での一般・社会人入試について,その合格者が遅くとも2次募集の最終試験日までに解除した場合には,解除者の代わりの一定水準を持った入学者を通常容易に確保することができるのであるから平均的な損害は存しないと認め,2次募集の最終試験日までに解除された場合について本件学費を返還しないとする条項を消費者契約法9条1号に違反するとした。
【28】	平成24・12・25	COJ	プロネット	裁判外の和解	建築工事請負契約約款の中で,瑕疵担保責任の期間を短期に制限する条項,会社の損害賠償額を制限する条項が消費者契約法10条に反して無効だとし,着工日前の解除に請負代金の20%を違約金とする条項が同法9条1号に反するとの申入れについて,裁判外でほぼ全面的に認める和解が成立した。
【17-2】	大阪高判平成25・1・25判時2187号30頁	京都	セレマ／らくらくクラブ	一部変更,一部控訴棄却	互助契約途中解約の平均的損害は契約の締結および履行のために通常要する平均的な費用の額であり,それは現実に生じた費用ではなく「同種契約において通常要する必要経費の額を指すものというべきであり,ここでいう必要経費とは,契約の相手方である消費者に負担させることが正当化されるも

					の，すなわち，性質上個々の契約（消費者契約）との間において関連性が認められるものを意味するものと解するのが相当である」とした。
【29】	平成25・2・21	福岡	西日本シティ銀行	裁判外の和解	預金者が収納企業に代金を振り込む場合に，自らの銀行口座から収納企業の口座への自動振込みを可能とする特約について，その解約には収納企業を経由する必要があるとの条項を消費者契約法10条に反するとして是正せよとの申入れにつき，銀行に対する直接の意思表示で解約できる旨に変更するとの合意が裁判外で成立した。
【30】	平成25・3・13	福岡	福岡銀行	裁判外の和解	預金者が収納企業に代金を振り込む場合に，自らの銀行口座から収納企業の口座への自動振込みを可能とする特約について，その解約には収納企業を経由する必要があるとの条項を消費者契約法10条に反するとして是正せよとの申入れにつき，銀行に対する直接の意思表示で解約できる旨に変更するとの合意が裁判外で成立した。
【15-2】	東京高判平成25・3・28判時2188号57頁	COJ	三井ホームエステート	控訴棄却	更新料支払条項が，解約か更新かの「選択権の行使自体は賃借人の権利の行使であったとしても，それによって賃借人において賃貸借契約の継続を選択する利益が具体化するものであることには変わりはないから，その対価を支払うべき理由がないとはいえない」とした。また倍額賠償支払条項も有効との原判決【15-1-2】を支持した。
【31】	東京地裁平成25・3・29	埼玉	MR	裁判上の和解	信用調査業者の解約手数料の定めと調査期間中の報告をしないとする条項が，それぞれ消費者契約法9条1号と同法10条に反するとの訴えにおいて，請求をほぼ全面的に認める内容の和解が成立。

【23-2】	大阪高判平成25・3・29WLJ平成24年(ネ)2488号	京都	KDDI	第1審判決取消・請求棄却	2年縛り契約について原審【23-1】同様に逸失利益を平均的損害額に算入することとしたが，平均的損害の算定を各月ごとの解約により生じる損害ではなく，全期間を通じて平均的に解約が生じる時点から全期間を通じての逸失利益を平均して算定し，解約金条項は平均的損害を下回るとした。
【32-1】	京都地判平成25・4・26	京都	ベストブライダル	請求棄却	キャンセル料条項を消費者契約法9条1項違反とする訴えにつき，申込金不返還特約はキャンセル料の定めに当たるとしたが，平均的損害の算定方式は民法415条に基づき逸失利益から再販売可能性と出費を免れた額とを控除して算定するとし，平均実施金額から経費額および再販売填補利益額を控除し，キャンセル料条項の各解約時期において解約された場合の平均的損害額を算定した。その結果，平均的損害額を超えるキャンセル料とは認められないとした。
【33】	平成25・5・21	COJ	エステージ	裁判外の和解	建設工事請負契約書において，住宅ローン内定後の解約には請負代金の20%の違約金を支払うとの条項が消費者契約法9条1号に反するとの申入れに対し，これを認めて当該条項を使用しないとの合意が裁判外で成立した。
【25-2】	大阪高判平成25・7・11WLJ平成24年(ネ)3741号	京都	ソフトバンクモバイル	控訴棄却	原審【25-1】同旨。

適格消費者団体の略号：京都＝京都消費者契約ネットワーク／KCs＝消費者支援機構関西／COJ＝消費者機構日本／兵庫＝ひょうご消費者ネット／埼玉＝埼玉消費者被害をなくす会／ホクネット＝消費者支援ネット北海道／広島＝消費者ネット広島／AC-net＝あいち消費者被害防止ネットワーク（2013年より消費者被害防止ネットワーク東海）／福岡＝消費者支援機構福岡

第2部　集団的消費者被害救済制度の諸相

4　消費者裁判手続特例法に基づく請求・審理・裁判等に関する手続上の諸問題

京都大学教授　笠井正俊

I　本稿の趣旨

　消費者裁判手続特例法が2013年12月に成立し，公布された（平成25年法律第96号。「消費者裁判手続特例法」の略称については同法附則11条による改正後の消費者契約法13条5項1号に拠る。また，単に「法」ともいう）。

　この法律による裁判手続は，共通義務確認訴訟（法第2章第1節〔法3－11条〕）を1段階目の手続とし，対象債権の確定手続を2段階目の手続とする2段階手続の構造を有する。

　1段階目の共通義務確認訴訟では，特定適格消費者団体（法2条10号。認定につき法65条参照）が共通義務確認の訴えを提起し（法3条1項），裁判所がこれについて判決をする。共通義務確認の訴えとは，消費者契約に関して相当多数の消費者に生じた財産的被害について，事業者が，これらの消費者に対し，これらの消費者に共通する事実上および法律上の原因に基づき，個々の消費者の事情によりその金銭の支払請求に理由がない場合を除いて，金銭を支払う義務を負うべきことの確認を求める訴えである（法2条4号）。

　2段階目は，共通義務確認訴訟で請求認容判決が確定した場合等における対象債権の確定手続（法第2章第2節〔法12－55条〕）であり，まず，決定手続である簡易確定手続が進められ（同節第1款〔法12－51条〕），さらに同手続における簡易確定決定（法44条1項）に対する当事者等の異議申立て（法46条1項・2項）があれば判決手続である異議後の訴訟の手続（同節第2款〔法52－

4 消費者裁判手続特例法に基づく請求・審理・裁判等に関する手続上の諸問題

55条〕）に進む。

また，同法には，特定適格消費者団体のする仮差押えに関する規定が置かれている（法第2章第3節〔法56－59条〕）。さらに，債務名義や強制執行（および民事執行手続における配当要求）に関する規定として，法2条9号ロ・34条・42条5項・47条2項・59条といったものがある。

消費者裁判手続特例法による裁判手続に関しては，検討すべき種々の事項があるが，本稿は，まず，この手続の対象となる請求や損害にはどのようなものがあるかを確認し［→Ⅱ］，それを前提に，仮差押えの手続における被保全権利の主張と疎明［→Ⅲ］，共通義務確認訴訟における請求の趣旨と判決主文［→Ⅳ］，対象消費者や請求権の存在を巡る審理および判断に関する手続法上の特色［→Ⅴ］についてそれぞれ若干の検討を加える。表題では，それらをまとめて「請求・審理・裁判等に関する手続上の諸問題」としている。いずれも断片的で雑駁な検討にとどまるもので，現時点で条文を眺めて思い付くことを書き連ねるものにすぎないことをあらかじめお断りしておく。

Ⅱ　対象となる請求や損害

1　対象となる請求

消費者裁判手続特例法3条1項は，共通義務確認の訴えの対象となる請求として，事業者が消費者に対して負う金銭の支払義務であって，消費者契約に関する次の各号の請求（これらに附帯する利息，損害賠償，違約金または費用の請求を含む）を挙げる。すなわち，①契約上の債務の履行の請求（1号），②不当利得に係る請求（2号），③契約上の債務の不履行による損害賠償の請求（3号），④瑕疵担保責任に基づく損害賠償の請求（4号），⑤不法行為に基づく民法上の損害賠償の請求（5号）である。①や②も金銭支払義務に限られ，物の引渡請求は対象とならない。

そして，共通義務確認の訴えの被告は，①から④までの請求について消費者契約の相手方である事業者であり（法3条3項1号），⑤は消費者契約の相

手方である事業者のほか，その債務の履行をする事業者や消費者契約の締結の勧誘をする（自ら勧誘する者のほか，勧誘をさせ，または勧誘を助長する）事業者である（同項2号）。

　このように，消費者裁判手続特例法の対象となる請求は，これらの類型の請求であって，その相手方も消費者契約の直接の相手方である事業者または勧誘に関わった事業者に限られる。製造者，元売業者，卸売業者が消費者契約の直接の相手方でない場合は，それらの者に対する請求は対象とならない。ただし，製造者が消費者契約の締結の勧誘のために必要な物品を提供したり，勧誘の手法を具体的に指示ないし教示したりしていた場合には，当該製造者も「勧誘をさせ」または「勧誘を助長する」事業者に当たることがありうるであろう[注1]。

2　除外される損害

　消費者裁判手続特例法3条2項は，損害賠償請求（上記1の③から⑤まで）において対象となる損害の範囲から，①拡大損害（1号・3号），②得るはずであった履行利益に係る損害（2号・4号），③人の生命または身体を害されたことによる損害（5号）および④精神上の苦痛を受けたことによる損害（6号）を除いている。このことから，損害賠償請求の対象となる損害の額は，立案当局である消費者庁の説明によると，おおむね事業者が消費者から支払を受けた商品・役務の対価相当額にとどまり，実質的には，契約上の債務の履行の請求または不当利得に係る請求（上記1の①②）と同程度の請求となると考えられるとされる[注2]。

（注1）　勧誘の助長に関し，衆議院消費者問題に関する特別委員会（平成25年10月31日）会議録および参議院 消費者問題に関する特別委員会（同年11月27日）会議録（いずれも政府参考人・川口康裕消費者庁審議官の説明）参照。
（注2）　消費者庁「『集団的消費者被害回復に係る訴訟制度案』についての意見募集　主な意見の概要及び意見に対する考え方」（http://www.caa.go.jp/planning/pdf/130419_bessi.pdf）5頁。

3　多数性の要件・共通性の要件・支配性の要件

　共通義務確認の訴えは，相当多数^(注3)の消費者に共通する事実上および法律上の原因に基づいて生じた被害を対象としており（法1条・2条4号），これらの多数性の要件および共通性の要件を満たす事案でなければならない。

　また，消費者裁判手続特例法3条4項は，いわゆる支配性の要件^(注4)について定めており，「裁判所は，共通義務確認の訴えに係る請求を認容する判決をしたとしても，事案の性質，当該判決を前提とする簡易確定手続において予想される主張及び立証の内容その他の事情を考慮して，当該簡易確定手続において対象債権の存否及び内容を適切かつ迅速に判断することが困難であると認めるときは，共通義務確認の訴えの全部又は一部を却下することができる」とされる。共通性の要件と支配性の要件とは，性質上，考慮すべき要素に重なる部分があると思われるが，法は，共通性の要件があっても支配性の要件を欠く場合があることを前提に，これらが重畳的に満たされる必要があることを定めている。

　共通性の要件については，消費者庁の説明によると，個々の消費者の事業者に対する請求を基礎付ける事実関係がその主要部分において共通であり，かつ，その基本的な法的根拠が共通であることをいうとされる^(注5)。すなわち，共通性が認められる場合としては，例えば，次の①や②のような場合が考えられ，他方，共通性が認められない場合としては，例えば，②において，勧誘の内容が個々に異なる場合には，共通する事実上の原因があるとはいえないとされる。

(注3)　消費者庁の説明によると，「相当多数」かどうかは，訴えられた個別事案に即して，消費者被害の特徴や訴訟の効率性の観点を踏まえ，本制度を用いて被害回復を図ることが相当かどうかを念頭に裁判所が判断することとなり，人数について明示的な規律を設けることはできないが，一般的な事案では，数十人程度であれば対象になると考えられるとされる（消費者庁・前掲（注2）3頁）。
(注4)　加納克利＝松田知丈「『消費者裁判手続特例法案』について」ジュリ1461号（2013）57頁参照。
(注5)　消費者庁・前掲（注2）3頁参照。

① 約款に基づいて多数の契約がされている場合の約款の条項の有効性が問題となる事案（法的根拠は不当利得返還請求として共通，その請求を基礎付ける事実関係〔構成要件に該当する事実関係〕は，ⅰ当該条項を含む同じ契約を締結し，ⅱ当該契約に基づいて金員を支払い，ⅲ解約をした，等が共通）。

② 同一のパンフレットに基づく組織的な勧誘が行われた事案（法的構成は不法行為に基づく損害賠償請求として共通，その請求を基礎付ける事実関係は，ⅰ同一のパンフレットに基づき同様の勧誘をされⅱそれによって同じ契約を締結し，ⅲ当該契約に基づいて金員を支払った，等が共通）。

また，支配性の要件については，共通争点以外に個々の消費者との間で個別に問題となりうるような主要な争点がない，共通義務確認の認容判決が確定すれば対象債権の存在がほぼ決まることが想定できるといった場合には支配性が肯定され，他方，個々の消費者の損害や因果関係の有無等を判断するのに個々の消費者ごとに相当程度の審理を要する場合には支配性の要件を欠くものとされる[注6]。

4　想定される事案と対象とならない事案

以上を踏まえ，立案段階で検討対象として挙げられていた集団的消費者被害事案の例と分類[注7]を参考にしつつ，それらのそれぞれに関し，消費者裁判手続特例法に基づく共通義務確認訴訟の対象となりうるかどうかをみておく。

（注6）　衆議院消費者問題に関する特別委員会（2013年6月13日，同年10月30日，同月31日）会議録，参議院消費者問題に関する特別委員会（2013年11月27日）会議録，消費者庁・前掲（注2）4頁参照。これらによると，支配性の要件が欠ける例として，商品の不具合が瑕疵に当たることを確認したとしても個々の顧客の購入した商品に当該不具合があるかどうかの認定判断が困難な場合，損害保険金不払の事案で保険事故が生じているかどうかの認定判断が困難な場合等が挙げられている。
（注7）　集団的消費者被害救済制度研究会報告書（2010，消費者庁企画課）3頁および資料6参照。2011年の民事訴訟法学会大会のシンポジウムでも取り上げた（大村雅彦ほか「シンポジウム・消費者集合訴訟制度の可能性と課題」民訴58号〔2012〕83頁［笠井正俊］）。その他の具体例について，大髙友一「集団的消費者被害回復に係る新しい訴訟制度について」自正63巻11号（2012）37頁参照。

❹ 消費者裁判手続特例法に基づく請求・審理・裁判等に関する手続上の諸問題

①被害者の特定が比較的容易で，被害内容が定型的な事案として，ⅰ学納金返還請求^(注8)，ⅱ英会話教室等の特定継続的役務提供取引の解約時の前払受講料清算^(注9)，ⅲ個人情報流出（個別の損害が問題になれば次の②に分類），ⅳ虚偽の有価証券報告書開示等による証券被害，ⅴ商品販売等を仮装したねずみ講，和牛預託商法，投資商法，モニター商法等における悪質商法事案（事案の実情によっては，②から④までの他の類型に分類されうる），ⅵクレジットカードの利息過剰徴収（オーバーチャージ）事案等が挙げられる。

これらのうち，ⅰ，ⅱ，ⅵは，いずれも対象となりうる事案である^(注10)。ⅴは，各種のものがあり，それぞれ立証に困難な事項が生じうる可能性があるが［→Ⅴ］^(注11)，基本的には共通義務確認訴訟の対象となりうる類型と考えてよいであろう。他方，ⅲの個人情報流出事案は，精神的損害が除外されていること^(注12)，および，精神的損害以外の損害に関しても拡大損害であることまたは支配性が欠如することからして，対象とするのは難しい。ⅳの有価証券報告書が虚偽であることによる証券被害は，証券発行者と取得者との間に直接の契約がない限りは，対象とならない^(注13)。

次に，②被害者の特定は比較的容易であるが，被害内容の個別性が強い事案として，ⅶ悪質リフォーム等の商品役務の不当勧誘事案，ⅷ敷金返還請求事案などがある。これらも，被害内容の個別性の程度によって支配性の要件

(注8) 主に実体法上の事項に関して参照すべき判例として，最判平成18・11・27民集60巻9号3437頁。
(注9) 主に実体法上の事項に関して参照すべき判例として，最判平成19・4・3民集61巻3号967頁。
(注10) 他に，理事会の決議により据置期間が延長されたとして返還を拒絶されたゴルフ会員権の預り金の返還を契約上の債務の履行として請求する事案（参議院消費者問題に関する特別委員会〔平成25年11月27日〕会議録〔岡田広内閣府副大臣の答弁〕参照）などもありうる。
(注11) ⅴは，名目，方法等において種々の詐欺的ないし悪質な商法を含むもので，次々に新たな手口のものが現れうる。この種の事案では，被告の特定，被告の財産の特定・保全等に関しても問題を生じ，行政上の措置や刑事手続が先行しないと被害回復が難しいこともある。
(注12) 加納＝松田・前掲（注4）57頁参照。
(注13) 加納＝松田・前掲（注4）57頁参照。

367

を満たすかどうかが問題となりうるが，一概に対象外とされるわけではなく，事案によっては対象となると考えてよい[注14]。

また，③被害者の特定は困難であるが，被害内容は定型的な事案（ただし，損害額〔計算方法〕についての立証や認定が困難な事案もある）[→Ⅴ]として，⑨価格カルテル（独禁2条6項・3条の不当な取引制限）事案，⑩食品の製造方法等の偽装表示事案，⑪運賃の過剰徴収事案などがある。これらも，消費者と直接契約をした事業者を被告とする場合は対象となる。⑨の価格カルテルでは，小売業者のカルテルは対象となるが，消費者と直接契約のない元売業者や卸売業者のカルテルについては，これらの事業者を被告とすることはできないので，対象とするのが困難ということになろう（カルテルの事案における損害の認定に関し，Ⅴ3で言及する）。

他方，④被害者の特定が困難であり，被害内容の個別性が強いと思われる事案として，⑫薬害，食中毒，その他の製造物責任事案があるが，これらに関しては，拡大損害や人身損害が除外されること，被告が契約当事者や勧誘者等に限定されていること，製造物責任法を根拠にできないことといった諸点から（さらに，支配性の要件が欠ける場合も想定される），共通義務確認訴訟の対象とされうるのは，当該商品に瑕疵があることを理由とする販売業者（製造業者が直接の販売者であればこれも含まれる）に対する商品代金相当額の損害賠償または不当利得返還の請求の範囲にとどまることとなろう[注15]。

（注14） 最近問題となっているいわゆる「押し買い」（消費者側からみると畏怖・困惑等による不当に低額での所有物品の売却）のケース（事業者側のリストの有無によって被害者の特定の難度に違いが生ずる）なども，損害賠償請求として対象となりうる事案があろう（物品そのものの返還請求は対象外である）。

（注15） 消費者庁の説明では，製品が通常有すべき安全性を欠くことにより生じたいわゆる拡大損害に係る請求は対象から除外しているが，代わりの製品の取得や製品の修理に要する費用などに係る請求は，対象となりうるとされる（消費者庁・前掲（注2）6頁）。

Ⅲ　仮差押えの要件としての被保全権利の主張と疎明

　仮差押えの要件としての被保全権利に関し，消費者裁判手続特例法56条3項が「対象債権及び対象消費者の範囲並びに当該特定適格消費者団体が取得する可能性のある債務名義に係る対象債権の総額を明らかにすれば足りる」と定めていることの意味について検討しておく。この規定に関し，「保全の必要性を疎明する必要があること……について，民事保全法と取扱いを異にする特段の措置は設けていない」との説明がある[注16]。

　この規定の解釈に関しては，総額の表示と疎明について次のような2通りの理解がありうる。

① 　仮差押債権者（消費者団体）は，仮差押申立書に一定額の表示をすれば足り（例えば，5000万円とか5億円とか），そのような債権が存在すること，あるいは存在する可能性があることについて何らの疎明資料を提出しなくても，その金額通りの債権が存在しうることを前提にそれに対応した財産の仮差押命令を裁判所から得ることができる。

② 　法56条3項は，仮差押債権者（消費者団体）が対象債権や対象消費者の範囲と総額を示せば，具体的な個々の債権の発生原因や金額まで表示してそれらを個々に疎明することまでは必要ないことを定めたという意味での特則にとどまるもので，総額については，なぜそのような総額になるのかという根拠を示して疎明する必要がある。

　そして，結論としては，②のような理解をすべきであろう。仮差押債権者が担保を立てる（民保14条1項）としても，債権者が主張しただけの被保全債権額で仮差押えをすることには問題があり，これを許容する理由はない。債権者も「消費者契約に関して相当多数の消費者に生じた財産的被害」（法1条・2条4号）の存在を主張するのだから，被保全債権について何らかの根拠を示すことは可能であることを前提に考えるべきである。このように「総額」

（注16）　加納＝松田・前掲（注4）59頁（注11）。

についても，ただ主張するだけでは足りず，一定の疎明が必要となる[注17]。

具体的な主張や疎明としては，被害者である消費者の1人当たりの債権は（平均，あるいは，少なくとも）○○万円であり，被害者である消費者が少なくとも△△△人はいることから，一定の総額の対象債権の債務名義を取得する可能性があることを何らかの根拠をもって示すことが必要になろう。その疎明資料としては，例えば，事業者が作成し公表した契約者の人数や各人の契約金額に関する資料（事業者作成の広告やパンフレットに記載されていることがありうる），特定適格消費者団体が収集した被害の発生状況に関する情報，独立行政法人国民生活センターや地方公共団体が有する苦情相談に関する情報[注18]等に基づくことが考えられる[注19]。

もっとも，この場合の総額の疎明は，通常の仮差押えの被保全権利の疎明に比べて確からしさの程度がやや低くなると思われる。しかし，それは事柄の性質上やむを得ず，そのような趣旨も含めて法56条3項の特則を読むことができるであろう[注20]。

なお，被保全権利の疎明の問題とは離れるが，法59条は，仮差押えをした

(注17) 法律案の国会審議における政府側の説明も，これを前提にしている。衆議院消費者問題に関する特別委員会会議録（2003年6月13日の政府参考人・川口康裕消費者庁審議官の説明，同月20日の森雅子国務大臣の答弁，同年10月30日の森大臣の答弁および川口審議官の説明），参議院消費者問題に関する特別委員会会議録（同年12月3日の岡田広内閣府副大臣の答弁）参照。

(注18) 法91条1項は，国民生活センターや地方公共団体が，特定適格消費者団体の求めに応じ，被害回復関係業務を適切に遂行するために必要な限度で，消費生活に関する消費者と事業者との間に生じた苦情に係る相談に関する情報を提供することができると定めている。国民生活センターや各地の消費生活センターに寄せられた相談に関する情報は一定の役割を果たすものとみられる。

(注19) 前掲（注17）掲記の国会審議参照。

(注20) ところで，鈴木敦士「消費者裁判手続特例法案の概要」NBL 1016号（2014）40頁は，「団体が取得する可能性」の要件との関係で，2段階目への加入について7割とか6割とかの歩留まりを予測して被保全権利を定めるべきであるとする。しかし，加入の可能性を客観的に数値化して予測することは難しいし，現実的な可能性を考え出すとその数値はもっと低くなりかねない。逆に二重仮差押えのおそれがある場合を除くのみであれば，控除率3割というのは高すぎる。仮差押えの段階では，被害者全員が抽象的には加入の可能性があることを理論的な前提とすべきである。もっとも，そこでも指摘されているように，全額を被保全権利として仮差押えがされることは実際にはあまり想定できない。

特定適格消費者団体による執行段階での届出債権の平等取扱いについて定めているところ，この趣旨は，仮差押えが先行しない場合の強制執行でも，特定適格消費者団体が執行担当をする場合には，公平誠実義務（34条）を通じて妥当すると解すべきではなかろうか[注21]。

IV 共通義務確認訴訟における請求と判決主文
1 共通義務確認の訴えにおける請求の特定

消費者裁判手続特例法5条は，共通義務確認の訴えの訴状の記載事項として，対象債権および対象消費者の範囲を記載して請求の趣旨および原因を特定しなければならないことを定める。民事訴訟法133条2項2号によって要求される請求の特定の方法を共通義務確認の訴えに即して示すものと解される。

このように対象債権と対象消費者の範囲は，訴状に記載される請求の特定要因であるので，共通義務確認の訴えについての判決にも記載される（民訴253条1項1号・2号・2項）。請求の放棄・認諾・訴訟上の和解の調書（同法267条）についても同様である。2段階目の手続においても，簡易確定手続開始決定の決定書（法20条），裁判所による簡易確定手続開始の公告と通知（法22条1項2号・2項），簡易確定手続申立団体による通知・公告（法25条1項3号・26条）にそれぞれ記載されるとともに，相手方（事業者）が公表を要する事項（法27条・22条1項2号）でもあり，その情報開示義務（法28条1項）の範囲もこれによって画される。これらのことから，対象債権と対象消費者の範囲は，消費者にとって自分が対象消費者となりうるかを知るために必要な情報であるとともに，事業者にとっても，共通義務確認訴訟が係属した段階から，どの程度の金銭支払義務を負うことになるかを把握して防御方針を立て

（注21）　山本和彦「集団的消費者被害回復制度の理論的問題」小野秀誠ほか編・松本恒雄先生還暦記念『民事法の現代的課題』（商事法務，2012）111頁も参照。

るために必要な情報である。そのため，これらの判断が可能となる程度に客観的に特定されることが必要であるとされる[注22]。

そして，共通義務確認の訴えの訴状の対象債権と対象消費者の範囲の記載においては，対象消費者に関して共通の部分となる事業者の行為と義務を記載して特定するということになろう。例えば，上記Ⅱ3の共通性の要件に関して挙げられる事案では，特定の約款やパンフレットを挙示し，これらに基づいて被告と契約をして金銭を支払った消費者の不当利得返還請求権や不法行為に基づく損害賠償請求権として対象債権と対象消費者を特定することになろう（不当利得返還請求権の場合は契約に係る意思表示を取り消したことまで記載することになるが，不法行為に基づく損害賠償請求権の場合はそこまで記載する必要はない）。また，一定の期間に被告から一定の商品を購入した者の債務不履行に基づく損害賠償請求権（または瑕疵担保責任に基づく損害賠償請求権）という特定も考えられる。

2 共通義務を確認する判決主文の内容と争点に関する判断の記載

立案過程では，1段階目の手続での訴えは「共通争点について確認を求める訴え」（共通争点確認の訴え）であり，そこで確認を求める事項は，「多数の消費者に共通する事業者の行為の評価（法律関係又は事実関係）」であって「個々の対象消費者に帰属する請求権の責任原因を基礎付けるもの」とされ，「法律行為の有効性，事業者の加害行為の違法性及び故意・過失など，事業者の行為の法的評価について，確認を求めることができる」とされていたことがあった[注23]。

消費者裁判手続特例法において，1段階目の手続での訴えが，共通争点確

（注22）　2003年10月30日衆議院消費者問題に関する特別委員会会議録（川口康裕消費者庁審議官の説明）参照。そこでは，学納金返還請求事件の事案の対象消費者の範囲に関する例として，「平成24年3月1日から同月31日までに被告大学との間で在学契約を締結し，それに基づき金銭を支払った後，同日までに同契約の解除の意思表示をした者」という記載が挙げられている。

認の訴えではなく共通義務確認の訴えとされた理由について，立案担当者は，消費者紛争における共通争点が多種多様であることを踏まえつつ，相当多数の消費者と事業者との間の法律関係を端的に捉え，判決主文をより簡明なものとする観点から構成し直したものであると説明している[注24]。

このような観点からすると，共通義務確認の訴えの請求の趣旨および請求認容判決の主文はどのようなものとなるであろうか。一般的な訴訟では，給付の訴えが可能な場合にはその給付請求権そのものの確認を求める訴えは訴えの利益を欠くとされるのが通常であるので，このような給付義務の確認の訴え，とりわけ金銭支払義務について金額を特定せずに義務のみの確認を求める訴えの主文が意識的に論じられることはあまり多くない[注25]。

立案過程で論じられていた「共通争点確認の訴え」の請求の趣旨・認容判決の主文の例として，外国語会話教室の受講契約の受講料清算条項が特定商取引法（49条2項1号）に違反すると主張される事案を念頭に置いて，「被告が平成〇年〇月〇日以降受講者との間で締結している外国語会話教室の受講

(注23) 消費者委員会・集団的消費者被害救済制度専門調査会「集団的消費者被害救済制度専門調査会報告書」（2011年8月）11頁・13頁・18頁参照。

(注24) 加納克利＝松田知丈「集団的消費者被害回復に係る訴訟制度案について」NBL989号（2012）17頁参照。そこでは，例として，事業者が相当多数の消費者との間で締結する契約で使用している契約条項が無効であることにより不当利得返還義務を負う場合や，事業者が相当多数の消費者に対して不法行為をしたことにより損害賠償義務を負う場合等において，それらの義務を負うべきことを確認することが挙げられている。また，確認対象に関しては，鈴木・前掲（注20）34頁も参照。

(注25) ただし，最判平成11・1・21民集53巻1号1頁は，第1審での請求の趣旨が「原告が被告に対し，別紙物件目録記載の建物に関する賃貸借契約に基づき金320万円の保証金返還請求権を有することを確認する」であったのに対し，控訴審で，控訴人（第1審原告）がその請求につき，「被控訴人が保証金返還義務そのもの（その金額ではなく）を否定して争うので，控訴人と被控訴人との間で，控訴人が昭和56年3月9日に訴外Aと締結した原判決添付物件目録記載の建物の賃貸借契約に基づく保証金400万円について，同賃貸借契約が終了したときは，被控訴人は控訴人に対し，控訴人が被控訴人に対して負担する同賃貸借契約上の債務額（約定に基づく2割の償却を含む。）を控除した残額を返還すべき義務があるとの基本的な権利義務関係の確認を求めるものである」と釈明したことを受け，控訴審判決がその確認の利益を認め，最高裁もこれを支持したものであり，金額を明示しない給付請求権の確認判決の主文の例としても参考になるものと思われる。

契約中の，受講者が受講開始後に契約を解除した際の受講料の清算について定める約定が無効であることを確認する。」といったものが考えられた[注26]。

この例を，「共通義務確認の訴え」である場合を前提にして構成し直すと，「被告が平成○年○月○日以降受講者との間で締結している外国語会話教室の受講契約について，受講契約に基づき受講料を前払いし，受講開始後に契約を解除した受講者に対し，《契約を解除した際の受講料の清算について定める約定が無効であることにより》不当利得返還義務を負うべきことを確認する。」といったものになることが考えられる。ただし，義務の相手方である受講者に関する記載は，前記1のように「対象消費者」として別途記載されるので，「対象消費者に対し」ということでも足りよう。また，より厳密に，「個々の消費者の事情により義務を負わない場合を除いて」といった文言を挿入することも考えられる。

この例文のうち《 》内の記載の要否および適否は，判決の効力の範囲とも関係して問題となる。上記の立案担当者の考え方のように「法律関係を端的に捉え，判決主文をより簡明なものとする」という観点からは主文にこの《 》内のような記載はする必要がないし，また，訴訟物は不当利得返還義務であって，約定の無効は理由中の判断事項にすぎないので，主文に書くべきでないということにもなる[注27]。共通義務確認訴訟の判決は，独立の上訴ができる終局判決であり[注28]，確定判決の効力を定めた法9条の規定からしても，その確定判決の効力は既判力の性質を有するとみられる。そうすると，訴訟物である共通義務を端的に表す主文として，上記《 》内のような記載は不要ということになろう。

これに対しては，義務の特定のために，あるいは，消費者の2段階目の手続への参加をより容易にするために（法25条1項2号で共通義務確認訴訟の確

(注26)　大村ほか・前掲（注7）88頁［笠井］参照。
(注27)　他方で，前掲（注24）の通り，立案担当者の挙げる例では，契約条項が無効であることも主文に含みうるようにもみえる。
(注28)　2003年10月30日衆議院消費者問題に関する特別委員会議録（川口康裕消費者庁審議官の説明）参照。

定判決の内容が対象消費者への通知に記載される），共通義務確認訴訟では，給付訴訟とは異なり，裁判所が確認した事項をある程度詳しく主文に書くべきであり，このような《　》内のような記載もすべきであるとの考え方も成り立ちうる。立案過程では，１段階目の共通争点確認判決について既判力を有しない（手続内拘束力はある）中間的判決とする案も構想されたところ[注29]，その観点ができあがった法律でも残っているとすると（９条の特殊な判決効の範囲にそれが現れていると考えることもできる），民事訴訟法245条の中間判決に類似のものであるとして，争点に関する事項も主文に表すという考え方に傾くかもしれない。また，不法行為に基づく損害賠償請求では，故意や過失の内容等をあまり詳細に書くのは主文にふさわしくないが，不当利得返還請求では無効原因を記載しても簡潔で端的な主文は維持できるといった区別も考えられる。

　以上のように考え方としては複数の方向がありうるが，そもそも主文の書き方がどのようなものであるかは，理論的な問題というよりも実務慣行によるものであるという面があるので，どのような請求の趣旨と主文がよいかは一概に決めきれない。ここでは，中間判決的な意味合いをも考慮して，少なくとも上記の不当利得のような例では，主文の分かりやすさなどから，上記《　》内のような記載も主文に表すのがよいという考え方を採りたい。

　そして，主文にこうした争点についての判断を表すかどうかは別にして，被告である事業者の防御との関係，特に総額いくらくらいの支払義務を負うことになるかの予想を立てるという予見可能性を確保するという意味で[注30]，共通の争点となるような事項については，訴状において，対象債権および対象消費者の範囲の特定（法５条）に関連させて，法律構成に即してできるだけ具体的に記載すべきであろう。旧訴訟物理論に立っても，ある消

(注29)　前掲（注７）集団的消費者被害救済制度研究会報告書32頁参照。また，三木浩一「消費者集合訴訟制度の理論と課題」NBL 1016号（2014）48頁は，消費者裁判手続特例法案の１段階目の判決は中間判決的な要素を含んだ特殊な終局判決であるとする。
(注30)　山本・前掲（注21）98頁は，判決効の片面的拡張を許容するために，共通義務確認訴訟に内在する共通争点によって被告の予見可能性を確保するという共通争点の警告機能が重要であるとする。

費者契約の効力が否定されたことによる不当利得返還請求権について，無効原因や取消原因の実体法上の根拠によって訴訟物に違いは生じないが[注31]，具体的な無効原因や取消原因および取消しの意思表示について，共通の争点として訴状で主張する必要があるということになろう。このような主張が訴状に記載されていれば，共通義務確認訴訟の対象となる請求や損害の種類が上記Ⅱのように限定されていること，および，被告側は，自己の有する資料に基づいて総額が予測可能であることに照らして，被告の防御権を過度に害さないと考えられる。

　なお，共通義務確認訴訟の認容判決では，損害の算定方法まで示すことは想定されていない[注32]。しかし，主文にこれを表すかどうかは別にして，被告事業者に生ずる義務について，理由中の判断をも含めると，不当利得額の計算方法や損害額の計算方法がほぼ一律に決まる事案も多いと思われる。上記の外国語会話教室の清算条項に関するものもそうであろうし[注33]，大学の入学辞退者（在学契約の解除者）に対する被告（当該大学を設置する法人）の授業料の返還義務なども，請求の趣旨と判決主文自体を「被告は，被告との間で○○大学の△△年度の入学に係る在学契約をして同年度の授業料を被告に

(注31)　例えば，不当利得返還義務との関係で，無効原因が特定商取引法49条2項1号違反か民法90条違反か，取消原因が消費者契約法4条1項か特定商取引法9条の3第1項か民法96条1項か，また，無効を理由とするか取消しを理由とするかによって訴訟物に違いは生じない。共通の不当利得返還義務の確認訴訟において原告の敗訴判決が確定した場合に，特定適格消費者団体が後訴で別の原因を主張して同じ事業者の同じ消費者契約について共通の不当利得返還義務確認の訴えを提起しても，既判力によって遮断されるであろう。

(注32)　消費者庁・前掲（注2）4頁参照（「共通義務」に含まれないとされる）。なお，消費者委員会・集団的消費者被害救済制度専門調査会・前掲（注23）18頁では，「判決主文で明確にすることが可能であれば，事案によっては，損害算定の方法についても，確認を求めることができることとする」とされていた。

(注33)　上記のような共通義務確認の訴えの例について各対象消費者（事実審口頭弁論終結時またはその前の一定の時期までに当該受講契約を解除した受講者）の有する不当利得返還請求権の金額を考えるならば，①支払済みの受講料総額，②授業受講単価，③すでに受講した授業の回数，④解約手数料（約定かつ法定の範囲内），⑤すでに受領した清算金額に基づいて，①－（②×③＋④＋⑤）となるであろう。このようなことは，共通義務確認訴訟の請求認容判決の理由中に記載されることがありうるし，このような明示がされなくても，理由中の判断に基づいて計算方法は導けるであろう。

納付した者のうち△△年3月31日までに在学契約の解除をした者に対し，その不返還特約が無効であることにより，当該授業料相当額の返還義務を負うべきことを確認する。」[注34]といったものとすることが考えられよう。

V 対象消費者や請求権の存在を巡る審理および判断

1 対象消費者や請求権に関する情報や証拠の提出に関する仕組み

2段階目の手続でまず進められる簡易確定手続において，相手方は，対象消費者の氏名および住所または連絡先が記載された文書（電磁的記録を含む）を所持する場合に[注35]，届出期間中に簡易確定手続申立団体（法21条参照）がその開示を求めたときは，原則として[注36]，その開示を拒むことができない（法28条1項）。対象消費者の氏名および住所または連絡先が記載された部分以外の部分は除いて開示できる（同条2項）[注37]。裁判所は，簡易確定手続申立団体の申立てにより，情報開示命令を発する（法29条）。

これは，債権届出と簡易確定手続の追行を簡易確定手続申立団体に授権す

(注34) 立案過程（第10回集団的消費者被害救済制度専門調査会2011年5月27日・資料1）では，共通争点の確認であることを前提として，学納金の不返還特約の効力に関する主文例として，「①被告（大学）に平成○年度入学を希望し，学納金を納付したが，4月1日より前に入学を辞退した者と被告との間の在学契約における学納金不返還特約のうち授業料に係る部分は無効であることを確認する。②その余の請求を棄却する」という例が挙げられていた。②の棄却部分は，入学金に係る特約の部分が有効であることを示す趣旨と解される。
(注35) 相手方が第三者に情報管理を業務委託している場合であっても，相手方が文書を所持しているものと認められる（消費者庁・前掲（注2）12頁参照）。
(注36) 例外として，相手方が開示すべき文書の範囲を特定するために不相当な費用または時間を要するときは開示義務がない（法28条1項ただし書）。その例として，契約書または顧客リストに記載されている情報が乏しく，ばらばらに保管された膨大な別の資料と照合しなければ対象消費者が記載された文書であるか特定できないため，その照合作業に過大な費用および長時間を要する場合などが挙げられている（衆議院消費者問題に関する特別委員会〔2013年10月31日〕会議録［政府参考人・川口康裕消費者庁審議官の説明］）。

ること（法31条1項）ができるように対象消費者に当該団体が通知（法25条1項）をするためのものであり，権利主体であって手続上の権利を行使する者（訴訟であれば原告）となるべき者が特定できない場合に，相手方である事業者（訴訟であれば被告）からその者を特定して通知するための情報を求めるものである。具体的な権利の内容に関する部分（購入商品，支払額等）は開示対象から外されており（上記の法28条2項），本案に関する権利義務の立証のためのものではないので，民事訴訟法一般の文書提出義務・検証物提示義務では対象にならない情報を開示するための手続である[注38]。

簡易確定手続における各対象消費者の権利の具体的な内容（存否，金額等）の主張立証については，まずは権利者から授権を受けた申立団体が届出をし（法30条），相手方が認否をし（法42条），申立団体は，その認否を争うとき（法43条）には書証を提出することにより立証をすることになる（法45条1項）。権利の立証のための文書提出命令（民訴223条）や対照用物件提出命令（同法229条2項）は，簡易・迅速な審理を目指す簡易確定手続においてはすることができず（法45条2項），これらの提出命令が可能になるのは異議後の訴訟（法52条以下）になってからである。

以上の仕組みは，権利の存否について当事者間に争いがなければこれに基づいて裁判をし，争いがある場合には権利の存在を基礎づける事実の主張立証については権利者側が責任を負うという民事手続の基本原則を前提として，情報が過剰に開示・提出されることがないようにしつつ，各段階に応じて必要な情報や証拠が提出されうるようにするものであると評価できる。

2 対象消費者（被害者）の特定が困難な事案の取扱い

上記Ⅱ4で挙げた事案のうち③や④に分類した「被害者の特定が困難な事案」であっても，消費者裁判手続特例法の対象となりうるものがないわけではない。このような事案についての個別の消費者の特定や権利の立証につい

（注37） 個人情報保護のためであるとされる（山本・前掲（注21）93頁注19）。
（注38） 山本・前掲（注21）104頁参照。

❹ 消費者裁判手続特例法に基づく請求・審理・裁判等に関する手続上の諸問題

ては，どのような方法が考えられるか。

相手方（事業者）側で被害者（対象消費者）のリストを所持していれば，それに基づき前記1のような手続により対象消費者を特定し，かつ，その有する権利についても争いがなくなるか文書提出命令等によって立証をすることは可能である。例えば，インターネット，電話，郵便等を通じて申込みを受け付けて通信販売がされた場合などには，事業者側がリストを所持していることが一般的に想定できる。

しかし，そのようなリストの所持が期待できない場合はある。一部の対象消費者（例として予約客，宅配先）は特定できるが，残部の対象消費者は容易には特定できないといった事案もありうる。事業者側からの提出が期待できない事案では，共通義務は肯定しうることを前提に，あとは，個々の消費者の授権・届出と立証（例：領収証，役務の提供を受けた際の写真，製品の所持等）次第ということにならざるを得ない[注39]。

3　損害額の立証と認定

損害賠償請求における損害額の立証や認定に関しては，消費者裁判手続特例法の対象となる請求において，通常の不法行為または債務不履行に基づく損害賠償請求訴訟における損害額の立証や認定と特に異なる考慮をする必要はないと思われる。利益剥奪的な損害賠償を認める特段の規定はないし，かえって，前記Ⅱ2のように対象となる損害の範囲は限定されており，おおむね事業者が消費者から支払を受けた商品・役務の対価相当額にとどまることになると想定されることから，立証や認定に性質上の困難はなさそうである。

ただし，民事訴訟法248条（同条は法50条で簡易確定手続にも準用される）の適用可能性が問題となるような事案がないわけではなく，例えば，小売業者の価格カルテルによって消費者が高い対価を支払わされたことによる損害賠

(注39)　証拠方法に関し，参議院消費者問題に関する特別委員会（平成25年12月3日）会議録参照。

償請求事案などが考えられる。このような事案では，カルテルがなければ設定されたであろう想定価格とカルテルによって高く設定された対価との差額が損害ということになる。想定価格はカルテル直前の競争状態の際の一般的な価格であるとして，民事訴訟法248条を適用しなくても損害額を立証・認定できる事案もありうるが，このような立証・認定が極めて困難である場合には，カルテルによって対価が高くなっているので損害は認められ，カルテルがなかった場合に想定される対価の立証はその性質上極めて困難であるとして，同条の適用を認める余地があろう[注40]。

(注40) 公共工事の入札に際しての談合によって地方公共団体が被った損害について，同条の適用を認めた裁判例があり（名古屋地判平成13・9・7判時1788号9頁①事件・②事件，東京地判平成18・4・28判時1944号86頁等），これらは，談合がなかったと仮定した場合の想定落札価格の認定が極めて困難であることから，要件を満たすとするものである。石油元売業者のカルテルの事案に関する最判平成元・12・8民集43巻11号1259頁は損害の発生自体を否定したが，一般的に著しい物価上昇等があった時期の問題を取り扱った特殊な事例であるとも評価できるので，カルテルによって消費者が損害を被ったことを認めるべき事案がありうることは否定できないであろう。

5 消費者裁判手続特例法の当事者適格の観点からの分析

神戸大学教授 八田卓也

I 考察の対象

　本稿の目的は、消費者裁判手続特例法（以下、「法」という）により規律される被害回復裁判手続のうちの債務名義の取得に至るまでの手続（共通義務確認訴訟、簡易確定手続および異議後の訴訟。以下、「消費者被害回復訴訟」と呼ぶ）を、消費者側での手続追行主体の当事者適格[注1]の観点から考察することである。

　被害回復裁判手続は、消費者契約に関して相当多数の消費者に生じた財産的被害を集団的に回復することを目的とする手続である（法1条参照）。したがって、背景に何らかの消費者一般に帰属する集団的に利益が観念できるにせよ、消費者被害回復訴訟が対象とするのは個々の消費者に帰属する損害賠償請求権（またはその前提としての共通原因[注2]）であり、本稿が考察の対象とするのも、かかる損害賠償請求権（またはその前提としての共通原因）についての当事者適格である。外国の立法例には加害企業が得た不法な利益をすべて吐き出させる「利益剥奪請求権」を創設するもの（ドイツ法）や[注3]、

（注1）　当該手続の具体的審判対象との関係で、当該手続を追行する資格。簡易確定手続は決定手続であるので、正確には手続追行適格と呼ぶべきかもしれないが、ここでは簡易確定手続におけるものも含めて当事者適格という呼称を用いることとする。
（注2）　本稿では、法2条4号にいう「〔被害を受けた〕消費者に共通する事実上及び法律上の原因」（括弧括弧内は引用者による）のことを、共通原因と呼ぶ。
（注3）　高田昌宏「団体訴訟の機能拡大に関する覚書き——ドイツ法における近時の展開を手がかりとして」高田裕成ほか編・福永有利先生古稀記念『企業紛争と民事手続法理論』（商事法務、2005）54頁以下、宗田貴行『団体訴訟の新展開』（慶應義塾大学出版会、2006）71頁以下ほか。

個々の被害者とは別に集団としての消費者にも「被害」が生じたという前提に立ち，集団としての消費者による損害賠償請求権を創設したりするもの（フランス法，ギリシャ法）[注4]もあるが，かかる手続は考察の対象外である。

以下，まず法の立場を確認し［→Ⅱ］，民事訴訟法の一般論に従った当事者適格の構成を整理したうえで［→Ⅲ］，法の立場について検討し［→Ⅳ］，最後に私見としての試案を提示する［→Ⅴ］。

なお，本稿の前提として，いくつかの用語について整理をしておく。まず，消費者とは，「個人（事業を行う場合におけるものを除く。）」をいう（法2条1号）。次に，「共通義務確認の訴えの被告とされた事業者に対する金銭の支払請求権であって，前号〔法2条4号〕に規定する義務に係るもの」を「対象債権」という（同条5号。拮抗括弧内は引用者）。そして，消費者のうち「対象債権を有する消費者」を，「対象消費者」という（同条6号）。その他の用語については，今後の行論の過程で出てくる中で，適宜定義を確認する。

Ⅱ　法の立場

まず，法の立場を概観する。

1　手続の構造

消費者被害回復訴訟は手続全体の構造としては，2段階構成をとっている。第1段階は，「消費者契約に関して相当多数の消費者に生じた財産的被害について，事業者が，これらの消費者に対し，これらの消費者に共通する事実上及び法律上の原因に基づき，個々の消費者の事情によりその金銭の支払請求に理由がない場合を除いて，金銭を支払う義務を負うべきことの確認を求める訴え」（法2条4号）であり，共通義務確認の訴えと呼称されている。第2段階は，「共通義務確認の訴えに係る訴訟（以下「共通義務確認訴訟」と

（注4）　高田・前掲（注3）59頁以下。

いう。）の結果を前提として，この法律の規定による裁判所に対する債権届出に基づき，相手方が認否をし，その認否を争う旨の申出がない場合はその認否により，その認否を争う旨の申出がある場合は裁判所の決定により，対象債権の存否及び内容を確定する裁判手続」（法2条7号。「簡易確定手続」と呼称されている）と，「簡易確定手続における対象債権の存否及び内容を確定する決定（以下「簡易確定決定」という。）に対して適法な異議の申立てがあった後の当該請求に係る訴訟」（同条8号。「異議後の訴訟」と呼称されている）から構成されている。共通義務確認訴訟と異議後の訴訟においては，法による特則がない限りは民事訴訟法が適用になる[注5]。

2 対象事案

法による手続の対象となる適格を有する請求権は，消費者契約に関する履行請求，債務不履行責任・瑕疵担保責任の追及，不当利得返還請求，不法行為に基づく損害賠償請求を内容とする請求権である（法3条1項各号）。ただし，拡大損害，逸失利益，身体・生命損害，精神的損害は除かれている[注6]（同条2項各号）。

団体差止請求訴訟の対象適格との関係を整理すると，団体差止請求訴訟による差止めの対象適格を有するのは，重要事項についての虚偽の通知（不利益事実の非通知）・断定的判断の提供・契約の勧誘に当たり消費者の住居から退去しないことまたは勧誘場所から退去させないこと（以上，消費契約4条1項－3項），損害賠償義務（債務不履行・不法行為・瑕疵担保）免除特約・違約金条項・消費者の利益を一方的に害する条項（以上，同法8条－9条）等である。このうち，損害賠償義務特約や違約金条項の差止請求ができるということは，適切な賠償がなされることに対する消費者の利益が保護されているということであり，法の対象も，基本的に，従前の法下で適格消費者団体が

[注5] 異議後の訴訟につき，加納克利＝松田知丈「『消費者裁判手続特例法案』について」ジュリ1461号（2013）59頁。
[注6] したがって異議後の訴訟は明示的一部請求訴訟になり，異議後の訴訟落着後に残部を対象消費者が訴求した場合には，明示的一部請求後の残部請求の理屈が妥当しようか。

代表する利益の範囲内ということができるように思われる。

3　当事者適格

第1段階・第2段階の各手続を追行しうる主体に関しては，以下のように規律されている。

(1)　共通義務確認訴訟

第1段階の共通義務確認訴訟の当事者適格を有するのは，特定適格消費者団体のみである。特定適格消費者団体とは，「被害回復裁判手続を追行するのに必要な適格性を有する法人である適格消費者団体（消費者契約法〔平成12年法律第61号〕第2条第4項に規定する適格消費者団体をいう。以下同じ。）として第65条の定めるところにより内閣総理大臣の認定を受けた者」（法2条10号）をいう。団体差止請求訴訟の追行資格を有する適格消費者団体からさらに絞る，という構成であり，団体差止請求訴訟追行有資格者・消費者被害回復訴訟追行有資格者をそれぞれくくり出すというのでも，消費者被害回復訴訟の追行資格を有する団体から団体差止請求訴訟の追行有資格者をさらに絞るというのでも，ない。

適格消費者団体からの特定適格消費者団体の限定は，以下によりなされる。

① 　差止請求関係業務の適正実施経験（法65条4項1号）の要求
② 　被害回復関係業務（情報管理・秘密保持・金銭その他の財産管理を含む）の適正実施体制・専門知識・経理的基盤の要求（法65条4項2号・4号・5号）
③ 　理事の1名以上が弁護士であることの要求（法65条4項3号ロ）

対象消費者は，第1段階の訴訟に対して補助参加をすることができない（法8条）。法8条にいう補助参加は共同訴訟の補助参加を含むと考えられ，かつ，その他の参加形態（共同訴訟参加・独立当事者参加）を対象消費者が利用することは民事訴訟法の一般的理論枠組みに従い不可能だと考えられるので，結局対象消費者が手続追行主体的な立場で第1段階訴訟に関与することは法により予定されていない。

(2)　簡易確定手続および異議後の訴訟

第2段階のうち，簡易確定手続の追行資格を有するのは，第1段階の共通

5 消費者裁判手続特例法の当事者適格の観点からの分析

義務確認訴訟を追行した特定適格消費者団体（正確には，共通義務確認訴訟の終了時に当事者であった特定適格消費者団体。法12条）のみである（申立てについて同条。債権届出について法30条1項。なお，特定適格消費者団体による簡易確定手続の申立ては義務的である。法14条）。第1段階の共通義務確認訴訟終了時に当事者となっていた特定適格消費者団体が複数いる場合は，いずれの特定適格消費者団体も申立義務を負うが，申立てに基づき簡易確定手続開始決定が出された場合には，それ以降それまでに申立てをしなかった特定適格消費者団体はもはや申立てをすることができなくなる（法23条）。対象債権の届出には対象消費者による授権が必要である（法31条1項）。授権の取消しがあった場合には，届出が取り下げられたものとみなされる（同条3項・6項）。対象消費者は，自己の債権であっても自ら届出をして簡易確定手続を追行することはできない。強制された任意的訴訟担当だと言われる[注7]。これに対応し，特定適格消費者団体は，正当な理由があるときを除いて届出の授権を拒否できないとされる（法53条4項・5項）。

　第2段階のうちの異議後の訴訟の追行資格を有するのは，債権確定決定に対して異議を申し立てた者であり，かかる異議申立者としては，債権届出をした特定適格消費者団体[注8]または届出消費者[注9]がありうる（法52条1項）。債権届出団体が異議後の訴訟を追行するには，届出消費者による授権が必要である（法53条1項）。授権が事後的に取り消された場合には，届出消費者が当事者となる（同条8項・9項・31条3項，民訴58条2項・124条1項6号，法53条3項）。届出消費者が自ら異議を申し立てた場合，事後的に債権届出団体に訴訟追行の授権をすることは認められていない（同項）。異議後の訴訟を追行する届出消費者が複数いる場合，そのうちの一部の届出消費者を選定当事者として選定することは可能である（法第2章第2款「異議後の訴訟に係る民事訴訟手続の特例」における民事訴訟法30条適用の非排除。法50条における簡易

(注7)　山本和彦「集団的消費者被害回復制度の理論的問題」小野秀誠ほか編・松本恒雄先生還暦記念『民事法の現代的課題』（商事法務，2012）106頁。
(注8)　「債権届出団体」という。法31条7項。
(注9)　その債権が届け出られた対象消費者をいう。法30条2項1号。

確定手続に対する民事訴訟法30条の準用否定と対比されたい)。

具体的には以下の場合に選定当事者による訴訟が成立する。

① 異議後の訴訟を追行する届出消費者が複数いる場合に，そのうちの一部の届出消費者を選定当事者として選定した場合（民訴30条1項）
② 債権届出団体が異議を述べた債権を有する届出消費者が債権届出団体ではなく異議後の訴訟の当事者適格を有する届出消費者に授権をした場合（民訴30条3項）
③ 債権届出団体に異議後の訴訟の追行の授権をした届出消費者がその授権を取り消したうえで異議後の訴訟の当事者適格を有する届出消費者にあらためて授権をした場合（民訴30条3項）
④ 債権届出団体が特定適格消費者団体としての資格を失ったのを受けて当該債権届出団体に異議後の訴訟の追行の授権をしていた届出消費者が異議後の訴訟の当事者適格を有する届出消費者にあらためて授権をした場合（法53条9項，民訴124条1項6号。民訴30条3項）[注10]

(3) その他

以上のほか，特定適格消費者団体が第1段階の手続・第2段階の手続を追行する場合，そのいずれにおいても，弁護士強制の規律が妥当する（法77条）。

III 当事者適格の構成

1 当事者適格に関する一般論

次に，消費者被害回復訴訟の当事者適格を検討する準備作業として，まず，当事者適格に関する一般論を整理しておきたい。当事者適格については，以下のように整理するのが全体の見通しをよくするように思われる。

(注10) なお，この場合は，法53条2項の規定にかかわらず，当該対象債権を届け出た特定適格消費者団体以外の特定適格消費者団体で異議後の訴訟の当事者となっているものがあれば，これに対する訴訟追行の授権が可能であろうか。法53条9項，民訴124条1項6号参照。

5 消費者裁判手続特例法の当事者適格の観点からの分析

　まず，給付訴訟・確認訴訟を問わず，(A)本来的に当事者適格を有する者（本来の当事者適格者）として，①訴訟物たる権利の「権利帰属主体」，②「第三者の権利について訴えを提起する固有の利益を有する者」の２種類の者が存在し，さらに(B)本来の当事者適格者に代わる当事者適格者として③「訴訟担当者」が存在し，全体として３種類の当事者適格の構成が存在する。

　本来の当事者適格者のうち，①権利帰属主体が訴訟を追行する場合というのは，その訴訟追行主体（当事者）自身の権利・義務が訴訟物に設定されて訴訟が追行される場合である。この場合を以下，「権利主体構成」という(注11)。

　次いで，②第三者の権利について訴えを提起する固有の利益を有する者が訴訟を追行する場合というのは，当該訴訟追行主体（当事者）から見れば第三者の権利義務関係が訴訟物に設定されて訴訟が追行される場合であり，かつ，そのうち当該訴訟の帰結としての確定判決の既判力が訴訟物たる権利義務関係の帰属主体たる第三者に及ばない場合である。以下，この場合を「固有適格構成」という(注12)。

　特に給付訴訟では，以上の二者のうち①の権利帰属主体が当事者適格を有

（注11）　本稿にいう①の権利主体構成と②の固有適格構成を合わせたものを固有適格構成と整理する考え方（すなわち，本稿にいう本来の当事者適格者を固有適格に基づく当事者適格者と位置付ける整理の仕方。具体的には，権利能力なき社団に当事者能力が認められる場合に，当該事案限りで権利帰属性を認める考え方〔兼子一『新修民事訴訟法体系〔増訂版〕』（酒井書店，1965）111頁，新堂幸司『新民事訴訟法〔第５版〕』（弘文堂，2011）150頁ほか〕を固有適格構成と位置付ける。名津井吉裕「法人でない団体の当事者適格の訴訟担当構成について」民訴55号（2009）202頁，名津井吉裕「法人でない社団の当事者能力における財産的独立性(1)」民商144巻４・５号（2011）501頁注57。山本克己「入会地管理団体の当事者能力・原告適格」法教305号（2006）110頁以下，山本克己「新信託法における当事者適格論」法学論叢166巻５号（2010）２頁も，同じ用語法によっている）。固有適格構成の嚆矢といえる福永有利『民事訴訟当事者論』（有斐閣，2004）126頁以下（初出・1974）が基礎とする考察は，訴訟物たる権利関係の帰属主体であるかそうでないかを問わず，訴訟追行に対して固有の利益を有するか否かが当事者適格の第１の判断基準となるというものであり，権利主体構成を固有適格構成に含めるほうがこの福永説の基礎となる考え方とは整合的かもしれないが，福永論文全体を貫く問題意識は，権利帰属主体以外の第三者の訴訟当事者適格をどう基礎付けるか，というものであると考えられ，この問題意識には権利主体構成と区別された概念として固有適格構成を組成するのが適合的であると考えられる。本稿はもっぱら後者を重視する考えから，権利主体構成と区別されたものとして固有適格構成という概念を用いることとする。

するのが原則であるとされている。

本来の当事者適格者に代わる当事者適格者たる③「訴訟担当者」が訴訟を追行する場合というのは，当該訴訟担当者が，上記①または②の者を被担当者として，これに代わり，当事者として訴訟を追行する場合である。訴訟物は，訴訟担当者にとっては第三者の権利義務関係となる（①を被担当者とする場合には，被担当者の権利義務関係である。②を被担当者とする場合には，担当者にとっても被担当者にとっても第三者の権利義務関係である(注13)）。当該訴訟の帰結としての確定判決の既判力は，被担当者である①または②の者に対して及ぶ（民訴115条1項2号。②の者が被担当者となる場合には，訴訟物たる権利関係の主体には既判力は及ばない）。

2 権利帰属主体以外の第三者に当事者適格を認める構成と，その正当化のために必要となる要素

特に給付訴訟では権利主体構成が原則だとすると，訴訟物たる権利の帰属主体以外の第三者に当事者適格が認められる固有適格構成・訴訟担当構成は特別な場合ということになる。すなわち，いかなる場合にそれが正当化されるかが問題となる。これまでの伝統的な議論では，これは第三者による訴訟追行を認めた場合に生じる不利益をどう正当化するか，という観点から整理されてきたと思われる。

(1) 第三者による訴訟追行を認めた場合に生じる不利益

「第三者による訴訟追行」による不利益として想定可能なものとしては，ま

(注12) 確認訴訟については，かなり以前より，第三者の権利関係についての確認の訴えが適法であることが承認されている。新堂幸司＝福永有利編『注釈民事訴訟法(5)』（有斐閣，1998）66頁〔福永有利〕，高橋宏志『重点講義民事訴訟法(上)〔第2版補訂版〕』（有斐閣，2013）373頁，新堂・前掲（注11）277頁，伊藤眞『民事訴訟法〔第4版〕』（有斐閣，2011）174頁。給付訴訟については，福永・前掲（注11）126頁以下による指摘に始まる。
(注13) 厳密には，②の者が，訴訟担当者（③の者）の権利義務関係について訴訟追行する利益を有し，そして訴訟担当者が②の者に代わって当事者になる場合もありえ，その場合には，結局訴訟担当者は，自らの権利を訴訟物として訴訟を追行することになる。この場合，訴訟の結果としての確定判決の既判力が②の者にも民事訴訟法115条1項2号を介して及ぶ点で，①の権利主体構成とは異なる。

ず,「権利帰属主体」にとっての不利益として,ⓐ第三者による権利行使自体,ⓑ第三者による権利処分類似の効果の発生(注14)が考えられる。また,「相手方」にとっての不利益として,ⓒ権利行使主体が権利帰属主体から第三者に変化すること,ⓓ多重応訴の負担(注15)が考えられる。

(2) 第三者による訴訟追行正当化の仕組み

以上を踏まえると,第三者による訴訟追行はどのような場合に正当化されるか。

固有適格構成では権利帰属主体に既判力が及ばないことから,生じる不利益は権利帰属主体にとってのⓐの不利益,相手方にとってのⓒⓓの不利益である。そして,これら(そのうち特にⓓの相手方の多重応訴の負担が伝統的に重視されてきた)を正当化する事由としては,㋐【権利帰属主体以外の者にとっての権利実現に対する利益】ないし㋐+㋑【被告による権利帰属主体引込み可能性の保障】が挙げられてきた。

訴訟担当構成では権利帰属主体に既判力が及ぶことから,生じる不利益は,「権利帰属主体」にとってのⓐⓑの不利益,「相手方」にとってのⓒの不利益である。そして,これら(そのうち特にⓑの権利帰属主体にとっての権利処分の不利益が重視されてきた)を正当化する事由として,㋐【権利帰属主体以外の者にとっての権利実現に対する利益】,㋒【訴訟物たる権利関係についての担当者の管理処分権】,㋓【担当者による権利帰属主体の利益代表性または権利帰属主体の利益保護のメカニズム】,㋔【権利帰属主体による権利行使や参加の機会の保障】,㋕【権利帰属主体による訴訟担当者に対する訴訟追行の授権】が挙げられ,そのさまざまな組合せによって訴訟担当構成は正当化されてきた。例えば㋒【訴訟物たる権利関係についての担当者の管理処分権】は単独で法定訴訟担当を正当化し(注16),㋓【担当者による権利帰属主体の利益代表性または権利帰属主体の利益保護のメカニズム】と㋕【権利帰属主体

(注14) 当事者たる第三者の追行した訴訟の敗訴判決の既判力が権利帰属主体にも及ぶ場合にこの不利益が問題となる。
(注15) 当事者たる第三者の追行した訴訟の敗訴判決の既判力が権利帰属主体に及ばない場合にこの不利益が問題となる。

による訴訟担当者に対する訴訟追行の授権^(注17)】が合わさって任意的訴訟担当を正当化する，という具合である^(注18)。㋐【権利帰属主体以外の者の利益】が訴訟担当の正当化事由の軸になる場合も多い。ただし③訴訟担当構成では，㋐【権利帰属主体以外の者の利益】は単独では第三者による訴訟追行を正当化せず，他と合わさって訴訟担当の正当化事由となると考えられている。具体的には，㋓【利益代表性】や，㋔【権利行使等の機会の保障】との組合せである。特に，㋐【権利帰属主体以外の者にとっての権利実現に対する利益】が相対的に弱い場合には，㋓【利益代表性】と㋔【権利行使等の機会の保障】の双方と合わさることにより訴訟担当を正当化してきた^(注19)。

(3) オプトアウト型手続の位置付け

立案の過程ではオプトアウト型訴訟担当の手続（権利帰属主体によるオプトアウトを認める訴訟担当構成）も候補として検討された。そのため，オプトアウト型が伝統的な民事訴訟理論の中にどう位置付けられるかもここで検討しておきたい。

オプトアウト型訴訟担当構成は訴訟担当であるから，それを認めることによって問題となる不利益は，「本人」にとってのⓐⓑ，「相手方」にとっての

(注16) 破産管財人，海難救助料支払訴訟における船長（商811条），遺言執行者（特定物遺贈・特定財産を「相続させる旨の遺言」の場合を除く）が立法による具体例である。入会団体構成員帰属の総有権についての入会団体による訴訟追行（最判平成6・5・31民集48巻4号1065頁）が，判例が解釈により認める具体例である。
(注17) この授権は，権利帰属主体と担当者間の実体関係により擬制される場合がある。授権の擬制については，堀野出「任意的訴訟担当の意義と機能(1)(2・完)」民商120巻1号（1999）34頁以下・2号（1999）263頁以下を参照。
(注18) 山本克己「民法上の組合の訴訟上の地位(1)――業務執行組合員による任意的訴訟担当」法教286号（2004）79頁。
(注19) 債権者代位訴訟についての新堂説（新堂・前掲（注11）292頁注1），池田説（池田辰夫『債権者代位訴訟の構造』〔信山社，1995〕）が［㋐＋㋔］により訴訟担当が正当化される具体例である。株主代表訴訟（会社847条）は［㋐＋㋓＋㋔］の具体例といえる。人事訴訟において本来の適格者の死亡後にその者に代わって当事者となる検察官（人訴12条3項）も，［㋐＋㋓＋㋔］の具体例といえようか。特定物遺贈・特定財産を「相続させる旨の遺言」の場合における遺言執行者は，法定訴訟担当構成をとる限り［㋐（被相続人の？）＋㋓（被相続人による相続人の利益代表性）＋㋔（被相続人による遺言執行者に対する訴訟追行の授権）］により正当化されるものと思われる。

5 消費者裁判手続特例法の当事者適格の観点からの分析

ⓒの不利益である。

では，オプトアウト型訴訟担当のもつ意義は何か。オプトアウト構成は，権利帰属主体の権利行使に対する積極的意思が確認できなくても第三者が権利行使できることを意味する。その理由の説明としては，1つはパターナリズムが考えられるが，これは権利帰属主体にオプトアウトを認めることと整合しない。もう1つ考えられるのは，権利実現に対する権利帰属主体以外の者にとっての利益の保護であり，本稿筆者はこちらで説明するのが相当だろうと考える。このように説明すれば，伝統的な民事訴訟法理論の中にオプトアウト型訴訟担当をそれほどフリクションなく位置付けることが可能なのではなかろうか。

この枠組みにおいて，権利帰属主体にオプトアウトという選択を認めることには，その上記の権利帰属主体以外の第三者の利益と，これと対立する第三者に勝手な権利行使[権利実現＋権利処分]をされないことに対する権利帰属主体にとっての利益との間の調整原理としての機能が期待されているといえる。

なお，オプトアウト型が任意的訴訟担当か法定訴訟担当か，という議論がある。以上のような考察からは，権利帰属主体による権利行使の容易化に尽きるオプトイン構成との間にはそのもつ意義において相当の径庭があることから，オプトアウト型を任意的訴訟担当に位置付けるのは考え方の問題として賛成できない。仮に位置付けるとすれば法定訴訟担当の一種ということにすべきであろう。（オプトアウト権不行使を梃子とした）擬制による任意訴訟担当と構成する向きも存在するが，それも基本的には不適切ではないか。なぜなら擬制による任意的訴訟担当が正当化されてきたのは，伝統的に相応の「実体関係」が担当者・被担当者間に存在する場合のみだからである[注20]。

なお，第三者の利益と権利帰属主体の利益の調整枠組みはその他の法定訴訟担当においても存在するものであり，これらと比較すればオプトアウト型は，オプトアウトの機会の保障の程度にも依存するところがあるものの，権利帰属主体の意思の尊重度が比較的高い利益調整枠組みだといえるのではなかろうか。

また，以上に鑑みれば，オプトアウト型訴訟担当構成で想定している㋐【権利帰属主体以外の者の利益】は比較的弱いものだと考えられ，訴訟担当としての正当化事由としては［㋐＋㋔＋㋕］の組合せが適当だと思われる。

Ⅳ　法の検討

1　手続全体について

(1)　手続全体の構造

手続全体の構造としては，途中選定型（民訴30条 3 項）の選定当事者訴訟に類似している。ただし，以下の(A)(B)の 2 点において選定当事者訴訟とは異なっている。

> (A)　第 1 段階（共通義務確認訴訟）と第 2 段階（簡易確定手続および異議後の訴訟）に分かれており，かつ，第 1 段階終了の時点で，既判力ある判決が出されること

共通義務確認訴訟の判決の対象は民事訴訟法245条にいう「請求の原因」に相当すると考えられ，共通義務確認訴訟の判決は通常訴訟における中間判決に類似する[注21]。すなわち，途中選定型の選定当事者訴訟において，民事訴訟法245条にいう「請求の原因」の存在を認める中間判決が出された後で選定

（注20）　堀野・前掲（注17）参照。また，山本弘「遺言執行者の当事者適格に関する一考察」德田和幸ほか編・谷口安平先生古稀祝賀『現代民事司法の諸相』（成文堂，2005）33頁以下も参照（ただし，同論文における受遺者ないし受益相続人から遺言執行者への擬制的授権は，おそらくは〔少なくとも被告による本案応訴準備開始後は〕本人または遺言執行者による権利行使という選択肢しかなく，「権利不行使」という選択肢がないという点で，「擬制」という要素を取り払っても完全な「任意」ではなく，その意味で法定訴訟担当に限りなく近いのではないか）。もっとも，堀野・前掲（注17）の指摘を踏まえれば，任意的訴訟担当・法定訴訟担当間の境界はそもそもデジタルではなくアナログであり，山本・前掲による遺言執行者による訴訟追行の例も，オプトアウト型訴訟担当の例も，その中間に位置付けることが可能かもしれない。
結論として三木浩一「消費者集合訴訟制度の理論と課題」NBL 1016号（2014）41頁以下，特に49頁も同旨。
（注21）　三木・前掲（注20）48頁を参照。

5 消費者裁判手続特例法の当事者適格の観点からの分析

がなされた場合に類比することができる。しかし，以下の点においてこの場合と異なる。原告敗訴の場合には，通常訴訟との間に相違はない。通常訴訟でも，「請求の原因」（民訴245条）が存在しないことになれば請求棄却の終局判決が出されるからである。しかし，原告勝訴の場合には，共通義務確認訴訟における判決に既判力が生じうる点で，通常訴訟における中間判決との間に顕著な相違がある。中間判決には既判力がなく，授権後（選定後）に出された終局判決に対して上訴がなされれば，「請求の原因」（同条）が存在する旨の裁判所の判断は覆る可能性がある。しかし，共通義務確認訴訟における終局判決においては，そのような可能性はない。それは，「請求の原因」（同条）に相当する事柄について既判力ある判断を出すことの意義（すなわち共通義務確認訴訟の訴えの利益）いかんという問題を惹起する。

　これは，言い換えれば，第1段階の共通義務確認訴訟は単体でも意味をもつのか，という問いでもある。これについては，共通義務確認訴訟は第2段階の準備段階としての意味しかもたないという理解もありうるが，本稿筆者は単体でも意味をもつと考えている。具体的には，以下の2つの意味合いにおいて共通義務確認訴訟は第2段階を離れて存在意義を有する。

① 　特定適格消費者団体が，共通義務確認訴訟で勝訴しその判決が確定した場合，自分にも，他の特定適格消費者団体にも，請求認容判決の既判力が及ぶ。したがって，その後の簡易確定手続で債権届出をしなかった対象消費者から授権を受けていずれかの特定適格消費者団体が任意的訴訟担当として損害賠償等として金銭給付を求める訴訟を通常の民事訴訟として提起すれば，共通義務確認訴訟の結果としての判決の既判力を生かした形での訴訟追行が可能である[注22]。

② 　共通義務確認訴訟で原告側が勝訴しその判決が確定すれば当該事案の

（注22）　また反対に，共通義務確認訴訟で特定適格消費者団体敗訴の判決が確定した後，対象消費者の授権に基づき特定適格消費者団体が個別訴訟を提起した場合には，共通義務確認訴訟請求棄却判決の既判力が当該訴訟に及ぶことになろう。ただし，これらの理解は，特定適格消費者団体による対象債権についての通常の民事訴訟における任意的訴訟担当が適法であることを前提とする。［→3(1)］。

393

金銭支払義務についての被害者に共通する事実上および法律上の原因（共通原因）については，その存在が判決主文で示されるものと思われる。このことは，同様の共通原因に係る行為を事業者（これは共通義務確認訴訟の被告となった事業者とそれ以外の事業者の双方を含む）が行うことに対する抑止的効果を有する可能性がある[注23]。

ただしこれらの理由付けにより共通義務確認訴訟が単体で訴えの利益をもつと言えるためには，やはり対象消費者が少なくとも2人はいるということが前提となろう。

(B) 授権を受けて当事者として訴訟を追行する者が，選定当事者では「共同の利益を有する多数の者」（民訴30条）の一部であるのに対し，消費者被害回復訴訟では，そうではないこと

したがって選定当事者では，選定当事者自身も自己に帰属する損害賠償請求権を行使するのに対し，消費者被害回復訴訟において手続を追行する特定適格消費者団体は，自己の訴訟追行の基礎となる権利を有しない。いわば空っぽの入れ物の状態で手続がスタートし，第2段階に至って対象消費者による債権届出の授権があってはじめて手続が実体を伴う。

(2) 手続全体は誰のための者として構想されているか

具体的には，手続は（最終的な異議後の訴訟の）訴訟物となる金銭支払請求権の帰属主体である対象消費者のためのものなのか，それ以外の第三者のために設計されたものなのか，というのがここで問いたい内容である。結論を先取りすれば，本稿筆者は，これを第三者，さらに具体的には集団としての消費者一般のためと理解したいと考えている。

(A) 保護対象たりうる第三者

まず，被保護法益が帰属しうる，訴訟物たる金銭支払請求権の帰属主体である対象消費者以外の第三者としていかなる存在が想定可能かが問題とな

(注23) もっともこちらの理由付けによる訴えの利益の肯定は，通常の確認の利益の枠組みを逸脱したものではある。ただし，伊藤眞「確認訴訟の機能」判タ339号（1976）28頁以下参照。

る。このような存在としては，(a)訴訟物たる権利の帰属主体以外の対象消費者と，(b)集団としての消費者一般を挙げることができる。

(a) 権利帰属主体以外の対象消費者の個別的利益(注24)

個々の消費者に帰属する請求権の額が個別に提訴しては費用倒れに終わってしまうほど低額である，という事案では，いくつかの請求権を糾合して提訴すれば規模の利益により費用倒れに終わらなくなる，ということが考えられる。このような場合には，対象消費者による権利行使は単独では事実上不可能だが，他の対象消費者の権利もあわせて行使すれば費用倒れに終わらず権利行使が可能になる。したがって，個々の対象消費者に，他の対象消費者の権利も合わせて行使する利益が帰属する。

このような場合には，社会として余分なコストを払わないで被害者救済ができることから，かかる個々の対象消費者の利益の保護適格は承認しやすいと考えられる。

(b) 集団的利益

法が対象とする多数の「消費者」を被害者とする損害賠償等の請求事件は，基本的には，被害者たる対象消費者の個別的利益の集合だといわれる。しかし，被害者集団全体の損害が賠償されることに対する，個々の対象消費者に還元しつくせない利益も存在する(注25)。

このような利益としては，①損害賠償等にかかる金銭支払義務が履行されることにより加害事業者が取得した利益が吐き出され，当該加害事業者が市場から追放されること（少なくとも当該加害事業者が違法に取得した利益により，他のより健全な事業者よりも競争上有利な立場におかれることがなくなること）に対する利益，②共通原因の存在が確認されるか，または損害賠償等にかかる金銭支払が命じられることにより同種の「違法」な行為が加害事業者その他の事業者により行われなくなることに対する利益の2つが想定可能か

(注24) 以下につき，上原敏夫『団体訴訟・クラスアクションの研究』（商事法務研究会，2001）142頁。
(注25) 谷口安平「集団訴訟の諸問題」同『多数当事者訴訟・会社訴訟』（信山社，2013）303頁以下，特に309頁（初出・1982）も参照。

と思われる。もっともこのうち①の利益を被害回復訴訟制度の基礎となる利益として想定することに対しては、端的に利益を吐き出させるスキームのほうが整合するのではないか、また「不法な利益」といえる場合に対象を限定する必要があるのではないか、という批判が考えられるため、あくまで付随的な利益として位置付けるべきであろう。

　これら①②の利益の帰属主体は、（潜在的被害者を含めた）消費者一般だということができ、これは集団たる消費者一般に帰属する「集団的利益」だということができる。かかる利益は、通常はいわゆる「反射的利益」[注26]に該当する。したがって、法による特別の承認がない限りは、法的保護に値する利益とは認めがたい。もっとも、法が承認すれば法的保護に値する利益となるのは当然である。したがってことは立法政策の範疇の問題である。しかし、法による保護適格性の承認が民事訴訟法理論として見た場合に通常の枠組みの範囲内に属するのか、それを超えるものなのかは検証可能であると思われ

（注26）　この点、日本消費者法学会第4回大会シンポジウム「集団的消費者利益の実現と実体法の役割」消費者法4号（2012）4頁以下は、損害の帰属の態様という観点から、訴訟で実現されるべき利益の概念を「社会的損失」（市場競争の機能不全により社会的にはマイナスが生じているものの、損害を観念することができないタイプ）・「拡散的利益」（損害を観念することは可能であるものの、その個別的な帰属を確定するのが困難なタイプ）・「集合的利益」（損害の観念とその個別的な帰属の確定は可能であるものの、個別の損害が軽微であるタイプ）・「個別的利益」（損害の観念とその個別的な帰属の確定が可能で、個別の損害が軽微ではないタイプ）の4つに分類する。原田大樹「集団的消費者利益の実現と行政法の役割」消費者法4号（2012）12頁［☞*第1部* ❹］。
　このうち「拡散的利益」に属する事例が実際に存在すれば、本稿がその対象とする損害賠償請求権を訴訟物とする訴訟の当事者適格にかかる制度設計において重要な意味を持つ。損害の個別的な帰属主体が確定できない以上、かかる帰属主体に権利主体構成による当事者適格を与えるという通常の制度設計が機能しないからである。しかし、かかる事例が実際に存在するのかにつき、本稿筆者は懐疑的である。その具体例として挙げられている主婦連ジュース訴訟（最判昭和53・3・14民集32巻2号211頁）で消費者一般の利益の法律による保護対象適格性が問題となったのは、当該事案では公正競争規約に基づく表示を用いた実際のジュースの販売がなされる前段階が問題となるからであり、かかる段階では実際のジュースの販売がなされていない以上、損害が発生しているとは言いがたいように思われる。当該公正競争規約に基づく表示を用いたジュースの販売が実際に為された場合には、かかるジュースを誤認に基づき購入した消費者が損害の個別的帰属主体であり、その特定は事実上困難であるにせよ、観念的には確定しているはずである。

❺ 消費者裁判手続特例法の当事者適格の観点からの分析

る。この検証は、訴訟担当構成がとられている場合には本来の当事者適格者に対する関係で第三者による訴訟追行が正当化できるのか、固有適格構成がとられている場合には相手方被告に対する関係で第三者による訴訟追行が正当化できるのか、という観点から行われることになろう。

(c) 小括

以上の二者のうち、第1段階・第2段階で、権利帰属主体たる対象消費者以外に当事者適格を与えられている特定適格消費者団体が代表できるのは、集団としての消費者一般の利益に限られよう。よって、消費者被害回復訴訟において第三者の利益として想定できるのは集団としての消費者一般の利益ということになろう。すなわち、手続全体の保護法益は、この利益か、権利帰属主体たる対象消費者の利益か、という問いに帰着する。

(B) 誰のための手続か

相当多数[注27]の被害者がいないとこの手続を使うことができない(法2条4号参照)。このことは、法はその保護対象として集団としての消費者一般の利益を考えているようにも思わせる。多数の消費者が被害者になるようなケースこそ、集団としての消費者の利益・関心の対象だと思われるからである。もっとも、救済のためのリソース(端的にいえば原告となる特定適格消費者団体)が限られているので費用対効果の高い、一度に多くの人を救える事案に限定したのだという説明も可能であり、この点は決め手とならない。法の目的を明らかにした法1条をみても、最初から3つ目までの「消費者」は被害を受けた個々の消費者を指すと考えられるが、最後の「消費者」は、被害を受けた個々の消費者とも、集団としての消費者一般ともとることができ、この点も決め手とならない。結局法による保護の対象を対象消費者とする考え方と集団としての消費者一般とする考え方のいずれも成り立つと思われるが、本章では以下の考察のうえ、法が被害回復手続を通じて守ろうとしているのは、集団としての消費者一般の利益であると考える。

(注27) 加納=松田・前掲(注5)57頁によれば、一般的な事案であれば数十人程度だとされる。

第2部　集団的消費者被害救済制度の諸相

(a)　手続を対象消費者のためのものとみた場合

　第2段階の手続および手続全体を権利帰属主体たる対象消費者のためのものとみた場合，第1段階も対象消費者のための手続とみるのが一貫する。具体的には，授権段階においては共通原因については相手方がその存在を争えないところまでお膳立てをしてあげることにより，権利救済を得やすくするというのが，第1段階の共通義務確認訴訟の役割だというわけである。このように理解した場合には，Ⅲで整理した民事訴訟法上の当事者適格に関する一般理論からすれば，第1段階の手続は訴訟担当手続であると理解するべきことになろう。法定訴訟担当か任意的訴訟担当かは議論の余地がありうるが，（第2段階での届出の授権を停止条件とした）一種の停止条件付きの任意的訴訟担当であると理解するのが，一番落ち着きが良いか[注28]。一種の停止条件付きの任意的訴訟担当であるというわかったようなわからないようなこの位置付けは，対象消費者には債権届出がなされてはじめて既判力が及ぶことの説明になるかもしれない。しかし，これにより事実上[注29]対象消費者に有利に（＝相手方事業者に不利に）片面的に既判力が拡張することが実質的に正当化できるわけではない。これを正当化するには別の理屈が必要である。そのような理由としては，対象消費者の利益保護しか考えられない。まさに「勝てば官軍」である。そして，このように対象消費者のみを特別扱いする理由は，消費者が大事だから（誰であっても自然人である限りは，消費者になり，

（注28）　法定訴訟担当と位置付けるものとして，三木・前掲（注20）50頁。同論文はオプトアウト型との位置付けも示唆するが，原告完全敗訴の場合にはオプトアウトの余地がない以上，そのような位置付けには無理があるように思われる。これは共通義務確認訴訟の判決の既判力が片面的に対象消費者に拡張するか否かの理解にもかかわる。

（注29）　法9条は，文言としては片面的な既判力拡張であるとは述べていないので，「事実上」とした。

　同じく共通義務確認訴訟の判決の既判力が片面的に拡張すると理解するものとして，山本・前掲（注7）91頁。これに対し，三木・前掲（注20）50頁以下は既判力の片面的拡張との位置付けに対して疑問を呈する。しかし，原告が全面敗訴した場合にはその判決の既判力は対象消費者には拡張しない以上，拡張に片面性がないとはいえないように思う。また，同論文52頁は共通義務確認訴訟の非対称性は被告による引込み可能性の不存在にあるというが，既判力拡張の片面性が被告による引込みを認める必要性を基礎付けるというのが本稿の理解である。

❺ 消費者裁判手続特例法の当事者適格の観点からの分析

そして対象消費者になりうるから）ということに求められることになろうか。

(b) 手続を集団としての消費者一般のためのものとみた場合

手続全体を集団としての消費者一般の利益のためのものと位置付ける視座に立った場合には，どのような景色が見えてくるだろうか。

まず，手続全体を集団としての消費者一般の利益のためと位置付ける以上，第2段階の手続も，集団としての消費者一般の利益のための手続だということになる。すなわち，（権利帰属主体＝授権者からみれば）他人のための任意的訴訟担当である。具体的には，金銭賠償がなされることによる抑止的効果（と不当な利益の吐き出し効果）が，この手続により集団としての消費者一般が享受する利益といえる。しかし，相手方の応訴負担増加の回避のために固有適格構成はとらず，対象消費者の有する自己の債権についての排他的処分権限保護のために法定訴訟担当構成も（オプトアウト型の訴訟担当構成も）とらず，任意的訴訟担当という形式を採用した，ということになるのであろう。このことは，法が，一方で，特定適格消費者団体が代表する利益（＝集団としての消費者一般の利益）に，相手方の独立の応訴を正当化するほど大きな利益ではないという評価を与えていること，他方で，対象消費者の自己の債権についての排他的処分権限に第三者が介入することを正当化する理屈も存在しないという判断を下したことを意味する。

第1段階の共通義務確認訴訟はどうか。(b)で設定した視座によれば，これも利益享受主体は集団としての消費者一般であるとしたうえで，事実上の既判力の片面的拡張は既判力が不利には権利帰属主体に及ばない点を捉えて固有適格構成により説明することになろう。ここで集団としての消費者一般が第1段階手続により享受する利益としては，①共通原因存在までのお膳立てをして対象消費者からの授権を得やすくすることによる第2段階への接続と，②共通原因の存在が認定されることによる事実上の抑止的効果の2つが挙げられる。そして，第1段階において任意的訴訟担当構成ではなく固有適格構成が採用されたことは，②という第2段階手続に吸収させることのできない独自の意義が共通義務確認訴訟には存在すること，それにより第2段階にかかる利益が増加するため相手方の独立の応訴負担が正当化しうること，

により説明されようか。

　第1段階の既判力が事実上片面的に対象消費者に有利に拡張することについては，以下のような説明がありえようか。すなわち，利益享受主体を集団としての消費者一般として捉えた場合には，徹底した手続構成としてはVにて後述するE案のように，損害賠償請求訴訟自体について固有適格構成を採用することが考えられる。そして，この構成によった場合，手続の実効性を確保するため相手方事業者から個々の対象消費者への不当利得返還請求を排除することを目的として対象消費者に有利な片面的既判力拡張を認めるという選択肢がありうる。この選択肢（損害賠償請求訴訟についての固有適格構成＋片面的既判力拡張）を出発点としてみた場合，損害賠償自体については権利の個別性が高いため相手方の独立の応訴を基礎付けられないと法は判断し，その部分のみ任意的訴訟担当というところまで訴訟追行権限をへこませた（他方共通原因については相手方の独立の応訴は正当化できると判断した）と考える，というものである(注30)。

(注30)　このような理由付けによる片面的既判力拡張の肯定は，Ⅳ1(1)(A)において第1段階の共通義務確認訴訟の第2段階と切り離された存在意義を肯定する立場と整合しないという批判がありうる。
　　しかし，Ⅳ1(1)(A)①で述べた共通義務確認訴訟に消費者被害回復訴訟の第2段階を離れた通常の（任意的訴訟担当による）給付訴訟を接続したものは，まさにE案を第2段階のみ任意的訴訟担当とするという形でへこませたものである。またこの枠組みにおいては第2段階が訴訟担当となることにより，既判力の片面的拡張は不要になる（民訴115条1項2号により既判力は対象消費者に及ぶことになるからである）。
　　さらにこのように考えると，法の枠組みにおいて共通義務確認訴訟判決の既判力を片面的に届出消費者に拡張することは，簡易確定手続における決定に対して届出消費者が異議を述べることにより異議後の訴訟を届出消費者が追行する場合に限って意味を持つものであり，それは第1段階を第2段階と切り離して独立の手続としたことに伴う微修正だという説明が可能になろう（民事訴訟法が前提とする通常の選定当事者訴訟では，訴訟係属中の選定行為の取消しにより選定者が事後的に当事者になる場合には，それまで選定当事者が訴訟追行した結果としての生成中の既判力が選定者に及ぶと考えられるからである）。
　　なお，本稿の立場では，E案を前提として考えた場合，共通原因の存否確認訴訟（法の枠組みにおける共通義務確認訴訟に相当するもの）は，通常の確認の利益の枠組み内でその訴えの利益を肯定できる。

(c) 小括

結局どちらの視座設定も，そこから見える景色が異なるというだけで，ありうる設定であると思われるが，本稿では，（特定）適格消費者団体に別に認められる団体差止請求訴訟との均衡，簡易確定手続で強制的任意的訴訟担当がとられていることの説明のしやすさ，といった観点を考慮に入れ，手続が保護することを目的としているのは，集団としての消費者一般の利益〔→上述(A)(b)〕であると考えることとする。

2 第1段階の手続追行資格

第1段階の原告側での当事者適格は，特定適格消費者団体に認められ，かつ特定適格消費者団体に限って認められる。

そして，その構成は上述1(2)(B)(b)の通り固有適格構成によるものと理解すべきであると思われる。ただし，その場合でも，「⑦権利帰属主体以外の者にとっての権利実現に対する利益」として集団としての消費者一般の利益を想定し，それを特定適格消費者団体が代表していると構成できる必要がある。

(1) 特定適格消費者団体の当事者適格

以上のような観点からすれば，まず特定適格消費者団体に手続追行資格が認められるには，(A)相手方の応訴負担の増加を正当化でき，かつ(B)特定適格消費者団体が利益帰属主体たる消費者一般の利益を適切に代表できているといえる必要がある。

(A) 相手方との関係での正当化の契機

このうち，(A)の観点からは，次の2点が問題となる。①単純に，相手方事業者が，対象消費者に加えて，特定定格消費者団体からの訴えにも応訴しなければならないことが正当化できるかどうか。②対象消費者に対して有利な（＝相手方事業者にとって不利な）既判力の片面的拡張を正当化できるかどうか。

そして，①②いずれの観点からも，法は正当化の契機を欠くように思われる。固有定格構成の嚆矢といえる福永説は，ⅰ訴訟の結果に係る重要な利益[注31]を承認し，ⅱ被告による本来の当事者適格者の引込可能性を認めるこ

とで，上記①②の問題をクリアしていた。このうち⒤は，ここでも問題はない。法律で，集団としての消費者一般の手段的利益を訴訟の結果に係る重要な利益として承認したと考えることができるからである。問題は⒤⒤に相当する仕組みが法では用意されていないことである。むしろ本来の当事者適格者たる対象消費者は，共通義務確認訴訟に参加する適格を否定されている。法は，これに代え，拡大損害・逸失利益・慰謝料をこの仕組みで賠償請求できる損害の対象から除外することにより相手方の予測可能性を上げることで問題を解決しようしていると見られる（法3条2項参照）[注32]。しかし，それが適切な対応といえるかどうかには大いに疑問がある。この手当ては相手方が敗訴した場合のための手当てであるのに対し，①②は相手方が勝訴した場合にかかる問題（相手方は勝訴しても，その既判力を対象消費者に及ぼすことができず多重応訴の負担を負うこと）だからである。提訴適格者を特定適格消費者団体という形で限定したことも，①②の正当化のための仕組みであると見る余地があるかもしれないが，これも適切とは思われない。対象消費者による再訴は事実上ありえないというのも，理屈としては採用できないように思われる[注33]。

(B) 消費者一般の利益代表適格性

(B)は，以下の理由で必要である。上述1(2)(B)の通り，特定適格消費者団体の固有適格を基礎付ける利益の利益帰属主体は集団としての消費者一般である。したがって特定適格消費者団体が共通義務確認訴訟で一旦敗訴した場合には，消費者一般の利益を代表する形での共通義務確認訴訟の提起は不可能となる（法9条参照）。すなわち，集団としての消費者一般としては共通義務確認訴訟はワンチャンスである（共通義務確認訴訟は，自らとしては訴訟追行権

(注31) 福永・前掲（注11）148頁。
(注32) 山本・前掲（注7）98頁以下も参照。
(注33) 三木・前掲（注20）52頁は被告による対象消費者の引込み可能性の不存在を共通義務確認訴訟の判決効の問題として指摘しつつ，対象消費者による再訴の可能性が事実上存在しないこと等を理由としてこの問題は実質的にはそれほど深刻ではないと結論付けている。前掲（注29）も参照。

限を否定されている集団としての消費者一般を被担当者とする訴訟担当という側面も有している[注34]と見ることができる）。したがって特定適格消費者団体が消費者一般の利益を適切に代表できている必要がある（訴訟担当の枠組みの用語を用いれば，特定適格消費者団体の敗訴判決の既判力を消費者一般に及ぼすこと＝特定適格消費者団体が消費者一般の利益を処分することを正当化するだけの仕組みが必要である）。

　法は，被害回復関係業務というものを措定し，それを適正に行う体制を特定適格消費者団体に要求するという形でこの適切代表性を確保しようとしている。一定の業務を措定したうえでその適正実施体制を要求するという仕組み自体は，提起が認められる請求に係る業務を行う体制の整備を要求するという差止団体訴訟において採用された建付けを維持する限りは，それと整合的である。しかし，消費者一般の利益の代表という観点からすると，被害回復関係業務とされるもののすべてを特定適格消費者団体が適正に実施できる体制は不要である。特に金銭の管理体制などは不要なはずである。差止請求関連業務も不要なはずであり，理事の1人が弁護士である必要もない。このような考察結果に鑑みれば，第1段階の共通義務確認訴訟の当事者適格が特定適格消費者団体に限定されることは，消費者一般の利益代表性という観点からは説明できず，説明できるとすれば第2段階との接続という観点から（すなわち，第2段階の手続追行資格を特定適格消費者団体に限定することが合理的であることを前提に，第2段階まで追行できる主体に第1段階の追行資格を限定するのが合理的であるとの考慮）に限られよう。

(2)　他のエンティティーの当事者適格の否定

　法が共通義務確認訴訟の当事者適格を特定適格消費者団体に限定したことについては，特に対象消費者の当事者適格を否定した点が注目に値する。対象消費者にとって共通義務確認訴訟は自己の権利についての訴訟ではあるが，だからといってすべての対象消費者に権利主体構成による当事者適格が

(注34)　集団としての消費者一般に帰属している利益についての管理処分権限を排他的に特定適格消費者団体が有しているとみればわかりやすいか。

認められるわけではない。共通義務確認訴訟に係る損害賠償請求権が帰属する対象消費者が1人しか観念できない場合には，上述1(1)の通り共通義務確認訴訟は確認の利益を欠くと思われるからである。だとすると，共通義務確認訴訟は，それに係る損害賠償請求権が複数観念できてはじめて訴えの利益が認められるのであり，であるとすれば，その原告は糾合された損害賠償請求権の主張について適格を有する必要がある。その適格は対象消費者であるというだけで認められるわけではない。しかし，自らの損害賠償請求権のみを訴訟物とする訴えを提起したのでは費用倒れに終わってしまう対象消費者には，共通義務確認訴訟の当事者適格の基礎となりうる利益が帰属すると考えられる。しかし，法は対象消費者に対し共通義務確認訴訟の当事者適格を否定した（補助参加も否定するという徹底ぶりである）。これはすなわち，個別提訴では費用倒れに終わる対象消費者の自己の損害賠償実現に対する利益を，被害回復請求訴訟によって実現する利益としては，その法的保護適格性を否定したということを意味し，【各対象消費者の個別的利益＜消費者集団一般の拡散的利益】という価値判断を法として採用したということを含意すると考えられる。このような価値判断については，第2段階のセカンドステップである異議後の訴訟において対象消費者が他の対象消費者の授権に基づく選定当事者としての当事者適格を認められていることとの整合性を問いうるが（被選定者の被選定適格が被選定者の自らの権利実現に対する利益を基礎に説明されることがあるからである[注35]），選定当事者としての被選定者の利益は選定者の利益代表適切性を基礎付けるという観点から援用されるのに対し，固有適格を基礎付ける利益は相手の応訴負担の正当化という観点から要求されるという観点の相違からその整合性自体は最終的には説明可能と考えられる。

3　第2段階の手続の手続追行資格

上述Ⅱの通り，第2段階は，さらに，簡易確定手続と異議後の訴訟の2つ

（注35）　山本・前掲（注18）79頁。

のステップにより構成されている。このうち簡易確定手続の追行資格を有するのは特定適格消費者団体のみであり（さらに第１段階の共通義務確認訴訟を追行していた必要がある），かつ，対象消費者から授権を受けている必要がある。異議後の訴訟においては，簡易確定手続を追行した特定適格消費者団体（対象消費者によるあらためての授権が必要である）のほか，対象消費者自身にもその当事者適格が認められる（ただし簡易確定手続における決定に対し自ら異議を述べるか，異議を述べた債権届出団体に対する授権を取り消す必要がある）。また，異議後の訴訟において当事者適格を有する対象消費者は，他の届出消費者から授権を受けて選定当事者として訴訟追行をすることができると考えられる［→Ⅱ３(2)］。

(1) **特定適格消費者団体の当事者適格**

特定適格消費者団体の第２段階の手続追行資格は，訴訟担当構成，中でも任意的訴訟担当（第２段階のファーストステップは決定手続であるので，正確には任意的手続担当）構成として認められている。手続追行には対象消費者の授権が必要であり，かつ，特定適格消費者団体敗訴の場合の既判力（同様の効果。法46条６項・47条２項前段）は，対象消費者にも及ぶからである（法50条による民事訴訟法115条１項２号の準用）。

したがって特定適格消費者団体の第２段階手続追行資格は，任意的訴訟担当としての適法性の問題に帰着し，①弁護士代理原則・訴訟信託禁止原則の潜脱にならないこと，②合理的必要があること，という最判昭和45・11・11（民集24巻12号1854頁）の設定した任意的訴訟担当の許容要件に合致するかが問題となる。このうち①は，特定適格消費者団体の理事の１人以上が弁護士であることの要求および，弁護士強制の採用によりクリアしようというのが本案の考え方だと思慮される。他方で②については，本件手続を認めないと泣き寝入りの危険があること，本来であれば当事者を多数とする紛争を処理する手続を主体面で簡略化できること（以上の２つは，任意的訴訟担当の枠組みを利用すること自体の合理性に関わる），特定適格消費者団体による被害回復関係業務の適正遂行を確保する仕組みが用意されていること（これは，特定適格消費者団体を授権先とすることの合理性に関わる）により満たしていると見る

ことができようか。

　付随する問題として，和解がある。第2段階手続を追行する特定適格消費者団体は，相手方事業者と和解をすることができる（簡易確定手続につき法37条）。問題はその和解が対象消費者も拘束するか，であるが，これについて法は触れるところがない。本稿は，これは授権の中身に依存する（すなわち，和解の権限まで対象消費者が特定適格消費者団体に対して授権する限りにおいてのみ，特定適格消費者団体による和解は対象消費者を拘束する）と理解しておきたい。

　また，特定適格消費者団体は，通常の個別訴訟を対象消費者の授権を受けて任意的訴訟担当として提起することができるのか，という問題もあるが，本稿はこれは肯定されると考える。

(2)　簡易確定手続の追行資格が特定適格消費者団体に限られていること

　簡易確定手続の追行資格は特定適格消費者団体に限られる。

　このうち手続の対象となっている債権の帰属主体である対象消費者以外の者としては特定適格消費者団体に手続追行資格が限られることは，任意的手続担当としての手続追行主体（被授権者）の資格の問題に帰着する。判例は団体による任意的訴訟担当に対して極めて警戒的であり，これを前提とする限りは，法の慎重な姿勢はそれと整合的といえる。このことは，異議後の訴訟の追行の被授権資格が特定適格消費者団体に限られていることについても妥当する。

　次に，対象消費者の簡易確定手続の追行資格が否定されている点，すなわち任意的訴訟担当が強制されている点はどうか。異議後の訴訟の追行資格（他の対象消費者による授権を受けての追行資格を含む）が対象消費者に認められていること（その限りでは対象消費者は特定適格消費者団体と対等に扱われている）との関係，すなわち問題となる届出対象債権の帰属主体以外の対象消費者が届出対象債権の帰属主体たる対象消費者から授権を受けて（選定当事者のような立場で）手続を追行することだけでなく届出対象債権の帰属主体たる対象消費者自らの手続追行も否定されていることが問題となろう。このことは，①異議後の訴訟が判決手続であるのに対し，簡易確定手続が決定手続であり，手続保障という面において劣ることから届出対象債権の帰属主体

たる対象消費者保護というパターナリスティックな観点に依拠して法はより慎重な姿勢をとった、②簡易確定手続の簡易としての実効性を確保するため、法的手続に慣れない対象消費者が自ら手続に参加することによる混乱を避けた、という2つの観点から説明できようか。

V 「E案」の可能性

最後に、私見になるが、被害回復請求訴訟のありうる設計図として、「E案」なるものを提示し、本稿を閉じることとしたい。立法過程で制度設計として検討された案には「A案」から「D案」までの4案が存在した[注36]。それに付け加える第5の案であるため、「E案」と呼ぶ。

1 手続の構想

この手続の構想は以下の通りである。

1段階型であり、手続追行主体に、一定のクラス全員分の損害賠償等の請求をする固有の実体法上の請求権（権利主体構成）または固有の適格（固有適格構成）を認める[注37]。

対象事案については、事案類型としては法3条1項のような限定はせず、消費者契約に関わるものに限らず広く消費者が金銭的に評価できる被害を被った事案とする。ただし、個々の消費者の被った被害が個別提訴では費用に見合わないような少額多数損害に限定する（一部被害が高額になる消費者が

（注36） A案が法として結実した案であり、B案は、A案と同じ2段階構成だが、第1段階をオプトアウト型の手続とし第2段階を通常の個別訴訟（対象消費者による提訴または第1段階の手続追行主体による任意的訴訟担当）とする手続である。C案は、1段階構成でオプトアウト型の手続である。D案は、1段階構成で任意的訴訟担当型の手続である。消費者庁企画課「集団的消費者被害救済制度研究会報告書」（2010）28頁以下参照。
（注37） 団体に固有の損害賠償請求適格を認める外国の例として、ノルウェーの代表訴訟があるとされる。三木浩一「ノルウェーにおけるクラスアクション（集団訴訟制度）の概要(上)」NBL 915号（2009）48頁。

いることはかまわない)。損害費目による限定（法3条2項参照）はありうるかもしれない。

　金銭は，創設される基金（銀行口座等）に対して支払われる。支払われた基金から，対象消費者は分配を受ける。既判力は，対象消費者には有利にも不利にも及ばないこととする[注38]。

　被告による，対象消費者の引込みを認める。具体的には，ドイツ法の必要的呼出し[注39]のような制度でもよいし，民事執行法157条1項の参加命令のような仕組みでもよい。

　原告側で訴訟追行資格が認められるのは，対象消費者および適格消費者団体とする。

　これらの者のうち誰かが訴訟を提起して敗訴判決が確定すれば，この手続としては再訴をすることはできない（この手続としてはワンチャンスである）。

2　手続構想の根拠となる考え方

　訴訟追行資格の基礎として【⑦権利帰属主体以外の者にとっての権利実現に対する利益】を指定した場合，これは，相手方の応訴負担の増加と，権利帰属主体の排他的権利処分権限への介入と，どちらをより適切に基礎付けることができるであろうか。少なくとも権利帰属主体と訴訟追行主体との間に相応の実体関係の存在しないようなケースではそれは前者だというのが，近時の当事者適格に関する先行研究の成果ではなかろうか[注40]。なぜなら，権利処分類似の効果が実体的な不利益を伴うのに対し，応訴負担の増加は手続的な不利益でありより負担として要求しやすいほか，もともと被告事業者は，対象消費者の人数分は応訴しなくてならないのであり，＋1の応訴を要求することはそれほど酷ではないと思われるからである。

　そうであるとすれば，共通原因の存在を確認するだけでなく給付判決を得

(注38)　もっとも，上述Ⅳ1(2)(B)(b)のように有利には及ぶとする余地もある。もともと給付訴訟における固有適格構成の嚆矢たる福永・前掲（注11）も，既判力は有利には権利帰属主体に拡張するとしていた。福永・前掲（注11）160頁以下。
(注39)　吉村徳重『民事判決効の理論(下)』（信山社・2010）231頁（初出・1978）参照。

るところまで，権利主体構成または固有適格構成で認める余地があるのではなかろうか(注41)(注42)。なお，権利主体構成によった場合には，全員分の損害賠償をさせる固有の実体法上の請求権を創設することが必要になる。

3　想定しうる批判とそれに対する応答

かかる手続構想に対しては，以下のような批判を想起できる。

まず，消費者被害回復訴訟のような制度が想定する事案では，対象消費者の範囲が被告事業者にとっても明確でなく，権利主体構成・固有適格構成の前提となる④【被告による引込可能性の保障】が存在しない事案が考えられる，という批判が考えられる。これに対しては，少額多数損害に限定すれば，対象消費者による「再訴」の現実的可能性は極めて低くなるという応答を想起できる。ただし，このことは，引込可能性を被告に保障する理論的必要がなくなることを意味するものではない。

次に，引込みのための制度として参加命令と同じ手続を想定するのであれば，結局オプトアウト型の手続と同じではないか，という批判が考えられる。これに対しては，オプトアウト型でイニシアティブをもつのが原告であるのに

(注40)　福永・前掲（注11）126頁以下・242頁以下，高田裕成「訴えの利益・当事者適格——集団的利益をめぐる訴訟に焦点をあてた覚書き」ジュリ971号（1991）217頁，高田裕成「いわゆる『訴訟共同の必要』についての覚え書」中野貞一郎ほか編・三ヶ月章先生古稀祝賀『民事手続法学の革新(中)』（有斐閣，1991）186頁以下。なお，高橋宏志『重点講義民事訴訟法(下)〔第2版〕』（有斐閣，2012）350頁注43も参照。

　　　固有適格構成が債権者代位訴訟において被告たる第三債務者に引込責任を課すことに対しては批判も強いが（高橋・前掲（注12）256頁，山本・前掲（注20）33頁ほか参照），債権者代位訴訟においては代位債権者と債務者間の実体関係が濃厚であることに注意が必要であろう。

(注41)　このような方向を示唆する文献として，福永・前掲（注11）242頁以下，高田・前掲（注40）ジュリ217頁以下。

(注42)　消費者契約法28条4項が，相手方が差止請求権の行使に関してした不法行為によって生じた損害の賠償として適格消費者団体が財産上の利益を受けることは禁止されないとしていること，同法47条が，差止請求権の間接強制における間接強制金（加害企業が，適格消費者団体に対して支払うものと考えられる）について，債務不履行により不特定かつ多数の消費者が受けるべき不利益を考慮することを要求していること，はE案に有利な考慮材料と考えられないか。

第2部　集団的消費者被害救済制度の諸相

対し，引込みでは被告である，という点に違いがあるという応答を想起できる。

次に，被告の引込みにより実際に対象消費者が参加してきた場合には手続が煩雑になってしまうという批判がありうる。これに対しては，対象消費者は権利帰属主体である以上，理論上本来的に個別の訴訟追行が許されてしかるべきである，という応答を想起できる。

次に，利益吐出しと同じような仕組みであり，であるとすれば，利益吐出し制度として純化させるべきではないか。また，その場合日本では私人が担当することではないのではないか，という批判がありうる。これに対しては，本制度は，利益吐出しとは違い，あくまで損害賠償等の実現を直接の目的としている，という応答を想起できる。利益吐出しだと，利益が「不法」なものに対象を限定せざるをえなくなる。

和解が困難になるという批判もありうる。これに対しては，法においても，個々の対象消費者による和解の授権が必要であり，E案での手続追行主体の負担も，それと異ならない，という応答を想起できる。

※なお，本文に掲げたもの以外に下記の文献も参照した。
　上原敏夫「消費者団体訴訟制度（改正消費者契約法）の概要と論点」自正57巻（2006）12号67頁以下，高田裕成「集団的紛争における判決効」新堂幸司編集代表・吉村徳重＝井上正三編『講座民事訴訟(6)』（弘文堂，1984）177頁以下，三木浩一「訴訟法の観点から見た消費者団体訴訟制度」ジュリ1320号（2006）61頁以下，山本豊「消費者団体訴権制度の基本的特色と解釈問題」ひろば60巻6号（2007）39頁以下
※本稿の執筆途中，関西民事訴訟法研究会にて報告の機会を与えていただき，多くの貴重なご教示を得た。記して感謝申し上げる。
※本稿は，山田誠一教授代表平成25年度文部科学省科学研究費補助金・基盤研究(B)「複数人による，または，複数人のための財産管理制度のあり方」（課題番号：25285027）および窪田充見教授代表平成25年度文部科学省研究費補助金・基盤研究(A)「集団的利益または集合的利益の保護と救済のあり方に関する解釈論的・立法論的検討」（課題番号：23243014）による研究成果の一部でもある。

6 集団的消費者利益の実現における司法と行政
——民事訴訟法学からみた役割分担

学習院大学教授　長谷部由起子

I　問題の所在

1　行政による消費者利益の実現

　わが国では，消費者利益を保護し実現する役割は，主として行政が担ってきた。

　経済成長期に入った1960年代以降，消費者の商品・サービスに対する関心が高まり，事業者との間の紛争が増加すると，これに対応するべく消費者行政の整備が進められた。中央省庁および地方公共団体に消費者行政担当課が設けられ，消費者保護を目的とした法令・条例の立案や施策の策定に当たった。消費者サービス機能を担当する機関としては，国民生活センターおよび消費生活センターが設立された。これらの機関は，今日に至るまで，消費者からの苦情相談への対応，情報収集や，講習会などによる消費者の啓発，商品テストなどの業務を行っている[注1]。

　事業者の価格カルテルや不当表示によって一般消費者の利益が損われる事態への対応は，公正取引委員会の職責とされた。公正取引委員会には，設立当初から，事業者に対して独占禁止法違反行為を排除するために必要な措置を命ずる権限が認められている[注2]。これに加えて，1977年の独占禁止法改

(注1)　経済成長期における消費者行政の展開については，1978年12月に公表された国民生活審議会消費者政策部会中間報告第4部「消費者行政体制の整備について」を参照。
(注2)　独禁7条・8条の2・17条の2・20条。

正により，価格カルテルに参加して利益を得た事業者に対して課徴金の納付を命ずる権限も認められた。課徴金制度は，2005年と2009年の独占禁止法改正を経て，課徴金算定率が引き上げられ，対象行為が拡大されるとともに，課徴金減免制度も導入されるに至っている[注3]。

2　消費者利益の実現における私人の役割

1970年代には，行政が消費者利益を実現するために十分な機能を果たしていない場合に，民間の団体が行政に代わって消費者利益を実現しようとしたこともあった。しかし，そうした試みは成果を上げることができなかった。例えば，主婦連ジュース不当表示事件[注4]の上告審判決は，消費者団体（主婦連合会）には，公正取引委員会がした公正競争規約の認定に対して景品表示法の規定による不服申立てをする法律上の利益がないとした。それは，消費者団体が実現しようとする一般消費者の利益についての以下のような考え方によるものであった。

「景表法の規定により一般消費者が受ける利益は，公正取引委員会による同法の適正な運用によって実現されるべき公益の保護を通じ国民一般が共通してもつにいたる抽象的，平均的，一般的な利益，換言すれば，同法の規定の目的である公益の保護の結果として生ずる反射的な利益ないし事実上の利

(注3)　独禁7条の2・8条の3・20条の2-20条の7。

(注4)　この事件が上告審に至るまでの経緯は，以下の通りである。

2005（平成17）年改正前の景品表示法10条1項（現11条1項）は，事業者または事業者団体が，公正取引委員会の認定を受けて，景品類または表示に関する事項につき，不当誘因を防止し，公正な競争を確保するための規約（公正競争規約）を設けることができる旨を定めていた。この規定に基づき，果汁が含まれていない飲料について「無果汁」と表示せず，「合成着色飲料」「香料使用」などと表示すればよいとした業界の「果実飲料等の表示に関する公正競争規約」を公正取引委員会が認定したので，主婦連合会およびその代表者が，景品表示法10条6項（平成17年改正後の12条6項。平成21年改正により削除）に基づき，公正取引委員会に対して不服申立てをした（1971年4月3日）。公正取引委員会は1973年3月14日に，主婦連合会らには不服申立資格がないという理由で申立てを却下する審決（昭和46年㈠第5号審決集19巻159頁）をしたため，主婦連合会らは，審決の取消しを求める訴えを東京高等裁判所に提起した。しかし，同裁判所も主婦連合会らの不服申立資格を否定し，請求を棄却する判決をした（東京高判昭和49・7・19高民集27巻3号256頁）。そこで，主婦連合会らが上告した。

益であって，本来私人等権利主体の個人的な利益を保護することを目的とする法規により保障される法律上保護された利益とはいえないものである」(注5)。

　この問題は，公正取引委員会が1973年3月20日付けで「無果汁の清涼飲料等についての表示」と題する告示（公正取引委員会告示第4号）を行い，無果汁であることが表示されていないものを不当な表示と指定したことで，実質的には解決された。しかし，学説上は，公正取引委員会によるこうした解決には疑問があるとし，消費者団体に公正取引委員会の処分に対する不服申立資格や取消訴訟の原告適格を認めるべきであるとする見解が有力であった(注6)。

3　損害賠償請求訴訟の限界

　消費者利益の実現における行政の優位は，事業者の違法な行為によって多数の消費者が損害を被ったという場面でも認められた。例えば，違法な価格カルテルによって消費者が高額な商品を購入させられた事例においては，消費者1人当たりの損害額は少額であり，事業者に対して損害賠償請求の訴えを提起することは経済的に引き合わない。多数の被害者の損害賠償請求権を糾合して訴求することができれば，個々人の権利を効率的に実現することが可能になるとともに，事業者が違法に得た収益を剥奪することによって，違法行為の繰返しを抑止する効果も期待できる。しかし，アメリカ合衆国のクラスアクションのような制度をもたないわが国において，多数人の損害賠償請求権を1つの訴訟手続によって実現することは困難であった。現に，1974年に提起された石油ヤミカルテル訴訟においては，選定当事者制度を利用し

(注5)　最判昭和53・3・14民集32巻2号211頁。
(注6)　布村勇二「行政処分と消費者の当事者適格——最高裁第三小法廷昭和53年3月14日判決」ひろば31巻6号（1978）84頁，上原敏夫「判批」民商80巻2号（1979）218-219頁など。このほか，多数人に共通する集団的利益に係る取消訴訟においては，団体が個々人よりも訴訟追行能力の面で優れていることを理由に，団体訴訟の有用性を主張する見解として，原田尚彦「行政事件訴訟における訴えの利益」公法37号（1975）104-105頁があった。

て原告団を構成することが試みられ，消費者団体（奪われたものを取り返す消費者の会）に損害賠償額の証明となる領収証を送ってきた一般消費者に選定書が送付されたが，選定書を返送して原告団に参加したのは全体の20パーセントに満たなかったといわれている[注7]。

こうした事情から，私人が事業者に対して損害賠償請求の訴えを提起するという方法では，事業者の違法行為を抑止することはできなかった。この目的のためであれば，公正取引委員会が課徴金納付命令を発したほうが効率的であった。しかし，学説においては，独禁政策の実施を行政機関のみに独占させることには疑問があるとし，被害者の損害賠償請求を促進し，訴訟手続を通じて請求をしやすくするための制度的工夫をすべきである，という主張もされていた[注8]。

4　私人による消費者利益の実現──エンフォースメントの複線化

消費者利益の実現について，行政のみがこれを行うのではなく，私人（消費者や競争事業者）も参画させるべきであるという考え方は，世紀が変わるころになってようやく，立法に反映されるようになった。

まず，2000年の独占禁止法改正によって，不公正な取引方法に対する私人の差止請求を認める規定が新設された（独禁24条）。この改正の趣旨については，公正取引委員会による同法の執行は公正かつ自由な競争の確保を主眼としており，被害者救済の観点からは必ずしも万全の対応がとられるとは限らないことから，私人が自らのイニシアティブにより裁判所に対して同法違反行為の差止めを直接に求める制度が必要だと考えられたことによるといわれている[注9]。この規定の下で，事業者または事業者団体の不公正な取引方法に係る同法違反行為（独禁8条5号または19条に違反する行為）の被害者（当該行為によってその利益を侵害され，または侵害されるおそれがある者）は，これに

(注7)　春日寛「クラス・アクションの訴訟実務上の諸問題」自正26巻9号（1975）16頁。
(注8)　竹内昭夫「独禁法改正と消費者──公取委試案の一批判」ジュリ580号（1975）76頁。

6 集団的消費者利益の実現における司法と行政

より著しい損害を生じ，または生ずるおそれがあるときは，公正取引委員会の権限行使を介することなく，当該事業者または事業者団体に対し，その侵害の停止または予防を請求することができる。

　2006年には消費者契約法が改正され，適格消費者団体に，事業者が不特定かつ多数の消費者に対して現に行っているか，または行うおそれのある不当な行為の差止めを求める権利が認められた（消費契約12条）。これにより，適格消費者団体としての認定を受けた消費者団体は，自らの判断に基づいて，不特定かつ多数の消費者の利益のために，事業者に対して差止請求権を行使できるようになった。2008年の景品表示法および特定商取引法の改正，ならびに2013年の食品表示法の制定によって，適格消費者団体による差止請求の対象は，これらの法律上の不当行為に拡大されている（景表10条，特定商取引58条の18-58条の24，食品表示11条）。

　さらに，2013年に成立した消費者裁判手続特例法（以下，「法」という）の下で，消費者契約に関して相当多数の消費者に生じた財産的被害を，消費者団体が裁判手続を通じて集団的に回復する制度（以下，「集団的被害回復裁判手続」という）が導入された。集団的被害回復裁判手続は，特定適格消費者団体としての認定を受けた適格消費者団体が，事業者に対して訴えを提起し，財産的被害を受けた相当多数の消費者に対する事業者の金銭支払義務の確認を求める手続（共通義務確認訴訟の手続[注10]）と，共通義務確認訴訟の結果を前提として，個々の消費者の金銭債権（対象債権）を確定する手続（簡易確定手続および異議後の訴訟手続[注11]），および特定適格消費者団体が対象債権に関して取得した債務名義による民事執行の手続と，対象債権の実現を保全するための仮差押えの手続[注12]から構成されている（法2条9号）。

(注9)　東出浩一編著『独禁法違反と民事訴訟――差止請求・損害賠償制度』（商事法務研究会，2001）18-19頁。
(注10)　法2条4号・3条-11条。
(注11)　法2条7号・8号・12条-55条。
(注12)　仮差押えの手続については，法56条から59条までにおいて特則が定められている。

5　本稿の目的

　事業者の違法行為によって多数の消費者が損害を被った場合にそれを効率的に回復することは，被害者救済のためにも，また，違法行為を抑止するためにも重要である。集団的被害回復裁判手続によってそうした目的が達成されるならば，消費者利益の実現において行政的手法が優位を占めてきたこれまでの状況にも，変化が生じるかもしれない。本稿は，そのような観点から集団的被害回復裁判手続の検討を試みるものである。

　まず，集団的被害回復裁判手続がどのような考え方に基づいて設計されているか，伝統的な民事訴訟の原則とはどのように異なる考え方が採用されているかについて，考察する［→Ⅱ］。次に，同様の目的をもったアメリカ合衆国のクラスアクションの考え方を紹介し［→Ⅲ］，それとの比較において，集団的被害回復裁判手続の特徴を明らかにする［→Ⅳ］。最後に，集団的被害回復裁判手続導入後の課題について述べる［→Ⅴ］。

Ⅱ　集団的被害回復裁判手続による集団的消費者利益の実現

1　集団的被害回復裁判手続の構造──２段階の手続

　集団的被害回復裁判手続は，個々の消費者が事業者から受けた財産的被害を集団的に回復するための裁判手続である[注13]。これによって実現される集団的消費者利益は，個々の消費者に帰属すべき利益の集合であり，本書における「集合的利益」に当たる[注14]。

　集合的利益は，個人に属する利益の集合ではあるが，その発生原因には共通性がある。そのため，同一の手続によって実現することに合理性がある。

（注13）　法１条参照。
（注14）　**第１部** ❶ Ⅱ２は，集合的利益を「個人的利益を束にした利益であり，損害の観念とその個別的な帰属の確定が可能である利益」と定義する。

他方，個々の利益をどのように実現するか，また処分するかは，帰属主体である個人の個別の判断に委ねられるべきである。集合的利益のこうした二面性（共通性と個別性）に対応して，集団的被害回復裁判手続は2段階の裁判手続を予定している。

第1段階は，ある事業者によって財産的被害を受けた相当多数の消費者に共通の問題を確定する共通義務確認訴訟の手続である。第2段階は，第1段階で事業者に対する金銭支払請求権の主体とされた消費者集団に属する個々の消費者（法2条6号にいう「対象消費者」）が事業者に対して有する個々の金銭支払請求権（同条5号にいう「対象債権」）を確定する手続である。

2　共通義務確認訴訟の請求および当事者

(1)　請求──金額の表示の要否

第1段階の訴訟手続については，当初，相当多数の消費者と事業者との間に共通する責任原因（共通争点）を確認する「共通争点の確認の訴え」とする提案がされていた[注15]。しかし，法2条4号は訴えの名称を「共通義務確認の訴え」とし，審判の対象（請求）を「消費者契約に関して相当多数の消費者に生じた財産的被害について，事業者が，これらの消費者に対し，これらの消費者に共通する事実上及び法律上の原因に基づき，個々の消費者の事情によりその金銭の支払請求に理由がない場合を除いて，金銭を支払う義務を負うべきことの確認」であるとした[注16]。その具体例は，法の立案担当者によれば，「事業者が相当多数の消費者との間で締結する契約で使用している契約条項が無効であることにより不当利得返還請求義務を負う」べきことの

(注15)　2011年8月に公表された集団的消費者被害救済制度専門調査会報告書11頁・13頁，および同年12月に消費者庁が公表した「集団的消費者被害回復に係る訴訟制度の骨子」3頁を参照。

(注16)　変更の理由については，「消費者紛争における共通争点が多種多様であることを踏まえつつ，相当多数の消費者と事業者との間の法律関係を端的に捉え，判決主文をより簡明なものとする観点から構成し直した」という説明がされている。2012年8月に公表された「集団的消費者被害回復に係る訴訟制度案」の解説である加納克利＝松田知丈「集団的消費者被害回復に係る訴訟制度案について」NBL 989号（2012）17頁参照。

確認を認める訴えや「事業者が相当多数の消費者に対して不法行為をしたことにより損害賠償義務を負う」べきことの確認を求める訴えであるとされている[注17]。

共通義務確認の訴えは金銭債務の確認の訴えであるから、一般原則によれば、請求を特定するためには金額を表示する必要がある[注18]。事業者が相当多数の消費者に対して負うべき金銭支払義務は、対象消費者が事業者に対して有する対象債権の集合であるとみられるので、その金額に関しては、例えば、対象債権の平均的な金額と対象消費者のおおよその人数に基づいて算定された対象債権の総額を表示することが考えられる。しかし、法5条は、訴状の請求の趣旨および原因として、対象債権および対象消費者の範囲を記載すべきものとし、金額の表示を要求していない。むしろ、法4条において共通義務確認の訴えを「財産権上の請求でない請求に係る訴えとみなす」ものとし、金額が表示されていなくても、事物管轄や提訴手数料は決定できるものとしている[注19]。

法4条および5条の規律は、上記のような方法で請求額を算定することには実際上の困難があること[注20]に対応するものであるが、被告の防御権の保障の観点からは、金額の表示が必要であるという批判も考えられる。これに対抗する議論としては、対象債権の総額については被告である事業者のほうが正確に把握している、といった説明が考えられよう[注21]。

(注17) 加納克利＝松田知丈「『消費者裁判手続特例法案』について」ジュリ1461号（2013）57頁。
(注18) 通説・判例（最判昭和27・12・25民集6巻12号1282頁）によれば、金銭債務の給付の訴えまたは確認の訴えにおいて請求を特定するには、債務の発生原因だけでなく、金額を表示することも必要であるとされている。
(注19) 法4条の下で、共通義務確認の訴えの訴額は、事物管轄に関しては140万円を超えるものとみなされ（民訴8条2項）、提訴手数料との関係では160万円とみなされる（民訴費4条2項前段）。
(注20) この問題および対策については、☞*第2部*◆Ⅱ2。
(注21) 大村雅彦ほか「シンポジウム・消費者集合訴訟制度の可能性と課題」民訴58号（2012）88頁［笠井正俊］参照。

(2) 当事者——原告適格

　共通義務確認訴訟の原告になることができるのは、内閣総理大臣の認定（特定認定）を受けた適格消費者団体に限られる（法3条1項・65条1項）(注22)。特定認定を受けていない適格消費者団体や対象消費者が原告となることはできない。

　個々の対象消費者に共通義務確認訴訟の原告適格が認められない理由については、対象消費者全員に共通の問題（事業者の金銭支払義務の存否および範囲）を訴訟によって確定することは、個々の対象消費者の利益を超えた問題であるから、という説明が考えられる。他方で、対象消費者の中に、共通義務確認訴訟について特定適格消費者団体と同程度に充実した訴訟追行をすることができる者がいれば、その原告適格を否定する必要はないという考え方も成り立ちうる(注23)。この対立は、共通義務確認訴訟の原告適格の基礎を実体的利益の存在に求めるか、訴訟追行を適切になしうる能力に求めるかの違いに基づくものである(注24)。

(注22)　特定認定を受けた適格消費者団体は、消費者契約法13条1項に規定する差止請求関係業務を相当期間にわたり継続して適正に行っており、集団的被害回復裁判手続に関する業務を適正に遂行するための体制および業務規程が適切に整備されているなどの要件を満たすと認められたものである。法65条4項。

(注23)　このような見解については、☞**第1部 ❸ Ⅳ2**。

　　山本和彦「集団的消費者被害回復制度の理論的問題」小野秀誠ほか編・松本恒雄先生還暦記念『民事法の現代的課題』（商事法務、2012）102頁は、対象消費者の原告適格が否定されている理由を次のように説明する。対象消費者個人やそのグループに共通義務確認の訴えの原告適格を認めるとすれば、それらの者の能力・信頼性を確保する措置が重要である。そうした措置としては、①裁判所による個別の能力チェック、②弁護士代理の強制や代理人になりうる弁護士の限定などの代理人による規制が考えられるが、①の判断は極めて困難であり、裁判所の負担も過大になる。また②についても、この訴えについてだけなぜ弁護士代理の強制を導入するのかの説明が容易ではなく、代理可能な弁護士の範囲を限定するメルクマールも容易には見当たらない。そのため、少なくとも当面は、特定適格消費者団体に原告適格が限定された。

(注24)　もっとも、前者の見解に基づき、対象消費者に共通義務確認訴訟の原告適格を認めない理由を実体的利益の欠如に求めた場合には、特定適格消費者団体について原告適格を認める理由の説明が困難になる。ヨーロッパの消費者団体のように、国民の多数を構成員とする団体については、対象消費者の実体的利益を代表して訴訟追行をしているという説明も可能であるのに対し、わが国の適格消費者団体にはそうした実態が認められない。適格消費者団体それ自体が事業者に対して固有の実体法上の権利を有している

特定適格消費者団体は，共通義務確認訴訟の手続を弁護士に追行させなければならない（法77条）。この義務に違反したことは，特定認定の取消事由となる（法86条1項4号）。

3 対象債権の実現（その1）――「簡易確定手続」の創設

(1) 対象債権を確定する手続の選択肢

すでに述べたように，個々の対象債権を裁判手続によって実現するかどうかは，本来はその帰属主体である個々の対象消費者の判断に委ねられるべき問題である。それゆえ，対象債権を実現する方法としては，個々の対象消費者が事業者に対して金銭の支払を求める訴えを提起し，確定判決を債務名義として強制執行を行えばよいとも考えられる。対象債権の訴額が60万円以下であれば，少額訴訟手続によって簡易・迅速に債務名義を得ることもできるし，通常訴訟を追行することは負担が大きいと考える対象消費者は，特定適格消費者団体に訴訟追行を授権することも考えられよう。いずれの場合にも，共通義務確認訴訟における特定適格消費者団体の勝訴判決（事業者の金銭支払義務を確認した判決）の効力が対象消費者と事業者の間にも及ぶとすれば[注25]，対象消費者が共通義務確認訴訟において特定された対象消費者の範囲に属し，事業者が当該対象消費者に対して抗弁を有していないことが認められれば，その対象債権は確定されることになる。

しかし，集団的被害回復裁判手続の下では，対象債権を確定するために通常訴訟や少額訴訟の手続を経る必要はない。対象消費者は，新たに設けられた「簡易確定手続」を利用することによって，簡易・迅速に対象債権を確定することができる（法12条-51条）[注26]。そのために必要なのは，対象消費者

という法制が実現しない限り（例えば，消費者団体に利益剥奪請求権や固有の損害賠償請求権を認めるという提案がされている。☞*第1部* ⑧ **Ⅳ**・*第2部* ⑤ **Ⅴ**），共通義務確認訴訟の原告適格の基礎は，実体的利益以外のものに求めざるをえないであろう。

(注25) 共通義務確認訴訟において，特定適格消費者団体は対象消費者の訴訟担当者として訴訟を追行したと考えれば，事業者の金銭支払義務を確認する確定判決の効力は，対象消費者と事業者の間にも拡張される。民訴115条1項2号。

(注26) この規律は，消費者が簡易・迅速に権利救済を受けられるようにするためには，

が特定適格消費者団体に授権をすることである（法31条1項）。特定適格消費者団体が対象消費者の授権に基づいて簡易確定手続において対象債権の届出をした場合には，事業者の金銭支払義務を確認した共通義務確認訴訟の確定判決の効力は，当該対象消費者にも及ぶ（法9条）。対象消費者が対象債権の届出について特定適格消費者団体に授権をせず，事業者に対して対象債権に基づく給付の訴えを提起しても，上記確定判決の効力を援用することはできない(注27)。

(2) 簡易確定手続による対象債権の確定

簡易確定手続は，破産手続類似の決定手続であり，以下のように進められる。

(A) 簡易確定手続の開始

共通義務確認訴訟において請求を認容する判決がされたときは，当該判決が確定した時に当事者であった特定適格消費者団体（請求の認諾または事業者の金銭支払義務が存することを認める訴訟上の和解によって共通義務確認訴訟が終了したときは，終了の時に当事者であった特定適格消費者団体）は，正当な理由がある場合を除き，共通義務確認訴訟の被告であった事業者を相手方として，簡易確定手続開始の申立てをしなければならない（法12条・14条）。この申立てに基づいて簡易確定手続開始決定がされたときは，当該特定適格消費者団体（簡易確定手続申立団体）は，正当な理由がある場合を除き，知れている対象債権者に対する通知および相当な方法による公告を行わなければならない（法25条・26条）。

第2段階目の手続の審理を簡素化する必要があるとした集団的消費者被害救済制度専門調査会の提言に基づくものである。同調査会報告書24頁。

(注27) この規律の理論的な根拠は明らかではない。共通義務確認訴訟における原告勝訴の確定判決の効力のみが対象消費者に拡張されること（既判力の片面的拡張）の正当化理由が，共通義務確認訴訟において十分に争う機会を与えられた被告事業者は，個々の対象消費者との関係で同一紛争または同一争点について再度争えなくなったとしても，手続保障上やむをえないことに求められるとすれば（山本・前掲（注23）98頁参照），片面的拡張の主体を簡易確定手続に参加した対象消費者に限定すべき理由はないからである。

第 2 部　集団的消費者被害救済制度の諸相

　(B)　対象債権の届出

　簡易確定手続においては，簡易確定手続申立団体のみが対象債権を届け出ることができる（法30条1項）。個々の対象消費者が債権届出をすることはできない。簡易確定手続申立団体は，個々の対象消費者の授権に基づいて，対象債権について裁判所に債権届出をし，簡易確定手続を追行する（法31条1項）。

　(C)　届出債権の確定

　対象債権として裁判所に債権届出があった債権（届出債権）の内容について，相手方は，認否期間内に認否をしなければならない（法42条1項）。認否期間内に届出債権の認否がないときは，届出期間内に債権届出があった届出債権の内容の全部を相手方が認めたものとみなし，当該届出債権の内容は確定する（同条2項・3項）。認否期間内に届出債権の認否があったときは，債権届出をした簡易確定手続申立団体（債権届出団体）は，裁判所に届出債権の認否を争う旨の申出をすることができる（法43条1項）。適法な認否を争う旨の申出がないときは，届出債権の内容は，届出債権の認否の内容により確定する（法47条1項）。適法な認否を争う旨の申出があったときは，裁判所は，債権届出を却下する場合を除き，簡易確定決定をしなければならない（法44条1項）。

　(D)　異議による訴訟手続への移行

　簡易確定決定に対しては，債権届出団体または相手方は，異議の申立てをすることができる（法46条1項）。また，届出債権の債権者である消費者（届出消費者）も，異議の申立てをすることができる（同条2項）。適法な異議の申立てがあったときは，債権届出に係る請求について，訴えの提起があったものとみなされる。当該訴えの原告となるのは，当該債権届出に係る債権届出団体であるが，当該債権届出に係る届出消費者が異議の申立てをしたときは，その届出消費者である（法52条1項）。債権届出団体が異議後の訴訟を追行するには，届出消費者の授権を必要とする（法53条1項）。

4　対象債権の実現（その2）——債務名義と仮差押えの特則

(1)　決定手続による債務名義の作成

　届出債権については，裁判所書記官によって届出消費者表が作成され，相手方の届出債権の認否の内容および認否を争う旨の申出の有無が記載される（法41条・42条4項・43条4項）。簡易確定決定にまで至らずに届出債権の内容が確定した場合には，届出消費者表の記載が確定判決と同一の効力を有し，債権届出団体はこれを債務名義として強制執行をすることができる（法42条5項・47条2項）[注28]。簡易確定決定は，これに対して適法な異議の申立てがないときは確定判決と同一の効力を有し（法46条6項），債務名義となる。

(2)　対象債権を被保全権利とする仮差押命令

　届出債権について上記の方法で債務名義を取得することができたとしても，それまでの間に被告事業者がその責任財産を散逸隠匿するようなことがあれば，強制執行が不可能になるおそれもある。こうした事態に対応するために，特定適格消費者団体は，民事保全法の規定により仮差押命令の申立てをすることができる（法56条1項）。この場合の被保全権利は，「当該特定適格消費者団体が取得する可能性のある債務名義に係る対象債権」であり，被保全権利に係る金銭の支払義務について共通義務確認の訴えを提起することができる場合であれば，共通義務確認の訴えの提起前でも申立てをすることができる（同条2項）。申立てにおいては，被保全権利について，対象債権および対象消費者の範囲を明らかにするとともに，その総額を明らかにする必要がある（同条3項）。仮差押命令に対して起訴命令の申立てがあった場合に本案の訴えとされるのは，共通義務確認の訴えである（法58条1項・2項）。

(注28)　債権届出団体による強制執行は，対象消費者からの授権に基づく第三者の執行担当として行われる［その詳細については，☞*第2部* ❷ Ⅲ 2］。

第2部　集団的消費者被害救済制度の諸相

Ⅲ　比較法的考察
1　アメリカ合衆国のクラスアクションの概要

　アメリカ合衆国においては，1966年に連邦民事訴訟規則が改正され，多数の消費者や一般投資家が共通の原因に基づいて少額の損害を被っている場合に，それらを一括して回復することのできるクラスアクションの規律が整備された。クラスアクションの制度は，集合的利益の実現を目的とする点ではわが国の集団的被害回復裁判手続と共通する。他方で，被害を受けた個人が代表原告となること，および手続が2段階に分かれておらず，代表原告がクラスのメンバー全員の請求を合算した金額の給付判決（総額判決）を得られることにおいて，集団的被害回復裁判手続とは異なっている[注29]。

　いま仮に，事業者の行為によって多数の消費者が損害を被り，これらの消費者をクラスのメンバーとするクラスアクションをメンバーの1人または数人が代表原告となって提起したとすると，手続は以下のように進行することになる。

(1)　クラスアクションの認可

　受訴裁判所は，代表原告の提起した訴えがクラスアクションの要件を満たすかどうかを審理し，クラスアクションとして認可するかどうかを決定しなければならない。クラスアクションとして認可されるための要件のうち，クラスアクションの種類を問わず要求されるのは，①クラスのメンバーが多数

(注29)　総額判決を認めるクラスアクション制度は，オーストラリアの連邦，ヴィクトリア州およびニューサウスウェールズ州においても採用されている。また，集団的被害回復裁判手続と同様に2段階型手続構造をとるといわれるカナダのブリティッシュ・コロンビア州のクラスアクションにおいても，第1段階の手続で総額判決を命じることが認められる場合がある。大村雅彦「カナダ（ブリティッシュ・コロンビア州）のクラスアクションの概要(上)――2段階型手続構造を中心として」NBL 966号（2011）81頁。

　なお，2段階型手続構造を採用しても，第1段階の手続において被告が賠償金を支払う旨の和解が成立し，和解条項の中で分配の方法が定められていれば，クラスのメンバーの権利を個別に確定するために第2段階の手続を経る必要はない。ブリティッシュ・コロンビア州においても，第2段階の手続に至った例はないようである。大村・前掲77頁。

であり、②メンバー全員に共通する事実上または法律上の問題が存在し、③代表原告の請求がメンバー全員の請求の典型をなし、④代表原告がメンバー全員の利益を公正かつ適切に保護するであろうこと、である[注30]。そして、前記事例のように、多数の人々に生じた同種の損害の賠償を求めるクラスアクションについては、これらに加えて、①クラスのメンバーに共通する法律上または事実上の問題が個々のメンバーのみに関係する問題を圧倒しており、かつ、②紛争につき公正かつ能率的に裁判をするためにはクラスアクションが他の利用可能な方法よりも優れていると裁判所が判断したこと、も必要となる[注31]。

(2) 通知

代表原告の提起した訴えが以上の要件を満たすものと認められ、クラスアクションとして認可された場合には、代表原告は、認可の事実をクラスのメンバーに通知しなければならない。代表原告によってクラスのメンバーとされた個々の消費者には、通知によって以下のことが知らされる。すなわち、自らをメンバーとするクラスアクションが係属していること、クラスのメンバーは、代理人を通じて期日に出頭することを望むならば、そうすることができるし、代表原告の訴訟追行に拘束されたくないと思うならば、クラスからの除外を申し出ることもできること、特定の日時までに除外の申出をしなかったクラスのメンバーには、代表原告が受けた判決の効力が有利不利を問わず及ぶこと、である[注32]。

(3) 代表原告の訴訟追行に対する裁判所の介入

代表原告は、除外の申出をしなかったメンバーに代わってクラスアクションを追行するが、その権限は通常の訴訟に比べて制約されている。すなわち、訴えの取下げや和解を自由にすることはできず、メンバー全員に対して通知をしたうえで、裁判所の許可を得なければならない[注33]。また、その他の点

(注30) 連邦民事訴訟規則23条(a)項。
(注31) 同条(b)項(3)号。
(注32) 同条(c)項(2)号。
(注33) 連邦民事訴訟規則23条(e)項。

においても，裁判所はクラスのメンバーの利益を保護するために後見的に介入する。例えば，代表原告が行った特定の措置について，メンバーの一部の者または全員に対して通知をすることを求めることができるし，メンバーが代表原告の訴訟追行が公正かつ適切かどうかについて意見を述べたり，訴訟に参加して請求や抗弁を提出したりする機会を保障する目的で，代表原告に通知をさせることもできる(注34)。

(4) 分配手続

以上の手続を経て総額判決が言い渡されて確定した場合，または被告がクラスのメンバーに対して金銭を支払う旨の和解が成立した場合には，被告から支払われた金銭をメンバーに分配する手続が行われる。具体的には，クラスのメンバーのために開設された銀行口座に被告が金銭を支払い，これを分配のための基金として，管理者が分配を執行する(注35)。和解の条件として，分配請求の書式（claim form）を返送したメンバーに対して分配することが定められている場合には，和解の通知に書式を同封するとともに，通知には，書式を返送した者のみが和解金の分配に与ることができる旨が記載される(注36)。

2　オプトアウト型とオプトイン型の比較

アメリカ合衆国のクラスアクションのいま1つの重要な特徴は，代表原告が個々のメンバーから授権を受けて彼らの権利について訴訟を追行するオプトイン型ではなく，オプトアウト型が採用されていることである。

オプトアウト型の下では，代表原告は，授権を受けずにメンバーの権利に

(注34)　同条(d)項(2)号。
(注35)　被告自らが管理者となることもあるが，分配の実施に要する事務量が膨大であることから，クレームズ・アドミニストレーター（claims administrator）と呼ばれる専門の業者に業務を委託することが多い。National Consumer Law Center, Consumer Class Actions (6th ed.2006), 13.1. カナダのブリティッシュ・コロンビア州におけるクレームズ・アドミニストレーターの活動については，大村・前掲（注29）82頁を参照。
(注36)　和解金の分配の実務については, see National Consumer Law Center, supra note 35, 10.4.2, 13.1-13.5.

6 集団的消費者利益の実現における司法と行政

ついて訴訟を追行し，メンバーは，除外の申出をしない限り代表原告の訴訟追行の結果に拘束される。すなわち，除外の申出をしなかったメンバーは，代表原告が勝訴するか，または被告による金銭の支払を内容とする和解が成立すれば，その後に開始される分配手続に参加して，自らの権利を実現することができる。逆に代表原告が敗訴すれば，敗訴判決の効力に服さざるをえないため，自らの権利を失ってしまう。オプトイン型においては，メンバーは，授権をしなければ代表原告の訴訟追行によらずに権利を実現し，処分することができるのに対し，オプトアウト型においては，メンバーは，除外の申出をしない限り，代表原告が勝訴しても敗訴しても自ら訴えを提起して権利を実現することはできない。代表原告が勝訴した場合に，分配手続が開始されてもそれには参加しないという方法で，権利を処分する自由があるだけである[注37]。

こうしたオプトアウト型の規律に対しては，メンバーの自己決定権の保障が十分ではないという批判がありえよう[注38]。それにもかかわらず，アメリカ合衆国においてオプトアウト型が採用されているのは，オプトイン型では多数のメンバーの権利を実現することができないためである。例えば，1966年規則改正の起草者は，以下のような理由を挙げていた。

オプトイン型の下では，法律や商取引の知識に乏しいメンバーの権利を実現することができない。彼らは，自己の権利が侵害されていることを認識していないために，あるいは，自己の権利を訴訟によって実現しようとすれば不利益を受けるであろうとの懸念から，代表原告に授権するには至らないからである。しかし，それらの人々の権利を実現しないことが倫理的に正当化されるかは疑わしい。権利実現のために積極的な行動をとらないメンバーのためにも代表原告が訴訟を追行するオプトアウト型のほうが，正義に適って

(注37) オプトアウト型の下でも，被告から得られた金銭をメンバー全員に還元する方法（例：将来の利用料金を引き下げる）を採らない限り，金銭の分配手続についてはオプトイン型を採用せざるをえない。
(注38) わが国でこれを指摘する見解としては，鹿野菜穂子「集団的消費者被害の救済制度と民事実体法上の問題点」現代消費者法8号（2010）18頁がある。

いる[注39]。

3 オプトアウト型クラスアクションにおけるメンバーの利益保護の方法

　オプトアウト型クラスアクションの代表原告がクラスのメンバーの権利について訴訟追行権を行使しうるのはなぜだろうか。この答えを，メンバーが除外の申出をしないことによる「消極的授権」に求めるならば，メンバーには，除外の申出をする機会を確実に保障する必要がある。そのためには，メンバーに対する通知は，新聞公告ではなく個別の通知によるのが適切であろう[注40]。

　しかし，連邦民事訴訟規則は，個別の通知を常に要求しているわけではない。合理的な努力によってメンバーを特定することができる場合には，個別の通知によらなければならないと規定するにとどまる[注41]。合理的な努力によっても特定することができないメンバーに対しては，新聞公告による通知で足りるものと解されている。

　新聞公告によって通知が行われた場合には，メンバーが通知の内容を知らず，そのために除外の申出をしないこともありうる。そうしたメンバーの権利についても，代表原告は訴訟追行をすることができ，その結果に当該メンバーが拘束されるとすれば，その正当化根拠を，代表原告に対するメンバーの授権の意思に求めることはできない。むしろ，メンバーの利益を保護する

(注39)　B.Caplan, Continuing Work of the Civil Committee: 1966 Amendments of the Federal Rules of Civil Procedure（I），81 Harv. L. Rev. 356, at 397-398（1967）．
(注40)　原則として個別の通知によらなければならないとする見解として，集合的権利保護訴訟研究会「集団的権利保護訴訟における各種制度の比較検討(上)」NBL 932号（2010）16頁がある。鹿野・前掲（注38）18頁も，公告ではこれを認識しない権利者も多数存在しうるとし，「そのような者の不作為をもって，授権の意思を推定することはできまい」とする。
(注41)　連邦民事訴訟規則23条(c)項(2)号。この規定の解釈につき，連邦最高裁は，氏名および住所を容易に確認することができるメンバーに対しては，たとえ通知の費用がきわめて高額であって代表原告がこれを負担することができないとしても，個別の通知を省略することはできないとしている。Eisen v. Carlisle & Jacquelin, 417 U.S. 156（1974）．

ための装置が，オプトアウト型クラスアクションの規律の中に組み込まれていることに求めるべきである。すなわち，クラスアクションの認可の要件として，代表原告がメンバー全員の利益を公正かつ適切に保護することができる者であることが要求されている(注42)。また，代表原告による訴えの取下げや和解については裁判所の許可が必要であるなど，裁判所がメンバーの利益を保護するために後見的に介入すべきものとされている(注43)。さらに，代表原告以外のクラスのメンバーも，代理人を通じて訴訟手続に関与することが認められている(注44)。

Ⅳ　集団的被害回復裁判手続の特徴

1　オプトイン型か，オプトアウト型か

(1)　オプトアウト型に対する批判

消費者被害に遭いながら，被害回復のための積極的な行動をとらない消費者の中には，被害に遭ったことを自覚していない者もいる。また，被害に遭ったことは認識していても，裁判によって被害回復を図ることは躊躇する者もいる。オプトイン型の下でこれらの消費者の権利を実現することは困難である。被害者救済の実効性の観点からは，代表原告の訴訟追行に個々の消費者の授権を要しないオプトアウト型のほうが優れている。しかしわが国においては，オプトアウト型にはメンバーの手続保障の観点から問題があるとする見解が有力であった(注45)。論者によれば，オプトアウト型の下では，代

(注42)　連邦民事訴訟規則23条(a)項。
(注43)　同条(e)項。
(注44)　同条(c)項(2)号。
(注45)　大村ほか・前掲（注21）114頁［原強］は，クラスのメンバーは，除外の申出をしない限り，訴訟追行主体が受けた判決の効力を有利にも不利にも拡張されることになる点が，メンバーの手続保障の観点から，オプトアウト方式に対する一種のアレルギーを引き起こす原因になってきた，と指摘する。また，山本・前掲（注23）97-98頁は，オプトアウト型の下では，除外の申出をしないという不作為が授権と同視される点で，メンバーの手続保障が十分ではないとする。

第2部　集団的消費者被害救済制度の諸相

表原告の訴訟追行の結果が有利不利を問わずメンバーに及ぶ以上，メンバーに除外の申出をする権利を保障することは，メンバーの手続保障のために不可欠であり，個々のメンバーに対して，除外の申出をする権利があることを確実に通知する必要がある。そのためには，メンバーをどのようにして特定するのか，通知の費用を誰が負担するのかといった問題を解決しなければならない。集団的被害回復裁判手続がオプトアウト型を採用しなかった理由についても，これらの問題の解決が困難であることが挙げられていた[注46]。

(2) **集団的被害回復裁判手続とオプトアウト型の類似性**

それでは，集団的被害回復裁判手続には，オプトアウト型の要素はまったく認められないのだろうか。

確かに，簡易確定手続およびその後の執行手続は，対象消費者の授権に基づいて行われるので，オプトイン型である。共通義務確認訴訟の手続も，その判決の効力が対象消費者に不利に及ぶことがない点で，オプトアウト型ではない。しかし，特定適格消費者団体は，対象債権の実現を保全するために仮差押命令の申立てをすることができる。この申立ては，個々の対象消費者の授権に基づかずに彼らの権利のためになされる点で，オプトアウト型に類似する[注47]。さらにいえば，特定適格消費者団体による共通義務確認訴訟の追行も，オプトアウト型に類似する。なぜならば，共通義務確認訴訟において，特定適格消費者団体は，対象消費者の授権に基づかずに彼らの権利を訴訟上行使しているとみられるからである。その根拠となるのは，対象債権に関する消滅時効の中断の規律である。

法38条によれば，簡易確定手続において債権届出がされた対象債権に関しては，共通義務確認の訴えの提起時に裁判上の請求があったものとみなされ，遡って時効中断の効果が生じる。この規律の理論的な根拠は，特定適格

(注46)　集団的消費者被害救済制度専門調査会報告書10頁。通知に関する筆者の考え方については，長谷部由起子「集合訴訟制度の課題——立法に向けての覚書」曹時64巻7号（2012）1頁以下を参照。
(注47)　山本・前掲（注23）108頁によれば，特定適格消費者団体による「法定保全担当」であるとされる。

消費者団体による共通義務確認の訴えの提起が，対象債権についての訴訟上の権利行使であることに求められるように思われる。すなわち，Ⅱ2(1)でも述べたように，共通義務確認訴訟の請求である被告事業者の相当多数の対象消費者に対する金銭支払義務（法2条4号）は，個々の対象債権の集合である。共通義務確認の訴えは，対象債権の集合を対象とした確認の訴えであり，特定適格消費者団体は，対象消費者からの授権がないにもかかわらず，彼らのために，対象債権の集合について確認訴訟を追行している。そうであるがゆえに，共通義務確認の訴え提起による時効中断効は，個々の対象債権に及ぶ。法38条は，簡易確定手続において債権届出がされた対象債権についてこのことを規定したものと考えられる。

2　簡易確定手続の実効性

　アメリカ合衆国のクラスアクションにおいては，総額判決が確定するか，または被告がクラスのメンバーに対して一定額の金銭を支払う旨の和解が裁判所によって許可され，被告が金銭を払い込んだ後は，被告はもはや手続には関与しない。被告から支払われた金銭をメンバーの間に分配する手続が残るだけである。

　これに対して，集団的被害回復裁判手続の下では，共通義務確認訴訟において総額判決をすることが認められておらず，共通義務確認訴訟において被告の責任が確定された後も，被告との間で個々の対象債権を確定しなければならない。簡易確定手続は，対象債権を判決手続によらずに簡易・迅速に確定するために創設された手続であるが，その目的が達せられるためには2つの条件が必要である。第1は，多数の対象消費者が特定適格消費者団体に授権をして，簡易確定手続に参加することである。第2は，被告事業者が正当な理由なく届出債権を争ったり，届出債権の支払を命ずる簡易確定決定に対して異議を申し立てたりすることを防止する措置が講じられていることである。

　第1の点については，簡易確定手続申立団体が，対象消費者に授権を促すための通知（法25条）および相当な方法による公告（法26条）を効率的・効果

的に行うことができるか、が重要である。通知・公告の費用を合理的な額に押さえることができなければ、簡易確定手続の実施は困難であり、また、通知・公告によって相当数の対象消費者が特定適格消費者団体に授権をするようでなければ、簡易確定手続による権利実現の効果は上がらないであろう。

　第2の点については、届出債権の支払を命ずる簡易確定決定に対して濫用的な異議の申立てがされることを防ぐために、裁判所は、申立てによりまたは職権で、仮執行宣言を付すことができる（法44条4項）。これに対して、届出債権の認否に関する法42条には、被告事業者が正当な理由もなく届出債権を争うことを禁止あるいは抑制する内容は含まれていない。

3　集団的被害回復裁判手続における対象消費者の利益保護の方法

　Ⅲ3で述べたように、アメリカ合衆国のオプトアウト型クラスアクションにおいては、メンバーの利益を保護するために、代表原告、裁判所、メンバーのそれぞれが役割を果たすことが予定されている。これとは対照的に、わが国の集団的被害回復裁判手続においては、対象消費者の利益保護は、もっぱら特定適格消費者団体が手続に関する業務を適切に遂行することによって、確保すべきものとされている。例えば、共通義務確認訴訟において、特定適格消費者団体は、事業者の金銭支払義務の存否について通常訴訟におけるのと同様に和解をすることができる（法10条）。対象消費者の利益を保護するために、和解について裁判所の許可を要する、あるいは和解の内容について対象消費者に通知をするといった規律は、採用されていない。また、対象消費者は、共通義務確認訴訟の原告適格を有しないだけでなく、補助参加人として共通義務確認訴訟に参加することもできない（法8条）。特定適格消費者団体の訴訟追行によって対象消費者の利益が害されるおそれがあったとしても、対象消費者や裁判所にこれを牽制する訴訟上の権限は認められていない。

　この場合に対象消費者の利益を保護する方法としては、共通義務確認訴訟の原告以外の特定適格消費者団体が、対象消費者の利益を保護するために共

通義務確認訴訟に参加（共同訴訟参加）することが考えられる[注48]。もっとも，係属中の共通義務確認訴訟に他の特定適格消費者団体が適時に参加するという保障はない[注49]。法が予定している方法は，特定適格消費者団体が対象消費者の利益を害する訴訟追行をしたことを理由に，内閣総理大臣が当該特定適格消費者団体について特定認定を取り消し（法86条2項1号），係属している共通義務確認訴訟を受け継ぐべき他の特定適格消費者団体を指定すること（法87条1項）であろう[注50]。

法の下では，裁判所は，共通義務確認訴訟を適切に追行することができる適格消費者団体を選別することにも，不適切な訴訟追行をした特定適格消費者団体を共通義務確認訴訟の手続から排除することにも，積極的には関与しない。これらは，内閣総理大臣が特定認定およびその取消しの方法で行うものとされている[注51]。

(注48) 共通義務確認訴訟の当事者以外の特定適格消費者団体は，共通義務確認訴訟の確定判決の効力を受ける（法9条）。また，請求の内容および相手方が同一である共通義務確認訴訟が数個同時に係属する場合には，弁論および裁判を併合しなければならないものとされており（法7条），すでに共通義務確認訴訟が係属していても，その当事者ではない特定適格消費者団体について共通義務確認訴訟の当事者適格は否定されないものと考えられることから，当該特定適格消費者団体は共同訴訟参加（民訴52条）の要件を満たすものと考えられる。なお，共通義務確認訴訟において原告および被告が共謀して対象消費者の利益を害する目的をもって判決をさせたときは，他の特定適格消費者団体は再審の訴えを提起することができるが（法11条），このことは，詐害的な訴訟追行がされている共通義務確認訴訟に他の特定適格消費者団体が共同訴訟参加をすることを否定する趣旨ではないと思われる。
(注49) 共通義務確認の訴えを提起した特定適格消費者団体は，遅滞なく，その旨を他の特定適格消費者団体に通知しなければならないので（法78条1項1号），他の特定適格消費者団体は，共通義務確認訴訟が係属しており，対象消費者の利益を害する訴訟追行がされていることを知ることはできる。しかし，この場合に共同訴訟参加することを義務付けた規定はない。
(注50) 特定認定が取り消された場合には，共通義務確認訴訟の手続は中断する（法61条1項柱書）。ただし，訴訟代理人がある間は中断しない（同条2項）。Ⅱ2(2)で述べたように，特定適格消費者団体は共通義務確認訴訟の手続を弁護士に追行させる義務を負っているので，通常であれば弁護士である訴訟代理人がおり，手続は中断しないことになる。もっとも，対象消費者の利益を害する訴訟追行が弁護士によって行われ，そのことを理由として特定認定が取り消された場合には，法60条の文言にかかわらず，当該弁護士の訴訟代理権は消滅し，手続は中断すると解すべきである。
(注51) なお，法92条により，内閣総理大臣は，特定認定およびその取消しについての権

V 今後の課題

1 集合訴訟の理念

　事業者の違法な行為によって相当多数の消費者に財産的被害が生じていても，個々の消費者は，被害額が少額である，あるいは法や裁判制度に不案内であるといった理由から，裁判手続によって自己の権利を実現しようとは考えない。被害額が少額ではないが，裁判に要する費用の負担や弁護士へのアクセス障害のために裁判手続を利用しない被害消費者の場合は，日本司法支援センター（法テラス）を通じて民事法律扶助制度を利用したり，弁護士に委任したりすることにより，訴えの提起に至ることもあるかもしれない。しかし，共通の原因から生じた多数の請求について個々の消費者が個別に訴えを提起して手続を進めることは，訴訟経済に反するうえに，共通争点について裁判所が矛盾した判断をするおそれがあることや被告事業者の応訴の煩の点からも好ましくない。被害消費者の裁判へのアクセスを保障しつつ，審理の効率および統一を図るためには，多数の請求について代表原告が訴訟手続を追行する集合訴訟の形態をとることが必要である。わが国の集団的被害回復裁判手続もアメリカ合衆国のクラスアクションも，そのような考え方に基づくものであった。

2 アメリカ合衆国のクラスアクションと集団的被害回復裁判手続の差異

　アメリカ合衆国のクラスアクションと集団的被害回復裁判手続の違いは，以下の点にある。
　第1に，代表原告となる資格（原告適格）は，アメリカ合衆国のクラスアクションにおいては被害消費者個人に認められるのに対し，集団的被害回復裁

限を消費者庁長官に委任することとされているので，これらの権限に関する業務は消費者庁において行うことになろう。

判手続においては行政機関によって認定を受けた消費者団体に認められる。アメリカ合衆国のクラスアクションにおいては，裁判所が適切な訴訟追行をなしうる個人を選別しなければならないが，わが国ではそうした作業は必要でない。

　第2に，アメリカ合衆国のクラスアクションにおいては，代表原告が追行した訴訟の結果は，有利不利を問わず除外の申出をしなかったメンバー全員に及ぶ。これは，被告事業者に対する公平を理由とするものである。裁判所は，不利な判決の効力にも服さざるをえないメンバーの利益を保護するために後見的に手続に介入し，代表原告の訴訟追行を監督する。他方，集団的被害回復裁判手続においては，対象消費者の手続保障を理由に，共通義務確認訴訟における敗訴判決の効力は対象消費者には及ばないものとされている。共通義務確認訴訟において特定適格消費者団体が不適切な訴訟追行をしないように，裁判所が手続に介入することは予定されていない。また，共通義務確認訴訟において特定適格消費者団体を勝訴させるために，対象消費者が手続に参加することも認められていない。対象消費者の利益保護は，不利な判決効が拡張されないことと，行政機関による特定適格消費者団体の監督によって図られるべきものとされている。

　第3に，アメリカ合衆国のクラスアクションにおいては，代表原告は，除外の申出をしなかったメンバー全員の請求について総額判決を得ることができる。集団的被害回復裁判手続においては，総額判決は認められず，個々の対象消費者が対象債権を実現するには，特定適格消費者団体に授権をして，簡易確定手続とその後の強制執行手続を経なければならない。簡易確定手続において事業者が個々の対象債権を争わない場合には，簡易迅速に債務名義を作成することができるが，事業者が不当に対象債権を争うことを抑止するための方策は，十分ではない。また，特定適格消費者団体が対象消費者に授権を促すための通知・公告の費用はどの程度の金額になるのか，これを負担するのは誰か（授権をした対象消費者か，特定適格消費者団体か，その他の主体か）は，現時点では明らかではない。

3　集団的被害回復裁判手続における裁判所の役割

　集団的被害回復裁判手続の下では，消費者被害の救済のために裁判所に新たな職責が期待されているといえるだろうか。

　この点に関しては，消極に解すべきであるようにみえる。すなわち，共通義務確認訴訟の手続には，通常の訴訟手続と同様に処分権主義および弁論主義が適用される。釈明権行使について特則が定められているわけでもない。簡易確定手続は新たな制度ではあるが，そこでの対象債権の確定は，破産手続における破産債権の確定と同様の方法で行われる。特定適格消費者団体のする仮差押えの手続も，被保全権利が多数の者に属する権利の集合であるために，その金額の算定や担保の額の決定につき通常の場合とは異なる考慮が必要であることを除けば，通常の仮差押えの手続と同様である。

　しかし，共通義務確認訴訟における特定適格消費者団体敗訴の確定判決の効力は，対象消費者には及ばないものの，他の特定適格消費者団体には拡張される（法9条）。他の特定適格消費者団体が当該確定判決に対して再審の訴えを提起しうる場合（法11条）を別にすれば，他の特定適格消費者団体が被告事業者に対して再度，共通義務確認の訴えを提起し，請求認容判決を得ることはできない。1でも述べたように，個々の対象消費者が個別に訴えを提起する可能性は低く，また，個別訴訟が頻発するとすればそれは不適切であることから，共通義務確認訴訟において充実した審理がされ，判決または和解の内容が対象消費者と被告事業者の間で尊重されるようになることが望ましい。そのためには，共通義務確認訴訟において，裁判所が適切な訴訟指揮を行うことが必要であろう。

　同様のことは，簡易確定手続についてもあてはまる。Ⅳ2でも述べたように，法の規定上は，簡易確定手続において事業者が不当に対象債権を争うことを抑止することはできない。簡易確定手続による対象消費者の権利実現を実効的なものにするためには，裁判所は，事業者が不当な主張に基づいて対象債権を争う場合にはこれを認めないなどの事実上の措置をとるべきであろう。

4　集団的被害回復裁判手続と行政手法の関係

　集団的被害回復裁判手続の下では，対象消費者は，共通義務確認訴訟の原告であった特定適格消費者団体に授権をしなければ，簡易確定手続によって対象債権を実現することはできない。2で述べたように，授権を促すための通知・公告が実効的なものになるかはいまだ明らかではなく，集団的被害回復裁判手続によって回復することができるのは，事業者が違法行為によって得た収益の一部に限られるものと思われる。それゆえ，集団的被害回復裁判手続に，事業者の違法な収益を剥奪し，それによって違法行為を抑止する機能を期待することはできない。違法行為の抑止を目的とするのであれば，事業者に対して違法行為抑止のために必要な賦課金の納付を行政処分として命じる制度のほうが有効であり，消費者被害事案にこれを導入することも検討されている(注52)。

　事業者から納付された賦課金は国庫に帰属するので，賦課金制度が被害消費者の救済に直接役立つことはない。それどころか，賦課金を納付したことにより事業者の資力が低下すれば，集団的被害回復裁判手続による被害回復を阻害するおそれもある。そこで，違法行為の抑止に加えて被害消費者の救済も図る目的で，納付された賦課金を行政機関が被害消費者に配分する提案がされている(注53)。また，消費者庁が裁判所に対し，事業者の違法な収益の吐出しの命令を申し立て，消費者庁に支払われた金額を被害消費者に配分する制度の導入についても，検討されている(注54)。

(注52)　検討の状況については，2013年6月に公表された消費者の財産被害に係る行政手法研究会（座長：小早川光郎教授）の「行政による経済的不利益賦課制度及び財産の隠匿・散逸防止策について」（以下，「行政手法研究会報告書」として引用する）を参照。
(注53)　例えば，黒沼悦郎「投資者保護のための法執行」商事1907号（2010）43頁以下は，投資詐欺事件の防止と被害者救済を図るために，金融商品取引法の規定に基づいて納付された課徴金を被害者に分配することを提案する。消費者法分野に類似の制度を導入する可能性については，行政手法研究会報告書13頁参照。
(注54)　行政手法研究会報告書32頁以下。この制度のモデルとなったアメリカ合衆国の消費者被害回復制度（consumer redress）については，同報告書69頁以下（資料42）の分析を参照。

第2部　集団的消費者被害救済制度の諸相

　行政主導で実施されるこれらの制度を導入するとした場合には，集団的被害回復裁判手続との役割分担をどのように行うかが課題となる[注55]。集団的消費者利益の効率的な実現という観点からは，事業者に対する調査権限や監督権限を有する行政機関が主体となる制度のほうが望ましいという評価はありえよう。しかし，事業者のどのような行為が違法であり，被害を受けた個々の消費者が事業者に対してどのような権利を行使することができるのかを司法の場で明らかにすることは重要であり，それによって違法行為が抑止される場合もあるように思われる。私人が裁判手続を通じて集団的消費者利益を実現する試みとして，集団的被害回復裁判手続が成果を上げることを期待したい。

（注55）　この問題は，*第1部* ⑩ Ⅱ 7において論じられている。

7　集団的消費者被害救済の国際的側面
――抵触法的考察

名古屋大学教授　横溝　大

　本稿の目的は，消費者庁の主導により導入が進められていた消費者裁判手続特例法^(注1)につき，抵触法^(注2)上の問題点を指摘し，一定の解釈論・立法論を提言することにある。

　国境を越える人や物の移動やサービスの提供がますます増加するに伴い，消費者に関する国際的民事紛争が増加していることは周知の事実であり，この問題に対する抵触法的対応は各国において重要な課題となっている。わが国でも，2006年に従来の法例を改正する形で制定された法の適用に関する通則法（以下，「通則法」とする）において，消費者契約の準拠法に関する11条が導入され，また，2011年に成立した民事訴訟法及び民事保全法の一部を改正する法律においても，消費者契約に関する訴えについての国際裁判管轄規定が導入された（民訴3条の4第1項・3項・3条の7第5項）。

　消費者に関する民事紛争の国際的側面に関する検討は，集団的消費者被害回復に関する訴訟制度の導入にあたってもやはりなされる必要があるだろう。実際，2007年にOECD理事会で採択された「消費者の紛争解決及び救済に関する理事会勧告（OECD Recommendation of the Council on Consumer Dispute Resolution and Redress）」においても，加盟国が，消費者のための紛争解決・救済の仕組みを実施する際，そのような仕組みについての意識・アクセ

（注1）　消費者庁ホームページ「消費者の財産的被害の集団的な回復のための民事の裁判手続の特例に関する法律」〈http://www.caa.go.jp/planning/index14.html〉から入手可能（最終確認日2013年12月22日）。
（注2）　以下，「抵触法」という用語を広義の国際私法の意味で用いる。

第2部　集団的消費者被害救済制度の諸相

スを改善し，国境を越えた紛争について消費者救済の実効性を高める必要を考慮すべきであることが指摘されており^(注3)，また，欧州委員会の「集団的消費者救済に関するグリーンペーパー（Green Paper On Consumer Collective Redress）」においても，国境を越えた紛争に関する集団的救済の検討が視野に置かれている^(注4)。

しかしながら，2013年12月4日に成立し，同月11日に公布された「消費者の財産的被害の集団的な回復のための民事の裁判手続の特例に関する法律」においては，消費者に関する紛争の国際的側面への言及はわずかしか見られず，また消費者庁等がこれまで公表した各種報告書においても^(注5)，国際的側面に関する議論が十分になされていたようには見受けられない。

確かに，導入される集団的消費者被害回復に係る訴訟制度の国際的側面が抵触法上新たな問題を生じさせないのであれば特に問題はない。だが，以下に見るように，当該制度の導入は，抵触法上さまざまな問題を生じさせるのであり，その中には立法により対応すべき点も含まれている。当該制度の導入に際しては，国際的側面に関する検討もやはり必要なのではないだろうか。

以下では，当該制度が導入されるうえで検討されねばならない紛争の国際的側面に関する問題について指摘し，可能な範囲でそれらの問題点につき解釈論的・立法論的検討を試みる。国際裁判管轄［→Ⅰ］，共通義務の決定［→Ⅱ］，準拠法［→Ⅲ］の順で述べ，残された問題として，外国消費者団体等の原告適格，および集団的消費者被害救済制度に基づく外国判決の承認執行に

(注3)　OECD Recommendation of the Council on Consumer Dispute Resolution and Redress, Ⅲ. <www.oecd.org/dataoecd/43/50/38960101.pdf>から入手可能（最終確認日2013年12月22日）。
(注4)　Green Paper On Consumer Collective Redress, COM (2008) 794 final.
(注5)　内閣府国民生活局「集団的消費者被害回復制度等に関する研究会報告書」（2009年8月）（〈www.caa.go.jp/planning/pdf/torimatome.pdf〉から入手可能），消費者庁企画課「集団的消費者被害救済制度研究会報告書」（2010年9月）（〈http://www.caa.go.jp/planning/pdf/100914body.pdf〉から入手可能），消費者委員会集団的消費者被害救済制度専門調査会「集団的消費者被害救済制度専門調査会報告書」（2011年8月）（〈http://www.cao.go.jp/consumer/history/01/kabusoshiki/shudan/index.html〉から入手可能（いずれも最終確認日2013年4月30日）。

ついて述べる［→Ⅳ］^(注6)。

Ⅰ　国際裁判管轄

　とりわけインターネット上での売買の増加を考えれば、外国事業者との取引による消費者被害が集団的に生じる場合も容易に想像できる。そして、特定適格消費者団体（被害回復裁判手続を追行するのに必要な適格性を有する法人である適格消費者団体として内閣総理大臣の認定を受けた者。消費裁判2条10号）が外国事業者を被告としてわが国裁判所において共通義務確認の訴え（消費者契約に関して相当多数の消費者に生じた財産的被害について、事業者が、これらの消費者に対し、これらの消費者に共通する事実上および法律上の原因に基づき、個々の消費者の事情によりその金銭の支払請求に理由がない場合を除いて、金銭を支払う義務を負うべきことの確認を求める訴え。同条4号）を提起する場合には、当該訴訟をわが国裁判所が審理すべきか否かという国際裁判管轄の問題が生じる。消費者裁判手続特例法には国内土地管轄に関する規定はあるが（消費裁判6条）、国際裁判管轄に関する規定は置かれていない^(注7)。

　この場合、前述した消費者契約に関する訴えについての国際裁判管轄規定が適用されるか否かがまずもって問題となる。これらの規定の概要は以下の通りである。すなわち、消費者（事業としてまたは事業のために契約当事者となる場合を除いた個人）と事業者（法人その他の社団または財団および事業としてまたは事業のために契約当事者となる場合における個人）との間で締結される消費者契約に関する紛争につき、消費者から事業者に対する訴えは、訴えの提起時または消費者契約の締結時における消費者の住所が日本国内にあれば日本の裁判所に提起することができる（民訴3条の4第1項）。これに対し、事業

(注6)　本稿は、横溝大「集団的消費者被害救済の国際的側面——抵触法的考察」NBL986号（2012）80頁を、その後の進展を踏まえ加筆・修正したものである。
(注7)　この点は、現行の消費者契約法における適格消費者団体による差止請求に関しても同様である（43条が国内土地管轄を定めるのみ）。

者からの消費者に対する訴えについては，義務履行地管轄等のいわゆる特別裁判籍に関する規定は適用されず（同条3項），消費者の住所地が日本にある場合にのみ（同法3条の2）わが国の国際裁判管轄が認められる。また，事前の管轄合意についても(注8)，契約締結時に消費者が住所を有していた国に対する合意(注9)，および，消費者が当該合意に基づき合意された国の裁判所に訴えを提起したとき，または事業者が訴えを提起した場合に消費者が当該合意を援用したときについてのみ有効であるとされる（同法3条の7第5項）。

これらの規定は，消費者と事業者との間には，情報の質および量，また経済力および交渉力に格差が存在するという認識の下，とりわけ国際的な事案においては，法令や言語の異なる外国の裁判所において消費者が訴えを提起しまたはその裁判所で応訴することは困難であること，また，国内の事案と異なり，裁量移送により当事者間の衡平を図ることはできないことなどの事情から，国内の事案に比べ裁判所へのアクセスの保障に配慮する必要性がより高いとの考慮から設けられたものである(注10)。これらの規定が消費者団体による事業者に対する訴えにも適用されるか否かという点については，法制審議会国際裁判管轄法制部会においても特に議論がなされず，また，その後もこれまで特に議論されていないようである(注11)。

だが，特定適格消費者団体は「多数の消費者と事業者との間の紛争につき，十分な情報収集及び事業者から独立した立場からの分析・検討をすることができ，これを踏まえ，消費者利益を擁護する立場から，合理的な根拠に基づ

(注8) 事後的合意については管轄合意一般に関するルールが適用される。道垣内正人「日本の新しい国際裁判管轄立法について」国際私法年報12号（2011）197頁。
(注9) この場合，専属的管轄合意は付加的管轄合意とみなされる（民訴3条の7第5項1号括弧書）。
(注10) 法務省民事局参事官室「国際裁判管轄法制に関する中間試案の補足説明」（平成21年7月）（〈http://search.e-gov.go.jp/servlet/Public?CLASSNAME=Pcm1010&BID=300080059〉から入手可能）38頁以下，佐藤達文＝小林康彦編著『一問一答平成23年民事訴訟法等改正』（商事法務，2012）84頁以下。
(注11) ただし，オプトアウト式のクラス・アクションが仮に日本に導入されればこれらの規定の対象となりうると考えているように解されるのは，道垣内・前掲（注8）198頁。

いて訴訟手続を追行することが期待できる者」であって^(注12)，訴訟追行能力において事業者との間に格差がある者とは想定されていない。形式的にも，民事訴訟法3条の4以下にいう「消費者」は個人であり，特定適格消費者団体を「消費者」に含めるのは困難である。したがって，消費者契約に関する訴えについての国際裁判管轄規定は，共通義務確認の訴えには適用されないと解すべきだろうし^(注13)，立法の際にはこの点を明確にしておくのが適切だっただろう。

そこで，被告が外国事業者の場合，民事訴訟法3条の3に挙げられる管轄原因の有無が問題となる。具体的には，共通義務確認の訴えとの関係では，債務履行地（1号）^(注14)，財産所在地（3号），事業活動地（5号）^(注15)，不法行為地（8号）が日本にあるか否かを検討し，ある場合にはわが国の国際裁判管轄を否定すべき特別の事情があるかないかを検討することになる（民訴3条の9）^(注16)。

また，このように考えた場合，消費者と事業者との間で締結された外国裁判所を指定する国際的管轄合意や仲裁合意の効力が，特定適格消費者団体に

(注12) 集団的消費者被害救済制度専門調査会・前掲（注5）13頁。
(注13) 消費者契約事件に関するブリュッセルⅠ規則15条1項につき，同規定が個別請求のみを念頭に置いており集団的救済を念頭に置いていないこと，および，集団的救済の仕組みが消費者・事業者間の訴訟追行能力の不平等を根本的に変更するものであることから，集団的訴訟について同規定が適用されるべきでないとする，Zheng Sohia Tang, "Consumer Cross-Border Collective Redress in European Private International Law", *Journal of Private International Law*, Vol. 7, No. 1, 101, pp. 112-113 も参照。なお，この点は，現行の消費者契約法における適格消費者団体による差止請求についても同様である。
(注14) 債務履行地管轄との関係では，契約当事者ではない特定適格消費者団体による訴えにこの管轄を認めることができるかが問題となる。Cf. Tang, *supra* note（13），pp. 108-111. 集団的消費者被害回復に係る訴訟制度が消費者の被害回復の実効性確保を図る制度であることからしても，訴えの基礎にある消費者契約の債務履行地にも国際裁判管轄を認めるべきであると考える。Green Paper, *supra* note（4），para. 58も参照。立法においてはこの点を明確にしておくことが望ましかった。
(注15) 新設された管轄原因である事業活動地は，インターネット上のウェブサイトによるわが国への製品等の販売をも念頭に置いた規定であり（法務省民事局参事官室・前掲（注10）16頁，佐藤＝小林編著・前掲（注10）57頁），共通義務確認の訴えとの関係では，わが国の国際裁判管轄を肯定するのに有効に機能すると思われる。

も及ぶか否かが問題となる。いわゆるチサダネ号事件における最判昭和50・11・28（民集29巻10号1554頁）では，船荷証券の裏面約款に含まれていた管轄合意条項の効力が海上運送契約の当事者ではない荷受人からの運送人に対する請求にも及ぶと解されており[注17]，また，リングリングサーカス事件に関する最判平成9・9・4（民集51巻8号3657頁）も，一方契約当事者の代表取締役に対する他方当事者からの訴えが仲裁合意の範囲に含まれるとしている。だが，消費者契約における管轄合意や仲裁合意が，特定適格消費者団体による共通義務確認の訴えに及ぶことになると，消費者の被害回復の実効性は到底確保できない。したがって，そのような管轄合意・仲裁合意の効力は，仮令明示的に特定適格消費者団体による訴えをも対象とすると書かれている場合であっても，当該訴えには及ばないことを立法上明確にしておいたほうが良かったのではないだろうか。

最後に，集団的消費者被害回復に係る訴訟が国内で進行している一方で，オプトアウト型のクラス・アクションで同一の被告に対し損害賠償請求訴訟が係属しており，それぞれの集団を構成する消費者が重なっている場合や，外国裁判所においてわが国の特定適格消費者団体が国内事件と同一の被告に対し債務確認請求を行い訴訟が係属している場合には，国際的訴訟競合が理論的には問題となりうる。だが，集団的消費者被害回復に関する各国の法制度が，消費者の被害回復の実効性を確保するために設けられる政策的色彩の高い制度であり，当該制度に基づく判決が他国において承認・執行される可

(注16)　ただし，現行の消費者契約法における適格消費者団体による差止請求については，立法論上は別に考えることもできる。上記差止請求は，「通常の民事訴訟（個別訴訟）とは異なり，消費者全体の利益を擁護するという，いわば公益的な目的のために，直接被害を受けていない第三者である特定の団体に，政策的に差止請求権を付与するもの」であるが（消費者庁企画課編『逐条解説消費者契約法〔第2版〕』〔商事法務，2010〕44頁)，これに対し，民事訴訟法3条の2以下の国際裁判管轄規定は，基本的に二当事者間の訴訟を念頭に置いたものであり，上記差止請求にどこまで適合するか，検討の余地があるからである。同制度の趣旨からすれば，例えば，独占禁止法の国際的適用に関する公正取引委員会の国際管轄と同様に，外国事業者が「不特定かつ多数の消費者に対し」一定の行為を現に行いまたは行うおそれがあるときには日本に国際裁判管轄があるとすることも考えられる。

(注17)　なお，同事件の1審判決である神戸地判昭和38・7・18下民集14巻7号1477頁参照。

能性が現時点では低いこと、また、各国における集団的消費者救済に関する訴訟制度の多様性を考慮すれば、国内訴訟と同一の被告に対し外国裁判所において集団的消費者救済に関する手続が進行しているとしても、国際的訴訟競合と捉え両手続の間で何らかの調整を図ることは、現時点では困難であるように思われる(注18)。

II　共通義務の決定

インターネットを通じた不当勧誘や虚偽・誇大広告等においては、同一の方法によった場合でも消費者の所在地により不法行為の準拠法が異なりうるし、同一の事業者との間で締結された多数の消費者契約において異なる準拠法を指定する準拠法条項が用いられていた場合には、同一類型の事案であっても契約準拠法が異なりうる。このように適用される準拠法が異なりうる場合にも、消費者間に共通する事実上および法律上の原因があるとして、共通義務確認の訴えは認められるべきだろうか(注19)。

確かに、原因となる事実が同一であっても準拠法が異なれば、事業者の違法性についての判断等が異なりうるのであり、一括して審理する必要性に乏しいようにも思われる。だが、そのような場合であっても事実認定については同一の訴訟において一括して行うことが効率的であるし、また、後述のよ

(注18)　ただし、外国における集団的消費者救済に関する手続によりすでに一定の救済を受けた消費者に対しては、国際倒産手続におけるホッチ・ポットルール（破201条4項）と同様、対象債権の確定段階でそのような事実を考慮することが可能であろう。なお、外国裁判所において対象消費者（共通義務確認の訴えの被告とされた事業者に対する金銭の支払請求権であって、共通義務に係るもの〔対象債権〕を有する消費者。消費裁判2条5号・6号）が自ら損害賠償請求を行っている場合には、対象債権の届出の可否の際にこれを考慮すればよいだろう（同法30条4項）。

(注19)　なお、共通義務確認の訴えに関する消費者裁判手続特例法3条1項5号では、「不法行為に基づく損害賠償の請求（民法〔明治29年法律第89号〕の規定によるものに限る）」として、不法行為については日本民法による損害賠償請求しか認めていないように読める。だが、契約や不当利得に関する請求に関しては準拠法が外国法であっても請求を認めつつ、不法行為についてのみそのような限定を認める根拠はどこにもない。

第2部　集団的消費者被害救済制度の諸相

うに，特定適格消費者団体に事後的に契約や不法行為の準拠法を合意する権能や，消費者常居所地法の特定の強行規定を適用する意思表示を行う権能を認める場合には，事後的に準拠法を同一にする可能性が開かれる。そこで，例えば不法行為に基づく損害賠償請求というように，請求の基礎となる被害を生じさせた法律上の原因が同様であれば，適用される準拠法が異なりうる場合にも，共通性があるとして共通義務確認の訴えを認めてよいように思われる[注20]。

　それでは，対象消費者の地理的範囲はどのように決定されるべきだろうか。この点につき，消費者裁判手続特例法では，2段階型の訴訟における第1段階では特にふれず，代わりに第2段階の個別の消費者の債権確定手続の中の対象債権の届出において，届出時に対象消費者が対象債権に基づく訴えを提起するとすれば日本の裁判所が管轄権を有しないときは，申立団体が当該対象債権の届出をすることができない，とすることで限定をかけている（消費裁判30条3項）。消費者の請求権の実効性を確保するという当該制度の目的からすれば，当該制度がない場合に消費者が日本における訴訟を利用できるか否かで外延を画することには，それなりの合理性があるように思われる。ただし，消費者契約事件の国際裁判管轄に関する規則は，日本国内に居住している消費者が外国で消費者契約を行う場合（いわゆる能動的消費者の場合）にも原則として日本の国際裁判管轄を認めており[注21]，このような場合には民事訴訟法3条の9による特別の事情があるとしてわが国の国際裁判管

(注20)　なお，国際法協会「国際民事訴訟と公益（International Civil Litigation and the Interests of the Public）」委員会が2008年に公表した決議「国境を越える集団訴訟のためのベスト・プラクティスについてのパリ・リオガイドライン（Paris-Rio Guidelines of Best Practices for Transnational Group Actions）」においては，国境を越える単一の集団訴訟において複数の法が適用されうるという事実は，認証段階において考慮される要素である場合には，集団訴訟が不適切であることを必ずしも意味するべきではない，とされている（2.3）。The International Law Association, *Report of the Seventy-Third Conference-Rio De Janeiro* (ILA, 2008), p. 573.

(注21)　このような場合にわが国の国際裁判管轄を認めなければ，「消費者は一時的に滞在したにすぎない国の裁判所で応訴することを強いられることになり，実質的にその権利を主張することが困難にな」るためであると説明される。佐藤＝小林編著・前掲（注10）88頁。

轄を否定すべき余地が大きいことが早くから指摘されていた(注22)。そこで，場合によっては対象債権に基づく訴えにつきわが国の裁判所が国際裁判管轄を有するか否かが明らかでなく，争われる可能性が残されよう。

Ⅲ　準拠法

　共通義務に関する審理の際の準拠法が，客観的に決定されるのであれば特に問題はない。だが，通則法は，不当利得および不法行為につき，当事者の合意により事後的に準拠法を変更する可能性を認めており（通則法16条・21条），また，消費者契約につき準拠法条項等により消費者の常居所地法以外の法が選択されていたとしても，消費者がその常居所地法中の特定の強行規定を適用すべき旨の意思を事業者に対し表示することにより，当該強行規定の適用を認めている（同法11条）。集団的消費者被害回復に係る訴訟制度において，これらの点につきどのように対応するかが問題となる(注23)。

1　当事者の合意による事後的な準拠法変更

　通則法において，不当利得および不法行為について当事者の合意による準拠法変更が認められたのは，法定債権とはいえ一旦発生したならばその性質は契約に基づく債権と変わらず，実質法上も通常当事者による任意処分性が

(注22)　澤木敬郎＝道垣内正人『国際私法入門〔第7版〕』（有斐閣，2012）290頁以下。また，特別の事情による却下の例として，能動的消費者と中小零細事業者の消費者契約の場合を挙げるのは，出井直樹「消費者契約に関する訴え」日本弁護士連合会国際裁判管轄規則の法令化に関する検討会議編『新しい国際裁判管轄法制——実務家の視点から』別冊NBL138号（2012）58頁。
(注23)　なお，適格消費者団体による差止請求に関する消費者契約法12条以下は，抵触法上は準拠法いかんにかかわらず通常常に適用される強行的適用法規とみなすことができ（西谷祐子「消費者契約及び労働契約の準拠法と絶対的強行法規の適用問題」国際私法年報9号〔2008〕44頁），契約等の準拠法が外国法であることはこれらの規定の適用に影響を及ぼさない。したがって，以下で論じることは適格消費者団体による差止請求には関わらない。

認められている点からすれば，債権の準拠法についても当事者自治を認めても問題がないと考えられたこと，また，当事者の便宜の観点，特に，当事者間で判断基準が明確になる点からすれば，当事者自治を認めることが合理的であると考えられたことによる^(注24)。ただし，第三者の権利を害することとなるときは，その変更を当該第三者に対抗することができない。これは，変更による不利益を第三者に負わせないためであり，不法行為について言えば，不法行為債権に関して責任保険を引き受けている保険会社等が「第三者」に該る^(注25)。

　事後的な準拠法変更に関するこれらの権能は当事者に与えられており，共通義務確認訴訟における特定適格消費者団体を「当事者」とするのは解釈論上難しい。だが，消費者被害の実効的な救済のためには，被害者である消費者が有しているこれらの権能を当該訴訟において特定適格消費者団体が行使できるようにする必要があるように思われる。被害者の側から見れば，準拠法変更の意義は自己に有利な準拠法に変更できる点にあるが，いずれの準拠法が被害者にとって有利であるかを調査したり，また加害者と実際に準拠法の変更について合意したりする能力は，消費者被害の場合には，そのような調査能力やバーゲニング・パワーを有する特定適格消費者団体にこそ備わっていると考えられるからである。また，共通義務訴訟の対象となる対象債権の間で準拠法が異なっている場合には，これを統一できるという利点もある。

　したがって，この点については，「共通義務確認訴訟においては特定適格消費者団体を法の適用に関する通則法16条及び21条にいう当事者とみなす」といった形での立法上の手当てが必要だったのではないだろうか。

2　消費者の常居所地法中の強行規定適用の意思表示

　通則法11条1項が，当事者が選択した準拠法が消費者の常居所地法以外の

(注24)　櫻田嘉章＝道垣内正人編『注釈国際私法(I)』（有斐閣，2011）417頁［竹下啓介］。
(注25)　櫻田＝道垣内編・前掲（注24）522頁［竹下］。

法である場合であっても，消費者がその常居所地法中の特定の強行規定を適用すべき旨の意思を事業者に対して表示したときは，その強行規定も適用されると定めたのは，経済的弱者である消費者を保護するためである[注26]。ただし，常居所地法の適用につき消費者の意思表示が要求されたのは，当事者が選択した準拠法と消費者の常居所地法とで，いずれが消費者に有利かを争点ごとに裁判所が職権で行うのは困難であるとの指摘が立法過程においてなされたことから，消費者の意思表示という要件が消費者保護の要請と実務の運用可能性の妥協点として了承されたことによる[注27]。

この意思表示の要件は，「実際に，消費者が複雑な抵触規則を理解し，常居所がどの国にあるかを認識し，選択された法よりも自己の常居所地法の方が消費者保護に厚いことを理解した上で，その常居所地法上の特定の強行規定の効果まで主張することは稀であろう」とされ，学説上批判されてきた[注28]。だが，特定適格消費者団体であれば，十分な情報収集に基づき上述のような主張を適切に行うことが可能であると思われる。

ここでもまた，通則法11条1項にいう「意思表示」を行うのは消費者とされており，消費者が個人であるとされている以上，解釈上特定適格消費者団体を「消費者」とみなすのは困難である。したがって，この点についても，「共通義務確認訴訟においては特定適格消費者団体が法の適用に関する通則法11条1項にいう『特定の強行規定を適用すべき旨の意思を事業者に対し表示』るすることができる」といった形での立法上の手当てを行う必要があっただろう。

(注26)　櫻田＝道垣内編・前掲（注24）251頁［西谷祐子］。
(注27)　神前禎『解説法の適用に関する通則法：新しい国際私法』（弘文堂, 2006）84頁以下。
(注28)　櫻田＝道垣内編・前掲（注24）262頁［西谷］およびその注23に挙げられた文献参照。なお，契約準拠法がデラウェア州法であるにもかかわらず日本の消費者契約法10条が適用された事例である東京地判平成22・4・27判例集未登載（ウエスト・ロー・ジャパンのデータベースから入手可能［WLJPCA04278023］）では，原告側が10条の適用につき意思表示を行っている。

第2部　集団的消費者被害救済制度の諸相

Ⅳ　結語

　以上，集団的消費者被害回復に係る訴訟制度が導入される際に検討されねばならない国際的問題について言及した。国際裁判管轄については，消費者契約に関する訴えについての国際裁判管轄規定は共通義務確認訴訟では適用されるべきではないこと，適用される準拠法が異なりうる場合にも対象債権の共通性を認めるべきであること，準拠法選択については，不当利得・不法行為に関する準拠法の事後的な変更や消費者の常居所地法中の強行規定適用の意思表示を特定適格消費者団体が行うことができるよう，立法上の手当てをすべきであったこと，以上が本稿の主張である。以下では，残された問題として，外国消費者団体等の原告適格と，集団的消費者被害救済制度に基づく外国判決の承認・執行の点についてふれる。

1　外国消費者団体等の原告適格

　各国にも集団的消費者被害回復に関するさまざまな制度があるが[注29]，当該外国の制度において原告適格を有する一定の公的機関または私的団体が，日本の事業者を被告としてわが国裁判所において新たに導入される集団的消費者被害回復に係る訴訟制度を利用することは可能だろうか。
　今回の集団的消費者被害回復制度において原告適格を有する特定適格消費者団体については，被害回復関係業務の執行を決定するための体制，および，業務規程の整備や十分な経理的基礎等，厳格な要件の下に内閣総理大臣が認定することとされており，特定適格消費団体には，個人情報の取扱いや秘密保持義務等さまざまな義務が課され，書類提出や立入検査といった厳格な監督の下に置かれている。これは，当該制度の公益性の高さを反映するものであり[注30]，当該制度の利用と特定適格消費者団体の認定方法や監督体制とを切り離すことはできない。したがって，外国において類似の制度のために当

（注29）　内閣府国民生活局・前掲（注5）16頁以下に紹介がある。

該外国国家により権限を与えられた公的機関や私的団体が，消費者の集団的救済のためにわが国に当該制度の利用を求めてきたとしても，現時点では利用を認めることは到底考えられないだろう。

とはいえ，このことは，将来においてまで外国消費者団体等の原告適格が認められる余地がないことを意味するものではない。まずは，類似の制度を有する外国との二国間での合意により，一国で認定を受けた消費者団体の原告適格を相互に承認し合う可能性が考えられる。また，集団的消費者被害制度回復に関する各国の諸制度のハーモナイゼーションが進み，各国制度の代替可能性が一定以上に高まれば(注31)，外国における消費者団体の認定を一定の要件の下に承認することにより，わが国の集団的消費者被害回復制度の利用を認めることもありえよう(注32)(注33)。

2　集団的消費者被害救済制度に基づく外国判決の承認・執行

集団的消費者被害救済制度に基づき外国で下された判決のわが国における承認・執行が問題となった場合にはどのように考えるべきだろうか。

この点については，米国クラス・アクションによる裁判上の和解・判決の承認の可否についてこれまで一定の議論の蓄積がある(注34)。ただし，従来は消費者団体の登場しない米国クラス・アクションが議論の中心であったため，当該手続の公権力性の度合いが意識されることは少なかった(注35)。

(注30)　適格訴訟団体の活動を「私人による法執行」と捉えるのは，**第1部 ❹** Ⅲ(2)(B)。
(注31)　原告適格の問題が各国における集団的手続制度間の代替可能性に深く関わる点を指摘するものとして，Dimitrios-Panagiotis L Tzakas, "International Litigation and Competition Law: The Case of Collective Redress", in J. Basedow/S. Francq/L. Idot (eds.), *International Antitrust Litigation* (Hart Publishing, 2012), 161, p. 175.
(注32)　外国行政行為の承認を含め，公法抵触法の可能性を模索するものとして，斎藤誠「グローバル化と行政法」磯部力ほか編『行政法の新構想Ⅰ行政法の基礎理論』(有斐閣，2011) 339頁。横溝大「行政法と抵触法——グローバル化の中の行政法(2)」自治研究89巻1号 (2013) 128頁も参照。
(注33)　なお，これとは別に，外国消費者団体等がわが国において通常の民事訴訟を利用して損害賠償請求等を行う場合の処理についても検討する必要がある。横溝大「抵触法における不正競争行為の取扱い——サンゴ砂事件判決を契機として」知的財産法政策学研究12号 (2006) 236頁以下。

第2部　集団的消費者被害救済制度の諸相

　だが，外国において原告適格の認定を受けた一定の公的・私的団体が当該外国における集団的消費者被害救済制度に基づき損害賠償を命じる判決を得，その執行をわが国において求めてきた場合には，当該制度の有する公権力性が前面に出てこよう。前述したように，集団的消費者被害制度回復に関する各国の制度的互換性が低い現状においては，通常の外国民事判決と同視し一定の手続的要件の下にその承認執行を図るよりも，むしろ二国間・多国間条約等による共助体制により国境を越えた執行を実現するほうが適切であるように思われるが，更なる検討は他日に期したい。

　【付記】　本稿は，基盤研究(B)（平成24-27年度）「グローバル化に対応した公法・私法協働の理論構築──消費者法・社会保障領域を中心に」（代表：藤谷武史）の研究成果の一部でもある。なお，本稿執筆に際し千葉恵美子教授（名古屋大学）から有益なご指摘をいただいた。記して謝意を表する。

(注34)　安達英司「米国クラス・アクションによる裁判上の和解・判決の承認について」民訴48号（2002）201頁，同「米国クラス・アクション判決（和解）の承認・執行と公序」成城法学69号（2002）255頁，同「わが国における米国クラス・アクション上の和解の承認適格」青山善充ほか編・石川明先生古稀祝賀『現代社会における民事手続法の展開(上)』（商事法務，2002）245頁，道垣内正人「外国裁判所によるクラス・アクション判決（和解）の日本での効力──Google Booksをめぐる問題を例として」NBL925号（2010）20頁。
(注35)　そこでは，オプトアウト型のクラス・アクションが手続的公序に反するか否かが中心的論点であった。J. Lemontey/N. Michon, "Les «class actions» américaines et leur éventuelle reconnaissance en France", *J. D. I.* 2009. 535.

8 欧州における集団的救済手続の状況
——オランダWCAM手続と渉外関係事件を巡って

早稲田大学教授 　柴崎　　暁
金城学院大学教授 　丸山千賀子

　2013（平成25）年12月4日,「消費者の財産的被害の集団的な回復のための民事の裁判手続の特例に関する法律」が成立した。法案は，従来関係各所で研究[注1]が進められてきた成果を反映して,「共通義務確認の訴え」と「簡易確定手続・異議後の訴訟」の2段階から成るいわゆるオプトイン型の集団的回復制度を採用している。この選択は，現行の私法体系および民事紛争解決制度との調和に配慮しつつ相当多数の消費者の財産的被害の回復を図ろうとするものであるといえよう[注2]。「2段階・オプトイン型」救済制度の先行例としてはイタリア法等が先に実現したが，長きに亘って検討してきたのはフランスである（1988年，2005年[注3]，2011年[注4]に提案があったが，いずれも廃案となった[注5]。2012年5月の政権交代以降，グループ訴権の導入は政権の

(注1) 「集団的消費者被害救済制度研究会報告書」(2010年9月消費者庁企画課)「アメリカ，韓国，ポルトガル，イギリスにおける集団的消費者被害救済制度の運用実態等に関する調査」報告書「アメリカ，カナダ，ドイツ，フランス，ブラジルにおける集団的消費者被害の回復制度に関する調査報告書」〈http://www.caa.go.jp/planning/〉等々参照。
(注2) 　欧州連合の状況につき，筆者（柴崎）は，柴崎暁「消費者団体訴訟制度——フランス法を中心として」奥島孝康先生古稀記念論文集編集委員会編・奥島孝康先生古稀記念論文集第2巻『フランス企業法の理論と動態』(成文堂，2011) 203頁において，フランスの廃案となった2段階式グループ訴権法案と，これとよく似た2段階式グループ訴権を消費法典の条文として成立させたイタリアの制度とを紹介する機会を得た。
(注3) 　2005年改革の内容と経過については柴崎・前掲（注2）224頁。

第 2 部　集団的消費者被害救済制度の諸相

政策課題として標榜されてきたが^(注6)，今般閣議決定があり目下政府提出法案を準備中^(注7)であるという）。

(注 4)　2011年12月，賃貸借解約時の賃借人の権利義務に関する諸問題および競争・消費・詐欺防止総局の行政罰発動権限の新設等を内容とした「消費者の権利・保護および情報を強化する政府提出法案」が国民議会で採択され，元老院に付託されたのを機に，当時，大統領選挙を前にしてすでにPS（社会党）が多数を占めていた元老院の法律委員会において，各種の新規提案と併せて，グループ訴権を新設する趣旨の修正提案が，同委員会のBONNEFOY議員によって提案される等して審議されている（no 158, Sénat, Session ordinaire de 2011-2012, Avis par Mme BONNEFOY, enregistré à la Présidence du Sénat le6 décembre 2011.)。消費法典にグループ訴権制度を新設する趣旨の提案に係る部分（原文は省略したが上掲Avisを参照のこと）によれば，消費法典に，L.441-2条ならびに第 4 巻第 2 編第 2 章「グループ訴訟」を新設するというものである（http://www.waseda.jp/wnfs/labo/labo2.htmlに消費法典改正提案部分の柴崎による和訳あり）。提案は，事業者の契約不履行による物的損害に問題を限定し，消費者団体のみが原告適格を与えられ（L.422-1条第 1 項），先んじて責任の存否に関する判断が行われ（L.422-2条），裁判官は責任を負う相手方となる申立人の範囲を定義し（L.422-3条），責任宣言判決（L.422-4条）に続き，賠償を得べき適格の消費者の名簿を作成し賠償金支払額を明らかにする（L.422-5条）。被害者の確定・債権額等につき異議が認められ（L.422-6条），異議の対象とならなかった部分については執行力があり（L.422-7条），L.422-4条，L.422-5条の判断に既判力を認める（L.422-10条）。調停制度等の条文も盛り込まれている。

(注 5)　筆者両名（柴崎・丸山）は，2012年 9 月 6 日から10日にフランスの消費者団体であるCLCV（Paris）（Consommation Logement et Cadre de Vie,消費・住居・生活環境連合），UFC Que‐chosir?（Paris），ならびに，2005年法案の検討過程で全仏弁護士会協議会（CNB）の代表として委員会に加わっていたJean-GuyLEVY弁護士（Toulon）にヒアリングを試みた（ヒアリングに関しては丸山千賀子「消費者政策をめぐる消費者団体の態様の変化と今後の展開(2)（3 完）」国民生活研究52巻 4 号〔2013〕 1 頁，53巻 1 号〔2013〕19頁に要旨が掲載されている）。前出Bonnefoy提案についても見解を求めたが，UFC Que‐chosir?（Paris）の担当者Cédric MUSSO氏によればBonnefoy案は，オプトインとオプトアウトとの「混合的性格のもの」であるという。裁判官のリストから自らを削除してほしい者も，新たに自らを追加することを望む者も，異議手続でこれを主張できるからである。他方，LEVY弁護士からは，CNBがこのような方向性とは異なる独自の見解を呈する決議（6 項目から成る）を公表している事実を指摘された。弁護士会は，消費者団体にのみ原告適格を与える方式を採用するのではなく，消費者法という狭いセグメントを超えて集団的救済に用いうる制度を構想している。この点は，まさしく本稿で検討するオランダのWCAM手続においてすでに実現されているものである。筆者らが，日本における適格消費者団体の制度に言及すると，LEVY弁護士は，消費者団体は消費者の利益を擁護する活動を実績として行っている経歴と，構成員や活動の広がりに一定の条件があることが要求され（フランスの消費者団体は公財政支援もあるため認証基準が厳格であり，届出以後 1 年以上存続し，消費者保護の活動の実質〔情報提供集会の広報等〕があり，一定数の会員を擁するものでなければならず〔消費法典R.411-1

条〕，事業者からの独立性も要求される。認可の有効期限は5年で同条件で更新される〔R.411-2条〕)，団体がなしうる私訴権や差止請求権行使の要件が厳しい，とのフランス消費法典下の制度の趣旨を説明され，消費者団体の実態がない団体が他人の訴訟に介入することを防止していることを示される一方で，かような厳しい制限を加えることが，かえって欧州において保障されねばならない裁判への自由なアクセスを妨げるとの批判があることを指摘された。CNB決議は，"フランス法へのグループ訴訟の導入L'introduction de l'action de groupe en droit français" Adoptée par l'assemblée générale du Conseil national des barreaux des 15 et 16 juin 2012」(2012年6月15日および16日，全仏弁護士会協議会総会にて採択）と題する。「〔前文〕全仏弁護士会協議会は，弁護士職を代表し，2012年7月6日集会を以て以下を宣言する。／協議会は，フランスにグループ訴訟の仕組みを導入するという政府の意思を歓迎する。／この際，協議会は，フランスの法体系におけるグループ訴訟が有すべき輪郭につき既に決議した立場を再確認する。即ち，／1．グループ訴訟の領域に関して／グループ訴訟の適用領域は，ある特定の法領域に限定されるものであってはならない。逆に，これは一般的かつ開かれたものであり，民法典および民事訴訟法典において定められる共通の手続的規則であるべきである。／領域はあらゆる類型の被害者（自然人法人，職業者非職業者の如何を問わず，あらゆる類型の損害（人身損害，無形の損害，経済的損害，物的損害）に関するものでなければならない。／2．手続の類型について／グループの範囲の確定は参加の意思に基づく選択の仕組に基づいて行われなければならず，表示を行った者にしか訴訟にはこれを当事者として含めないものとする。／3．代表について／グループの代表資格は，既往のいくつかの法案においてそれが提案されているような専ら消費者団体のみに割り当てられるべきものなのではない。逆に，グループは，非営利社団association制度以外の方法でも，訴訟の理由をなす所為の被害者たる，全員が同一の弁護士に依頼することを決した自然人または法人により，自由に設定されることができるものでなければならない。／4．管轄について／グループ訴訟は，一方における利害関係〔enjeux〕の広範さと，他方におけるこの裁判所が与える手続上の担保に鑑みれば，一般裁判管轄である大審裁判所tribunal de grande instanceの管轄に属するものでなければならない。この管轄に属するということは，弁護士代理が当然伴うということを意味する。／5．グループ訴訟の受理可能性について／時間稼ぎdiltoireまたは理由のないsans fondement訴訟を選別するために，対審的弁論débat contradictoireの末に，裁判官は訴訟の受理可能性recevabilitéを判断し，訴えの真剣さsérieuxを判断しなければならない。その判決は控訴し得るものでなければならない。判決文の公表が命じられ実施されねばならない。／6．弁護士費用について／グループ訴訟の当事者を代理する弁護士または弁護士らとの間の報酬合意は必ず定められなければならない。合意は，弁護士報酬の自由な決定に関して適用されるその時点で有効な法令の規定を遵守して締結されなければならない。合意は，全仏弁護士職内規Règlement intérieur national de la profession d'avocatが定める方法に従い，基本報酬と成功報酬の部分とに分けて定めることができるものでなければならない。／2012年7月6日，パリ，全仏弁護士会評議会。」（下線は原文でゴシック活字）。ちなみに，「6．」の項目が興味深いのは，オランダとの違いである。オランダでは弁護士に成功報酬が認められずタイムチャージであることは長谷部・後掲（注8) NBL 913号74頁。そのような規制と併せてWCAMが正当化されるのであるとすれば，WCAMの域外適用，特に弁護士の成功報酬を認めるフランス等でのそれは，当該構成国の弁護士に誤ったインセンティブを与える結果となるから慎重を要するかもしれない。

455

第2部　集団的消費者被害救済制度の諸相

　ところで，立法例のモデルとして，このような2段階・オプトイン型の仕組みの対極として米国を典型としたオプトアウト型の制度が存在しているが，後者の制度類型を採用しようとすれば，概念的にいえば，近代民事訴訟法制度の根幹に関わる私有財産制度・私的自治の訴訟法的表現である処分権主義に少なからざる変更を加えることになるといわれている。ところが，2段階・オプトイン型を巡って制度構築が図られているイタリアやその試みが続いてきたフランスと同様に欧州連合構成国であり，大陸法に属する近代私法の歴史を持ちながらもオプトアウト型を採用している例としてポルトガルとオランダが知られている。しかも，手続の対象が消費者法に限られず，主体が必ずしも消費者団体に限られない制度をとり，和解に裁判所が拘束力を付与する裁判を行う形式の手続を採用していることの反映として渉外的法律問題を生じやすい制度として，オランダのWCAM（Wet Collectieve Afhandeling Massaschade）のそれが注目をひく。WCAMについては，すでに長谷部教授によるヒアリング調査を含めた研究が公表されている[注8]ので，その制度の詳細はこの研究に譲りつつも，本稿では，WCAM手続と渉外的法律関係を巡る問題[注9]について検討したある仏語雑誌論説を手がかりに，問題に接近してみたい。

（注6）　"Echo"紙2012年9月11日号ではグループ訴権は選挙活動中の公約でもあるため，2013年の春にも法律制定を実現したいとする消費担当大臣Benoît Hanonの発言を紹介する。
（注7）　「ル・モンド」紙インターネット版http://www.lemonde.fr/economie/article/2013/05/02/la-france-s-ouvre-a-l-action-de-groupe_3169429_3234.htmlによれば，下院で6月17日または24日から議論を始め，秋には採決したいという見込みのようである。
（注8）　長谷部由起子「オランダの集合的和解制度の概要(上)(下)」NBL 913号（2009）71頁，NBL 914号（2009）54頁。
（注9）　KUIPERS, infra.後掲（注14）は，和解の当事者ではないが拘束力宣言により効果が及ぶことになる被害者である関係人が欧州域内の他構成国に広く分散している事例において，どのような条件の下で①アムステルダム高等裁判所の管轄が認められるか，同様にいかなる条件において②同裁判所が下した拘束力宣言の他構成国裁判所における承認・執行が認められるかについて論じている。本稿では紙幅の制約もあるので，①の問題を扱うこととする。

I　WCAM手続と欧州人権条約・代表団体の代表性

　WCAM（Wet Collectieve Afhandeling Massaschade）は，「大量損害の集合的救済を簡素化するために民法および民事訴訟法を改正する2005年6月23日の法律」（2005年7月27日施行）^(注10)と題する法律であり^(注11)，責任企業と被害者を代表する者の間の和解合意をなし，専権裁判所であるアムステルダム高等裁判所に，一般的拘束力を付与するべく請求が許され^(注12)これが認められると，所定の期間内に明示的にその拘束を拒否するオプトアウトの届出を行った者を除き，すべての被害者を拘束する効果を生じる集団的民事救済制度である^(注13)。裁判所は何らかの連結点を手がかりに欧州内外に広がる救済を求める当事者を糾合して手続に取り込もうとする傾向を示しているといわ

(注10)　長谷部・前掲（注8）NBL 913号71頁。
(注11)　WCAM制定に至る経緯には1つの薬害事件が関係している。これが"DES"事件である（長谷部・前掲（注8）NBL 913号71-72頁に詳しい）。原告6名が1986年に提起した"DES"ホルモンを含有する医薬品（流産予防に用いられたがオランダでは1975年時点で，妊婦胎児の健康に危険があるとされ使用が禁止されていたが，当時すでに重大な健康被害を起こしていた）の製造業者13社への損害賠償請求訴訟に関してHoge Raad（最高裁）が共同不法行為を認め請求認容した（KUIPERS, infra.後掲（注14）note 4. Hoge Raad, 9 oct. 1992, NJ 1994, 535.）。判決後DES被害者権利擁護財団が設立され，当事者間で和解が成立。製薬会社側は和解をもってオランダ国内に住所を有する全被害者との関係においても最終的なものとするという条件で，財団に対して3500万ユーロを提供したいと申し出ていた。授権していない他の被害者にも和解効を及ぼしたいという加害者側の意向を実現すべくWCAMが制定された。訴訟の結果の不確実性と裁判費用の負担は，被害者救済を断念させ，他方，無数の裁判手続に関与させられることは責任企業にとっても望ましくない。WCAMはこのようにはじめからすでに存在する具体的な訴訟を解決に導くために制定されたという特殊な生い立ちがあり，そこではむしろ和解の最終性を担保することで，責任企業側に集団的和解へのインセンティブを与える制度として誕生したのである（KUIPERSは，WCAMを，関係者の意見を聴き熟議を通じて合意形成に努めるいわゆる「ポルダーモデル」の1例だとして評価している。KUIPERS, infra.後掲（注14）, p.216.)。
(注12)　KUIPERS, infra.後掲（注14），note3によれば，WCAMの発効以降，一般的拘束力付与宣言は2012年までに6例である。いずれも裁判所はアムステルダム高等裁判所で，2006年6月1日（LJN: AX6440 -DES事件)，2007年1月25日（LJN: AZ7033 -Dexia事件)，2009年4月29日（LJN: BI2717 -Vie d'or事件)，2009年7月15日（LJN: BJ26091 -Vedior事件)，2009年5月29日（LJN: BI5744 -Shell事件)，2010年11月12日（LJN: BO3908 -Converium事件）である。

457

れ，かつ，かかる拘束力付与宣言が承認されれば，より容易に解決を得られる制度として欧州でもこの手続が定着することも考えられる[注14]。

オランダ法においても処分権主義の要請から，救済に対する排他的な権利を有するのは被害者自身であり，他人の権利を行使し訴訟行為をすることは許されず[注15]，譲渡または委任により債権を集中化する方法では因果関係や損害の範囲の立証が困難を伴うという[注16]。WCAMはこのような点で例外を設け，集団の一部の者しか関与していないはずの和解にその集団全体に対す

[注13]　オプトアウト型ないし米国型手続に対して，一般に欧州は警戒的であったが，近時傾向が変わっているという。KUIPERS, infra.前掲（注14），p. 214. PINNA, A., Recognition and Res Judicata of US Class Action Judgments in European Legal Systems, Erasmus Law Review, vol. 1, 2008, pp. 31-61. cité par KUIPERS, loc. cit.

[注14]　KUIPERS, Jan-Jaap, La loi sur le réglement collectif de dommages de masse aux Pays-Bas et ses ambitions dans l'espace judiciaire européen, Revue internationale de droit comparé, 2012, p. 213 et s.著者のKUIPERS氏はナイメーヘン大学（RadboudUniversityNijmegen）准教授（執筆当時）。なお，オランダ法文献に関しては，著者らは専らこの仏語論説ならびに長谷部教授の論考に依って間接的に知るのみであるが，文中蘭語文献も読者の参考のために当該仏語論説が援引するものとして敢えて挙示した。厳密な学術的作業としてはいささか不十分であるかもしれないがご容赦いただき，読者からのご叱正を賜りたい。

[注15]　KUIPERS, op. cit.前掲（注14），p. 215.および同所所掲載のARONS & van BOOM, "Beyond Tulips and Cheese: Exporting Mass Securities Claim Settlements from the Netherlands", European Business Law Review, vol. 21, 2010, 857-883; van de HEIJDEN, "Class Actions", Electronic Journal of Comparative Law, vol. 14 2010.

[注16]　同一の原因で生じた相当多数の被害者がWCAMを用いないで救済を求めることの難しさを示す1例として，アムステルダム高等裁判所2008年9月16日（LJN: BF0810.）がある。1500人の投資者が，同一銀行との間の投資契約の取消訴権を1つの財団に対して譲渡し，次いで，財団が集合訴訟（action combinée）を提起し，銀行の透明・慎重義務に対する違反を理由とした契約の取消しを求め，請求棄却となった。詐欺（déformation）を理由とする取消し（内山敏和「オランダ民法典における法律行為法の現代化」早稲田法学会誌58巻2号〔2008〕101-102頁参照）のためには，請求する当事者が自らの取引に特有の状況を証明しなければならないからであった。譲受人財団は契約の取消しが請求されているおのおのの取引に特有な詳細のすべてを立証することができなかった。1500人の関与する訴訟においてさえ，財団は各取引に特有のすべての状況を立証する義務を負っているというのである。KUIPERS, op. cit.前掲（注14），pp. 215-216. 1994年以降，民法典3:305aは，一般的権利能力のある非営利社団または財団は，明示的に定款の規定にある社会的利益の保護をその目的として掲げている限りは，第三者たる人々の共同利益の保護のために訴訟を提起することを認めている。しかしこの制度もDES事件に関しては救いにならなかった。これらの団体の提起する訴訟は確認訴訟に限定されていたからである。損害金の分配を目的とするような場合には利用できない。CORNEGOOR,

る拘束力を付与する裁判所の宣言を認める。確かに訴訟に直接関与しなかった被害者の後の訴を阻止する効果も与えられるというこの効果は異色である。しかし，通知手続を強制し訴訟参加の機会と和解からの離脱の機会との保障がある(注17)ので，その限りにおいてWCAMは大陸法的な私法・民事訴訟法の原則から逸脱するものではない(注18)と考えられている。このような制

"Collectieve acties en belangenorganisaties in hum verschijningsvormen". in 't HART, Frank M.A., Collectieve acties in de financiële sector, Amsterdam, NIBE-SVV, cité par KUIPERS, op. cit.前掲（注14），note 7.もちろん，WCAMでも「拘束力宣言の申立てをするには，裁判外で和解の合意を成立させなければならず，それには多くの時間と労力が必要である」（長谷部・前掲（注8）NBL 914号57頁）としても，個別の証明負担と比較すればそれは遥かに小さなものであろう。

(注17) 潜在的な権利者が現れる危険が限りなく続くオプトイン型手続と比べれば，オプトアウト手続により，どの当事者との間の紛争が残存しているかをも賠償債務者側が精密に認識できるから，合理的な予測に基づく行動が可能になる。KUIPERS, op. cit.前掲（注14），p. 217. STUYCK, "Class Action in Europe? To Opt-In or to Opt-Out, that is the Question", European Business Law Review, vol. 20, 2009, 483-505. cité par KUIPERS, op. cit.前掲（注14），note 9.

(注18) van de HEIJDEN, op. cit.前掲（注15），pp.1-2.欧州でのグループ訴訟への警戒はこのような「理論的な」側面よりは，もっと実際的な「米国型に見られる極度に商売熱心な弁護士の介入」に向けられているといっていい。このような指摘をする文献としてKUIPERS, op. cit.前掲（注14），p. 217. note 10 et 11が言及するものは次の通りである。BETEILLE et YUNG, Rapport du Sénat, déposé 26 mai 2010, "L'action de groupe à la française, parachever la protection des consommateurs", no 499, GUINCHARD, "Une class action à la française?", D. 2005. 2180. MICKLITZ et STADLER, The Development of Collective legal actions in Europe, Especiallyin German Civil Procedure, European Business Law Review, vol. 17, 2006. 1473-1503. TZANKOVA, Toegang tot het recht bij massaschade, Deventer, Kluwer, 2007, 128; ADLER et LUNSTINGH SCHEURLEER, Class Litigation in the US, in 't HART, Frank M.A., Collectieve acties in de financiële sector, Amsterdam, NIBE-SVV, 2009, 145-169.このような問題を生じないような制度設計として，WCAMは，和解案作成のための交渉という非司法的な過程を前置し，もって商業的弁護士の介入を回避している。米国では公判前審理など訴訟の枠組みにおいて証拠収集することの可能性があるため，クラスアクションを早期に開始させるインセンティブになっている。WCAMの場合，和解合意案起草の局面では，当事者は公判前審理のような手段も行使できない。また，オランダ法は成功報酬契約を認めず，能動的に顧客を探しわざわざ対立を煽って費用を稼ごうとする弁護士にとってWCAM手続は魅力がない。結果，WCAM手続を開始することを動機付けられているのは当事者自身以外にない。KUIPERS, op. cit.（注14），pp. 217-218.このようにWCAMは，同じオプトアウト式と言っても米国型モデルとは違い，欧州で支配的な「消費者の保護は消費者団体が行い，それで訴訟になった場合は，必要に応じて弁護士の支援を受けるという形がよい」(UFC) という思想と整合するように配慮されている。丸山・前掲（注5）9頁。

度的保障は，仮令関係人[注19]が国外に居住する場合でも確保されねばならない。欧州人権条約[注20]に違反するとなれば，構成国法としてのWCAM自体の発効に問題が生じるからである。事実，WCAMの拘束力付与宣言の6例の一部では，被害者の地理的所在が越境的であった。責任企業と被害者を代表する財団との間の和解作成後にこの和解に一般的拘束力（手続に参加していない潜在的な受益者にも及ぶ効力）付与のために行われる共同請求（オランダ民事訴訟法典1013条1項）に際しては，オランダ以外に住所を有する潜在的な受益者に，「民事商事に関する裁判上裁判外の行為につき構成国においてなすべき通知通告に関する規則」（UE 1393/2007）に従った公告convocation[注21]が行われ，オランダ国外に住所を有する者も手続に参加する機会は保証されている[注22]。

　民法典7編907条2項によれば，和解合意[注23]の条項には，「a) 損害の性質と重大さに応じた記述／b) 集団に属する者の人数の可能な限り正確な表示／c) それらの者に与えられる損害賠償額，d) それらの者が損害賠償を認められるために満たさなければならない条件／e)［個々の権利者が］損害賠

（注19）　KUIPERS, op. cit.が仏語表現で"intéressé(s)"としているものは，拘束力宣言により初めて当事者となる地位を有するもので，「関係人」と訳した。和解を締結した「当事者partie(s)」と区別するためである。

（注20）　この通知の要件が厳重であるのは，WCAMの審議過程では，議会も，参事院（Raad van State）法律採択前意見も，オプトアウト通知をしなかった場合の後訴遮断効が欧州人権条約6条1項1文「全ての人は，その主張を，衡平に，公判廷において，かつ，合理的な期間内に，独立かつ公平なる，法律に基づき構成されている裁判所に聴かれる権利を有し……」ならびにこれに関する判例CEHR A.T. v. Autriche, ECHR 2002/38, par.35.との適合性が疑われるとしていたことによる（Wijziging van het Burgerlijk Wetboek en het Wetboek van Burgerlijke Rechtsvordering teneinde de collectieve afwikkeling van massaschades te vergemakkelijken, Advies Raad van State en nader rapport, Vergaderjaar 2003-2004, 29 414, no 4 par.1. no 7(14), cité par KUIPERS, op. cit., note 15 et 16.）。

（注21）　通知は少なくとも，法廷の期日および場所，合意細目の簡潔な描写，全当事者に対する拘束力付与に関する宣言の法的帰結および防御としての答弁書mémoire（verweerschrift）を提出できることを記載する。

（注22）　例えばShell事件においては，英国だけですべての潜在的な利害関係人に届けるために，規則1393／2007に適合する少なくとも10万3685件の通知が要求された。地方の新聞紙にも公告がなされている。

償額を証明し獲得するための手続／f）次条第2項第3項に規定する書面による通知を送付することができる者の氏名及び住所」を含まなければならない。被害者の住所地が不法行為の発生地であるなどの事情に鑑み，合意は基本法律関係の準拠法に基づいて被害者に区分を設けることもできるものと認められているとされている[注24]。拘束力宣言の申立ての棄却事由として，7編907条3項には，損害賠償額が合理的でないとき，賠償金の支払のために提供された担保が十分でないとき，賠償額を決定する独立した手続を合意において定めていないとき，等が規定され[注25]，これと並んで関係人を代表する財団または社団が事実上十分な代表性がない場合が定められている。オランダ国外に住所を有する関係人を含めて代表性が満たされているといいうるためには，在外当事者がアドホックな財団に参加していることまたは在外者の利益のための起草された支援状（lettre de soutien）があることで足りるという[注26]。

(注23)　和解合意は責任企業と代表性のある社団財団との間に締結される必要がある（オランダ民法典7編907条1項「同一の事件又は類似の事件によって生じた損害賠償金の支払いに関する合意であって，完全な権利能力を有する財団又は社団と，その合意によって損害賠償金の支払いをすることに同意している1人又は2人以上の当事者の間で締結されたものは，当該財団又は社団がその定款によれば損害を被った者の利益を代表することとされている限り，当該合意を締結した当事者の共同の申立てに基づき，裁判所によって，損害を被った者に対して拘束力を有するものと宣言されることができる。／『損害を被った者』には，損害賠償に関する請求権を一般的にまたは個別的に取得した者も含まれるものとする。」長谷部・前掲（注8）NBL 914号58頁）が，「アドホックな財団」なるものが認められている。これを通じて潜在的関係人の住所にかかわりなくこの制度を利用できることになる。長谷部・前掲（注8）NBL 914号54頁。KUIPERS, op. cit.前掲（注14），p. 221, note 20. TZANKOVA, I. et van DOORN, C., Effectiviteit en efficientie van massaschade; terug naar de kern van het collectieve actierecht, in 't HART, Frank M.A., Collectieve acties in de financiële sector, Amsterdam, NIBE-SVV, 2009, 95-129.

(注24)　KUIPERS, op. cit.前掲（注14），p. 223, note 25. POLAK, R., Approval of International Class Action Settlements in the Netherlands, in The International Comparative Legal Guide to Class & Group Actions 2009, Londres, Global Legal Group, 2009, 13.この方法は，特にWCAMに関する国際私法問題を分析する司法省の財政支援を受けた研究によっても提案されている。WODC, van LITH, H., The Dutch Collective Settlements Act, 2010, 115. cité par KUIPERS, loc. cit.

(注25)　長谷部・前掲（注8）NBL 914号58頁。

(注26)　KUIPERS, op. cit.前掲（注14），p. 223, note 27.

第2部　集団的消費者被害救済制度の諸相

Ⅱ　WCAM手続と裁判管轄の問題

　立法当初，WCAMによる和解はオランダ国内の関係人にのみ適用されるものと想定していた。過半数の関係人がオランダ国外に住所を有していた2009年のVedior事件[注27]に至っても，訴訟の対象となる取引はアムステルダム証券取引所で行われていて，オランダ国内でのアドホックな財団の設立によって代表性の要件が満たされていたので，WCAMを適用しかつアムステルダム高裁が管轄を有すると解することに問題はないと考えられていたようである[注28]。Shell事件[注29]では，責任企業の一がオランダで設立された会社で（Shellグループの持株会社はオランダShellと英国Shell）あったためなおWCAMの適用とアムステルダム高裁の管轄が認められた[注30]。しかしConverium事件はオランダとの密接関連性が希薄で，管轄問題が論じられた。問題はオランダ民訴法およびBruxellesⅠ規則[注31]の解釈であった。オランダ民事訴訟

(注27)　前掲（注12）2009年7月15日（LJN: BJ26091）。
(注28)　KUIPERS, op. cit.前掲（注14），p. 228.
(注29)　前掲（注12）2009年5月29日（LJN: BI5744）。Royal Dutch Schell社が公表した石油の埋蔵量はSEC規則に従っていなかったのでこれを下方修正したため株価が下がったため，1999年4月8日から2004年3月18日の間に欧州の市場と米国の市場でShell株を購入した投資家が損害を被ったとして株主協会VEBの主導権の下和解を締結し2009年5月29日に拘束力宣言が得られた事案である。長谷部・前掲（注8）NBL 913号72頁。
(注30)　KUIPERS, op. cit.前掲（注14），p. 223.この紛争は既に米国の裁判所で開始されていた。米国の裁判所は，合衆国外の市場で非米会社の株式（f-cubed actions）を購入した非米国民である被害者については管轄権がないとしてその請求を却下した。米国の裁判所の管轄に関する分析は，MUIR WATT, H., "Régulation de l'économie globale et l'émergence de compétence par les tribunaux américaines sur le droit international privé des actions de groupe", Revue critique de droit international privé, 2008, 581. cité par KUIPERS, loc. cit., note 42.欧州でShell株を購入したEU構成国民は米国手続での和解を受益できず，米国の被害者より不利な地位に置かれかねず，欧州構成国の多法域で民事手続が余儀なくされ，結果Shellに莫大な費用を課する結果となるところであった。アムステルダム高裁の採った解決自体は妥当であると評価されるゆえんである。
(注31)　Réglement (CE) no 44/2001 du Conseil du 22 décembre 2000 concernant la compétence judiciaire, la reconnaissance et l'exécution des décisions en matière civile et commerciale -Journal officiel no L 012 du 16/01/2001 p. 0001 - 0023.関連文献として

法第3条(a)は国際裁判管轄を規定し，オランダの裁判所は，少なくとも原告の1人がオランダに住所を有する者である場合には，かかる請求につき管轄を有するものとしている。WCAM手続において，代表財団がオランダに住所を選べば，この条件を満足する。域内に住所を有する関係人との関係はどうか。拘束力宣言は，BruxellesⅠの「民事及び商事に属する事項」の概念に属するであろう^(注32)。そこで，アムステルダム高裁は，拘束力宣言の申立ては，他の代替的救済手段を阻止させることを目的としたものと推定し，関係人をBruxellesⅠ規則第2条^(注33)における防御側の当事者^(注34)と考えた。たが，この解釈には批判が多い。WCAM手続は対審手続ではなく，真の意味で被告がいないからである^(注35)。他方，規則第6条^(注36)の1号は合一確定の必要があ

中西康「民事及び商事事件における裁判管轄及び裁判の執行に関する2000年12月22日の理事会規則（EC）44／2001（ブリュッセルⅠ規則）(上)(下)」国際商事法務30巻3号（2002）311頁，同30巻4号（2002）465頁，関西国際民事訴訟法研究会「民事及び商事事件に関する裁判管轄及び裁判の承認及び執行に関する理事会規則（EC）についての提案（ブラッセル規則についての提案）(1)」国際商事法務31巻2号（2003）251頁。現行BruxellesⅠの条文は中西康「民事及び商事事件における裁判管轄及び裁判の執行に関する2000年12月22日の欧州共同体理事会規則44/2001 (OJ 2001, L 12/1) ブリュッセル条約との対照表（ここからの引用を「中西訳」と称する）」www.asahi-net.or.jp/~pb6y-nkns/dip/brussels1regulation.pdfによる。

(注32) WCAMはBruxellesⅠの枠組みに矛盾なく位置付けることは難しいと言われる。KUIPERS, op. cit.前掲（注14），p. 229. note 45. MUIR WATT, H., "Brussels I and Aggregate Litigation or the Case for Redesigning the Common Judiicial Area in Order to Respond to the Changing Dynamics, Functions and Structures in Contemporary Adjudication and Litigation", IPRax, vol. 30, 2010, 111-116.

(注33) 「1　本規則に別段の規定がある場合を除き，構成国の領域内に住所を有する者は，国籍のいかんにかかわらず，その国の裁判所に訴えられる。／2　住所を有する国の国籍を有しない者についても，その国の国民に適用される管轄規定が適用される。」（中西訳）

(注34) KUIPERS, op. cit.（注14），p. 231. note 46. によれば，この解釈はすでにPOLAK, M., <<Iedereen en overal? : Internationaal privaatrecht rond "massaclaims">>, Nederlands Juristenblad, vol. 81 (2006), 2346-2355: POOT, M., <<Internationale afwikkeling van massaschade met de Wet Collectieve Afwikkeling Massaschade'>>, HOLTZER, M., LEUTEN, A. et ORANJE, D.J., D. (eds), Geschriften vanwege de Vereniging Corporate Litigation 2005-2006, Deventer, Kluwer, 2006, 169-202 (175).において示されている。オランダ法では，答弁書verweerschrift [mémoire en défense] を提出できる個人は防御者verweerder [défendeur] とみなされるべきであるという。しかし，KUIPERS, op. cit.前掲（注14），p.231.は，WCAMは関係人による後訴を阻止することもそうだが，賠償金を得せしめることにむしろ目的があるのではあるまいかと違和感を表明している。

る場合の複数の被告を，同時に 1 つの裁判所で管轄することができる旨を定める。これを根拠にすれば，WCAM手続において，オランダに住所のある関係人がいるときには，この者が他国居住の関係人を寄せ集める「錨」となるかもしれない[注37]。しかしこれは欧州司法裁判所の態度とは異なる[注38][注39]。また，アムステルダム高裁は，オランダと密接関連性の希薄なConverium事件[注40]においても規則第 5 条[注41]の異例な解釈により管轄を認めようとし

(注35)　KUIPERS, op. cit.前掲（注14），note47.は，WCAMを以て「集団的な賠償金支払約束に拘束力を付与する宣言to declare a collective settlement binding」を求める手続にとどまるとし，訴訟の構造としては「純粋な対審手続pure adversarial proceeding」ではないゆえにそこには「訴えられる人person to be sued」がいないとするWODC, op. cit.（注23），37.を援引する。確かにBruxelles I 規則全体の中で通則的な意味を持つ第 2 条があるのに，この問題を構成国民訴法の問題として放置することは問題かもしれない。しかしKUIPERSは批判する（p.230.）。WCAM手続において関係人が防御の答弁書を提出できるとはいえ，和解の当事者である責任企業と代表団体ら拘束力宣言の申立人（共同で申し立てる必要はあるものの）に認められている拘束力宣言に対する破毀申立権は関係人には認められない（オランダ民事訴訟法1018条 1 項。長谷部・前掲（注 8 ）NBL 914号56頁）。関係人が被告だとすると武器の平等の原則に反する。そもそも単純なオプトアウトの申出によって判決の帰結を回避することが自由であるような関係人は被告とはいえず，Bruxelles I 規則前文の第11コンシデランも，管轄規則は高水準の予測可能性を保証すべきものであるとし，それゆえにこそ，規則は被告住所地を管轄の基準にしている。また，和解以前に当事者間にあった元の法律関係に遡って決定するとの解釈があるが，これではますます予測可能性が低下する。プラグマティックな解決は，和解の締結をもって，裁判所でのWCAM手続開始の条件とみなし，責任企業をもって真実の防御側当事者とみなすことであろうか，と。
(注36)　「第 6 条　構成国の領域内に住所を有する者は，次に定める場合においても，他の構成国裁判所に訴えられる。／一　共同被告については，被告のうちのいずれかの住所地の裁判所。ただし，請求原因を別々に判決すると矛盾しうる解決を避けるために，同時に審理して判決する利益があるような密接な関係によって請求同士が関連している場合に限る。／二　担保のための訴え又は参加による訴えについては，本訴の係属する裁判所。ただし本訴が，本来の管轄裁判所の管轄を妨げるためにのみ提起されているときは，この限りでない。／三　本訴の基礎と同一の契約又は事実に基づく反訴については，本訴の係属する裁判所／四　契約事件において，訴えが同一の被告に対する不動産物権に関する訴えと併合できるときには，当該不動産が所在する地の属する構成国の裁判所。」（中西訳）
(注37)　KUIPERS, p. 232.関係人が 1 人だけオランダに住所を有しているというだけでは 6 条 1 号を充足しないというのが多数の考えであろう。MAGNUS, U. and MANKOWSKY, P.（eds），Brussels I Regulation. Münich, Sellier, 2007, 238: MOISSINAC, V., Les conflits de décisions et de procédures en droit international privé, Paris, LGDJ, 2004. cité par KUIPERS, loc. cit., note 50.

たが，この解決にも批判が多い^(注42)。

Ⅲ　おわりに

　WCAMはオランダ国内居住被害者のみを拘束することを想定していたが，Shell事件およびConverium事件では渉外的法律関係の問題を惹起した。投資契約は一般に巨額の取引であり，かつ，情報の歪曲のような事由は多数の株主に類似の損害を発生させることが珍しくなく，また，株主は元来組織化されていたことから，WCAMによる救済が適する分野であるといえよう^(注43)。Shell事件もVedior事件もこれであり，後者での和解は主として株主協会^(注44)の主導権の下なされた^(注45)。消費者の事案が少ないのは，多数の関係人が少額の債権を有する場合に当事者双方にとってWCAMの利用の利益が小さいためであるが，目下このような場面での制度利用の容易化を図る法改正が検

(注38)　CJUE, C-539/03 Roche Nederland, 2006 ECR-I-6535は，同条の密接関連の条件について狭義の解釈を採用した。Bruxelles I 規則は予見可能な管轄規則を提供し法的安全を改良することを目的としている。1人でもオランダ人がいれば管轄ありとするアムステルダム高裁の理解によると，例えば50万人の関係人がいるWCAM手続において，各構成国の各地に数名の割合で住所が分散しているような場合に，欧州全域のすべての裁判権が紛争全体について管轄を認めるべき場合さえ出てきてしまう。また，Rome I 規則第12条（1d）は，契約の準拠法は債務の消滅の問題を規律する旨を定めている（Rome I 規則については，高橋宏司「契約債務の準拠法に関する欧州議会及び理事会規則（ローマ I 規則）――4つの視点からのローマ条約との比較」国際私法年報13号）。このことが，オランダ居住者を域内他国居住の全被害者についての管轄を正当化するための錨として利用することに対立する。WCAM和解の書面上で準拠法を選択したとしても背景にある法律関係の準拠法を変更することにはならず，例えば投資契約についてある関係人についてオランダ法とは別の準拠法が存するときには当該関係人に対する責任企業の債務の弁済方法も当該準拠法によらねばならない。WCAMが司法手続のみにかかわる規則ではなく権利の実体にかかわる規則であるとも言えるからである。KUIPERS, op.cit.（注14），p. 234. PLENDER et WILDERSPIN, The Euripean Private International Law of Obligations, London, Sweet & Maxwell, 2008, 416. cité par KUIPERS, loc. cit. note 56.
(注39)　なお，これに続けて，KUIPERSは，この解釈に裁判所が頼ろうとしたことの背景事情として，オランダ民事司法における職権主義との関係，Shell事件・Converium事件において米国の裁判所が救済を拒否したことに続いてWCAM手続が開始されたこと等が述べられているが，詳細は割愛する。
(注40)　前掲（注12）2010年11月12日（LJN: BO3908）．

討されているという(注46)。KUIPERSは，Shell事件の合意の総額は少なくとも3億5260万米ドル，約50万人の関係人が受益者となる大規模訴訟で，司法的費用の過剰な負担を防止した成功例であると評価している(注47)。さらに，前記の通り，KUIPERS論文は管轄問題と承認・執行問題の2つを中心にWCAM制度の越境的問題を扱っていた。前者の問題については，Bruxelles I規則のいささか強引な解釈によって管轄を拡大しようとするアムステルダム高等裁判所の判断も傾向として定着してゆくならば，他の構成国の居住者

(注41)　「第5条　構成国の領域内に住所を有する者は，次に定める場合においては，他の構成国の裁判所に訴えられる。／一　a　契約事件においては，請求の基礎となっている義務が履行された地又は履行されるべき地の裁判所。／b　本規定の適用においては，別段の合意がない限り，請求の基礎となっている義務の履行地とは，以下の地をいう。／─物の売買については，契約に基づいて，その物が引き渡されたか，引き渡されるべきであった構成国の地／─サービスの提供については，契約に基づいて，そのサービスが提供されたか，提供されるべきであった構成国の地／c　第a号は，第b号が適用されない場合に，適用される。／二　扶養義務事件においては，扶養権利者が住所又は常居所を有する地の裁判所，並びに，請求が身分に関する訴えに附随してなされ，その法廷地法上この訴えにつき管轄が認められるときは，その裁判所。ただし，その裁判所の管轄が，当事者の一方の国籍のみに基づいているときは，この限りでない。／三　不法行為又は準不法行為事件においては，損害をもたらす事実が発生したか，発生する危険がある地の裁判所／四　犯罪に基づく損害賠償又は原状回復請求の訴えについては，公訴が提起された刑事裁判所。ただし，その国の法律上，このような民事上の請求についても裁判することができる場合に限る。／五　支店，代理店その他の営業所の業務に関する紛争については，これらの所在地の裁判所／六　制定法の規定又は書面若しくは書面による確認を伴った口頭での合意に基づいて設定された信託に関する，委託者，受託者又は受益者の地位については，信託がドミサイルを有する地の属する構成国の裁判所／七　積荷又は運賃債権の救助を理由とする報酬支払いに関する紛争については，次に掲げる裁判所／a　支払い保全のため，当該積荷又は運賃債権が差押えられた管轄区域の裁判所／b　そのような差押えがなされるはずであったが，それに代わる保証その他の担保が提供された管轄区域の裁判所／ただし，本号の規定は，被告が積荷若しくは運送債権に対する権利を有するか，又は救助の時点にそのような権利を有したことが，主張された場合にのみ適用される。」（中西訳）
(注42)　チューリヒ取引所での取引に関し，責任企業はスイス会社，被害者集団1万2000人のうち，8500人がスイス居住者，200名がオランダ居住者であった。VEBが関与し，アドホック財団がハーグに所在地を定めた。裁判所は関係人の救済の側面を強調してWCAM合意は，Bruxelles I規則5条(1)の意味における契約に関する事項であるとし，履行地を基準に競合的な管轄を認める同条を援用した。判旨はCJUEがC-167/00 Henkel, [2002] ECR 1-8111で同5条(3)について示した解釈（不法行為に関する管轄は，濫用条項訴訟における予備的手続についても適用されるというもの）の勿論解釈として5条(1)

であっても，何らかの形でオランダと関連する取引についてはWCAMが介在する危険を予期して行為しなければならないことになるであろうし，また各構成国の立法のあり方も，間接的にオランダとの制度競合を意識しなければならなくなるかもしれない。後者についていえば，詳細は省くが，WCAM手続による拘束力宣言は，オプトアウトの申出が可能であること等手続の構造に鑑み，Beuxelles I 規則32条[注48]にいう「裁判décision」に該当しないものと解され，したがってCJUEが示した「裁判の自由な流通」の要請がこれには適用がないとの見解が示されている[注49]。

も同様であるとし，債務の履行地を連結点として管轄があるものとした。この解釈は学説（de JONG, B., <<Een nieuw exportproduct>>, Ondernemingsrecht, no 17, (2010) pp. 671-672; KORTMAN, J., Gerechtshof Amsterdam, 12 nov. 2010, JoR (2011), 458-462. cité par KUIPERS, op. cit.前掲（注14), note 60.）から批判され，KUIPERSも誤りと断じている。5条(1)はすでに債務が発生している場合に適用されるのであるが，拘束力宣言がなされる前のWCAM和解では関係人における権利が発生しているとは言えないからである。同様の解釈はCJUE, C-26/91 Handte［1992］ECR I-3967, CJUE, 27/02 Engler c. Janus Versand GmbH［2005］ECR I-481.でも採用されている。

(注43) KUIPERS, infra.前掲（注14), p. 226.
(注44) 前掲（注29）の「VEB」。長谷部・前掲（注8) NBL 913号72頁。
(注45) KUIPERS, op. cit.（注14), p. 217, note 37.
(注46) KUIPERS, op. cit.（注14), p. 217, note 39.は，Kamerbrief oorzaak Strooischade, Resultaten van het onderzoek "Strooischade: Een verkennend (rechtsvergelijkend) onderzoek naar de mogelijkheden tot optreden tegen strooischade". ETM/MC / 10147593.を掲げる。
(注47) KUIPERS, op. cit.（注14), p. 217.
(注48) 「本規則にいう「裁判」とは，判決，決定，命令〔執行令状〕又は裁判所書記による訴訟費用の決定など，その名称のいかんにかかわらず，構成国の裁判所により下される全ての裁判をいう。」（中西訳，拮抗括弧内柴崎補訳）
(注49) CJUE, C-414/92 Solo Kleinmotoren［1994］ECR I-2237. cité par. 17. KUIPERS, infra.前掲（注14), p. 238 et s.なお，米国クラスアクション判決の承認・執行について，安達栄司「米国クラス・アクション判決（和解）の承認・執行と公序」成城法学69号 (2002) 255頁。

第3部

諸法からみた学際的検討

1 消費者法と公私協働

横浜国立大学准教授　宮澤俊昭

I　複合的法領域としての消費者法と公私協働論

　消費者法領域は，民商法，行政法，手続法などの複数の伝統的法領域にまたがる複合的な法領域である(注1)。そして，抽象的な法概念で構築された自己完結的な体系をもつ伝統的法領域とは異なる独立法領域として位置付けるために，具体的な問題とその解決を基礎とする問題指向的アプローチを中心とした議論が進められている(注2)。現在では，本書の目的ともなっている集団的消費者利益の実現に向けた議論が特に活発になされている(注3)。

　このような消費者法領域と最も密接に関わり合う伝統的な法領域は，民法領域と行政法領域であろう。集団的消費者利益の実現に向けた議論においても，民法学・行政法学のそれぞれに立脚した議論が展開されている。集団的消費者利益の実現という論点の出現は，民法学に対して，私人に独占的に帰属しない利益に対する法理論はいかなるものであるのか，という新たな問題を突き付けている。また，行政法学に対しては，消費者被害の予防だけでなく，その被害の回復に対して行政法理論がどのように位置付けられ，さらにはどのように機能するのか，という新たな問題を突き付けている。

（注1）　大村敦志『消費者法〔第4版〕』（有斐閣，2011）12頁など参照。
（注2）　問題指向的アプローチから消費者法を体系化する試みの嚆矢として，北川善太郎『消費者法のシステム』（岩波書店，1980）3頁。
（注3）　本書掲載の各論考のほか，例えば，「特集・集団的消費者被害の救済制度の構築へ向けて」現代消費者法8号（2010）4頁，「特集・集団的消費者利益の実現と実体法の役割」現代消費者法12号（2011）4頁のそれぞれに掲載されている各論考を参照。

1 消費者法と公私協働

　民法学・行政法学が直面するこれらの消費者法領域における新たな問題と関連するのが，民法学においても行政法学においても活発に議論が展開されている公私協働論である。公私協働論の対象は，消費者法領域に限定されているわけではない。しかし，問題指向的なアプローチが中心となり，かつ民法と行政法を含めた複合性がその特徴とされる消費者法領域において，具体的な私法規範と公法規範との関係を論じる公私協働論に実践的な意義が認められることに対しては，大きな異論が出されることはないであろう。現に，消費者法領域においても，公私協働のあり方が論じられている[注4]。

　しかし，公私協働という語については，その内容や意義についての理解や評価にズレのあることが指摘されている[注5]。このような理解のすれ違いにより，今後の議論の発展が阻害されることは避けるべきであろう。とりわけ消費者法領域においては，前述の通り，問題指向的なアプローチの下に新しい問題への法的対応を論じるがゆえに，そのような概念の理解の違いにより，議論の発展が妨げられるおそれも大きい。

　そこで，本稿では，公私協働についての理解の違いの分析を基礎において，消費者法領域における公私協働の意義を明らかにするための考察を行う。以下，Ⅱで，消費者法の独自性という視点から，消費者法と民法および消費者法と行政法のそれぞれの関係に関する体系的・原理的な視点からの議論を概観し，消費者法におけるこれらの議論の意義を検討する。続いてⅢで，現在議論されている公私協働論について，特に民法学と行政法学における議論の相違点を析出するための検討を行う。これらの検討を基礎に置いて，Ⅳで，消費者法における公私協働論の意義を考察する。

（注4）　吉田克己編著『競争秩序と公私協働』（北海道大学出版会，2011）135頁以下。
（注5）　後述Ⅲ1参照。

II 消費者法
1 消費者法と民法

　1970年代から1980年代にかけて，商品の大量化，商品の高度化・複雑化，販売技術の進歩，企業の大規模化，消費者信用の発達などを要因する消費者問題が認識され，その中でも特に消費者・事業者間の取引から発生する消費者被害に対する私法的な対応が迫られる中で，民法に対する消費者私法の独自性に目が向けられていった(注6)。

　北川善太郎教授は，市民という抽象的法的人格者相互の立場の互換性・対等性を前提とした原則をもつ民法は，消費者という具体的な法的人格者に対する特別の配慮をしておらず，その意味で非消費者性をもっているとしながらも，その民法の抽象性ゆえに，消費者という新型の法的人格者に対しても，実質的に民法の諸概念や制度が適用されるという二面性を備えていることを指摘した(注7)。そして，消費者契約の提起する諸問題に対する民法理論の動きを踏まえて，民法体系内で消費者契約を1つの現実類型としてよいとした。また，消費者問題に対して作用する独自の法形成原理（従来の基本原理に重ねて作用する修正原理）として，過失責任原理に対する危険責任・無過失責任原理を，契約自由原理・私的自治原理に対しては「契約における真実主義」の原理をそれぞれ挙げた(注8)。

　長尾治助教授も，契約法の中に消費者契約法と呼びうる特殊領域の形成を認めていた(注9)。そして，消費者法の基本原理として，安全確保の原則と真

(注6)　1990年頃までの私法学における通時的動向については，大村敦志「契約と消費者保護」同『契約法から消費者法へ』（東京大学出版会, 1999〔初出・1990〕）1頁を参照。
(注7)　以下，北川善太郎教授の見解については北川・前掲（注2）85-86頁・同89-90頁・同113-114頁を参照。
(注8)　契約における真実主義とは，消費者との取引で不相当な表示，広告や販売方法を用いないという取引方法における真実主義（手続面の真実主義）と，取引条件・条項が予期しない事項を含まないで相当な範囲にとどまるという意味の真実主義（内容面の真実主義）とに大別しうるとされる（北川・前掲（注2）114頁）。

1 消費者法と公私協働

実開示主義を挙げた(注10)。真実開示主義については，民法上の基本原理である信義則の要請として説明されうるが，安全確保の原則は，民法上の基本原理とは性格を異にするものとされる。また，民法上の既存の法理について，消費者の正当な利益を保護するために，従来承認されてきた意味・内容を超えて展開していることに，消費者契約固有の法理の存在も認めていた。

このような消費者法に独自の法理が存在するという見解を体系的・原理的な視点から捉えると，消費者法と民法との関係（消費者私法の民法に対する位置付け）という文脈での議論につながる。この問題について，かつては，消費者法を市民法と位置付けるのか，それとも社会法と位置付けるのか，という枠組みの中で議論が進められてきた。

かつての一般的理解は，市民法原理に基づいて立法されている民法は，消費者問題を予想していたものではないとしたうえで，消費者法は，市民法ではなく社会法として位置付けるというものであった(注11)。例えば，甲斐道太郎教授は，市民法が，近代資本制生産社会における財産・取引に関する基本法の理論的なモデルであるとしたうえで，これが日本の民法典の理念型であるとする(注12)。この市民法の規制対象として想定されるのは，原始論的な個人（市民）によって構成され，すべての社会関係が商品交換関係として成立する社会である。そこでは，等質・平等な小商品生産者が理念型的な担い手とされる。そのため，資本主義経済の発展に伴い資本の集積・集中による企業の巨大化・寡占化・独占化が展開し，消費材あるいはサービスの売買ないし供給契約の当事者間における力の格差が次第に拡大していく状況の中で顕

(注9) 以下，長尾治助教授の見解については，長尾治助「契約における消費者保護」遠藤浩ほか監修『現代契約法大系(4)』（有斐閣，1985）55頁・66頁・79-80頁を参照。
(注10) これらは，伝統的な民法の基本原理に内在する矛盾から産み落とされた原則とされている（長尾・前掲（注9）66頁・79-80頁参照）。
(注11) 竹内昭夫「消費者保護」竹内昭夫ほか『現代の経済構造と法』（筑摩書房，1975）8頁，大村・前掲（注6）4頁など参照。
(注12) 以下，甲斐道太郎教授の見解については，甲斐道太郎「市民法原理からみた消費者問題」北川善太郎＝及川昭伍編『消費者保護法の基礎』（青林書院新社，1977）45-48頁を参照。

在化してきた消費者問題という観点は，市民法においてまったく欠如することになる。すなわち，民法典に存在する消費者保護のための法的道具として機能する法制度（公序良俗，錯誤，詐欺，債務不履行，瑕疵担保責任等）は等質・平等な市民間の取引を予想したものであって，消費者問題の領域で機能するためには，市民法原理とは異なった原理に基づく解釈的操作が必要となるとされる。

しかし，同様の問題認識をもちながらも，消費者法を市民法原理により根拠付けうるとする見解も有力であった。例えば，伊藤進教授は，民法が市民の消費生活関係を規律する法として出発したことから，消費財やサービスの提供者の立場に互換性がなくなっても，そのような当事者間の消費生活関係を規律することは，民法の本来の任務であり，民法理論自体の中で，消費者問題を解消していくことが求められるとしていた[注13]。現在では，市民法の原理の排斥ではなく，むしろ市民法原理を実質的に貫徹させるためにこそ，消費者保護を図るべきとする論調が主流を占めてきたとの認識が示されるに至っている[注14]。

以上のように，これまでも消費者法と民法の関係についての原理的・体系的な議論はなされてきた。しかし，わが国の民法学界においては，このような体系的・原理的な議論に対する指向が弱いことが指摘されている[注15]。現在では，民法改正の流れの中で，消費者私法規範の民法典への取込みについて論じられているが，消費者法の視点からの体系的・原理的な考察はそれほど重視されていない[注16]。

(注13)　伊藤進「民法学の新しい任務――その覚書」法セミ271号（1977）112頁。松本恒雄「消費者私法ないし消費者契約という観念は可能かつ必要か」椿寿夫編『現代契約と現代債権の展望(6)』（日本評論社，1991）30-32頁はこれに賛同する。

(注14)　後藤巻則「民法改正と消費者法」新世代法政策学研究2号（2009）61頁。また，鹿野菜穂子「消費者と民事法」法セミ681号（2011）8頁は，民法改正の議論との関係で，消費者法における民事ルールにつき，民法の延長線上の規律として重要な位置を占めるに至ったとする。

(注15)　大村・前掲（注1）41頁，大村・前掲（注6）39-40頁など。

2　消費者法と行政法

　民法学においては，消費者問題が法学の世界で議論されるようになったのは1960年代のことであり，その当時は，事前規制をして消費者被害を予防するための行政法的手法に関する議論が中心であったとの理解が示されている(注17)。

　しかし，行政法学における議論においては，日本法で「行政法の一分野としての消費者法」という捉え方を可能にする立法が加速度的に進んだのは，(2011年の段階で) ここ10年ほどのことである，との認識が示されている(注18)。また，消費者被害の救済に関しては，行政法学からのアプローチは一部を除いて活発ではなかったともされる(注19)。このような状況であったことについて，民事法と比較した行政法の特色としてしばしば指摘される事前司法としての行政法という考え方によれば，行政法は被害が起こる前にその予防をする法制度であり，被害が起きた後に救済策を講じる民事法とは時間軸の前後で役割分担していることになる，という行政法学における自己決定が影響していると分析されている(注20)。以上のような議論状況の中で，行政法学においても，消費者法と行政法の関係について，体系的・原理的な考察が行われ始めている。

　米丸恒治教授は，消費者被害の防止等の対策において行政的手法が不可欠である理由として，消費者の生命・安全に対する被害防止・事業者への基準の遵守のためには行政法による権力的手法が不可欠であること，原因究明・

(注16)　例えば，後藤・前掲（注14）62頁は，民法と消費者法の原理的関係という観点は，消費者法を民法に取り込むかどうかについて，一定の示唆を与えるものではあるけれども，これを判断する際の決め手にはならないとしている。なお，後藤・前掲（注14）66-70頁は，消費者法における民事ルールの重要性を根拠として，消費者法における民事ルールを民法典に組み込みうる，との立場を示す。
(注17)　大村・前掲（注6）8-9頁，松本恒雄「消費者法における公私協働とソフトロー――消費者市民社会の実現における法の役割」新世代法政学研究2号（2009）82頁。
(注18)　中川丈久「消費者と行政法」法セミ681号（2011）14頁。
(注19)　☞*第1部* ❹ Ⅰ。
(注20)　原田・前掲（注19）17頁。

被害拡大防止などの対応につき行政法的手法が迅速であること，広範で制度的な救済が可能となること，行政の収集した情報により予防的・啓発的な消費者問題への対処が可能となること，を挙げる[注21]。さらに，このような行政法的手法が機能する条件として，客観的で正確な情報の入手・保有，専門的基礎知識を身につけた職員の育成・配置，消費者保護に関する国および地方公共団体を通じた消費者保護施策の強化にもつながる専門的統括組織の設置，個別法上の監督権限の創設および総合的・包括的な監督権限の創設，がそれぞれ挙げられている。また，公私の組織を問わず，リスクの1つとして消費者事故・消費者リスクをリスク分析したうえで，適切な管理のための管理システムを構築し，運用，さらには継続的に改善を進めていくこと，そのための法的支援策の検討が重要ともされる。

　中川丈久教授は，消費者被害の予防・回復のための行政法的手法を，次のように体系的に整理をする[注22]。まず，許認可制度や届出制度を通じて私人の一定の行動をあらかじめ行政機関の管理下に置くという手法と，法令に違反した私人に対して，行政機関が違反行為を止めさせたり，違反の繰返しを予防したり抑止したりするために，一定の作為・不作為の義務を課す行政処分をするというエンフォースメントの手法とに分けられる。このうち，エンフォースメントの手法については，さらに，違反是正型の行政処分，違反予防型の行政処分，課徴金型の行政処分，没収型の行政処分に分けられている[注23]。そして，消費者被害を①安全分野，②表示分野，③勧誘分野に分け，特に①および③について，前述した行政法的手法の体系的整理に基づいて，消費者被害回復のための行政法的手法の可能性を検討している。

（注21）　以下，米丸恒治教授の見解については，米丸恒治「消費者保護と行政法システムの課題」現代消費者法1号（2008）80-86頁を参照。
（注22）　以下，中川丈久教授の見解については，中川丈久「消費者被害の回復――行政法の役割」現代消費者法8号（2010）34-42頁を参照。
（注23）　なお，エンフォースメントの手法が機能するためには，不服従者への対応方法が備わっている必要があり，①エンフォースメント手段に従わない者に対するエンフォースメントの手段の立法化，②エンフォースメント手段としての行政処分によって課せられた義務（行政上の義務）が不履行になった場合に強制執行ができるようにするための立法化，③保全手段の立法化，がそれぞれ挙げられている（中川・前掲(注22)36-37頁）。

3　小括

　前述1でも紹介した通り，民法学においては，消費者法領域の問題指向的傾向から，消費者法における原理的・体系的検討は活発に行われていないと評価されている。他方，前述2で見た通り，行政法学において体系的・権利的な検討が始められたのは，近時になってからである。さらに，消費者法領域が複合的な法領域であるという点に異論はないにもかかわらず，現在行われている原理的・体系的検討は，個別の伝統的法領域のそれぞれにおいて別個に行われている。

　確かに消費者救済という実践的視点から見れば，そもそもこのような原理的・体系的な議論の必要性は低いとの立場もありうる。しかし，消費者救済という視点から見ても，原理的・体系的な議論は必要である。大村敦志教授は，体系・原理思考による利点として，①問題解決を助けること，②問題発見を促すこと，③学習を容易にすることを掲げ，実用のレベルでも体系・原理思考が重要であることを示す[注24]。さらに，消費者とは何か，消費社会とは何か，消費者法とはどのような働きをするものか，といった基本問題を考えるためにも体系・原理思考は不可欠であると指摘する[注25]。

　また，私法と公法の峻別論が通説的な見解であった時代とは異なり，現在では私法と公法の関係をどのように考えるのかは，問題指向型のアプローチをとる消費者法のような法領域に限定されず，行政法学のような伝統的な法領域においても一般的な課題として論じられている[注26]。消費者法領域における考察が問題指向的アプローチによるのみであれば，そして伝統的法領域と原理的・体系的に同質と評価される理論の集合が消費者法とされるのであれば，少なくとも理論的には，結局，個別の伝統的法領域が縦割りの状態で併存しているにすぎず，またそれで十分役割を果たしていると評価されざ

(注24)　大村・前掲（注1）42頁。
(注25)　大村・前掲（注1）42頁。
(注26)　大橋洋一『行政法Ⅰ現代行政過程論』（有斐閣，2009）76-93頁等を参照。

をえない。このような評価に立つのであれば，単に複合的な法領域であることのみをもって消費者法領域の独自性が認められるということはなかろう。民法・行政法などといった個別の伝統的法領域との関係での消費者法領域の独自性を明らかにするための議論をするのみならず，日本法体系の中での消費者法領域の独自性を明らかにするための議論を進めるべき時期が来ているのではないか。

　以上の検討からすれば，消費者法領域の独自性を考えるうえで，体系的・原理的な考察は必要不可欠といえる。そして，このような考察を行うに際しては，伝統的法領域（例えば民法と行政法）の相互関係を原理的・体系的に論じたうえで，それを基礎として体系的に消費者法の位置付けを明らかにするための議論を行うことが必要となろう。このような文脈において，以下Ⅲにおいて，公私協働論の検討を行う。

Ⅲ　公私協働

1　公私協働論の現状

　行政法学者である山本隆司教授は，行政法学における公法・私法についての議論を概観したのち，民法学の側から私法と公法の協働の可能性が問い直されていること，およびそこで次の2つが議論されていることを指摘する[注27]。第1は，私法も公法と同様の法益を一定程度保護・実現しうるメカニズムであり，したがって，法益の実効的保護・実現のために私法と公法が〈協働〉すべきである，という議論である。第2は，私法は私人が公益のために行う活動を促進し規律する枠組みを含み，この点で公法と関連性をもつ，という議論である。

（注27）　以下の山本隆司教授の指摘に関しては，山本隆司「私法と公法の〈協働〉の様相」法社会学66号（2007）20頁を参照。なお，公法と私法の関係の学説史的研究として塩野宏『公法と私法』（有斐閣，1989〔初出・1969-1983〕）1-193頁，山本・前掲16-21頁を参照。

このように現在では，行政法学のみならず，民法学においても私法と公法の協働ないし公私協働が論じられている。そして，利益という視角と主体という視角から，具体的な私法規範と公法規範の関係についての整理・分析がすでに行われている(注28)。しかし，同じ「公私協働」の語を用いていながらも，その内容や意義についての理解や評価にズレのあることが指摘されている(注29)。そこで，以下では，民法学および行政法学における公私協働を巡る議論を概観した後，このズレについて分析を行う。

2　民法学における公私協働に関する議論

民法学における公私協働論においては，一般的に，行政的対応の不備を理由として私法規範が一定の役割を果たしうることが指摘されている。例えば，秋山靖浩教授は，生活環境の保全・形成の場面における私法・公法の〈協働〉の意義として，民法が行政的対応の不備を補完しながら生活環境の保全・形成，つまり公共的利益の実現に積極的に関わり合うべきであるというところに見出されている，と指摘する(注30)。この点に加えて，さらに民法学では，行政法理論にも踏み込むかたちでの論点を指摘する見解がある。

吉村良一教授は，公と私に関する近時の議論を次の2つに分析をする(注31)。第1は，私法の中に公共的な利益や公法的ルールが取り込まれるという意味で，「私の公化」と呼びうるものである。ここには，環境法や都市法における議論，取締法規違反行為の私法上の効力に関する議論が位置付けら

(注28)　山本・前掲（注27）21-36頁，吉田克己ほか「討論」吉田克己編著『競争秩序と公私協働』（北海道大学出版会，2011）243-249頁［吉田克己発言］などのほか，宮澤俊昭『国家による権利実現の基礎理論――なぜ国家は民法を制定するのか』（勁草書房，2008）81-103頁・235-255頁，同「団体訴訟の実体法的基礎――集合的・公共的利益をめぐる民法と行政法の関係」小野秀誠ほか編・松本恒雄先生還暦記念『民事法の現代的課題』（商事法務，2012）1059頁も参照。
(注29)　田中成明「私法・公法の〈協働〉と司法の機能」法社会学66号（2007）69-70頁。
(注30)　秋山靖浩「民法学における私法・公法の協働」法社会学66号（2007）40頁。
(注31)　以下の吉村良一の分析については，吉村良一「民法学から見た公法と私法の交錯・協働」同『環境法の現代的課題――公私協働の視点から』（有斐閣，2011〔初出・2007〕）60頁。

れる。第2は，従来，公的な領域であり私法とは異質な公法的ルールが適用されたものが私法化・契約化されるという意味で，「公の私化」と呼びうるものである(注32)。ここには，民営化・市場化による私法（契約法）の拡大という現象が含まれるとされる(注33)。また，民法学における議論に加えて，山本隆司教授の提唱する「私行政法」や原田大樹教授の提唱する「公共部門法」といった議論を紹介しながら，公私協働のもたらす公と私の構造変化と，それによる私法と公法の変容に対する考察の必要性も指摘している(注34)。

　吉田克己教授は，公私協働を考える場合には，どのような法益が問題となっているかという法益論と，その法益侵害があった場合にどのようなエンフォースメントを図るのか，その主体をどう考えるのかという主体論という2つの問題の組合せが重要であることを指摘したうえで，法益論として公私協働を語る際に基本的に問題になるのは，公益あるいは公共的法益である以上，まずもってここで登場するのは，公法システムであると指摘する(注35)。そのうえで，①公法システムへの私人の取込み，②公法システムの私法的手法による補完の可能性と必要性，③補完の困難性，という3つに問題を整理している(注36)。

3　行政法学における公私協働に関する議論

　他方，行政法学においては，公私協働論が民法学においても論じられていることは認識されているものの，民法学の議論に踏み込んだ考察が行われる

(注32)　ただし，内田貴教授の指摘を引きながら，公共性が解体され私化された領域においては，純然たる私法とは異なる（その意味で公法化された）ルールが適用されるので，その意味で，「公の私化」は，同時に，私法領域への公共性の拡大（私の公化）をも伴うものであることが指摘される（吉村・前掲（注31）60頁）。
(注33)　なお，吉村良一教授は，公私協働を論じるに当たっての検討課題として，①「公」の権力性に関わる問題，②公私協働と私人の権利保障や意思尊重（私的自治）という私法領域における諸原則の関係，③公私協働における各種団体（中間団体）の果たすべき意義，という3つを掲げている（吉村・前掲（注31）65-66頁）。
(注34)　吉村良一「公私の交錯・協働と私法の『変容』」同『環境法の現代的課題——公私協働の視点から』（有斐閣，2011〔初出・2009〕）89-90頁。
(注35)　吉田ほか・前掲（注28）243頁〔吉田発言〕。

ことは少なく(注37)，むしろ，行政法理論・体系における新たな課題としてのみ論じられることが多い。

　例えば，山本隆司教授は，公私協働が現実に進行するきっかけになっているのは，行政・財政の改革，すなわち，行政組織のスリム化，行政のコストの削減，規制緩和，民間活力および市場原理の活用を求める政治の動きと指摘したうえで，公私協働を，「公的組織が私的主体に次のいずれかの事項に関する役割と責任を委ねること。①諸利益の衡量または財やサービスの分配に関する決定をすること，あるいは決定を執行・実現すること。または，②こうした決定を公的組織が行うのを準備するために，あるいはこうした決定を公的組織が行うのを控える代わりとして，自己の利益以外の利益に関する情報を収集・形成・提示すること」とする理解を示す(注38)。この理解のうえで，総論的に，民主的正統化を憲法上必要とする公的組織と基本的人権を享受する主体の区別，公的サービスの供給ではなく衡量・分配の決定過程の分担を論じる必要性，公的機関に促されて行われる私的主体の自主規制等も議論の対象に含まれること等が示される(注39)。さらに，執行・実現の局面における公私協働，決定の局面における公私協働，法効果をもつ決定を準備する情報処理の局面における公私協働に整理して具体的事例を分析し，原理的な考察

(注36)　吉田ほか・前掲（注28）243頁［吉田発言］。なお，より具体的には，①については，行政のリソース不足を補うために私人を利用するという行政の側からの評価と，積極的に行政過程に参加するという私人の側からの評価の違いが指摘される。②については，「契約」と「差止め・不法行為責任」というそれぞれが問題になることが示されたうえで，契約に関しては，公共団体の担ってきた公共的サービスの民間化という場面と，公法の規制でやるべきことを契約で代替的にやるという場面の違いを理論的に整理する必要性が，差止め・不法行為責任に関しては，行政の機能不全を踏まえ，公共的利益と私的利益との複合的な交錯という点を根拠とする可能性が，それぞれ指摘されている。③については，民事救済の限界が論じられている（以上につき吉田ほか・前掲（注28）244-249頁［吉田発言］）。
(注37)　数少ない例外が，制度的契約論（内田貴『制度的契約論——民営化と契約』〔羽鳥書店，2010〕）を巡る議論である。行政法学からみた制度的契約論の分析については，原田大樹「行政法学から見た制度的契約論」北大法学論集59巻1号（2008）408頁を参照。
(注38)　山本隆司「日本における公私協働の動向と課題」新世代法政策学研究2号（2009）277-289頁。
(注39)　山本・前掲（注38）279-281頁。

481

を加えている^(注40)。

　紙野健二教授は，協働の定義が，法令上も学説上も明確になっていないことを指摘したうえで，協働は，①主体の複数制，②公共目的の共有，③相互協力の3つの要素から成る現象として集約できる，とする^(注41)。そして，国家から非国家への任務の担い手の一方的な流れにおいて協働を理解するのではなく，社会の中に多様に存在し拡大されるべき連携や連帯の諸契機にも着目すべきこと，国家主体の縮小に伴って非国家主体の活動範囲の拡大が求められるのであれば非国家主体の均衡のとれた能力の確保が協働の成立する基礎的条件（基盤）となること，を指摘する。

　大久保規子教授は，「協働」ということばが，極めて多義的な概念であることを指摘したうえで，行政法学における用語法について，「多元的協働」と「分担的協働」という2つに整理している^(注42)。多元的協働とは，行政，市民，NPO，事業者等，立場の異なる主体が，それぞれの価値や能力を理解・尊重すると同時に相互に批判を受け入れ，共通の認識を作り，対等なパートナーとして連携・協力して，さまざまな社会問題・公的課題に取り組むという意味をもつ。これに対して分担的協働とは，規制緩和や行政の効率化の観点から，公的任務（特に公共サービス）の民間開放を行うことを指す。従来十分に考慮されてこなかったさまざまな価値を行政決定に反映し新しい公共を創るという多元的協働と，自己責任を掲げて市場原理の貫徹を目指す分担的協働は，本来対極に位置する概念であるとされる。多元的協働では，行政が，異なる価値観・能力等を有するさまざまな主体とどのように公的任務を実施し，多様な価値の実現を図るのかが問われており，多者協議と合意形成のあり方が課題となる。これに対し，分担的協働を巡っては，ある公的任務を行

(注40)　山本・前掲（注38）281-304頁。
(注41)　以下，紙野健二教授の見解については，紙野健二「協働の観念と定義の公法学的検討」名古屋大学法政論集225号（2008）1頁を参照。なお，「協働」ではなく「公私協働」をいう語を用いることの問題点についても指摘されている（同10-11頁参照）。
(注42)　以下，大久保規子教授の整理については，大久保規子「協働の進展と行政法学の課題」磯部力ほか編『行政法の新構想Ⅰ』（有斐閣，2011）223-225頁参照。

政が行うのか，それとも民間が行うのかという役割分担の問題に焦点が当てられ，その基準，限界，行政法理の適用の是非等が論じられる。

4　分析と検討

前述１でも紹介した通り，公私協働の内容や意義については，民法学と行政法学との間に理解や評価にズレが存在していることが指摘されている。前述２で概観した民法学の議論と前述３で概観した行政法学の議論を対比したとき，まず，民法学における議論では，積極的に行政法学の領域に踏み込んだ検討がなされているのに対して，行政法学における議論では，民法学の領域に踏み込んだ検討はなされていないことを指摘しうる。それでは，このような違いはどこから生み出されているのであろうか。ここでは，利益と主体という視角から，伝統的な民法理論・行政法理論との関係を分析・検討する[注43]。

まず，民法学における公私協働論を，主体関係という視点から見た場合，私的主体同士の関係を問題とすることにおいて，伝統的な理論と異ならない。しかし，利益関係という視点から見ると，従来問題とされてきた個人に独占的に帰属する利益ではなく，集合的・公共的な利益が新たに問題になっていることを指摘しうる。

他方，行政法学における公私協働論を主体関係という視点から見た場合，例えば，従来公的主体が行ってきた活動を私的主体に委ねるといった問題や，公的主体の意思決定過程・執行過程における私的主体の新たな役割（参加）といった問題のように，これまで必ずしも重視されてこなかった私的主体の役割が新たに問題となっていることを指摘しうる。しかし，利益関係という視点から見れば，従来の議論と大きな違いはない。

以上の分析からすると，民法学における公私協働論は，利益という視角から見ると，従来の民法学が対象としてきた領域とは異なる，理論的に空白で

(注43)　以下の分析・検討は，宮澤・前掲（注28）団体訴訟1059頁における考察も基盤として行うものである。

ある領域にもその射程が及んでいる[注44]。すなわち，個人に独占的に帰属している利益を対象とする古典的私権の体系を巡る議論とは完全に異質の要素を取り入れて議論を行う必要が出てくる。そのため，公共的利益を目的とした法理論を形成してきた行政法学の議論にも踏み込んでいくことが必要となる。他方，行政法学における公私協働論は，確かに新しい論点ではあり，既存の行政法体系の変革を迫るものである。しかし，利益という視角から見た場合には，民法学とは異なり，従来の議論の外縁から大きく外れることを必要としない。また，理論的には，従来から行政過程における私人の位置付け・役割については議論がなされてきたところであり，民法学における公私協働論と比較すれば，従来の議論と完全に異質の要素を取り入れる必要性が乏しい。そのため，行政法学の内部での考察を行うことで十分に議論が成り立ち，民法学における議論に踏み込む必要はない。

　以上のような違いを基礎とすると，現在の公私協働論について，次のように指摘しうる。すなわち，現在の公私協働論においては，私的主体の役割を論じるという意味での主体という視角からの共通性，および公共的な利益を目的としている利益という視角からの共通性に基づいて，私法規範と公法規範の関係が論じられることが多い。しかし，同じ公私協働の語を用いながらも民法学と行政法学でそれぞれ異なる議論が展開されている。そうであれば，個別の規範の関係を単純に論じるだけでなく，民法理論および行政法理論の基礎理論にまで遡ってその両者の関係を論じる必要があろう。このような議論を行うことによって，日本法体系全体から見た民法と行政法の関係が解明されることも期待しうる[注45]。以上Ⅲにおける検討からすれば，公私協働論には，私的主体の役割の拡大を基礎付ける法理論の探求という実践的な意義のみならず，日本法体系の中での個別法領域の位置付けを明らかにするための理論的な意義もあるということができよう。

（注44）　この点について，詳しくは宮澤・前掲（注28）団体訴訟1064-1073頁を参照。
（注45）　私見については，宮澤・前掲（注28）基礎理論81-103頁・235-255頁，宮澤・前掲（注28）団体訴訟1059頁を参照。

Ⅳ 消費者法における公私協働論の意義

　問題指向的なアプローチが中心となり，かつ民法と行政法を含めた複合性がその特徴とされる消費者法領域において，具体的な私法規範と公法規範との関係を論じるという意味において，公私協働論には大きな実践的な意義が認められる。本稿における考察からは，さらに次のような理論的な視点からも，消費者法における公私協働論の意義を認めうる。

　まず，公私協働論において，民法学においても，行政法学においても，利益と主体という2つの視角から，私法規範と公法規範の関係の整理を行われている。集団的消費者利益の実現に向けた議論においても，公私協働論を踏まえながら，利益と主体という視角から民法と行政法の関係を体系的な検討を行うことにより，問題の所在を理論的に明らかにすることができ，さらに民法学および行政法学の双方において，集団的消費者利益の実現のための制度について，ありうる理論構成を明示する可能性を開き得よう[注46]。

　さらに，前述Ⅱにおいて，民法・行政法などといった個別の伝統的法領域との関係での消費者法領域の独自性を明らかにするための議論をするのみならず，日本法体系の中での消費者法領域の独自性を明らかにするための議論を進めるべきとした。この点について，前述Ⅲにおいて指摘した公私協働論の日本法体系における理論的意義に鑑みれば，公私協働論の理論的な成果を積極的に参照することにより，消費者法領域の独自性を明らかにするための体系的・原理的考察を進展させうるのでないか。

　以上に述べたことは，消費者法領域における問題指向的なアプローチの必要性を否定するものではない。しかし，消費者法領域における問題指向的な考察の必要性・重要性を十分に認識したうえで，その考察とあわせて，体系

(注46)　筆者による具体的な試みとして宮澤・前掲（注28）団体訴訟1059頁参照（団体訴訟の実体法的基礎に関して，利益と主体という視角から民法と行政法の体系的関係を検討し，それに基づいてありうる団体訴訟制度の法的構成を析出した）。

的・原理的な考察を行う必要があるのではないか，というのが本稿の結論である。このような体系的・原理的な考察を，公私協働論を踏まえて具体的に進めていくことが今後の課題となる。

2 行動経済学と競争法*

名古屋大学教授 林 秀弥

I はじめに:行動経済学の重要性

伝統的な法と経済学では,消費者法の問題は,消費者と事業者間の情報の非対称や交渉力の格差などによって検討されてきた。最近では,法と行動経済学[注1]の観点からの介入の正当化が議論されている[注2]。本稿では,第1

---

* 本稿に関係するテーマについては,川濱昇「行動経済学の規範的意義」平野仁彦=亀本洋=川濱昇編『現代法の変容』(有斐閣,2013)所収が最近公刊された。(注1)の諸文献とあわせて,第一に参照されるべき文献である。あわせて,同書第4部に所収の若松良樹「行動経済学とパターナリズム」も参照されたい。
(注1) 行動経済学(およびそれに隣接する分野)の研究は非常に盛んであり,すでに多くの論稿がすでに存在する。邦語文献では,依田高典『不確実性と意思決定の経済学——限定合理性の理論と現実』(日本評論社,1997),川越敏司『実験経済学』(東京大学出版会,2007),子安増生=西村和雄編『経済心理学のすすめ』(有斐閣,2007)が(筆者を含む)経済学を専門としない者にも参考になる。また,法学分野においては,比較的近時のものとして,瀬戸山晃一「法的パターナリズムと人間の合理性(1)(2完)——行動心理学的『法と経済学』の反‐反パターナリズム論」阪大法学51巻3号(2001)33頁,4号(2001)55頁,瀬戸山晃一「法的パターナリズムと選好——パターナリスティックな法介入の効率性」阪大法学54巻4号(2004)45頁,山本顯治「投資行動の消費者心理と勧誘行為の違法性評価」新世代法政策学研究5号(2010)201頁以下,同「投資行動の消費者心理と民法学《覚書》」山本顯治編『紛争と対話』(法律文化社,2007)77頁以下を,これらより少し時代を遡ったものとして,川濱昇「『法と経済学』と法解釈の関係について——批判的検討(1)-(4・完)」民商108巻6号(1993)22頁,109巻1号(1993)1頁,2号(1993)1頁,3号(1993)1頁,同「法と経済学の限界と可能性・合理的選択と社会的規範をめぐって」井上達夫ほか『法の臨界II秩序像の転換』(東京大学出版会,1999)209-234頁をそれぞれ参照。
(注2) OECD, Roundtable on Demand-side Economics for Consumer Policy: Summary Report (DSTI/CP [2006] 3/FINAL); Federal Trade Commission, Conference on Behavioral Economics and Consumer Policy, Washington, DC (Apr. 20, 2007).

に, 近時進展の著しい行動経済学(注3)の知見を瞥見する。行動経済学の観点から消費者取引への介入の正当化を議論するものであるのはその通りであるとして, しかし, それをなぜ本稿のように市場秩序法としての独占禁止法（競争法）による対処によっても問題にしなければならないのか, その疑問にまず簡潔に答えておく必要があろう。

　そもそも競争法の目的は消費者厚生の向上にあり, 消費者が保護されることはその目的に資する。消費者の認知能力の限界（限定合理性）ゆえに厚生上の損失が発生している場合, それを是正することは効率性の観点からも正当化できる。その一方で, 競争は消費者の不合理な行動を是正する効果も期待されているが, この側面を過度に強調すべきではない。すなわち, 行動パターンに不合理な消費者が存在し, それを搾取する企業がいたとしても競争が十分であればそのような活動は競争によって淘汰されるはずだというのは, 不完全な競争しか存在しない現実の多くの状況ではそもそも妥当しない。需要者側（消費者）の行動バイアス(注4)に注目し, 消費者の行動バイアスが企業の意思決定にどのような影響を与え, それによって競争均衡がどの

(注3)　行動経済学とは認知心理学の影響の下で発展し, 個人の認知プロセスとりわけ意思決定者の限定合理性（情報量, 計算能力の限界により, 無意識に行う完全合理的でない意思決定）を前提に, 合理的行動モデルから乖離する個人の行動様式を経済分析に取り込む研究プログラムを指す。Daniel Kahneman & Robert Sugden, Experienced Utility as a Standard of Policy Evaluation, 32 Env't & Res. Econ. 161 (2005); Daniel Kahneman and Amos Tversky, Choices, Values, and Frames, 39 Am Psych 341, (1984).これに対して, 実験経済学は, 現実の市場の相互作用の中で単に合理的選択理論から乖離した行動がとられるかを実験する研究として発展した。すなわち, 実験経済学は, 利潤動機など市場のインタラクションを再現した実験空間での被験者の行動を観察して, 理論仮説の検証を行うものである。実験経済学では個人の意思決定プロセスそれ自体のみならず, 個人の相互作用が結果として何をもたらすかについても実験により検証されている。例えば, オークションの制度を変更した場合に, それらがゲーム理論（オークション理論）の予想する帰結を生み出すか否かを検討するものが例として挙げられる。もちろん, 両経済学は相互補完的なものである。Colin A.Camerer, Behavioral Game Theory (Princeton Univ. Press 2003); Colin A.Camerer et al., Regulation for Conservatives: Behavioral Economics and the Case for 'Asymmetric Paternalism,' 151 U. Pa. L. Rev. 1211 (2003).
(注4)　ここで行動バイアスとは時間選好率や主観的な危険回避度といった個人の意思決定や行動に影響を与える認知の偏りを指す。

ように変化するのかを法的に評価することは，供給者側（事業者）の健全な競争環境（能率競争）を維持するうえで不可欠である。かかる見地に立った場合，行動経済学の知見を踏まえた消費者取引の適正化への対処は，競争法にとってもまた，重要かつ要請される課題である。

そこで以下では，第1に，消費者行動の経済学について，消費者の認知能力の限界を概観し［→Ⅱ］，そして消費者保護におけるパターナリズムの問題［→Ⅲ］を論じる。最後に，結語［→Ⅳ］を述べる。

Ⅱ 消費者行動の経済学

1 序説

近時，消費者の行動を行動経済学的に分析し，その知見をもとに，消費者保護行政や消費者立法を批判的に検証したり[注5]，今後の消費者行政の企画立案，調査などに生かす試みが始まっている[注6]。そのような試みとは，例えば，事業者の行う表示等に対する消費者行動を分析することにより，「一般消費者の誤認」とは何か，誤認解消のための有効な手段は何かを，より詳細に明らかにし，今後の景品表示法の運用，消費者政策の一助とすることである[注7]。

伝統的な経済学においては，消費者は合理的な行動をとることを前提とし

（注5） 筒井義郎ほか「上限金利規制の是非――行動経済学的アプローチ」現代ファイナンス22号（2007）25頁では，上限金利の引下げが好ましい消費者政策であるか否かを理論的・実証的に検証している。すなわち，2006年12月に成立した貸金業法改正では，上限金利を利息制限法に規定されている最高利率20％に引き下げ，また，原則年収の3分の1を上限とした総量貸出規制が導入されたことを検討している。さらに，借り手の総借入残高を把握するための新しい信用情報機関制度の創設が義務化された。上記論文では，双曲割引（後述）や衝動性をもつ人々の借入決定がその後の後悔を生むという「時間非整合性」に着目しながら，伝統的な経済学の「合理的な個人」という仮定を外し，行動経済学に基づく分析フレームワークが採用されている。あわせて消費者金融利用経験者，債務整理・自己破産経験者，消費者金融非利用者を対象としたアンケート調査の結果を用いた，実証的な検討も行われている。

第3部　諸法からみた学際的検討

ていたが，実際の市場において，消費者は必ずしも合理的な行動をとらないこともあり（行動経済学），あるいは，情報の非対称性のために合理的な行動がとれない（情報経済学）場合もある。すなわち，伝統的には，事業者と消費者の間に情報の格差があるが，この情報格差を取り除けば，消費者の商品選択は合理的な判断のうえに行われると考えられてきた。しかし，消費者は，商品選択に当たって必ずしも合理的な行動をとらない場合もある[注8]。そこで，そもそも，①合理的な行動をとらないのはどういう場合なのか，②またその場合，消費者や事業者にとってどのような不利益を与えることになるのか，③その不利益の程度はどの程度のものなのか，④消費者または事業者に対し不利益を与える場合，適正な商品選択の観点から，どのような政策提言

（注6）　例えば，最近，英国公正取引庁（OFT）は，行動経済学が競争政策に与える影響について考察した報告書を次々に公表している。Steffen Huck, Jidong Zhou, and London Economics Charlotte Duke (Office of Fair Trading), "Consumer behavioural biases in competition a survey" - Final Report, *Office of Fair Trading, economic research paper series* OFT1324, 2011.《http://www.oft.gov.uk/shared_oft/research/OFT1324.pdf》（平成24年5月20日閲覧）は，現時点で最新のものであり，特に，消費者（需要）サイドの行動バイアス（時間選好率や主観的な危険回避度といった個人の意思決定や行動に影響を与える認知の偏り）に注目している。消費者サイドの行動バイアスが企業の意思決定にどのような影響を与え，それによって競争均衡がどのように変化するのか。消費者サイドの行動バイアスの存在は，現実の消費者は，多くの経済モデルが推定するような完全合理的な行動を常にするわけではないことを示唆している。本稿は，行動経済学に関する今までの実証的研究・理論的研究をサーベイすることを通して，以下の3つの命題に対する解答を追究している。第1の命題は，消費者サイドの行動バイアスがどのように働いた場合に競争環境に歪みが生まれるのかというものである。第2の命題は，消費者サイドの行動バイアスが働く際に，どのようにして競争均衡や価格が変化するのかというものである。第3の命題は，消費者サイドの行動バイアスから生じる非効率性からくる弊害を少なくするためにはどのような政策手段があるかというものである。なお，わが国の政府機関が行った消費者の行動経済学的調査としては，内閣府国民生活局総務課調査室「消費者の意思決定行動に係る経済実験の実施及び分析調査の概要」（2008年10月15日）を挙げておく。
（注7）　例として，公正取引委員会・競争政策研究センター共同研究報告書「広告表示等に対する消費者行動の分析」（2008年11月）http://www.jftc.go.jp/cprc/reports/index.files/cr-0308.pdf（2012年5月20日閲覧）を挙げておく。
（注8）　もちろん，認知能力の限界があるとしても，健全な市場環境では，合理的な行動を仮定して近似できることも多いはずであり，その意味で，行動経済学は，標準的なミクロ経済学の分析道具をあくまで補完するものと解すべきである。

が可能か，を検討する試みである^(注9)。

そもそも，「合理的な消費者を前提」とした場合，「情報の完全性」を仮定しており，実態からかけ離れていることにならないかと批判されることがある。ここでいう「合理的な消費者を前提」とは，一定の理解できる範囲内のサービス（商品も含む。以下同）に関するインプット情報を得られた場合，消費者が社会通念上の妥当な判断を下すということである。「情報の完全性」を仮定することが現実離れしているのはその通りであり，消費者のサービス選択に当たりできる限り所要のインプット情報が得られるよう，単なる料金にとどまらずサービス品質やサービス変更コストを評価に盛り込んで分析していく必要がある。いずれにせよ，多様な消費者が，どのような情報を基にサービスを選択しているかという視点がないと，競争法の見地からも適切な競争評価にならない。

他方で，消費者が欲するインプット情報を得られたとしても，すなわち情報の完全性を仮定できたとしても，自己の嗜好に沿って，自己にとって最適と考える選択を下すのだから，そもそも「合理的」な判断は難しいという問題は残る。現実の政策評価・決定においては，サービス選択の決定要素として，価格は安いほどよい，割引サービスがあるほどよい，サービスの品質がよいほどよい，といった，消費者にとって何がより重要であるかについて利用者アンケート等を通じて把握し，できる限り需要面からの見た市場実態ないし合理的な消費者像の把握に努めていく必要がある。

消費者の行動バイアスに関する研究が競争法に与える含意には，次の点が

(注9) 例えば，こうした限定合理的な行動を消費者がとることも考慮に入れて，不当表示に対する景品表示法の厳正な運用が，消費者の経済活動に対していかなる影響を与えているのかを分析することや，また，事業者の行う表示に対する消費者行動を分析することにより，経済学上いかなる消費者政策（ひいては競争政策）を政策・規制当局（消費者庁・公正取引委員会）がとることが適切であるのか検討することは有益である。具体的には，①景品表示法上の排除命令による情報開示が，消費者と事業者との情報量の格差を埋めるものであって，事業者による自発的な情報開示しか行われない場合に比べて消費者の利益を保護していることを統計的な手法を用いて分析することや，②消費者の表示に対する認識を統計データとして集計することにより消費者行動を分析し，事業者が消費者に対しいかなる情報を，どのタイミングで開示すべきかなどである。

挙げられる。第1に，消費者の行動バイアスがどんな場合に競争の歪みを生むのか考察することは，市場メカニズムの健全性を評価する際重要な視点となる。第2に，消費者の行動バイアスが企業の意思決定にどのような影響を与え，それによって競争均衡がどのように変化するのかについての知見は，競争当局の介入の是非および方法を判断する指針の1つとなる。第3に，情報に対する反応の仕方は消費者の知識水準や情報の種類によって異なる。消費者の中には，以下に述べるように，より良い商品を探したりしない者や品質を正しく評価できない者も存在する。そういう消費者が市場の中で多数派となった場合，供給者は，より良質廉価な商品を市場に投入する競争をせずに，逆に有害・無意味な情報を流布したり射幸心をあおったりして，消費者に良質廉価な商品だと誤認させ，結果的に消費者を搾取することができるかもしれない。もちろん，情報の非対称性を解消するために供給者側に強制的に開示規制をかけることには意味がある。ただ，その際，供給者側が実質的に意味のない情報（開示義務のない情報）まで開示することで自社の商品をアピールするような競争がなされてしまう場合がある。かような行き過ぎた情報提供競争の結果，過剰な情報が氾濫する中で，これらの情報を十分に理解できないまま不適切に反応したり評価したりする消費者が増えてしまうおそれもある。例えば，携帯通信サービスを例に考えると，端末価格やキャンペーン割引等は複雑で，消費者が合理的に選択することが困難となるなか，利用者がサービス比較のデータを把握しづらくなっている。その結果，利用者が合理的な決断を下すのは難しくなるなか，ステルスマーケティング（消費者に宣伝と気づかれないような宣伝行為）に引っかかってしまう懸念もある。ドッド＝フランク・ウォール街改革・消費者保護法（Dodd-Frank Wall Street Reform and Consumer Protection Act〔Pub.L. 111-203, H.R. 4173〕）で話題となったplain vanilla（固定金利の支払・受取りと変動金利の受取り・支払を交換する最も単純なスワップ取引のこと。もともと，プレーンバニラとは「あれこれトッピングのない（プレーンな）バニラアイスクリーム」が語源であり，シンプルかつ一般的な取引という意味を持つ）は，複雑な金融商品を比較するための参照軸としてオプションのない標準商品の提供を義務付けるというものであり，この考

え方は，携帯通信サービスのような複雑なオプションサービスの提供形態の規律にとっても参考となりうる。

行動経済学の成果は消費者規制やそれに関連する競争法の規制に対して従来の介入を正当化する契機をもつ。いわば，これまでの合理的選択論を前提にすればうまく説明がつかない規制を正当化できるという機能である。ただし，消費者の意思決定や認知能力に制約があるのだから直ちに介入が正当化されるというような短絡的議論は避けなければならない。行動経済学の成果を適切に利用しつつも，他方で，それを法学分野において濫用することを防ぐ謙抑的態度もまた，われわれには求められている。

では，行動経済学の成果についてどのような法的位置付けがなされるべきか。これは従来の法運用における経済学的議論の位置付けとも関わる(注10)。経済学の利用には立法事実と司法的事実（規範適用事実）があり，それぞれの局面で経済分析の占める位置付けは異なる。競争法の分野では（おそらく他の分野でもそうであろうが），裁判官の推論の道具という位置付けがなされている。行動経済学の機能は，上記立法事実に関わるものとして，標準的な経済分析が出した知見・推論の修正する知見として働く。

2　消費者の認知能力(注11)の限界

そもそも消費者が必ずしも合理的な行動をとるとは限らないと想定されるケースとして挙げられるのは，第1に「過剰な選択肢」である。すなわち，

(注10)　その前提として，意思決定の非合理性を所与とした場合に法的介入をすべきかどうかの問題として，行動経済学の成果が法運用で位置付けられることもある。個人の選択の自由を尊重しつつ，政府が選択の初期値に介入することを許容するSunsteinらのリバタリアン・パターナリズムの議論はこれに当たる。Cass R. Sunstein & Richard H. Thaler, Libertarian Paternalism is not an Oxymoron, 70 U. Chi. L. Rev. 1159 (2003).
(注11)　認知心理学の進展によって「合理的経済人」仮説（ベイジアン合理性ないし主観的期待効用仮説）を反証する多くの経験的事実が蓄積されている。行動経済学の研究プログラムとは，実験経済学とは異なり，観察された結果等から想定される行動様式を仮説として採用したうえで，厳密なモデル分析を行う研究として進展している。特に消費者の一般的属性としてその認知能力に限定があると仮定したうえで，競争がどのように帰結をもたらすかについての研究は米国を中心に盛んである。

消費者は，商品の種類が多すぎると，誤った選択をおそれてランダムな選択をしたり，選択そのものを放棄してしまうというものである。これは典型的には携帯電話の料金プランがそうである。すなわち，携帯電話の料金プランに関する情報がすべて開示・提供されていたとしても，多数の消費者は，情報量が多すぎると，そのうちどれが自分にとって最も望ましいものかについてある種のわずらわしさから検討を放棄してしまう傾向がある。その結果，ある消費者にとって最適なプランがあったとしても，それが当該消費者に選択されず，事業者にとっても，新プランを出すメリットがなくなってしまうという危険がある。これは，情報処理における合理性からの乖離（狭義の限定合理性）の問題である。

　第2に，選好の非整合性の問題である。例えば「賦与効果（endowment）」と呼ばれる原状維持バイアスが観察されている。要するに消費者は，自己の所有する商品への愛着から，その商品に対し過大な愛着を持ってしまうことである。これは耐久消費財の買換え時期を念頭に置くとわかりやすい。すなわち，より優れた後継商品の出現により，本来であれば，買換えが合理的な場合であっても，引き続き高いランニングコストを払いながら，または，修理費用を負担して，自己の所有する商品を使い続けることがあるのではないかという問題である[注12]。その結果，消費者は高い支出を続けることになる。このことは，事業者にとっても，より優れた商品を開発しようとするインセンティブが失われるおそれがある。

　また賦与効果として，「初期設定効果（default）」も挙げられる。消費者は，自分にとって未知の商品を初めて購入する際など，商品選択の基準そのものを持っていない場合，自分にとって不要なものが含まれていても標準仕様といわれるものを選んでしまう傾向がある。これは，保険商品の特約を考えるとわかりやすい。すなわち，自分にとって必要かどうかの判断の拠りどころがないため，他の多くの人が特約を付けるかどうかという事実をもって，自

（注12）　ただし，高額商品の場合は買換えに多額な費用を要するため，買換えの阻害要因になっている場合もあると思われる。

分自身の場合について特約を付けるかどうかを判断してしまうことがある。この結果，消費者は余分な費用を負担することになるおそれがある[注13]。

　第3に，消費者の意思力の弱さに起因するものである。これは，自己の利益のために行動を制御することの困難さの問題であり，特に，双曲割引による時間的非整合の問題が指摘される。「双曲割引（Hyperbolic discounting）」とは，消費者は，将来の費用・利益よりも，目先の費用・利益に目を向ける傾向にあることを指すものである。これは，近時，多重債務問題において注目されており，将来の費用・利益については合理的な判断がなされるとしても直近の選択であると必ずしも合理的な選択を行わないことを問題にするものである。すなわち，消費者は，目先の利益を過大に評価し，将来の負担等を過小に評価する傾向があるとされ[注14]，その時点，その時点でみるとそれぞれ各人の期待効用を最大化しているが（例えば喫煙・飲酒その他の中毒），時間軸を長期にとると必ずしも客観的に見て合理的な選択を行っていない場合である。

　第4に，「フレーミング」による先入観の問題である。これは，意思決定問題をどのような「枠組み」で捉えるかによって，その選択行動に影響が出るというものである。消費者の選択は，情報の提示の仕方（frame）に影響を受ける。例えば，同じ内容を意味する「99％紫外線カット」と「１％しか紫外線を吸収しない」と書かれていた商品がある場合，消費者は前者を選択する傾向にあるのではないかが問題とされており（この傾向はマーケティングでも応用されている），意思決定問題の表現方法いかんで結論が左右されている。これは，表現の創意工夫と表示規制とのバランスをどう考えるかに当たって

（注13）　またパソコンの標準装備ソフトなどでも，自分にとって必要となるかどうかというよりも，比較対照の商品での装備状況によって，標準かどうかを判断してしまうことがあるのではないかという点である。この結果，消費者は余分な費用を負担することになるのではないかが問題となる。
（注14）　これは，将来の利益に対する割引率は双曲線上になっており，将来時点での利益も勘案した自己の利益の最大化に関して時間的不整合が生じているとしばしば表現される。Shane Frederick et al., Time Discounting: A Critical Review, 40 J. Econ. Literature 351 (2002).

興味深い視点を提供している。また，リスクに関する先入観も同様である。消費者は，リスクに関する選択に当たっては，非常に低いリスクであってもそれを過大に評価してしまうことがある前述の保険商品の特約に当たって，非常に低いリスクに保険をかける傾向がある場合である。限定合理性を情報処理の不合理と選好の不合理性に分けるならば，これらは，選好の不合理性として分類される。

　第5に，消費者の「自信過剰」である[注15]。これは，消費者が自己の能力を過大評価する傾向があることを指す。例えば，ドライバーは一般に自己の運転能力は平均以上だと思っていると指摘されることがあるが，ある自動車関連用品が，初級者用，上級者用と銘打って販売される（その商品情報は正しく提供されていると仮定する）場合，ある消費者にとって適切な商品は当該消費者の客観的な運転技能からすれば初心者用であるにもかかわらず，中級者以上の商品を選択候補にする場合である。この消費者の行動バイアスにより，消費者は自ら余分な費用を負担させられているともみることができる。この自己能力・幸運等についての過大評価は，行動経済学でしばしば取り上げられている[注16]。

III　消費者保護におけるパターナリズム

　もちろん，上記のような認知能力の限界があるからといって，そのことが条件反射的なパターナリズムに直結するわけではない。確かに，行動経済学の成果を生かした研究の多くは，消費者法その他の領域で，自己利益を守れ

(注15)　Alpert, M., and H. Raiffa, A progress report on the training of probability assessors, in D. Kahneman, P. Slovic and A. Tversky, eds., Judgment Under Uncertainty: Heuristics and Biases (Cambridge University Press, Cambridge 1982) 294.
(注16)　Neil D. Weinstein, Unrealistic Optimism about Future Life Events, 39 J. Personality & Soc. Psychol. 806 (1980). Lynn A. Baker & Robert E. Emery, When Every Relationship is Above Average: Perceptions and Expectations of Divorce at the Time of Marriage, 17 Law & Hum. Behav. 439 (1993).

ない法律弱者について介入を示唆するという意味でパターナリズムにコミットする傾向がある。このことはとりわけ，消費者保護の文脈で顕著である。この傾向に対しては，①介入のコストを正しく勘案していないとか，②介入された個人が自己の学習によって合理性を獲得する可能性を軽視している[注17]といった批判がなされている。また，自己の行動様式に不合理な消費者が存在し，それを搾取する企業がいたとしても競争が十分であればそのような搾取的行動は市場から淘汰されるはずであるという市場メカニズムに対する過剰な期待もある[注18]。この手の批判に対しては，市場の修復作用が弱いことが介入の前提であり，痛い目に遭ったことで今後気を付けようと自己教育・自己改善する個々の消費者の反省的行動をもって，市場競争による是正と捉えることのできる状況は限定されているように思われる。何となれば，消費者被害の蔓延下では，前述のように，不完全な競争しかない状況をわれわれは問題にしているからである[注19]。

このように介入に批判的な論者も，全体としての経済厚生の改善のために被規制者の意思決定の自由を過度に制約しないような介入を否定するものではない[注20]。またそもそも，消費者の脆弱な意思決定能力につけ込むことや相手方の認知上の制約を不当につけ込んで搾取することを規制するのはパターナリズムとは次元の異なる問題である。

(注17)　これに対しては，学習インセンティブの低い状況が法と行動経済学の前提であるという反論がなされている。Colin F. Camerer & Robin M. Hogarth, The Effects of Financial Incentives in Experiments: A Review and Capital-Labor-Production Framework, 19 J. Risk & Uncertainty 7, 11 (1999).

(注18)　Alan Schwartz "How Much Irrationality Does the Market Permit?" 37 J. Legal Stud. 131 (2008).

(注19)　携帯電話解約金訴訟（京都地判平成24・3・28判時2150号60頁）で裁判所は「契約の目的である物又は役務等の対価それ自体に関する合意については，事業者と消費者との間に上記のような格差が存在することを踏まえても，当該合意に関して錯誤，詐欺又は強迫が介在していた場合であるとか，事業者の側に独占又は寡占の状態が生じているために消費者の側に選択の余地が存在しない場合であるとかといった例外的な事態を除き，原則として市場における需要と供給を踏まえた当事者間の自由な合意に基づくものであるということができる」（傍点筆者）と判示しているが，逆に傍点で強調したような，競争が働いていない「例外的な事情」がある場合には，対価に関する合意についてまで内容規制が及ぶことを示唆している。

第3部　諸法からみた学際的検討

IV　結語

　独占禁止法にはその目的規定（1条）において「一般消費者の利益を確保する」という文言があるが、そこでいう消費者は、生身の消費者像ではなく、極度に抽象化された「消費者」である。競争法の悪性とは、消費者に被害を与えることであり、ここでいう、消費者被害（「社会的損失」や「拡散的利益の侵害」）とは、個々の消費者の具体的な個別的利益ではなくまさに集団的消費者利益である[注21]。これに対して、消費者法の消費者は、先に見た消費者契約法1条において述べられているように、より具体的な消費者像を想定しているように思われる[注22]。消費者が合理的でない行動をすることを織り込んだモデルを前提とし、よりリアルな消費者像を想定する行動経済学によってもたらされる知見は、ひとえに消費者法の分野においてだけでなく、競争法

（注20）　Cass R. Sunstein & Richard H. Thaler, Libertarian Paternalism Is Not an Oxymoron, 70 U. Chi. L. Rev. 1159 (2003); Richard H. Thaler & Cass R. Sunstein, Libertarian Paternalism, 93 AEA Papers and Proceedings 175 (2003).リバタリアン・パターナリズムとは、Sunstein and Thaler (2003), Thaler and Sunstein (2003)などで大きな注目を浴び、最近ではThaler, R., and Sunstein C.による Nudge, (2008, Yale University Press)という一般向けの書物も刊行されていることで注目を浴びた、行動経済学に基づいたリバタリアンの精神を有するパターナリズムである。リバタリアン・パターナリズムは、個人の選択の自由を認めつつ、厚生を促進する方向へと人々を誘導するための選択として、行動経済学という実験的手法を経済学に応用した分野の結論と提言に立脚し、厚生基準の活用に向けた功利主義が社会選択論という理論的な進展に加え、実際のさまざまな実証経済学の成果を活用した厚生基準の適用可能性を模索している。

（注21）　最近のLeegin事件の意見は、「反競争的効果」を「消費者に損害を与える」ことと同一視し、「競争を促進すること」を「消費者の最善の利益になること」と同一視している。Leegin Creative Leather Products, Inc. v. PSKS, Inc., 127 S. Ct. 2705, 2713 (2007).

（注22）　なお、景品表示法が、公正取引委員会から消費者庁へ移管されたことに伴い、改正により、同法の目的が「公正な競争を確保し」から「一般消費者による自主的かつ合理的な選択を阻害するおそれのある行為の制限及び禁止について定めることにより」に変更され、これに伴い、実体規定における「公正な競争」についても「一般消費者による自主的かつ合理的な選択」に変更された。しかし、これは、供給者サイドからみた文言である「公正な競争」を消費者サイドからみた文言に置き換えただけであり、当該改正は、実質的な要件の変更を伴うものではないことから、現行規制の範囲を変えるものではないと解すべきである。

の分野においてもまた今後影響力を与えうるように思われる[注23]。いずれにせよ，消費者は不合理なのだから介入して保護すべしといったナイーブかつステレオタイプな議論からの脱却が求められている。

(注23) よく挙げられるプリンターとインクジェットの例のように，いわゆるアフターマーケットの画定問題では，追加的に必要な費用を評価できないナイーブな消費者の搾取戦略が問題となっており，この局面において行動経済学の知見は有効である。

第３部　諸法からみた学際的検討

③ 景品表示法における消費者被害の事前防止について
―― 表示規制を中心として

北海道大学教授　向田直範

I　独占禁止法の特例法としての景品表示法

　景品表示法は，表示と景品規制に関する一般法であるが，同法は，独占禁止法の特例法として，適切かつ迅速な景品・表示の規制を目的として，昭和37年に制定・施行されたものである。過大な景品付き販売や欺まん的表示は，独占禁止法の不公正な取引方法の一類型である不当な顧客誘引行為として規制可能である。しかし，これらの行為は，多数の消費者を対象として短期的に実施され，また波及性を有しているので，時間をかけない迅速な処理が必要であるが，独占禁止法の慎重かつ複雑な手続では十分に対応できないおそれがあった。そこで問題となる事案の迅速な解決のため，独占禁止法の手続上の特例を定めるという趣旨で景品表示法が制定されたのである。

　2009年９月１日，「消費者庁及び消費者委員会設置法の施行に伴う関係法律の整備に関する法律」の施行に伴い，公正取引委員会から消費者庁に移管された[注1]。それに伴い，目的規定，実体規定および手続規定の改正がなされた。

（注１）　消費者庁及び消費者委員会設置法４条14号により景品表示法に関する事務は，消費者庁が司ることになった。消費者庁及び消費者委員会設置法の施行に伴う関係法律の整備に関する法律12条によって景品表示法の改正がなされた。これがいわゆる平成21年景品表示法改正といわれるものである。なお，消費者庁設置の経過については，内閣官房消費者行政一元化準備室「消費者庁関連３法の概要」ジュリ1382号（2009）６頁および向田直範「21世紀の消費者法と消費者政策」日本経済法学会年報29号（2008）８頁参照。

II 改正の概要
1 目的規定（1条）と実体規定（4条1項）の改正

景品表示法が，消費者政策を担うために設立された消費者庁に移管となった[注2]ので，目的規定が，「この法律は，……一般消費者による自主的かつ合理的な選択を阻害するおそれのある行為の制限及び禁止について定めることにより，一般消費者の利益を保護することを目的とする」と改正された（同法1条）。これは，法律の性格が，競争政策の法から消費者政策の法へ変わったことを明らかにするための改正であった[注3]。

改正景品表示法（以下，「改正法」という）4条1項で不当な表示として禁止されるのは，①優良誤認表示であって，「一般消費者による自主的かつ合理的な選択を阻害するおそれがあると認められるもの」（1号），②有利誤認表示であって，「一般消費者による自主的かつ合理的な選択を阻害するおそれがあると認められるもの」（2号），および③「前2号に掲げるもののほか，……一般消費者による自主的かつ合理的な選択を阻害するおそれがあると認めて内閣総理大臣が指定するもの」（3号）である。

「公正な競争を阻害するおそれがある」表示が，「一般消費者による自主的

（注2）　消費者庁への移管の理由として，平成16年に行われた，消費者保護法から消費者基本法への改正による消費者政策の基本理念の転換が挙げられている。「消費者が自立し，自主的かつ合理的に商品選択をするためには，商品等に関する情報が事業者から消費者に正確にかつ歪みなく伝わること，すなわち表示と景品類の提供の適正化が不可欠であ〔り〕，……この点からも景品表示法の役割は，消費者法の1つとして一層重要なものとなり，消費者庁へ移管されることとなった」というものである（片桐一幸編著『景品表示法〔第3版〕』〔商事法務，2014〕5頁）。なお，消費者政策の基本理念の転換の詳細については，坂東俊矢「消費者基本法と21世紀型消費者政策の展開」法教307号（2006）160頁参照。
（注3）　「景品表示法に基づく過大な景品類の提供および不当表示に対する規制は，①公正な競争を確保するとともに，②消費者が自主的かつ合理的に商品または役務の選択を行える意思決定環境の創出・確保を図るための消費者政策とも位置づけられるところ，消費者庁が所管する消費者法と位置づけるために，後者の②の観点から目的規定を改正すること」としたものである（片桐・前掲（注2）5頁）。なお，表示規制における消費者の利益については，☞*第1部* ❼ III 2(1)。

かつ合理的な選択を阻害するおそれがある」表示に置き換えられたが，これは実質的な変更ではない。改正前の景品表示法（以下，「旧法」という）にいう「公正な競争を阻害するおそれ」は，一般消費者に誤認される表示であれば，常に認められるものであり，法律の文言はその点を確認的に明らかにしているにすぎないとされていたからである[注4]。したがって，「一般消費者に誤認される」との要件を充足すれば，基本的に他の立証を必要とせず，不当に顧客を誘引し，一般消費者による自主的かつ合理的な選択を阻害するおそれがあると認められることになるのである[注5]。実際に，消費者庁による法運用を見ても従前と変わりはない[注6]。

2　手続規定の改正

旧法は，3条および4条に違反する行為を，独占禁止法19条で禁止する不公正な取引方法に違反する行為とみなし，独占禁止法違反行為に関する手続規定を適用していた。景品表示法違反事件の端緒は，①職権探知（独禁45条4項），②一般人からの報告（申告）（同条1項，旧景表6条1項）および③都道府県知事からの措置請求（旧景表8条）である。

公正取引委員会は，違反被疑事実が存在するか否かについて必要な調査をするために一定の処分を行うことができる（独禁47条）。相手方は正当な理由なく処分を拒否できず，拒絶する場合には罰則の適用がある（同法94条）から，これは強制処分権限である[注7]。この強制処分権限は，景品表示法事件にも認められていた[注8]。

一般人から書面で景品表示法に違反する具体的な事実を摘示して適当な措

（注4）　例えば，「日本交通公社事件（沈まない太陽事件）」審決（平成3・11・21公正取引委員会審決集38巻15頁）は，「『実際のものよりも著しく優良であると一般消費者に誤認される』ものは，通常『不当に顧客を誘引し，公正な競争を阻害するおそれがある』ものと解される」としている。なお，菅久修一『景品表示法』（商事法務，2005）36頁参照。
（注5）　片桐・前掲（注2）47頁，川井克倭＝地頭所五男『Q&A景品表示法――景品・表示規制の理論と実務［改訂版第2版］』（青林書院，2007）163頁参照。
（注6）　向田直範「消費者庁による景品表示法の運用について――不当表示規制を中心に」公取725号（2011）19頁。

❸ 景品表示法における消費者被害の事前防止について

置をとることを求める趣旨の報告（申告）があった場合，公正取引委員会は，事件について必要な調査をし（独禁45条2項），その結果を当該報告者（申告者）に速やかに通知しなければならない（同条3項）とされていたのである[注9]。

平成21年の改正により，景品表示法が公正取引委員会から消費者庁に移管されたことに伴い，このような独占禁止法の手続規定を適用する仕組みは廃止された。一般人からの報告（申告）とそれに対する結果通知の制度はなくなった。調査については，従前と同様，一般的な行政調査と同様の手続で行われることになり（景表9条1項），罰則をもって担保されている（同法16条）。

調査の後にとられる措置について，旧法の排除命令（旧景表6条）が措置命令と改称され，「内閣総理大臣は，第3条の規定による制限若しくは禁止又は第4条第1項の規定に違反する行為があるときは，当該事業者に対し，その行為の差止め若しくはその行為が再び行われることを防止するために必要な事項又はこれらの実施に関連する公示その他必要な事項を命ずることができる。」とされた（景表6条）。これらの権限は，内閣総理大臣から消費者庁長官に委任され（同法12条1項），消費者庁長官は公正取引委員会に権限の一部を委任することができる（同条2項）。公正取引委員会は，これにより違反被疑事件の調査を行うことができる。しかし，措置命令を行う権限は消費者庁に留保されており，公正取引委員会にはその権限はない[注10]。

なお，都道府県知事の指示，措置請求，報告の徴収および立入検査等の制

(注7) これは，「罰則の存在をもって調査の相手方の受忍義務を担保する間接強制であって，相手方の意思にかかわらず実施する直接強制ではないから，裁判所の令状による許可は必要ではない」（根岸哲編『注釈独占禁止法』〔有斐閣，2009〕646頁［鈴木孝之］）。
(注8) 向田直範「事件の処理手続，排除命令，罰則等」公取647号（2004）60頁参照。
(注9) 片桐・前掲（注2）237頁。なお，報告者に通知する制度は，「報告者の関心に応える制度……であるが，報告者に対して便宜を与えるためのものに過ぎず，不満がある場合の不服申立てを定めた規定もなく，本項により報告者が公取委に対して措置請求の申請権があるということはない」（根岸編・前掲（注7）644頁［鈴木]）。
(注10) 景品表示法第12条第1項及び第2項の規定による権限の委任に関する政令1条・2条。

度については，基本的には，従前通りである（景表7-9条）。

改正前，排除命令に不服がある者は，独占禁止法上の排除措置命令と同様に，公正取引委員会に対して審判手続の開始を請求することができ，審決に不服のある者は審決取消しの訴えを提起することができた（旧景表6条2項）が，改正後は，改正前の審判手続に関する規定は削除され，措置命令に対する不服申立ては，一般の行政処分と同様に処理されることとなり，行政不服審査法に基づく消費者庁長官への異議申立てまたは行政事件訴訟法に基づく取消訴訟によることとなった[注11]。

Ⅲ 適格消費者団体による差止請求

1 差止請求権導入の趣旨

2006年の消費者契約法の改正（平成19年6月施行）により，同法に消費者団体訴訟制度が導入された。導入の理由は，消費者契約に関連した被害は，同種の被害が多数発生し，個々の消費者が事後的に（契約の取消し等）によって救済されても，他の消費者は被害を受ける可能性があるので，被害が広がる前に，事業者による不当な勧誘行為や契約条項の使用を差し止める必要があるというものであった。そこで，適格消費者団体が消費者契約に違反する事業者の不当な行為に対して差止請求権を行使できる途を開こうということで，この制度が導入されたのである[注12]。

2008年5月に改正（平成21年4月施行）された，消費者契約法の一部を改正する法律により，景品表示法が改正された。消費者契約法2条4項に規定する適格消費者団体は，事業者が，不特定かつ多数の一般消費者に対して，商品または役務の内容について著しく優良であると誤認される表示や，商品ま

(注11) 片桐・前掲（注2）242頁。
(注12) 国民生活審議会消費者政策部会消費者団体訴訟制度検討委員会『消費者団体訴訟の在り方について（案）』（2005年6月23日）。

たは役務の取引条件について著しく有利であると誤認される表示を現に行いまたは行うおそれがあるときは、当該行為の差止請求をすることができることになった（景表10条）。

景品表示法に適格消費者団体の差止請求権を導入する趣旨は、近年、景品表示法違反による消費者被害が発生しているが、このような消費者被害は、同種の被害が多数の者に拡大して発生する特徴がある。これを行政規制によって対処するには限界がある。不当表示を排除する仕組みを複線化することで、不当表示の速やかな排除と抑止力の強化を図るために、適格消費者団体に差止請求権を認める団体訴訟制度の対象に不当表示を加えたものである。同時に、特定商取引法にもこの制度が導入された[注13]。

2　差止請求権の内容

(1)　差止請求権の行使者

差止請求権の行使者は、適格消費者団体である。適格消費者団体とは、消費者契約法13条の規定に基づき内閣総理大臣の認定を受けた者である。認定の有効期間は3年なので、引続き適格消費者団体として業務等を行おうとする場合には、認定の更新を受けなければならない（消費契約17条）[注14]。

(2)　差止請求の対象

景品表示法違反の表示の中で、①優良誤認表示（景表4条1項1号）および②有利誤認表示（同項2号）が差止請求の対象であるが、景品表示法4条1項3号に基づき内閣総理大臣が指定する表示（現在は6つある）は対象とはならない（同法10条1号・2号）。

(注13)　加納克利ほか「消費者契約法等の一部を改正する法律について」NBL 884号（2008）30頁。なお、公正取引委員会内の議論については、団体訴訟制度に関する研究会報告「独占禁止法・景品表示法における団体訴訟制度の在り方について」（2007年7月12日）を参照。
(注14)　現在認定されている適格消費者団体は、特定非営利活動法人消費者機構日本や公益社団法人全国消費相談員協会等11団体である。そのうち9団体が、認定の有効期間の更新をしている（消費者庁ホームページ）。

(3) 請求することができる措置の内容

適格消費者団体が請求することのできる措置は、事業者が前記(2)の①または②の行為を現に行いまたは行うおそれがあるときに、当該事業者に対し、「当該行為の停止若しくは予防又は当該行為が当該各号〔10条1号または2号〕に規定する表示をしたものである旨の周知その他の当該行為の停止若しくは予防に必要な措置」である（景表10条柱書）。

差止請求権が適正に行使されることを担保するため、その行使については、消費者契約法によって一定の制約が課せられている（消費契約12条の2第1項）。

3 差止請求手続

差止請求は、基本的には民事訴訟手続に従って行われるが、以下のような、いくつかの特例が設けられている。

(1) 書面による事前の請求

消費者契約法によると、「適格消費者団体は、差止請求に係る訴えを提起しようとするときは、その訴えの被告となるべき者に対し、あらかじめ、請求の要旨及び紛争の要点その他の内閣府令で定める事項を記載した書面により差止請求をし、かつ、その到達した時から1週間を経過した後でなければ、その訴えを提起することができない。ただし、当該被告となるべき者がその差止請求を拒んだときは、この限りでない」（41条1項）。

内閣府令で定める事項とは、①名称および住所並びに代表者の氏名、②電話番号およびファクシミリの番号、③被告となるべき者の氏名または名称および住所、④請求の年月日、⑤法41条1項の請求である旨、⑥請求の要旨および紛争の要点、である（消費契約則32条1項）。

また、上記の請求においては、「できる限り、訴えを提起し、又は仮処分の命令を申し立てる場合における当該訴えを提起し、又は仮処分命令を申し立てる予定の裁判所を明らかにしなければならない」（消費契約則32条2項）。

(2) 訴訟の目的の価額

差止請求に係る訴えは、訴訟の目的の価額の算定については、財産権上の

請求でない請求に係る訴えとみなされている（消費契約42条）ので，訴額は，160万円とみなされている（民訴費4条2項）。

(3) 管轄

差止請求に係る訴訟の管轄については，当該事業所または営業所の所在地（消費契約43条1項，民訴5条5号），および差止請求の対象となった事業者の行為があった地を管轄する裁判所である（消費契約43条2項）。

4 適格消費者団体による差止請求権の行使の現状

適格消費者団体による差止請求権行使は，公正取引委員会の所管の間はなかったし，消費者庁に移管されて後も1件もない。しかし，景品表示法に基づく是正申入れがなされた事例がある。それは，消費者機構日本が，平成23年5月17日，家電量販店の㈱ノジマに対して行ったものである。本件は，有利誤認表示につき，差止請求の前段階の申入れで事業者が受け入れて，一件落着したというケースである[注15]。

不当表示に関する請求がほとんどない理由は，誤認招来表示か否かを事前に知ることがほとんど困難だというところにある。それでも，有利誤認の場合は，契約条件の問題となって現れるので，事前に誤認を招来するか否かを知ることが可能な場合もある。

しかし，優良誤認表示の場合はそれが「著しく優良であると誤認される」ものか否かを，事前に探知・認識することが困難である。疑わしいけれども優良誤認といえるか不明の場合が多く，それには消費者団体には対応できな

(注15) 消費者機構日本は，「㈱ノジマの新聞折込チラシ等広告（通信サービス契約とのセットによるパソコン販売広告）の表示内容（以下「本件表示」という）では，機種によっては，パソコンを『1円』等と格安で購入できるとの利益のみが表示され，これに対応し，購入者が加入しなければならない通信サービス契約の月額料金並びに通信サービス契約を中途解約した場合の契約解除料など，購入者が負担しなければならない金額が表示されていない。」とし，「本件表示は，景品表示法第4条1項2号に定める有利誤認表示に該当すると考えられるため改善を求める」としたのである。
それに対し，㈱ノジマは，「パソコンにセットされる通信サービス契約の契約期間や同通信サービス契約の中途解約時に違約金がかかること等に関する補足説明」を必ず表示するように改善した，とのことである（消費者機構日本ホームページ）。

いと思われるのである。

Ⅳ　消費者による損害賠償請求

　2009年改正前，景品表示法6条2項は，3条および4条違反行為を独占禁止法19条の不公正な取引方法の禁止に違反する行為とみなし，無過失損害賠償請求訴訟の対象としていた。それに対する公正取引委員会の排除命令（それがなされなかった場合は課徴金納付命令）または違法宣言審決（平成17年の独占禁止法改正前は「審決」。以下，「審決等」という）が確定した場合には，その行為の被害者は当該行為を行った事業者に対し，独占禁止法25条による無過失損害賠償請求訴訟を提起することができた（同法26条）。また，それらが確定していない場合には，民法709条に基づく損害賠償請求訴訟を提起することができた[注16]。

　2009年改正により，景品表示法と独占禁止法とを関連付ける規定が削除されたため，景品表示法違反を理由に，被害者が違反行為者に損害賠償請求をする途は民法709条に基づくものだけになった。審決等が確定していないときに，不当表示により被害者となった一般消費者が，民法709条に基づく損害賠償請求訴訟を提起する場合，法律上保護される利益の侵害ないし景品表示法違反を立証することは難しいであろう。

　消費者による損害賠償請求の事例はないが，審決等が確定していない場合に，事業者が競争事業者を相手として損害賠償を求めた事案として，ヤマダ電機対コジマの事件がある。本件は，家電量販店の売上高で全国1位のヤマダ電機が，同2位のコジマが「ヤマダ電機よりも安くします」という文言を自店舗の外壁に掲げ，また店舗内のポスターに印刷して表示したことに対し

（注16）　今村成和ほか編『注解経済法（上巻）』（青林書院, 1985）535頁［向田直範］および根岸哲編『注釈独占禁止法』（有斐閣, 2009）586頁［泉水文雄］参照。なお，独占禁止法25条による無過失損害賠償請求訴訟については，☞ 第1部 ❻ Ⅳ。

て，不法行為（景品表示法違反，独占禁止法違反，営業妨害および名誉毀損）に基づく損害賠償請求並びに不正競争防止法に基づく損害賠償請求および差止請求をしたところいずれも棄却されたので，控訴したという事案である。東京高裁は，「本件各表示が法4条2号〔現行の景品表示法では4条1項2号〕に該当することを前提にその実施が控訴人に対する不法行為を構成するとの控訴人の主張は，その前提を欠き，理由がない」として控訴を棄却した[注17]。

筆者は，消費者団体による差止請求訴訟だけでは違反行為を抑止する実効性に欠けることをつとに指摘してきた[注18]。消費者団体による損害賠償請求は，一方では財産的被害を集団的に回復すると同時に，違反行為者が違法な行為によって得た原資をはく奪することによって違反行為を抑止し，再発を防止するという機能も持ちうるのである。

2013年12月11日，消費者裁判手続特例法が公布された。同法では，その3

(注17) 東京高判平成16・10・19判時1904号128頁。結論はともかく，理由付けについてはいささか問題があるように思われる。東京高裁は，「競争事業者との取引条件（本件では販売価格）の比較に関して法4条2号に該当する不当表示をすることは，それ自体直ちに競争事業者に対する不法行為を構成するものではない。なぜなら，景品表示法の不当表示に対する規制は，公正な競争を確保することによって一般消費者の利益を保護することを目的としており，競争事業者の利益の保護を目的とするものではないし，法4条の規定違反に関する判断は，不法行為の成否を認定するための前提問題に過ぎないからである。」「また，景品表示法は，独占禁止法の特例を定めることから，独占禁止法の補完法といわれているが，独占禁止法とは異なり，私人による損害賠償請求等を認めていない」（判時1904号134頁）と述べている。この判示の後段は，明らかに事実に反するものである。この点を厳しく批判するものとして，岡田外司博「景表法の不当な価格表示と損害賠償請求——ヤマダ電機対コジマ事件」（ジュリ1308号〔2006〕205頁）がある。根岸哲教授は，不公正な取引方法の一般指定8項に規定されている「ぎまん的顧客誘引」の事例における差止請求の原告適格者に関して論じた個所で，「消費者に商品・役務に係る内容の優良誤認や価格・取引条件の有利誤認を生じさせる典型的なぎまん的顧客誘引（景表法違反行為でもあるが）の場合には，最も中心的な被害を受ける者は消費者と競争事業者の双方が含まれるものと解するべき」であるとしている（同「独禁法と差止請求制度」民商124巻4・5号〔2001〕59頁）。

なお，景品表示法違反について，審決等確定後に起こした，独占禁止法25条に基づく損害賠償が認められた事例として，高山茶筌事件（東京高判平成19・3・30審決集53巻1072頁）がある（吉田克己「景表法違反と事業者団体による損害賠償請求」船田正之ほか編『経済法判例・審決百選』別冊ジュリ199号〔2010〕236頁参照）。

(注18) 例えば，向田直範「景品表示法の今日的意義と課題——不当表示規制を中心に」公取743号（2012）15頁参照。

条1項に対象となる請求として5つの類型を挙げている。景品表示法違反を理由とする請求は，不法行為に基づく民法の規定による損害賠償の請求（同項5号）に当たることになろう。これが立法化されれば一歩前進となることは明らかである。しかし，措置命令がなされていないまたはそもそも措置命令がない場合の損害賠償の請求には，前述のように立証上の困難を伴うであろう。

V 消費者被害の事前防止のために

消費者被害の事前防止のために，現行法でできることは限られているが，政策論も含めて考えてみたい[注19]。これまで述べてきたように，景品表示法は，実体法上は消費者の権利保護に寄与するように改正されたが，手続面および実態面では公正取引委員会が所管していた時よりも後退していると言わざるをえない。少なくとも，公正取引委員会が所管していたときのレベルまで戻すべきであろう。

まず，事件処理の面であるが，公正取引委員会の地方事務所が直接の執行に携わらなくなったことが大きなマイナスとなっている。消費者庁が地方に手足を持っていないからである。消費者庁と公正取引委員会地方事務所および都道府県との情報共有の緊密化を図るための「景品表示法執行NETシステム」が，平成24年4月からスタートした[注20]。これは，特定商取引法の「特商法執行ネット」と同様のシステムとのことであるが，情報交換の場に留まっ

（注19）　日本弁護士連合会は，2011年，以下の8点を挙げ，景品表示法の抜本的改正を行うべきことを内容とする意見書を提出した。それは，①不当表示規制（違法類型）の内容の補充・拡張，②課徴金・経済的不利益賦課制度の導入，③地方自治体の監督権限の強化，④一般私人の消費者庁に対する措置請求権規定の新設，⑤優良誤認表示に関する適格消費者団体の立証手段の拡充，⑥規約の制定過程に対する適格消費者団体等の関与，⑦不当表示規制担当部門の執行体制の強化，⑧消費者庁地方支局の体制強化である（日本弁護士連合会「不当景品類及び不当表示防止法の抜本的改正等に関する意見書」2011年8月18日）。この意見書の現状認識と改革の方向性については，筆者も基本的に支持している。

3 景品表示法における消費者被害の事前防止について

ている。事件の端緒から，地方事務所に裁量権を与えて，初期の実況見分の段階から地方事務所が主体的に関われるようにすべきである。これは現行法の枠内でも可能なはずである。調査費用の問題を含めて今一度権限等についての見直しをすべきであろう。その一方策として，例えば地方事務所の職員が同時に消費者庁の職員を兼ねるというような制度的工夫も考えられてよいであろう[注21]。

次に，消費者の通知に対する応答義務の問題の問題である。消費者庁に報告（申告）しても，それがどのように扱われたのかまったく不明である。実効性ある法の執行，消費者の法執行への参加という観点から，旧法下では認められていた報告（申告）に対する調査結果についての通知の義務付けを復活すべきである[注22]。

第3は，課徴金制度の導入である。景品表示法違反に対しては措置命令が行われるが，実効性に欠けるところがある。公正取引委員会は，かつて，排除型私的独占および不公正な取引方法のうち不当廉売，差別対価，共同の取引拒絶，不当廉売および優越的地位の濫用の5類型と並んで景品表示法の不当表示について課徴金を課する法案を国会提出したことがあった[注23]。排除型私的独占および5類型の不公正な取引方法についての課徴金の導入は，すでに実現している。不当表示に対する課徴金制度の導入は，消費者庁への移

(注20) 福嶋消費者庁長官（当時）は，「このシステムで，今まで同一事案について，国と都道府県とか，あるいは複数の都道府県が互いに連絡のないまま，それぞれ調査を進めるというようなことが全くないわけではありませんでしたので，こうした事態を防ぐことができると思います。また，調査を進めているそれぞれの機関が，このシステムで迅速な情報の集約化を図っていけると考えています」と述べている（平成24年4月4日の長官記者会見要旨：消費者庁ホームページ）。
(注21) 景品表示法について共管とすべきとの意見もみられる（泉水文雄「消費者と競争政策」公取725号〔2011〕8頁）。筆者もそれに反対するものではないが，行政組織の変更となるので実現は難しかろう（日本弁護士連合会・前掲（注19）16頁参照）。
(注22) この点を強調するものとして，佐野真理子「消費者団体から見た競争政策」公取740号（2012）14頁参照。
(注23) 公正取引委員会「『私的独占の禁止及び公正取引の確保に関する法律及び不当景品類及び不当表示防止法の一部を改正する法律案』の国会提出について」（2008年3月11日）公正取引委員会ホームページ参照。

管によって忘れ去られてしまったかのようであるが，この制度の早期導入を期待したい(注24)。

第4は，適格消費者団体による差止請求の対象の問題である。現在は，景品表示法4条1項3号に基づき内閣総理大臣が指定する表示（6つ）は，差止請求の対象とはなっていない。この6つの表示を差止請求の対象から外す理由はない。早急に，これらも対象とすべきである。

第5は，優良誤認表示（広告），とりわけ不実証広告に対する適格消費者団体による差止請求の問題である。現行景品表示法4条2項は，同条1項1号の優良誤認広告について「不実証広告規制」の定めを置いている。これは，事業者が効果・性能等に関して優良表示を行った場合，消費者庁は当該事業者に対して，一定期間内（提出を求められた日から原則15日後）にその表示の裏付けとなる合理的証拠の提出を求め，それができない場合には当該表示を優良誤認表示とするものである(注25)。

消費者団体が，このような効果・効能に関する優良誤認表示に対して差止請求を行うことはほとんど不可能である。というのは契約書等の取引上の書類や商品そのものについての情報を確認することだけでは，実際に表示された通りの効果・効能があるか否かを客観的に判断することは困難だからである。そこで，適格消費者団体に対して優良誤認表示と疑われるものについて，その表示の裏付けとなる合理的証拠の提出を求めることができる権限を与えるべきである(注26)。

最後に，適格消費者団体の財政的基盤の確立のための方策の問題である。上述のように，適格消費者団体による差止請求は，被害が少額であるがその

(注24) 校正段階で，消費者庁内に設けられた，消費者被害の財産被害に係る行政手法研究会の報告書「行政による経済的不利益賦課制度及び財産の隠匿・散逸防止策について」（2013年6月14日公表）に接することができた。その第2-2(1)ウ(ア)において不当表示事案に課徴金を導入する提言がなされている。消費者庁は課徴金制度の導入をまったく忘れ去ったわけではなかった。実現化を期待したい。
(注25) 南部利之編著『改正景品表示法と運用指針』（商事法務，2004）および向田直範「改正景品表示法第4条第2項について」公取638号（2003）10頁参照。
(注26) 日本弁護士連合会・前掲（注19）14頁参照。

❸ 景品表示法における消費者被害の事前防止について

影響が多数の消費者に及ぶような消費者被害に対して行政規制によって対処するには限界があるところから，不当表示の速やかな排除と抑止力の強化を図るために認められたものである。しかし適格消費者団体が，差止請求訴訟や損害賠償請求訴訟を提起するためにはそれなりの財政的基盤が確立していることが必要である。現在11ある適格消費者団体のうちごく少数の団体を除いてその財政的規模は150万円から400万円と脆弱である[注27]。訴訟を1件すると資金が枯渇するのではないかというのが現状である。食品表示法案でも，適格消費者団体に差止請求権を付与しようということである[注28]。差止請求の対象が拡大し，さらに損害賠償請求権も付与されることになっても，適格消費者団体の側では到底対応できないと思われる。公益を担う適格消費者団体の財政基盤確立のための方策が急がれるところである。

(注27) 筆者が関係する「適格消費者団体NPO法人消費者支援ネット北海道」の場合，昨年度は，消費者庁からの事業委託があったので，収支決算の結果約200万円のプラスとなった。差止訴訟積立金は100万円である（http://www.e-hocnet.info/gaiyo.html）。一度訴訟を提起すると資金が枯渇することは明らかである。
(注28) 食品の表示に関する包括的かつ一元的な制度を創設する「食品表示法案」が，2012年4月5日，閣議決定された（消費者庁ホームページ）。その11条に適格消費者団体の差止請求権が規定されている（なお，同法は，2013年6月21日可決・成立し，同月28日公布された。公布の日から起算して2年を超えない範囲内において政令で定める日から施行されることになっている）。

第3部　諸法からみた学際的検討

4　適合性評価の消費者保護機能

京都大学准教授　原田大樹

I　本稿の課題と対象

　法分野としての消費者法の特色は，構造と過程，個人と集団が立体的な相互連関構造を成している点にある(注1)。この構造は民事法と行政法の相互作用を促進し，民事法学・行政法学双方にとって興味深い先端的な分析課題を生み出してきている。本稿が素材とする適合性評価もその一例である。適合性評価は「製品，プロセス，システム，要員又は機関に関する規定要求事項が満たされていることの実証」(注2)と通常定義され，製品の検査や認証（例：SGマーク(注3)），マネジメントシステムの認証（例：ISO9001）などが含まれる。適合性評価は「評価」という作用に注目した定義であるため，そこには多様なものが含まれる。評価の対象に注目すると，サンプルの性能を評価・確定する試験，製品設計や製品の要求事項への適合性を専門的判断に基づいて確定する検査，計測器の計測結果が原器による計測結果と離齬していないかどうかを確定する校正，製品・プロセス・システムなどが要求事項に適合していることを第三者が証明する認証などの区別がある。適合性評価を受ける義務の観点に注目すると，法律で一定の適合性評価を受けていないと当該製品等の流通が禁止・制約される強制分野と，そのような義務付けのない任

(注1)　大村敦志『消費者法〔第4版〕』（有斐閣，2011）48頁。
(注2)　「適合性評価――用語及び一般原則」（JIS Q 17000:2005, ISO/IEC17000:2004 [IDT]）2.1。
(注3)　三枝繁雄「消費生活用製品の安全性確保について――SGマーク制度を中心に」人間生活工学6巻2号（2005）14頁以下。

4 適合性評価の消費者保護機能

意分野とに分けられる。また評価主体に注目すると，行政機関（またはその代行機関）が認証する政府認証，民間の第三者機関が認証する第三者認証，供給者が自ら要求事項への適合を確認する自己適合宣言（自己確認）に分けられるとされている。本稿では，主として任意分野の認証を取り上げ，従来十分に光が当てられてこなかったその消費者保護機能を分析したい。

消費者の権利利益の観点から見た適合性評価の問題はこれまで主として二面関係を想定して議論されてきたように思われる。民事法的な関心からは，例えば，認証を得ていないにもかかわらず得ていると表示し，これを信頼して契約が締結された場合の契約上の責任（不当表示）の問題を挙げることができる[注4]。行政法的な問題関心としては，強制分野における登録認証機関の評価活動が違法であった場合に国家賠償責任が成立するのかという論点が議論されていた[注5]。これに対して本稿が分析を試みるのは三面関係（適合性評価機関，供給者，消費者）における消費者の権利利益の保護である。もちろんこの利害状況においても関心が従来皆無であったわけではない。民事法の関心からは，製品認証が得られている場合の製品事故の際に消費者が認証機関に対して損害賠償請求することができるかが問題とされる[注6]。行政法の関心からは，登録認証機関の認証活動に対する行政の監督権限の不行使を是正し，これに起因する損害の国家賠償請求が可能となるかが問題状況として想定される。これに対して本稿の主要な関心は，ミクロとマクロの法制度の連携可能性とその法的意義の分析にある。本稿が検討対象として選択した任意分野における認証の例として，製造者の品質管理体制を確認するマネジメントシステム認証（ISO9001など）や，製品そのものの安全性を製品に対する検査，製造過程に対する評価を踏まえて確認する製品認証を挙げることができる。これらは適合性評価を行って認証を付与する認証機関と，その認証機関に十分な評価能力があるかを審査する認定機関の2段階構造となってお

(注4) 大村・前掲（注1）163頁。
(注5) 北島周作「基準認証制度——その構造と改革」本郷法政紀要（東京大学）10号（2001）177頁。
(注6) 原田大樹『自主規制の公法学的研究』（有斐閣，2007）184頁。

り，それぞれへの要求事項や審査過程は国際規格（ISO/IEC17011〔認定機関〕，17021〔マネジメントシステム認証機関〕，17065〔製品認証機関〕）で決定されている。このような枠組みに基づき個別の認証契約が認証機関と製造者・供給者との間で締結されてそれに基づく審査が行われている。

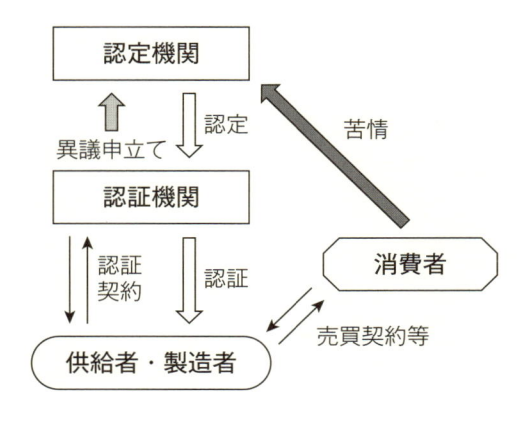

この認証契約の中にも認証の公正性や消費者の利益を確保する仕組みが埋め込まれている。こうしたマクロとミクロの相互連関構造が具体的に果たしている役割を分析するため，本稿では認定機関による苦情解決活動［→Ⅱ］と，認証機関の公平性確保のメカニズム・認証契約規律［→Ⅲ］を取り上げることとする。これらを法律学の観点から理論的に分析する意義を明らかにしたうえで，そのアプローチの方法を模索することとしたい［→Ⅳ］。

Ⅱ　認定機関の消費者保護機能

1　認定の意義とその手続的過程

(1)　認定の意義

認定は，「適合性評価機関に関し，特定の適合性評価業務を行う能力を公式に実証したことを伝える第三者証明」(注7)と定義される。認定機関の組織構成や認定手続についてはISO/IEC17011（以下，「17011」という）で規定されており，適合性評価機関（および適合性評価機関になろうとする者）からの中立性

(注7)　「適合性評価——適合性評価機関の認定を行う機関に対する一般要求事項」（JIS Q 17011:2005, ISO/IEC17011:2004［IDT］）3.1。

4 適合性評価の消費者保護機能

を担保する仕組み等が含まれている。強制分野における認定機関は法律で権限が与えられている行政機関である（例：電気用品安全法31条〔経済産業大臣〕，農林物資の規格化及び品質表示の適正化に関する法律17条の2〔農林水産大臣〕）。任意分野における認定機関は適合性評価のスキームごとに異なっており，国内・海外を含め複数の認定機関が存在していることが通例である。認証機関はこの中から，顧客の需要に応じて認定機関を選択して認定を受けることとなる。わが国の任意分野における民間の認定機関は公益財団法人日本適合性認定協会（JAB），一般財団法人日本情報経済社会推進協会（JIPDEC），株式会社電磁環境試験所認定センター（VLAC）[注8]の3つであり，他に独立行政法人製品評価技術基盤機構（NITE）認定センター（IAJapan）も任意分野の認定業務（製品評価技術機構認定制度〔ASNITE〕）を行っている。以下では国内で最も広範囲に認定業務を行っているJABを具体的に取り上げることとしたい。

認定機関の法形式について，17011では「登記された法人」（17011 4.1）であることを要求するのみで，具体的にどのような法人形態かについては規定がない。JABの場合には公益財団法人であるため，財団法人としてのガバナンス構造（評議員会・理事会・監事）が日本法に基づいて設定されている。17011が組織構造について要求しているのは次の2点である。第1は，公平性・公正性を担保することである。その具体的な現れとして，認定を行う際に具体的に審査を行う者と認定を与えることを決定する組織（認定委員会）とを分離することが要求されている（17011 4.3.5）。第2は，認定機関の内部のマネジメントシステムの整備である（17011 5.2）。目標を構造化したうえでさまざまな作業をマニュアル化すること，文書化と文書管理を行うこと，不適合の特定と是正・予防措置がとられることなどが求められている。苦情や内部監査は不適合の特定の資料として位置付けられている（17011 5.5）。

（注8） VLACの母体となったVCCIによる自主規制の詳細につき参照，村上裕一「官民協働の手段選択の条件等についての分析——電気用品の安全・障害に関する2つの規制の比較を通して」社会技術研究論文集8巻（2011）133頁。

(2) 認定の手続的過程

認定の手続的過程は，認定を獲得するまでと一旦得た認定を継続・更新する手続の2つに大別される。

①認定を得るまでの過程は，申請→審査準備→書面審査→現地審査（認証機関の事務所における審査方針等の確認審査，認証機関による審査の現場での立会審査）→審査報告→認定委員会による認定の決定の順番で進行する。この手続の中で，公平性と透明性の確保のための仕組みが17011やこれを受けたJABの内部基準である「マネジメントシステム認証機関の認定の手順」（JAB MS200:2013 以下，「MS200」という）で定められている。公平性を確保するルールとして17011には，審査の外部委託（下請負）契約の制限（17011 7.4），コンサルティング業務の禁止（17011 7.5.1），審査チームの公平性確保（17011 7.5.3），審査チームの報告書に基づく認定委員会の判断（17011 7.9.2）のほか，認証機関等の適合性評価機関が認定機関の判断に対して異議申立てできる機会の確保（17011 7.10）も要求されている。また透明性を確保するルールとしてMS200には，認定申請書受領の際にこれを公表し，幅広く利害関係者からのコメントを受け付ける手続が設けられている（MS200 5.4.1）。このコメントの内容を見たうえでJABは次の手続に進むかどうかを決定する（MS200 5.4.2）。これは17011では要求されていない独自の手続であり，沿革上は，申請者が反社会的勢力と関係しているかの情報を収集するために設けられたものである。しかし，ここでいう利害関係者には「認定された適合性評価サービスを利用するか，又はそれに依存する」（17011 3.14備考）間接的な利害関係者も含まれていると解されるので，この手続を利用して消費者（団体）等が，消費者の利益にとって不適切と考える団体の認定申請に意見を述べることは可能であると考えられる。

②一旦認定が得られると，定期的なサーベイランスが行われるほか，更新の際には更新審査も行われる。また要求事項への不適合が見つかれば，臨時審査等を経て認定一時停止・取消し・範囲縮小などの制裁的措置がとられうる（17011 7.13）。この場面においても透明性確保のための仕組みが見られる。認定機関に寄せられた苦情を機縁として適合性評価機関への臨時審査が行わ

れる可能性があり（17011 7.11.7），もし認定の一時停止・取消しがなされると，広告物への使用停止が確保されるための措置が認定機関によってとられることになる（17011 8.3.2）。さらに，認定の一時停止の場合には公表もなされる（MS200 15.2.1）。

2　認定機関による苦情解決活動

(1)　苦情解決活動の手続と特色

認定に対する公平性と透明性を高める要素として，17011は異議申立てや苦情への対応を認定機関に要求している。17011では，認定を得ようとした機関が認定機関の判断等に対して不服を申し立てる異議申立て（appeal）と，それ以外の不服である苦情（complaint）を区別している。異議申立ては「希望する認定に関して，認定機関が行った不利な決定を再考慮するよう適合性評価機関が行う要請」（17011 3.6），苦情は「認定機関又は認定された適合性評価機関の活動に関し，個人又は組織が回答を期待して行う不満の表明で，異議申立て以外のもの」（17011 3.9）と定義されている。以下では消費者保護機能との関係が深い苦情解決について詳細に検討する。

17011では苦情への対応として，苦情の妥当性決定，適切な対処とその有効性評価（適合性評価機関に対する苦情はまず適合性評価機関に対処させる），苦情と処置の記録，苦情申立者への回答を求めている（17011 5.9）。これを受けてJABでは「認定に関する異議申立て及び苦情対応規定」（JAB SG200-2010 以下，「SG200」という）を定め，苦情解決過程を次のように規定している。申立ては申立者が申立ての事由の発生を知りえた日の翌日から30事業日以内に，原則として申立者名を明記した文書で行わなければならない（SG200 4.2）。期間制限を経過した苦情や匿名の苦情については後述の苦情解決手続をとらないものの，質問として取り上げ，運営面へのフィードバックが行われる。すべての案件はまず評議員会が選任した各分野を代表する委員3名（このほかJAB事務局長と経済産業省職員1名がオブザーバー参加）で構成される監理パネル（JAB定款50条，SG200 6）に上程される。監理パネルは異議・苦情解決の進行管理を行い，詳細な調査が必要と判断した場合には，異議申立てに対し

ては異議処理パネル，苦情に対しては苦情処理パネルを別途設置する[注9]（SG200 6.5.1）。苦情処理パネルは主査と委員2名の合計3名で構成され，30事業日以内に委員が選任され，審理開始後6か月以内に結論を得ることとされる（SG200 8.1.4）。パネルによる審理の特色は，申立者・被審理側の双方に原則として意見申立ての機会を与えること（SG200 8.1.7），パネルによる判定の結果は公表されること（SG200 11.1）にある。案件の性質上，両当事者を直接呼び出す必要がない場合には，事務局内パネルが設置されることもありうる（SG200 8.2）。

(2) 苦情と消費者保護の接点

JABに対しては年平均50件超の異議申立て・苦情が寄せられている[注10]。このうち異議申立てはおおむね5パーセント程度であり，残りは苦情である。苦情は大きくは次の3つの類型に分けることができる。第1は，認定や認証・検査の質[注11]を問題とし，認証の取消しやさらには当該認証機関に対する認定の取消しを求める苦情である。第2は，認定や認証・検査の表示の仕方を巡る苦情[注12]であり，認証の期間が経過しているにもかかわらず認証を得ているとの表示を継続している，認証が取り消されたのに認証マークを表示したままにしているなどが代表的な内容である。第3は不祥事[注13]に起因するものであり，法令違反などの不祥事が報道等で明らかになった事業者がマネジメントシステム認証などを得ていた場合に，認証の適切性を問うものが多い。毎年，全体の8割から9割程度がこれらの3つの合計で占められ

(注9) 2013年1月末までに，異議処理パネルは8回，苦情処理パネルは7回，事務局内パネルは3回設置された実績がある（JAB提供資料による）。
(注10) 2008年度は45件，2009年度は57件，2010年度は50件，2011年度は61件，2012年度（12月まで，以下同じ）は39件である（以下の内容を含め，JAB提供資料を基に著者があらためて分析を行ったものであるため，JAB公表数と異なっている場合がある）。
(注11) 2008年度は40パーセント，2009年度は33パーセント，2010年度は46パーセント，2011年度は33パーセント，2012年度は8パーセントである。
(注12) 2008年度は2パーセント，2009年度は12パーセント，2010年度は12パーセント，2011年度は25パーセント，2012年度は28パーセントである。
(注13) 2008年度は42パーセント，2009年度は41パーセント，2010年度は34パーセント，2011年度は33パーセント，2012年度は51パーセントである。

4 適合性評価の消費者保護機能

ている。これらのうち不祥事に関しては、マスコミ報道を機縁とする対応が定型化しており[注14]、必ずしも個人等からの苦情の申出がなくても一定の手続がとられるようになっている。認定・認証の質や表示の問題は消費者が申し立てる場合のほか、競業者の場合や内部告発の場合もあり、それぞれがほぼ同数を占める。認定機関の消費者保護機能を考える手がかりとするため、具体的な紛争の内容を（守秘義務との関係で）ある程度抽象化した4つの事例を示すこととする。

○認定・認証の質が問題となった紛争事例
〈事例1〉
　消費者Xは事業者YがJABの認定した適合性評価機関AからISO9001を取得していることを信頼して契約を結んだ。しかしYが提供したサービスはあまりに低質であり、Xはこの契約の無効を主張してYに対して代金返還を請求する訴訟を提起するとともに、Aに対して苦情を申し立てた。Xは、Aの対応や審査能力に疑問をもち、Aを認定したJABに対しても苦情を申し立て、Aに対する認定の取消しを求めている。

〈事例2〉
　消費者Xは事業者YがJABの認定した適合性評価機関AからISO14001を取得していることをも考慮してサービス提供契約を結んだ。しかしYはサービス提供施設周辺において有害な廃棄物を違法に投棄しているようであり、Yからサービスの提供を受け続けるとXに健康被害が及ぶおそれがある。XはAに対してこの件に関する苦情を申し立てたところ、Aからは何の返答も得られなかった。そこでXは、Aの対応や審査能力に疑問を持ち、Aを認定したJABに対しても苦情を申し立て、Aに対する十分な監督や、場合によっては認定の取消しを求めている。

○認定・認証の表示が問題となった紛争事例
〈事例3〉
　消費者Xは事業者Yが製造した商品に「この製品は国際規格ISO9001の認証

（注14）　財団法人日本適合性認定協会「組織不祥事への認定・認証機関の対応について」（2008）。

を受けた工場で製造されています」との表示を見つけ，これを信頼して商品を購入した。しかし後で調べてみると，Yの製造工場は認証を得ていないことがわかった。そこでXはJABに対して苦情を申し立てた。

〈事例4〉
　消費者Xは海外の事業者Yの直販ウェブサイトから商品を購入した。Yのサイトには，自社の工場が海外の認定機関Bの認定を受けた日本の適合性評価機関AからISO9001を取得しているとの記載があり，Xはこの点をも考慮して商品を購入した。しかし実際にはAはBからの認定を受けていなかったことがわかった。そこでXはJABに対して苦情を申し立てた。

3　認定機関の消費者保護機能

(1)　苦情への対応の特色

　これら4つの事例に対するJABの対応方法の特色は次の3点にまとめられる。第1は，認証機関との連携による苦情解決である（特に〈事例1〉）。質に関する苦情の多くは第一義的には認証機関による認証を問題にしていることが多い。そこで認定機関であるJABとしては，認証機関への調査を依頼し，調査報告を受けて監理パネルの中で議論を行い，新たな対応をとることとなる。この過程の中で認証機関の認証先に問題があることがわかった場合には，臨時審査を経て認証の一時停止などの対応がとられることになる。認定機関は認証機関による苦情解決を進行管理する立場にあり，認証機関による苦情解決の取組みを担保しているのが，伝家の宝刀としての認定の一時停止・取消しである。

　第2は，フォーマルな紛争解決手段（特に裁判手続）との並行展開である（〈事例1〉・〈事例2〉）。〈事例1〉のような事業者と消費者との紛争に適合性評価がからむ構図の場合には，消費者が事業者に対して訴訟を提起していることがある。裁判や調停が並行して行われている場合であって，当事者および争点の主要部が一致している場合には，原則として裁判・調停での結論が確定するまでの間，JABでの苦情解決手続は中断することとされている（SG200 4.3.2）。また〈事例2〉のような法令違反が問題になっている場合で当

事者間の法令解釈が異なっている際にも同様の取扱いとなる。ただしこれは苦情解決手続を完全に停止することを意味しておらず、訴訟等が進行中でも内部的な調査や進行管理は行われている[注15]。これは、JABによる苦情解決活動が認定と適合性評価の適正運営の手がかりとしても用いられ、場合によってはその要素が紛争解決による当事者の満足よりも優先的に取り扱われている証左であろう。

第3は、管轄外の苦情への積極的な対応である（特に〈事例3〉・〈事例4〉）。JABによる苦情解決手続の対象は、本来であればJABが認定した認証機関に対する苦情に限られているはずである。これに対して〈事例3〉はそもそも認証が得られていないケースであり、JABとしては苦情解決の対象外として申立てを取り扱わないこともできるはずである。また〈事例4〉では、海外の認定機関BがJABも加入している国際認定機関フォーラム（IAF）の国際相互承認協定（MLA: Multilateral Recognition Arrangement）[注16]のメンバーであれば、Bに対して解決を要請する手続がある（SG200 10.2）。しかしそうでなければ海外の認定機関に関係する苦情は対象外である。こうした事例についてもJABでは一旦は苦情の内容をもとに調査を行い、可能な範囲内で解決に向けたインフォーマルな対応を行っているという。この場面において苦情は認定・認証全般に係る表示の適正化の手がかりと位置付けられている。

(2) 認定機関の消費者保護機能

認定機関は適合性評価機関・供給者・消費者の三面関係の外側に位置付けられ、消費者からすれば最も縁遠いところにある。また任意分野において適合性評価は供給者の市場競争上の地位を有利にするため、あるいは消費者による製品・サービス選択の手がかりとするために用いられるものであり、適合性評価の質の問題はこれを利用しようとする供給者や消費者の自己責任に帰されがちである。さらに、任意分野の認定機関には強制分野における行政機関のように制度を維持するための強力なサンクション手段が用意されてい

（注15）　井口新一・日本適合性認定協会顧問へのヒヤリング（2012年6月29日）による。
（注16）　詳細につき参照、原田大樹「多元的システムにおける正統性概念——適合性評価を手がかりとして」行政法研究1号（2012）63頁。

るわけではない。このように，任意分野における認定機関による苦情解決が機能しないことが想定される要素をいくつも挙げることができるにもかかわらず，JABによる苦情解決手続は機動的であり，消費者保護の観点から一定の成果を挙げているように思われる。その理由として，苦情解決手続が適合性評価制度の運営を適正化する手段の一環として，制度の問題点を洗い出してフィードバックする過程の中に位置付けられていることが挙げられる[注17]。このようなADR（裁判外紛争処理）の活用方法は自主規制団体が自律的にルールを定めてこれを自らの手で執行する際にしばしば見られる[注18]。そしてこのような手続が適合性評価制度の社会的な信頼性を向上させることで，任意分野という法的にこれを基礎付ける要素が乏しい領域において，適合性評価が社会的制度としての正統性を獲得する経路となりうることが示されているように思われる。

III 認証機関の消費者保護機能

1 認証の意義とその手続的過程

(1) 認証の意義

認証は「製品，プロセス，システム又は要員に関する第三者証明」[注19]と定義される。認定と異なり，製品やサービスなどの対象それ自体に対する適合性評価活動である。認証はマネジメントシステム・製品・要員の3種類を

(注17) このことは17011が要請することでもある（前述のように17011 5.5では，認定機関の業務運営の不具合の特定資料として苦情を位置付けている）。またADRの手続を定めた国際規格であるISO1002にも類似の考え方が見られる（山田文「裁判外紛争解決手続に関するISO規格（NWI10003/DIS）の概要（下）」JCAジャーナル54巻2号〔2007〕4頁，大貫敏彦「消費者保護関連の3規格（ISO10001/10002/10003）の概要とISO10002に基づく苦情対応マネジメントシステムの構築事例紹介」アイソス16巻12号〔2011〕19頁以下）。
(注18) 原田・前掲（注6）138頁。
(注19) 「適合性評価――用語及び一般原則」（JIS Q 17000:2005, ISO/IEC17000:2004〔IDT〕）5.5。

対象としており、それぞれ規定している国際規格が異なっている[注20]。以下では一般のマネジメントシステム認証と製品認証を念頭に置く。これらの認定との違いは、利害関係者との距離が近くなること（被認証組織から報酬を得て認証を行うこと）、認証機関同士が市場において競争することが想定されていること（認証機関に対する非営利性の要求がないこと）である[注21]。

認証機関も認定機関と同じく、国際規格（ISO/IEC17021〔以下、「17021」という〕、ISO/IEC 17065〔以下、「17065」という〕）では「法人」であることが要求されるのみで（17021 5.1.1・17065 4.1.1）、法形式の指定は存在しない。それゆえ、JABが認定している認証機関には、一般社団法人・一般財団法人・株式会社・有限会社・特別の法人により設立される民間法人[注22]など、多様な法形式が見られる。しかし、組織運営の公平性への要求は強い。例えば認証機関のコンサルティング業務の禁止や、被認証組織との経済的結合関係の禁止（17021 5.2・17065 4.2.2）、内部でのマネジメントシステムの確立（17021 10.2/10.3・17065 8.1.1）が求められている。さらに透明性の確保に関する要求事項も定められており、情報公開（17021 4.5・17065 4.6）や認証の有効性確認手段の提供（17021 8.1.4）などが規定されている。

(2) 認証の手続的過程

認証の手続的過程も認定と同様に、認証を獲得するまでと一旦得た認証を継続・更新する手続の2つに大別される。

①認証を得るまでの手続は、申請→申請のレビュー→審査チームの確定→初回認証審査→審査報告書作成→認証決定の過程を経る。審査チームと認証の決定者を分離する点は認定と同じである（17021 9.2.5.2・17065 7.6.2）。マネ

(注20) マネジメントシステム一般に関しては「適合性評価――マネジメントシステムの審査及び認証を行う機関に対する要求事項」（JIS Q 17021:2007, ISO/IEC17021:2006［IDT］）、要員認証に関しては「適合性評価――要員の認証を実施する機関に対する一般要求事項」（JIS Q 17024:2004, ISO/IEC17024:2003［IDT］）、製品認証については「適合性評価――製品、プロセス及びサービスの認証を行う機関に対する要求事項」（JIS Q 17065:2012, ISO/IEC 17065:2012［IDT］）が規定を置く。
(注21) この点が生じさせうる問題につき参照、「第三者認証制度への期待――認証機関の問題点を考察する」ISOマネジメント9巻5号（2008）80頁。
(注22) 宇賀克也『行政法概説Ⅲ〔第3版〕』（有斐閣、2012）276頁。

ジメントシステム認証に関する初回認証審査は2段階に分かれている（17021 9.2.3）。第1段階ではマネジメントシステムの文書審査や依頼者のマネジメントシステムに関する理解度が審査対象となる。第2段階ではさらに，マネジメントシステムの実施評価や有効性評価が行われる。この両者の結果を総合して審査報告書が作成され，これに基づいて認証機関が認証を与えるかどうかを決定する。

　②認証維持の手続の詳細はマネジメントシステムに関してのみ規定がある（製品認証に関しては定期的なサーベイランスのみを要求している〔17065 7.9〕）。それによれば，初回の認証の後，1年目・2年目にサーベイランス審査，3年目には再認証審査が行われ（17021 9.1.1），審査計画を策定したうえで，審査日を事前合意したうえで行われる（17021 9.1.8）。これとは別に，苦情調査等のための短期予告審査（17021 9.5.2）がなされることがあり，この結果として認証の一時停止・取消し・範囲縮小が行われることがあり（17021 9.6），その内容は要請に応じて関係者に回答されなければならない（17021 9.6.7）。認証機関に対する異議申立て・苦情解決手続に関する要求事項は認定機関に対するものとほぼ同様である（17021 9.7/9.8〔17065も7.13で同様の規定を置く〕）。

2　公平性委員会による公平性・透明性確保

(1)　公平性確保のメカニズム

　これまで見たように，認証機関の公平性を確保するための仕組みは認定機関とほぼ同水準である。これに対して，被認証組織以外の第三者である消費者の利害を認証に反映させる認証機関に特徴的な方法として，公平性確保のメカニズム（特に公平性委員会）と認証契約の2つが準備されている。公平性確保のメカニズムとは，認証機関の運営に公平性が確保されるための組織・手続上の構造のことであり，ここでいう公平性には，被認証組織以外の第三者に対する開放性や透明性も含まれている。すでにISO/IEC Guide65の段階で，公平性を確保するための組織運営機構の整備が要求され，「認証システムの内容及び機能に関する方針及び原則の立案に重要なかかわりをもつすべての関係者が参加可能となるようにしなければならない」（Guide65 4.2 e）との

規定が置かれていた。マネジメントシステム認証に関するISO/IEC17021では公平性委員会の設置が要求され（17021 6.2），同委員会が認証機関の公平性に関わる方針の策定や認証機関のプロセスの公平性について少なくとも年１回のレビューを行うこととされている。この委員会への参加が想定されている利害関係者は，認証機関への依頼者，被認証組織，産業団体代表，規制当局代表，消費者団体代表等である（17021 6.2.3）。認証機関のトップマネジメントが同委員会の助言を尊重しない場合，委員会は独自の行動（具体的には規制当局・認定機関等への通報）をとる権利をもたなければならない（17021 6.2.2）。一方，Guide65にはここまで詳細な規定がなく，IAFが作成したGuide65適用指針[注23]においてこれに類似する組織と手続を設けることが規定されていた。これに対してISO/IEC17065では17021並みに詳細な規定が導入されている（17065 5.2）[注24]。

(2) 公平性委員会の役割と発展可能性

上記の規定を受けて具体的にはどのような仕組みが設けられているのであろうか。マネジメントシステム認証で国内最大のシェアを有する一般財団法人日本品質保証機構（JQA）では，利害関係者から構成される諮問委員会をスキームごとに設置している[注25]。例えばマネジメントシステムに関しては事業者・消費者・学識経験者などを，電気製品安全に関するスキームであるＳマークに関しては製造事業者・部品製造事業者・流通関係者・消費者・学識経験者などを構成員としている。委員会の任務は，スキーム立ち上げ段階においては手続書の整備，コンサルティング業務を行っていないことの確認，評価チームと認証決定者とのファイヤーウォールの確認などであり，業務段階に入ると手順通りの運営や評価における平等取扱いが担保されている

(注23) IAF Guidance on the Application of ISO/IEC Guide65:1996（IAF GD 5:2006）Issue 2 4.2.
(注24) ISO/IEC Guide65とISO/IEC17065との相違点を整理したものとして参照，住本守編『ISO/IEC 17065:2012（JIS Q 17065:2012）製品認証機関に対する要求事項——解説と適用ガイド』（日本規格協会，2013）29-62頁［浅田純男］。
(注25) 浅田純男・日本品質保証機構認証制度開発普及室室長へのヒヤリング（2011年12月22日）による。

かの確認が中心となる。また認証機関に対する苦情との関係では，苦情を踏まえて認証の際の要求事項を変更する際に委員会に諮ることとなっている。

公平性委員会はこのように，消費者を含む認証の間接的利害関係者の地位にマクロ的に配慮する構造と手続を用意している。また，トップマネジメントが助言を受け容れない場合の認定機関等への通報権が認められることにより，先述の認定機関による苦情解決手続と接続して，適合性評価制度の運営の適正化が図られる可能性も開かれている。現在の強制分野における第三者認証機関の登録要件は「国際標準化機構及び国際電気標準会議が定めた製品の認証を行う機関に関する基準に適合するものであること」（例：消費生活用製品安全法18条1項1号）と法定され，これまではISO/IEC Guide65の内容が参照されていた。2012年にこれがISO/IEC17065に置き換えられたため，法令の改正なしに登録要件が書き換えられた(注26)。この結果として，公平性委員会は強制分野・任意分野を問わず，消費者の利害を適合性評価に反映させるプラットフォームとして発展する可能性があるように思われる。

3 認証契約の消費者保護機能

(1) 認証契約に対する要求事項

認証機関による認証やその維持・更新は，被認証組織との認証契約に基づいて行われる(注27)。認証契約は認証機関と被認証組織との権利義務関係を明確にするとともに，認証を取り巻く幅広い利害関係者の利益を保護するのにも用いられる法的手法である。ここで消費者の利害への配慮が求められている規定に注目すると，申請に対する認証機関の要求事項として，Guide65では，苦情の解決をも目的とした文書調査・立入調査・記録閲覧・面接調査の用意を含む認証の実施に必要な準備をすべて行うことが規定されていた

(注26) これがもたらす公法学上の問題点につき参照，原田大樹「TPP時代の行政法学――政策基準の国際的平準化を手がかりとして」ジュリ1443号（2012）60頁，同・前掲（注16），同「政策実現過程のグローバル化と国民国家の将来」公法74号（2012）91頁。
(注27) 17021では「法的に拘束力ある合意書」の締結義務が明示されている（5.1.2）。Guide65ではこのような表現がとられていないものの，申請書に対する要求事項の中に類似の定めが見られた（8.2.1）。17065では17025と同様の表現が含まれている（4.1.2.1）。

(8.1.2 b))。17021になると，苦情の解決をも目的とした「全てのプロセス，領域，記録及び要員へのアクセス並びに文書の調査」のための用意を含む審査実施のために必要なあらゆる手配を行うことが要求されている（8.6.1 d) 2)。さらに17065では認証の合意によって，評価・サーベイランスの実施や苦情の調査に必要なすべての手配，依頼者が知りえた認証要求事項への適合性に関するすべての苦情の記録と認証機関への提供，苦情や適合性に影響を与える製品不備への適切な措置とその文書化を依頼者に要求するとしている（4.1.2.2)。このように，認証契約における消費者利害への配慮の要求は規格策定の時期が後になるにつれて拡大しており，特に17065では認証契約上の要求事項としてさまざまな内容が追加されていることが注目される。

(2) 認証機関の消費者保護機能

適合性評価制度において認証機関は，依頼者である被認証組織から報酬を得て認証業務を提供する。また認証機関同士は市場において競争関係にあり，認定機関には見られない営利的な動機がシステム上も是認されている。認証機関の法的責任は第一義的には被認証組織に対して成立しており，消費者などのエンドユーザーに対する関係は供給者・製造者の責任領域であると整理されている。しかしこれらの要素は，認証機関に消費者保護機能がないことを帰結しない。これまで述べたように，認証機関はマクロ的には公平性委員会によって，ミクロ的には認証契約によって，消費者をはじめとする第三者の利害を認証過程に反映させるしくみを設定している。また，17065においては認証契約上の要求事項を大幅に拡張しており，これが強制分野の法定の登録要件を上書きしたことで，国際規格による認証契約規律の民事上の効力論という新たな法的課題が生じたことになる。

Ⅳ　おわりに──理論的アプローチの可能性

任意分野における認証のシステムにおいては，民間の認定機関・認証機関が国際的な民間団体を舞台に策定される国際規格をベースに自律的な管理活

第3部　諸法からみた学際的検討

動を展開している。またそこでは責任の分担・分散構造が重視され、それぞれの組織単位にマネジメントシステムが設定され、苦情を手がかりとしてシステムの改善に向けたフィードバック過程が作動する。こうした多層的で多段階の制度をベースに諸関係が展開する適合性評価の分野は、マクロとミクロの相互連関構造の中で消費者の利害が考慮される極めて興味深い素材を法律学に提供している。

　本稿が紹介した認定機関・認証機関に対する国際規格による行動規律の諸要素は、行政機関の行動原理と類似している点が多い。他方で任意分野における適合性評価は原則としては純粋に民間の作用として展開されており、非関税障壁の撤廃に関する国際的な法制度（WTO/TBT協定、二国間FTA・EPAなど）や行政システムとのインフォーマルな連携（例：政府調達契約の参加要件としての認証）の場面を除けば、国家の行政過程との明示的な接点を持たない。こうした適合性評価の作用をどのように法的に位置付けたうえで理論的なアプローチを試みれば良いかが大きな学問的課題となる。

　第1の可能性は、公共制度設計の一手法として把握する方法である[注28]。国家は政策課題上の必要性に応じて、現在は任意分野となっている適合性評価制度を法律によって強制分野に変更することが可能であるし、任意分野のままであってもその手続面や実体面を法律で規律することはできる。それにもかかわらず国家が介入しない選択肢（不介入オプション）を採用しているがゆえに本稿が紹介した任意分野における自律的で多層的な管理システムは展開可能と考えるのである。

　第2の可能性は、多数当事者の利害調整システムがビルトインされた「契約」として認証契約を位置付ける方法である。適合性評価は、財やサービスの購入者等に対して提供者や提供される財・サービスの質を表示し、情報の

（注28）　谷みどり『消費者の信頼を築く――安全な製品と取引のための消費者問題ハンドブック』（新曜社、2012）13頁は、消費市場の問題に対応する規範の守り方として強制・圧力・良心を挙げ、「良心」に基づく政策手法として情報や知識の共有、事業者団体・消費者団体の活動などを例示する（同書98-106頁）。この立場からは、適合性評価制度も「良心」の制度化と位置付けられうるかもしれない。

4 適合性評価の消費者保護機能

非対称性を解消する市場インフラとして位置付けられる。また，適合性評価は評価システムに対する信頼があってはじめて機能するという特性を有する。さらに適合性評価は多数の利害関係者を抱えており，個別的な契約において二当事者の利害関係を調整するだけでは全体として適切に機能することが期待できない。この意味において適合性評価の法関係の要である認証契約は「制度的契約」[注29]としての特性をもち，ここからさまざまな法的規律の可能性を構想しうる。

第3の可能性は，社会による管理作用として適合性評価を位置付ける方法である。国家と何らかの係留点を有する作用については国家の制度設計責任・枠組設定責任の問題と位置付け[注30]，その外側にある作用は社会による管理作用としてこれとは別の類型を立てたうえで，行政法学や民事法学に加えて国際法学・国際関係論などの隣接諸科学の理論を参照しながら新たな議論の場を設定する方向性も考えられる[注31]。

本稿は，適合性評価の消費者保護機能に焦点を当て，法律学にとって興味深くまた法律学からのアプローチが喫緊に要請される諸課題が現に存在していることを示したにとどまる。その理論的な考察の深化とそれを可能とする考察枠組みの提示は今後の課題としたい。

【附記】本稿は，三菱総合研究所受託研究（平成23年度戦略的国際標準化推進事業・平成24年度国際標準開発事業）の研究成果の一部でもある。ヒヤリング調査にご協力下さった皆様にこの場を借りて御礼申し上げる。

(注29) 内田貴『制度的契約論――民営化と契約』（羽鳥書店，2010）96-100頁。行政法学と制度的契約の関係につき参照，原田大樹「行政法学から見た制度的契約論」北大法学論集59巻1号（2008）408頁以下，北島周作「公的活動の担い手の多元化と『公法規範』」法時85巻5号（2013）28頁。
(注30) その限りにおいて適合性評価制度は，自主規制＝「ある社会問題を解決するために，国家によって選択・利用される政策手段」（原田・前掲（注6）239頁）の一種である。また，この論点と関連する「開かれた正統性概念」の構想につき参照，原田・前掲（注16）76-78頁，同「国際的行政法の発展可能性――グローバル化の中の行政法(1)」自治研究88巻12号（2012）88-90頁。
(注31) このような方向性を示唆するものとして，Georgios Dimitropoulos, Zertifizierung und Akkreditierung im Internationalen Verwaltungsverbund, 2012, S.323ff.

第3部　諸法からみた学際的検討

5　税は自ら助くる消費者を助く？
──投資家の受領した損害賠償課税を中心として

名古屋大学教授　髙橋祐介

I　はじめに

> 例：それまで投資の経験がなく、わずかな年金（少額なため課税されない）で暮らしている高齢のAとBがおり、両者は経済的にまったく同じ立場だとする。投資取引の仲介を行う会社の社員が熱心かつ執拗に投資の勧誘を行ったため、AとBはそれぞれ1億円もの大金をつぎ込んで、ある投資を行ったが、投資は失敗し、1億円を失った。Aは、訴訟を通じて投資仲介会社から5000万円の損害賠償を受け取ったが、Bは、投資仲介会社が倒産したため、そのような損害賠償を受け取ることができなかった。

　後述するように、年金以外の所得がなければ、所得税法上AもBも1億円の損失は控除できず、Aが受け取った5000万円の損害賠償は課税されない。さて、投資で損失が生じたことが課税上考慮されないのは、当然のことなのだろうか？　逆に、受領した損害賠償が課税されないことも、当然のことなのだろうか？　AとBは、Aの受け取った5000万円の損害賠償分だけ格差ができたにもかかわらず、課税上同等に扱うことは正しいのか？
　本稿は、以上の問題意識の下、投資トラブルに関して投資家が救済を得るとき、または救済が得られないときの所得税の課税関係を題材として、所得税法の抱える問題を制度論的に検討する。

❺ 税は自ら助くる消費者(もの)を助く？

　表題が示唆する通り，本稿は消費者問題を意識したものであるが，筆者の能力と誌面の関係上，投資（特に金融商品）損失に関する所得税を主たる検討対象とする（消費者法の文脈では，投資トラブルも扱われる(注1)）。とはいえ，投資はその対象も形態もさまざまであるから，本稿では，司法試験問題（平成23年度論文式試験「租税法」第2問設問2）として出題の材料となった商品先物取引に関する損害賠償課税につき，名古屋高判平成22・6・24(注2)（以下，「名古屋高裁判決」という）および福岡高判平成22・10・12(注3)（以下，「福岡高裁判決」という）を意識して，商品先物取引における損失およびそれを穴埋めするための損害賠償の課税関係を中心としつつ，主として制度論的な検討を行う。また，投資課税の文脈では，タックス・シェルターをはじめ，経済的負担やその危険のない損失の控除の是非が大きな問題として取り上げられてきたが(注4)，本稿は投資家保護を意識するものであるから，このような問題は取り上げない。なお，日本にはない発想のヒントを得るために，アメリカ連邦所得税の個人的な身体的被害・疾病（personal physical injuries or physical sickness）に対する損害賠償非課税規定（I.R.C.§104(a)(2)）に関する議論を，脚注において参照する。

　本稿では，理論的な所得概念からのアプローチを可能にするため，包括的所得概念の定義として最もよく引用されるHaig-Simonsの定義，すなわち一定期間内の消費と貯蓄（純資産）増減額を足したものに依拠することにし，また消費も財やサービスの破壊減耗による満足をいうものとする(注5)。包括的所得概念や消費，貯蓄は必ずしもその中身が明確というわけではないが，現行所得税法等に照らし，その内部構造の矛盾を示すには役に立つ。

　以下では，Ⅱにおいて，投資家の損失，特に商品先物取引に関する損失の

（注1）　例えば，日本弁護士連合会編『消費者法講義〔第3版〕』（日本評論社，2009）を参照。
（注2）　先物取引裁判例集60号40頁。第1審：名古屋地判平成21・9・30先物取引裁判例集57号228頁。
（注3）　先物取引裁判例集61号59頁。第1審：大分地判平成21・7・6先物取引裁判例集57号24頁。
（注4）　例えば，中里実「投資活動における損失」日税研論集47号（2001）163頁。

533

扱いおよび損害賠償の所得税法上の取扱いを概観する。Ⅲにおいて，①同一の損失が，損害賠償受領者と受領できなかった者との間で異なって扱われていること，②損害賠償受領者は，受領できなかった者が直面する損失控除の偶然性を回避できることを示す。Ⅳにおいてまとめを行うとともに，2013年12月11日に公布された消費者裁判手続特例法を踏まえて，若干のコメントを行う[注6]。

Ⅱ　投資家と所得税法

1　はじめに

　所得税は，所得に対して課される税であり，そこで想定されている所得とは，包括的所得概念が基礎になっていると考えられるが，しかし実際の所得税法は必ずしもこのような包括的所得概念に忠実な構成ではない。

　投資家が有する純資産の減少は，その満足のために行われる消費支出（消費されるべき財やサービスを購入するために行われる財貨の減少）と，そのような満足を生み出さないと考えられる必要経費および損失に大別できる。包括的所得概念からすると，前者は所得の構成要素であり，所得計算上は控除できないが，後者は構成要素ではないから控除されるべきである。現行所得税法は，投資家の外部から流入する経済的価値を収入金額（所税36条）として包

(注5)　Robert M. Haig, *The Concept of Income? Economic and Legal Aspects*, in THE FEDERAL INCOME TAX 7 (Robert M. Haig ed., 1921)（「所得とは，二時点間の経済的力の純増の貨幣価値である」）; HENRY C. SIMONS, PERSONAL INCOME TAXATION 50 (1938)（「個人所得とは，(1)消費において行使された権利の貨幣価値と(2)問題となる期間の期首と期末の間の財産権の蓄積の価値変動の代数和である」）。Simonsは，消費を，「特定の方法（経済財の破壊）により行使される権利の価値」（*Id*, at 49-50）と呼んでいるので，本稿では大雑把に消費を財やサービスの破壊減耗による満足と定義付けておく。消費者法における消費および消費者の定義につき，大村敦志『消費者法〔第4版〕』（有斐閣，2011）1頁・19-29頁。
(注6)　本稿は，NBL 984号（2012）90頁に掲載された拙稿に加筆修正を加えたものである。本稿の情報は，2013年4月末日時点のものに基づく。

括的に課税の対象にし，それを獲得するために必要とされる必要経費（同法37条(注7)）の控除を認めつつ，収入金額の獲得と直接の関係を持たない純資産の減少である損失(注8)については，一定の範囲でしか控除を認めない(注9)。また，消費支出は家事費として必要経費に算入できない（同法45条1項1号）。以下では，損失控除とそれを限定する意味，および投資取引において生じた損失に関連する主な規定を概観する。

2 損失控除の意味

所得税における損失控除の意味について，確認する。包括的所得概念からすれば，損失が純資産の減少をもたらし，かつ消費ではないところから，所得計算上は控除されるべきものと考えられる(注10)。

さらに，例えば，税率20パーセントが適用されるAが投資を行い，100の利益を得るとしよう。20（100×20％）の所得税が課され，Aの手取りは80である。国（租税債権者）は，いわばAの共同事業者として，その利益の分け前に与る。逆に，Aが100の損失を被った場合，それが他源泉や他の年度の所得から控除されれば，他源泉や他の年度の所得にかかるべき税負担をなくすという形で，国が損失の一部（損失額×税率）を負担する。要するに損失控除は，国による損失負担の一方法である。これは税引前所得に基づいた投資判断と

(注7) 例えば譲渡所得の取得費・譲渡費用（所税33条3項・38条1項）や，一時所得の収入を得るために支出した金額（同法34条2項）のように，必要経費控除が認められない所得種類であっても，何らかの投下した原資の回収を認めるという意味での広義の必要経費（谷口勢津夫『税法基本講義〔第3版〕』〔弘文堂，2012〕313頁）が認められることがあるが，利子所得のようにそのような広い意味での必要経費控除すらないものもある。
(注8) 所得税法上，損失という用語は多義的であるが，この説明として，佐藤英明『スタンダード所得税法〔補正2版〕』（弘文堂，2011）287-288頁など参照。
(注9) かつて一時的・臨時的所得を課税の対象とせず，同時にその損失の控除も認めていなかった制限的所得概念的取扱いから，包括的所得概念に基づき，そのような所得も課税対象に取り込みつつ，同時に損失控除の範囲を徐々に拡大していき，所得税法が現在の制度になった経緯を示すものとして，例えば，藤田良一「所得税法上の資産損失制度に関する一考察」税務大学校論叢13号（1979）121-158頁。
(注10) 例えば，田中治「資産損失」日税研論集31号（1995）80-81頁。

第3部　諸法からみた学際的検討

税引後所得に基づいたそれが食い違わないようにするという意味での投資に対する税の中立性を確保する機能があるとされる[注11]。

実際の所得税法には、損失控除の根拠規定がない、あるいは他源泉の所得との損益通算が認められないといった損失控除制限が設けられており、その制限に係る範囲で、国が損失を負担していない。

3　損失控除に関する規定

(1)　所得種類と課税方法

所得税法では10種類に所得種類を分類し、それぞれについて固有の所得計算方法を示している。例えば、預貯金や公社債の利子は、利子所得としてその収入金額をその所得の金額として、分離課税を受けるが（所税23条、租特3条）、金融機関が破綻して預貯金の払戻しができなくなれば、その損失の控除は、根拠規定がないので認められない[注12]。資産の譲渡からの所得は、その譲渡の頻度や規模などにより、事業所得（所税27条）、譲渡所得（所税33条）、

(注11)　例えば、100の利益が生じる確率と60の損失が生じる確率が半々の投資甲と、16の利益が確実に生じる投資乙があるとする。税を考えなければ、投資甲からの期待利益は20（$100 \times 0.5 + (-60) \times 0.5$）であり、これは投資乙より大きいから、投資家がリスクに中立的であれば、その投資家は甲に投資するであろう。20パーセントの所得税を導入し、マイナスの所得税額は国がそれを還付するとすれば（完全還付）、投資甲の税引後期待利益は16（$80 \times 0.5 + (-48) \times 0.5$））、投資乙の税引後期待利益は12.8なので、甲への投資を行う投資家の判断は変化しない。しかし、利益は課税するが損失について還付しない制度を導入すると、投資甲の税引後期待利益は10（$80 \times 0.5 + (-60) \times 0.5$））となり、投資家は乙に投資するであろうから、投資判断が歪められ、さらには投資甲への所得増税と同じ効果を有する（完全還付の所得税制の場合、投資甲の税引後期待利益が10になるのは、税率が50パーセントの場合である）。シャウプ使節團日本税制報告書附録B・E節、増井良啓『結合企業課税の理論』（東京大学出版会、2002）279-287頁（法人税の場合）など。

　現実の制度は、実現主義や還付手続の手間がかかるなどの理由により、完全還付の代わりに（完全な代替にはならない）、他の所得から損失の控除を認めていると考えられる（増井良啓「所得税法上の純損失に関する一考察」日税研論集47号〔2001〕86-88頁など）。

　なお、以上の投資判断に関する説明は、事業用や投資用資産については当てはまるが（岡村忠生「所得分類論」金子宏編著『所得税の理論と課題〔2訂版〕』〔税務経理協会、2001〕63頁など参照）、生活用資産の場合（例えば消費者が不良品を購入する）には当てはまらないことに注意が必要である。

5 税は自ら助くる消費者(もの)を助く？

雑所得（所税35条）のいずれかに該当するが，株式や不動産をはじめ，租税特別措置法に特別な課税方式が盛り込まれたものも多く，商品先物取引も例外ではない。

　商品先物取引等の差金等決済をした場合の事業所得，譲渡所得，雑所得は，他の所得と分離して15パーセントで課税されるとともに，その所得計算上生じた損失（個々の商品先物取引の決済により生じた損益を合計して生じたマイナスの額のこと）はなかったものとされる（租特41条の14第1項。先物取引に係る雑所得等の課税の特例）。所得税法本法では，各種所得の計算上生じた一定の損失は他の所得と通算できるものの（所税69条1項。損益通算），雑所得の損失や生活に通常必要でない資産の譲渡損失は，基本的に損益通算の対象外とされている[注13]。これに対し，先物取引に係る雑所得等の課税の特例では，先物取引に係る損益である限り，それが事業所得，譲渡所得，雑所得のいずれに該当したとしても，通算可能である（租特令26条の23第1項）。また，それでも損失が残った場合には，翌年以後3年間の先物取引に係る雑所得の金額から控除できる（租特41条の15第1項）。なお，名古屋高裁判決および福岡高裁判決で問題となった商品先物取引が行われていた当時はまだ分離課税がなく，事業所得または雑所得として課税されており，上述の通り，雑所得として課税される限り，その損失は損益通算の対象にならない[注14]。

(注12)　預金のペイオフにおける保険金支払についても，本稿の問題意識からすれば同種の問題が含まれている。増井良啓「預金のペイオフ」佐藤英明編著『租税法演習ノート——租税法を楽しむ21問〔第2版〕』（弘文堂，2008）97-99頁。

(注13)　生活に通常必要でない資産について控除が制限されているのは，高額の資産所有者に無制限に大きな損失控除を認めることが適当でないところにある（例えば，柿谷昭男「所得税制の整備に関する改正について」税経通信17巻5号〔1962〕51-53頁）。大きな資産を持つ者が被った損失の控除を認めると，そのような資産を有さない者よりも税負担が少なく，また資産の（再）形成が容易になる。富裕な者が富裕なときに課税するのではなく，富裕だった者が富裕でなくなったときに再度富裕になることを手助けしないというものにすぎないから，富裕な者がより富裕になることを抑制する，富の集中抑制効果はない。損失控除制限は，かつて富裕だったが現在はそうではない者と，かつても現在も富裕でない者の間の課税の中立性確保手段といいうる。

　なお，投資による損失を被った者は（投資ができるほどの）富裕な者であるという認識は，必ずしも一般的に当てはまるわけではない。原資の借入れとセットで投資をする場合も考えられるからである。

(2) 雑損控除および雑損失の繰越控除

居住者および生計を一にする親族が有する生活に通常必要な資産について、災害・盗難・横領による損失（保険金、損害賠償金等により補てんされる額を除く）が生じた場合、その損失の一定額が控除される（所税72条1項。雑損控除）。この規定により、当年度において控除されなかった損失（雑損失。同法2条1項26号）は翌年以降3年間繰り越すことができる（同法71条1項。雑損失の繰越控除）。災害等によって被った損失により弱まった担税力を考慮する措置と位置付けられているが[注15]、生活に通常必要な資産が失われた場合、それを新たに購入・修理しなければならないことを考慮しているとされる[注16]。

消費者取引の文脈では、豊田商事事件のような組織的詐欺事件における損失や、架空請求・振り込め詐欺による損失がこの雑損控除の対象になるかどうかが問われうる。裁判所および国税不服審判所は、雑損控除が「納税義務者の意思に基かない（原文のまま）、いわば災難による損失」（最判昭和36・10・13民集15巻9号2332頁）を対象にすることを前提としつつ、災害や盗難、横領を厳格に解し、上記のような詐欺による損失は（欺罔があったとはいえ、納税者の意思に基づくものであるから）雑損控除の対象ではないと判示している[注17]。

(注14)　雑所得の必要経費には家事関連費的支出が多く、必要経費が収入を上回る場合があまり考えられないことから、損益通算が認められないとされる。注解所得税法研究会編『注解所得税法〔5訂版〕』（大蔵財務協会、2011）854頁。この説明に対する疑問として、例えば、水野忠恒『租税法〔第5版〕』（有斐閣、2011）269-270頁。

(注15)　金子宏『租税法〔第18版〕』（弘文堂、2013）190頁など。雑損控除の全体的な問題につき、例えば、佐藤英明「雑損控除制度――その性格づけ」日税研論集47号（2001）29頁参照。同論文58-59頁は、受取損害保険金・損害賠償金と同論文における雑損控除制度改革の方向性が、必ずしも整合的ではない旨、示唆している。

(注16)　植松守雄「所得税の諸問題(2)――所得の概念」税経セミナー14巻3号（1969）10頁など。ただし、強制的な支出が雑損控除の要件とされているわけではない。佐藤英明「地震による被害と所得税」税務事例研究27号（1995）56頁。

(注17)　豊田商事事件に関するものとして、例えば、最判平成2・10・18税資181号96頁（控訴審：名古屋高判平成元・10・31税資174号521頁、第1審：名古屋地判昭和63・10・31判タ705号160頁）。振り込め詐欺につき、国税不服審判所平成23・5・23裁決事例集83集566頁。

4 損害賠償の取扱い

損害保険金・損害賠償金で，心身に加えられた損害または突発的な事故により資産に加えられた損害に基因して取得するものは，非課税所得としてその受領者に課税されない（所税9条1項17号）。これを受けた所得税法施行令で非課税とされるのは，心身に加えられた損害につき支払を受ける慰謝料その他の損害賠償金（その損害に基因して勤務・業務に従事できなかったことによる給与・収益補償含む），不法行為その他突発的な事故により資産に加えられた損害につき支払を受ける損害賠償金である（所税令30条1項1号・2号。ただし，必要経費に算入される金額を補てんする部分については，課税される）[注18]。このような損害賠償非課税取扱いの理由は，それが損失の回復にすぎないから（不法行為や事故が発生する前と比較して純資産の増加がない），と説明されることが多いが[注19]，例えば値上がり資産の含み益部分や給与所得者の得べかりし賃金（逸失利益）のように，不法行為や事故がなければ課税されるはずの金額まで非課税となっている点で，損失の回復以上の被害者への配慮が行われている[注20]。

他方，債務不履行などに基づく損害賠償は，それが突発的な事故によるものでなければ課税されるとも考えられるが，裁判例では，先の非課税規定の趣旨を踏まえつつ，それが何に対して支払われたかにより，課税関係を決めているようである[注21]。

(注18) 本稿で念頭に置いている先物取引被害の場合には，最判平成7・7・4先物取引裁判例集19号1頁をはじめ，不法行為構成が多いとされているから（日本弁護士連合会消費者問題対策委員会編『先物取引被害救済の手引〔10訂版〕』〔民事法研究会，2012〕123頁以下・153頁以下参照），その場合に受領した損害賠償は，非課税と扱われていると思われる。

(注19) 例えば，大阪地判昭和41・8・8税資45号134頁，岡村忠生ほか『ベーシック税法〔第7版〕』（有斐閣，2013）101頁〔岡村忠生〕。損害賠償非課税に関する各種文献につき，髙橋祐介「生活保障と生命保険課税」税法学567号（2012）139-142頁・152-153頁参照。

(注20) 佐藤・前掲（注8）16-18頁・19-21頁・213-214頁など。

III　検討

1　投資家と限定的な損失控除

　以上述べてきた所得税法によると，例えば先物取引に係る雑所得のように，特定の投資からの所得については他源泉からの所得との損益通算が認められておらず，同源泉内の所得がなければその損失控除は認められない（控除の偶然性が強い[注22]）。したがって，投資を始めたばかりで投資規模もそれほど大きくなく，また複数の先物取引を行ってもいない初心者の投資家は，損失を被っても（その控除ができないために）国による損失負担が行われず，投資が継続し複数の先物取引を行っている（損失を被っても控除できる可能性の高い）ベテランの投資家よりも相対的に不利になる。特に，執拗な勧誘や甘言にのせられ投資を始めたが，あっという間に貯蓄を使い果たして投資から手を引く高齢者のような場合には，損失を被りやすく，しかも損失控除がほぼ認められないことになる[注23]。しかも，借入れによる投資を行って損失を被った場合には，所得計算に現れない借入返済が生活費を圧迫し，かつ損失控除がないために税負担も重くなる。

　もっとも，①無制限の損失控除（あるいは完全還付）が認められる所得税制は考えにくい[注24]，②すべての投資家は初心者から始まり，いわばスタート地点が同じである以上，公平の問題は生じない，③損失を生じにくい勤労性所得と，損失を生じやすい投資からの所得の損益通算には，タックス・シェルター防止の観点から否定的意見が多い，といったことを考えると，損益通

(注21)　損害賠償請求権が残代金相当額の賠償にすぎず，非課税の損害賠償に当たらないとした事例として，国税不服審判所平成6・11・25裁決事例集48集100頁。買主の特約不履行により，課税軽減措置を受けられず，売主が負担した税額相当分についての損害賠償が逸失利益補てん，実質的な譲渡代金増額分として一時所得課税を受けたことを示す事例として，東京地判平成15・1・29判時1836号82頁。詳細につき，例えば岡正晶「非課税所得となる損害賠償金の範囲」税務事例研究5号（1989）21頁参照。
(注22)　渋谷雅弘「譲渡損失」日税研論集47号（2001）152-153頁など。
(注23)　そもそも投資の失敗を消費（家事費）と考えてよいかという問題につき，例えば，佐藤英明「投資の失敗と所得税」税務事例研究73号（2003）38-39頁参照。

算の範囲や損失の繰越控除の拡大があるとしても、税制を考えるうえでは、損失控除には何らかの制限がかからざるをえないのであろう。

2 Aの受領した損害賠償と課税

本稿は制度論的検討を行うものではあるが、本稿冒頭の例でAが受領した損害賠償の課税結果を確かめるべく、名古屋高裁判決および福岡高裁判決（以下、「両判決」という）に簡単に言及しておこう。

両判決では、違法勧誘や説明義務違反等により商品先物取引で被った損失を補てんする損害賠償・和解金が、所得税法9条1項16号（現17号）の非課税の損害賠償金に該当するかどうかが争われた[注25]。いずれの判決も非課税の損害賠償金に当たると判断しているが、本稿の問題意識からは、損失控除制限に係る損失を埋める損害賠償が支払われたとき[注26]、その損害賠償が非課税たるべきかが問われる。

例えば、必要経費に算入され、他の所得から実際に控除された損失が損害賠償で穴埋めされたとしよう。確かに損害賠償は損失の回復にすぎないが、損失自体が所得計算上控除されている結果、受領した損害賠償を非課税にすれば、損失を受けて損害賠償を受け取るという一連のプロセスで経済的な損益が生じていないにもかかわらず、課税所得計算上は損失だけが生じたもの

(注24) 例えば、金子宏「序説・所得税における損失の取扱い」日税研論集47号（2001）2-4頁。損失控除が無制限ではない理由としては、前述のように富裕者に損失控除を認めることの正当性のほか、①税収確保、②還付が認められた場合の手間といった執行上の理由、③消費が損失に混入し、他の年度に拡大することの防止、④経済的負担やその危険のない損失の控除防止（岡村忠生「タックス・シェルターの構造とその規制」論叢136号4＝5＝6号〔1995〕321-324頁・349-352頁）、⑤分離課税の貫徹といった理由が考えられよう。
(注25) 同様の事例として、FX取引に関する国税不服審判所平成23・6・23裁決事例集83集487頁があり、損害賠償非課税が認められた。ただし、所得税法施行令30条柱書第3括弧書の適用は争点になっていない。
(注26) 両事件では、商品先物取引からの損益が総合課税の対象となる雑所得に該当するとされたために損益通算の対象にならず（所税69条1項参照）、問題となる損失が他の所得種類の所得から控除できなかった。また、他源泉の雑所得もなかったため、問題となる損失を他源泉からの雑所得から控除することもできなかった。

第3部　諸法からみた学際的検討

と同様の結果となる。これを防止するため，所得税法施行令30条柱書第3括弧書は，「各種所得の金額の計算上必要経費に算入される金額を補てんするための金額」を非課税の対象から除外している[注27]。

先物取引を行い，売買差益・差損や手数料などを収入金額，必要経費に算入して計算したために[注28]，結果的に損失が生じたとしても，上述の通り，他の先物取引がなければ（両事件の当時でいえば，所得種類を雑所得と判断され，かつ他の雑所得がなければ），この損失は他の所得と通算できない。損益通算ができず，その意味で損失控除ができなかったにしろ，この損失は必要経費が収入金額を上回った結果生じたものであるから，先の所得税法施行令30条柱書第3括弧書に従えば，非課税所得ではなく，課税されるべきと考えられるが[注29]，いずれにせよ，両判決によれば，本稿冒頭の例でAが受け取った損害賠償は非課税とされるであろう。

(注27)　佐藤・前掲（注8）200-201頁参照。
(注28)　租税特別措置法施行規則19条の7第1項1号では，先物取引に係る事業所得・雑所得に関し，差金等決済による利益の額または損失の額およびその他の収入を収入金額に，手数料等およびその他の経費を必要経費とする明細書作成を要求している（明細書の記載例も参照のこと）。決済による差損益を収入金額と必要経費という概念で捉えることができるか，という問題があるが（後掲（注29）の篠原論文はこの点を強調する），本稿ではこれ以上言及しない。
(注29)　名古屋高裁判決は，投資家の支払った多額の手数料等が違法な損害そのものであって必要経費などではなく，損害賠償金は原状回復のための損害賠償金の一部にすぎないから，問題となる括弧書の適用はなく，また所得税法が期間計算主義をとっていることに左右されない，と判示する。福岡高裁判決は，売買差損等の和解金が実損害を補てんするものであるから，費用償還ではない，と判示する。同様の結論を，最も詳細な理由付けで支持するものとして，篠原克岳「資産に加えられた損害に対する損害賠償金等を巡る所得税法上の諸問題──『法と経済学』の視点から」税務大学校論叢69号（2011）49-51頁・60-64頁。

　損害賠償を，必要経費に算入された手数料の返還とみて，遡及的に必要経費を減額し，修正申告をすべきとする立場として，秋山友宏「判批」月刊税務事例43巻6号（2011）20頁。ただし，更正の請求（国税通則法23条2項など）と異なり，修正申告（同法19条）の場合には，事由に応じて遡及的に所得額が変動することを前提に修正申告をしなければならない旨の規定がないことに注意。

3 損失控除制限と損害賠償非課税

　上述のように，所得税法上，何らかの損失を被ったとしても，損失控除は限定的である。他方，両判決で示されたように，損失控除が制限された損失につき損害賠償を受け取ることができれば，損失の回復として課税されない。要するに，損害賠償を受け取ることができなければその損失は控除できず（本稿冒頭の例でいえばB），受け取ることができれば損害賠償非課税という形で損失控除と同じ効果を得ることができる[注30]から（同じ例でのA），同一の損失の控除可能性が，損害賠償を受領したかどうかで左右され（所得税法内部の不整合[注31]），損害賠償の受領者（A）が，受領していない者（B）より優遇されている[注32]。また，包括的所得概念からすると，その損失は，消費に当たらない純資産の減少であるから，当然控除されるべきことになろ

（注30）　正確にいえば，損失控除を認め，かつ損害賠償を課税しているのと同じ効果があるということになろう。損失を前提として，本来収入金額に該当し，課税されるべき損害賠償を非課税にしているともいえる。かねて原資回復部分までの損害賠償は所得ではないと論じられてきたが（この議論につき，例えば，奥谷健「損害賠償金と非課税『所得』」月刊税務事例42巻1号〔2010〕1頁），損失が控除できた場合はもちろん，損失自体が控除できない場合の原資回復部分も所得であるけれども，所得税法9条1項17号がこれを非課税にしていると読むことは可能である。

（注31）　アメリカの個人的な身体的被害・疾病のために受領した損害賠償非課税規定を巡る議論では，この不整合が広く指摘されている。*E.g.*, F. Patrick Hubbard, *Making People Whole Again: The Constitutionality of Taxing Compensatory Tort Damages for Mental Distress*, 49 FLA. L. REV. 725, 741 (1997); F. Philip Manns Jr., *Restoring Tortiously Damaged Human Capital Tax Free Under Internal Revenue Code Section 104 (a)(2)'s New Physical Injury Requirement*, 46 BUFF. L. REV. 347, 350 (1998).

　Victor Thuronyi, *The Concept of Income*, 46 TAX L. REV. 45, 90-91 (1990) は，被害を受けていないA，被害を受けたが損害賠償を受けていないB，被害を受け損害賠償を受けたCにつき，完全な公平を達成するならば，Bに控除を認める（かつCの損害賠償を非課税とする）べきだが，控除が認められないので，CをAとBのいずれかと等しく取り扱わねばならず，いずれも公平が達成されないとする（髙橋・前掲（注19）153頁注79も参照）。

　所得税法内部の不整合は，例えば，一時所得計算上控除される「支出した金額」（所税34条2項）にもみられる。競馬の馬券の払戻金は一時所得であり（所得税法基本通達34-1⑵参照。ただし大阪地判平成25・5・23裁判所ホームページ），所得の金額の計算上，当たり馬券の購入額は控除できるが，外れ馬券の購入額は控除できない（個別対応）。趣味的領域における消費と経費性が区別しがたいところから（所税45条3項参照），いわば

第3部　諸法からみた学際的検討

う。その意味で，損害賠償受領者が優遇されているというよりも，受け取れなかった者が不利に扱われていると表現したほうが適切である。

4　損害賠償と損失控除の偶発性排除

本稿冒頭の例のAのように，被った損失が控除できなくても，損害賠償が非課税の要件に該当しうる限り，損害賠償非課税という形で，生じた損失はそれが完全に（＝あたかも損失がなかったかのように）控除される。現行制度では納税者の状況によって損失が控除できるかどうかが異なり，そのような損失控除の偶発性が所得税の必然的な要請であるとすれば，損害賠償非課税は，その受領者に限り，損失控除の偶発性を排除し，完全な控除を認める制度にほかならない。損害賠償受領者は，その損失の一部を確実に国に負担してもらえる。

結果的に収入が生じたか否かで控除の是非を判別しており（例えば，注解所得税法研究会編・前掲（注14）848頁参照），当たり馬券購入者は，当たり馬券のみならず，購入額控除をも当てている（同一の行為をしていても，いわばくじで税負担が決まる）。くじにより税負担が決まる制度がそもそも公平であるかが問われるし，収入のある者が有利な取扱いを受けているという意味で，逆進的である（岡村忠生「譲渡所得課税における取得費について(3完)」論叢135巻5号〔1994〕4頁参照）。馬券購入行為が本来趣味的なものであれば，当たり外れにかかわらず馬券購入額を所得計算上控除できない制度があってもよい。なお，雑所得について，収入金額までの必要経費が投下資本の回収部分で，それを超過した損失が消費であるという説明に疑問を投げかけるものとして，越智砂織「所得税法69条の理論的検討と損益通算制度の再構成」大阪樟蔭女子大学研究紀要2号（2012）172頁。

（注32）　反論としては，損害賠償を受け取った者は初めから損失を被っていない（損失と損害賠償の両建計上，損失と損害賠償の一体性）が，受け取れなかった者は損害賠償の回収不能という損失を被っているので，両者が同一の損失を被ったと考えるべきではない，という主張がありうる。また，バナナを現金100円と引換えに購入した場合と同様（岡村忠生「収入金額に関する一考察」論叢158巻5＝6号〔2006〕195頁），被害と引替えに取得した損害賠償請求権は収入金額に該当しない，という主張も考えられる。

しかし，本稿冒頭の例のように，被害が必要経費支出として処理された後に損害賠償を受領した場合には，所得算定上すでに考慮された結果の損失が損害賠償とは一体的とは考えられないし，そもそも損害賠償を受け取れなかった者の回収不能自体が所得計算上の損失ではないのかという再反論がありえよう。問われるべきは，何をもって所得計算上の損失とし，また控除できない消費とみるかである。損害賠償込みで損失を考えるならば，そもそも損害賠償請求権消滅時まで損失が計上されるべきではない。後掲（注33）も参照。

他方，Bのように，損失控除が認められず，損害賠償も受け取れなかった者は，このような損失控除の偶発性から排除されない。例えば，Bが被った損失の一部でも回復しようと思って，給与を稼得したとき，その給与所得（所税28条1項）には課税が行われ，その給与所得と被った損失との通算は，所得種類や課税年度の違いに阻まれて，控除できない。

　損失とそれを穴埋めする損害賠償を一体的に捉え(注33)，損失控除の偶発性を排除しようとする発想の，少なくともその1つの根拠は，例えば不法行為法における加害者＝被害者間での救済を念頭に置き，それをできる限り阻害しないようにすることにあるかもしれない。しかし，不法行為法は，Bのように損害賠償を受領できなかった者には配慮しないから，法的救済という理由だけでBを不利に扱うことが正当化されるのかが問われる。

Ⅳ　おわりに

　以上の検討をまとめよう。①所得税法では，損失控除が限定的に構築されており，損失の控除可能性は多分に偶然に左右されうる。②控除が制限されている損失につき，損害賠償を受け取ることができなければその損失は控除できず，受け取ることができれば損害賠償非課税という形で損失控除と同じ効果を得ることができる。同一の損失の控除の可否が，損害賠償を受領したかどうかに依拠する，という所得税法内部の不整合が存在し，損害賠償の受領者が受領していない者より優遇されている。③損害賠償受領者は，損失控

(注33)　事業用・業務用資産損失などを定めた所得税法51条や雑損控除を定めた72条の下の通達は，申告期限までに金額の確定していない保険金・損害賠償金等につき，その見込額を損失から控除し（所得税法基本通達51-7・72-6），実際に受領した保険金や損害賠償が見込額と異なるときや盗難品等の返還を受けたときには，（事業所得も含めて）遡及的に各種所得の金額を修正するとしている（所得税法基本通達51-7・51-8。遡及的修正）。損失と損害賠償を一体的に把握するアプローチであるが，このアプローチの難点につき，前掲（注32）のほか，佐藤英明「個人事業主が犯罪によって受けた損失の扱い」税務事例研究97号（2007）38-41頁参照。福岡高裁判決は，損害賠償の帰属年度を損害賠償請求権確定年度と判断している（現年度修正）。

除の偶発性を完全に免れ，受領できなかった者は，（損害賠償受領者以外の他の納税者同様に）損失控除の偶発性の支配下にある。

要するに，事業者の甘言に釣られることなく冷静に消費財や役務，投資商品を吟味し，損失を被ってもそれを回収できるほどに長い投資を行うことができる資力と判断力を持ち，資産損失を被る可能性は損害保険で十分にカバーし（損害保険金も損害賠償と同様に非課税。所税9条1項17号，所税令30条2号），事業者の経営基盤を十分に確認しつつ損害賠償を確実に受け取る，そのような「強い」投資家・消費者が万が一被った損失の一部は，所得税を通じて国が負担をする。甘言に釣られて不良な消費財や役務をローンまで組まされて買わされたあげく返金されない，甘い投資話にのって虎の子の貯金を全額失い損害賠償もとれない「弱い」投資家・消費者の損失を，国は負担しない。まことに，税は自ら助くる消費者(もの)を助く，と本稿表題をつけたゆえんである。このような制度は，被害者が泣き寝入りせず，加害者から原状回復を求めるインセンティブを付与しているとも評価できる[注34]（原状回復を積極的に求めないのは，事業者に対する一種の利益供与であり，消費と同じ）。

仮に，①所得課税に損失控除制限が内在し，そこには損失控除の偶然性があることを前提にしつつ，かつ②不法行為等により損失を被った者（AとB）をすべて同様に扱う（そのような損失を所得税法の仕組みに従い画一的に扱い，所得税法内部の不整合を除去する）とするならば，ⓐ現行所得税法9条1項17号を削除し，損害賠償はその内容のいかんを問わず，すべて収入金額に算入して課税の対象とし，損失を被った者は，所得税法内の損失控除制限範囲内でのみ控除できる制度にするか（損害賠償全額課税論[注35]。ただし，累進税率下で一度に所得が現金化されるときに生じる税率アップ効果，すなわち束ね効果の緩和措置を否定しない），ⓑ非課税とされる損害賠償や原状回復が受け取れなかった者について広範に損失控除を認める（例えば，豊田商事事件で金銭を詐取されたような場合でも雑損控除を認める[注36]），のいずれかを行うべきであろ

（注34） *Cf.* Mark J. Wolff, *Sex, Race, and Age: Double Discrimination in Torts and Taxes*, 78 WASH. U. L. Q. 1341, 1438 (2000).

う。被害に遭わなかった者，被害に遭ったが損害賠償を受け取った者，被害に遭ったが損害賠償も受け取れなかった者の公平（本稿（注31））を考えるならば，ⓑが採るべき方途であるが，損失控除制限が内在するという前提①自体と矛盾しうる。ⓐは一見非常識だが，弱い投資家が現在置かれている状況を，損害賠償を受領できた強い投資家に及ぼしているとみることもできよう。

日本の所得税法は，例えば値上がり益や逸失利益まで非課税とするという意味で損害賠償受領者への十分な配慮がなされているが，加害者が無資力で損害賠償を受領できなかった者にはたとえ詐欺にあった損失であっても一切控除を認めないという意味でまったく配慮がなされていない。これが，「問題の性質上，あまり理論にのみはしることは適当ではなく，常識的に支持される」[注37]結果なのか，検討の余地はある。

最後に，以上を踏まえ，消費者裁判手続特例法（以下，単に「特例法」という）に関し，2点指摘する。第1に，特例法では，2段階の手続を経て事業者から消費者に対して金銭支払が行われるが，所得税法上そのような支払は一般には課税されないと思われる[注38]。金銭支払を受けられない場合に，損失控除は原則として認められないから，所得税法は，特例法の制度を積極的に利用し，金銭支払を受けるよう促していると評価できる（「強い」投資家・

(注35) 水野・前掲（注14）157頁は，「損害賠償金や損害保険金において財産に対するものを非課税とすることに理由があるのか疑問のあるところである」と指摘する。アメリカ法における損害賠償全額課税論として，Lawrence A. Frolik, *Personal Injury Compensation as a Tax Preference*, 37 ME. L. REV. 1 (1985); Mark W. Cochran, *Should Personal Injury Damage Awards Be Taxed?*, 38 CASE W. RES. L. REV. 43 (1987). 損害賠償を収入金額に取り込み，一般的な控除を設けるという発想は，J. Martin Burke & Michael K. Friel, *Tax Treatment of Employment-Related Personal Injury Awards: The Need for Limits*, 50 MONT. L. REV. 13, 46 (1989) にみられるし，生命保険金につき，同様の発想（全額を収入金額に算入し，生命保険金を受領するに至った原因である困苦〔hardship〕のための控除を行う）は，JOSEPH M. DODGE, THE LOGIC OF TAX 107 (1989) も指摘する。生命に関する損害賠償につき，髙橋・前掲（注19）152-153頁参照。
(注36) 雑損控除拡大論は，かねて主張されている。例えば，三木義一『新税理士・春香の事件簿――変わる税金裁判』（清文社，2005）148-149頁。
(注37) 税制調査会『税制調査会答申及びその審議の内容と経過の説明』（昭和36年12月）答申の審議の内容及び経過の説明（答申別冊）第6章第3・4。

消費者の拡大)。第2に，制度を利用し，簡易確定決定まで持ち込んだけれども，事業者が無資力で支払が行われなかった場合には，上述のように損失控除がないので，消費者はまったく救済されない。特定適格消費者団体（消費裁判2条10号）や裁判所の関与があるという意味で，支払を得られなかった部分は客観的に特定可能であるから，雑損控除の利用が立法的に考えられてよい（力及ばず結果的に「弱い」投資家・消費者となった者の救済）。

（注38）　不法行為による損害賠償請求（消費裁判3条1項5号）に係る支払ならば，所得税法9条1項17号に該当して非課税である。契約上の債務履行請求（同項1号）に係る支払ならば純資産の増減を生まない単なる債務履行であることから，またそれ以外の請求に係る支払（同項2-4号）ならばそれらが取引以前の状態に戻すにすぎないこと（原資の回復）および債務不履行に係る損害賠償の取扱いとの整合性から，収入金額にそもそも該当しない（収入金額算定段階での一種の差引計算が行われている。岡村・前掲（注32）195頁以下参照）と考えられる。

６ 集団的消費者被害に対する刑事法の意義と限界

大阪大学教授　佐久間　修

I　集団的被害と社会的損失

　広く国民が被害者となる消費者問題を巡っては，2011年の消費者法学会第4回大会で「集団的消費者利益の実現と実体法の役割」と題するシンポジウムが開催された。そこでは，各法分野からみた事後的な集団救済制度が論じられたが，その後も，高齢者などの社会的弱者が，いわゆる悪質商法の犠牲となる状況は変わっていない。もちろん，振り込め詐欺に対する警察の取締りや金融機関等の協力によって，一定の抑止効果が見込まれるものの，事前の包括的規制に対しては，営業の自由や契約の自由を重視する見地から消極論が根強い。特に刑法の謙抑性を強調しつつ，行政規制の実効性を担保する範囲（間接強制）にとどめようとする見解が有力である。例えば，特定商取引法の規制を充実する一方，特に緊急性の高い例外的場合に限って，直罰規定を設けるというのである。

　本稿は，集団的消費者被害の抑止・救済に向けた刑事規制のあり方を検討するものであるが，それに先立って立論の前提となる諸事項を確認しておきたい。まず，異なる法分野をまたぐ議論では，相互の主張がすれ違うのを避けるため，使用する用語や概念を揃える必要がある。例えば「損害」と「損失」の違いを何に求めるかである。社会的「損失」という場合，しばしば抽象的な利害が想定されるのに対して，「損害」の概念においては，個別的な被害者の存在が前提となっている。また，（犯罪）被害者の地位を巡って，刑事法と他の法分野で大きく隔たっており，消費者という集合的存在は，従来の犯罪論にあって異質の存在であることは否定できない。そこで，以下では，

個々の被害者と社会的損失の概念を区別しつつ，現行法の処罰規定が集団的被害に対して果たすべき役割など，消費者保護と刑事規制の関係を再考してみたい(注1)。

II 被害者の概念と保護法益

1 刑法における「被害者」

　公法の一種に分類される刑法では，国家（検察官）と犯罪者（被告人）の対抗関係が出発点となる。なるほど，犯罪被害者等基本法（2004年）が制定されたとはいえ，刑事法の分野で個々の被害者が登場する場面は，決して多くない。また近年になって，修復的司法の思想が普及したが，その内容は多岐にわたっており，しかも，犯人の改善・更正に資することが中心とされている。その意味で，少なくとも，犯罪被害者の救済を念頭に置いた議論ではない。

　もちろん，現行法上も，例えば親告罪規定（刑135条・180条・232条など）のように，被害者の告訴意思が実体法および手続法で重視される場合がある。また，横領罪（刑252条・253条）や背任罪（刑247条）では，犯人と被害者の間の委託・信任関係が犯罪成立要件となっている。しかし，刑事裁判の中で被害者の権利に配慮する場面は限られており，伝統的な犯罪論や刑事政策において，被害者の存在は付随的要素でしかない。まさしく公的関係を規律する刑法では，主に国家（警察・検察）が犯罪者（その容疑者）を追及する作用が問題となるのである。

（注1）　なお，本稿では，集団的消費者被害が生じた場合にも，食中毒などの健康被害を除外し，もっぱら財産的損害にとどまる場合に限定しておく。第185回国会に提出された「集団的消費者被害回復に係る訴訟制度案」の解説では，製品事故・食中毒事案による生命・身体の侵害を，消費者契約で取り扱う損害に含めておらず（加納克利＝松田知丈「集団的消費者被害回復に係る訴訟制度案について」NBL 989号〔2012〕18頁参照），今回成立した消費者裁判手続特定法の適用対象とならないからである。

2　被害者としての「消費者」

　およそ消費者という概念は，当然に，加害者と被害者の直接的な契約関係を前提とするわけでない。なるほど，差止請求権では，当該請求者だけでなく，その影響が及びうる抽象的な被害者一般が観念されるところ，個別的な損害賠償請求では，当該被害者の損害回復が問題となっている。そして，被害者各人の損害とその救済が要請されたからこそ，民事裁判においても，新たに集団的訴訟（集合訴訟および団体訴訟）という制度を導入する気運が高まったのであろう。しかし，損害回復の手段として集団的訴訟を利用するとしても，（犯人側に）利益が生じたとき，常に（被害者側の）損害が発生するとは限らない。また，その逆についても，同様である[注2]。

　したがって，損害賠償請求を認容することと不当利益の剥奪は，表裏一体の関係にあるわけではない。例えば，個人情報の流出や商品の虚偽表示などでは，加害者と被害者の間に直接的な消費者契約が存在しないこともある。他方，2013年12月に成立した消費者裁判手続特例法は，「特定適格消費者団体」による訴訟制度を盛り込んでいるが，民事法上，この種の団体と被害者個人の権利関係が明瞭になったとはいいがたい。これに対して，刑事裁判では，検察官による訴訟遂行が中心となるため，犯罪者に対する制裁の中で，被害者個人の利益をどのように位置付けるかが課題となってくる。その意味でも，「集団的消費者利益」という客体は，さらに観念しにくいのである。

3　個人的法益と集合的法益

　具体的な悪質商法のケースを考えてみよう。刑法上は，かりに組織的詐欺が認定されたとしても（組織犯罪3条1項13号参照），犯人側の組織性や団体としての活動を考慮したにすぎず，被害者である個人を束ねた集合的存在が認められるわけではない。また，特別刑法で営業犯を処罰する場合にも，その

（注2）　なお，後述するように，利益と損害が表裏一体の関係にない以上，消費者はもっぱら損害の受け手として登場することになろう。

標的となるのは，それぞれの被害者個人である。例えば，不特定多数の通行人を相手方とした募金詐欺の事案では，寄付金を騙し取られた各人の被害届が必要とされる(注3)。他方，刑法上の救済手段として，「組織的な犯罪の処罰及び犯罪収益の規制等に関する法律（以下，「組織的犯罪処罰法」という）」では，犯人側から犯罪収益を剥奪した後，一定の要件の下に被害者に還付・分配する手続が導入されたが，後述するように，適用対象となる犯罪は限られている(注4)。

また，刑罰に類似する利益剥奪処分として，独占禁止法や金融商品取引法の課徴金制度があるものの，これらの不利益処分は，もっぱらルール違反者に対する制裁であって，実際に剥奪した金員を一般消費者に配分することはできない。そこでは，一般国民の「集合的利益」または「拡散的利益」とその裏面たる「損失」が想定されるとしても，行政機関が一部の国民（紛争当事者となった一部の消費者）のために便宜を図ることは許されないからである（平等の原則）。しかも，近年の課徴金制度は，ますます制裁としての色彩が濃くなっており，いわゆるリーニエンシー制度が導入されるなど（独禁7条の2第10-12項参照），犯行に加担した事業者でも課徴金の金額が減免されるため(注5)，実際に利益を得た者から金員を剥奪して被害者に分配するという仕組みとなじまないのである。

III 刑法からみた集団的加害と被害

1 処罰規定の断片性

　刑法（刑事法）の特徴や刑罰の本質にもかかわらず，実際の社会では，さ

(注3)　なお，最決平成22・3・17刑集64巻2号111頁参照。
(注4)　また，後述するフランス法に類似する附帯私訴の制度も導入された。、しかし，フランスの消費者法は，当初，刑事法の領域から発生したことに加えて，フランス独自の公訴提起制度が背景となっている。
(注5)　これに対して，犯行を主導した事業者は，課徴金が増額される（独禁7条の2第8項）。

まざまな集団的犯罪現象が生じるため，特別法上の罰則として，詐欺的商法や金融犯罪のほか，不当表示や虚偽表示などを処罰する各種の直罰規定がみられる。また，欠陥商品による人身被害（刑法上の製造物責任）や，偽ブランド商品の販売（知的財産権の侵害），インターネット上の詐欺については，現行法上も多数の罰則が用いられてきた。しかし，いずれも断片的なものにとどまっており，集団的消費者被害を予防・救済するための包括的な議論がなされたわけではない。

そもそも，犯罪と刑罰が「最終手段（ウルティマ・ラチオ）」である以上，処罰の対象は，反社会的な行為の中でも，特に刑罰という峻厳な制裁にふさわしい所業でなければならない（刑法の謙抑性）。その点では，集団的被害をもたらす犯罪行為として，論者がどのような種類・性質のものを想定しているかが不明である。また，刑事規制の対象とする以上，罪刑法定主義はもちろん，刑罰法規の明確性やデュープロセス原則に適合した処罰権の限界が示されねばならず，すべての集団的被害が直ちに刑事規制を要求するわけではない。従来，商取引については，刑事法の介入を控えてきた経緯があり（民事不介入の原則），当該行為の可罰的違法性が争われた例も少なくない。

2　刑法における消費者被害の広がり

いわゆる「経済犯罪」として消費者被害が注目されたのは[注6]，①詐欺罪の成否を巡って，多種多様な悪質商法がマスメディアを賑わせた場面である。例えば，豊田商事事件を嚆矢として，投資ジャーナル事件やオレンジ共済事件，KKC詐欺事件などがみられる[注7]。近年にあっても，依然として振り込め詐欺が社会問題となっているが，これらの事件では，刑法典上の詐欺罪（刑246条）や他の財産犯が成立するであろう。おのおのの犯罪構成要件に

(注6)　ただし，「経済犯罪」の概念を巡って，学説上一致した理解があるわけでない。
(注7)　なお，各事件に対する有罪判決は，以下のとおりである。豊田商事事件（大阪地判平成元・3・29判時1321号3頁），投資ジャーナル事件（東京地判昭和62・9・8判時1269号3頁），オレンジ共済事件（東京地判平成12・3・23判時1711号34頁），KKC詐欺事件（東京地判平成12・5・31判タ1054号276頁）など参照。

第3部　諸法からみた学際的検討

言及することは，本書の統一的テーマから外れるため，ここでは詳細を割愛したいが，いずれの事件にあっても，当該被害者は個人として登場するのである。

次に，②相場操縦やインサイダー取引のように，不公正な有価証券取引やデリバティブ取引が，金融・資本市場を通じて（一般顧客または消費者に当たる）投資家に不利益を及ぼす場合がある。しかし，一般投資家が被った損害と犯人の財産的利得は，直接には結びつかない。したがって，金融商品取引法（旧証券取引法）など，特別刑法上の罰則を適用する際にも，一般投資家の損害を回復するための法的手段は用意されていないのである。さらに，独占禁止法違反にあっても，犯人の違法行為が直ちに消費者個人の損害をもたらすわけでなく，むしろ，社会的法益である競争秩序を侵害するものと解されてきた。

他方，③刑法上の集団的消費者被害として，上述した①と②の中間に位置するものがある。例えば，ネズミ講やマルチ商法による被害のほか，食品偽装などの不正表示・虚偽表示に伴う損害は，上述した詐欺罪に当たらない場合にも，不正競争防止法や特定商取引法の罰則が適用される。しかも，食品衛生法違反に伴う食中毒などでは，取引業者や末端の消費者にも直接的な損害が生じることがある。しかし，その保護法益は当該顧客の個人的利益でない。また，ほとんどの罰則は，経済的「損失」を想定した各種の業法違反として，法規制に従わない場合の間接強制にとどめている。したがって，この種の集団的消費者被害にあっても，被害者個人の損害回復を目的として，国家が犯人から剥奪した犯罪収益を被害者に分配することは難しい。

3　保護法益の概念と被害者の救済

もちろん，上述した①から③の分類の中で，いずれのケースを選択するかにより，被害者救済のあり方も異なってこよう。また，近年の集団的消費者被害では，②ないし③のケースが問題になることが多い。しかし，個別具体的な財産侵害を想定するならば，仮に実際の商品価値と顧客が支払った代価の間に大きな差がないとき，むしろ，欺罔行為の種類・態様に応じた詐欺罪

の成否を問うほかはない。さらに、これを社会公共的法益に対する犯罪とみるとき、①の個人的法益に対する罪で問題となった被害者と比較して、一般顧客ないし消費者を、犯人側から剥奪した利益を配分するべき受け手として位置付けるのは一層難しくなってくる。

他方、①のような事例では、不法収益の大半がすでに費消されるなど、被害財産を取り戻すことが困難な場合が多い。一般の犯罪にあっても、刑事事件に発展するような場合、通常、当該犯人は無資力であるため、不法収益として剥奪・分配するだけの資産がなく、この視点から被害者の救済を論じてみても、あまり実益がないこともある。もちろん、組織的犯罪処罰法では、犯罪収益等の隠匿行為などがあった場合、これを捕捉して没収・追徴する規定を設けているが[注8]、この制度も、組織的犯罪という犯人側の特性に着目した規制であり、規制の対象となる犯罪群は、暴力団などが資金源とするものに限られている。

4　犯罪被害者とは何か

刑法は、「国家と犯罪者（国民）」の関係を規律する公法であって、究極の目標は、法秩序の維持や国民の安全を図ることである。したがって、被害者個人の処分意思にかかわらず、例えば、殺害を嘱託・承諾した場合であっても、同意殺人罪（刑202条）による処罰を免れるわけではない[注9]。また、個人の財産権を侵害する罪にあっても、現行の財産法秩序や取引ルールを維持するために罰則が設けられており、たとえ本人の処分意思に基づく行為でも、当該行為が取引ルールに反しているとき、なお犯罪として処罰されることがある（例えば、会社法上の利益供与罪、農地法の規制を潜脱する土地売買など）。

(注8)　そのほか、「犯罪による収益の移転防止に関する法律」（平成19年3月31日法律第22号）など参照。
(注9)　なるほど、解釈論上、殺人罪の保護法益は「個人の生命」であって、その被害者は被殺者自身とされるが、刑法は、被害者個人の利益を念頭に置いて処罰しているわけではない。

第3部　諸法からみた学際的検討

　なるほど，これまで「犯罪被害者」の位置付けが明確でなかったため，しばしば保護法益論と混同されたこともある[注10]。例えば，生命・身体の安全や行動の自由などは，当然に刑法的保護の対象となる以上，その保有主体や社会的地位を論じる機会は少なかったからである。もちろん，新たに罰則を設ける際には，既存の法益と同程度の要保護性があるか否かを吟味するであろうが，個々の利益それ自体を検証することはなく，むしろ，法秩序からみて保護に値するかが判断基準となる。その意味で，集合的利益または集団的利益のいずれに当たるかは，それほどの関心事でないのである。

5　集団的利益と被害者の救済

　たとえ消費者法の分野で，「集合的利益」または「拡散的利益」という名称を用いたところで，その本質が個人的利益を起点とするならば，犯罪の発生に伴い直接の被害者が存在するであろう[注11]。しかし，公的関心事ないし公共の利害を重視する刑法では，たとえ個人的利益を観念するのが困難であっても，社会的利益に関わる限度において，刑法的保護の対象に含めることができる。しかし，それらは，被害者個人の利害を優先した救済手段とはなりにくい。

　かようにして，刑法では，元来，個人の自由意思や私的自治に委ねることのできない問題を取り扱うとともに，最も峻厳な制裁を加える法システムであって，上述した最終手段性や謙抑性など，格段の慎重さが求められてきた。しかも，刑事手続が刑罰権を行使する国家権力と受刑主体になる犯罪者の関係を規律する以上，被害者の個人的利害を考慮する余地は乏しいのである。

(注10)　近年，刑事法の分野でも，「犯罪被害者の損害回復」が話題になっており，一部では，犯罪被害者の慰謝と受刑者の改善を結びつける見解もみられるが，あくまで修復的司法の一環として犯罪者の更生に向けられている。
(注11)　なお，*第1部* ❹ 2(2)は，個人的利益を束にした利益を「集合的利益」と呼んでいるが，*第1部* ❹ Ⅱ1(1)・*第1部* ❻ Ⅱ1は，具体的な被害者が存在する一方，個々の被害額が軽微であるため，従来の民事訴訟になじまないものを「集合的利益」と呼ぶ。また，個々の損害が明白かつ重大である場合を除いたものを「集合的利益」と総称する見解もあり，必ずしも同一の内容ではない。

そのため，犯罪被害者に対する給付金や損害回復を巡って，仮に不公平な取扱いが生じたとしても，刑法固有の問題ではないとされる。

Ⅳ　刑法による利益剥奪と損害回復
1　犯罪被害者等基本法と被害者の救済

　内閣府国民生活局「集団的消費者被害回復制度等に関する研究会報告書」(2009年8月)は，刑事法上の被害者救済手段として，「犯罪被害財産」を被害者に支給するシステムである被害回復給付金支給制度に言及した。しかし，この制度は，公的機関が被害者の損害回復を支援するものとはいえ，その適用対象が特定の組織的犯罪に限定されるなど，刑事法の中では例外的な存在である。むしろ，将来の組織的犯罪を抑止する目的で導入されたものであって，いわば「外付け」の制度であるといえよう。

　そこで，以下，近年の刑事法分野における被害者保護対策を概観しておこう。まず，犯罪被害者等基本法の制定(2004年)を受けて，2006年には，①上述した組織的犯罪処罰法の改正や犯罪被害回復給付金支給法の制定があった。また，2007年には，②「犯罪被害者等の権利利益の保護を図るための刑事手続に付随する措置に関する法律」(平成12年5月19日法律第75号)を改正して，損害賠償命令制度を導入するなど，いずれも犯罪被害者等の権利・利益を保護するための措置が拡充された。しかし，①の「犯罪被害財産」等から被害回復給付金を支給する制度は，特定の組織的犯罪等を適用対象とする一方，②でいわゆる付帯私訴を参考にした損害賠償命令制度も，刑法典に規定された故意の人身犯罪に限定されている[注12]。

(注12)　なお，近年の刑事訴訟法改正で導入された被害者参加や公判記録の閲覧制度も，直接に消費者被害の救済を目指したものではない。その詳細については，別途，刑事訴訟法の見地から紹介されるであろう [☞*第3部* ❼ Ⅱ 1]。

2　組織的犯罪処罰法と犯罪被害回復給付金支給法

①2006年の犯罪被害回復給付金支給制度の創設は，以下のような経緯をたどった。当初，組織的犯罪処罰法13条1項は，没収・追徴の範囲を金銭債権などにも拡大したが，「犯罪被害財産」に当たる場合には，これらをすべて国庫に没収・追徴するとき，かえって犯罪被害者の損害回復を妨げるという懸念があった。「犯罪被害財産」とは，財産に対する罪や身代金目的誘拐など，一定の犯罪行為により被害を受けた者から得た財産または当該財産の保有や処分に基づいて得た財産である。そこで，犯罪被害者の損害回復に資するため，没収・追徴の例外規定を設けることで，「犯罪被害財産」については，没収・追徴の対象から除外することになった（組織犯罪13条2項・16条1項但書）。しかし，こうした例外規定だけでは，犯罪被害者が民事訴訟を提起しなかったとき，犯罪収益が犯罪者の手元に残ってしまう。そこで，国家が「犯罪被害財産」を没収・追徴した後，被害者に支給するという新たな法制度を創設したわけである（「犯罪被害財産等による被害回復給付金の支給に関する法律」〔平成18年6月21日法律第87号〕）。

もっとも，組織的犯罪処罰法による支給手続は，検察官が行うものであり，「没収・追徴された財産を原資として国家が被害者に支給するものであって，国家が被害者に代わって加害者から賠償金を取り立て，それを支払うものではない」。したがって，その支給額は，各被害者の損害の額とは必ずしも一致しないし，対象犯罪も，組織的犯罪処罰法を適用すべき財産犯等に限られている。そのため，他の犯罪については，「犯罪被害者等給付金の支給等による犯罪被害者等の支援に関する法律」（昭和55年5月1日法律第36号）による「（犯罪被害者等）給付金」が支給されることになる。しかも，この給付金支給制度では，一定の人身犯罪に適用が限られている。また，2008年には，振り込め詐欺救済法として，「犯罪利用預金口座等に係る資金による被害回復分配金の支払等に関する法律」（平成19年12月21日法律第133号）が施行され，不法収益の剥奪と被害者救済に役立っているが，この法律も対象犯罪を限定している。

3　組織的犯罪等による犯罪収益の剥奪

　そもそも、組織的犯罪処罰法は、集団的加害という現象に特化した刑事立法であり、いわゆるマネーロンダリング規制によって、犯罪収益の洗浄（隠匿など）を禁止するものである[注13]。もちろん、これらの犯罪収益を剥奪した後、犯罪被害者に返還する余地が残されているものの、集団的消費者被害に当たる経済犯罪一般を対象としたものではない。なるほど、組織的犯罪処罰法の「別表」では、かなり幅広い犯罪群を規定しているが、いずれも暴力団などの資金源になりうるかどうかで選別されており[注14]、集団的消費者被害という視点に基づくわけでない。その意味では、組織的犯罪という犯人側の属性に着目した特別規定にすぎない。

　次に、犯罪被害回復給付金支給制度は、上述した組織的犯罪による損害の回復を目指すものであるため、その適用対象となる犯罪は、故意による人の死傷、強姦・強制わいせつ、逮捕監禁、略取誘拐、人身売買などのように、生命・身体の安全や性的自由、身体活動の自由などを侵害する重大犯罪に限定される。反対に、過失犯や財産犯は含まれていない。その理由としては、前者の犯罪群では、類型的にみて犯罪被害者が身体的かつ精神的にも疲弊しており、通常の民事訴訟を提起するのが相当に困難であること、また、刑事裁判における認定事実から、民事裁判でも簡易迅速な判断が可能になることが挙げられる。これに対して、後者の過失犯などでは、過失相殺や後遺障害の程度などの認定に左右されたり、財産犯においても、犯罪捜査の困難さも

[注13]　なお、詳しくは、佐久間修「組織犯罪対策（マネーロンダリング）の狙い」刑事法ジャーナル11号（2008）2頁以下など参照。また、組織犯罪対策立法の沿革については、佐久間修「組織犯罪・テロ犯罪と刑事立法」犯罪と非行160号（2009）163頁以下を参照されたい。

[注14]　実務上、没収・追徴が禁止される犯罪収益等といえるかについては、検察官により起訴されたか否かを問わず、犯罪被害者の返還請求権等が存続するかが重視される（大阪地判平成16・11・22判時1902号160頁）。ただし、被害者が私法上の権利を行使する蓋然性がなければ、没収・追徴すべきであるとされた（大阪高判平成17・5・18判時1902号157頁など）。その詳細については、椎橋隆幸「犯罪収益のはく奪による被害回復制度の意義」刑事法ジャーナル6号（2007）24頁以下など参照。

手伝って，複数の事件間で起訴するか否かの判断が分かれるなど，犯罪被害者の間で不均衡が生じるおそれが指摘されていた。

4　刑事手続法の改正と刑事上の和解

　犯罪被害者等基本法12条によれば，上述した②損害賠償命令制度の趣旨は，「犯罪被害者等の行う損害賠償の請求」を援助するとともに，損害賠償請求と刑事手続との有機的な連携を図るものとされる。これを受けて，平成19年には，「犯罪被害者等の権利利益の保護を図るための刑事手続に付随する措置に関する法律」（以下，「犯罪被害者等保護法」という）が制定され（平成20年4月23日法律第19号），その中に特別な裁判手続として導入された[注15]。しかし，損害賠償命令制度は，民事上の損害回復を目指したものであっても，「損害賠償請求に関して刑事手続の成果を利用する制度」でしかなく，犯罪被害者等保護法17条が列挙した特定の人身犯罪に限定しつつ，被害者やその遺族による被害回復が困難であることに鑑みて，簡易かつ迅速な手続を定めたものにすぎない（犯罪被害保護1条）。

　従来，刑事手続と民事手続は完全に分離されており，犯罪被害者が受けた損害を回復するためには，刑事裁判とは別に，あらためて民事訴訟を提起するほかはなかった。なるほど，かつても，刑事裁判の中で当事者間の示談が成立したとき，その後の刑事手続を通じて事実上の損害回復が図られる場合があった（刑事上の和解）。しかし，当事者間の示談書には債務名義としての

（注15）　なお，わが国の損害賠償命令制度は，刑事裁判の成果を利用した民事裁判による被害者救済であって，ドイツやフランスの附帯私訴の制度と異なり，名称は同じであっても，英米法の損害賠償命令とも違う。例えば，フランスの制度では，たとえ検察官が公訴を提起しない場合にも，被害者自身が犯罪を原因とする損害賠償請求権（私訴権）により公訴権を発動できる。また，英米法の損害賠償命令では，有罪判決の言渡時に，被告人側の資力を考慮しつつ，その範囲内で罰金刑より優先して言い渡すものであり，刑事裁判の後に民事賠償手続に移行する日本の制度とは異質のものである。詳細については，奥村正雄「犯罪被害者等の損害回復と損害賠償命令制度」ジュリ1338号（2007）63頁以下，同「犯罪被害者と損害賠償命令制度——刑事手続からのアプローチ」刑事法ジャーナル9号（2007）22頁以下，椎橋隆幸「『犯罪被害者等の権利利益保護法』成立の意義」刑事法ジャーナル9号（2007）2頁以下など参照。

6 集団的消費者被害に対する刑事法の意義と限界

効力がなく，加害者側が約束を守らないケースも少なくない。そこで，現行法では，当事者間で民事責任に関する合意が成立したとき，その合意内容を公判調書に記載することで，裁判上の和解と同一の効力を認めている（犯罪被害保護13条）[注16]。しかし，これは，あくまで個別的な事件処理が前提となっており，しかも，犯罪被害者が和解を望まない場合には機能しない。そもそも，刑事手続の中で民事上の和解に執行力を付与する点では，依然として刑事裁判と民事裁判の違いを前提としているのである。

V 刑事制裁の機能とその限界

1 被害者救済と刑罰理論

かようにして，上述した諸制度はいずれも，犯罪被害者の救済手段として限定的なものにとどまる。刑法（刑事法）の使命が，法秩序や取引ルールの維持に求められる以上，そこでいう損失は，単なる被害者個人の財産的損害でないし，犯罪から派生した損害の補てんは，国家の絶対的義務に含まれないからである。すなわち，刑法では，社会的損失と同視できる法益侵害の予防と禁圧が使命となるため，伝統的な刑法学において，被害者個人の事後的な救済は，第2次的なものにならざるをえない。

なるほど，刑法の歴史を遡るならば，刑罰は「血讐」を起源とするものであり，近代国家の生成時に刑罰権を為政者に移譲したと説明される。また，犯罪が国民の基本的人権を侵害する最たるものであって，国家にはそのような犯罪を防止する法的義務がある以上，これを履行しなかった場合には，何らかの損害賠償責任が生じることもある。しかし，およそ制裁の権限が全面的に委譲されたわけでなく，被害者個人の財産的損害の回復など，国家に委

(注16) ちなみに，刑事和解の規定は，2000年の「犯罪被害者等の保護を図るための刑事手続に付随する措置に関する法律」によって導入された。同年の犯罪被害者保護関連二法については，現代刑事法19号（2000）の特集を参照されたい。なお，同法律は，平成19年から，本文中で紹介した犯罪被害者等保護法に改称されている。

譲されなかった部分もある以上、その限度で、犯罪被害者の救済は、国家刑罰権の行使とは別の領域で行うことになる[注17]。本稿で紹介した法制度は、このような文脈の中で理解するべきであって、かような分析を踏まえつつ、最後に若干の展望を示しておこう。

2　集団的消費者被害を巡る理論的視座

すでに述べたように、裁判手続の特例に当たる刑事上の和解や損害賠償命令などは、特定の犯罪（ほとんどが経済犯罪でない）に限って、被害者の民事手続上の負担を軽減した制度にとどまる。また、当初は、犯人のダイバージョンに重点が置かれたこともあり、被害弁償の有無によって量刑や訴追が左右されるとき、こうした制度を機械的に拡張することは、かえって被害者側に無用なプレッシャーを与える懸念もある。その意味では、必ずしも被害者保護に結びつかないであろう[注18]。また、犯罪と刑罰は、単なる私事に転換できないのであって、刑法上も、「人の犯罪行為に関する事実」は、一律に「公共の利害に関する事実」とみなされている（刑230条の2第2項）[注19]。したがって、刑罰という効果を付与する制裁である以上、自ずから応報と予防が中心となり、事後的な被害者の救済は第2次的ないし補充的なものにならざるをえない[注20]。これは公正な市場（秩序）あるいは行動ルールを保護法益とする場合にも、同様である。

(注17)　例えば、「犯罪被害者等給付金の支給等による犯罪被害者等の支援に関する法律（旧・犯罪被害者等給付金支給法）」は、国家による見舞金という性質を前提としており、被害者の損害回復を目指したものでない。
(注18)　奥村正雄「犯罪被害者に対する経済的支援策」現代刑事法10号（2000）53頁。
(注19)　刑法230条の2第2項は、「公訴が提起されるに至っていない人の犯罪行為に関する事実」となっているが、公訴提起後であれば、当然に、公共の利害に関する事実に当たるであろう。
(注20)　なお、最高裁判例によれば、「我が国においては、加害者に対して制裁を科し、将来の同様の行為を抑止することは、刑事上又は行政上の制裁にゆだねられて」おり、懲罰的損害賠償制度のように、「不法行為の当事者間において、被害者が加害者から、実際に生じた損害の賠償に加えて、制裁及び一般予防を目的とする賠償金の支払を受け得るとすること」は、わが国の「損害賠償制度の基本原則ないし基本理念と相いれないもの」とされる（最判平成9・7・11民集51巻6号2573頁）。

6 集団的消費者被害に対する刑事法の意義と限界

　もっとも，没収・追徴のような付加刑については，被害者の救済に役立てることも可能であろう。刑罰権の「外付け」として併用される限り，上述した犯罪抑止に役立つ制度でなくても，広く損害回復の手段として許容されるからである。しかも，犯罪に伴う社会的負担の衡平を図るという見地から，国家が利益剥奪を含めた法制度を整備することは，むしろ推奨されるべきであり，今後も，国家刑罰権を補完する形で拡大するのではなかろうか。その意味で，将来の集団的消費者被害を想定した処罰規定とは別に，民事上の救済手段と連携する道を閉ざすべきではない[注21]。また，不法収益に当たる犯罪被害財産が，犯人側の行為で散逸しないようにする意味でも，いったん国家が没収したうえで，被害者側の請求を待って裁判所が還付する制度が望ましいといえよう[注22][注23]。

(注21)　これに関連して，今回成立した消費者裁判手続特例法の中にも，適法な法執行のために，特定適格消費者団体の役職員らに対して，各種の罰則を設けている（同法93条以下参照）。
(注22)　同旨，奥村・前掲（注18）53-54頁。
(注23)　これによって，一部の被害者だけの損害回復に資する場面も考えられるが，例えば，医療過誤訴訟の原告が警察の強制捜査を利用して特定の証拠を収集するなど，事実上の不平等が生じることは避けられないのである。

7 消費者被害の救済と刑事法の役割

名古屋大学准教授　宮木康博

I　問題の所在

1　消費者被害の現状

　現代社会の消費者は，商品サービスの性質や取引条件の複雑化などによって，正確な知識を十分に得ることが難しくなっているほか，勧誘に巧妙な心理テクニックが用いられることもあって，自由かつ合理的な判断に基づく利益の獲得が以前にも増して困難になっている。こうした事態は，特殊なケースに限られず，日々の経済活動の中で一般化・常態化しており，遭遇する消費者被害も広範多岐にわたる。

　また，発生した消費者被害の被害者は，少額同種の被害が多発する一方で（集団的消費者被害），紛争解決に要する費用や労力に見合わず，情報収集の限界も手伝って損害賠償請求等を断念しがちになるほか，悪質なケースでは，資産の隠匿・散逸により，事実上，被害の回復が困難になっている。

　こうした事態に適切に対処するため，消費者庁及び消費者委員会設置法では，「政府は……加害者の財産の隠匿又は散逸の防止に関する制度を含め多数の消費者に被害を生じさせた者の不当な収益をはく奪し，被害者を救済するための制度について検討を加え，必要な措置を講ずる」とされ（附則6項），2009年9月には消費者庁が新設された。現在，各法分野で検討が進められており，刑事法もその役割の一端を担うことが期待されている（平成25年12月4日に成立した「消費者の財産的被害の集団的な回復のための民事の裁判手続の特例に関する法律」〔平成25年法律第96号〕は民事法分野において実現した対応措置の1つである）。

2 消費者保護と刑事法(注1)

　一般に消費者被害に対する刑事法の対応（消費者保護）は，規制の面からの「消費者保護（狭義）(注2)」と損害回復の面からの「消費者救済」の2つに整理することができる。前者はさらに，「刑法犯による保護」と「業法の刑罰規定による保護」から成る。刑法犯による保護とは，消費者被害を生じさせる一定の行為を犯罪化することで抑止を図るものである。代表的なのものは詐欺罪（刑246条）であり，これが組織的に行われた場合には，組織的詐欺罪として，「組織的な犯罪の処罰及び犯罪収益の規制等に関する法律」（以下，「組織的犯罪処罰法」という）の加重処罰規定の適用がある（3条1項13号）(注3)。また，財産の損害以外でも，例えば，危険な製品の販売により消費者の生命・身体に危険を生じさせた場合には，業務上過失致死傷罪の成立が問題となる（刑211条1項）。一方，業法の刑罰規定による保護とは，特定商取引法や薬事法などのように，特定業種の営業に関する規制条項を含む法律において，消費者契約の適正化や消費者の安全確保などを図る行政規制の実効性を刑罰によって担保するものである。

　消費者保護の観点からは，民事罰や行政罰に加え，悪質なケースでは刑事罰が要請されるが，刑法の原理・原則との関係で，①刑法の最終手段性（謙抑性）により，刑事規制を合理的かつ妥当な範囲にとどめるため，民事・行政レベルの対応との役割分担の整理が必要になるほか，②集団的消費者利益を念頭に置く場合には，そもそも，個人責任の原則や罪刑法定主義から，法益として設定すること自体に困難が伴うように思われる(注4)。

　仮にこうした点が克服され，加害者に刑罰を科すことができたとしても，これによって実現されうるのは，①将来の犯罪や行政規制違反の抑止と②将

(注1)　佐伯仁志「消費者保護における刑法の役割」北大法学論集57巻5号（2007）193頁，同「消費者と刑法」法セミ681号（2011）18頁以下参照。
(注2)　刑事法による消費者保護についての詳細は，山口厚編著『経済刑法』（商事法務，2012）297頁以下参照［古川伸彦］。
(注3)　通常の詐欺罪の法定刑が10年以下の懲役であるのに対し（刑246条），組織的詐欺罪は，1年以上の懲役とする（組織犯罪3条1項13号）。

来の消費者保護であって，現に被害にあった消費者の（財産的）損害が回復されるわけではない。それゆえ，消費者被害の刑事規制（消費者保護）に加え，「消費者救済（損害の回復）」の観点からの検討も必要になるのである[注5]。

3　消費者救済と刑事法

　従来より，刑事法は，過去の犯罪行為について行為者を処罰するためのものであって，個々の犯罪被害者を救済するためのものではないとされ，被害者の損害回復（被害者救済）は，もっぱら民事法の領域で図られるべきものと考えられてきた[注6]。こうした民刑二分論は，近代法の基本思想であり，現在でもわが国の法制度の基礎をなすものである[注7]。しかし，犯罪被害者への社会的関心が高まるに連れて，①事件の当事者である犯罪被害者の地位を考慮しない刑事司法は正当なのか，②それで国民の刑事司法への信頼は維持できるのかとの疑問が共有されるようになり，刑事手続における被害者の法的地位の見直しが図られることになった[注8]。これを受けて，上記基本的枠

(注4)　街頭募金詐欺事案の千葉勝美裁判官による補足意見では，「詐欺罪の保護法益は，個人の財産権であって，それは被害者ごとに存在するものであ〔る〕」，「集団的・包括的な財産権のような法益概念を想定し，その法益侵害があったというとらえ方は，そのような特殊な被害法益を新たに創設するものであり……立法論としてはあり得なくはないが……そのような法益概念は，その内容・外延が不明確であり，立法論としても慎重な検討が求められるところである」と述べられている（最決平成22・3・17刑集64巻2号111頁）。刑法の原理・原則との関係についての詳細は，☞**第3部 ❻**。

(注5)　犯罪被害者への被害回復支援を総合的に検討したものとして，佐伯仁志『制裁論』（有斐閣，2009）203頁以下。

(注6)　比較的早い段階から，刑事手続の目的を発見・摘発・処罰のみに置く見方に疑問を呈し，被害状況の除去や原状回復等も目的とするとの指摘もみられた（渥美東洋『刑事訴訟を考える』〔日本評論社，1988〕170頁以下）。

(注7)　伊藤眞「要綱骨子における民事的事項について」ジュリ1176号（2000）48頁。最判平成2・2・20判時1380号94頁は，「犯罪の捜査及び検察官による公訴権の行使は，国家及び社会の秩序維持という公益を図るために行われるものであって，犯罪の被害者の被侵害利益ないし損害の回復を目的とするものではなく……被害者又は告訴人が捜査又は公訴提起によって受ける利益は，公益上の見地に立って行われる捜査又は公訴の提起によって反射的にもたらされる事実上の利益にすぎず，法律上保護された利益ではないというべきである」とする。犯罪被害者保護2法や犯罪被害者等基本法の制定後の大阪地判平成15・10・16訟月51巻6号1395頁も前記判例を引用し同様の立場を確認している。

(注8)　川出敏裕＝金光旭『刑事政策』（成文堂，2012）291頁。

組みを維持しつつも、刑事法領域における損害回復が模索されるようになり、すでに立法によって実施に移された施策もある。

4　本稿の視座

そこで、本稿では、集団的消費者利益を実現する足がかりとして、消費者被害の場面で刑事法が果たすべき役割を検討する。具体的には、刑事手続的観点から、現行の損害回復制度を概観したうえで、今後の検討課題や議論の方向性について若干の考察を加えることにしたい。

II　公判記録の閲覧・謄写と刑事和解(注9)

1　導入の経緯

(1)　犯罪被害者支援の高まり

わが国の犯罪被害者支援の動きは、1990年代に入って本格化した(注10)。学界レベルでは、1990年11月に「日本被害者学会」が創設されたほか、翌年10月に開催された「犯罪被害給付制度発足10周年記念シンポジウム」を契機として、犯罪被害者等のニーズを把握するために「犯罪被害者実態調査研究会」が設立された。記念シンポジウムは精神医学の領域にも反響があり、1992年3月の「犯罪被害者相談室」の開設につながった。

一方、社会的には、1995年に地下鉄サリン事件が、1997年に神戸連続児童殺傷事件が発生し、被害者等の置かれた状況に注目が集まるなど、関心が高まりをみせていった。この頃になると、実務の対応も始まり、1996年2月に警察庁が「被害者対策要綱」を策定したのを皮切りに、翌年4月に日本弁護

(注9)　導入に至る経緯・制度内容の詳細は、大谷直人ほか「座談会・犯罪被害者の保護——法制審議会答申をめぐって」ジュリ1176号（2000）2頁以下、松尾浩也編著『逐条解説犯罪被害者保護二法』（有斐閣、2001）1頁以下など参照。

(注10)　犯罪被害者支援の一連の展開については、宮木康博「犯罪被害者支援の史的変遷と今後の方向性」笠原俊宏編『日本法の論点(2)』（文眞堂、2012）66頁以下など参照。

士連合会が「犯罪被害回復制度等検討協議会」を置き，1999年4月から検察庁が全国統一の制度として「被害者等通知制度」を導入した。

(2) 犯罪被害者保護2法の成立

こうした状況を踏まえ，国レベルでも1999年3月に法務大臣から「刑事手続における犯罪被害者等の保護等に関する法整備に向けての検討」を早急に行うよう指示があり，法務省での検討が開始された。ここでの調査・検討を経て，同年10月に法務大臣から法制審議会（以下，「法制審」という）に対し，「刑事手続において，犯罪被害者への適切な配慮を確保し，その一層の保護を図るための法整備に関する諮問（第44号）」がなされ，翌年2月に，「刑事手続における犯罪被害者保護のための法整備に関する要綱骨子」が答申された。

国会での審議を経て，2000年5月に成立した「刑事訴訟法及び検察審査会法の一部を改正する法律」と「犯罪被害者等の保護を図るための刑事手続に付随する措置に関する法律[注11]」（以下，「措置法」という。いわゆる「犯罪被害者保護2法」）では各種取組みが導入されたが，それらのうち，犯罪によって生じた損害の回復に関連するものは，①公判記録の閲覧・謄写要件の緩和と②刑事和解制度の導入である。

2 制度の概要

(1) 公判記録の閲覧・謄写

損害回復を図るために犯罪被害者等が加害者に対して損害賠償請求などの民事訴訟を提起し，加害行為等を主張・立証する際，刑事公判記録は重要な意味をもつ。従来より，犯罪被害者が事件に関する情報を得る方法としては訴訟記録の閲覧が認められていたが，対象はもっぱら確定訴訟記録に限定されており，謄写も許されていなかった（刑訴53条）。本改正により，いまだ事件が確定していない段階にあっても，刑事被告事件の終結までに被害者等から申出があった場合には，裁判所は当該被告事件の訴訟記録につき，①損害

（注11）　平成19年法律第95号により，「犯罪被害者等の権利利益の保護を図るための刑事手続に付随する措置に関する法律」（以下，「犯罪被害者等保護法」という）に改称された。提示した条文はとくに断りのない限り改称後の犯罪被害者等保護法による。

賠償請求権行使のために必要があると認める場合，その他正当な理由がある場合で，②犯罪の性質，審理の状況その他の事情を考慮して相当と認める場合には閲覧・謄写を認めることができるようになった（措置法3条1項）。

なお，その後の改正で，閲覧・謄写要件が一層緩和されるとともに（犯罪被害保護3条1項），同種余罪の被害者等に対象が拡げられた（同法4条）。

(2) 刑事和解制度

従来より，わが国の刑事司法では，被疑者・被告人（加害者）と被害者との間に被害弁償等に関わる合意（示談）が成立している場合，検察官による起訴・不起訴の判断に影響を及ぼすほか（刑訴248条），量刑上も執行猶予の付与や刑の軽重に影響を与える要素とする運用がなされており，事実上，被害者等の損害回復が図られる面があった。しかし，ここでいう示談は，法的には裁判外の和解でしかなく，作成された示談書はそれだけでは債務名義とならず，執行力をもたなかった。それゆえ，加害者が履行しなければ，結局，被害者等は民事訴訟を提起せざるを得ないのが現状であった。

そこで，刑事上の和解を法制化し（刑事和解制度），被害者等と被告人との間の民事上の争いが合意に至った場合には，刑事裁判所に対して公判調書への記載を求める申立てができるようになり（措置法4条1項），その記載は，裁判上の和解と同一の効力を有するものとされた（同条4項）[注12]。

3 （集団的）消費者被害との関係

一連の閲覧・謄写の拡充により，情報収集に限界のあった（集団的）消費者被害の被害者等にとって，損害賠償などの実現に寄与しうる手段が刑事司法制度の中に1つ加わることになった。他方で，不起訴事件の記録については訴訟書類非公開の原則がとられており，民事訴訟に利用するという理由だけでは原則として閲覧できないものと解されている（刑訴47条本文）。もっとも，実務上は，必要性が認められ，かつ，弊害が少ないと判断されるものについては，検察官が個別に被害者等に閲覧・謄写を認める運用がなされてい

(注12) 犯罪被害者等保護法13条1項・4項。

第3部　諸法からみた学際的検討

るようである^(注13)。

　また，刑事和解制度の導入は，別途民事訴訟を提起しなくても損害の回復を図る道を拓くことになったため，（集団的）消費者被害の被害者の費用・労力の軽減に資することになった。もっとも，現行制度は，被害者救済の観点から政策的に私人間の合意に執行力を付与したものにすぎないため，刑事裁判所が和解を勧めることはない。あくまでも裁判外で両者の合意が成立していることが前提になるため，両者の一方でも示談を望まなければ利用できない点に限界がある。

Ⅲ　被害回復給付金支給制度^(注14)

1　導入の経緯

(1)　諮問第44号と組織的犯罪処罰法の没収・追徴

　犯罪被害者保護2法の制定に結実した先の諮問第44号では，成立した①「被害者等による公判記録の閲覧及び謄写」や②「民事上の和解を記載した公判調書に対する執行力の付与」のほかに，③「被害回復に資するための没収および追徴に関する制度の利用」が挙げられており，法制審はこの点についても検討を加えている。

　具体的には，これに先立って成立していた1999年8月の「組織的犯罪処罰法」が検討素材になった。同法は，組織的犯罪を加重処罰するとともに，犯罪収益を規制する規定を置いている^(注15)。とりわけ，後者については，犯罪

（注13）　松尾浩也監修『条解刑事訴訟法〔第4版〕』（弘文堂，2009）107頁。
（注14）　導入に至る経緯・制度内容の詳細は，飯島泰ほか「『組織的な犯罪の処罰及び犯罪収益の規制等に関する法律の一部を改正する法律（平成18年法律第86号）』及び『犯罪被害財産等による被害回復給付金の支給に関する法律（平成18年法律第87号）』の解説(1)」曹時59巻8号（2007）53頁以下など参照。
（注15）　組織的犯罪処罰法の没収・追徴については，白取祐司「没収・追徴手続」刑事弁護25号（2001）29頁以下など参照。とくに被害者保護との関係では，山口・前掲（注2）379頁以下［樋口亮介］など参照。

収益を犯人の手元に残さず確実にはく奪するために金銭債権を対象に含めるなど，没収・追徴の範囲を拡大する一方（組織犯罪13条1項柱書），犯罪収益が犯罪被害財産の場合には，没収・追徴することができないとしていた（同条2項・16条1項但書）。こうした措置をとった理由は，被害者は犯罪収益に正当な権利等を有し，民事上の請求により原状回復を求めうるのであるから，それを優先すべきと考えられたことによる[注16]。

(2) 組織的犯罪処罰法改正の見送り

しかし，この措置については，立案当初より，国が没収せず，被害者も返還を求めなければ，結局のところ犯罪収益が犯人の手元に残るだけであるとの疑問が呈されていた[注17]。そこで，「要綱骨子事務局参考試案3」では，①組織的犯罪処罰法13条2項および16条1項但書を改正し，犯罪収益等が犯罪被害財産に当たる場合であっても没収・追徴を可能とするほか，新たに，②犯罪被害財産について没収し，その申立てにより被害者に帰属させること，③追徴保全を行った場合には，その命令に基づく仮差押えの効力を被害者に承継させることが提案された。しかし，法制審では，慎重論が大勢を占めたために導入は見送られ，要綱骨子から外された[注18]。

(3) 議論の再燃

その後，暴力団関係者らによる組織的なヤミ金融事件（五菱会ヤミ金融事件）などを契機として，①犯罪行為が組織的になされたケースでは，被害者が損害賠償等の民事上の権利行使を躊躇するほか，②マネー・ロンダリング

(注16) 三浦守ほか『組織的犯罪対策関連三法の解説』（法曹会，2001）144頁。
(注17) 佐伯仁志「組織犯罪への実体法的対応」岩村正彦ほか編『岩波講座現代の法(6)現代社会と刑事法』（岩波書店，1998）252頁。
(注18) 法制審の審議過程では，①モデルの組織的犯罪処罰法が施行されておらず，没収・追徴の実務での運用を踏まえなければ制度の実効性や問題点について議論ができず時期尚早であること，②財産犯等を対象としており，殺人等の身体犯被害者は救済されない不均衡を生じさせるおそれがあること，③起訴裁量主義の下ではすべての犯罪が起訴されるわけではないため，起訴事件の被害者と不起訴事件の被害者との間で不公平感が増すおそれがあること，④債権回収目的の告訴が増加し，捜査実務に悪影響を与える結果，逆に被害者の期待を裏切ることになりかねないなどの指摘があった（大谷ほか・前掲（注9）36頁［松尾浩也発言］）。

によって犯罪被害財産の追求が困難になったケースでは，民事上の権利を適切な者に行使することが困難な状況に置かれることになるため，犯罪被害財産の没収・追徴の禁止を維持したままでは，犯人に不法な利益を保持させるだけになりかねないという現実が顕在化した。

　また，2005年4月には，「犯罪被害者等基本法」が施行され[注19]，政府は「犯罪被害者等の施策に関する基本計画」（以下，「犯罪被害者等基本計画」という）の策定に向けた議論を開始した。ここでは犯罪被害者等にとって現行の損害賠償制度は不十分であるとの現状認識が共有され，「附帯私訴，損害賠償命令，没収・追徴を利用した損害回復等，損害賠償の請求に関して刑事手続の成果を利用することにより，犯罪被害者等の労力を軽減し，簡易迅速な手続とすることのできる制度について，我が国にふさわしいものを新たに導入する方向で必要な検討を行い，……その結論に従った施策を実施する」ことが決定された[注20]。

(4)　組織的犯罪処罰法の改正と犯罪被害回復給付金支給法の成立

　2005年7月に法務大臣から法制審に対し，「犯人から財産犯等の犯罪収益をはく奪し，これを被害回復に充てるための法整備に関する諮問（第73号）」がなされた。法制審は骨子案を策定して法務大臣に答申し，2006年6月，これに基づいて立案された①「組織的な犯罪の処罰及び犯罪収益の規制等に関する法律の一部を改正する法律」（以下，「組織的犯罪処罰法一部改正法」という）および②「犯罪被害財産等による被害回復給付金の支給に関する法律」（以下，「犯罪被害回復給付金支給法」という）が成立した。

(注19)　犯罪被害者等基本法は，犯罪被害者等の保護や疎遠の総合的・計画的な推進は，国，地方公共団体，国民の責務であるとし（4-6条），国と地方公共団体に対して，犯罪等による被害に係る損害賠償の請求の適切かつ円滑な実現を図るため，犯罪被害者等の行う損害賠償の請求についての援助，当該損害賠償の請求についてその被害に係る刑事に関する手続との有機的な連携を図るための制度の拡充等必要な施策を講ずることを要請している（12条）。
(注20)　犯罪被害者等基本計画Ⅴ第1の1(1)。

2 組織的犯罪処罰法の改正内容

(1) 犯罪被害財産の没収・追徴禁止の一部解除

当初の組織的犯罪処罰法に対する批判やその後の状況を踏まえ，改正法では，被害者が損害賠償請求権等を行使することが困難であると認められる場合を類型化し，該当する場合に犯罪被害財産の没収・追徴を可能にする制度を新設した（組織犯罪13条3項・16条2項）[注21]。

(2) 犯罪被害財産の没収・追徴

改正論議では，先の没収・追徴によって得られた金銭は，もともと財産犯等の被害者が失った財産が移転・転換したものであるから，被害者の損害回復に充てることが適切であると判断された。

そこで，犯罪被害財産を没収・追徴する場合，裁判所はその言渡しと同時に没収すべき財産が犯罪被害財産である旨または追徴すべき価格が犯罪被害財産の価格であることを示すこととされ（組織犯罪18条の2第1項），得られた財産および金銭については，犯罪被害回復給付金支給法に定める被害回復給付金の支給に充てられることになった（同条2項）。

3 犯罪被害回復給付金支給法の内容

(1) 被害回復給付金支給制度の創設

犯罪被害回復給付金支給法は，改正後の組織的犯罪処罰法13条2項各号に掲げる罪の犯罪行為（以下，「対象犯罪行為」という）により財産的被害を受けた者に対し，没収された犯罪被害財産等により給付金を支給する制度（被害回復給付金支給制度）を創設し，被害回復を図ることを目的に制定された（1条）。

(注21) もっとも，ここでの没収・追徴は任意的なものであるため，被害者が積極的に民事上の権利を行使しているなど，およそ犯人に不正な収益が残るおそれが認められず，逆に没収・追徴することが被害回復の妨げになりかねない場合には，没収・追徴の裁判を差し控えることも考えられるとされる（谷滋行「『組織的な犯罪の処罰及び犯罪収益の規制等に関する法律の一部を改正する法律』及び『犯罪被害財産等による被害回復給付金の支給に関する法律』の概要」警察学論集59巻9号〔2006〕156頁以下など）。

(2) 支給手続の開始

被害回復給付金の支給手続の主宰者は検察官であり（犯罪被害回復6条等参照）[注22]、支給対象者は、対象犯罪行為により被害に遭った者（対象被害者）とその一般承継人である（同法3条）。支給に関する調査のため、検察官には申請人等に対して文書の提出や出頭などを命じる権限が付与されている（同法28条1項）。

犯罪被害財産の没収・追徴の裁判が確定すると、検察官はまず支給対象犯罪行為の範囲を定めなければならない（犯罪被害回復5条1項）。これは、被害者間の公平性の観点から、支給対象に「一連の犯行として行われた対象犯罪行為」も含むとされたために（同法2条4号・5条2項）[注23]、支給対象範囲が没収・追徴の言い渡された裁判内容からは一義的には定まらないことによる。

次に、検察官は、犯罪被害財産の没収・追徴の裁判で示された犯罪被害財産またはその価格を給付資金として保管するに至ったときは、遅滞なく犯罪被害財産支給手続を開始しなければならない（犯罪被害回復6条1項）。支給手続の開始が決定すると、受給対象者に申請の機会を確保するため、ただちに①担当検察官が所属する検察庁、②支給対象行為の範囲、③給付資金額、④支給申請期間等を官報に公告しなければならない（同法7条1項）。支給申請期間は、公告日の翌日から起算して30日以上と定められている（同条2項）。また、通知可能な被害者等がいることを把握している場合は、個別に通知しなければならない（同条3項）。

（注22）　ただし、検察官は、手続を適正かつ迅速に遂行するため、弁護士の中から1人または数人の被害回復事務管理人を選任し、裁定のための審査に関する事務などを行わせることができる（22条1項）。

（注23）　一連の犯行として行われた対象犯罪行為を支給対象行為の範囲に含ませた理由は、検察官が起訴する際には、社会的にみれば一連の犯行と認められる事実の中から、証拠の内容等を踏まえて一定の絞り込みがなされることもある一方、刑事裁判で認定されなかった事実の被害者と認定された事実の被害者とは同等の立場にあると評価できるのであって、救済の対象とするのが合理的であると考えられたからと説明されている（谷・前掲（注21）162頁以下）。

(3) 申請方法と検察官による裁定

被害回復給付金の受給希望者は，申請期間内に受給資格者であることの基礎となる事実および支給対象犯罪行為によって失われた財産の価格を疎明する資料を添えて申請書を提出する（犯罪被害回復9条1項）。検察官は，申請人が被害回復給付金の受給資格者か否かなどを裁定し（同法10条1項・11条），犯罪被害額を定める（同条2項）。裁定結果は裁定書に記載され（同法12条1項），検察官が謄本を申請人に送付する（同条2項）。

なお，裁定に不服がある場合は，担当検察官が所属する検察庁の長に審査を申し立てることができる（犯罪被害回復40条1項3号）。

(4) 被害回復給付金の支給

被害回復給付金の支給は，原則として，すべての裁定や費用等が確定した後に行うこととされ（犯罪被害回復14条1項），給付資金が不足する場合は，犯罪被害額に応じて按分支給される（同条2項）。支給後に給付可能な資金が残余している場合は，申請期間内に申請がなかった者を対象に特別支給手続が開始され（同法18条1項本文），なお残余が生じた場合には一般会計へ繰り入れられる（同法34条1項）。

なお，受給者が有する支給対象犯罪行為に係る損害賠償請求権等は，二重に被害回復を受けることを回避するために支給を受けた限度で消滅する（犯罪被害回復29条）。

4 （集団的）消費者被害との関係

被害回復金支給制度の対象は，組織的犯罪処罰法で対象とされているものに限定されている。それゆえ，（集団的）消費者被害事案のうち，組織的詐欺罪などのように対象となるケースはあるものの，網羅的にカバーするものではない。しかし，同制度は，被害者救済の観点から[注24]，行政が主体となって犯罪収益をはく奪し，被害者の損害回復に充てるシステムを採用した先駆

(注24) 本制度は，犯罪被害者等基本法に基づき策定された「犯罪被害者等基本計画」において導入の検討が求められている「損害賠償請求に関し刑事手続の成果を利用する制度」の1つに位置付けられるものである。

的な取組みであり，その基本的枠組みは汎用性も高いことから，他の法分野における仕組み作りや消費者被害対策論議の射程範囲に影響を与えるものといえる。

Ⅳ 損害賠償命令[注25]

1 導入の経緯

(1) 「犯罪被害者のための施策を研究する会」による調査・研究

犯罪被害者の実情にかんがみ，全国犯罪被害者の会（あすの会）等からは，簡易・迅速な損害回復制度の導入が要望されていた[注26]。こうした状況を受けて，2003年9月から翌年12月にかけて法務総合研究所で開催された「犯罪被害者のための施策を研究する会」では，①附帯私訴，②損害賠償命令，③刑事調停制度の導入が検討された[注27]。

(2) 犯罪被害者等基本法の成立と犯罪被害者等基本計画の策定

犯罪被害者等基本法や犯罪被害者等基本計画などを踏まえ，2006年9月に法務大臣から法制審に対し，刑事裁判の成果を利用して被害回復を支援する制度を1つの柱とする「刑事手続において犯罪被害者等の権利利益の一層の保護を図るための法整備等に関する諮問（第80号）」がなされた。

法制審刑事法部会では，検討に際して諸外国の制度が参照されたが，アメリカで採用されている刑罰としての損害賠償命令の導入についての具体的提言はなく[注28]，あすの会が編纂したドイツ型の附帯私訴を基礎にした「附帯

(注25) 導入に至る経緯・制度内容の詳細は，白木功ほか「『犯罪被害者等の権利利益の保護を図るための刑事訴訟法等の一部を改正する法律（平成19年法律第95号）』の解説(1)」曹時60巻9号（2008）34頁以下，奥村正雄「犯罪被害者等の損害回復と損害賠償命令制度」ジュリ1338号（2007）63頁，酒巻匡編『Q&A平成19年犯罪被害者のための刑事手続関連法改正』（有斐閣，2008）26頁［川出敏裕］など参照。
(注26) 岡村勲監修『犯罪被害者のための新しい刑事司法——被害者参加制度と損害賠償命令制度』（明石書店，2007）111頁以下。
(注27) 「犯罪被害者のための施策に関する調査・研究（中間とりまとめ）」〈http://www.moj.go.jp/content/000005108.pdf〉。

私訴制度案要綱」を基軸に議論が進められた^(注29)。最終的に，部会では被害者等の申出に基づいて有罪判決の後に同一裁判所の民事裁判によって被告人に損害賠償を命じる損害賠償命令制度の導入が採用され^(注30)，2007年2月に損害賠償命令制度の創設を内容とする整備要綱の骨子が法務大臣に答申されたことを経て，同年6月に「犯罪被害者等の権利利益の保護を図るための刑事訴訟法等の一部を改正する法律」が成立した^(注31)。

2　制度の概要

(1)　対象犯罪と被害者等の申立て

対象犯罪は，①故意の犯罪行為により人を死傷させた罪またはその未遂罪（犯罪被害保護17条1項1号），②強制わいせつ，強姦，準強制わいせつ，準強姦，逮捕・監禁罪，略取・誘拐罪，人身売買等の罪またはその未遂罪（同項

(注28)　法制審では，①刑事裁判で取り調べた証拠の範囲で認められる損害額についてのみ賠償命令が発せられることになり，残額は別途民事裁判で請求せざるを得ないため有効な救済にならない，②刑罰と位置付けた場合の法的性質（主刑か付加刑）や付加刑とした場合に主刑となる自由刑の重さにいかなる影響を与えるかなど検討すべき課題が多い，③厳密に損害額の認定を行うことになれば，民事上の争点が刑事裁判に直接持ち込まれ，迅速な刑事裁判の実現を阻害するなどの指摘がなされた（瀬川晃ほか「座談会・犯罪被害者の権利利益保護法案をめぐって」ジュリ1338号〔2007〕8頁〔大谷晃大発言〕）。

(注29)　岡村・前掲（注26）116頁以下。

(注30)　本制度の名称が「附帯私訴」ではなく「損害賠償命令」とされたのは，通常想定されるドイツやフランス型の附帯私訴は，刑事と民事の手続が併行して進行するが，わが国で導入が採用された制度は，刑事裁判で有罪判決が言い渡された後に損害賠償命令に関する審理を開始する制度であるため，附帯私訴という名称を用いることは不適切であると判断されたためと説明されている（瀬川ほか・前掲（注28）8頁以下）。もっとも，アメリカの「損害賠償命令」は刑罰としての性格を有するものであるのに対し，本制度は，あくまでも民事上の損害賠償であることを維持した制度となっている点で違いがある。それゆえ，本制度は，わが国の法制度に適合するよう刑事手続の成果を利用して従来からの損害賠償を決定により裁判するオリジナルのものといえる。

(注31)　本法律によって，「犯罪被害者等の保護を図るための刑事手続に付随する措置に関する法律」は「犯罪被害者等の権利利益の保護を図るための刑事手続に付随する措置に関する法律」に改称され，損害賠償命令については，「刑事訴訟手続に伴う犯罪被害者等の損害賠償に係る裁判手続の特例」として，第5章に加えられた（現行法では第6章）。以下本文で示す条文は，現行法のものを指す。

2号）である。

　このように対象犯罪が限定されたのは，新制度の設立経緯および導入後の運用に鑑み，身体的・精神的に疲弊し，類型的に（通常の）民事訴訟を提起することが困難であると思われる犯罪で，かつ，簡易迅速な手続での審理が可能となる犯罪を対象にすることが相当であると考えられたことによる[注32]。とりわけ，財産犯が除外されたことについては，必要性の面から，被告人に資力があれば被害弁済されることが多いこと，ヤミ金融や振り込め詐欺等の組織的犯罪についてはすでに被害回復給付金制度があること，盗品等については被害者還付がなされることなどが指摘され，過失犯については，必要性の面から，保険会社が当事者になることが多いことが，簡易迅速性の面からは，例えば業務上過失致死傷罪の事案では過失相殺の割合や後遺障害の程度が争点になることが指摘され，制度に適合しないと考えられたことによる[注33]。

　なお，申立ては，当該被告事件が係属する地方裁判所に弁論の終結までに申立書を提出して行う（犯罪被害保護17条1項・2項）。

(2) 審理・裁判と異議申立て

　損害賠償命令の申立てがなされると，刑事事件についての有罪判決の言渡し後に同一の裁判所によって審理が開始される（犯罪被害保護24条1項）。刑事事件の終局裁判の告知があるまで損害賠償命令の審理・裁判は行われない（同法20条1項）。また，簡易迅速性の観点から，審理は口頭弁論を経ることを要せず（任意的口頭弁論），当事者の審尋によることが許され（同法23条），特別な事情のある場合を除き，当事者を呼び出したうえ，4回以内の審理期日で終結しなければならない（同法24条2項・3項）。裁判は決定で行い（同法26条1項），この裁判には仮執行の宣言を付すことができる（同条2項）。

　なお，損害賠償命令に対し，当事者は異議を申し立てることができる（犯

[注32]　白木功ほか「『犯罪被害者等の権利利益の保護を図るための刑事訴訟法等の一部を改正する法律（平19法律第95号）』の解説（3完）」曹時60巻11号（2008）108頁。

[注33]　奥村正雄「犯罪被害者と損害賠償命令制度――刑事手続からのアプローチ」刑事法ジャーナル9号（2007）26頁。

罪被害保護27条1項）。適法な異議の申立てがなければ，裁判は確定判決と同一の効力を有し（同条5項），他方，適法な異議の申立てがあれば，裁判は仮執行の宣言を付したものを除いて失効するため（同条4項），損害賠償命令に係る請求は通常の民事裁判手続に移行する（同法28条1項）。

3 （集団的）消費者被害との関係

　損害賠償命令は，民事手続と刑事手続の独立を維持した制度であるが，損害賠償の審理に際し，事実上，刑事裁判での心証を引き継ぐ形となるため，刑事手続の成果を利用して簡易迅速に損害回復を図ることを可能にする制度となっている。ただし，同制度は，被害者等の精神的・経済的負担から，被害回復が類型的に困難とされる特定の人身犯罪を対象に導入された制度であり，（集団的）消費者被害は対象とされていない。この点はなお検討の余地がある。

V　おわりに

　刑事手続的観点から，制度化された主たる損害回復制度を概観してきた。いずれの制度も，長年にわたる民刑二分論の基本思想の下で構築されてきたわが国の法体系の基本的枠組みを維持しながら導入されたものといえる。
　消費者被害の救済の一層の充実のため，法体系にパラダイム転換を図る場合は格別，なお現行の枠組みの中で刑事法が果たすべき役割を検討していくうえでは，いくつか留意しておくべき点がある[注34]。

1　刑法の最終手段性（謙抑性）との関係

　消費者被害は質・量ともに多種多様であり[注35]，刑事法がいかなる違法行為を新たな対象に据えるかについては，刑法の最終手段性から，他の手段では目的を達成できない場合であることが望ましいといえ，一般的・抽象的には，悪質・重大な行為が対象とされるべきことになる。また，現行法上，（集

団的）消費者被害は，民事訴訟によって被害回復を図る制度が用意されており，民事訴訟が有効に機能しない場合に行政措置によるのが適切であって，刑罰によるのは，それらの手段ではなお十分でない場合に限って用いられることが要請されることになる。

その意味では，近時の議論において，まず①日本型クラスアクションと称される「集団的消費者被害回復に係る訴訟制度案[注36]」が策定されて立法化が進められ（「消費者の財産的被害の集団的な回復のための民事の裁判手続の特例に関する法律」として成立），②その創設によってもなお民事訴訟での被害回復が困難な類型への対処というスタンスで行政による対応（経済的不利益賦課制度など）[注37]が検討されていることは，枠組みに沿う方向性であると思われる。

2　没収・追徴の刑罰性

刑事法の枠内で対応する場合，組織的犯罪処罰法に典型的に表れているように，被害回復の原資となる没収・追徴の対象は，その刑罰としての性質上，有罪となった事件の収益に限られる。それゆえ，大規模事件では，証拠が確実な一部の事件だけを起訴し，残りの被害は量刑での考慮を求めるにとどめる検察実務の実際からは，犯罪収益を隠匿すること自体が問われるマネー・ロンダリング罪のような類型であれば格別（組織犯罪13条1項5号・10条），その余の犯罪については，多くのケースで被害回復の原資が不十分となる事態を招くことになる。被害回復の観点からは，より多くの事件を捜査・訴追す

（注34）　佐伯・前掲（注1）200頁以下。
（注35）　実際に，「集団的消費者被害」として想定される事案も多種多様である（消費者庁企画課『集団的消費者被害救済制度研究会報告書』〔2010〕3頁以下〈http://www.cao.go.jp/consumer/history/01/kabusoshiki/shudan/doc/001_101028_shiryou2-2-2.pdf〉）。
（注36）　〈http://www.caa.go.jp/planning/pdf/120807_2.pdf〉
（注37）　「集団的消費者被害救済制度」の検討に関して，「集団的消費者被害救済制度研究会報告書」を踏まえて，行政法や行政機関の組織体制，執行実務等の知見から検討を行うために，「財産の隠匿・散逸防止策及び行政による経済的不利益賦課制度に関する検討チーム」が消費者庁に設置された。そこでの検討の詳細は，消費者庁「『財産の隠匿・散逸防止策及び行政による経済的不利益賦課制度に関する検討チーム』取りまとめ」（2013年8月）参照〈http://www.caa.go.jp/planning/pdf/kentouteam-torimatome.pdf〉。

ることが求められることになるが，実務の現況を踏まえない対応を求めても，制度だけが独り歩きし，かえって被害者の期待感を裏切ることになりかねないうえ，実際に損害が回復されない事態も予測される。

3 今後の議論の方向性

このような観点からあらためて現行制度をみてみると，刑事法では，損害回復だけに目を向けることはできず，被害回復給付金支給制度は魅力的なシステムではあるものの，（集団的）消費者被害を広く対象とすることには克服すべき課題が少なくない。そうであれば，現状では，より柔軟かつ機動的に被害回復を実現するための方策として，行政的対応によって加害者から不正な利益をはく奪し，それを被害者に返還するような制度の検討が実をあげるように思われる[注38]。ただし，その場合でも，刑罰ではなく行政処分であることを理由に，ただちに不正な利益をはく奪する要件や手続を緩和してよいかについては留意が必要である[注39]。他方で，一定の類型については，刑事手続により身柄を拘束したうえでなければ責任追及が困難であり，間接強制を主とする行政手続では実効性に疑問があるとの指摘もあり[注40]，なお整理・検討を要しよう。

一方，損害賠償命令制度については，刑事法の原理・原則とのバッティングを回避することができる。費用対効果の面での問題は残るものの，被害者の負担を少しでも軽減する観点からは，対象を拡大し，財産犯を含めることも検討の余地があるように思われる。同様に，現行の刑事和解制度を発展させ，刑事仲裁制度を導入することも考えられる。後者については，先の「犯罪被害者のための施策を研究する会」の議論において，①刑罰の威嚇をもって和解を押し付けることになるのではないか，②刑事調停の過程で刑事裁判

(注38) 行政的対応の検討については，「消費者の財産被害に係る行政手法研究会」による「行政による経済的不利益賦課制度及び財産の隠匿・散逸防止策について」（2013年6月）参照〈http://www.caa.go.jp/planning/pdf/gyousei-torimatome.1.pdf〉。
(注39) 川出・前掲（注8）104頁。
(注40) 消費者庁企画課・前掲（注34）46頁。

所の心証が開示されることになれば，刑事裁判所の中立性が害されるのではないかとの懸念が示されているが，現状でも非公式には裁判所が弁護人に示談を促すことは行われているのであり，懸念の当否も含め再考の余地があると思われる[注41]。

こうした刑事法領域の議論とは一応別個に，被害回復の観点からは，より直接的な救済として，「犯罪被害者等給付金の支給等による犯罪被害者等の支援に関する法律」（犯罪被害者等給付金支給法）に基づく犯罪被害者等給付金がある。現状では，消費者被害は対象とされていないが，それを含める余地がないわけではない。もっとも，この点については，消費者の自律の観点からポリシーとして上策か否かの考慮が必要となるほか，より実際的には，財源の問題がある[注42]。これについては，振り込め詐欺等の被害者の被害回復を目的とした「犯罪利用預金口座等に係る資金による被害回復分配金の支払等に関する法律」に基づく被害回復分配金制度が注目すべきシステムを採用しており，罰金等の財源化と併せて別途検討されてよいように思われる[注43]。また，そもそも，財源については，福祉国家的観点からの社会の合意形成が求められることになる。

このほか，機能的に消費者被害を回復していくためには，法的議論を越えて，情報の共有や端緒の提供など，現実になされている各担い手の専門性を活かした連携をシステマティックに構築・整備していく議論も必要となろう。

（注41）　佐伯・前掲（注5）212頁。
（注42）　先述したように，財源の問題は，被害回復給付金支給制度にも内在する問題であるほか，救済の枠組みを考える際の1つの鍵でもある。
（注43）　佐伯・前掲（注5）227頁以下。

事項索引

欧文

Bruxelles I 規則 ················ 462
DES ································· 457
Enterprise Act 2002（企業法）········ 134
FTC 法 ····························· 137
GWB（競争制限防止法） ···· 134
outside option ··················· 248
UWG（不正競争防止法）···· 134
WCAM ···························· 457

あ 行

アメリカ合衆国のクラスアクション
································ 6, 49, 424, 434
異議後の訴訟 ············· 383, 385
異議申立て ························ 504
著しい損害 ························ 140
1 段階型 ···························· 314
一部請求 ··························· 313
違法性段階説 ···················· 140
違法宣言審決 ···················· 118
因果関係 ··························· 123
英国公正取引庁（OFT）········ 490
欧州共同体法 ············· 261, 265
欧州司法裁判所 ···· 259, 264, 267
オプトアウト型 ···· 390, 426, 429, 457
――クラスアクション ······ 428, 444

か 行

開示規制 ··························· 188
改正独占禁止法 ················ 132
価格カルテル ···79, 99, 122, 126, 368, 379
拡散的利益 ····· 10, 54, 106, 181, 191, 196,
202, 204, 211, 252, 253, 396
――の損害賠償 ················ 205
核心理論 ··························· 287
課徴金制度 ············ 59, 73, 146, 163, 189,
191, 195, 233, 412, 511
課徴金納付命令 ················ 118
仮差押え ··············· 332, 369, 423
カルテル ····························· 99
簡易確定決定 ················ 5, 422
簡易確定手続 ···5, 329, 384, 404, 420, 431
管轄合意 ··························· 444
環境利益 ················ 37, 39, 43, 46
関空島事件控訴審判決 ······ 141
関係特殊的資産（relation-specific
assets）···························· 246
間接強制 ··················· 322, 351
間接購入者 ·············· 122, 127
関連請求訴訟 ···················· 317
機会主義的行動 ················ 246
棄却判決の既判力 ············· 347
帰属論 ······························· 207
求意見制度 ························ 145
救済法上の利益 ················ 219
強制金の算定 ···················· 325
強制金の帰属 ···················· 327
行政事件訴訟法 ········ 132, 504
強制執行 ··························· 371
行政制裁 ··························· 234
強制的任意的訴訟担当 ······ 401
行政不服審査法 ················ 504
競争手段の公正さの確保 ········ 174, 239
競争の実質的制限 ········ 98, 114
共通義務確認訴訟 ········ 5, 94, 222, 315,
371, 384, 417, 443
――の原告適格 ······ 4, 401, 419
――の対象から除外される損害··364
――の対象となる事案 ········ 366
――の対象となる請求 ········ 4, 363
――の訴えの利益 ············· 393
共通性の要件 ··············· 5, 365
共通争点確認の訴え ·········· 372

事項索引

共同訴訟的補助参加·················384
金融商品取引法··············188, 192
刑事和解····························567
携帯電話解約金訴訟············497
景品表示法············149, 156, 253,
　　　　　　　　498, 500, 504, 510
　——の差止請求権········184, 505
景品表示法執行NETシステム······510
刑法の最終手段性···········565, 579
原告適格·········25, 43, 55, 67, 381, 450
限定合理性···················488, 494
謙抑性·····························565
権利行使阻止要件···············352
権利主体構成·····················387
公益・私益···11, 55, 61, 63, 100, 135, 217
公私協働論·········28, 224, 471, 478
公正競争阻害性·····················239
公正取引委員会····97, 411, 500, 502, 503
公的利益························11, 55
行動経済学····················171, 488
行動バイアス·························488
公取委「団体訴訟制度に関する研究
　会」報告書······················137
公判記録の閲覧・謄写············567
公平性委員会·······················526
合弁ガイドライン·················112
功利主義的·························110
国際裁判管轄···········439, 441, 462
国際的訴訟競合····················444
国道43号差止請求事件最高裁判決·140
個人責任の原則······················565
誤認行為類型·······················173
誤認招来表示······················507
個別的利益····················217, 551
個別保護要件························57
固有適格構成············42, 45, 387
困惑行為類型·······················173

――――――　さ　行　――――――

罪刑法定主義······················565

債権届出団体······················385
裁判官の職権·········256, 260, 264, 266
差止請求関係業務·················384
差止請求権·····················194, 214
　——の制限························351
　　景品表示法の——········184, 505
　　生活妨害に対する——······291
　　将来の違反行為に対する——······340
　　適格消費者団体の——······22, 45, 87,
　　　　　161, 178, 193, 197, 415, 504, 507
差止判決の効力··············340, 347
　——の基準時後の事情変動······341
　——の基準時後の判例変更··344, 347
　——の基準時後の法改正······344, 347
三権分立························11, 223
事業者団体訴訟制度··············144
事業者の利益·····················59, 157
資源配分上の不効率性············108
死重損失（dead-weight loss）······108
市場機能·························253
市場支配力······················113
実験経済学······················488
執行担当························309
支配性の要件·················6, 365
司法権···························61
司法的事実（規範適用事実）······493
市民訴訟制度······················72
シャーマン法····················112
社会的厚生······················108
社会的損失···········10, 54, 106, 191,
　　　　　　　196, 202, 206, 213, 252
自由競争基盤の確保···············239
自由競争基盤の侵害······174, 241, 243
自由主義························11, 223
自由な競争の確保·················239
集合訴訟····················196, 434
集合的消費者被害回復制度···4, 18,
　　　　　　　　　191, 193, 196
集合的利益······10, 47, 54, 106, 181, 196,
　　　　202, 204, 211, 212, 416, 424, 551, 556

584

事項索引

集団的消費者被害………………8, 549, 554, 562
集団的消費者被害回復制度‥18, 92, 196
集団的消費者被害救済制度……………18
集団的消費者被害救済制度研究会報
　告書………………………3, 19, 22, 23
集団的消費者利益……7, 9, 10, 36, 48, 54,
　　　60, 106, 115, 128, 196, 202, 416, 485
集団的被害回復裁判手続………415, 416,
　　　　　　　　　　　　　　429, 434
　──の構造………………………416
集団的利益………………………36, 556
主観訴訟・客観訴訟………………60, 71
主婦連ジュース不当表示事件‥136, 412
準拠法……………………………439, 447
承継執行文…………………………309
条項改訂請求………275, 276, 289, 300, 301
消費者契約における濫用条項に関す
　る1993年のEC指令………259, 264, 268
消費者契約法………13, 81, 83, 153, 168, 178
消費者厚生・生産者厚生…………108, 113,
　　　　　　　　　　　　　　114, 218
消費者裁判手続特例法……4, 12, 34, 132,
　　　　　　　　　196, 315, 381, 509, 547
消費者支援基金……………………328
消費者団体訴訟制度………………178, 504
消費者庁……………………………500
消費者庁及び消費者委員会設置法の
　施行に伴う関係法律の整備に関す
　る法律………………………13, 500
消費者庁長官………………………503, 504
消費者取消権………………168, 173, 197
消費者取引問題研究会報告書………241
商標法………………………………152
情報開示命令………………………377
情報経済学…………………………490
情報の完全性………………………491
情報の非対称性‥154, 171, 187, 250, 490
情報の不完全性……………………251
将来給付の訴え……………………343
食品表示法…………………………513

審決前置主義………………………119
審決取消しの訴え…………………504
請求権競合…………………………337
請求の原因…………………………392
請求の特定………………311, 348, 371
西武鉄道株式一般投資家集団訴訟事
　件……………………………189
前後理論……………………………130
潜在需要の喪失……………………106, 253
選定当事者…………………………385
総額判決……………93, 312, 424, 431
相対的優越性………………………249
組織的詐欺…………………………551
組織的犯罪処罰法…………………573
訴訟担当構成………………………388
訴訟追行主体………………25, 43, 67, 381
訴訟物………………………………336
措置命令……………………………503, 510
損益通算……………………………537, 540
損害額の算定……………122, 190, 376
損害額の立証………………………125, 379
損害賠償非課税……………………533
損害賠償命令制度………557, 560, 576
損失控除……………………………535, 540

─────── た　行 ───────

第三者効果（外部効果）……………248
第三者の執行担当…………………330
対象債権……………………………371, 417
　──の確定………………………421
対象消費者………………371, 417, 446
　──の手続保障…………………435
多数性の要件………………………5, 365
団体訴訟制度……………2, 61, 68, 133,
　　　　　　　　　　　　227, 383, 505
中間判決……………………………392
中間販売業者の転嫁………………125
仲裁合意……………………………444
抽象的差止請求……………………298
超過支払型損失……………………107

585

鶴岡灯油訴訟最高裁判決……… 117, 122, 123, 127
抵触法……………………… 439
ディスゴージメント……………… 73
適格消費者団体……………… 27, 33, 45, 46, 50, 64, 182, 307, 415
──の差止請求権…… 22, 45, 87, 161, 178, 193, 197, 383, 415, 504, 507
適格訴訟団体………………… 53, 64, 68
──の参加権………………… 69, 71
適合性原則………………… 193, 195
東京灯油訴訟最高裁判決……… 117, 122
当事者適格………………… 43, 381
特商法執行ネット……………… 510
独占禁止法…………… 97, 151, 156, 500
──24条………………… 85, 137, 184
──25条…… 85, 100, 102, 116, 118
独占禁止法違反行為に係る民事的救済制度に関する研究会………… 134
独占禁止法研究会報告書「不公正な取引方法に関する基本的な考え方」………………………… 239
独占禁止法に関する損害賠償制度研究会………………………… 117
独占禁止法に関する損害賠償制度研究会報告書……………… 116
特定事実告知請求………………… 302
特定商取引法……………… 85, 505, 510
特定適格消費者団体… 5, 35, 50, 384, 415
届出消費者……………………… 5, 385
取消訴訟………………………… 504
取引先変更の可能性……………… 249

──────── な 行 ────────

二重処罰禁止…………………… 235
２段階型……………… 314, 382, 453
入札談合…………………………… 99
任意的訴訟担当………………… 391
認証機関………………………… 524
認証契約………………………… 528

認証手続………………………… 525
認定機関………………………… 516
──による苦情解決…………… 519
認定手続………………………… 518
認容判決の主文………………… 373

──────── は 行 ────────

排除措置命令…………… 118, 251
──等前置……………………… 103
排除措置命令等前置要件………… 120
排除命令………………… 503, 504
パターナリズム…………… 172, 496
犯罪被害回復給付金支給制度……… 558
犯罪被害回復給付金支給法………… 573
犯罪被害者………………… 555, 567
犯罪被害者等基本法… 550, 557, 560, 572
犯罪被害者等保護法……………… 560
犯罪被害者保護２法……………… 568
販売勧誘規制…………………… 192
被害回復関係業務………………… 384
被害回復給付金支給制度………… 573
非絶対権説……………………… 140
被保全権利……………………… 369
表示規制……………… 148, 153, 500
比例原則………………………… 235
賦課金…………………………… 237
武器対等の原則………………… 226
父権訴訟………………………… 145
不実証広告規制………………… 512
不正競争防止法………… 152, 158, 163
不当条項規制…………… 81, 90, 254, 255
不当廉売（略奪的価格設定）……… 112
不特定多数者の利益…… 217, 220, 223
フランス消費法典……… 256, 258, 260
紛争管理権……………………… 44, 209
米国反トラスト法………………… 111
弁護士強制……………………… 386
包括的差止請求………… 274, 277, 287
法定訴訟担当…………………… 391
法と行動経済学………………… 487

法の適用に関する通則法 ………… *439*
法律上の争訟 ……………………… *227*
法律上保護された利益 ……………… *55*
暴力団追放団体訴訟 ……… *37, 42, 46*
補助参加 …………………………… *384*

―――――― ま 行 ――――――

マネーロンダリング規制 ………… *559*
民刑二分論 ………………………… *566*
民事不介入の原則 ………………… *229*
民主主義 …………………… *11, 223*
無過失損害賠償請求訴訟 ………… *508*
　　――の裁判管轄 …………… *130*
蒸し返しの禁止 …………………… *339*

―――――― や 行 ――――――

役割分担 ……………… *12, 66, 211, 436*
優越的地位の濫用規制 ……… *86, 174, 238, 244, 249*

有利誤認表示 ……………… *501, 505*
優良誤認表示 ……… *501, 505, 507, 512*

―――――― ら 行 ――――――

ライブドア株式一般投資家集団訴訟
　事件 …………………………… *189*
濫用条項委員会 …………………… *256*
濫用条項規制 ……………………… *255*
濫用条項リスト …………………… *256*
リーニエンシー制度 ……………… *552*
利益剥奪 …………… *22, 31, 163, 191, 194, 205, 210, 232, 557*
立法事実 …………………………… *493*
リバタリアン・パターナリズム
　493, 498

―――――― わ 行 ――――――

和解合意 …………………………… *460*

集団的消費者利益の実現と法の役割

2014年4月30日　初版第1刷発行

編　　者	千　葉　恵美子 長谷部　由起子 鈴　木　將　文
発　行　者	藤　本　眞　三
発　行　所	㈱商　事　法　務 〒103-0025 東京都中央区日本橋茅場町 3-9-10 TEL 03-5614-5643・FAX 03-3664-8844〔営業部〕 TEL 03-5614-5649〔書籍出版部〕 http://www.shojihomu.co.jp/

落丁・乱丁本はお取り替えいたします。　　印刷／㈲シンカイシャ
© 2014 Emiko Chiba, Yukiko Hasebe,　　Printed in Japan
　　　　Masabumi Suzuki

Shojihomu Co., Ltd.
ISBN978-4-7857-2189-3
＊定価はカバーに表示してあります。